Colin Powell · Mein Weg

Colin Powell
(mit Joseph E. Persico)
MEIN WEG

Aus dem Amerikanischen
von Enrico Heinemann, Norbert Juraschitz
und Reinhard Tiffert

Piper
München Zürich

Die Originalausgabe erschien 1995
im Verlag Random House, New York
unter dem Titel
»My American Journey«

ISBN 3-492-03836-0
© 1995 Colin L. Powell
Dt. Ausgabe: © R. Piper GmbH & Co KG, München 1996
Übersetzung genehmigt durch Random House, New York
Umschlagfoto: Annie Leibovitz
Satz: Dr. Ulrich Mihr GmbH, Tübingen
Druck und Bindung: Clausen & Bosse, Leck
Printed in Germany

Meiner Familie ... gestern, heute und morgen

Inhalt

Teil Vier: Vorsitzender der Vereinten Stabschefs

Vorwort

Mein Leben hat mich auf die Höhen der Geschichte geführt, und wie es dazu gekommen ist, möchte ich hier erzählen. Ich hatte nicht vor, eine Autobiographie zu schreiben, vielmehr hatte ich anderen geholfen, Biographien über mich zu schreiben. In den letzten Monaten meiner Zeit als Vorsitzender der Vereinten Stabschefs begann ich jedoch, anders darüber zu denken. Die Sache wäre lukrativ, das war nicht zu leugnen. Und meine Freunde ermutigten mich dazu, doch ich blieb unschlüssig. Schließlich sagte aber ein besonders enger Freund zu mir: »Zaudere doch nicht länger, Colin. Du schuldest es deinen Enkeln, und vor allem hast du etwas zu erzählen. Mach es doch!« Und so fing ich an.

Es sind persönliche Memoiren. Ich erhebe nicht den Anspruch, eine objektive Darstellung der großen geschichtlichen Ereignisse zu geben, an denen ich teilhaben durfte. Für ein solches Unterfangen ist der Verfasser einer Autobiographie viel zu sehr mit sich selbst beschäftigt. Dennoch hoffe ich, daß mein Buch einmal Historikern unserer Zeit von Nutzen sein wird. Ich habe dieses Buch aber hauptsächlich deshalb geschrieben, weil ich meine Geschichte mit meinen amerikanischen Landsleuten teilen möchte.

Wie alle Autoren stand auch ich vor dem Problem der Auswahl. Es fehlt immer an Zeit und Platz, um alles zu erzählen. Mir schwebte eine handliche Darstellung in einem Band vor, kein dicker Wälzer, vor dem mich Freunde von der schreibenden Zunft gewarnt hatten: »Schreib um Gottes willen nicht einen von diesen grauenvollen Schinken, in denen man uns ständig Sätze zumutet wie ›Und dann war ich bei … zum Lunch eingeladen‹.«

Mein Buch erzählt von einem schwarzen Jungen aus einer bescheidenen Einwandererfamilie, dem keine großen Erwartungen in die Wiege gelegt wurden. Dieser Junge wuchs in der Süd-Bronx auf und brachte es schließlich zum Nationalen Sicherheitsberater des amerikanischen Präsidenten und zum Vorsitzenden der Vereinten Stabschefs der US-Streitkräfte. Es ist meine Geschichte, und sie handelt von harter Arbeit und glücklichen Fügungen, von manchmal schweren, zumeist aber guten Zeiten. Sie handelt vom Dienst und von soldatischer Pflichterfüllung. Von Menschen, die mithalfen, das aus mir zu machen, was ich geworden bin. Von Lebenschancen, die andere vor mir unter Opfern schufen und von denen ich profitierte, so wie ich meinerseits vielleicht jenen helfen werde, die nach mir kommen. Eine Geschichte, die vom Glauben handelt – vom Glauben an mich und vom Glauben an Amerika. Vor allem aber geht es dabei um Liebe: Liebe zu meiner Familie, zu meinen Freunden, zur Army und zu meinem Land. Eine Geschichte, die so nur in Amerika möglich war.

Teil Eins

DIE FRÜHEN JAHRE

1

Luther und Aries Sohn

Gewöhnlich verlasse ich mich auf mein Gespür. Nur dieses eine Mal nicht, und das hätte um ein Haar fatale Folgen gehabt. An diesem Februartag zeigte sich Jamaika, wie man sich die Insel immer vorstellt. Strahlender Sonnenschein und die Luft noch lind von einem Gewitterguß am Nachmittag. Es war herrliches Flugwetter, als wir in den Hubschrauber vom Typ UH-1 stiegen. Auf Einladung des jamaikanischen Premierministers Michael Manley besuchten meine Frau Alma und ich die Insel, die einmal die Heimat meiner Eltern gewesen war. Der Premier hatte mir nach dem Ende des Golfkrieges ein Jahr lang gut zugeredet. »Machen Sie doch mal Urlaub, mein lieber Colin«, so höre ich ihn noch mit charmanter Stimme bei unserem letzten Telefongespräch sagen. »Kommen Sie in die alte Heimat, und wenn es nur für ein paar Tage ist. Sie können im Gästehaus der Regierung wohnen.« Und diesmal nahm ich die Einladung gern an.

Auch wenn die Operation »Wüstensturm« hinter uns lag, so hatte ich als Vorsitzender des Generalstabs das vergangene Jahr doch unter anhaltendem Streß gestanden. Während die Ära des Kalten Krieges rasch zu Ende ging, waren wir damit beschäftigt, die amerikanische Sicherheitspolitik zu überdenken und ihr eine neue Gestalt zu geben. So grundlegend hatte sich die Welt gewandelt, daß wir nun dabei waren, eine Luftbrücke nach Rußland einzurichten, um die Bevölkerung vor einer Hungersnot zu bewahren. Auf Guantanamo, unserem kubanischen Stützpunkt, gärte es, seitdem sich Flüchtlinge aus Haiti in Lagern sammelten, die mehr und mehr Konzentrationslagern ähnelten. Und immer noch bemühte sich ein militärisch geschlagener, aber gleichwohl unbelehrbarer Saddam Hussein nach Kräften, die UN-Inspektoren daran zu hindern, ihm ein für allemal die Mittel zur nuklearen, biologischen oder chemischen Kriegführung zu entreißen. Daher freute ich mich über die Aussicht, dem kalten, grauen Washington zu entkommen und ein paar Tage auf der sonnigen Insel zu verbringen. Bei der Gelegenheit konnte ich mir auch gleich ein Bild von der Lage in Guantanamo machen.

Wir trafen am 13. Februar 1992 nachmittags auf Jamaika ein und wurden mit überschwenglicher karibischer Gastfreundschaft empfangen. Am nächsten Morgen wurden Alma und ich ins Ward-Theater entführt, wo die Oberbürgermeisterin von Kingston, Marie Atkins, mir die Schlüssel der Stadt überreichte. »Frau Oberbürgermeisterin«, sagte ich in meiner Erwiderung, »ich bin zwar geborener Amerikaner, aber Sie haben mir die Schlüssel zu meiner zweiten Heimat gegeben.« Dann beschwor ich Kindheitserinnerungen: Calypso-Songs wie »Fan Me, Saga Boy«, Gedichte in Pidgin-Englisch von Louise Bennett und Gaumenfreuden, die aus Bananen, Ziegenbraten und Reis und Erbsen bestanden. Nach meiner Dankesrede bemerkte Stadtrat Ezra Cole: »Nur wir auf Jamaika sagen ›Reis und Erbsen‹. Überall sonst in der Karibik heißt es andersherum ›Erbsen und Reis‹. General Powell ist eben ein echter Jamaikaner.«

Anschließend besuchten wir das Hauptquartier der jamaikanischen Streitkräfte im nahen Up Park Camp, wo der Oberkommandierende, Commodore Peter Brady, sich meiner annahm und mir seine Truppen beim Exerzieren vorführte. Die Soldaten bewältigten ihre Aufgabe mit Bravour. Zu den knappen und präzisen Kommandos stampften sie rhythmisch mit den Stiefeln und salutierten zackig. Alles wirkte sehr britisch und sehr professionell.

Nach dem Mittagessen gingen wir an Bord eines Hubschraubers der jamaikanischen Streitkräfte, der uns rasch über die Meeresbucht zum Internationalen Flughafen Manley bringen sollte. Dort erwartete uns ein Blackhawk-Hubschrauber, mit dem wir den zeitweilig hier stationierten US-Truppen einen Besuch abstatten wollten. Ursprünglich hatten wir die gesamte Strecke mit dem Blackhawk zurücklegen wollen, aber unsere jamaikanischen Gastgeber hatten uns für den Flug nach Manley ihren Hubschrauber amerikanischer Fertigung zur Verfügung gestellt, und dieses freundliche Angebot konnte ich nicht einfach ablehnen, ohne ihren Stolz zu verletzen. Gleichwohl hatte ich ein ungutes Gefühl. Wir hoben ab und gingen bald auf eine Höhe von 450 Metern, während Kingston langsam hinter uns versank. Alma lächelte mir zu. Es war ein schöner Tag gewesen. Ich lehnte mich zurück und schaute auf das betörende Blau des Karibischen Meers, als plötzlich ein kurzes, metallisches Geräusch zu hören war. Alma sah mich erstaunt an.

Ich wußte sofort, daß wir in Schwierigkeiten waren. Der Hubschrauber hatte einen Triebwerkschaden. Die Maschine geriet heftig ins Schwanken. Wir verloren an Höhe und stürzten in die Bucht. Ich hatte in Vietnam schon einmal einen Hubschrauberabsturz miterlebt. Wenn der UH-1 auf die Wasseroberfläche aufschlägt, das wußte ich, wird er wie ein Kieselstein hüpfen, die Rotorblätter werden zerbrechen und die Luft wie ein Schrapnell zerschneiden. Und dann, bei offenen Türen, wird er binnen Sekunden sinken. Ein Gedanke durchzuckte mich: Wir haben drei Kinder, und ihre Eltern sehen dem Tod entgegen.

»Mach dich klein und umfasse deine Knie!« rief ich Alma zu.

»Wozu denn?« fragte sie.

»Tu, was ich dir sage!« war alles, was ich sagte, denn wir sanken rapide weiter. Ich beobachtete, wie die beiden Piloten hastig die Kontrollinstrumente prüften und in Windeseile die Notlandemaßnahmen durchgingen. Sie stellten die Turbinen ab, und nur noch das peitschende Geräusch der Rotorblätter war zu hören. Das Meer kam immer näher. Nur noch ein paar Sekunden bis zum Eintauchen, doch im letzten Moment gelang es den Piloten, den Hubschrauber auf festem Boden notzulanden. Wir setzten keine sechs Meter vom Meeressaum auf. Ich öffnete meinen Sicherheitsgurt, packte Alma und zog sie mit nach draußen. Die Kiste konnte immer noch explodieren.

»Was ist denn passiert?« fragte sie, als wir in sicherer Entfernung waren.

»Wir sind abgestürzt«, sagte ich. Ich ging zu den jamaikanischen Piloten hinüber und gratulierte ihnen zu der gelungenen Notlandung.

Später rief mich Michael Manley an: »Wissen Sie, lieber Colin, woher das Blätterrauschen in den Bäumen kommt, das Sie gerade hören? Von dem tiefen Seufzer der Erleichterung, den ich ausgestoßen habe.« So klingt die poetische Sprache meiner Vorfahren. Mir entging auch nicht die Ironie des Augenblicks. Das Land, in dem die Wiege meiner Eltern gestanden hat, wäre um ein Haar zum Grab ihres Sohnes geworden.

Wir bestiegen den Blackhawk und setzten unsere Reise fort. Wir besuchten eine Einheit der Nationalgarde aus Ohio, die den Jamaikanern bei einem Straßenbauvorhaben half, und eine Radaranlage der

US-Luftwaffe. Sie liegt auf einer atemberaubend steilen Klippe mit dem Namen »Lover's Leap« (Sprung des Liebhabers) und soll Schiffe von Drogenschmugglern aufspüren. Nach diesen Besichtigungen war das offizielle Programm beendet. Nun begann der private Teil der Reise.

Wir zwängten uns in Jeeps, die uns die jamaikanische Polizei zur Verfügung gestellt hatte, und fuhren nach Norden ins Landesinnere. Wir bogen in eine unbefestigte Landstraße ein, die wie eine Wunde die rote Erde durchzog. Statt schmucker Häuser waren nun bescheidene Hütten zu sehen. Die Straße verengte sich bald zu einem Pfad, und schließlich mußten wir aussteigen und zu Fuß weitergehen. Wir mochten wohl eine Viertelstunde gegangen sein, als wie aus dem Nichts plötzlich der »Custus«, der örtliche Regierungsvertreter, der Polizeichef und weitere Beamte vor uns auftauchten und uns begrüßten. Wir folgten ihnen über sanft ansteigende Felder hinauf zu einer Anhöhe und stiegen dann bergab in ein kleines Tal. Dort geschah etwas höchst Verwunderliches: Von überallher kamen Menschen. Bald umringten uns an die zweihundert Personen, junge und alte, die einen in farbenprächtigen Gewändern, die anderen in Lumpen, einige in Schuhen, andere barfuß. Auf einmal war die Luft mit Musik erfüllt. Eine Kapelle erschien, und junge Leute in schwarzen Uniformen spielten den *Star-Spangled Banner*.

»Die Kinder sind aus der Schule, die auch Ihr Vater besucht hat«, teilte mir der Custus mit. Die Musiker wechselten nun zu Calypso-Rhythmen über, die mir genauso vertraut waren wie unsere Nationalhymne. Die Zuhörer begannen mitzuklatschen, streckten uns die Hände entgegen, lächelten und grüßten. Aus einiger Entfernung kam eine kleine Gruppe auf uns zu. Die übrige Versammlung trat zur Seite und ließ sie durch. Meine Gefühle überwältigten mich: Das war meine Verwandtschaft. Keiner brauchte es mir zu sagen, obwohl ich nur einige vorher gesehen hatte. Die anderen gaben sich durch ihre Gesichter, durch die Ähnlichkeit untereinander und mit mir, zu erkennen. Wir waren in Top Hill angekommen, dem Geburtsort meines Vaters. Einer nach dem anderen stellte sich vor und umarmte mich, Tante Ivie Ritchey, Cousin Murial, Onkel Claude, Cousin Pat – so viele Gesichter erschienen, so viele Namen und Verwandtschaftsbezeichnungen fielen, daß mir der Kopf schwirrte.

Man geleitete Alma und mich zu Klappstühlen und wies uns die

Ehrenplätze an, während Joan Bent, eine Lehrerin, die mit einem meiner Cousins verheiratet war, in blumenreicher Sprache eine Begrüßungsrede hielt. Dann erhoben wir uns wieder und gingen an einigen stattlichen Häusern vorbei, deren Eingänge in der Farbe der hiesigen roten Erde gestrichen waren. Schließlich gelangten wir zu einer kleinen Hütte. Die Wände waren aus rohem Verputz, das Dach aus verrostetem Wellblech, die Traufe aus zurechtgesägten Brettern. Braune Fensterläden flankierten Sprossenfenster und verliehen dieser tropischen Behausung einen unerwarteten Hauch von Neuengland.

Niemand wohnte mehr in der Hütte, die nur vier auf vier Meter maß und kein fließendes Wasser, keinen Strom, keine Küche und keine sanitären Anlagen besaß. Die ganze Behausung war kleiner als ein durchschnittliches amerikanisches Wohnzimmer. Meine Verwandten hatten die Hühner hinausgescheucht und den Fußboden gefegt und gescheuert. Diese Kargheit rührte mich, denn ich stand in der Hütte, in der mein Vater 1898 geboren worden war.

Wir gingen wieder nach draußen und besuchten das Familiengrab, das frisch gejätet und hergerichtet war. Wieder umringten uns die Menschen und warteten auf ein Wort von mir. Ich bedankte mich für ihre Begrüßung und hoffte im stillen, daß sie uns nun für einen Augenblick allein lassen würden. Ich hätte gern ein wenig Zeit für mich gehabt, um über die Felder zu gehen, über die mein Vater gegangen war, um zwischen Bäumen umherzustreifen, die er gekannt haben mußte. Ich wollte mir ein Bild davon machen, was es hieß, diesem kargen Boden ein Auskommen abzuringen. Doch man ließ uns nicht zur Ruhe kommen. Alma und ich sprachen ein Gebet an den Gräbern meiner Großmutter und meines Großvaters. Dann tauschten wir kleine Geschenke mit den Verwandten aus, und einige Frauen überreichten Alma hübsche, bestickte Leinenwäsche. Damit war der Besuch auch schon zu Ende.

Wir kehrten zum Hubschrauber zurück. Auf dem Rückweg flogen wir über Westmoreland, den Geburtsort meiner Mutter Maud Ariel McKoy Powell. Während des Flugs fragte ich mich, welche Träume oder Befürchtungen wohl zwei junge Jamaikaner dazu bewogen haben mochten, ihre Heimat zu verlassen, den Menschen, denen sie in Liebe verbunden waren, Lebewohl zu sagen und in ein für sie völlig fremdes Land auszuwandern. Ob sie eine Ahnung davon hatten, wie sehr ihr mutiger Aufbruch das Schicksal ihres Sohnes geprägt hat?

Ich bin am 5. April 1937 geboren. Damals wohnte meine Familie in der Morningside Avenue im New Yorker Stadtteil Harlem. Das erste Kind meiner Eltern, meine Schwester Marilyn, war fünfeinhalb Jahre früher geboren worden. An die Jahre in Harlem kann ich mich nicht mehr erinnern. Es heißt, unsere frühsten Erinnerungen seien gewöhnlich mit einem Trauma verbunden, und so ist es auch in meinem Fall. Ich war vier Jahre alt, und wir waren in der Zwischenzeit in die Süd-Bronx umgezogen. Großmutter Alice McKoy, meine Großmutter mütterlicherseits, hütete mich tagsüber, da meine Eltern beide arbeiteten. Ich spielte auf dem Fußboden, und mit einem Mal steckte ich eine Haarnadel in eine Steckdose. Noch heute erinnere ich mich an das gleißende Licht und an die Wucht der elektrischen Entladung, die mich fast vom Boden hob. Und ich erinnere mich an meine Großmutter, wie sie mich gleichzeitig ausschimpfte und liebkoste. Als meine Eltern dann von der Arbeit nach Hause kamen, gab es einen hitzigen Wortwechsel, gefolgt von Geschimpfe und Gezeter. Die deutlichste Erinnerung an diesen Tag ist aber nicht der Schock oder der Schmerz, sondern das Gefühl, eine wichtige Person zu sein, im Mittelpunkt der Aufmerksamkeit zu stehen und zu erleben, wie sehr ich geliebt und umsorgt wurde.

Die beherrschende Gestalt meiner Kindheit war ein kleiner, nur ein Meter siebenundfünfzig großer Mann. Von ihm habe ich ein ganz bestimmtes Bild vor meinem geistigen Auge: Ich lehne mich aus dem Fenster unserer Wohnung und sehe, wie er aus Richtung der U-Bahnstation Intervale Avenue die Straße heraufkommt. Er trägt Mantel und Krawatte und auf dem Kopf einen kecken Filzhut. Eine Zeitung unter dem Arm, den Mantel aufgeknöpft, so daß er um seine Beine flattert, nähert er sich mit raschen, watscheligen Schritten. Er pfeift vor sich hin, hält hier und da an, grüßt den Drogisten, den Bäcker, unseren Hausmeister, fast jeden, den er trifft. Für manche Kinder aus unserem Block hat er fast etwas Komisches. Für mich nicht. Dieser so beschwingt daherkommende, zuversichtliche kleine Herr ist Luther Powell, mein Vater.

Er war Anfang zwanzig, als er, siebzehn Jahre vor meiner Geburt, Jamaika für immer den Rücken kehrte. Hinter sich ließ er seine ganze Familie und eine Stelle als Ladengehilfe. Er sprach nie über sein Leben in Jamaika, und heute bedauere ich es, daß ich ihn nie nach jenen Jahren gefragt habe. Ich weiß nur, daß mein Vater das zweite von neun

Kindern armer Leute in Top Hill war. Wie Millionen vor ihm ist auch er in der Hoffnung auf ein besseres Leben nach Amerika ausgewandert. Seine Kinder sollten es einmal leichter haben als er. Er kam tatsächlich auf einem Bananendampfer nach Amerika, einem Schiff der United Fruit Company, dessen Heimathafen Philadelphia war.

Vater arbeitete zuerst als Gärtner auf verschiedenen großen Anwesen in Connecticut und dann als Hausverwalter in Manhattan. Schließlich fand er die Anstellung, mit der er die Grundlage für seine Rolle als Familienoberhaupt legte. Er arbeitete nun für Ginsburg's (später firmierte das Geschäft unter Gaines Company), einen Hersteller von Damenoberbekleidung an der Seventh Avenue 500, mitten in Manhattans Textilviertel. Er begann als Lagerarbeiter, wurde dann Angestellter in der Versandabteilung und brachte es schließlich zu deren Leiter.

Meine Mutter war das älteste von neun Kindern und stammte aus einer Familie, die in Jamaika eine etwas höhere soziale Stellung genoß. Sie besaß einen High-School-Abschluß, womit mein Vater nicht aufwarten konnte. (»Er, der noch nicht mal den High-School-Abschluß geschafft hat«, murrte sie immer, wenn Vater auf seinen Status als Familienoberhaupt pochte.) Vor der Auswanderung hatte Mutter als Stenotypistin in einer Anwaltspraxis gearbeitet. Ihre Mutter, Großmutter McKoy, war eine kleine, hübsche Person, deren Englisch afrikanische Melodie und britische Tönung vereinte, ein Klang, der auch heute noch Musik in meinen Ohren ist. Wie viele Jamaikaner zählten die McKoys und Powells Afrikaner, Briten, Iren, Schotten und wohl auch Aruaken, Angehörige der indianischen Urbevölkerung, zu ihren Vorfahren. Von meines Vaters Seite kam sogar noch ein jüdisches Erbteil von einem Vorfahren aus Broomfield hinzu.

Einige von Großmutters neun Kindern waren schon erwachsen, die meisten aber noch auf sie angewiesen, als sie sich von Edwin McKoy trennte, der als Aufseher auf einer Zuckerrohrplantage arbeitete und für das schottische Element im Völkergemisch unserer Familie stand. Um die Kinder weiterhin ernähren zu können, suchte Großmutter Arbeit, zuerst in Panama, dann auf Kuba und schließlich in den Vereinigten Staaten. Dorthin ließ sie ihre älteste Tochter, meine Mutter, nachkommen, da sie Unterstützung brauchte. Sie arbeitete als Haushaltshilfe und Textilarbeiterin und schickte jeden Cent, den sie sich vom Mund absparte, ihrer Familie in Jamaika. Schließlich holte sie auch ihr jüngstes Kind nach, meine Tante Larisse, die sie zwölf Jahre

nicht gesehen hatte. Für uns, die wir bittere Armut nicht gekannt haben, sind solche Opfer und so lange Trennungen von Angehörigen
schier unvorstellbar.

Großmutter hatte meine Mutter Maud Ariel genannt, aber für uns
hieß sie ihr Leben lang »Arie«. Sie war klein, knapp ein Meter fünfundfünfzig, rundlich, mit einem schönen Gesicht, sanften braunen Augen, braunem Haar, das sie nach der Mode der vierziger Jahre frisierte,
und einem schmelzenden Lächeln. In meiner Vorstellung wirbelt Mutter immer mit vorgebundener Schürze durch die Wohnung: Sie kocht,
wäscht, bügelt und flickt, und das nach einem langen Arbeitstag im
Textilviertel, wo sie als Näherin Knöpfe und Besätze auf Kleidungsstücke nähte.

Mama war eine entschiedene Anhängerin der Gewerkschaftsbewe-
gung und Mitglied der internationalen Gewerkschaft für die Beschäftigten der Branche Damenoberbekleidung. Mein Vater zählte sich als
Chef der Versandabteilung eher zur Betriebsleitung. Ursprünglich waren meine Eltern beide Demokraten und Verfechter der Politik des New
Deal. So weit ich zurückdenken kann, hing im Flur unserer Wohnung
das berühmte, aus der Kriegszeit stammende Foto von Präsident Franklin D. Roosevelt mit dem Capitol und der amerikanischen Fahne im
Hintergrund. Meine Mutter blieb überzeugte Demokratin. Vater jedoch
wurde 1952 ein Anhänger Dwight D. Eisenhowers.

Vater war ein unverbesserlicher Optimist, während Mutter stets
Grund sah, sich Sorgen zu machen. Das änderte sich nie, ganz gleich,
welchen Gang unser Schicksal nahm. Wenn ich nach dem Tod meines
Vaters auf Urlaub nach Hause zu meiner Mutter kam, sagte sie stets zu
mir: »Colin, bring mein Sparbuch auf die Bank, sie sollen die Zinsen
gutschreiben.« Ich sagte dann immer: »Aber Mutter, das ist doch nicht
nötig. Die Bank vermerkt die Zinsen auf dem Auszug, den sie dir mit
der Post schickt. Die Zinsen gehen dir nicht verloren.«

»Woher weißt du denn, daß sie mich nicht übers Ohr hauen«, antwortete sie dann, ging in ihr Schlafzimmer, zog die alte rosa Bonbon-
schachtel mit dem Blumenornament unter dem Bett hervor und gab
mir ihr Sparbuch.

Und ich machte mich gehorsam auf den Weg zur Bank, stellte mich
an und sagte, als ich an die Reihe kam: »Würden Sie bitte die Zinsen
für dieses Konto eintragen?«

»Selbstverständlich, Colonel Powell. Obwohl wir die Zinsen auch auf dem Auszug vermerken. Das sollte Ihnen eigentlich den Gang hierher ersparen.«

»Ja, aber meine Mutter möchte eben, daß sie die Zinsen hier an der
Seite rot eintragen.« Und sie möchte verhindern, so war ich versucht
zu sagen, daß sie von Ihnen übers Ohr gehauen wird.

Nach Auskunft meiner Tante Beryl, Vaters Schwester, die zum Zeitpunkt, da ich diese Zeilen schreibe, in den Neunzigern ist, haben sich
meine Eltern in Großmutter McKoys Wohnung in Harlem kennengelernt. Großmutter zog dort nicht nur ihre eigenen Kinder auf, sondern
nahm auch Verwandte und Einwanderer aus Jamaika als Untermieter,
um sich ein paar zusätzliche Dollars zu verdienen. Einer dieser Untermieter war Luther Powell. Die Romanze meiner Eltern begann also
unter dem gleichen Dach.

Außer in Harlem und an einigen anderen Orten wuchs ich vor allem
in der Kelly Street 952 im Bereich Hunt's Point in der Süd-Bronx auf.
Meine Familie war 1943, als ich sechs Jahre war, dorthin gezogen. Der
Film *Bronx* aus dem Jahr 1981 mit Paul Newman und Ed Asner in den
Hauptrollen spielt eben in dem Polizeirevier, wo ich wohnte. Der Film
zeigt die Gegend als heruntergekommenes Viertel. Man sieht reihenweise Häuserblocks mit ausgebrannten Wohnungen, müllübersäte
Straßen, dazwischen unkrautüberwuchertes Gelände. Diese Kulisse
bevölkern Straßenbanden, Drogensüchtige, Zuhälter, Diebe, Polizistenmörder, Geistesgestörte und Familien, die schon in der dritten Generation von Sozialhilfe leben – kurz, der Wirklichkeit gewordene Alptraum der amerikanischen »Inner Cities«. So habe ich Hunt's Point
eigentlich nicht in Erinnerung, auch wenn es sicherlich nicht dem Bild
eines amerikanischen Idylls mit Ulmen und Lattenzäunen entsprach.
Wir verriegelten immer sorgfältig Türen und Fenster. Ich erinnere
mich, daß wir eine Eisenstange von innen gegen die Wohnungstür
drückten und in einer Vertiefung im Fußboden verankerten, damit
niemand die Tür eindrücken konnte. Einbrüche waren an der Tagesordnung, der Rauschgiftkonsum stieg. Es kam zu Schlägereien und
Messerstechereien, und Straßenbanden lieferten sich mit Keulen, Flaschen, Steinen und selbstgebastelten Pistolen Kämpfe um ihre Reviere.
Und doch war das Ausmaß der Kriminalität und Gewalt in jenen Tagen
noch weit entfernt von dem völligen Zusammenbruch der sozialen
Ordnung, die der Film *Bronx* schildert. In meiner Kindheit und Jugend
lebten die verschiedenen Rassen in Hunt's Point zwar nicht ohne

Spannungen zusammen, doch die Toleranz überwog und, was entscheidend ist, die meisten Familien waren noch intakt.

Wir wohnten in einer Vierzimmerwohnung im dritten Stock eines
viergeschossigen Backsteinbaus, jeweils zwei Familien pro Stockwerk,
acht insgesamt. Wenn ich vor unser Mietshaus trat, konnte ich meine
ganze damalige Welt überblicken. Linkerhand drei Häuserblocks weiter
befand sich meine Grundschule, noch einen Block weiter meine Junior-
High-School, dazwischen erhob sich auf einem freien Gelände unsere
Pfarrkirche Saint Margaret von der Episkopalkirche. Rechterhand lag
einige Blocks weiter die High-School, die ich später besuchte. Auf der
anderen Straßenseite, Hausnummer 957, wohnten meine Tante Gytha
und Onkel Alfred Coote. Auf dem Weg zur Schule kam ich an Nummer
935 vorbei, wo Tante Larisse und Onkel Vic mit ihren Kindern wohnten. Etwas weiter, Nummer 932, wohnte meine Patin Mabel Evadne
Brash, genannt Tante Vads, mit ihrer Familie. Und in Nummer 867
schließlich wohnten Amy und Norman Brash, mit denen wir so eng
befreundet waren, daß sie schon fast zur Familie gehörten. Wir nannten
sie »Mammale und Pappale«. Warum sie diese jiddischen Diminutive
erhalten hatten, weiß ich nicht, denn sie waren ebenfalls Jamaikaner.
Die meisten schwarzen Familien, die ich kannte, hatten ihre Wurzeln
auf Jamaika, Trinidad, Barbados oder anderen karibischen Inseln.

Die Spitznamen der Familie Brash mochten daher rühren, daß Hunt's
Point damals neben irischen, polnischen, italienischen, schwarzen und
hispanischen Familien auch einen hohen jüdischen Bevölkerungsan-
teil aufwies. Der Häuserblock der Kelly Street, der uns am nächsten
war, verlief in einer leichten Krümmung, und die Gegend war seit Jahren als »Banana Kelly« bekannt. Das Wort »Ghetto« benutzten wir nie.
Ghettos gab es in Europa, wir dagegen wohnten in Blocks. Vielen, die
New York nicht oder nur oberflächlich kennen, erscheint die Stadt
riesig, überwältigend, abweisend und anonym. Tatsächlich ist sie aber
auch heute noch eine Ansammlung überschaubarer Viertel, in denen
jeder jeden kennt, wie in einer Kleinstadt. Und das galt auch für Banana
Kelly.

An den breiten Avenuen, die unsere Straßen verbanden, wiederholte
sich immer das gleiche Muster: In fast jedem Häuserblock gab es einen
kleinen Laden, gewöhnlich mit einem europäischen Juden als Besitzer,
der auch die *Daily News,* die *Post* und den *Mirror* verkaufte. Keiner in
der Gegend las die *New York Times.* In solchen Läden konnte man

auch Artikel für den Schulbedarf, Eis und alkoholfreie Getränke bekommen. Und jeder New Yorker kannte die Spezialität des Hauses,
eine Eiercreme, die aus Schokoladensirup, Milch und Selterswasser
bestand. Wer kein Zehncentstück für eine Eiercreme hatte, konnte für
zwei Cent immer noch eine Selters bekommen. Alle paar Häuserblocks
gab es eine jüdische Bäckerei und einen puertorikanischen Lebens-
mittelladen. Die Italiener hatten die Schusterläden unter sich. In jedem
zehnten Block fand man eine Filiale der großen Warenhausketten,
Kleiderläden, Geschäfte für Haushaltswaren und Kinos. Ich wüßte
nicht, daß irgendein Laden einem Farbigen gehört hätte. Ein aufregendes Ereignis in meiner Kindheit war die Eröffnung der ersten Wasch-
salons nach dem Zweiten Weltkrieg. Meine Mutter brauchte nun unsere Wäsche nicht mehr auf dem Waschbrett zu schrubben und dann
auf die Leine vor dem Fenster zu hängen. Vater bestand jedoch darauf,
daß seine Oberhemden weiterhin in der chinesischen Wäscherei gewaschen und gebügelt wurden.

Die Süd-Bronx war in meiner Kindheit und Jugend eine aufregende
Gegend, und nie habe ich mich nach Ulmen und Lattenzäunen gesehnt.

Mein Vater vergötterte meine Schwester Marilyn. Da er in der Textil-
branche arbeitete, war sie immer gut angezogen. Marilyn führte, verglichen mit den sonstigen Verhältnissen in der Kelly Street, ein behü-
tetes Leben. Sie hatte Umgang mit Mädchen aus besserem Haus. Die
Teitelbaum-Schwestern, deren Vater die Apotheke an der Ecke gehörte,
waren ihre besten Freundinnen. Ich spielte die Rolle des krötigen kleinen Bruders. Marilyns erster ernsthafter Freund war John Stevens, dessen Familie ebenfalls in der Kirchengemeinde Saint Margaret aktiv
war. John war Einzelkind und sollte nach dem Willen seiner Eltern
später einmal Arzt werden (was er auch tatsächlich wurde). Er und
Marilyn waren von ihren Eltern dazu bestimmt, ein Paar zu werden.
Ich machte mir einen Spaß daraus, ihnen nachzuschleichen, wenn sie
sich verliebt umschlungen hielten, und ihnen gehörig auf die Nerven
zu fallen. John bestach mich mit einem Vierteldollar. Marilyn spuckte
Gift und Galle gegen ihren unausstehlichen kleinen Bruder. Für mich
war sie damals nur eine Petze, die mich verriet, wenn ich die Schule
schwänzte, und sie hielt mich sicherlich für eine Nervensäge. Alles in
allem war es also eine ganz normale Geschwisterbeziehung.

In einem Sommer – ich war acht Jahre alt – mieteten meine Familie und andere Verwandte Strandhäuschen in Sag Harbor auf Long Island. Ich war allein draußen und versuchte gerade, ein Messer so in den Sand zu werfen, daß es mit der Klinge steckenblieb, als mir plötzlich ein Sandkorn ins Auge flog und unter dem Lid hängenblieb. Ich lief weinend in unser Strandhäuschen, wo mich Tante Larisse von dem Fremdkörper befreite, ohne daß ich mit Weinen aufgehört hätte. Wieder draußen, hörte ich gerade noch, wie sie zu Tante Gytha sagte: »Was soll man bloß von dem Jungen halten. Er ist so eine Heulsuse.« Das Wort ging mir durch Mark und Bein, und daß ich mich auch nach fast fünfzig Jahren so lebhaft an diese Szene erinnere, läßt ahnen, welch niederschmetternde Wirkung es damals auf mich hatte. Ich weiß noch, wie ich mir fest vornahm, niemals mehr vor anderen zu weinen. Späterhin habe ich es nicht immer geschafft, mich daran zu halten.

Mit neun Jahren wurde ich das Sorgenkind der Familie Powell. Als Schüler der Grundschule 39 wurde ich zwar von der dritten in die vierte Klassenstufe versetzt, aber ich kam in eine besondere Klasse, in die Förderklasse. Das war ein Euphemismus und besagte soviel, daß Kinder, die dort hineinkamen, etwas begriffsstutzig waren. Über diese Tatsache wurde im Kreis unserer Familie nur hinter vorgehaltener Hand und unter Kopfschütteln gesprochen. Bildung war das Schlupfloch, durch das Einwanderer aus der Karibik nach oben gelangten. Meine Schwester war bereits eine glänzende Schülerin und hatte beste Aussichten, später einmal zu studieren. Und nun kam ich und hatte schon in der vierten Klasse Probleme. Mir fehlte es an Antrieb, nicht an Begabung. Ich war ein sorgloses Kind, umgänglich und nett, aber ohne Ziel.

Ich war auch keine Sportkanone, obwohl ich alle gängigen Straßenspiele mochte. Tony Grant, ein Freund aus Kindertagen, hat einmal sechsunddreißig verschiedene Spiele gezählt, darunter zig Varianten von Baseball und anderen Ballspielen. Einmal spielte ich gerade Baseball auf einem verlassenen Grundstück, als ich meinen Vater die Straße heraufkommen sah. Ich betete im stillen, er möge bloß weitergehen, denn ich hatte einen miserablen Tag erwischt. Doch er blieb stehen und schaute zu. Solange er dabei war, landete ich keinen Treffer. Ein Schlag und daneben, so ging es ständig, wenn ich mit Schlagen dran war. Noch heute fühle ich die brennende Schmach. Es schmerzte mich immer, meinen Vater zu enttäuschen. Ich bildete mir ein, er hege

hohe Erwartungen, aber wahrscheinlich war das gar nicht der Fall,
denn nur selten machte er mir einen Vorwurf.

Besonderen Spaß machten mir Kämpfe mit Papierdrachen. Dazu zer-
trümmerten wir Sodaflaschen in einer großen Blechdose, legten die
Dose auf die Schienen und warteten, bis die Bahn darüberfuhr. Die
Glasscherben in der Dose wurden zu Pulver zermahlen, das wir auf
eine mit Kleber bestrichene Drachenschnur schütteten. In bestimmten
Abständen befestigten wir zweischneidige Rasierklingen am Schwanz
des Drachens. Dann ließen wir unsere Drachen von den Dächern der
Mietshäuser aus steigen. Ziel war es, durch Manövrieren von Schnur
und Schwanz die Drachen der anderen, manchmal mehrere Häuser
entfernt postierten Kinder zu treffen und zuzuschauen, wie sie abstürz-
ten. Das war unsere Version der Luftkämpfe des Zweiten Weltkriegs.

Ich habe keine Erinnerung an die Jahre nach der Weltwirtschafts-
krise. Meine Eltern hatten das Glück, die dreißiger Jahre über beschäftigt zu bleiben, daher gerieten wir nie wirklich in Not. Ich war erst fünf
Jahre alt, als Amerika in den Zweiten Weltkrieg eintrat, womit die wirtschaftlich harten Zeiten schlagartig vorbei waren. Obwohl ich damals
noch sehr klein war, kann ich mich lebhaft an die Kriegsjahre erinnern.
So sehe ich mich noch, wie ich Flugzeugmodelle aus Balsaholz und
buntem Seidenpapier, zehn Cent das Stück, selbst zusammenbaute. Ich
ließ auch Armeen von Bleisoldaten auf dem Teppich im Wohnzimmer
aufmarschieren und imaginäre Schlachten schlagen. Mit meinen
Freunden saß ich auf dem Dach unseres Hauses und suchte den Himmel nach Messerschmitt- und Heinkel-Kampfflugzeugen ab, die vielleicht nach Umgehung der Flugabwehr Hunt's Point hätten bombardieren können. Wir schossen mit imaginären Waffen auf imaginäre
Feinde. »Peng! Peng! Du bist tot!« »Nein, bin ich nicht!« Ein aufregender Augenblick in meiner Kindheit war es, als Onkel Vic, der in der
Vierten Panzerdivision gedient hatte, aus dem Krieg heimkehrte und
mir einen gelben Helm des deutschen Afrikakorps schenkte. Diesen
Helm habe ich vierzig Jahre lang besessen, bis er bei einem Umzug von
Deutschland nach Washington abhanden kam. Sicherlich ist er von den
deutschen Möbelpackern »befreit« worden. Im Jahr 1950 kam ich auf
die High-School, und wieder führte das Land Krieg, diesmal in Korea.
Der Krieg übte auf mich eine gewisse Faszination aus, wie auf viele
kleine Jungen, die seine Schrecken nicht aus der Nähe kennen.

Mit dem Zweiten Weltkrieg bekam ich einen anderen Namen. Vorher hieß ich »Co-lin«, nach der britischen Aussprache, wie sie die Jamaikaner haben. Der erste amerikanische Held dieses Krieges war Colin P. Kelly jr. (»Ca-lin« gesprochen), ein Kampfflieger, der zwei Tage nach dem Überfall auf Pearl Harbor das japanische Kriegsschiff *Haruna* angriff und posthum die Medaille für besondere Tapferkeit erhielt. Alle Jungen redeten von Colin Kelly und so wurde ich für meine Freunde zu »Ca-lin« aus der Kelly Street. Für meine Familie bin ich bis heute »Co-lin« geblieben. Ich habe einmal meinen Vater gefragt, warum er gerade diesen Namen ausgewählt habe, den ich nie mochte. Gab es da irgendeinen berühmten Vorfahren? Mein Vater verneinte. Er habe den Namen am Tag meiner Geburt auf einem Versandschein gelesen.

Als Kind bekam ich Klavierstunden, aber der Unterricht schlug bei mir nicht an, und so hatte es damit bald ein Ende. Später spielte ich Flöte. Marilyn meinte, die Töne, die ich dem Instrument entlockte, seien recht komisch. Bald gab ich auch die Flöte auf. Offensichtlich war ich nicht zum Musiker oder Sportler bestimmt. Aber ich war ein zufriedenes Kind, das in der warmen Geborgenheit seiner Familie und der weiteren Verwandtschaft aufwuchs. Im Zentrum standen meine Eltern. Einen weiteren Kreis bildeten die Schwestern meiner Mutter mit ihren Familien. Die einzige Familienangehörige, die mein Vater in Amerika hatte, meine Tante Beryl, bildete einen Kreis für sich. Diese Kreise setzten sich mit abnehmendem Verwandtschaftsgrad fort und zeichneten sich allesamt durch wirkliche Herzlichkeit aus. Familienangehörige sorgten füreinander, spornten sich gegenseitig an und gaben einander Halt.

Manchmal hatte ich das Gefühl, als sei ich halb Zuschauer und halb Statist in einem Stück, in dem sonst nur Charakterdarsteller spielten. Am Neujahrstag besuchten wir gewöhnlich meine Tante Dot in Queens und aßen Ziegenbraten in Curry. Nach dem Abendessen wurde Chotisse getanzt, Calypso gesungen und reichlich Rum der Marke Appleton Estate getrunken. Eine Anmerkung zur Etikette, die bei Jamaika-Rum zu beachten ist. Appleton Estate ist der berühmteste. Es gibt ihn in mehreren Sorten, die in Farbe, Alkoholgehalt und Alter variieren. In meiner Familie galt es als Affront, irgendeinen anderen Rum anzubieten. Seinen Gästen Rum aus Puerto Rico, zum Beispiel Bacardi, vorzusetzen, kam einer schweren Beleidigung gleich. Sehr beliebt war 45prozentiger Appleton Estate mit goldener Färbung. Weißer Appleton Estate mit 75 Prozent Alkoholgehalt fand für Punsch Verwendung.

Richtige Männer freilich tranken den 75prozentigen pur. Der Konsument roch danach eine Woche lang nach Rum, und solange brauchte er auch, um sich von seinem Rausch zu erholen. Rum ist für den Jamaikaner, was Tee für den Asiaten oder Kaffee für den Araber ist, ein Zeichen der Gastfreundschaft und Sympathie. Gewöhnlich wird er on the rocks mit Ginger-Ale oder Cola serviert. Die Variante mit Cola wurde für uns zu amerikanisch, als die Andrews Sisters ihren Hit »Drinking Rum and Coca Cola« landeten. Wie fast alle Damen sagte auch meine Mutter, wenn ihr ein Rumgetränk angeboten wurde, mit sittsamer Zurückhaltung: »Aber bitte nur einen Schuß.« Und stets monierte sie, daß der »Schuß« zu kräftig ausgefallen oder das Glas zu groß sei. Erst dann trank sie es aus.

Als Kind verstand ich die Texte der Calypso-Songs nicht, die ich bei Familienfeiern hörte. Je älter ich wurde, desto öfter gelang es mir aber, den schlüpfrigen Hintersinn zu entschlüsseln. Mein Lieblingssänger war Slinger Francisco aus Trinidad, der unter dem Namen *Mighty Sparrow* (mächtiger Spatz) bekannt war und als Meister der Anzüglichkeit galt. Auch als Vorsitzender des Generalstabs hörte ich in meinem Büro Calypso. Meine Adjutanten verstanden die Texte in Pidgin-Englisch nicht, und folglich entging ihnen so manche Anspielung in Songs wie »The Big Bamboo« und »Come Water Me Garden«. Ansonsten hört man nicht viel Calypso-Musik im E-Ring des Pentagon.

Auf Familienfeiern kam die Rede unweigerlich auf das »Nach-Hause-Fahren«. Meine Onkel und Tanten mochten schon seit vielen Jahren in Amerika leben, aber wenn sie »nach Hause« sagten, meinten sie Jamaika. »Du, Osmond, fährst du dieses Jahr nach Hause?« »Nein, mir fehlt das nötige Geld. Aber nächstes Jahr ganz bestimmt.« »Du, Larisse, fährst du nach Hause?« »Nein, aber ich werde meinen Leuten ein Päckchen schicken.« Alle gaben sich nostalgischen Gefühlen hin, nur nicht mein Patenonkel Shirley, Tante Dots Ehemann, der als Speisewagenkellner bei der Pennsylvania Railroad arbeitete. Onkel Shirley war ebenfalls Jamaikaner, aber in den Augen der anderen war er »Amerikaner« geworden und hatte nach dem langjährigen Kontakt mit hier geborenen schwarzen Arbeitskollegen sogar viel von seinem karibischen Akzent verloren. »Nach Hause fahren?« sagte Onkel Shirley dann, »ihr Schwachköpfe sitzt hier und redet von ›Nach-Hause-Fahren‹. Ihr habt wohl vergessen, warum ihr weggegangen seid. Ich war seit zwanzig Jahren nicht zu Hause und werde auch in Zukunft nicht nach Hause fahren.« An diesem Punkt brachen wir Kinder stets in Gelächter aus, weil sich Onkel Shirley wieder einmal zu ketzerischen Reden hatte hinreißen lassen.

Wir sahen es immer gern, wenn Tante Dot und Onkel Shirley aneinander gerieten. Ihre Kabbeleien waren so voraussehbar wie die Prügel im Kasperletheater. »Shirley, jetzt komm endlich zu uns herüber, statt den ganzen Tag vor der Glotze zu hocken«, begann Tante Dot, und bald hieß es, »Shirley mach dies« und »Shirley mach das«. Es war, wie wenn man einer glimmenden Lunte zuschaute. Am Ende ging Shirley in die Luft. »Frau, kümmere dich gefälligst um deinen eigenen Kram!« Später ging mir auf, daß sie sich nur deshalb über vierzig Jahre lang kabbeln konnten, weil sie sich im Grunde ihres Herzens in Liebe zugetan waren.

In den Sommerferien wohnte ich bisweilen bei Tante Dot und Onkel Shirley. Am besten gefiel mir dort, was sich mein Patenonkel unter einem passenden Frühstück an seinem dienstfreien Tag vorstellte: Steak, Eier und Eiscreme. Dottie und Shirley leben inzwischen nicht mehr. Aber immer wenn ich einen Abend mit ihren Söhnen, meinen Cousins Vernon, Roger und Sonny, verbringe, amüsieren wir uns damit, einen der alten Dispute ihrer Eltern wieder hervorzuholen. Manchmal erinnere ich mich unwillkürlich an sie, und dann muß ich ganz allein lachen.

In meiner Familie herrschte das Matriarchat. Ich mochte meine Onkel sehr, denn sie sorgten für die Würze im Familienleben und stellten gelegentlich auch die Schurken dar. Aber die meisten waren schwächere Charaktere als ihre Ehefrauen. Die Frauen setzten die Maßstäbe, brachten die Kinder auf Zack und trieben sie an. Die Ausnahme war mein Vater. Luther Powell mochte nur klein und äußerlich keineswegs imposant sein, ja vielleicht sogar etwas komisch wirken, aber er war dennoch der Direktor im Familienzirkus.

Im Jahr 1950 ging meine Schwester auf ein College nach Buffalo, im Norden des Bundesstaates New York. Marilyn zu verabschieden und zum Zug zu begleiten, war Vaters großer Auftritt. Wir begleiteten sie zur Grand Central Station und setzten sie in den Empire State Express, der sie nach Buffalo in die pädagogische Hochschule bringen sollte. Mein Vater schritt in den Bahnhof, wie immer mit wehendem Mantel, aber in sein Lächeln mischten sich Tränen. Jedem, der ihm begegnete, gab er ein Trinkgeld, dem Gepäckträger, dem Schaffner und dem Zugbegleiter, und allen sagte er: »Passen Sie auf meine Tochter auf, sorgen Sie dafür, daß sie heil ankommt.« Mir war es peinlich, daß er allen Geld zusteckte, aber das war nun einmal seine Art. In den Ferien gab er dem Postboten, dem Heizölfahrer und dem Müllmann ein Trinkgeld. In jungen Jahren, als er noch in Harlem lebte, ging er jeden Samstag im Anzug und mit dem Scheckbuch in der Westentasche aus. Zwar war sein Konto blank, aber er begann sein Wochenende mit einem Besuch am Schuhputzerstand, wo er ebenfalls als spendabler Kunde bekannt war. Danach schlenderte er die Morningside Avenue hinunter, als liege ihm die Welt zu Füßen.

In der Football-Saison mußte sein Sohn stets den besten Helm vom ganzen Block haben, auch wenn er bei weitem nicht der beste Spieler war. Mein erstes Fahrrad konnte nur ein Columbia Racer sein, mit 26-Zoll-Rädern und Weißwandreifen. Brauchte ich einen Anzug, hieß es: »Mein Sohn, hier ist die Kundenkreditkarte. Geh zu Macy's und kauf dir etwas Anständiges.« Und das von einem Versandleiter, der nie mehr als 60 Dollar in der Woche nach Hause brachte. Einmal, an Weihnachten, wehrte sich meine Mutter dagegen, daß mein Vater so viele Gäste wie in den vorigen Jahren einladen wollte. Sie sagte, die Arbeit wachse ihr über den Kopf. Er ging dennoch aus und lud rund fünfzig Personen ein und beschied meine Mutter, wenn sie allein nicht zurechtkomme, werde er einen Partyservice bestellen.

Seine Art, sich um alles zu kümmern, hatte etwas Beruhigendes. Luther Powell wurde gewissermaßen der Pate, der Mann, den andere um Rat fragten, der Familienstreitigkeiten schlichtete und der bei der Suche nach einem Job half. Er brachte Kleider mit nach Hause, zweite Wahl oder Ausschuß aus der Fabrik, und verhökerte sie an Grossisten oder verschenkte sie an jeden, der in Not war. Im Geschäft konnte Vater nicht immer die Rolle des Grandseigneurs spielen. Vielleicht bedeutete ihm deshalb sein Auftreten in der Kelly Street soviel. Als die Gaines Company zum Verkauf stand, versuchte er, einen Anteil zu kaufen, doch er kam nicht zum Zug. Er hatte der Firma dreiundzwanzig Jahre seines Lebens geopfert, und nun war er schnöde kaltgestellt worden. So zumindest sah er die Angelegenheit. Ob Vater wirklich ein seriöser Bieter war, habe ich nie erfahren. Wie auch immer, jedenfalls verließ er nach dieser Enttäuschung Gaines und nahm eine ähnliche Stellung bei Scheule and Company an, einer Firma, die im Textilgroßhandel tätig war. Dort verbrachte er den Rest seines Arbeitslebens, bis das

Unternehmen einging und er zu alt war, um einen neuen Job zu bekommen.

Luther Powell war nicht der Mann, dessen Selbstbewußtsein unter
seiner Hautfarbe oder seiner bescheidenen sozialen Stellung gelitten
hätte. Karibische Einwanderer wie er waren mittellos nach Amerika
gekommen. Jeden Morgen fuhren sie mit der U-Bahn zur Arbeit, schuf-
teten den ganzen Tag, kamen abends gegen acht Uhr nach Hause, kümmerten sich um ihre Familien und erzogen ihre Kinder. Wenn sie das
schafften, wie konnte dann jemand auf die Idee kommen, sie seien
weniger wert als andere Bürger? So dachte mein Vater.

Gewiß, bei alledem träumten sie stets davon, daß das Glück eines
Tages doch noch an ihre Tür klopfen und sie von der Last befreien
würde, ihren Lebensunterhalt im Schweiße ihres Angesichts zu verdienen. Ich habe noch das morgendliche Ritual im Ohr, wenn mein
Vater am Telefon vertraulich mit seiner Schwester sprach: »Beryl, worauf tippst du heute? Vier-drei-eins? Hmm. Einfach oder kombiniert?
Okay. Dann setzen wir fünfzig Cent.« Später kam dann der Lotteriean-
gestellte und holte den Tippschein ab. Irgendwann würden sie einmal
das große Los ziehen.

Im Jahr 1950 kam ich auf die Morris High School. Wenn ich nun
morgens aus dem Haus trat, ging ich nicht mehr nach links, sondern
nach rechts und war nach ein paar Blocks in meiner neuen Schule.
Marilyn hatte die elitäre Walton High School besucht. Auf Drängen
meiner Eltern versuchte ich, in die ebenfalls renommierte Stuyvesant
High School aufgenommen zu werden. Ich besitze heute noch das Blatt
mit der Empfehlung des Schulberaters: »Wir raten davon ab.« Die Morris High School dagegen entsprach der Definition, die der Dichter Robert Frost einmal dem Wort »Zuhause« gegeben hat: Das sei der Ort,
wo man immer eingelassen werde, wenn man anklopfe.

Ich hatte immer noch kein Ziel im Leben und keinen rechten Antrieb. Am liebsten war ich mit den anderen Jungs draußen auf der
Straße. Dann drehten wir »unsere Runde«: von der Kelly Street die
163. Straße hinauf, um den Southern Boulevard herum zur Westchester Avenue und zurück nach Hause. Jeden Samstagvormittag gingen
wir ins Tiffany Theater, ein Kino, und schauten uns den Fortsetzungs-
film und dann im Hauptprogramm zwei Western an.

Am Sonntag hieß es, den Gottesdienst in Saint Margaret zu besuchen, wo wir unsere eigene Kirchenbank hatten. Vater war Kirchen-

vorsteher, Mutter leitete die Altargilde, und Marilyn spielte bei Kindergottesdiensten das Harmonium. Ich war Ministrant. Meine Familie half stets beim Wohltätigkeitsbazar, beim Kuchenverkauf und versäumte nie das alljährliche Tanzvergnügen, bei dem alle ihren episkopalistischen Glauben einmal ganz unbeschwert ausleben durften. Man konnte Calypso tanzen, sich einen Schwips antrinken und sogar mit dem Pfarrer anstoßen.

In unserer Gegend gab es auch katholische Kirchen, Synagogen und Versammlungsstätten der Evangelikalen. Freitags abends schaltete ich in einer orthodoxen Synagoge die Lichter an und wieder aus. Ich erhielt dafür einen Vierteldollar, und die frommen Synagogenbesucher konnten das Gebot der Sabbatruhe einhalten. Ich hatte genau umrissene Vorstellungen, wie eine Kirche auszusehen hatte, nämlich so wie die Gotteshäuser der anglikanischen Hochkirche, mit der meine Angehörigen in Jamaika aufgewachsen waren. Kirchtürme, Altäre, Priester, Meßgewänder und Weihrauch gehörten ebenso dazu wie Gläubige, die das Knie beugten und sich bekreuzigten. Je höher die Kirche, desto näher war sie bei Gott, das war mein Religionsverständnis. Zu Weihnachten verwandelte unser Pfarrer, Father Weeden, Saint Margaret in einen magischen Ort, der mit Kerzen, Lichtern, Schleifen, Kränzen und Stechpalmen geschmückt war. Der anhaltende Weihrauchgeruch während der Festtage raubte Marilyn fast den Atem. Ich dagegen genoß ihn.

An den Firmritus erinnere ich mich noch genau. Als Ministrant sah ich zu, wie die Firmlinge geschniegelt und gebügelt in einer Reihe vortraten, der Bischof jedem einzelnen die Hand auflegte und die Worte sprach: »Herr, versehe dieses Dein Kind mit Deiner himmlischen Gnade, damit es auch weiterhin zu Dir stehe und Tag für Tag im Heiligen Geist wachse, bis es dereinst in Dein himmlisches Reich komme.« Währenddessen schwang ich das Räucherfaß und stimmte dann mit einem kräftigen »Amen« ein, überzeugt, daß ich Zeuge war, wie der Heilige Geist gleich einem Blitz über das Haupt dieses Kindes kam. Das Kirchenleben in Saint Margaret war von religiöser Phantasie, Prunk, dramatischen Effekten und poetischer Sprache geprägt. Die Zeiten haben sich geändert und mit ihnen auch die Liturgie. Ich darf mich der Weisheit der Bischöfe nicht verschließen, die zu dem Schluß gelangt waren, daß die Ausgabe des Gebetbuchs der anglikanischen Kirche von 1928 einer Revision bedurfte. Doch mit dieser Revision ging für mich auch etwas verloren. Lange Jahre später trug ich meine Mutter aus der Gemeinde Saint Margaret zu Grabe, zu einer Zeit, als an die Stelle der alten Liturgie bereits die neue getreten war. Gott schien nun mit unserer irdischen Welt fest verbunden, er schien sein Geschlecht eingebüßt zu haben und war weit entfernt von der erhabenen, himmlischen Vaterfigur meiner Kindheit. Das stimmte mich traurig, denn ich vermißte die Kraft der Verzauberung, die der Kirche, mit der ich aufgewachsen war, noch zur Verfügung gestanden hatte.

Ich war zwar gläubig, aber kein Heiliger. In einem Sommer zu Beginn der fünfziger Jahre wählte Pater Weeden mich, den Sohn zweier Stützen seiner Gemeinde, für die Teilnahme an einem kirchlichen Zeltlager bei Peekskill aus. Dort angekommen, geriet ich sogleich in schlechte Gesellschaft. Eines Nachts schlichen sich meine neuen Freunde und ich aus dem Lager und kauften heimlich Bier. Um das Bier kühl zu halten, versteckten wir es im Spülkasten der Toilette, wo es auch bald entdeckt wurde. Der Geistliche, der das Lager leitete, ließ alle Teilnehmer zusammenrufen. Er drohte uns nicht und ließ auch kein Donnerwetter auf uns niedergehen. Statt dessen fragte er, wer bereit sei, sich zu seiner Tat zu bekennen. Wer würde es zugeben und wie ein Mann zu seinem Wort stehen? Wir wären vielleicht ungeschoren davongekommen, wenn wir einfach geschwiegen hätten. Doch die Worte des Geistlichen hatten mich beeindruckt. Ich trat vor und sagte: »Pater, ich war es.« Auf mein Beispiel hin traten auch die anderen beiden angehenden Rowdys vor und beichteten.

Man setzte uns in den nächsten Zug nach New York. Die Nachricht von unserer Missetat war uns schon vorangeeilt. Ich schleppte mich die Westchester Avenue hinauf und bog dann mit schweren Schritten rechts in die Kelly Street ein, wie ein Delinquent, der das Gerüst zum Galgen erklimmt. Bei Nummer 952 angekommen, erblickte ich zuerst meine Mutter. Ihr sonst so liebenswürdiges Gesicht war zu einer zornigen Miene verzerrt. Als sie mit ihren Vorhaltungen fertig war, kam Vater an die Reihe. Schon meinte ich, meine ewige Verdammung sei beschlossen, da rief Pater Weeden an. Gewiß, der Junge habe sich schlecht betragen. »Aber«, so fuhr er fort, »Ihr Colin ist vorgetreten und hat für seine Tat geradegestanden. Und sein Beispiel hat die anderen Jungen dazu bewogen, sich ebenfalls schuldig zu bekennen.« Die Mienen meiner Eltern hellten sich auf. Eben noch ein jugendlicher Missetäter, schien ich mit einem Mal ein Held geworden. Etwas von dieser Erfahrung aus Kindertagen, der Lohn der Aufrichtigkeit, hat sich tief in mein Gedächtnis gegraben.

Andererseits stieg mein Renommee bei den Nachbarsjungen, zu deren Bande ich gehörte, gewaltig, als bekannt wurde, daß ich aus dem kirchlichen Zeltlager geflogen war. Und es stieg noch weiter, als mein Vater mich in Sam Fiorinos Flickschusterladen beim Pokern erwischte – auch wenn ich mit Polizisten spielte, die gerade dienstfrei hatten. Sonst war ich in den Augen der anderen Bandenmitglieder zwar nicht gerade eine Memme, aber doch ein »netter« Junge, fast ein wenig ein Muttersöhnchen.

Eines Tages, ich war vierzehn, schickte mich meine Mutter mit Briefen zum Postamt. Ich kam gerade an Sickser's vorbei, einem Laden für Babyausstattung und Spielwaren an der Ecke Westchester und Fox Street, als mich ein weißhaariger Mann heranwinkte. Ob ich mir ein paar Mäuse verdienen wolle, fragte er mich mit starkem jiddischem Akzent. Er führte mich zu einem Lieferwagen, der vor dem Lager hinter dem Laden geparkt war. Der Mann war Jay Sickser, der Geschäftsinhaber. Er wies mich an, Waren für das Weihnachtsgeschäft auszuladen, und ich machte mich sogleich an die Arbeit. Später kam er wieder und schaute, wie weit ich war. Als er sah, daß ich fast fertig war, schien er ein bißchen erstaunt. »Du kannst ja arbeiten«, sagte er. »Magst du morgen wiederkommen?« Dies war der Beginn einer Beziehung, die meine ganze Jugend über anhalten sollte.

Der Laden zählte viele Juden zu seinen Kunden, und bald schon hatte ich etwas Jiddisch aufgeschnappt. Häufig kamen Verwandte von Jay Sickser und hielten nach einem günstigen Angebot Ausschau. Dann rief mich Mr. Sickser zu sich und sagte: »Collie, sei so gut und zeige meinen Cousins die Kinderwagenabteilung im zweiten Stock.« Ich führte sie hinauf, wo sie auch sogleich in Jiddisch über die verschiedenen Modelle sprachen und darüber, was sie auszugeben gedachten. Was konnte das »schwarze Jüngele« schon verstehen? Ich entschuldigte mich, ging wieder hinunter und berichtete Mr. Sickser, was ich mitbekommen hatte. Der Geschäftsinhaber ging dann, von mir bestens informiert, hinauf zur Kundschaft und machte den Handel perfekt.

Ich hatte bereits mehrere Jahre dort gearbeitet, als mich Mr. Sickser eines Tages beiseite nahm. »Collie«, sagte er, »versteh mich recht, ich habe zwei Töchter und bereits einen Schwiegersohn. Bemühe dich später um eine gute Ausbildung und rechne nicht unbedingt auf den

Laden.« Offensichtlich hatte ich in seinen Augen so gute Arbeit geleistet, daß ich es verdient hätte, eine feste Anstellung in seiner Firma
zu bekommen. Daran hatte ich aber nie gedacht. Ich faßte es als ein
Kompliment auf.

Ich bin gefragt worden, wann ich mir zum ersten Mal meiner rassi-
schen Identität bewußt geworden sei, wann ich gemerkt hätte, einer
Minderheit anzugehören. In meiner Kindheit habe ich nichts derglei-
chen gespürt, einfach deshalb, weil es in Banana Kelly keine Mehrheit
gab. Man war Jude, Italiener, Pole, Grieche, Puertorikaner oder, wie
wir damals sagten, Neger. Die Freunde meiner Kinderzeit hießen Victor
Ramirez, Walter Schwartz, Manny Garcia, Melvin Klein.

Gewiß, in der Kelly Street fielen auch rassistische Schimpfworte,
und manchmal konnte das in handfesten Prügeleien enden. Aber es
hieß nie generell: »Du bist minderwertig, ich bin besser.« Bei den Prügeleien ging es eher darum, eine Beleidigung, die auf die eigene Gruppe gemünzt war, zu rächen. Später sollte ich dann das Gift des Ras-
sendünkels am eigenen Leib erfahren, aber das war zu einer anderen
Zeit und fern von Banana Kelly.

Der ständige Gefährte meiner Jugend war Gene Alfred Warren Norman, auch er karibischer Herkunft. Er war ein oder zwei Jahre älter,
ein besserer Sportler und ein unruhigerer Geist als ich. Ein enger weißer Freund war Tony Grant (eigentlich Grabowski). Sie hatten es eilig,
aus unserer Gegend herauszukommen und neue Horizonte zu entdek-
ken. Gene wollte ins Marineinfanteriekorps und Tony zur Kriegsmari-
ne. In Tonys Erinnerung gab es zwei Gruppen in Banana Kelly, solche,
die Drogen nahmen, und solche, die keine nahmen. Zu letzteren gehörten wir drei. Gene wurde schließlich Denkmalspfleger der Stadt
New York und Tony Syndikus für White Plains.

Mit dem High-School-Abschluß in der Tasche verließ ich bereits im
Februar 1954, zwei Monate vor meinem siebzehnten Geburtstag, die
Morris High School, was ich eher dem straffen Lehrplan als meinen
schulischen Leistungen zu verdanken hatte. Im Jahrbuch der Schule
ist ein Foto von mir: ein Junge mit einem unbeschwerten Lächeln,
neben dessen Namen wenig vorzeigbare Leistungen vermerkt sind. Die
Seite, die meinem Jahrgang gewidmet ist, zeigt auch die damals übliche ethnische Mischung in Hunt's Point: drei Schwarze, einen Latino,
vier jüdische Kinder und zwei weitere Weiße.

Abgesehen von einer gewissen Fertigkeit im Abladen von Kinderwagen hatte ich mich noch in keiner Hinsicht besonders hervorgetan. Ich war der »nette Junge«, der auch »zupacken« konnte, mehr nicht. An der Morris High School erwarb ich eine Urkunde im Crosslauf, aber nach einer Weile schon fand ich die endlosen Querfeldeinläufe durch den Van Cortlandt Park öde und hörte auf damit. Statt dessen wählte ich die 440-Yard-Distanz, denn die Kurzstrecken lagen mir eher. Aber nach einer Saison machte ich auch damit Schluß. In unserer Kirchengemeinde hatten wir eine Basketballmannschaft. Ich war hochgewachsen, ein guter Läufer, der Sohn des Kirchenvorstehers, also war der Trainer bereit, mir eine Chance zu geben. Doch ich saß die meiste Zeit auf der Reservebank, deshalb gab ich auch das Basketballspiel auf – sehr zur Erleichterung des Trainers.

Daß ich durch nichts bei der Stange zu halten war, begann meine Eltern allmählich zu beunruhigen. Zwar redeten sie nicht offen darüber, aber ich spürte es dennoch. Auf einem Gebiet allerdings glänzte ich doch. Ich war ein ausgezeichneter Ministrant und Subdiakon und erfüllte meine kirchlichen Pflichten mit großem Eifer. Die Kirche war eine Welt, die von Organisation, Tradition und Hierarchie geprägt war, in der es zeremonielle Pracht und einen übergreifenden Sinn und Zweck gab, alles Dinge, die, wenn ich es mir heute überlege, auch in der Armee wichtig sind. Vielleicht sollte mich ja mein Gebetbuch, Ausgabe 1928, auf das Field Manual 22−5 vorbereiten, die Bibel des Army-Drills. Hätte ich damals den Priesterstand gewählt, so hätte sich meine Mutter sehr gefreut. Doch ich vernahm den Ruf Gottes nicht.

Auch in einer anderen Hinsicht blieb ich unreif und unbedarft. Ich bin zu Hause nie aufgeklärt worden. Das Wesentliche erfuhr ich auf der Straße und zwar in ziemlich kruder Form. Alle jungen Burschen trugen Kondome im Portemonnaie – ich auch, nur war meines vor Alter gelb und spröde geworden. Mich verband eine scheue Liebe mit einem Mädchen, das ein paar Häuserblocks weiter wohnte. Unsere Romanze dauerte die ganze High-School-Zeit über. Einmal lud ich sie zu einem Familienfest zu uns nach Hause ein, und Marilyn kicherte den ganzen Abend mit ihr herum. Später sagte meine Schwester: »Was ist eigentlich so Besonderes an dem Mädchen?« Bei allem geschwisterlichen Gezänk hatte Marilyns Urteil doch Gewicht für mich. Wenn meine Freundin in Marilyns Augen nicht hübsch war, dann verlor sie

auch für mich an Attraktivität, und tatsächlich schlief unsere Beziehung bald darauf ein.

Marilyn setzte weiterhin den Bildungsmaßstab in der Familie Powell. Sie hatte die Walton High School mit Auszeichnung abgeschlossen und glänzte nun auch am Buffalo State Teachers College. So sah
ich mich genötigt, trotz mittelmäßiger Noten an der High-School dem
Vorbild meiner Schwester nachzueifern. Nichts anderes erwarteten
auch meine Eltern von mir. Ein höherer Bildungsabschluß entschied
darüber, ob man den ganzen Tag lang Waren verpackte und Knöpfe
annähte oder ob man einen richtigen Beruf ausübte. Höhere Bildung
stand am Anfang einer ungewöhnlichen Serie von beruflichen Erfolgen
in meiner Familie. Sehe ich mich in meiner engeren und ferneren
Verwandtschaft um, so ergibt sich folgendes Bild: Mein Cousin Arthur
Lewis wirkte, nach einer Unteroffizierslaufbahn bei der Marine, als
Botschafter in Sierra Leone; sein Bruder Roger wurde ein erfolgreicher
Architekt, Cousin Victor Roque ein gefragter Rechtsanwalt; James Watson brachte es zum Richter am US-Zollgericht für Internationalen Handel; seine Schwester Barbara war US-Botschafterin in Malaysia und
wurde als erste Frau stellvertretende Staatssekretärin in einem Bundesstaat. Eine weitere Schwester, Grace, arbeitete als Beamtin im Bil-
dungsministerium. Eine andere Cousine, Dorothy Cropper, entschied
als Richterin in New York über Klagen gegen öffentliche Behörden.
Meine Cousine Claret Forbes, eine der letzten, die aus Jamaika aus-
wanderten, arbeitet als Krankenschwester und hat zwei Kinder an Eli-
teuniversitäten an der Ostküste. Die Tochter meiner Schwester, Leslie,
ist Künstlerin und hat in Yale den Magistertitel erworben. Ein weiterer
Cousin schließlich, Bruce Llewellyn, Tante Nessas Sohn, der als Geschäftsmann, Philanthrop und ehemaliger hoher Berater in der Carter-
Administration von sich Reden gemacht hat, gehört zu den reichsten
schwarzen Bürgern der Vereinigten Staaten.

Nicht jeder Cousin brachte es zum Akademiker. Einige wurden Wa-
genführer bei der New Yorker U-Bahn, andere führten kleine Geschäfte, wieder andere arbeiteten im kirchlichen Dienst. Doch alle sind treu-
sorgende Väter und gute Mütter, halten ihre Familien zusammen und
erziehen ihre Kinder, die sich ihrerseits vielversprechend entwickeln.
Wenn ich auf meine Onkel und Tanten, auf ihre Kinder und Kindes-
kinder blicke, dann sehe ich drei Generationen von selbstbewußten,
tüchtigen und produktiven Mitgliedern der Gesellschaft. Und alle mei-

ne Verwandten, unabhängig davon, welche berufliche Position sie innehaben, sind in der Familie gleich gut angesehen. Kein Cousin und keine Cousine steht im Hinblick auf Respekt oder Zuwendung über den anderen. Manche haben Enttäuschungen erlebt. Manchen war nicht der Erfolg beschieden, den sie sich gewünscht hatten. Aber sie sind in dem Sinne erfolgreich, auf den es am Ende ankommt: Sie machen sich nützlich und tun Gutes: sich selbst, ihren Familien und der Gesellschaft.

Die meisten Geschwister meiner Eltern blieben in Jamaika. Auch ihre Kinder haben sich gut entwickelt. Meine Cousins Vernon und Roy sind auf die Universitäten von Toronto und London gegangen. In den siebziger Jahren, als die Regierung von Jamaika eine entschiedene Wendung nach links vollzog und die Wirtschaft an den Rand des Ruins brachte, verließen noch mehr Verwandte die Insel. Diese jüngsten Auswanderer ließen sich in Miami nieder, und auch dort wiederholte sich das bekannte Erfolgsmuster.

Unter den Kariben herrscht unbestreitbar ein gewisses Klan-Wesen, und das gilt auch für die Jamaikaner. So knüpfte meine Familie Kontakte und Freundschaften fast ausschließlich in der jamaikanischen Gemeinde. Um so größer war der Schock, den Schwester Marilyn durch ihr Verhalten auslöste. Seit sie aufs College ging, brachte sie Freundinnen mit nach Hause, darunter auch weiße. Die Süd-Bronx war wohl nicht das, was diese jungen Frauen gewohnt waren, aber das kümmerte Marilyn nicht. Sie war stolz auf ihre Familie, und meine Eltern freuten sich immer über den Besuch, den sie mitbrachte. Dann, irgendwann im Jahr 1952, sagte sie, daß sie uns ihren Freund vorstellen werde. Sie liebe ihn und werde ihn heiraten. Der Freund hieß Norman Bern, und er war weiß.

Dieser »Beitrag« zur Rassenintegration kam zwei Jahre vor dem Fall Brown gegen die Schulbehörde von Topeka, der mit der Entscheidung des Obersten Gerichtshofs endete, daß Rassentrennung in öffentlichen Schulen gegen den Gleichheitsgrundsatz verstoße, also zu einer Zeit, da nur wenige Amerikaner, ob weiß oder schwarz, einen Mann namens Martin Luther King erkannt hätten und nur die wenigsten etwas mit dem Begriff Sit-in anzufangen wußten. Über Marilyns Wahl wurde in der Familie viel die Nase gerümpft. Unser Mädchen aus Banana Kelly geht jetzt mit einem weißen jungen Mann aus Buffalo? Was soll daraus werden? Warum wollen sie heiraten?

Dann war es an Norman, der Familie gegenüberzutreten und Fragen zu beantworten. Doch er entpuppte sich als Märchenprinz und war sichtlich in meine Schwester verliebt. Gleichwohl war eine Mischehe zwischen Schwarz und Weiß für Vater keine Selbstverständlichkeit. Und er war skeptisch hinsichtlich der Dauerhaftigkeit jugendlicher Leidenschaften. »Ihr wollt also heiraten«, sagte er. »Schön, aber wartet ein Jahr damit und seht, ob ihr dann immer noch wollt.«

In der Zwischenzeit gingen wir Normans Familie besuchen. Für mich war es ein Abenteuer. Zwischen Buffalo und New York lagen 740 Kilometer. Das war schon fern im Westen! Die Berns erwiesen sich als etwas toleranter als die Powells. Wenn die Kinder sich liebten und heiraten wollten, so ihr Standpunkt, dann dürfe man ihnen den elterlichen Segen nicht versagen.

Am Ende siegte die Liebe, und die Hochzeit wurde für August 1953 angesetzt. Wenn Luther Powells einzige Tochter heiratete, dann war das Beste gerade gut genug: der beste Cateringservice, die größte Hochzeitstorte, erstklassige Musiker und als Ort der Feier das schickste Hotel am Platz, das Concourse Plaza Hotel am Grand Concours, das größte Hotel der Bronx. An diesem Tag müssen wohl die Ersparnisse eines ganzen Jahrzehnts verpulvert worden sein. Doch der Glanz in den Augen meines Vaters sagte nur: Wozu sonst ist Geld gut?

Ich möchte noch anmerken, daß Marilyn und Norman, die stolz auf zwei Töchter und eine Enkeltochter blicken, vor kurzem ihren vierzigsten Hochzeitstag gefeiert haben.

Marilyns Vorbild und den Wünschen meiner Eltern folgend, bewarb ich mich an zwei Colleges, am City College of New York und an der New York University. Offenbar war ich besser, als ich dachte, denn ich wurde an beiden angenommen. Die Wahl zwischen beiden Möglichkeiten lief auf eine einfache Rechnung hinaus: an der NYU, einem privaten Institut, betrugen die Studiengebühren 750 Dollar, am CCNY, einer öffentlichen Hochschule, waren es 10 Dollar. Ich entschied mich für das CCNY. Meine Mutter betätigte sich als Studienberaterin. Sie hatte sich zuvor mit der Familie abgesprochen. Meine beiden jamaikanischen Cousins, Vernon und Roy, strebten den Ingenieurabschluß an. »Damit läßt sich Geld verdienen«, riet mir Mutter. Und da lag sie nicht ganz falsch. In der boomenden Wirtschaft der fünfziger Jahre herrschte eine starke Nachfrage nach Konsumgütern, und entsprechend groß war der Bedarf an Ingenieuren, die Kühlschränke, Autos und Hi-Fi-Anlagen entwickelten. Ich begann also ebenfalls, Ingenieurwissenschaft im Hauptfach zu studieren, und das trotz meiner Abneigung gegen Mathematik und Naturwissenschaften.

Die Bronx kann eine kalte, unwirtliche Gegend sein, und so war es auch an jenem Februartag, als ich mich zum ersten Mal auf den Weg ins College machte. Nach zwei Busfahrten kam ich schließlich an der Ecke 156. Straße und Convent Avenue in Harlem an. Fröstelnd stieg ich aus, reckte den Hals wie ein Bauerntölpel aus der tiefsten Provinz und bestaunte die schmucken Wohnhäuser mit ihren rotbraunen Sandsteinfassaden. Das war Harlem von seiner schönsten Seite, die Goldküste, wo Schwarze mit akademischer Bildung und guten Jobs wohnten.

Ich ging bis zur Ecke Convent Avenue und 141. Straße, blieb dann stehen und warf einen Blick auf den Campus. Nun sollte ich also ein College betreten, daß im vergangenen Jahrhundert mit dem erklärten Ziel gegründet worden war, »den Kindern aus der Arbeiterklasse eine höhere Bildung zu ermöglichen«. Seitdem haben die Begabtesten unter den armen New Yorker Kindern diese Chance genutzt. Zu meinen Vorgängern am CCNY zählen der Entdecker des Impfstoffs gegen Kinderlähmung Dr. Jonas Salk, der Richter am Obersten Gerichtshof Felix Frankfurter, der naturalistische Romancier Upton Sinclair, der Filmschauspieler Edward G. Robinson, der Dramatiker Paddy Chayefsky, der Herausgeber der *New York Times* Abe Rosenthal, der Romancier Bernard Malamud, der Arbeiterführer A. Philip Randolph, drei New Yorker Oberbürgermeister, Robert Wagner jr., Abraham Beame und Edward Koch, sowie acht Nobelpreisträger. Beim Betreten des imposanten neugotischen Gebäudes wurde ich, ein mittelmäßiger Schüler von der Morris High School, von einem tiefen Gefühl des Respekts überwältigt. Da fragte mich plötzlich eine freundliche Stimme: »Na, mein Junge, neu hier?«

Sie gehörte einem kleinen Mann mit rotem, wettergegerbten Gesicht und schwieligen Händen. Er stand hinter einem dampfenden zweirädrigen Wagen, der mit jenen großen Brezeln beladen war, auf die die New Yorker ganz versessen sind. So machte ich die Bekanntschaft eines Mannes, der zum lebenden Inventar des CCNY gehörte und aus unerfindlichen Gründen »Raymond der Bagel-Mann« genannt wurde, obwohl er Brezeln verkaufte. Ich kaufte ihm eine warme Salzbrezel ab und plauderte eine Weile mit ihm. Damit war das Eis gebrochen, und das College hatte für mich seinen furchteinflößenden Charakter verloren. In den kommenden viereinhalb Jahren sollte ich zu Raymonds Stammkunden gehören. Es mag für seinen Charakter oder meinen mangelnden Studieneifer sprechen, auf jeden Fall blieb meine Erinnerung an Raymond den Bagel-Mann frisch, während ich mich an die meisten Dozenten nur noch verschwommen erinnern kann.

Auf dem Weg zum Hauptgebäude, der Sheppard Hall, die mir wie die Kulisse zu einem Horrorfilm entgegendräute, kam ich an einem unscheinbaren alten Gebäude vorbei. Damals beachtete ich es gar nicht, und doch wurde es in den kommenden vier Jahren zum Mittelpunkt meines Lebens: Es war die Exerzierhalle des Ausbildungskorps für Reserveoffiziere.

Das erste Semester meines Ingenieurstudiums verlief erstaunlich gut, in erster Linie wohl deshalb, weil ich noch keine ingenieurwissenschaftlichen Kurse in eigentlichen Sinn belegte. Zur Vorbereitung wollte ich im Sommer erst einmal einen Kurs in Technischem Zeichnen absolvieren. An einem heißen Nachmittag stellte uns der Lehrer die Aufgabe, einen Konus, der eine Ebene schneidet, in räumlicher Sicht zu zeichnen. Meine Kommilitonen machten sich gleich an die Arbeit, ich dagegen saß einfach nur da. Ich war beim besten Willen nicht in der Lage, mir einen Konus, der eine Ebene schneidet, räumlich vorzustellen. Wenn das Ingenieurwissenschaft hieß, dann war für mich das Studium gelaufen.

Meine Eltern waren enttäuscht, als ich ihnen mitteilte, daß ich das Hauptfach wechseln wollte. Typisch Colin, ein netter Junge, aber ohne Ziel im Leben. Kaum hatte ich mein neues Hauptfach genannt, wurde eilig ein Familienrat einberufen. Zwischen Tanten und Onkeln wurde fieberhaft telefoniert. Wie konnte jemand nur auf die Idee kommen, Geologie zu studieren? Was konnte man damit anfangen? Wo brauchte man Geologen? Bei der Suche nach Erdöl? Ein ausgefallener Beruf für einen Jungen aus der Süd-Bronx. Die entscheidende Frage für diese auf materielle Sicherheit bedachten Menschen lautete aber: Konnte man mit Geologie einen Pensionsanspruch erwerben? Das war das Zauberwort in unserer Welt. Ich weiß noch, wie ich nach vier Jahren in der Armee nach Hause kam und meine Tante Larisse besuchte, die es zwar immer gut meinte, sich aber gelegentlich ungebeten einmischte. Was für eine Laufbahn eröffnet die Armee? fragte sie wie ein Prüfer. Was wollte ich aus meinem Leben machen? Um mich zu rechtfertigen, griff ich zum erstbesten Argument und erwähnte, daß man nach zwanzig Dienstjahren Anspruch auf eine Pension zum halben Sold habe. Ich wäre dann erst einundvierzig. Die Augen meiner Tante wurden größer. Eine Pension? Mit einundvierzig? Damit erübrigte sich jede weitere Diskussion. Ich hatte sie restlos überzeugt.

Während meines ersten Semesters am CCNY waren mir auf dem Campus junge Männer in Uniform aufgefallen. Das College war eine Brutstätte liberaler und radikaler Anschauungen, ja sogar kommunistischer Ideen, die sich aus den dreißiger Jahren herübergerettet hatten. Insofern hätte man nicht erwartet, hier auch Militärs anzutreffen. Zu Beginn des Herbstsemesters 1954 informierte ich mich über das Ausbildungskorps für Reserveoffiziere (ROTC) und trat ihm dann bei. Über meine Gründe bin ich mir nicht ganz im klaren. Wahrscheinlich spielte die Tatsache eine Rolle, daß ich im Zweiten Weltkrieg aufgewachsen und zur Zeit des Koreakriegs ins Erwachsenenalter gekommen bin. Die Fähnchen mit blauem Stern, die in die Fenster gestellt wurden und den Passanten zeigten, daß jemand aus der Familie an der Front diente, der goldene Stern, der bedeutete, daß jemand im Krieg gefallen war, Filme wie *Stahlgewitter, Dreißig Sekunden über Tokio, Guadalcanal-die Hölle im Pazifik,* Kriegshelden wie Colin Kelly, Audie Murphy, die fünf Brüder Sullivan, die mit dem Kreuzer *USS Juneau* untergingen, Pork Chop Hill und die *Brücken von Toko-Ri* in Korea, das waren Bilder und Namen, die sich mir in den empfänglichen Jugendjahren tief ins Gedächtnis eingegraben hatten. Vielleicht lag es damals auch in der Luft: Da du ja ohnehin eingezogen wirst, kannst du dich auch gleich freiwillig melden und eine Offiziersausbildung machen. Ich war nicht der einzige. Das CCNY war zwar nicht West Point, aber in den fünfziger Jahren stellte es das größte Freiwilligenkontingent des ROTC in Amerika, 1500 Kadetten auf dem Höhepunkt des Koreakriegs.

Dann kam der Tag, an dem ich mit den anderen Freiwilligen in einer Reihe in der Exerzierhalle stand und eine olivgrüne Uniform, ein braunes Hemd, eine braune Krawatte, braune Schuhe, einen Gürtel mit Messingschnalle und als Mütze ein »Schiffchen« in Empfang nahm. Kaum war ich zu Hause, zog ich die Uniform an und stellte mich vor den Spiegel. Der Anblick gefiel mir. Damals ging nicht ein einziger meiner Freunde aus der Kelly Street aufs College. Ich war siebzehn und fühlte mich allein und isoliert. Die Uniform gab mir das Gefühl, meinen Platz gefunden zu haben. Und sie gab mir ein Gefühl, das ich während meiner ganzen Jugend nicht empfunden hatte: Ich war jemand.

Was das Studium anging, so hatte ich in Mathematik und Physik schwer zu kämpfen, während ich mich in Geologie wacker hielt und sogar Spaß daran fand. Doch was mir wirklich am Herzen lag, war das ROTC. Colonel Harold C. Brookhart, Dozent für Taktik und Militärwissenschaft, war unser befehlshabender Offizier. Der Oberst war West-Point-Absolvent und Soldat vom Scheitel bis zur Sohle. Er war an die Fünfzig, das Haar schon etwas schütter, nur von mittlerer Größe, aber doch beeindruckend durch seine Haltung, sein tadelloses Äußeres und seine geradlinige Art, die keine Faxen duldete. Die Aufgabe, die man ihm zugeteilt hatte, dürfte für einen Berufsoffizier nicht sehr verlokkend gewesen sein, und sicherlich hätte er lieber ein Regiment befehligt, als auf einem liberalen New Yorker Campus eine Horde neunmalkluger Studenten auszubilden. Doch der Koreakrieg war ein Jahr zuvor zu Ende gegangen. Die Armee hatte zu viele Offiziere, und Brookhart war vielleicht sogar dankbar, hier untergekommen zu sein. Wie immer er selber darüber dachte, er ließ uns nie im Zweifel darüber, daß alles, was wir taten, einem ernsten Ziel diente.

In diesem Herbstsemester hatte ich das neue Vergnügen, von drei militärischen Studentenverbindungen umworben zu werden, der Webb Patrol, der Scabbard and Blade sowie den Pershing Rifles. Das Werben bestand hauptsächlich darin, potentielle Anwärter zu Männerrunden einzuladen, wo Bier getrunken und Pornofilme angeschaut wurden. Die Filme sollten in den prüden fünfziger Jahren wohl als besondere Zugnummer dienen. Ich johlte und grölte mit den anderen Kommilitonen zu diesen schneeigen Super-Acht-Filmen, in denen der männliche Hauptdarsteller gewöhnlich Socken trug. Aber das war es nicht, was mich zu den Pershing Rifles zog. Ich schloß mich ihnen an, weil sie von den drei Gruppen die besten waren.

Die Probezeit bestand in typischen Ritualen wie Buckeleien vor den älteren Kommilitonen und gewissen Schikanen, mit denen die Gepflogenheiten in West Point nachgeäfft wurden. Ein Student im vorletzten Studienjahr ließ zum Beispiel einen Neuling strammstehen und fragte ihn nach der Definition eines bestimmten Wortes. Auch heute noch kann ich die geforderte Antwort für »Milch« hersagen: »Sie rinnt geschwind und labt das Kind / und auch den laktophilen Mann, / falls er den kreideweißen Trunk / aus prallem Euter extrahieren kann.« Ich habe noch ein halbes Dutzend solch verzopfter Definitionen parat. Nach der Probezeit durften wir dann die blauweißen Litzen und die Emailwappen an unseren Uniformen tragen. Ich stellte fest, daß Riten und Symbole eine große Anziehungskraft auf mich ausübten.

Ein Mitglied der Pershing Rifles beeindruckte mich von Anfang an. Ronald Brooks war ein junger Schwarzer, hochgewachsen, gutaussehend, schneidig, der Sohn eines Baptistenpredigers aus Harlem und unter uns Studenten sicherlich einer der reifsten. Ronnie war nur zwei Jahre älter als ich, aber etwas an ihm flößte Respekt ein. Noch in einem weiteren Punkt unterschied er sich von mir: mit Chemie im Hauptfach glänzte er auch in seinem Studium. Er war Kadettenführer im ROTC und Offizier bei den Pershing Rifles. Er konnte Männer so drillen, daß sie mit der Präzision eines Uhrwerks marschierten. Ronnie hatte eine rasche Auffassungsgabe, war diszipliniert und ging methodisch an eine Aufgabe heran – alles Qualitäten, die Colin Powell damals vermissen ließ. Ich hatte ein Vorbild und einen Mentor gefunden. Ich ging daran, einen neuen Menschen aus mir zu machen und mich dabei an Ronnie Brooks zu orientieren.

An der High-School, beim Basketball, bei den Leichtathleten und bei einem kurzen Gastspiel bei den Pfadfindern hatte ich nie ein Gefühl der Zugehörigkeit empfunden oder besonders viele dauerhafte Freundschaften geknüpft. Wohl aber bei den Pershing Rifles. Zum ersten Mal in meinem Leben erfuhr ich, was Kameradschaft ist. Die Pershing Rifles standen nur insofern in der Tradition des CCNY, als wir alle ganz unterschiedlicher ethnischer Herkunft waren und viele aus Einwandererfamilien stammten. Im übrigen hatten wir nichts gemein mit den Radikalen in der Studentenschaft und hoben uns auch von den konservativen Ingenieurstudenten ab, die leicht an den Rechenschiebern an ihren Gürteln zu erkennen waren. Wir exerzierten zusammen, feierten Feste, belegten die gleichen Kurse und stiegen gemeinsam den Mädchen nach. Wir hatten ein Verbindungsbüro auf dem Campus. Von dort gingen wir in die Kurse oder, ebensooft, in den studentischen Gemeinschaftssaal, wo wir uns im Mambo übten. Ich betätigte mich als wenig überzeugender Studienberater, warb bei meinen Kameraden für das Fach Geologie und pries es als einen leichten, aber achtbaren Weg zu einem akademischen Abschluß.

Disziplin, Kameradschaft und das Gefühl, zu einem übergreifenden Ganzen zu gehören, das war es, wonach ich mich gesehnt hatte. Und ich schlüpfte fast sofort in eine Führungsrolle. Die Selbstlosigkeit in unseren Reihen erinnerte mich an die fürsorgliche Atmosphäre in meiner Familie. Rasse, Hautfarbe, soziale Herkunft und Besitz spielten keine Rolle. Jedes Mitglied der Pershing Rifles war bereit, für jeden anderen und für die Gruppe durchs Feuer zu gehen. Wenn das der Kern des Soldatentums war, dann wollte auch ich Soldat werden.

Im ersten Semester half ich an manchen Wochenenden und in der Weihnachtszeit weiterhin bei Sickser's aus. Aber am Ende des Studienjahres wollte ich einen Ferienjob, bei dem ich mehr verdiente. So wurde ich Mitglied der Teamsters Union, der Gewerkschaft der Lastwagenfahrer, Lager- und Hilfsarbeiter, Ortsgruppe 812. Im Sommer nahm ich einen Job in einer Harlemer Möbelfabrik an und montierte Scharniere an Schränke. Mein Vater sah mit Vergnügen, daß ich jeden Morgen aufstand und einer bezahlten Beschäftigung nachging. Doch nach drei Wochen sagte ich ihm, daß ich den Job aufgeben wolle. Vater war darüber nicht erfreut. »Da hast du gerade drei Wochen gearbeitet und schon hörst du wieder auf. Was willst du denn deinem Chef erzählen?« Ich erklärte meinem Vater, daß ich mehr verdienen könne, wenn ich mich jeden Morgen bei der Teamsters um einen Tagesjob bewarb. Ich konnte an seinen Augen ablesen, was er von meinem Vorschlag hielt. Sich bewerben? Wann will der Junge sich bewerben? Ich erfand irgendeine Entschuldigung für meinen Chef und schickte, um mir die peinliche Situation zu ersparen, einen Freund in die Möbelfabrik, um den letzten Lohn für mich abzuholen.

Von nun an erschien ich jeden Morgen im Büro der Teamsters und bewarb mich um Tagesjobs. Gewöhnlich arbeitete ich als Beifahrer auf Lieferwagen, die Limonade ausfuhren, und tatsächlich verdiente ich mehr als früher. Eines Tages bot uns der Büroleiter einen festen Job als »Porter« in einer Abfüllfabrik von Pepsi Cola in Long Island City an. Keiner der weißen Mitbewerber hob die Hand. Ich bekam den Job, auch wenn ich nicht so genau wußte, was ein Porter in einer Abfüllfabrik zu tun hatte. Als ich mich dort meldete, drückte man mir einen Scheuerbesen in die Hand – eine Erfahrung, die schon Generationen von schwarzen Arbeitern machen mußten. Ich bemerkte, daß alle anderen Putzkräfte ebenfalls Schwarze waren und alle Arbeiter an den Abfüllmaschinen Weiße. Ich nahm den Scheuerbesen. Wenn das die Arbeit war, die mir 65 Dollar in der Woche einbrachte, warum nicht? Dafür würde ich den Boden wienern, bis er im Dunkeln glänzte. Den richtigen Dreh für den Job hatte ich schnell heraus. Man muß mit dem Besen immer in seitlicher Richtung scheuern, nie vor und zurück, sonst ruiniert man sich den Rücken. Dennoch war es harte Knochenarbeit, vor allem an dem Tag, als fünfzig Pepsi-Cola-Kisten von einem Gabelstapler herunterfielen und den Boden mit einer klebrigen Brühe überschwemmten.

Am Ende der Sommers sagte der Vorarbeiter zu mir: »Junge, du putzt wirklich gut.«

»Ich hatte auch reichlich Gelegenheit, es zu lernen«, erwiderte ich.

»Komm in den nächsten Sommerferien wieder«, sagte er. »Ich habe einen Job für dich.« Aber nicht mehr als Scheuermann, stellte ich klar, sondern als Arbeiter an der Abfüllanlage. Und tatsächlich war das der Platz, an dem ich im Jahr darauf arbeitete. Am Ende der Sommers war ich stellvertretender Schichtführer und hatte eine wertvolle Lektion gelernt. Jede Art von Arbeit ist ehrenwert. Gib immer dein Bestes, denn irgendeiner schaut immer zu.

Im Herbst 1955 nahm ich mein Studium wieder auf und pendelte zwischen College und Kelly Street hin und her. Auch ohne Soziologe zu sein, sah ich deutlich, daß unsere Wohngegend allmählich verkam. Dieser Niedergang war nur das jüngste Kapitel in einer langen Entwicklung New Yorks: Die Menschen zogen in bessere Quartiere um, sobald es ihre Einkünfte erlaubten, und ärmere Mieter übernahmen ihre alten Wohnungen. Die jüdischen Familien, die einst aus den Mietskasernen der Lower East Side in die Süd-Bronx gekommen waren, zogen nun in die Vorstädte, und arme Puertorikaner rückten nach. Hunt's Point war nie ein Viertel mit glyzinienumrankten Veranden gewesen. Aber nun wurde es eindeutig schlimmer. Aus Raufereien wurden Bandenkriege, die nicht mehr mit Klappmessern und selbstgebastelten Pistolen, sondern mit Macheten und echten Gewehren ausgetragen wurden. Statt Marihuana zu rauchen, wurde nun Heroin gespritzt. Eines Tages, als ich vom College nach Hause kam, erfuhr ich, daß ein Jugendlicher, den ich kannte, tot in einem Hausflur gefunden worden war. Er war an einer Überdosis Heroin gestorben. Er sollte nicht der letzte bleiben. Ich hatte es geschafft, mich von der Drogenszene fernzuhalten. Ich habe nie Marihuana geraucht, bin nie high gewesen und habe auch keine anderen Drogen ausprobiert. Aus einem einfachen Grund: Meine Eltern hätten mich erschlagen, wenn sie dahintergekommen wären.

Während bessergestellte Familien unsere Gegend verließen, verfielen die Mietshäuser zusehends oder wurden ganz aufgegeben. Die Besitzer schrieben die Wohnungen als reine Verlustquellen ab und überließen die Häuser dem Verfall. In den folgenden Jahren sollte auch unser Mietshaus in der Kelly Street 952 aufgegeben und schließlich abgerissen werden. Doch soweit war es 1955 noch nicht. Damals begann fast jedes Gespräch unter meinen Verwandten mit der Frage: »Wann zieht ihr aus?« Tante Larisse zog an den nördlichen Rand der Bronx, ebenso Patentante Brash. Tante Dot wohnte bereits in Queens. Wann würden Luther und Arie die Süd-Bronx verlassen?

Der heimliche Traum aller dieser Mietshausbewohner war immer, eines Tages ein Eigenheim zu besitzen. Auch die Familie Powell machte sich in der nördlichen Bronx und in Queens auf die Suche nach einem Haus in einer guten schwarzen Wohngegend. Doch die Preise waren unerschwinglich – 15 000, 20 000 Dollar, während meine Eltern zusammen gerade 100 Dollar in der Woche verdienten. Die Wochenenden endeten oft damit, daß der Immobilienmakler von den Verhandlungen mit meinen Eltern völlig entnervt war und meine Schwester vor Scham mit den Tränen kämpfte.

Mein Vater brütete auch über Zahlensystemen. Er kaufte sich am Zeitungskiosk einschlägige Bücher und tüftelte an todsicheren Gewinnkombinationen. Und jeden Morgen besprach er sich weiterhin mit Tante Beryl. Gewöhnlich setzten sie einen Vierteldollar. Doch in einer Samstagnacht träumte mein Vater von einer Zahl, und am folgenden Morgen erschien im Gottesdienst in Saint Margaret dieselbe Zahl an der Liedanzeige. Dahinter, so meinte mein Vater, konnte nur der liebe Gott selber stecken, der Luther Powell bei der Hand nahm und ins Gelobte Land führte. Vater und Tante Beryl kratzten 25 Dollar zusammen und setzten sie auf diese Zahl. Und tatsächlich lagen sie diesmal genau richtig.

Ich erinnere mich noch an die Atmosphäre aus freudiger Erwartung, Ängstlichkeit und Staunen, als der Lottoangestellte die braunen Papiertüten ins Haus brachte. Vater nahm sie mit in sein Zimmer und warf die Banknotenbündel aufs Bett, 10 000 Dollar in Zehner- und Zwanzigerscheinen, mehr als drei Jahresgehälter. Ich durfte ihm beim

Zählen helfen. Das Geld kam nicht auf die Bank. Der Glückstreffer ging niemand anderen etwas an. Die Geldscheine wurden überall in der Wohnung verstaut, zum Entsetzen meiner Mutter, die fürchtete, ein Beamter von der Steuerbehörde oder Diebe könnten jeden Augenblick durch die Tür kommen.

So kamen die Powells doch noch zu ihrem Eigenheim. Mit dem Lotteriegewinn kauften sie sich zum Preis von 17 500 Dollar ein Haus in der Elmira Avenue 183–68 in der Gemeinde Hollis im Stadtteil Queens. Der hübsche, efeubewachsene Bungalow, der neben drei Zimmern zu ebener Erde auch einen Partykeller mit Bar im ausgebauten Untergeschoß besaß, lag in einer sich wandelnden Wohngegend. Die Weißen zogen aus, und Schwarze rückten nach. Meine Eltern kauften das Haus von einer jüdischen Familie namens Wiener, die zu den wenigen noch verbliebenen Weißen gehörte. Die Wohngegend gefiel uns ausnehmend gut, und die Adresse in Hollis brachte einen Zuwachs an Prestige, denn Hollis rangierte über den Stadtteilen Jamaica und Queens und nur wenig unter Saint Albans, einer anderen Goldküste für Mittelstandsschwarze. Vater war nun ein Eigenheimbesitzer, der stolz den Rasen seines handtuchgroßen Vorgartens mähte und seine Obstbäume beschnitt. Luther Powell hatte endlich mit der Verwandtschaft gleichgezogen.

Für Mutter war das Eigenheim jedoch nur eine weitere Quelle der Sorge. Sie lebte jetzt in der ständigen Angst, die monatlichen Tilgungsraten für die Hypothek nicht aufbringen zu können. Außerdem sprach sie unablässig von ihren alten Freundinnen, die sie in Banana Kelly hatte zurücklassen müssen. Nach ein paar Monaten kam mein Vater mit Tränen in den Augen zu mir und sagte: »Ich fürchte, wir können nicht bleiben. Deine Mutter fühlt sich hier einsam. Ich weiß nicht, ob sie den Winter hier übersteht.« Es dauerte zwei Jahre, bis Mutter ihre Ängste überwunden und ihre Sorgen wegen der Hypothekentilgung vergessen hatte. Und nun lief sie auch nicht mehr ständig in die Süd-Bronx.

Von Queens aus fuhr ich nun mit der U-Bahn zum College, und auf diesen Fahrten knüpfte ich meine erste ernsthafte Beziehung zu einem Mädchen, einer Studentin vom CCNY. Wir nahmen die Linie A, die vom Campus nach Downtown fuhr. Dort trennten sich unsere Wege, sie stieg in Richtung Brooklyn und ich in Richtung Queens um. Einmal brachte ich sie auch mit nach Hause und stellte sie meinen Eltern vor. Sie behandelten sie sehr höflich, blieben aber reserviert.

Mein Hauptinteresse am College galt weiterhin dem ROTC und den Pershing Rifles. Geologie kam erst an zweiter Stelle, obwohl ich die Exkursionen gerne mitmachte. Wir fuhren in den Norden des Staates New York und erkundeten Formationen von Synklinalen und Antiklinalen. Wir mußten sie in einem Diagramm festhalten und ihr Spiegelbild konstruieren. Anhand einer gegebenen Antiklinalen sollte man das Auftauchen der entsprechenden Synklinale vorhersagen können. Ich war immer sehr froh, wenn ich richtiglag. Mit meinen geologischen Kenntnissen konnte ich vor befreundeten Nichtstudenten angeben. »Wißt ihr, daß der Hudson in Wirklichkeit gar kein Fluß ist?« »Was erzählst du da? So ein Humbug, Herr Student. Jedes Kind weiß doch, daß der Hudson ein Fluß ist.« Darauf erklärte ich ihnen, daß der Hudson bis hinauf nach Poughkeepsie ein »ertränkter« Fluß sei. Während der Eiszeit hatten die Eismassen das Flußbett so tief eingedrückt, daß in der Folge das Wasser des Atlantik flußaufwärts vordringen konnte. Daher war der Unterlauf des Hudson eine Salzwasser führende Trichtermündung. Mit der Bleistiftspitze zeigte ich auf der Karte, wie weit das Eis vorgedrungen war, und fuhr dann bis zur Höhe der Hillside Avenue, die quer durch Queens verläuft. Man kann verfolgen, wie das Terrain entlang dieser Linie nach Saint Albans und Jamaica hin abfällt. Ich wunderte mich selbst über ein »Sehr gut« in einem Geologie-Kurs. Und noch mehr wunderte ich mich, als ich dieselbe Note in meinem Diplom gleich dreimal bekam.

In meinem vorletzten Studienjahr verpflichtete ich mich beim ROTC für Fortgeschrittene, wofür ich fürstliche 27,90 Dollar im Monat erhielt. Mein Vorbild war immer noch Ronnie Brooks. Ronnie war in den ersten beiden Jahren am CCNY Cadet Sergeant. Auch ich wurde Cadet Sergeant. Im ROTC für Fortgeschrittene war er Bataillonskommandeur. Auch ich wurde Bataillonskommandeur. Ronnie war Ausbilder. Auch ich wurde Ausbilder. Ronnie war der Werbeoffizier der Pershing Rifles gewesen, und in meinem vorletzten Studienjahr übernahm ich diese Funktion. Nun konnte ich etwas an den Methoden ändern, mit denen geworben wurde. Ich sagte zu meinen Kameraden, daß irgend etwas nicht stimme, wenn wir meinten, neue Mitglieder nur durch schmutzige Filme anlocken zu können, zumal es alle anderen Verbindungen mit der gleichen Masche versuchten. Was, so fragte ich, haben wir den anderen voraus? Lassen wir unsere Phantasie spielen. Wie wäre es, wenn wir Filme vorführen, die einen Einblick in unsere Aktivitäten bieten, zum Beispiel Filme von Exerzierwettbewerben? Zeigen wir doch, was wir eigentlich tun.

Die Pershing Rifles hatten ein Vereinslokal im Untergeschoß eines Hauses in der Amsterdam Avenue. Die Verwaltung des CCNY stellte solche Räume zur Verfügung, um den vielen Pendlern unter den Studenten die Möglichkeit zu akademischer Geselligkeit zu geben. Ich hielt die Kameraden dazu an, auf die Straße zu gehen, Jungs zu ködern, die von den Pornofilmen der anderen Verbindungen die Nase voll hatten, und ihnen zu zeigen, was die Pershing Rifles zu bieten hatten. Damit ging ich ein Risiko ein. Der Erfolg eines Werbeoffiziers war leicht zu messen. Die Zahlen der angeworbenen Neumitglieder lagen entweder über oder unter denjenigen der vorangegangenen Jahre. Ich fieberte dem Tag entgegen, an dem die Erstsemester ihre Wahl trafen. Am Abend stand fest, daß die Pershing Rifles seit Jahren nicht mehr so viele neue Mitglieder angeworben hatten. Das war ein bedeutsamer Tag für mich, der erste kleine Hinweis, daß ich die Fähigkeit besaß, den Ausgang von Ereignissen zu beeinflussen.

Zu den Neuen gehörte damals ein Student, dessen Schicksal mit dem Tag seines Eintritts in das ROTC und die Pershing Rifles besiegelt war. Er hieß Antonio »Tony« Mavroudis, kam ebenfalls aus Queens und war der Sohn griechischer Einwanderer, der neben dem Studium als Automechaniker arbeitete. Tony war ungehobelt, respektlos, frech wie ein Straßenjunge und von überschäumender Lebenslust – ein Rohdiamant, der noch geschliffen werden mußte. Ich mochte ihn sehr. So wie ich mein Vorbild in Ronnie Brooks gefunden hatte, so nahm Tony mich zum Vorbild. Wir wurden enge Freunde, fuhren gemeinsam zum College, gingen zusammen mit Mädchen aus und hauten gehörig auf den Putz. Schließlich sollte unser beider Leben, Tonys mehr noch als meines, durch ein Land geprägt werden, von dem wir beide damals wahrscheinlich noch nie gehört hatten: Vietnam.

In den letzten drei Studienjahren bildete die Exerzierhalle den Mittelpunkt meiner Welt. Ein gewisser Major Nelson führte die Aufsicht, während Colonel Brookhart sich mehr im Hintergrund hielt. Der Major setzte sich bei der College-Verwaltung für uns ein, wenn wir schlechte Noten schrieben, Kurse schwänzten und in der Werbewoche über die Stränge schlugen. Im ROTC machte ich auch Bekanntschaft mit dem

Rückgrat der Armee, den Unteroffizieren, die uns als Ausbilder die praktischen Grundlagen vermittelten. Besonders einen rauhbeinigen Ausbilder namens Lou Mohica habe ich in lebhafter Erinnerung. »Gentlemen«, begann er immer, »hier haben wir das automatische Gewehr von Browning. Ich erkläre Ihnen jetzt, wie man es auseinandernimmt und wieder zusammensetzt. Hören Sie gut zu, andernfalls könnte das im Gefecht für Sie fatale Folgen haben. Irgendwelche Fragen?«

Ich verbrachte fast jeden Samstag in der Exerzierhalle. Bis zu sieben Stunden hintereinander war ich dort, zeichnete ein M-1-Gewehr an die Tafel, übte gemeinsam mit den anderen Pershing Rifles den Queen-Mary-Gruß, schnelle Gewehrdrehungen und diagonales Marschieren mit aufgepflanztem Bajonett – keine ungefährliche Übung, wenn man nicht genau aufpaßte. Die Pershing Rifles nahmen an zwei Wettbewerbsdisziplinen teil, dem Schulexerzieren und dem Kunstexerzieren. Das Schulexerzieren übernahm Ronnie, die Kür, bei der Phantasie gefragt war, schanzte er mir zu. Im Frühjahr 1957, meinem vorletzten Studienjahr, nahmen wir an einem Wettbewerb in der Exerzierhalle des 71. Regiments in New York teil, bei dem auch Teams aus Fordham, von der New York University, aus Hofstra und andere ROTC-Einheiten aus dem Großraum New York antraten. Auch unsere Maskottchen, die Eichhörnchen Coke und Blackjack, waren dabei.

Ronnie erhielt mit seinem Team 460 von 500 möglichen Punkten, was ihm den Sieg im Schulexerzieren einbrachte. Dann kam ich mit meinem achtzehn Mann starken Team an die Reihe. Wir hatten die Messingteile unserer Uniformen auf Hochglanz poliert, und unsere Gesichter spiegelten sich in unseren blanken Schuhen. Außerdem hatte ich ein paar Überraschungen in petto, die wir heimlich eingeübt hatten. Gewöhnlich tritt eine Formation eine kurze Weile auf der Stelle, ehe sie eine neue Figur beginnt. Dagegen ließ ich meine Männer einen damals sehr beliebten Tanzschritt, den Camel Walk, ausführen. Das Publikum war hellauf begeistert. Wir bekamen 492 von 500 möglichen Punkten und landeten damit auf dem ersten Platz. Für das folgende Jahr setzte ich mir das ehrgeizige Ziel, Ronnie als Cadet Colonel des gesamten CCNY-Regiments abzulösen, Kompaniechef der Pershing Rifles zu werden, was auch Ronnie gewesen war, und beim Exerzierwettbewerb beide erste Plätze zu erringen.

Es bedarf wohl keiner Erwähnung, daß uns die Erfolge der Pershing

Rifles nicht mehr Sympathie seitens der übrigen Studentenschaft des CCNY einbrachten. Auf dem Campus wurden wir bestenfalls als patriotische Spinner toleriert. Es kam aber auch vor, daß in der Campuszeitung die Auflösung des ROTC gefordert wurde.

Ich besitze ein Schreibzeug, das mich seit über fünfunddreißig Jahren begleitet, zwei Füller in einer Halterung, die auf einen marmornen Fuß montiert ist. Dieses Schreibzeug stand auf meinem Schreibtisch im Weißen Haus, als ich Nationaler Sicherheitsberater war, und ich benutzte es im Pentagon während meiner Zeit als Vorsitzender des Generalstabs. Sein besonderer Wert liegt für mich in der Inschrift, die auf einer kleinen Plakette zu lesen ist. Dazu gibt es eine Geschichte, die an einem Sommertag des Jahres 1957 beginnt.

Für meinen Vater war es ein angstvoller Augenblick. Er hatte mich mit zwei anderen Kameraden vom ROTC, Tony DePace und George Urcioli, zum Mittagessen eingeladen und dann zum Greyhound-Busbahnhof in Manhattan gebracht. Die ganze Zeit war er unruhig, voller böser Ahnungen und überzeugt, seinen Sohn nicht heil wiederzusehen. Meine Kameraden und ich waren auf dem Weg zu einem Sommerlehrgang in Fort Bragg in North Carolina – für mich die erste Reise in den Süden. Vater sagte mir, er habe unseren Pfarrer, Reverend Weeden, gefragt, ob er nicht schwarze Episkopalisten in Fayetteville kenne, die sich um mich kümmern könnten. Mir war das peinlich, und ich bat ihn, doch nicht soviel Wirbel zu machen.

Wie sich herausstellte, wurden wir gleich bei der Ankunft am Busbahnhof von der Armee abgeholt und im Nu nach Fort Bragg gebracht, wo ich die folgenden sechs Wochen abgeschieden vom Alltagsleben im Süden verbrachte. Fort Bragg trug allerdings insofern zum Erwachen meines ethnischen Bewußtseins bei, als ich hier Weiße traf, die keine Polen, Juden oder Griechen waren. Hier war ich tatsächlich zum ersten Mal in meinem Leben mit Wasps zusammen, protestantischen Weißen angelsächsischer Herkunft. Tagsüber übten wir auf dem Schießstand, feuerten 81-Millimeter-Granaten ab und erlernten andere militärische Techniken wie Tarnen und das Errichten von Straßensperren. Ich war die ganze Zeit über mit Begeisterung dabei. Allerdings hatte ich auch einen fliegenden Start erwischt. Mein Ruf als Exerziermeister war mir vorausgeeilt und hatte mir die Ernennung zum stellvertretenden Kompaniechef eingebracht.

Am Ende der sechs Wochen fand auf dem Exerzierplatz die Überreichung der Urkunden statt. Grundlage der Beurteilung bildeten die Noten in den Kursen, die Resultate auf dem Schießstand, körperliche Fitness und Führungsqualitäten. Ich erhielt die Auszeichnung »Bester Kadett, Kompanie D«. Diese Worte sind in die Plakette des Schreibzeugs eingraviert, die mir damals überreicht wurde und die ich immer noch in Ehren halte. Ein Student aus Cornell, Adin B. Capron, wurde als bester Kadett des ganzen Lagers ausgezeichnet. In dieser Kategorie belegte ich den zweiten Rang.

Ich war wegen meiner Auszeichnung in einem Hochgefühl. Doch dann, am Abend vor unserer Abreise, als wir gerade unsere Ausrüstung zurückgaben, nahm mich ein weißer Sergeant vom Nachschub beiseite. »Willst du wissen, warum du nicht als bester Kadett des ganzen Lagers ausgezeichnet worden bist?« Daran hatte ich überhaupt nicht gedacht. »Glaubst du etwa im Ernst, die ROTC-Ausbilder aus dem Süden könnten ihren Kollegen unter die Augen treten, wenn sie sagen würden, der beste Bursche im Lager sei ein Neger gewesen?« Meine Verblüffung war größer als mein Zorn, als ich das hörte. Ich kam aus dem Schmelztiegel New York. Ich mochte einfach nicht glauben, daß mein Wert als Mensch durch meine Hautfarbe geschmälert werden sollte. War es nicht möglich, daß Kadett Capron einfach besser war als Kadett Powell?

Auf der Heimfahrt wurde ich noch deutlicher mit dem herrschenden Rassismus konfrontiert. Ich verließ Fort Bragg mit zwei weißen Unteroffizieren unserer ROTC-Einheit. Wir fuhren die Nacht durch und hielten gelegentlich an Tankstellen, an denen es drei Toiletten gab: eine für Männer, eine für Frauen und eine für Farbige, die ich zu benutzen hatte. Schwarze waren ihrer Zeit offensichtlich voraus und hatten die Unterschiede zwischen den Geschlechtern bereits überwunden. Ich wurde erst entspannter, als wir Washington erreichten, und erst hinter Baltimore fühlte ich mich wieder sicher. Ein alter Sketch aus dem Apollo Theater fiel mir ein: »He, Bruder, woher kommst du?« »Aus Alabama.« »Dann heiße ich dich in den Vereinigten Staaten willkommen und hoffe, du hattest eine angenehme Reise.«

Abgesehen von diesen Episoden geriet der Sommer des Jahres 1957 für mich zu einem Triumph. Ich kehrte zu meiner Freundin zurück. Meinen Eltern brachte ich etwas mit, das sie von mir noch nicht kannten, einen Beleg dafür, daß ich schließlich doch Erfolg hatte. Und ich war um eine Erkenntnis reicher: Ich konnte Menschen führen. Diese Entdeckung war kein kleines Geschenk für einen zwanzigjährigen jungen Mann.

Wieder im College tat ich für mein Studium gerade soviel, daß ich die nötigen Scheine bekam. Meine mittelmäßigen Noten glich ich durch ein glattes »Sehr gut« im ROTC aus. Im vorangegangenen Frühjahr hatte mir Colonel Brookhart eröffnet, daß man mich zu Ronnie Brooks Nachfolger bestimmt habe. Ich sollte Cadet Colonel werden und das tausend Mann starke CCNY-Regiment führen. Außerdem wurde ich zum Kompaniechef der Pershing Rifles gewählt. Wie Ronnie vor mir wollte ich beide erste Plätze beim Exorzierwettbewerb erringen. Ich führte das Team im Schulexerzieren, während ich das Kunstexerzieren an einen Kameraden namens John Pardo abgab, einen imponierend aussehenden Burschen mit guten Führungsqualitäten.

Schon bald merkte ich jedoch, daß beim Kunstexerzieren der rechte Schwung fehlte. John hatte Probleme mit seiner Freundin. Andere Teammitglieder kamen zu mir und beklagten sich, daß er mit seinen Gedanken nicht bei der Sache sei. Ich wollte die Führung des Teams einem anderen übertragen, und das Beste wäre wahrscheinlich gewesen, ich hätte mich selbst der Sache angenommen, denn immerhin hatte ich ja das siegreiche Team des Vorjahres geführt. Aber John beteuerte, er sei der Aufgabe gewachsen.

In dem Jahr fanden die Wettkämpfe auf dem Exerzierplatz des 369. Regiments statt. Wir gewannen mit meinem Team den ersten Preis im Schulexerzieren, aber wir verloren beim Kunstexerzieren. Im Gesamtklassement belegten wir den zweiten Platz. Ich ärgerte mich, vor allem über mich selber. Ich hatte mich falsch verhalten, gegenüber dem Team und gegenüber John Pardo, denn ich hatte ihn in die Arena geschickt, obwohl er offensichtlich nicht angemessen vorbereitet gewesen war.

An diesem Tag lernte ich eine Lektion, aus der ein Kadett in der grauen Exerzierhalle eines Colleges ebenso Nutzen ziehen kann wie ein Vier-Sterne-General im Pentagon. Die Befehlsgewalt haben heißt, Entscheidungen zu treffen, ganz gleich, wie schmerzlich sie sein mögen. Wenn die Situation verfahren ist, bringe sie in Ordnung. Dafür wird dir jeder dankbar sein, der unter ihr zu leiden hat. Bei einem Exerzierwettbewerb unter College-Studenten habe ich gelernt, daß man auf die Gefühle eines einzelnen keine Rücksicht nehmen darf, wenn dadurch der Auftrag gefährdet wird oder die Mehrheit darunter leidet. Viele Jahre später hatte ich auf meinem Schreibtisch im Pentagon einen Spruch unter Glas, der diese Wahrheit unmißverständlich zum Ausdruck brachte: »Verantwortung tragen heißt manchmal auch, Leuten Bescheid zu stoßen.«

Einige Kameraden von damals wurden später Berufssoldaten und machten bei der Army Karriere. Andere fielen in Vietnam. Der Vietnamkrieg brachte Anfang der siebziger Jahre auch das Ende des ROTC-Programms und der Pershing Rifles am CCNY. Ich bedaure das aufrichtig, denn damit verlor unsere Bürgerarmee eine besondere Art von Offizieren, nämlich solche, die aus den Inner Cities kamen. Wir haben diesen jungen Menschen eine Möglichkeit genommen, ihrem Leben Halt und Orientierung zu geben und einen nützlichen Beitrag für ihr Land zu leisten. Schade.

Am 9. Juni 1958 betrat ich um 20 Uhr das Aronowitz-Auditorium des CCNY. Einige Wochen zuvor war mein Vater in mein Zimmer gekommen, hatte sich auf die Bettkante gesetzt und mir augenzwinkernd ein Kuvert überreicht. Darin war das Geld, das er und meine Mutter seit meiner Kindheit für mich gespart hatten: sechshundert Dollar. Ich war reich! Mein erster Gedanke war, in die Stadt zu fahren und mich bei Morry Luxenberg's, dem besten Geschäft für Militäruniformen in New York, neu einzukleiden.

Die Musikkapelle der Ersten Armee spielte, als ich, in einer Uniform von Morry, an meinen Eltern vorbei auf die Bühne des Auditoriums schritt. »Ich, Colin Luther Powell«, so begann die Eidesformel, »gelobe feierlich, daß ich die Verfassung der Vereinigten Staaten gegen alle äußeren und inneren Feinde verteidigen und alle meine Pflichten erfüllen werde, die der Dienst, den ich nun antrete, von mir verlangt, so wahr mir Gott helfe.« Wir leben heute in zynischen Zeiten, und der Ausdruck patriotischer Gesinnung bringt uns leicht in Verlegenheit. Doch als ich vor vierzig Jahren diese Worte sprach, lief mir ein Schauer über den Rücken. Eine Wirkung, die sie noch heute auf mich haben.

Weil ich ein »militärischer Absolvent mit Auszeichnung« war, bekam ich eine reguläre Offiziersstelle angeboten. Das hieß, daß ich mich nicht auf zwei, sondern auf drei Jahre aktiven Dienst verpflichten mußte. Ich nahm begeistert an.

Eher ernüchternd war für mich die Verleihung des College-Diploms tags darauf. Am Vorabend hatte ich nach der Überreichung des Offizierspatents mit meinen Kameraden gefeiert. Und am nächsten Mittag hatten wir das Besäufnis in der Emerald Bar, einem bekannten Studentenlokal, fortgesetzt. Meine Mutter, die wußte, wo ich zu finden war, mußte einen Cousin nach mir schicken, der mich zur Feier ins College brachte. Für sie war das Diplom der krönende Abschluß von viereinhalb Jahren Studium. Ich dagegen sah in meinem Magister der Geologie eher eine nebensächliche Dreingabe.

In unserer Kindheit waren Marilyn und ich die meiste Zeit über »Schlüsselkinder«. Nach der Schule befanden wir uns in der Obhut von Verwandten oder Nachbarn oder blieben uns selbst überlassen. Wer so aufwächst, wird später angeblich leicht zum Problemfall. Doch an jenem Tag waren Luther und Arie Powell, Einwanderer aus Jamaika, Arbeiter im Textilviertel, die stolzen Eltern zweier College-Absolventen, und ihr Sohn war obendrein noch Offizier der US-Army. Das mochten, gemessen am Maßstab der übrigen Welt, nur kleine Erfolge sein, aber für sie war das ein Höhepunkt in ihrem Leben. Vierunddreißig Jahre später wurde ich in einem Interview für die Zeitschrift *Parade* nach meinen Eltern gefragt. »Meine Eltern«, sagte ich, »machten von sich kein Aufhebens.« Sie hätten uns nicht durch Reden beeinflußt. »Es war die Art und Weise, wie sie lebten, die uns Lehre und Vorbild war. Wenn die Werte, die einem vorgelebt werden, echt und verbindlich sind, dann eifern die Kinder ihnen auch nach.« Ich bin nicht durch Moralpredigten, sondern durch lebendige Beispiele erzogen worden, die Moral meiner Vorbilder ist gleichsam osmotisch in mich übergegangen. Banana Kelly, die Herzlichkeit in der Familie und der weiteren Verwandtschaft, die Kirchengemeinde Saint Margaret und, nicht zu vergessen, meine jamaikanischen Wurzeln und ein Schuß Calypso, das alles hat mir einen beneidenswert guten Start ins Leben ermöglicht.

Darüber hinaus verdanke ich viel dem öffentlichen Bildungssystem der Stadt New York. Ich habe bereits gesagt, daß das CCNY für die Söhne und Töchter der Armen und Einwanderer geschaffen wurde, für die Kinder der Inner Cities. Viele Kommilitonen waren intelligent genug, um in Harvard, Yale oder Princeton studieren zu können. Was ihnen freilich fehlte, waren Geld und Beziehungen. Doch sie konnten, dank Einrichtungen wie dem CCNY, mit den Absolventen der berühmtesten privaten Colleges und Universitäten in Wettbewerb treten und haben sie nicht selten sogar übertroffen.

Ich habe nie behauptet, ich sei ein brillanter Student gewesen, und über das Diplom, das mir das CCNY am Ende meines Studiums aushändigte, habe ich jahrelang Witze gemacht. Ich atmete damals erleichtert auf und war froh, die militärische Laufbahn einschlagen zu können. Und doch, selbst als mittelmäßiger Student hatte ich am CCNY gelernt, so zu schreiben, zu reden und meinen Verstand zu gebrauchen, daß ich auch mit Studenten von Universitäten, die ich nie im Leben hätte besuchen können, mithalten konnte. Bildungsstätten wie das CCNY oder das Buffalo State Teachers College, das meine Schwester besuchte, dürfen das Harvard oder Princeton der Armen genannt werden. Sie haben uns Gutes getan, und daher bin ich ein entschiedener Verfechter der weiterführenden öffentlichen Schulen und Universitäten. Ich werde mich immer für sie starkmachen, solange ich bei klarem Verstand bleibe und nicht vergesse, woher ich komme.

Kurz vor der Überreichung des Offizierspatents im Aronowitz-Auditorium hatte mich Colonel Brookhart in sein Büro neben der Exerzierhalle gebeten. »Neben Sie Platz, Mister Powell«, sagte er zu mir. Ich setzte mich und wartete gespannt. »Sie haben hier Vorbildliches geleistet. Und Sie werden auch in der Army Vorbildliches leisten. Sie kommen demnächst nach Fort Benning.«

Er warnte mich, auf der Hut zu sein. Georgia sei nicht New York. Die Südstaaten seien eine andere Welt. Ich müsse lernen, Kompromisse zu machen und mich mit einer Welt abzufinden, die ich nicht gemacht hätte und die ich nicht verändern könne. Er erzählte mir von dem schwarzen General Benjamin O. Davis, einem seiner Kameraden auf der Militärakademie in West Point. Davis sei dort die ganzen vier Jahre über geschnitten worden – wohl auch von Brookhart, wie ich vermutete. Davis hatte sich im Süden in Schwierigkeiten gebracht, weil er, so Brookhart, versucht habe, sich gegen das System aufzulehnen. Mit anderen Worten, der Colonel legte mir nahe, keinen Ärger zu machen, sondern ein »netter Neger« zu bleiben.

Ich war nicht empört über Brookharts Ratschläge. Er meinte es gut. Wie wir alle, war auch er ein Produkt seiner Zeit und seiner Umgebung. Hinter der Fassade des West-Point-Absolventen verbarg sich ein Mensch, der sich um andere sorgte. Ich dankte ihm und verließ sein Büro.

Zum Abschluß führte ich meine Freundin noch einmal in Coney Island aus. Dann, wenige Tage nach der Verleihungsfeier, machte ich mich auf den Weg nach Georgia. Meine Eltern meinten, ich würde meine drei Jahre abdienen, dann nach New York zurückkehren und etwas aus meinem Leben machen.

2

Der Schritt ins Soldatenleben

Ich erinnere mich noch an den Augenblick, als mir zum ersten Mal Zweifel an der von mir eingeschlagenen Laufbahn kamen. Es war in den Bergen im Norden Georgias. Ich sauste in dreißig Meter Höhe an einem Drahtseil auf einen Baum zu. Die Übung wurde »Seilbahn ins Leben« genannt und sollte der Armee zeigen, ob ich Angst hatte. Und ich hatte Angst.

Ein weiterer Zweck der Übung war festzustellen, ob ein Soldat Befehlen auch dann bereitwillig gehorchte, wenn sie ihn scheinbar in den sicheren Tod führten. Das Seil war über einen Fluß gespannt und auf beiden Ufern an Bäumen befestigt. Es neigte sich in einem Winkel von ungefähr sechzig Grad. Unsere Aufgabe bestand darin, an einer Rolle auf einen Baum zuzurasen und erst loszulassen, wenn der Ausbilder am anderen Ufer das Kommando dazu gab. Als ich an der Reihe war, kletterte ich auf den Baum und blickte auf die Soldaten auf der anderen Seite. Sie sahen aus dieser Höhe sehr klein aus. Ich umklammerte den Griff unter der Rolle, und noch ehe ich einen klaren Gedanken fassen konnte, gab mir ein anderer Ausbilder einen Stoß. Mit immer rasanterer Geschwindigkeit sauste ich in die Tiefe. Der Baum auf der anderen Seite wurde größer und größer. Wann würde der Kerl endlich das Kommando geben? Er brüllte im allerletzten Augenblick, und ich platschte nur wenige Meter vor dem Baumstamm ins Wasser. Das Erlebnis war eines der schrecklichsten meines Lebens.

Die Seilbahn ins Leben gehörte zu den Vergnügungen, mit denen man uns in den beiden Monaten an der Ranger-School überraschte. Im Vergleich zu den Härtetests, denen wir dort in den ersten beiden Wochen unterzogen wurden, erschien uns die vorangegangene achtwöchige Grundausbildung in Fort Benning in Georgia wie ein Bummel über eine Flaniermeile. Zweck der Tests war es, vor der weiteren Ausbildung in den Sümpfen Floridas alle Schwachen auszusieben. Ein paar Wochen im morastigen Wasser und mit Alligatoren und Klapperschlangen als Nahrung trieben mir die Lust, in Florida ein Häuschen zu erwerben, ein für allemal aus.

Nach Florida ging es zum weiteren Training in die Berge von Georgia. Unsere Ausbilder führten uns in die Wildnis bei Dahlonega. Die Nächte waren kalt und die Morgen klamm. Die Holzhütten, in denen wir hätten schlafen sollen, sahen wir nur selten von innen. Statt dessen erklommen wir Felswände, balancierten auf Hängebrücken, die aus drei Seilen bestanden, über Schluchten, patrouillierten bei stockdunkler Nacht durch hüfttiefes Wasser und schliefen – sehr kurz zumeist – auf dem Boden. Und wir lernten »australisches Abseilen«. Mit einem Tau um den Leib trat man über eine Felskante und verharrte einen Augenblick mit dem Gesicht nach unten in waagrechter Stellung. Dann gab man Seil und rannte, eine Art Stepptanz vollführend, gleichsam den Felsen hinunter. Um das Vergnügen richtig auskosten zu können, mußte man sich klar machen, daß man nicht mit dem Kopf zuerst auf den Felsen in fünfzig Meter Tiefe aufschlagen würde.

Begonnen hatte meine Laufbahn in der Armee einige Monate zuvor, an einem sonnigen Morgen im Juni 1958. Ich stand in Fort Benning vor den Unterkünften der ledigen Offiziere, die mit Unterbrechungen die nächsten fünf Monate mein Zuhause sein würden. Gegenüber lag das Übungsgelände der Fallschirmjäger, über dem, wie die Gerippe von Achterbahnen auf einem Jahrmarkt, drei 75 Meter hohe Sprungtürme aufragten. Fasziniert blickte ich zu ihnen hinüber. Als Berufssoldat, als Infanterist, wollte man zu den Besten gehören, und dazu mußte man Ranger und Fallschirmjäger zugleich sein. Die Übungstürme waren allerdings schrecklich hoch.

Wir frischgebackenen Offiziere vom ROTC mußten warten und die Zeit totschlagen, bis die Abschlußklasse der Militärakademie West Point aus dem Urlaub zurückkam und zum Grundlehrgang zu uns stieß. Für uns bedeutete dies, daß wir zum ersten Mal direkt mit Absolventen der Militärakademie konkurrieren mußten. Die Jungs vom ROTC hielten die West Pointers für eine Art Übermenschen. Bei ihrer Ankunft entpuppten sie sich dann aber als lebenslustige Burschen, die außer Rand und Band waren, weil sie nach vier Jahren der Reglementierung ihre Freiheit wieder hatten. Wir kamen prima miteinander aus.

Am ersten Tag versammelten wir uns vor der Infanterie-Schule zum

Appell, vor dem legendären Standbild »Follow me«, einem bronzenen Infanteristen, der mit erhobenem Sturmgewehr Soldaten in die Schlacht führt. Erst in den folgenden Wochen sollte ich begreifen, daß dieses Stück geschmiedetes Metall den Kodex des Infanterieoffiziers auf vollkommene Weise wiedergab. Das Credo des todernsten Gewerbes, in das wir eingeführt wurden, lautete: »Folge mir.«

Der theoretische Unterricht und die Waffenausbildung fielen mir relativ leicht. Als hart erwiesen sich dagegen die Übungen im Gelände. Einmal mußte ich, der Großstadtmensch aus der Süd-Bronx, in der Wildnis von Georgia meinen Orientierungssinn unter Beweis stellen und auf einem acht Kilometer langen Nachtmarsch mit dem Kompaß einen Pfahl finden.

Am Ende des Grundlehrgangs war einem das Motto »Folge mir« in Fleisch und Blut übergegangen. Der Auftrag der Infanterie bestand darin, »den Feind zu stellen und zu vernichten«, ohne Fragen, Zweifel oder Vorbehalte. Der Infanterieoffizier hatte mutig, entschlossen, stark, tapfer und opferbereit in die vorderste Gefechtszone zu marschieren. Notfalls auch in die Hölle. Zugleich wurden wir angewiesen, bei der Erfüllung unseres Auftrags stets zu versuchen, unser eigenes Leben und das unserer Leute zu erhalten. Jahrelang habe ich jungen Offizieren immer wieder erklärt, daß ich mir den Großteil meines Wissens über das Soldatenleben in den ersten acht Wochen in Fort Benning angeeignet habe. Es läßt sich in wenigen Maximen zusammenfassen:

Fühle dich für diesen Posten und alles Staatseigentum verantwortlich – die erste Grundregel in der Armee.

Zuerst kommt der Auftrag, dann die Verantwortung für deine Soldaten.

Steh nicht herum! Werde aktiv!

Geh mit gutem Beispiel voran.

Keine Ausreden.

Offiziere essen stets zum Schluß.

Vergiß nie, daß du amerikanischer Infanterist bist, der Beste.

Du brauchst immer eine Armbanduhr, einen Bleistift und einen Notizblock.

Ein altes Gedicht von Colonel C. T. Lanham, das ich zum ersten Mal in Fort Benning gelesen habe, trifft das Wesen der Armee wohl am besten, insbesondere das der Infanterie: Es beschwört die Misere des einfachen Fußsoldaten bis zurück in die Zeit des römischen Legionärs. Es beschreibt seine Angst und den blinden Gehorsam, mit dem er dem Tod ins Auge sehen muß. Und so endet es:

> *Ich sehe all dies,*
> *und doch bin ich Sklave,*
> *wenn Banner stolz flattern und Hörner tönen,*
> *bereit, ein Soldatengrab zu füllen,*
> *aus Grunden, die ich nie erfuluen werde.*

In Fort Benning lernten wir allerdings, daß amerikanische Soldaten wissen müssen, wofür sie ihr Leben aufs Spiel setzen. GIs sind keine Untertanen oder Söldner, sondern amerikanische Bürger und Bürgerinnen, deren Leben nur in Gefahr gebracht werden darf, wenn höhere Ziele dies verlangen. Und Vorgesetzte haben die Pflicht, kein einziges Leben zu vergeuden. Dieses Prinzip habe ich in der Ära nach Vietnam, als ich aufgrund meiner Position Empfehlungen über lebensgefährliche Einsätze von Amerikanern auszusprechen hatte, zu keinem Zeitpunkt vergessen.

Ich schloß den Grundlehrgang unter den ersten zehn meines Jahrgangs ab und bestätigte damit meine Leistungen beim ROTC und bei den Pershing Rifles. Jetzt war ich richtiger Berufssoldat. Von den Ausbildern an der Ranger-School, die ich anschließend besuchte, prägte mich besonders First Lieutenant Vernon Coffey, ein Schwarzer, der aus biegsamem Stahl zu bestehen schien. Coffey trieb uns gnadenlos an: Kniebeugen, Rumpfbeugen und Laufen bis zur völligen Erschöpfung. Mangelnde Motivation nahm er als persönliche Beleidigung. Wir hatten vor diesem Mann Respekt. Ich konnte mir nicht vorstellen, jemals soviel Kraft und Zähigkeit zu erlangen. Coffey war der erste schwarze Offizier, den ich kennenlernte, und der erste, der sich dank seiner herausragenden Fähigkeiten über die Rassenschranken hinweg Achtung verschafft hatte.

Während die Armee damals demokratischere Züge annahm, stieß ich außerhalb meines Stützpunktes allenthalben auf die alte Südstaatler-Mentalität. Bei Woolworth in Columbus durfte ich zwar einkaufen, nicht aber im Restaurant essen. Auch andere Kaufhäuser nahmen gerne mein Geld, ließen mich aber nicht ihre Toiletten benutzen. Und durch die Straßen durfte ich nur bummeln, solange ich keine Weiße ansah.

Während meiner Ausbildung in den Bergen im Norden Georgias äußerte ich den Wunsch, sonntags einen Gottesdienst zu besuchen, und da die einzige Kirche für Schwarze im entfernten Gainesville lag, stellte mir die Armee freundlicherweise ein Fahrzeug mit einem weißen Corporal als Fahrer zur Verfügung. Ich sang und wiegte mich mit den Mitgliedern der Baptisten-Gemeinde. Am folgenden Sonntag beklagte sich der Corporal, daß er wegen der Fahrt zur Kirche selbst keinen Gottesdienst besuchen könne. Ob ich etwas dagegen hätte, wenn er mich begleite? Der Geistliche, ein freundlicher Mann, versicherte mir, daß die Anwesenheit eines Corporals in seiner schwarzen Gemeinde für ihn eine große Ehre sei. Doch womöglich könnte die weiße Bevölkerung daran Anstoß nehmen. Deshalb sei es vielleicht besser, wenn er im Auto warte.

Die Befürchtungen meines Vaters, die Warnungen von Colonel Brookhart, die Realitäten, die ich nicht hatte wahrhaben wollen, das alles brach jetzt in mein Leben ein. Wegen eines Wahnsinns durften Menschen verschiedener Hautfarbe nicht in der gleichen Kirche beten, im Restaurant nicht nebeneinander sitzen und sich nicht auf der gleichen Toilette erleichtern.

Dieser Rassismus war für mich so neu, daß ich ihn psychisch erst einmal verarbeiten mußte. Ich machte mir meine Prioritäten klar. Vor allen Dingen wollte ich in der Armee erfolgreich sein, und deshalb durfte ich mich unter keinen Umständen provozieren und zu Wutanfällen hinreißen lassen, mit denen ich mir nur selbst schaden würde. Die absurden Spielregeln im Süden waren eine Herausforderung, der ich mich stellen mußte. Wenn man mir einen begrenzten Teil des Spielfelds zugestand, so wollte ich eben dort durch Leistung glänzen. Keine Demütigung, keine ungerechte Behandlung in der Freizeit sollte mich daran hindern, beste Leistungen zu erbringen. Durch die Einschränkung meiner Bewegungsfreiheit ließ ich mich nicht zum seelischen Krüppel machen. Ich fühlte mich wegen meiner Hautfarbe niemandem unterlegen, und kein Weißer würde mir dieses Gefühl vermitteln. Nie würde ich das, was irgendein anderer über mich dachte, zu meiner Selbsteinschätzung machen. Rassismus war nicht nur das Problem der Schwarzen. Es war ein Problem Amerikas. Und bis zu seiner Lösung würde ich mich in keine Opferrolle drängen lassen. Die Intoleranz verletzte mich gelegentlich und machte mich sehr wütend, aber meistens spornte sie mich nur noch weiter an. Denen würde ich es zeigen!

Physisch erschöpft, untergewichtig und mit einer eiternden Schürfwunde am Bein, die ich mir beim Abrutschen von einem Felshang zugezogen hatte, meldete ich mich nach der Ranger-School zum Fallschirmjäger-Lehrgang. Ich bestrich die Wunde dick mit Desinfektionssalbe und verschwieg sie. Ich wollte bei der Ausbildung unter keinen Umständen ins Hintertreffen geraten. In der ersten Woche absolvierte ich Sprünge von einem Übungsgerät aus mehreren Metern Höhe. In der zweiten Woche folgten dann Sprünge von den 75 Meter hohen Türmen. Zu meinem Erstaunen verhinderte der Fallschirm tatsächlich, daß ich auf dem Boden zerschmettert wurde. In der dritten Woche gingen wir an Bord einer zweimotorigen Transportmaschine vom Typ C-123. Beklommen und mit flatterndem Anzug stand ich in der geöffneten Absprungluke und wartete auf das Zeichen des Ausbilders. Beim Gedanken an einen Sprung ins Bodenlose sträubt sich in einem Menschen alles. Trotzdem brachte ich in zwei Tagen fünf Sprünge hinter mich.

Das Abseilen an Felswänden, die Seilbahn ins Leben und der Absprung aus dem Flugzeug gaben mir Antworten auf eine Frage, die sich insgeheim wohl jeder einmal stellt: Habe ich den Mut, der Gefahr ins Auge zu sehen? Obwohl ich vor allen Übungen Angst hatte und froh bin, wenn ich nie wieder mit dem Fallschirm abspringen muß, so hatte ich niemals den leisesten Zweifel daran, daß ich das Notwendige tun würde. Wenn ich mich gewöhnlich freiwillig meldete, um das Unangenehme als erster hinter mich zu bringen, dann weniger aus Mut als aus praktischen Erwägungen. Solche Erfahrungen sind Initiationsriten. Die Gefahr ist es, die Männer auf mystische Weise zusammenschweißt. Die Überwindung tiefsitzender Ängste stärkt das Selbstvertrauen.

Eines Tages war es dann soweit: Wir standen auf dem Paradeplatz unter den Sprungtürmen stramm und bekamen als Ergänzung zu den schwarz-goldenen Schulterklappen die Flügel der Fallschirmjäger verliehen. Wir waren mehr als Infanteristen, wir waren Ranger der Luftlandetruppen. Wir selbst sagten Luftlanderanger – alles in einem Wort.

In der gesamten amerikanischen Infanterie gibt es keine großspurigeren Soldaten. Unsere Stiefel waren aus eigener Tasche bezahlt, denn kein Fallschirmjäger, der etwas auf sich hielt, wollte dem Feind Stiefel aus Armeebeständen in die Hand fallen lassen.

Wie von einem fremden Planeten kehrte ich auf Urlaub nach Hause zurück: vom militärischen Drill im tiefen Süden ins zivile Alltagsleben von Queens, von der ruppigen Kameradschaft unter jungen Männern in die Fürsorglichkeit von Mutter, Vater, Tanten und Onkeln. Eine meiner ersten Anlaufstellen war das CCNY, wo ich meine Kameraden von den Pershing Rifles besuchte, um ihnen meine ungewöhnliche Verwandlung in nur fünf Monaten vorzuführen. »Colin! Luftlanderanger«, meldete ich mich und weidete mich an ihren verblüfften Blicken. Mit einundzwanzig Jahren lag das Leben vor mir. Ich hatte eine Freundin, und meine Eltern waren stolz auf mich, obschon sie entsetzt waren, als ich ihnen erzählte, daß ich aus einem Flugzeug gesprungen war. Und ich würde etwas von der Welt sehen, denn die erste Einheit, der ich zugeteilt wurde, war die in Westdeutschland stationierte 3. Panzerdivision. Im Kalten Krieg, als die Welt noch in Gut und Böse eingeteilt war, empfand ich eine Versetzung an die Frontlinie als ein aufregendes Ereignis: Hinter dem Eisernen Vorhang lag der gottlose kommunistische Gegner.

Ich wurde nach Gelnhausen geschickt (das die GIs zu »Glenhaven« amerikanisiert hatten), in eine malerische Stadt im Kinzig-Tal ungefähr 40 Kilometer östlich von Frankfurt am Main. Knappe siebzig Kilometer weiter im Osten begann die Sowjetzone. Meine Einheit, der Kampfgruppenstab B der 3. Panzerdivision, war in der Coleman-Kaserne stationiert, einem ehemaligen deutschen Armeestützpunkt im Vogelsberg. Die meisten Soldaten waren in modernen Betonbauten in Hanglage untergebracht. Ich wurde als stellvertretender Zugführer der Kompanie B des 2. gepanzerten Schützenbataillons der 48. Infanteriebrigade zugeteilt, mein erstes Kampfkommando: vierzig Mann. Mit gemischten Gefühlen sah ich sie am ersten Morgen nach dem Wecken vor Kälte zitternd vor mir stehen. Einerseits erinnerten mich diese Soldaten durch ihre unterschiedliche Statur, Körpergröße, Hautfarbe und Herkunft an die Jungs, mit denen ich zu Hause groß geworden war. Andererseits galten die moralischen Grundsätze, die ich in Fort Benning gelernt hatte. Diese Männer waren keine Gleichgestellten: Ich hatte für sie die Verantwortung. Ich mußte sie führen. Ich entwickelte für Männer, die ungefähr mein Alter hatten und teils sogar älter waren, plötzlich väterliche Gefühle.

Außerdem sollte ich bald feststellen, daß die Armee bei weitem nicht nur aus wilden, ungestümen und draufgängerischen Luftlanderangern bestand, wie ich sie in Fort Benning kennengelernt hatte. Captain Tom Miller, der Chef der Kompanie B und mein neuer Vorgesetzter, war dafür ein typisches Beispiel. Er und die vier anderen Kompaniechefs, die zumeist im Zweiten Weltkrieg und in Korea gedient hatten, waren den Anforderungen bei der Armee gerade noch gewachsen. Mit etwas Glück hielten Männer wie sie noch zwanzig weitere Jahre durch und gingen dann als Major oder sogar als Lieutenant Colonel in den Ruhestand. Mit weniger Glück wurden sie in den Unteroffiziersstand zurückversetzt, und wenn sie Pech hatten, landeten sie in mittleren Jahren als Ausgemusterte auf dem zivilen Arbeitsmarkt.

Wenn diese Männer auch keine beruflichen Senkrechtstarter waren, so hatten sie doch etwas Anziehendes. Von ihnen konnte man etwas lernen, das weder in West Point noch in Lehrbüchern vermittelt wurde. Ein Zwischenfall mit Captain Miller und einer Pistole machte mir dies deutlich.

Da Air Force und Navy damals über Kernwaffen verfügten, brauchte auch die Army welche. Unser Paradestück war ein 280-Millimeter-Atomgeschütz auf einer Zugmaschine. Es ähnelte der Dicken Berta aus dem Ersten Weltkrieg. Um den Standort dieser Geschütze vor den Russen geheimzuhalten, wurden sie ständig durch die deutschen Wälder gezogen. Gesichert wurden die Transporte jeweils von einem Infanteriezug. Eines Tages rief mich Captain Miller zu sich und erklärte mir, er habe für meinen Zug einen Geheimauftrag, die Sicherung eines 280-Millimeter-Geschützes. Begeistert informierte ich meine Leute, lud meine Pistole, Kaliber 45, sprang in meinen Jeep und brauste zum Hauptquartier des Bataillons, um genaue Instruktionen einzuholen. Ich war aufgeregt: Ich sollte ein Geschütz sichern, das einen nuklearen Sprengkopf abfeuerte!

Unweit von unserer Kaserne tastete ich nach meiner Pistole. Ich erstarrte, als ich feststellte, daß sie nicht mehr da war! In der Armee ist der Verlust einer Waffe eine ernste Angelegenheit. Ich war hin- und hergerissen: Sollte ich die Waffe suchen oder weiter meinen Auftrag ausführen? Schließlich setzte ich mich über Funk mit Captain Miller in Verbindung und erstattete Bericht.

»Powell, sind Sie schon unterwegs?« fragte er prompt.

»Ja, Sir. Aber, wissen Sie ... ich habe meine Pistole verloren.«

»Wie bitte?« tönte es ungläubig aus dem Funkgerät. Und Sekunden später: »Gut, erledigen Sie zuerst Ihren Auftrag.«

Ich ließ mich im Hauptquartier instruieren und fuhr dann zu meiner Einheit zurück, ständig in Sorgen über den weiteren Verlauf der Angelegenheit. Ich war gerade durch ein kleines Dorf gefahren, als ich am Waldrand einen Jeep erblickte, in dem Captain Miller saß. Er rief mich zu sich. »Ich habe etwas für Sie«, sagte er und reichte mir die Pistole. »Kinder aus dem Dorf haben sie gefunden. Sie war Ihnen aus dem Halfter gerutscht.« Kinder? Mir lief es eiskalt den Rücken hinunter. »Ja«, sagte er. »Zum Glück haben wir gleich den ersten Schuß gehört, den sie abgefeuert haben, und so konnten wir ihnen die Waffe rechtzeitig abnehmen.« Meine Knie wurden weich. »Menschenskind, Powell«, sagte Miller, »passen Sie auf, daß das nie wieder vorkommt.« Als er davongebraust war, prüfte ich das Magazin. Es war voll. Aus der Waffe war kein Schuß abgefeuert worden. Wie ich später erfuhr, hatte ich sie vor der Abfahrt im Zelt verloren. Miller erwähnte den Vorfall nie wieder.

Heute würde die Armee in einem solchen Fall eine Untersuchung einleiten, Juristen hinzuziehen und meine Personalakte wahrscheinlich mit einem dicken Minuspunkt versehen. Miller war einen anderen Weg gegangen. Er wollte seinem Second Lieutenant, der sich einen Ausrutscher geleistet hatte, am Anfang der Laufbahn keine Steine in den Weg legen. Er hielt ihn für fähig und wollte ihm deshalb nur eine Lehre erteilen. Seine bisweilen unkonventionelle Art der Menschenführung hat mich beeindruckt. Wenn jemandem ein Patzer unterlief, half er ihm auf die Sprünge.

Ich gab Miller und anderen Vorgesetzten oft Gelegenheit, mir auf die Sprünge zu helfen, so auch, als ich die Fahrkarten für eine Zugfahrt nach München verloren hatte und mit meinen Männern am Frankfurter Bahnhof festsaß. Über diese peinlichen Vorfälle habe ich bislang noch nie gesprochen. Sie mögen jungen Offizieren als Lehre dienen: Auch diejenigen, die es ganz bis nach oben geschafft haben, saßen schon einmal in der Patsche.

Die Army hatte in Deutschland den Auftrag, die im allgemeinen Verteidigungsplan (GDP) festgelegte Linie zu besetzen. Sie verlief von Nord nach Süd am Eisernen Vorhang entlang durch das Fuldaer Bekken, einer Senke in den Ausläufern des Vogelsbergs. Alle Geschütze, Maschinen- und Sturmgewehre, Mörser, Panzer und Panzerabwehrwaffen unserer Division sollten den Gegner in dem Augenblick unter Beschuß nehmen, wo er durch diesen Graben stürmte. Ich bewachte mit meinem Zug einen kleinen Streifen des Eisernen Vorhangs, ohne freilich zu wissen, warum die Russen angreifen sollten. Aber solche Fragen waren für Soldaten meines Dienstgrades offenbar zu hoch. Wir taten unsere Pflicht und waren jederzeit einsatzbereit. Der Kalte Krieg war damals in eine heiße Phase getreten. Die Russen hatten im Jahr zuvor ihren Sputnik in den Weltraum geschossen. Auf der Autobahn nach Berlin blockierten sie unseren Verkehr. Die Regierung Eisenhower setzte auf die Strategie der massiven Vergeltung, was bedeutete, daß die konventionellen Streitkräfte kurz gehalten und die nukleare Schlagkraft ausgebaut wurde. Unsere Strategen gingen von einer konventionellen Überlegenheit der Russen aus, und deshalb, so glaubten sie, mußten wir im nuklearen Bereich die Oberhand gewinnen. Ich begriff nur soviel, daß die Verteidigungslinie mit unseren Leuten nur dünn besetzt wurde. Im Falle eines russischen Angriffs würden wir erbitterte Gegenwehr leisten, zurückgedrängt werden und den Beginn einer nuklearen Katastrophe erleben.

Im Sommer 1959, als ich zu Hause Urlaub machte, nahm ich an der Hochzeit von Christ und Donna Chisholm teil, guten Freunden vom CCNY. Und ich besuchte meine neue Nichte Leslie, Marilyns Baby, und Leslies ältere Schwester Lisa. Die meiste Zeit war ich jedoch mit meiner Freundin zusammen. Wir überlegten, ob wir vor meiner Rückkehr heiraten sollten. Da sie bis zum Abschluß ihrer Ausbildung als Krankenschwester in New York bleiben wollte, hätte ich für weitere sechzehn Monate allein nach Deutschland zurückkehren müssen, für Frischvermählte keine rosigen Aussichten. Ich brauchte Vaters Rat. Forsch schnitt ich das Thema eines Abends in unserem Partykeller an. Seine Reaktion erstaunte mich. Er sagte, ich sei noch zu unreif. Er begründete seine Meinung nicht näher, lehnte die Heirat aber kategorisch ab. Nie zuvor hatte er einem meiner Gedanken eine so deutliche Absage erteilt. Da mir das Einverständnis der Familie wichtig war und ich mich gegen das Oberhaupt Luther Powell nicht auflehnen wollte, kehrte ich als Junggeselle aus dem Urlaub nach Gelnhausen zurück.

Ende des Jahres erhielt ich meine erste Beförderung: Ich wurde First Lieutenant, allerdings ganz automatisch, denn die einzige Voraussetzung war, daß man achtzehn Monate lang keinen Ärger gemacht hatte.

Meine erste Erfahrung mit der Militärgerichtsbarkeit machte ich in Deutschland. Drei Lastwagenfahrer der Army hatten gemeint, eine deutsche Straße in eine Rennstrecke verwandeln zu müssen. Auf einer halsbrecherischen Rückfahrt zum Stützpunkt, bei der sie sich gegenseitig überholten, geriet einer der Fünftonner ins Schleudern und rammte auf der Gegenfahrbahn einen Volkswagen. Drei deutsche Zivilisten starben. Ich wurde dazu ausersehen, die Fahrer vor einem Militärsondergericht wegen fahrlässiger Tötung anzuklagen. Die Verteidigung der GIs übernahmen zivile Anwälte.

In juristischen Dingen völlig unbeleckt, vertiefte ich mich in die Sach- und Rechtslage des Falls. Dennoch war ich noch lange kein Staatsanwalt und betrat das Zelt, in dem die Verhandlung stattfinden sollte, am festgesetzten Tag mit einem unguten Gefühl: ein junger Infanterieoffizier mußte es mit den professionellen Anwälten der Verteidigung aufnehmen. Gegen zwei der drei Angeklagten, darunter den befehlshabenden Sergeant, konnte ich dennoch einen Schuldspruch erwirken.

Beim Verlassen der Sitzung hatte ich das Gefühl, über mich und das Militärrecht sehr viel gelernt zu haben. Im ROTC und bei den Pershing Rifles waren mir erstmals Führungsaufgaben übertragen worden. Im aktiven Dienst hatte ich weitere Verantwortung übernehmen müssen. Aber in beiden Fällen hatte ich mich weitgehend an Vorschriften orientieren können. Bei dem Verfahren vor dem Sondergericht war ich dagegen zum ersten Mal in einer Situation, in der ich wirklich selbständig denken und handeln mußte. An diesem Tag wurde ich mir einer ganz neuen Fähigkeit bewußt. Ich war offenbar in der Lage, eine Masse ungeordneter Informationen in einen Gesamtzusammenhang zu stellen und sie überzeugend darzulegen.

Der Prozeß knüpfte an eine Konstante an, die sich schon früh in meiner Laufbahn herauskristallisiert hatte. Ich war bereits mehrfach von meinem regulären Dienst entbunden und zu Sonderaufgaben herangezogen worden. Einmal wurde mir die Leitung unserer Pistolenschützen-Mannschaft übertragen, die dann den ersten Platz errang. Ein anderes Mal oblag mir zwei Monate lang das Kommando über eine Ehrengarde. Und ich wurde als zweiter Adjutant ins Hauptquartier der Brigade abkommandiert. Wegen der vielen wechselnden Aufgaben befürchtete ich schon einen Karriereknick. Doch meine Leistungsberichte waren ermutigend. Der von Captain Wilfred C. Morse vom 20. Juli 1959 endete so: »[Powell] ist zäh und entschlossen und hat dennoch geschliffene Manieren. Er kann mit Männern aller Dienstgrade umgehen. Seine Befähigung für eine Militärlaufbahn ist unbegrenzt und sollte auf beschleunigter Basis gefördert werden.« Mit zweiundzwanzig Jahren wurde ich allmählich ernstgenommen. Sechs Monate nach dem Bericht, der mich auf Wolken schweben ließ, holte mich ein weiterer freilich wieder auf den Boden zurück.

Zu den eher lockeren Reserveoffizieren in unserem Bataillon sollte bald einer stoßen, der nicht so war wie die anderen. Ich war kürzlich als stellvertretender Chef der Kompanie D des 2. Bataillons der 48. Infanteriebrigade zugeteilt worden, und wir erwarteten einen neuen Kompaniechef. Als sein Name bekannt wurde, brach fast Panik aus. Captain William C. Louisell jr. hatte früher in West Point das Fach Taktik unterrichtet. Einige unserer jüngeren Offiziere, die unter ihm Kadetten gewesen waren, beschrieben ihn als einen Mann, mit dem nicht gut Kirschen essen war. Der Louisell, den wir dann kennenlernten, entsprach genau diesem Bild: knallhart, überkorrekt, intelligent und zuweilen pedantisch.

Einen ersten Eindruck von Louisell bekam ich als der Verantwortliche für die Mannschaftstransportwagen (APC). Ich hatte unter anderem dafür zu sorgen, daß die APCs stets mit der Frontseite bergab geparkt wurden. Die Fahrzeuge mußten alle exakt in einer Linie nebeneinander stehen, damit sie bei einem Alarm sofort der Roten Armee entgegenrollen konnten. Louisell vermaß die Position der Wagen mit der Akribie eines Vermessungstechnikers, und gnade uns Gott, wenn einer nicht exakt im Winkel dastand.

Einmal überraschte mich Louisell dabei, wie ich in meiner Schreibstube am Telefon einen Leutnant anbrüllte. Er nahm mich beiseite und erteilte mir eine Rüge. Mein Leistungsbericht, den ich wenig später erhielt, hätte einen Laien wohl nicht weiter beunruhigt: »Er hat ein hitziges Temperament, das er ernsthaft unter Kontrolle zu bekommen versucht.« Tatsächlich bedeutete die Formulierung im Code solcher Beurteilungen eine ernsthafte Maßregelung. Es war die erste negative Bewertung seit meinem Eintritt ins ROTC. Louisell rief mich zu sich, hieß mich Platz nehmen und kam auf den Wutausbruch am Telefon zurück: »Zeigen Sie Ihr Temperament niemals mehr auf diese Art«, warnte er mich. Das sei für alle erniedrigend gewesen. Ich brause noch immer leicht auf und explodiere gelegentlich. Aber dann höre ich immer Louisells warnende Stimme.

Als Louisells Stellvertreter bekam ich einen Vorgeschmack auf die Schrecken, die eine Eskalation des Kalten Krieges zu einem heißen Krieg mit sich bringen würde. Es war an einem Morgen im Sommer 1960. Tags zuvor hatte es Sold gegeben. Unsere Brigade führte in Grafenwöhr eine Übung durch. Für die Unterbringung standen 600 Mehrzweckzelte bereit. Unsere Kompanie war noch nicht vollzählig vor Ort, während eine Schwestereinheit, das 12. Kavallerieregiment, schon am Abend zuvor eingetroffen war. Viele Soldaten schliefen zu dieser frühen Stunde noch in ihren Zelten.

Zusammen mit einem anderen stellvertretenden Kompaniechef kehrte ich nach einer Umtauschaktion gerade mit Verpflegungsrationen zu unserer Messe zurück, als ich ein merkwürdiges Pfeifen über mir hörte. Im Bruchteil einer Sekunde begriff ich, daß es sich um eine verirrte Artilleriegranate handelte. Ich blieb wie erstarrt stehen und sah das Geschoß vom Kaliber 200 Millimeter anfliegen. Mit ohrenbetäubendem Krachen detonierte es oben an einer Zeltstange im Bereich des 12. Kavallerieregiments. Eine furchtbare Stille folgte. Ich ließ die Lebensmittel fallen und eilte zum Ort der Explosion. Um mich herum regnete es Beine, Hände und Arme. Dann flatterten Geldscheine vom Himmel. Mit anderen herbeigeeilten Soldaten schritt ich durch den beißenden Qualm und die Dämpfe. Im Zelt öffnete ich einen Schlafsack und blickte auf Eingeweide wie in einem medizinischen Lehrbuch. Ein Dutzend Männer hatten auf der Stelle den Tod gefunden, noch mehr waren verletzt worden. Für die Tragödie wurde später menschliches Versagen verantwortlich gemacht. Der Bataillonskommandeur und weitere Offiziere wurden ihrer Posten enthoben. Auf das, was ich an diesem Tag zu sehen bekommen hatte, hätten mich keine hundert Kriegsfilme vorbereiten können.

Im ROTC und in Ford Benning hatte sich alles um Offiziere gedreht. In Gelnhausen bekam ich es erstmals mit den Menschen zu tun, um die es in der Armee eigentlich geht: mit den einfachen Soldaten. In der 48. Infanteriebrigade hatten wir uns vor allem um unsere Männer zu kümmern. Damals bestand die Armee vornehmlich aus Wehrpflichtigen, die oft eine bessere Ausbildung hatten als die Freiwilligen und zum Teil sogar vom College kamen. Aus ihren Reihen rekrutierten wir unsere Schreibkräfte und unser technisches Personal. Die Wehrpflichtigen wollten ihre zwei Jahre hinter sich bringen und dann an die Universität, ihren Arbeitsplatz und zu ihren Frauen, Kindern oder Freundinnen zurückkehren. Weil sie zu uns kamen, für die Nation Krieg führten und dann wieder nach Hause gingen, nannten wir sie »Weihnachtspersonal«. Sie suchten keinen Ärger.

Anders die Freiwilligen. Die meisten waren motiviert, und viele dienten sich bis zum Sergeant, der das Rückgrat der Armee darstellt, hinauf. Andere hatten sich unüberlegt verpflichtet, einige sogar aus Verzweiflung, weil Richter sie als Verurteilte vor die Wahl zwischen Gefängnishaft oder Dienst in der Armee gestellt hatten. Ein 18jähriger Freiwilliger suchte bei mir einmal um Erlaubnis nach, eine junge Deutsche, die von ihm schwanger war, zu heiraten. Die Armee machte jungen GIs eine Heirat mit Ausländerinnen damals schwer. Wir versuchten, die Leidenschaft dieser meist unreifen Paare zu zügeln. Später, in den siebziger Jahren, erhielten wir die Order, uns in Liebesangelegenheiten nicht einzumischen. Ein achtzehnjähriger einfacher Soldat hatte wie ein gleichaltriger Zivilist das verfassungsmäßige Recht, einen Narren aus sich zu machen. Da im vorliegenden Fall ein Kind mit im Spiel war, sagte ich dem Soldaten zu, für eine zügige Bearbeitung seines Antrags zu sorgen. Dann rückte er mit einem weiteren Problem heraus: Er brauche die Erlaubnis, seine zukünftige Schwiegermutter in die Vereinigten Staaten zu holen, denn er habe auch sie geschwängert. Auf solche Situationen hatte man uns im Grundlehrgang in Fort Benning nicht vorbereitet.

Unruhestifter und Quertreiber loszuwerden, nahm in den fünfziger Jahren oft Monate in Anspruch, und Berge Papier mußten bearbeitet werden. Wir versuchten uns einzureden, wir müßten nur unseren Führungsstil verbessern, um mit den Delinquenten klarzukommen. Einstweilen hatten tüchtige Soldaten mit unwilligen Kameraden zu tun, die in der Armee einen Mord absühnten, ein Umstand, der die Moral der gesamten Truppe untergrub. Noch zwanzig Jahre mußten vergehen, bis wir als reine Freiwilligenarmee das Recht bekamen, von Richtern verordnete Neuzugänge abzulehnen und GIs, die unseren Anforderungen nicht genügten, an die Luft zu setzen.

Die Sergeants waren zu jener Zeit ein hartgesottenes Volk. Kluge Lieutenants lernten von ihnen und gingen ihnen ansonsten aus dem Weg. Mein erster Sergeant im Zug war Robert D. Edwards, der, was mich anfänglich beunruhigte, aus dem hintersten Alabama kam. Aber ich brauchte mir keine Sorgen zu machen. Meine Hautfarbe war Edwards völlig egal. Ich hätte auch braune Streifen haben können. Ich war sein Lieutenant, und seine Aufgabe bestand darin, neue junge Offiziere einzuführen und sich um sie zu kümmern. Nach alter Tradition redete er mich in der dritten Person an: »Mag der Lieutenant eine Tasse Kaffee?«

Die Soldaten fürchteten Edwards zu Recht. Einmal mußte ich ihm erklären, daß er einen Soldaten, der sich unerlaubt von der Truppe entfernt hatte, nicht einfach an einen Heizkörper anketten dürfe. Meine Argumente leuchteten ihm nicht ein, und beim Hinausgehen murmelte er etwas vom Verfall der Disziplin. Obwohl gefürchtet, wurde er von den Männer auch respektiert und sogar verehrt. Sie verstanden ihn, und er saß mit ihnen in einem Boot. So primitiv seine Methoden auch sein mochten, er hatte nur das Wohlergehen des Zuges und seiner Männer im Auge. Solange sie ihre Pflicht erfüllten, opferte er sich für sie auf.

Während meiner Zeit in Gelnhausen begann ich, die GIs zu verstehen. Ich begriff, was in ihnen vorging, eine Lehre, die ich fünfunddreißig Jahre lang nicht vergessen sollte. Amerikanische Soldaten siegen gern. Sie wollen zu einer erfolgreichen Armee gehören. Solange sie ein erstrebenswertes Ziel vor Augen haben, respektieren sie Vorgesetzte, die ihnen ein hohes Leistungsniveau abverlangen und sie bis an die Grenzen der Belastbarkeit fordern. Amerikanische Soldaten nörgeln stets über die hohen Anforderungen und versichern, sie würden lieber anderswo dienen. Aber am Ende des Tages fragen sie immer: »Wie waren wir?«

Und ich lernte, was es bedeutet, wenn Soldaten mit ihren Problemen zu einem kommen, auch wenn die Probleme nicht immer so kompliziert waren wie die des 18jährigen zweifachen Liebhabers. Soldaten führen heißt Probleme lösen, und an dem Tag, an dem Soldaten mit ihren Problemen nicht mehr zu einem kommen, hat man die Führung verloren. Entweder trauen sie es einem nicht mehr zu, daß man ihnen helfen kann, oder sie halten einen für gleichgültig. Beides zeugt von Fehlern in der Menschenführung.

Viel gelernt habe ich auch von Major Raymond »Red Man« Barrett, unserem stellvertretenden Bataillonskommandeur. Eines Abends erläuterte uns Red Man im Offizierskasino das Wesen der militärischen Führung: »Man geht abends ins Bett. Alles ist in Butter. In der Einheit läuft alles wie geschmiert. Alle sind versorgt. Man glaubt, man hat mit seiner Arbeit das große Los gezogen. Und am nächsten Morgen wacht man auf und stellt fest, daß in der Nacht wieder alles schief gelaufen ist. So etwas passiert einfach. Da kann man nichts machen. Und die Führung steht wieder vor dem Nichts.« Wenn ich später als Vorsitzender des Generalstabs morgens das Pentagon betrat, klangen mir Red Mans weise Worte noch oft in den Ohren.

Die Offiziere aus jenen Tagen haben noch immer einen Platz in meinem Herzen. Männer wie Major Barrett oder die Captains Miller, Blackstock, Watson und selbst Louisell lehrten uns, das Soldatenleben zu lieben und für unsere Männer zu sorgen. Und sie vermittelten uns Spaß an der Armee. Tu deine Pflicht, aber nimm dich nicht zu ernst. Und keine Frage, wir hatten Spaß. Unser geselliges Leben spielte sich im Club »O« auf einem Berg über dem Kinzig-Tal ab. Allabendlich zogen die jungen Offiziere in die Bar und ließen sich von Friedl, dem Wirt, Löwenbräu-Bier servieren. Die altgedienten Captains gaben Geschichten und Anekdoten aus dem Krieg zum Besten. Nach dem Abendessen wurde weitergebechert, dann torkelten wir zu unseren Volkswagen und fuhren zackig in die Kaserne zurück.

Bei den Trinkspielen, für die wir uns in diesen oft wüsten Tagen begeisterten, glänzte ich, bis ich »7−14−21« kennenlernte. Bei diesem Spiel würfelten wir der Reihe nach mit fünf Würfeln und zählten nur die Einsen. Wer die siebte Eins würfelte, orderte einen 0,3-Liter-Drink, den Friedl aus Bourbon, Scotch, Gin, Brandy und Crème de Menthe zusammenmixte. Während Friedl das grüne Gebräu im Shaker rüttelte, ging das Spiel weiter. Wer die vierzehnte Eins warf, mußte den Drink bezahlen. Und der glückliche Gewinner, der die einundzwanzigste Eins würfelte, mußte Friedls tückisches Gesöff auf einen Zug hinunterstürzen. An einem Abend würfelte ich dreimal hintereinander die einundzwanzigste Eins. Ich trinke heute sehr maßvoll, aber damals erfüllte ich brav meine Pflicht und kippte das Zeug hinunter. Beim dritten Glas rutschte ich vom Stuhl. Ich wurde ins Bett verfrachtet, blieb dort aber nur bis zu einem überraschenden Übungsalarm um zwei Uhr morgens. Auf dem Rücksitz meines Jeeps festgeschnallt, hielt ich mich gerade noch aufrecht. Zum Glück tuckerten in dieser Nacht die russischen Panzer nicht heran.

Schwarze GIs, vor allem solche aus den Südstaaten, genossen in Deutschland ungewohnte Freiräume. Sie konnten sich frei bewegen, überall essen und sich verabreden, wo immer sie wollten. Der Dollar war stark, das Bier süffig und die Deutschen freundlich, denn wir hielten ihnen ja die roten Horden vom Leib. Der Krieg, zumindest der Kalte Krieg in Deutschland, war alles andere als die Hölle.

Man kann fünfunddreißig Jahre in der Armee dienen und sich ganz nach oben arbeiten, und doch bleibt einem der erste Posten am eindrücklichsten im Gedächtnis. An ihm werden alle späteren gemessen. Mir geht es jedenfalls mit Gelnhausen so. Meine dortige Dienstzeit markierte den Beginn lebenslanger Freundschaften mit Offizieren meines Jahrgangs. Wir brauchten einander zum Überleben. Wir schirmten uns gegenseitig gegen Angriffe höherer Offiziere ab. Einer deckte den Fehler des anderen und hielt ihm den Rücken frei. Aber wir konkurrierten auch miteinander. Steve Stevens, Keith Bissell, Ike Smith, Hal Jordan, Tiger Johns, Walter Pritchard, Bill Stofft, Jim Lee, Joe Schwar und andere sind mir noch lebhaft im Gedächtnis. Joe und seine Frau Pat sollten mich und meine schwangere Frau vier Jahre später aufnehmen, als wir in einer Stadt im Süden praktisch auf der Straße saßen. Einige sahen ein, daß sie in der Armee fehl am Platz waren, und andere brachten es zum General. Nach dem Zweiten Weltkrieg und nach Korea verkörperten wir eine neue Generation von Offizieren. Wir absolvierten unsere Lehrzeit an Orten wie Gelnhausen, empfingen unsere Feuertaufe aber auf der anderen Seite des Globus in Südostasïen, wo einige wie Pritchard und Lee ihr Leben lassen sollten.

Aber so eindrücklich und wertvoll die Erfahrungen in Deutschland waren, so entdeckte ich auch eine Schattenseite. Unter den Garnisonssoldaten machte sich eine verhängnisvolle Mentalität breit, das Bestreben, den Weg des geringsten Widerstandes zu gehen und Probleme unter den Teppich zu kehren. Eine Kleinigkeit mag dies veranschaulichen: Die Armee hatte ein neues Beschaffungssystem für Ersatzteile eingeführt. Keiner begriff, wie es funktionierte. Doch statt die Mängel

anzuprangern, ging man den einfacheren Weg und holte sich benötigte
Ersatzteile vom Schrottplatz. In den Papieren stellte man es dann so
hin, als seien sie auf regulärem Weg beschafft worden, wodurch das
blödsinnige System zementiert wurde. Bei diesem Spiel gingen die
älteren Offiziere den jüngeren mit schlechtem Beispiel voran. In er-
weitertem Umfang und institutionalisierter Form sollte der Selbstbe-
trug einige Jahre später mit verhängnisvollen Folgen nach Vietnam
exportiert werden.

Im November 1960, während meiner Dienstzeit in Deutschland, fanden zu Hause Präsidentschaftswahlen statt, und ich durfte zum erstenmal
wählen. Vom Wahlkampf drang nicht viel nach Gelnhausen, nur
das berühmte Rededuell zwischen Nixon und Kennedy im Fernsehen.
Ich gab meine Stimme per Briefwahl John F. Kennedy. Viel Überlegung
steckte hinter meiner Entscheidung nicht. Aber Kennedy und seine
Partei waren zu dieser Zeit für junge Leute meiner Herkunft eher die
Hoffnungsträger.

Ende 1960 lief meine zweijährige Dienstzeit in Deutschland aus. Bis
dahin hatte ich Bill Louisell als Chef der Kompanie D abgelöst. Ich
war der einzige Lieutenant im Bataillon, der eine Kompanie befehligte,
eine Aufgabe, die normalerweise einem Captain zufiel. Lieutenant Colonel Jim Bartholomees, mein Bataillonskommandeur, versuchte, mich
zu einer Verlängerung zu bewegen. Aber ich hatte Heimweh. Seit sechzehn Monaten hatte ich meine Freundin nicht mehr gesehen. Und mir
stand der Sinn nach Veränderung. Die Infantry Branch, die Personalabteilung des Pentagon für die Infanterie, schickte mich nach Fort
Devens in Massachusetts, wo ich eine andere Kompanie führen konnte. Und nur ein paar Autostunden von Devens entfernt lockte New
York. Etwas sentimental verabschiedete ich mich von der 48. Infanteriebrigade. Ich war als Neuling zu ihr gekommen und verließ sie als
erfahrener Berufssoldat.

Wenn ich viele Jahre später meinen Kindern von dieser Zeit erzählte,
horchten sie nur bei einer Episode auf: Im Manöver waren wir eines
Morgens auf einer schmalen Straße bei Gießen auf den parkenden Jeep
einer anderen Einheit gestoßen.

»He, Leutnant«, rief einer meiner Männer. »Kommen sie rüber. Sehen sie mal, wer hier ist.«

Ich ging zum Jeep. Ein schmutziger, erschöpft aussehender Sergeant grüßte und streckte mir die Hand entgegen: Elvis Presley. Daß ihr Vater dem König des Rock 'n Roll die Hand geschüttelt hatte, machte auf meine Kinder einen tiefen Eindruck. Mich dagegen hatte damals beeindruckt, daß Elvis keine Sonderbehandlung erwartete, seine zweijährige Dienstzeit wie ein gewöhnlicher GI klaglos ableistete und sogar in den Unteroffiziersrang aufstieg.

Fort Devens liegt bei Ayer in Massachusetts, knapp 50 Kilometer westlich von Boston, ein Stützpunkt, der seine Aufrechterhaltung damals hauptsächlich der Hartnäckigkeit der Kongreßabgeordneten aus Massachusetts verdankte. Als ich mich im Januar 1961 in Devens meldete, lag dort fast ein Meter Schnee. Die beißende Kälte bildete für die Soldaten ein unerschöpfliches Gesprächsthema. GIs aus Puerto Rico litten besonders. Einer von ihnen zog, wenn er die Kaserne verlassen mußte, stets alle ausgegebenen Kleidungsstücke an und fror noch immer. Schließlich entfernte er sich unerlaubt von der Truppe und wurde erst Wochen später, sichtlich erholt, von der Militärpolizei im puertoricanischen Santurce aufgespürt. Interessant war auch, daß man die gleichen Soldaten, die die gesamte Woche über gezittert und über die Kälte gejammert hatten, samstags nachmittags in leichten schrillen Zivilklamotten zu den Amüsierbetrieben in Boston oder New York trampen sah.

Ich wurde der 1. Kampfgruppe des 4. Infanteriebataillons der 2. Infanteriebrigade zugeteilt. Der Kommandeur der Brigade war Brigadier General Joseph Stillwell jr., der Sohn von »Essig-Joe«, dem berühmten General aus dem Zweiten Weltkrieg. Unser Joe war unter den Spitznamen »Cidre-Joe« oder »Apfelsaft-Joe« bekannt. Noch in seinen Fünfzigern lernte er Fallschirmspringen. Statt nur den eigenen Kragen zu riskieren, beschwatzte er den Militärkaplan, nach einer zehnminütigen Einführung ebenfalls einen Absprung zu wagen. Der Kaplan brach sich beim Aufprall die Knochen und ließ sich zu keinem weiteren Sprung überreden. Jahre später, lange nach Devens, brachte Stillwell sich selbst bei, eine C-47 zu fliegen, und verschwand auf einem Flug von Kalifornien nach Hawaii. Wer Cidre-Joe gekannt hat, erwartet freilich, daß er eines Tages am Strand von Waikiki in Hochform wieder auftaucht.

In Devens wurde ich zunächst als Verbindungsoffizier dem Hauptquartier der Kampfgruppe zugeteilt und spielte im wesentlichen die Rolle des »Laufburschen« für den S-3-Offizier der Gruppe, Major Richard D. Ellison, zuständig für Operationen und Ausbildung. Ellison, ein freundlicher Ire, der im Zweiten Weltkrieg und in Korea gekämpft hatte, war um Klassen besser als meine letzten Vorgesetzten in Deutschland. Befehligt wurde die Kampfgruppe von dem geradlinigen Colonel Robert Utley und seinem Stellvertreter Colonel Tom Gendron, der die gewünschte Würze mit einbrachte. Gendron, ein Veteran der legendären 1. Infanteriedivision, »the Red Big One«, lebte, arbeitete und schlief in seiner alten Kluft. Er benannte seine Söhne nach den Generälen seiner ehemaligen Division, und nur dank der Hartnäckigkeit seiner Frau blieb seinen Töchtern die gleiche Ehre erspart.

Cidre-Joe, Utely und Gendron brüteten ständig neue Ideen aus, von denen einige gut, andere schlecht und wieder andere einfach lächerlich waren. Ich lernte vom geschickten Dick Ellison, kluge Vorschläge aufzugreifen, dumme zu verbessern und peinliche abzuwürgen, ohne daß die Vorgesetzten die gute Laune verloren. Dick und seine Frau Joy, ein geselliges und lebenslustiges Paar, nahmen sich des einsamen Junggesellen Powell an. Mit Dicks Tod in Vietnam ein paar Jahre später wurde mir viel zu früh ein lieber Freund entrissen.

Ich konnte mich der Aufgabe des Verbindungsoffiziers schließlich entziehen und wurde stellvertretender Chef der Kompanie A, also der zweite Mann in der Einheit. Als der Kompaniechef kurz darauf versetzt wurde, übernahm ich zum zweitenmal seit meinem Eintritt in die Armee die Führung einer Kompanie, und das noch immer als First Lieutenant. Die anderen Kompaniechefs und ich waren Konkurrenten und Partner zugleich und tauschten die Kniffe des Gewerbes aus. Wenn einem beispielsweise die Bettlaken ausgingen, versuchte man sein Glück auf dem Müllhaufen des Lazaretts oder in der Leichenhalle. Dort lagen genug herum, etwas abgenutzt zwar, aber brauchbar.

In Devens machte ich die wertvolle Erfahrung, daß Wettbewerb kein unbarmherziger Konkurrenzkampf zu sein braucht. Ich veranstaltete in meiner Kompanie immer wieder Wettbewerbe, und nicht nur sportlicher, sondern auch praktischer Art, so etwa um die ordentlichsten Unterkünfte, den schönsten Aufenthaltsraum oder den besten Waffenappell, kurz um jede Leistung, die bewertet und belohnt werden konnte. Je mehr Wettbewerbe es gab, desto mehr Gelegenheit hatte der einzelne GI oder der Zug, sich hervorzutun. Dieses Bedürfnis der Soldaten war

mir sehr wohl bewußt. Ich hatte in Uniform Selbstwertgefühl entwikkelt, und so wollte ich auch meinen Männern die Chance dazu geben.
In Wettbewerben für olympiataugliche Hochleistungssportler, die ihre
gesamte Zeit zum Training brauchten, sah ich wenig Sinn. Solche Veranstaltungen waren weniger wichtig. Entscheidend war, daß viele Soldaten Selbstvertrauen und Selbstachtung gewannen und sich durchschnittliche Leute um überdurchschnittliche Leistungen bemühten.

Die 2. Infanteriebrigade war Teil des Strategischen Heereskorps
(STRAC), Eliteeinheiten, die auf Abruf an jeder Front kämpfen konnten. Wir benutzten die Abkürzung beliebig als Hauptwort und Eigen-
schaftswort. STRAC war ein Seinszustand und bedeutete Schneid, Gei-
stesgegenwart und Korpsgeist. (»Sergeant, ist der Zug STRAC?« »Ja,
Sir, wir sind STRAC.«) Und, wie so oft in der Army, schossen wir über
das Ziel hinaus. STRAC stand schließlich mehr für schneidiges Aussehen als für Gefechtsbereitschaft. Unsere Kampfuniformen waren
bretthart gestärkt, die Bügelfalten messerscharf. »Die Appretur brechen« hieß, mit Hilfe eines Besenstiels die Hosenbeine zu öffnen, damit wir uns beim Hineinschlüpfen nicht die Haut wund rieben. Erst
im allerletzten Augenblick machten wir uns für den Appell fertig. Wir
ließen die Hosen aufgeknöpft und schlüpften erst ganz zum Schluß in
die Stiefel, und das alles nur, um ja die Uniform nicht zu zerknittern.
Die Mühe war völlig überflüssig, denn binnen einer Stunde war jede
Uniform voller Falten. Aber STRAC zu sein, das hieß eben auch, die
Appretur zu brechen, und ich machte dabei ebenso mit wie die Besten.
Das hatte Tradition.

Die Appretur brechen war ein Beispiel für eine törichte Tradition.
Seit Vietnam hat die Armee versucht, unsinnige Praktiken abzuschaffen. Wir haben uns bemüht, das Soldatenleben dem Zivilleben ein
Stück weit anzugleichen, und dazu gehören auch die Fünftagewoche
und das freie Wochenende. Heute erinnern Kasernen mehr an Internate
als an Strafvollzugsanstalten. Stubenappelle gibt es zwar noch immer,
aber dabei geht es mehr um die Überprüfung der Einsatzbereitschaft
als darum, einen Soldaten zu maßregeln, weil sein Feldbesteck nicht
auf den Zentimeter genau an Ort und Stelle liegt.

Ich akzeptiere und befürworte die meisten dieser Veränderungen
und finde es richtig, daß Praktiken wie das Ritual mit dem Besenstiel
aufgegeben worden sind. Zugleich machen Traditionen und Rituale
nach wie vor einen wesentlichen Teil der Faszination des Militärs aus.

Sie bringen ein Gefühl der Zusammengehörigkeit und der Bedeutsamkeit ins Leben junger Soldaten. Ich muß gestehen, daß ich mich nach einigen Gepflogenheiten der Vergangenheit zurücksehne. So wurden geringere Vergehen früher vom Kompaniechef geahndet und in einem grün eingebundenen Strafbuch vermerkt:»Soldat Russo, unerlaubtes Fernbleiben vom Dienst: 50 Dollar Strafe.« Dieses Buch gibt es heute nicht mehr. Um Routinestrafen zu verhängen, muß man eine Rechtsbelehrung verlesen, Zeugen benennen, einen Anwalt zur Verfügung stellen und den Vorgang an übergeordneter Stelle absegnen lassen. All das sieht nach Rechtsstaatlichkeit aus, aber es schadet einer Sache, die für die Atmosphäre in kleinen Einheiten lebenswichtig ist: das Gefühl der Selbstverantwortlichkeit in einer Familie, die junge Leute selbständig auf den rechten Weg zurückführen kann. Unleugbar kam es im alten System gelegentlich zu Mißbräuchen. Aber der Nutzen überwog die Risiken bei weitem. Heute ist es so, als wolle man jeden kleinen Familienzwist vor Gericht austragen. Mit der Übertragung von Strafbefugnissen an übergeordnete Instanzen und an Juristen hat sich die Armee selbst einer wertvollen Einrichtung beraubt.

Personalverwaltung und Besoldung wurden früher gewöhnlich auf Bataillonsebene abgewickelt. Heute können diese Aufgaben dank der Computer an übergeordneten Stellen erledigt werden. Das ist kostengünstiger, macht den Dienst aber zugleich auch unpersönlicher. Die Offiziere haben am Leben ihrer Soldaten weniger Anteil, ihre Rolle als Ratgeber, die Probleme lösen helfen, hat an Bedeutung verloren. Verloren ging auch ein gewisses Maß an menschlichen Bindungen zwischen Soldaten und ihren Vorgesetzten, die für Geborgenheit und gute Moral in der Truppe sorgen. Ich bin sicher, jeder ehemalige GI in reiferen Jahren erinnert sich noch an die Kantine seiner Kompanie, einen Holzbau auf einem Fundament aus Schlacksteinen. Auf einer Seite lag die Küche, auf den Holzböden standen Tische und Bänke, die an eine Imbißbude erinnerten. Nur durch ein Geländer getrennt, aßen die Offiziere in einer, die Unteroffiziere in einer anderen Ecke. Am Ausgang standen die Abfallkübel und draußen der Ständer mit den Mops. Auch wenn die heutigen zentralen Großkantinen wirtschaftlicher arbeiten, so erinnere ich mich doch mit Wehmut an das emsige Klappern von Geschirr in diesen alten Kantinen, durch die der Geist der Kameradschaft wehte. Sicher verklärt sich in der Erinnerung so manches, und ich bin mir bewußt, daß die heutige Armee mit ihren GIs sehr viel schlagkräftiger geworden ist. Aber wie jeder Soldat der alten Schule habe ich diese Tage noch immer in glücklicher Erinnerung.

Meine Zeit als Kompaniechef währte nicht lange. Ich wurde als Adjutant einer neuen Einheit zugeteilt, dem 1. Bataillon der 2. Infanteriebrigade, als First Lieutenant mit den Aufgaben eines Captains. Der Adjutant eines Bataillons ist für Personalfragen, Beförderungen, Disziplin, Post und »Moral und Wohl« der Truppe zuständig. Mein neuer Kommandeur war Lieutenant Colonel William C. Abernathy, ein Baptist und Abstinenzler aus Arkansas. Als Absolvent der Ouachita Baptist University war »Donnerwetter« sein schlimmster Kraftausdruck. Ich mußte mich also zusammenreißen.

Lieutenant Colonel Abernathy war kein Teufelskerl, sondern eine solide Führungskraft, die der Moral der Truppe erste Priorität einräumte. Er erwartete, daß der Beförderung zum Private die gleiche Bedeutung beigemessen wurde wie der zum Colonel. Die Leute hatten Anspruch auf pünktliche Bezahlung. Soldaten, die sich im Feld den Hintern abfroren, stand heißer Kaffee und Suppe zu. Jedes Anzeichen dafür, daß ein GI nicht richtig versorgt wurde, bedeutete für seine Vorgesetzten Ärger. Abernathy verhätschelte die Soldaten nicht. Er setzte ihnen tüchtig zu und gewöhnte sie an Disziplin. Das war seine Art der Fürsorge.

Eines Tages erteilte mir der Lieutenant Colonel den Auftrag, ein System zur Verteilung von »Willkommensschreiben ans Baby« zu erstellen. Da mir die Verwunderung offenbar ins Gesicht geschrieben stand, erläuterte Abernathy, jeder Soldat, dessen Frau ein Kind zur Welt brachte, solle vom Bataillonskommandeur ein persönliches Glückwunschschreiben erhalten. Ein zweiter Brief, direkt an das Kind gerichtet, sollte den neuen Erdenbürger als Ehrenmitglied im Bataillon willkommen heißen. Abernathy wünschte, daß die Briefe genau am Tag der Geburt aufgegeben wurden.

Woher sollte ich wissen, welche Männer Vaterfreuden entgegensahen? Ich konnte mir die Soldaten auf dem Paradeplatz vorstellen: »Jeder Mann, dessen Frau schwanger ist, einen Schritt vortreten! In Ordnung. Und wann ist es soweit?« Daß sich meine Begeisterung in Grenzen hielt, hing wohl auch damit zusammen, daß ich Junggeselle war. Jedenfalls ließ ich mir mit dem Aufbau dieses Alarmsystems einige Zeit. Abernathy rief mich zu sich. »Zum Donnerwetter, Colin«, sagte er. »Ich bin enttäuscht von Ihnen. Sie haben das ja immer noch nicht erledigt.« Lieber hätte ich mich von Red Barrett zur Sau machen lassen, als mir Abernathys gequälte Vorwürfe anzuhören. Ich kehrte in meine Schreibstube zurück und nahm die demographische Erhebung sofort in die Liste meiner Pflichten mit auf.

Als das System stand, erhielten wir erstaunlich positive Rückmeldungen. Abernathys Fürsorglichkeit machte auf die Soldaten Eindruck. Die Mütter bedankten sich in Briefen für die Anteilnahme der Army. Die Säuglinge reagierten natürlich nicht, aber ich kann mir vorstellen, daß sich 35jährige heute über einen Brief in ihrem Stammbuch wundern, der sie zum Mitglied des 1. Bataillons der 2. Infanteriebrigade macht.

Auch dies war für mich eine wertvolle Erfahrung. Man mußte Mittel finden, jeden einzelnen in der Einheit zu erreichen, und ihm das Gefühl geben, daß er ein wichtiger Teil des übergeordneten Ganzen war. Abernathy hatte einen Weg gefunden, in einem rauhen Gewerbe Fürsorglichkeit zu demonstrieren. Und das zu einem Zeitpunkt, als der Army verheiratete Soldaten geradezu ein Dorn im Auge waren.

Ich erfüllte noch immer die leidige Aufgabe des Adjutanten und sehnte mich nach einem Truppenkommando. Ich lag Abernathy solange mit der Bitte um Versetzung in eine andere Kompanie in den Ohren, bis er mir eines Tages die merkwürdige Antwort gab: »Sie haben schon zwei Kompanien geführt, wenn auch kurz. Jetzt erfüllen Sie zum dritten Mal in weniger als drei Jahren in der Army die Aufgaben eines Captains. Da ist es eher unwahrscheinlich, daß man Sie noch einmal mit einer Aufgabe auf Kompanieebene betraut.« Offenbar meinte er, ich hätte eine Barriere übersprungen. Ich hoffte weiter auf eine andere Kompanie, aber er sollte recht behalten.

Im Sommer 1961 ging ich erstmals »nach Hause«, wie es meine Verwandten nannten. Trotz aller beruflichen Herausforderungen war der Dienst in Devens weniger aufregend als auf einem Stützpunkt in Westdeutschland, am Festungswall des Kalten Krieges. Ich suchte das Abenteuer. Ich kratzte 182 Dollar zusammen (damals verdiente ich 290 Dollar im Monat) und kaufte mir ein Flugticket nach Jamaika. Vor der Abreise vertiefte ich mich, um grobe Schnitzer zu vermeiden, mit meiner Familie in die Verwandtschaftsverhältnisse.

Gab es auf der Erde krassere Gegensätze als zwischen Devens und Jamaika? In gleißender Sonne, umgeben von üppig blühenden Blumen, aalte ich mich im Kreis von Tanten, Onkeln, Cousinen und Cousins. Sie nahmen mich auf, als hätten sie mich ein Leben lang gekannt. In meiner Bewerbung um meine Offiziersstelle, in der ich im Ausland lebende Verwandte hatte angeben müssen, hatte ich nicht weniger als achtundzwanzig Jamaikaner als Verwandte ersten Grades aufgelistet. Doch trotz aller Vorbereitung unterlief mir bei meinem Besuch ein Fauxpas. Ich hatte die Geschenke vergessen, die von einem »reichen« Verwandten aus den USA erwartet wurden. Trotzdem wurde ich wie eine Trophäe von Stadt zu Stadt, von Haus zu Haus, von Tante zu Onkel gefahren.

Bald entdeckte ich den Grund für die matriarchalischen Lebensverhältnisse, die mir unter den Kariben zu Hause aufgefallen waren. Die Frauen arbeiteten härter und disziplinierter als die Männer. Sie setzten die Maßstäbe, zogen die Kinder auf und spornten sie an. So mancher Mann galt nicht als präsentabel. Ich lernte jede meiner Tanten kennen, aber nicht jeden Onkel. Einmal fuhr ich mit meinem Cousin Vernon Meikle auf dem Weg zu Tante Ethlyn und Onkel Witte durch Kingston. An einer Ampel drosselte Vernon das Tempo und deutete auf einen Mann an einer Ecke. »Das ist dein Onkel Rupee«, erklärte er.

»Ich möchte ihn kennenlernen«, antwortete ich.

»Das geht nicht«, sagte Vernon.

»Warum denn nicht?« wollte ich wissen. Rupee war offenbar das schwarze Schaf der McKoys. Er hatte zu viele Frauenaffären, und niemand wußte so recht, wovon er eigentlich lebte. Ich bestand darauf, Onkel Rupee mitzunehmen. Immerhin war er der Bruder meiner Mutter.

Vernon behielt recht. Tante Ethlyn war über den Besuch nicht erfreut. Aber ich war fasziniert. Rupee entpuppte sich als ein liebenswerter Filou, der mir so lange Geschichten erzählte, wie ich für seinen Rumkonsum aufkam. Mein Geld und seine Anekdoten reichten für drei Tage. Die letzten beiden Urlaubstage verbrachte ich mit Kopfschmerzen in Queens, dann kehrte ich nach Fort Devens zurück.

Die dreijährige Dienstzeit, zu der ich mich verpflichtet hatte, war im Sommer 1961 vorüber. Der Gedanke, aus der Army auszuscheiden, war mir keinen Augenblick in den Sinn gekommen. Was hätte ich als junger Schwarzer anderes tun sollen? Bei meinem Vater im Textilviertel arbeiten? Als Geologe in Oklahoma nach Öl bohren? Das Land steckte in einer Rezession. Wenn ich in der Army blieb, würde ich bald 360 Dollar im Monat verdienen, traumhafte 4320 Dollar im Jahr. Ich würde meinen Fähigkeiten entsprechend aufsteigen können. Keine andere Laufbahn in der amerikanischen Gesellschaft bot einem Schwarzen so viele Möglichkeiten. Aber am meisten zählte, daß ich meinen Beruf liebte. Meine Familie reagierte sehr überrascht auf meine Ankündigung, daß ich nicht nach Hause kommen würde.

Afro-Amerikaner hatten dem Militärdienst gegenüber von jeher zwiespältige Gefühle. Warum sollten wir für ein Land kämpfen, das sich nicht für uns eingesetzt und uns sogar Grundrechte vorenthalten hatte? Wozu einer Nation dienen, die es zuließ, daß wir in Restaurants nicht bedient wurden und auf einfache Annehmlichkeiten, die Weißen zur Verfügung standen, verzichten mußten? Und dennoch: Ob geschätzt oder geschmäht, willkommen geheißen oder geduldet, Hunderttausende von Afro-Amerikanern hatten dem Militär dieses Landes von der ersten Stunde an gedient. In Massachusetts, wo ich augenblicklich stationiert war, waren sie seit 1652 als Sklaven oder Freie in die Bürgerwehr eingebunden gewesen. Während der Revolution dienten unter General Washington über 5000 schwarze Soldaten und verhalfen dem Land zur Unabhängigkeit, ohne selbst die Freiheit zu erhalten. Fast 220 000 Schwarze kämpften im Bürgerkrieg in den Reihen der Union, und 37 500 ließen dabei ihr Leben. Die Schwarzen wurden befreit, aber nach ihrer Rückkehr litten sie unter der Intoleranz, dem Ku Klux Klan und der Lynchjustiz.

Nach dem Bürgerkrieg genehmigte der Kongreß die Aufstellung vier farbiger Regimenter. Bekannt wurden sie als die legendären »Büffelsoldaten«, wie die Indianer sie wegen ihrer dunklen Haut, ihres krausen Haars, ihrer Mäntel aus Büffelfell und ihres Kampfgeistes nannten. Die Schaffung dieser Regimenter war freilich kein aufklärerischer Akt zur Überwindung von Rassenschranken. Washington brauchte sie, um die Siedler im Westen vor Übergriffen der Indianer zu schützen. Ihnen selbst blieben der Erwerb und Besitz von Land freilich zumeist verwehrt.

Im Zweiten Weltkrieg trugen fast eine Million Schwarze die Uniform. Einige wie die Tuskegee Airmen, die ersten schwarzen Kampfpiloten, stellten unter Beweis, daß kein Auftrag den Mut und die Fähigkeiten von Schwarzen überforderte. Trotzdem kehrten diese GIs nach 1945 in den diskriminierenden Alltag der Südstaaten zurück, wo »Farbige« eigene, aber schlechtere Schulen und Colleges, schlechtere Berufsaussichten, eigene Toiletten und Trinkbrunnen hatten. Im übrigen Land wurde der Rassismus kaum besser bemäntelt.

Warum folgten Schwarze trotz allem dem Ruf der Nation? Weil nur beim Militär für sie die Aussicht bestand, in den Genuß ihrer Bürgerrechte zu kommen. Wenn sie ebensoviel Mut und Opferbereitschaft wie Weiße unter Beweis stellten, so glaubten sie, wenn sie ebenfalls bereit waren, für ihr Vaterland zu sterben, dann würde man ihnen sicherlich Chancengleichheit einräumen. General Andrew Jackson versprach schwarzen Soldaten, speziell vor der Schlacht von New Orleans, er werde ihnen Land zuteilen. Nach den Gefechten, in denen viele ihr Leben ließen, interessierte ihn sein Wort nicht mehr.

Erst am 26. Juli 1948 schaffte Präsident Harry S. Truman die Rassentrennung in der Armee mit einer Durchführungsverordnung ab. Wenn schwarze Amerikaner wie die Weißen für ihr Land ihr Leben riskierten, dann kam man um Gleichberechtigung beim Militär nicht mehr herum. Bei meinem Eintritt in die Armee waren seit dieser historischen Wende gerade zehn Jahre vergangen. Ich erinnere mich noch an zwei meiner engsten Freunde während der Grundausbildung für Infanterieoffiziere in Fort Benning, Don Phillips und Herman Price. Wir drei standen beim Appell in alphabetischer Reihenfolge nebeneinander, als gebe es die Rassentrennung in der Armee noch immer. Phillips wurde später zum Colonel befördert und befehligte als erster Schwarzer das Heeresregiment der Ehrengarde in Washington. Price studierte Medizin und wurde Chefkardiologe in einem Militärhospital. Bei ihrer Karriere und beim Erfolg anderer schwarzer Offiziere wie Ranger Coffey, dem Militärberater Präsident Richard M. Nixons, spielte ein Faktor eine Rolle, der oft unterschätzt wird: Die Armee hatte gegenüber dem übrigen Amerika in Sachen Demokratie eine Vorreiterfunktion. Ab den fünfziger Jahren gab es in unseren Kasernen weniger Diskriminierung, eine gerechtere Leistungsbewertung und mehr Gleichheit als in jedem Rathaus im Süden oder in jedem Unternehmen im Norden. Deshalb machte es mir die Armee leichter, mein Land trotz aller Unzulänglichkeiten zu lieben.

3
Werben um Alma

Eines Tages im November 1961, ich lag gerade in meiner Stube im Quartier für ledige Offiziere in Fort Devens, kam überraschend mein Freund Michael Heningburg herein. Er bat mich um einen Freundschaftsdienst. Mike, der ebenfalls aus Queens stammte und dessen familiärer Hintergrund so verwickelt war wie meiner, hatte in Boston ein Mädchen kennengelernt. Sie hieß Jackie Fields, und Mike war völlig begeistert. »Fährst du mit mir in die Stadt und führst ihre Mitbewohnerin aus?« bat er mich.

»Eine Verabredung mit einer Unbekannten?« fragte ich argwöhnisch. Mike nickte. Ich hatte so etwas noch nie gemacht und hielt die Erfolgsaussichten für gleich Null. Allerdings hatte die Beziehung zu meiner New Yorker Freundin die sechzehnmonatige Trennung nicht überstanden, und ich hatte nichts Besseres zu tun. Freunde hatte ich in Devens viele: Tony DePace und seine Frau Sandy aus meiner Zeit bei den Pershing Rifles, Herman und Madeline Price aus Fort Benning und Costelle »Coz« Walker und Ezra »Chopper« Cummings, die ich erst hier kennengelernt hatte. In Sachen Liebe hatte ich dagegen nichts unternommen. »Okay, Mike«, sagte ich. »Ich helf dir aus der Klemme.«

Wir fuhren in die Marlborough Street Nr. 372 im Bostoner Bezirk Back Bay, wo wir die Mädchen abholen sollten. Über die Sprechanlage wurden wir in den hinteren Teil des Backsteinbaues bestellt, in ein Zweizimmer-Apartment im Erdgeschoß. Jackie Field begrüßte uns, das andere Mädchen trat Minuten später aus dem Schlafzimmer. »Das ist meine Mitbewohnerin Alma Johnson«, stellte Jackie sie vor.

Alma hatte einen zarten Teint, hellbraunes Haar und eine bezaubernde Figur. Ihre Augen glänzten mit einem faszinierenden grünen Schimmer. Sie bewegte sich anmutig und redete kultiviert mit weichem südlichem Akzent. Das Abenteuer begann vielversprechend.

Sehr viel später berichtete mir Alma ihre Version dieser ersten Begegnung: Sie hatte sich mit ihrer Mitbewohnerin gestritten, weil sie mit der Verabredung nichts zu tun haben wollte. »Ich verabrede mich nicht mit Unbekannten«, sagte sie zu ihr. »Schon gar nicht mit einem Soldaten. Man weiß ja nie, wer zur Tür hereinkommt.« Alma zog sich geschmacklos an und legte grelles Make-up auf, um den unbekannten Freier gleich bei der Ankunft abzuwimmeln. Dann aber, so erzählte sie mir, habe sie in den Wohnraum gespäht und einen schüchternen, knabenhaft jungen Mann entdeckt, dessen Wangen von der Kälte rosig geworden waren. Die Männer, mit denen sie sonst ausging, waren gewöhnlich vier bis fünf Jahre älter als sie. »Du hast ausgesehen wie ein verunsicherter Zwölfjähriger«, verriet sie mir später. Sie verschwand im Badezimmer, zog sich um, schminkte sich neu und machte sich nett zurecht.

Wir führten die Mädchen in einen Club im Bezirk Dorchester. Wir tranken etwas, hörten Musik und redeten. Da ich bislang fast ausschließlich mit Mädchen mit New Yorker Akzent Umgang gehabt hatte, war ich von der sanften Stimme dieser Südstaatlerin ganz betört. Und Alma redete fast den ganzen Abend hindurch, während ich wie in Trance lauschte. Irgendwann stellte sie mir eine Frage, die in dieser Zeit, als noch allgemeine Wehrpflicht herrschte, ganz normal war: Wieviel Tage ich bei der Army noch hätte? Als ich Alma sagte, daß ich Berufssoldat war, blickte sie mich fassungslos an.

Der schönste Abend, den ich seit langem erlebt hatte, ging schließlich zu Ende. Mike und ich fuhren nach Fort Devens zurück. Am nächsten Tag rief ich Alma an und fragte, ob wir uns ein weiteres Mal verabreden könnten.

Wir trafen uns regelmäßig, und je öfter ich sie sah, desto besser gefiel sie mir. Alma stammte aus Birmingham in Alabama. Ihr Vater Robert C. »R. C.« Johnson war Rektor der Parker High School, einer der beiden schwarzen High-Schools der Stadt. Die andere, die Ulman High School, wurde von ihrem Onkel George Bell geleitet. Almas Mutter war in der schwarzen Pfadfinderinnen-Bewegung aktiv und spielte in der Congregational Church eine führende Rolle. Alma hatte in der Schule mehrere Klassen übersprungen und machte mit neunzehn Jahren einen Abschluß an der Fisk University in Nashville in Tennessee. Anschließend kehrte sie nach Hause zurück und moderierte eine Zeitlang eine Radiosendung mit dem Titel »Mittagessen mit Alma«: Sie

gab Haushaltstips und legte Musik auf, meistens den vom Sender gewünschten Rhythm and Blues. Aber wenn sie abends den Discjockey
machte, spielte sie ihre Musik, progressiven Jazz.

Alma hatte ihren Heimatort Birmingham nie besonders gemocht,
allerdings weniger wegen des dort herrschenden Rassismus. Als Tochter von R. C. Johnson war sie ja privilegiert. Aber Alma liebte das
Abenteuer. Sie empfand die Atmosphäre in Birmingham als beengend
und wollte mehr von der Welt sehen. Deshalb nahm sie eine Gradu-
iertenstelle in der Abteilung Ohrenheilkunde des Bostoner Emerson
Colleges an. Als ich sie kennenlernte, arbeitete sie als Audiologin für
den Bostoner Schwerhörigenverband. Sie fuhr mit einem Lieferwagen
durch die Gegend und führte Hörtests durch. Ihr Bravourstück war, als
sie sich in Cambridge Einlaß in ein Kloster verschaffte und sich die
Jesuiten vornahm.

Einen Monat nach unserer ersten Begegnung fuhr Alma über Weihnachten nach Birmingham. Wir verabredeten, daß sie auf dem Rückweg in New York haltmachen und Neujahr mit meiner Familie in der
Elmira Avenue feiern sollte. Ich war überzeugt, sie würde meine Verwandten mögen, wenn vielleicht auch nicht auf Anhieb. Eine wohler-
zogene junge Dame aus einer angesehenen Südstaatler-Familie mußte
sich an die lauten lebenslustigen Kariben erst einmal gewöhnen.

Das große Fest sollte im Partykeller der Familie stattfinden. Der Be-
tonboden war mit Fliesen aus Kunststoff belegt, die Wände und die
Decke mit häßlichen braunen Korkplatten verkleidet. Eine kleine Bar
in der Ecke, hinter die sich der Mixer zwängen mußte, bot kaum genügend Platz für Gläser und Flaschen. Über der Bar hingen Piratenköpfe
aus geschnitzten Kokosschalen. Das Bild Präsident Roosevelts war aus
der Bronx mitgebracht worden und hatte hinter der Bar einen Ehrenplatz gefunden. An den Wänden reihten sich Bänke, und in einer Ecke
standen zwei Flugzeugsitze der Touristenklasse, die meine Freunde
von den Pershing Rifles und ich aus einer ausrangierten Maschine der
El Al am Idlewild-(jetzt John-F.-Kennedy-) Flughafen ausgebaut hatten.

Als Alma und ich eintrafen, drängten sich im Raum meine Verwandten. Sie lachten, tranken, aßen und sangen, und leise sprachen sie von
»zu Hause«. Immer wieder wurden aus der Küche Speisen nachgelie-
fert, während auf dem Plattenspieler, den Vater meiner Schwester Marylin zum sechzehnten Geburtstag geschenkt hatte, nonstop Schallplat-
ten mit 78 Umdrehungen pro Minute liefen.

Ich führte Alma durch das fröhliche Chaos. Vater und Mutter umarmten sie zur Begrüßung und stellten sie den Tanten, Onkeln, Cousins und Cousinen vor, damit sie jeder in Augenschein nehmen konnte.

Alma überstand die erste Runde. Der Härtetest kam, als sie sich auf einem der Flugzeugsitze eine Atempause gönnte. Tante Beryl, die Schwester meines Vaters, machte die Runde durch den Raum. Tante Beryl kompensierte ihre Kinderlosigkeit mit einer abgöttischen Liebe zu ihrer Neffen und Nichten, und ihr Liebling war ich, »Col-Col«. In ihren Augen hatte Alma ernste Handikaps. Sie war keine Jamaikanerin, nicht einmal Karibin und zudem keine New Yorkerin. Sie ließ sich neben ihr nieder und musterte sie wortlos von oben bis unten. Als Alma schließlich aufstand, erhob sich auch Tante Beryl. Als sie zwei Schritte tat, tat auch Tante Beryl zwei Schritte. Sie verfolgte sie auf Schritt und Tritt mit skeptischer Miene. Und sie sagte kein Wort.

Schließlich ließ sie von ihr ab und knüpfte mit Verwandten ein Gespräch an. Alma konnte wieder frei atmen. Col-Col, so erklärte Tante Beryl den Gästen, werde bald fünfundzwanzig, ein heiratsfähiges Alter. Ewig könne die Familie nicht warten. Er könne das Mädchen schon umwerben, auch wenn das arme Kind keine Jamaikanerin sei. Dabei trug ich mich überhaupt nicht mit dem Gedanken an eine Heirat. Ich dachte nur, ich hätte eine neue Freundin, mit der ich mich regelmäßig traf. So ein Idiot war ich.

Nach meiner Rückkehr nach Massachusetts kam Alma an den Wochenenden mit dem Bus auf Besuch. Mit Offizierskameraden gingen wir in den Club »Rathskeller«, wo es Cheeseburger gab, oder besuchten Freunde. Alma lernte die Prices, die Abernathys, die Ellisons und die DePaces kennen. Sie bekam Einblick in das Leben der Berufssoldaten und war als schwarze Südstaatlerin überrascht über das relativ hohe Maß an sozialer Integration in der Armee. Sie paßte von Anfang an in diesen Kreis, und dank ihrer charmanten Mischung aus Respekt und Selbstbewußtsein kam sie gut mit den Frauen meiner Vorgesetzten aus.

Bald waren wir unzertrennlich. Ich konnte es kaum erwarten, Alma nach dem Appell am Samstag wiederzusehen. Ich war mir meiner Lage nicht so recht bewußt: Ich war verliebt, dachte aber, alles weitere werde sich schon regeln.

Im Sommer 1962 war ich seit achtzehn Monaten in Fort Devens stationiert und wartete auf Befehle. Sie kamen im August: Ich sollte nach Südvietnam gehen. Von diesem Land wußte ich eigentlich nur, daß Präsident Kennedy einige Tausend Militärberater dorthin entsandt hatte. Vereinzelte Berichte von den ersten Gruppen waren auch bis zu uns gedrungen. Die USA waren offenbar am »Aufbau einer Nation« beteiligt und halfen Südvietnam, sich gegen die Rote Gefahr zu schützen, eine Gefahr, die an der (im Vorjahr errichteten) Berliner Mauer ebenso drohte wie auf den Reisfeldern Südostasiens. Es war aufregend: Ich zog in den Krieg.

Natürlich hatte ich auch Angst, genau wie ein Testpilot vor einem Flug, ein Solist vor dem Konzert oder ein Football-Spieler vor dem Anpfiff. Aber wir brannten darauf, endlich das zu tun, worauf wir uns als Soldaten intensiv vorbereitet hatten. Meine Offizierskameraden beneideten mich. Ein Militärberater in Vietnam hatte eine glänzende Zukunft vor sich. Zur Vorbereitung auf meine künftigen Aufgaben mußte ich mich im Herbst zunächst in Fort Bragg in North Carolina zu einem fünfwöchigen Lehrgang melden. Und vor meiner Entsendung konnte ich mit einer Beförderung zum Captain rechnen.

Begeistert rief ich meine Eltern und Freunde an. Dann telefonierte ich mit Alma. Ich spürte, daß sie meine Euphorie nicht teilte. Ich fuhr nach Boston und erklärte ihr, was mir diese Mission bedeutete. In Vietnam würde ich eine Aufgabe als Soldat erfüllen können. Als das Argument nicht zog, erwähnte ich die anstehende Beförderung. Alma interessierte nur, wie es mit unserer Beziehung weiterging. Ich erklärte ihr, daß ich nur für ein Jahr nach Vietnam käme und nicht wisse, wie es danach weitergehe. Ich sagte ihr, daß mir sehr viel an ihr läge und daß ich auf viele Briefe von ihr hoffte. Die Antwort kam prompt: »Ich schreibe dir überhaupt nicht.« Wenn sie nur eine Brieffreundin sei, meinte sie, könnten wir gleich Schluß machen. Sie sei fast fünfundzwanzig Jahre alt und habe nicht die Absicht, darauf zu warten, ob ich in einem Jahr wieder auftauchen würde.

Niedergeschlagen fuhr ich nach Devens zurück. Almas Reaktion hatte eine Frage aufgeworfen, der ich bislang aus dem Weg gegangen war: Wieviel bedeutete mir diese Frau?

In dieser Nacht dachte ich im Bett über unsere Beziehung nach. Alma Johnson war schön, intelligent und gebildet, sie strahlte Lebensfreude aus, und sie war, was in Liebesgeschichten selten der Fall ist, auch ein guter Kumpel. Sie entstammte einer angesehenen Familie, kam mit meinen Freunden bestens aus und konnte auch noch hervorragend kochen. Ich wußte, daß sie mich liebte, und ich liebte sie. Meine Familie mochte sie sehr. Worauf also wartete ich? Alma hatte alles, was ich mir an einer Ehefrau wünschen konnte. Ich war ein Vollidiot, wenn ich nichts unternahm, um sie an mich zu binden. Ich mußte den unsinnigen Gedanken, daß privates Lebensglück und eine militärische Laufbahn unvereinbar seien, hinter mir lassen.

Ich konnte es kaum erwarten, am nächsten Tag nach Boston zu fahren, um ihr einen Antrag zu machen. Gott sei Dank sagte sie ja.

Alma liebte mich, obwohl ich ein unromantischer Freier war. Nicht einmal einen Verlobungsring bekam sie von mir. Ich sagte ihr, das Geld sei für die Ausstattung unseres Haushaltes besser angelegt. Sie hatte bereits eine Verlobung hinter sich, mit Ring und allem drum und dran. Die Beziehung war gescheitert, und so war Alma klug genug zu wissen, daß solche Äußerlichkeiten über den Erfolg einer Ehe wenig aussagten. »Mach dir wegen des Rings keine Sorgen«, sagte sie mir. »Den kannst du mir später noch schenken.« Und tatsächlich bekam sie von mir schließlich einen mit einem besonders hübschen Stein.

Als ich meinen Eltern am Telefon erzählte, daß wir heiraten wollten, klangen sie erleichtert. Auch Alma rief ihre Familie an. Ihre Mutter Mildred kannte ich bereits, und an ihrem Einverständnis hatte ich keinerlei Zweifel. R. C. mußte ich dagegen erst noch kennenlernen, und das versprach, furchtbar zu werden. Wie ich von Alma wußte, war ihm von ihren bisherigen Freunden kein einziger gut genug gewesen. Bei ihr zu Hause hatte er sie schlicht ignoriert.

Wir mußten uns beeilen, wenn mich Alma nach Fort Bragg zum Lehrgang begleiten sollte. Wir legten die Hochzeit auf einen Termin zwei Wochen später fest, auf Samstag, den 25. August 1962. Die Trauung sollte in der Congregational Church in Birmingham stattfinden, mit anschließendem Empfang bei den Johnsons.

Ich informierte Ronnie Brooks, der an der Brown University in Providence, Rhode Island, gerade seine Doktorarbeit in Chemie vollendete. Ronny, mein Vorbild, ein geborener Soldat, hatte seine sechsmonatige Wehrpflicht absolviert und sich für das Zivilleben entschieden. »Das gibt's doch nicht!« sagte er, als ich ihm von meiner bevorstehenden Hochzeit berichtete. Er werde sofort nach Boston kommen und sich anschauen, in welchen Schlamassel ich da geraten sei. Ein paar

Tage später verwöhnte ihn Alma mit einem köstlichen Abendessen. Damit war für Ronny Brooks die Sache geritzt. Er stand auf, ging um den Tisch, küßte Alma und ernannte sich eigenmächtig zu meinem Trauzeugen.

Dann tauchte ein Hindernis auf. »Ich komme nicht zur Hochzeit«, teilte Vater mir mit. »Nach Birmingham bringen mich keine zehn Pferde.« Luther Powell ging nirgendwohin, wo er zum Bürger zweiter Klasse gestempelt wurde. »Ich schicke euch ein Glückwunschtelegramm«, meinte er. Zum Glück ließ sich Mutter von Luthers Entscheidungen nicht beeinflussen. Sie wollte bei der Trauung ihres Sohnes nicht fehlen. Als Marilyn und Norm aus Buffalo ihre Teilnahme zusagten, mußte Vater seine Haltung überdenken. Ein gemischtrassiges Paar riskierte im Süden Ärger. »Wenn sie Norm lynchen wollen«, meinte Vater, »könnten wir alle zur Stelle sein. Vielleicht muß ich mir die Lyncher vorknöpfen.«

Ich bat meinen Vorgesetzten, Lieutenant Colonel Abernathy, um Wochenendurlaub zum Heiraten und versprach, Montag wieder auf meinem Posten zu sein. Abernathy drückte mir herzlich die Hand und sagte: »Ich glaube, drei Tage kommt das Bataillon schon ohne Sie aus, Lieutenant.«

Von den nächsten zehn Tagen, in denen Alma und ihre Mutter die Hochzeitsvorbereitungen generalstabsmäßig vorantrieben, bekam ich nicht sehr viel mit. Mildred organisierte bei Freundinnen Gästezimmer für meine Familie. Eine Verwandte erklärte sich bereit, das Festessen am Abend vor der Trauung auszurichten. Almas Schwester Barbara wurde zur Brautjungfer erkoren. Ronny und ich wurden angewiesen, am Tag X unsere braunen Sommeruniformen zu tragen, darauf vertrauend, daß Ronny nach den üppigen Jahren eines Zivillebens immer noch hineinpaßte. Alma und ich kauften in Boston schlichte goldene Trauringe, dann reiste sie nach Birmingham ab. Ich traf dort am Abend vor der Trauung rechtzeitig zum Essen und zum Empfang ein.

R. C. Johnson entpuppte sich als ein hochgewachsener, todernster Mann, der kein Blatt vor den Mund nahm. Jahre später begegnete ich gelegentlich schwarzen Soldaten aus Birmingham, die auf die Parker High School gegangen waren. Wenn ich erwähnte, daß ihr einstiger Rektor mein Schwiegervater war, kam meistens die gleiche Antwort: »Sie haben R. C.'s Tochter geheiratet? Sie sind ein tapferer Kerl!« In Wahrheit war R. C. froh, daß er seine Tochter unter der Haube hatte, auch wenn ihn weder mein Beruf noch meine einjährige Abwesenheit begeisterten. Und es begeisterte ihn sicher auch nicht, daß sein Schwiegersohn Karibe war. Am Telefon von unseren Heiratsplänen unterrichtet, hatte er im Beisein seiner Frau gemeckert: »Mein Leben lang habe ich versucht, den verfluchten Kariben aus dem Weg zu gehen, und jetzt heiratet meine Tochter einen!« Mit Luther, der die Südstaaten nicht ausstehen konnte, und R. C., der Leute wie Luther nicht ausstehen konnte, stand uns ein heiteres Wochenende bevor!

Dann traf meine Familie in Birmingham ein, und Vater, der bis dahin von Lynchaktionen verschont geblieben war, genoß die Zeit in vollen Zügen. Er liebte Parties, Taufen, Hochzeiten, Leichenschmause und Beerdigungen, solange nur viele Leute zusammenkamen. Mit den Johnsons und ihrem Kreis schloß er nach wenigen Stunden eine Freundschaft, die das ganze Leben hielt.

Der August ist in Alabama unerträglich heiß. Am Tag der Trauung wedelten die Frauen in der voll besetzten Kirche mit Fächern die ein örtlicher Bestattungsunternehmer zur Verfügung gestellt hatte. Als Reverend J. Clyde Perrys mit der Zeremonie begann, betraten Ronnie und ich durch einen Seiteneingang die Kirche. Wir marschierten schneidig bis zu einer markierten Stelle vor, an der wir dann haltmachten. Zackig wie auf das Kommando »Rechts um« wandten wir die Köpfe, schlugen die Hacken zusammen und standen stramm wie beim Appell. In Begleitung ihrer Schwester schritt Alma am Arm ihres feierlich blickenden Vaters durch das Kirchenschiff zum Traualtar. Ich war hingerissen von ihrem strahlenden Aussehen und ihrer heiteren Gelassenheit. Diese schöne Frau sollte Augenblicke später meine Ehefrau werden.

Nach der Trauung ging es zu den Johnsons zum Empfang. Meine Familie wurde mit völlig neuen Bräuchen konfrontiert. Kein Trinkgelage, kein Tanz, nur ein paar Erfrischungen. Man trat durch die Vordertür ein, legte das Geschenk ab, schrieb sich ins Gästebuch ein und schritt die Empfangsreihe im Salon ab. Dann ging es ins Eßzimmer, wo einem ein Glas Punsch und ein Stück Kuchen gereicht wurden, anschließend stellte man das leere Glas und den Teller in der Küche ab. Und dann wurde man zur Hintertür geleitet. Das Ganze dauerte nur wenig länger als eine Stunde. Luther und Arie schmiedeten auf der Stelle Pläne für eine ganz andere Hochzeitsparty in New York.

Die Hochzeitsnacht verbrachten wir im A. G. Gaston Motel, für ein schwarzes Ehepaar das einzige passable Hotel der Stadt. A. G. Gaston war ein schwarzer Unternehmer, der mit Lebensversicherungen für Farbige Millionen gemacht hatte. Weiße Versicherer hatten sich für diese Marklücke nicht interessiert. Tags darauf flogen Alma und ich nach Boston zurück. Ich konnte zu ihr in das Apartment in der Marlborough Street ziehen, da Jackie Fields ausgezogen war. Aus Mike Heningsburgs Affäre, mit der für uns alles begonnen hatte, war im übrigen nichts geworden. Ich meldete mich am Montagmorgen wie versprochen bei Lieutenant Colonel Abernathy, und Alma nahm ihre Arbeit beim Bostoner Verband für Schwerhörige wieder auf.

Einige Tage später nahm ich in unserem Apartment einen Anruf entgegen. Der Anrufer war offenbar verblüfft, eine männliche Stimme am anderen Ende der Leitung zu hören. »Wer sind Sie denn?« fragte er.

»Colin Powell«, antwortete ich. »Und wer sind Sie?«

»Almas Verlobter«, teilte er mir mit.

»Sehr erfreut«, sagte ich. »Ich bin ihr Mann.«

Die Unterhaltung stockte und endete in Verlegenheit. Alma und ich hatten offenbar nicht genug Zeit gehabt, um über meine früheren Rivalen zu reden.

Eine Woche später, an einem Samstagmorgen, klopfte es an der Tür. Barfuß, nur mit einem T-Shirt und Boxer-Shorts bekleidet, öffnete ich. Draußen stand ein gutaussehender Mann, unter dem Arm eine Schachtel Pralinen. Sein Lächeln erlosch sofort. »Was machen Sie denn hier?«, fragte er empört.

Ich stellte mich als Almas Ehemann vor. Dann kam Alma, und ich zog mich diplomatisch zurück. Vom Schlafzimmer aus bekam ich Fetzen einer kurzen, intensiven Unterhaltung mit. Dann verschwand der Besucher. Wie mir beim Eintreten auffiel, hatte er die Pralinen wieder mitgenommen. Ein alter Freund, erklärte Alma, allerdings habe er falsche Vorstellungen von der Art ihrer Freundschaft. An dieser Version hielt sie über dreißig Jahre lang eisern fest.

Wenig später fand der Hochzeitsempfang in der Elmira Avenue statt. Unsere Gäste tauchten am frühen Nachmittag auf, zwängten sich in den Partykeller und verschwanden erst gegen vier Uhr morgens wieder, als der letzte Tropfen Rum getrunken war. Alma bestand den zweiten Test jamaikanischer Gastfreundschaft und bezauberte ihre ganze Umgebung. Am meisten freute mich, daß Luther und Arie vor Stolz

auf ihre neue Schwiegertochter strahlten. Nach dem gesetzten Empfang bei den Johnsons mit dem akurat festgelegten Ablauf war die Party
bei den Powells fast schon ein Kulturschock.

Ich genoß das Eheleben, ging mit Alma am Wochenende zum Einkaufs-
bummel und besuchte mit ihr Freunde. Von Devens aus raste ich mit
meinem blauen Volkswagen, Baujahr '59 – ich hatte ihn für 1312 Dollar
in Deutschland gekauft – zu unserem Liebesnest. Bei einer dieser
Amokfahrten fiel mir auf der Fernstraße 2 ein rasch aufschließendes
Kabriolett auf. Ein Yankee aus dem Nordosten wollte mir offenbar
seine Staubwolke ins Gesicht blasen. Ich trat das Gaspedal des Käfers
bis zum Anschlag durch und war überrascht, als kurz darauf eine Po-
lizeisirene ertönte. Ich fuhr rechts ran. Der Fahrer wies sich als Staats-
polizist aus und teilte mir mit, ich sei in der 55-Meilen-Zone 90 Meilen
gefahren. »Officer«, erwiderte ich, »Sie wissen genausogut wie ich,
daß mein Wagen gar nicht so schnell fährt.« Ich kam mit der Ausrede
nicht durch. Damals wollte ich – wie zuweilen auch heute noch –
wissen, wie schnell meine Autos fuhren.

Mein sorgloses Leben mit Alma ging seinem Ende entgegen. Am 24.
September, einen Monat nach unserer Heirat, gab das Bataillon für uns
eine Abschiedsparty. Bill Abernathy las aus einer prachtvollen hand-
beschriebenen Schriftrolle mit dem Wappen des 1. Bataillons der 2.
Infanterieregiments: »Hört, hört«, proklamierte Abernathy, »der Ober-
bleistiftspitzer des Bataillons wird nun in ein exotisches Land mit
vergifteten Pfeilen und spitzen Bambusstäben geschickt ...« Dann
spielte er auf gewisse Eigenarten an, die meinen Kameraden in Devens
an mir aufgefallen waren: »Das Hauptquartier des Bataillons wird das
Knallen des Telefonhörers, die Faustschläge auf den Tisch und die
ruckartigen Bewegungen Ihres Drehstuhls vermissen.« Bill Louisell
hätte genickt.

Wenig später packten Alma und ich unsere gesamte Habe (die in
einen Volkswagen paßte) zusammen, machten eine Stippvisite in der
Elmira Avenue und fuhren nach Fort Bragg in North Carolina weiter,
wo ich am Lehrgang für Ausbildungsberater im Rahmen der Militär-
hilfe teilnehmen sollte. Die Fahrt durch den Süden mit meiner frisch
Angetrauten an der Seite war für mich weniger nervenaufreibend als
die Reise ein paar Jahre zuvor mit Kameraden von der Army. Ich

erinnere mich, daß wir bei der Fahrt durch Woodbridge in Virginia keine Tankstelle fanden, deren Toilette wir benutzen durften. Ich mußte von der Straße abfahren, damit wir uns in einem Wald erleichtern konnten.

In Fort Bragg beauftragten wir einen schwarzen Makler, im nahen Fayetteville für uns eine möblierte Bleibe zu suchen, wo wir für die Zeit des Lehrgangs unterkommen konnten. Wohngebiete für die schwarze Mittelschicht, wie sie uns vorschwebten, waren freilich rar. Unser erster Besichtigungstermin führte zu einem verfallenen Haus mit einem verwilderten Garten, der mit rostigen Blechbüchsen, Plastiktüten und anderem Müll übersät war. Der Linoleumboden im Haus zerbröckelte, und die Möbel waren Sperrmüll. Kopfschüttelnd fuhren wir zum nächsten Objekt, und das war auch nicht besser. Schließlich meinte der Makler, er habe die Lösung gefunden. Er wollte uns in seinem eigenen Mietshaus unterbringen. Wir schöpften Hoffnung. Er hielt vor einem düster anmutenden Haus mit einem noch düstereren Inneren. In einem finsteren Raum hockten alte Leute und starrten ins Leere. Der Makler zeigte uns ein Zimmer im rückwärtigen Teil. Bettzeug müßten wir mitbringen, sagte er, Küche und Bad mit den anderen Pensionsgästen teilen. Wir dankten und gingen.

Wir stellten uns der bitteren Wahrheit. Ich beschloß, Alma zu ihren Eltern nach Birmingham zurückzuschicken und die Zeit in Fort Bragg alleine zu verbringen. Diese Aussicht war um so düsterer, als die Trennung der Beginn eines Jahres war, in dem wir uns nicht sehen würden. Und Alma war schwanger.

Am ersten Tag in Fort Bragg traf ich Joe Schwar, einen alten Kameraden aus Gelnhausen. Er war inzwischen bei den Spezialeinheiten, den Green Berets. Er und seine Frau Pat luden Alma und mich zum Essen ein. Es war unser vermeintlich letzter gemeinsamer Abend. Ich freute mich darauf, Alma mit den Schwars bekanntzumachen, hätte mir aber gewünscht, daß wir besserer Stimmung gewesen wären.

Bei den Schwars ging es zu wie in einem fröhlichen Irrenhaus. Sie wohnten in einem staatseigenen Doppelhäuschen, das mit seinen drei Schlafzimmern im Standortbereich lag. Ihre drei Jungs Joey, Kevin und Steve waren alle unter vier Jahre alt. Beim Essen tauschte ich mit Joe begeistert Geschichten über Tom Miller, Red Man Barrett und andere Leute aus, die wir in Deutschland kennengelernt hatten, und beobachtete, wie Alma und Pat Bekanntschaft schlossen. Joey und Kevin veranstalteten im Wohnzimmer ein Autorennen, und der kleine Steve kreischte neidisch von seinem hölzernen Hochstuhl herab.

Unweigerlich kamen wir auf unsere erfolglose Wohnungssuche zu sprechen. Ich erklärte, daß Alma notgedrungen nach Birmingham zurückkehren werde. Pat protestierte. Das werde sie nicht zulassen. Wir könnten doch bei ihnen wohnen. Joe pflichtete ihr bei:»Kein Problem.« Doch das Haus war schon für die fünf Schwars zu klein, und so lehnte Alma ab:»Das ist sehr nett von euch, aber wir wollen uns nicht aufdrängen.« Pat ließ nicht locker. Sie hatte schon alles durchdacht. Die beiden älteren Jungs sollten das Etagenbett in ihrem Zimmer räumen und auf Klappbetten bei Steve schlafen. Ein Kinderzimmer mit Etagenbett war zwar keine Suite für die Flitterwochen, aber das Angebot war so ehrlich gemeint und der Gedanke an eine Trennung für uns so schmerzlich, daß wir am nächsten Tag einzogen.

Ihre Freundlichkeit kostete die Schwars einiges. Pat mußte sich Bemerkungen von Nachbarn anhören, die es empörend fanden, daß Schwarze zu einer weißen Familie zogen und obendrein noch dieselbe Toilette benutzten. Pat Schwar, die aus dem Süden Philadelphias stammt, hat bei aller Nettigkeit ein dickes Fell und stieß den Leuten Bescheid. Die Geste der Schwars in dieser schwierigen Situation gehört zum Freundlichsten, was Alma und mir je widerfahren ist.

Fünf Wochen lang besuchte ich den Unterricht im Zentrum für Unkonventionelle Kriegsführung von Fort Bragg, beschäftigte mich mit französischer Kolonialgeschichte, studierte die Methoden, der sich Kommunisten im Kampf um die Macht bedienten, und versuchte, ein paar Brocken Vietnamesisch zu lernen. Wir gingen die Geschichte des US-Engagements in Vietnam durch: In den fünfziger Jahren, als Frankreich nach acht Jahren Krieg den vietnamesischen Nationalisten und den Kommunisten unter Ho Chi Minh unterlag, lehnte Präsident Eisenhower eine Intervention zunächst ab. Bis zu Wahlen, die 1956 stattfinden sollten, wurde das Land zwischen Ho im Norden und einer westlich orientierten Regierung im Süden aufgeteilt. Südvietnams Präsident Ngo Dinh Diem sagte die Wahlen in seinem Teil des Landes ab und appellierte angesichts der Gefahr kommunistischer Angriffe an Präsident Kennedy, Vietnam vor den »Kräften des internationalen Kommunismus« zu retten. Unter Kennedy verpflichteten sich die Vereinigten Staaten, das Diem-Regime zu unterstützen, und verstärkten die Präsenz von Militärberatern für Guerilla-Bekämpfung, die damals sehr gefragt waren. Ende 1961 hielten sich in Vietnam 3205 Berater auf. Mit der Gruppe, der ich angehörte, sollte ihre Zahl auf weit über 11 000 aufgestockt werden. Wir fühlten uns im Brennpunkt des Weltgeschehens, besonders bei Ausbruch der Kuba-Krise im Oktober 1962. So kursierten Gerüchte, daß wir den Lehrgang abbrechen müßten, um die Kommunisten vor unserer Haustüre zu bekämpfen. Eines Abends, als ich nach Hause kam, war Joe Schwar nicht mehr da. Seine Spezialeinheit war in Alarmbereitschaft versetzt worden und sollte nach Florida verlegt werden. Nach Tagen nervenaufreibender Spannung besannen sich die Supermächte und verhinderten eine atomare Katastrophe. Wir schlossen unseren Beraterlehrgang planmäßig ab.

Im gemeinsamen Haushalt der Schwars und der Powells gab es in diesem Herbst Grund zum Feiern. Joe und ich wurden mehrere Monate früher als vorgesehen zu Captains befördert.

Anfang Dezember, als der Lehrgang zu Ende ging, war meine Begeisterung über meine Entsendung nach Vietnam ungebrochen. Ich war nach wie vor bereit, meine Frau und das Kind, das sie unter dem Herzen trug, vorübergehend zu verlassen. Immerhin war eine weltweite kommunistische Verschwörung im Gang, die wir überall, wo sie das scheußliche Haupt erhob, bekämpfen mußten. Ich hatte die Grenzen der freien Welt in Westdeutschland sichern helfen. Jetzt galt es, diese Grenze am anderen Ende der Welt zu verteidigen. 1962 war alles noch bestechend klar und einfach.

Kurz vor Weihnachten nahmen wir von Joe, Pat und den kleinen Schwars Abschied und fuhren nach Birmingham, wo Alma während meiner Abwesenheit leben sollte. Mit dieser Stadt im Herzen der alten Südstaaten verknüpfte sich für Schwarze jede erdenkliche Gefahr. George C. Wallace, der Gouverneur von Alabama, hatte mit seiner Politik der »Rassentrennung für immer« die Losung für eine rassistische Sammlungsbewegung ausgegeben. Birmingham wurde zum Kriegsgebiet, wo die formierende Bürgerrechtsbewegung mit Sit-ins und Demonstrationen Eugene T. »Bull« Connor bekämpfte, einen brutalen Polizeichef, der entschlossen war, die Neger am Boden zu halten und Agitatoren, weiße wie schwarze, in seinem Staat nicht zu dulden. Kein glücklicher Zeitpunkt und kein günstiger Ort. Trotzdem ließ ich Alma mit einem einigermaßen beruhigten Gefühl zurück: Ihre Eltern hatten mit einem Onkel und einer Tante am Rand von Birmingham ein neues

Haus gebaut. Das Viertel galt als sicher. Für Alma und das Baby stand ein Gästezimmer bereit, und ein katholisches Hospital ganz in der Nähe konnte sie für die Niederkunft aufnehmen. Falls es in Birmingham zu gewaltsamen Ausschreitungen kommen sollte, verfügte Almas Vater, der robuste alte R. C., über ein beträchtliches Schußwaffenarsenal, Waffen, die er über die Jahre hinweg Schülern der Park High School abgenommen hatte.

Ich erinnere mich an die zwiespältige Stimmung in diesen letzten Tagen bei den Johnsons. Alma ging mit ihrer Mutter einen Weihnachtsbaum schlagen, und wir schmückten ihn anschließend. Wir feierten früher, weil mein Marschbefehl auf den 23. Dezember datiert war. Hätte mich die Army erst nach Weihnachten nach Vietnam geschickt, so hätte dies das Gleichgewicht des Schreckens wohl kaum negativ beeinflußt. Aber es stand mir nicht zu, Fragen zu stellen. Wir tauschten Geschenke aus, und als ich das Päckchen meiner Schwiegermutter öffnete, sah ich mich mit der harten Wirklichkeit konfrontiert: zwei Tonbandgeräte, mit deren Hilfe Alma und ich während meiner Abwesenheit kommunizieren konnten. An diesem Morgen, zwei Tage vor Weihnachten, nahmen wir Abschied voneinander. Ich fuhr allein zum Flughafen. Ich mag die öffentliche Zurschaustellung von Gefühlen nicht.

In diesen letzten Wochen hatte ich über Alma noch mehr erfahren. Als junge Frau und werdende Mutter mußte sie damit fertigwerden, daß ihr Mann für lange Zeit in einem fernen Land in Gefahr sein würde, und sie nahm diese Trennung mit stoischer Gelassenheit hin. Bevor wir uns kennenlernten, hätte sie sich ein Leben als Frau eines Berufssoldaten niemals vorstellen können. Aber jetzt wußte ich, daß ich in ihr eine ideale Lebensgefährtin gefunden hatte.

Von Birmingham flog ich zur Travis Air Force Base in Kalifornien. Und am Weihnachtsmorgen 1962 landete ich in Saigon.

Teil Zwei

IM EINSATZ

4

»Wir werden eine halbe Million Mann brauchen ...«

Meine Vorstellung davon, wie es ist, wenn man in den Krieg zieht, wurde von den Wochenschauen der vierziger, den Spielfilmen der fünfziger und den Fernsehberichten der frühen sechziger Jahre geprägt, und der Krieg erschien stets in Schwarzweiß. Meine Passage nach Vietnam zerstörte alle vorgefaßten Meinungen. Ich überquerte den Pazifik nicht in einem überfüllten Truppentransporter, ich flog mit World Airways, mit einer gewöhnlichen Chartermaschine. Ich rannte weder die Rampe eines Landungsboots hinunter, noch stürmte ich durch hüfthohes Wasser an den Strand. Ich checkte im Rex ein, einem Saigoner Hotel, das in ein Quartier für ledige Offiziere umgewandelt worden war. Und ich betrat eine Welt, die keineswegs schwarzweiß war, sondern so bunt wie die farbenreiche Palette einer subtropischen Hauptstadt.

Der Komponist Irving Berlin, so heißt es, sei zu dem Song »White Christmas« inspiriert worden, als er die Feiertage während einer Hitzewelle in Los Angeles unter Palmen verbrachte. Ich hatte dasselbe Gefühl, fehl am Platz zu sein, als ich an jenem schwülen Weihnachtstag im Rex abstieg. Nach dem Abendessen im Hotelrestaurant saß ich mit anderen einsamen Neuankömmlingen auf der Dachterrasse und blickte auf die Tu-Do-Straße hinab, einen großzügigen Boulevard, der einen Hauch von Paris verströmte. Verkehrspolizisten in weißen Uniformen lenkten einen Strom aus Autos und »cyclos«, vietnamesischen Rikschas, während elegante Frauen in seidenen Ao-dais vornehme Geschäfte betraten und verließen. Der Abend war mild, und im Hintergrund spielte eine Jukebox »Moon River«, einen Song, dessen Text meine Einsamkeit nicht gerade erträglicher machte.

Am nächsten Morgen wurde ich jäh in die Realität zurückgeholt. Major General Charles M. Timmes rief uns in ein Konferenzzimmer im Hauptquartier der amerikanischen Militärberatergruppe und hielt uns eine zündende, anfeuernde Rede: Warum hatten wir unsere Liebsten verlassen? Aus welchem Grund waren wir hierhergekommen? Wofür kämpften wir hier, eine halbe Weltreise von zu Hause entfernt? Nun, um die Ausbreitung des Marxismus zu stoppen und um den Südvietnamesen zu helfen, ihr Land vor einem kommunistischen Umsturz zu bewahren. Unseren Familien, unserem Vaterland und den freiheitsliebenden Menschen in aller Welt könnten wir keinen größeren Dienst erweisen. Sofort war ich wieder Feuer und Flamme. Am Nachmittag karrte man uns zum amerikanischen Militärgelände auf dem Flughafen Tan Son Nhut, wo wir unsere Feldausrüstung, Helme, spezielle Kleidung und Stiefel für den Dschungelkrieg erhielten – zur Erinnerung daran, wohin man uns geschickt hatte.

Nach einer mehrtägigen Unterweisung in Saigon sollte ich nach Norden aufbrechen und mich der Armee der Republik Vietnam (ARVN) anschließen. Ich sollte als Berater für das 400 Mann starke 2. Bataillon des 3. Infanterieregiments der 1. Division fungieren, die im Tropenwald entlang der Grenze zu Laos an einem Ort namens A Shau stationiert war. Ich war während der Regenzeit in Vietnam eingetroffen, und es war nicht einfach, nach A Shau zu gelangen. Man konnte entweder in dreißig nervenaufreibenden Minuten hinfliegen oder wochenlang marschieren. Tagelang herrschte Startverbot wegen des schlechten Wetters, und ich brannte darauf, wegzukommen. Endlich, am 17. Januar, stieg ich in Quang Tri in einen Hubschrauber der Marineinfanterie vom Typ H-34, der mit ARVN-Material, Säcken voll Reis, lebenden Hühnern und Schweinen beladen war. Wir jagten über dichtem Dschungel dahin, hüpften durch Gewitterwolken und Regengüsse und landeten schließlich auf einem primitiven, mit Lochplatten aus Metall ausgelegten Behelfsflugplatz mitten im Urwald. Der Pilot rief vietnamesische Soldaten zum Entladen des Hubschraubers herbei, bevor die Vietcong aus dem Hinterhalt das Feuer auf uns eröffnen konnten.

Ich sprang hinaus, sah mich um und fühlte mich in eine andere Zeit zurückversetzt. Eine von Munitionskisten umgebene Festung aus Lehm und Baumstämmen flimmerte in der Hitze. Abgesehen von dem Grün ringsum wirkte A Shau wie ein Standort der französischen Fremdenlegion, *Beau Geste* ohne Sand. Ich stand da und stellte mir dieselbe Frage, die sich vermutlich auch die römischen Legionäre in Gallien gestellt haben: Was, um alles in der Welt, soll ich hier? Das A-Shau-Tal lag im schmalen Norden Südvietnams, verlief nahe der Grenze zu Laos und umfaßte ein wichtiges Teilstück des Ho-Chi-Minh-Pfades, des wichtigsten Nachschubwegs unseres Feindes, der Vietcong. A Shau war einer der vier befestigten Stützpunkte in Richtung Laos, von denen aus wir den nach Süden fließenden Strom aus Menschen und Material unterbrechen sollten. Zerklüftete Berge ragten an der Westseite des Tales auf, und dichter Dschungel säumte die Ostseite. Irgendwo unter diesem dreifachen Blätterdach lag der Feind.

ARVN-Soldaten trotteten zum Hubschrauber und begannen mit dem Entladen. Ein amerikanischer Soldat trat auf mich zu, grüßte und stellte sich als Sergeant First Class Willard Sink vor. Er führte mich durch ein mit Stacheldraht versehenes Tor ins Lager. Ein vietnamesischer Offizier salutierte und streckte mir die Hand entgegen. »Captain Vo Cong Hieu, Kommandeur des 2. Bataillons«, sagte er in leidlichem Englisch. Hieu war mein Pendant bei der ARVN, der Mann, den ich beraten sollte. Er war klein, Anfang Dreißig, hatte ein breites Gesicht und ein gewinnendes Lächeln. Ohne die Uniform hätte ich ihn für einen netten Schullehrer gehalten, nicht für einen Berufssoldaten.

Wir drei gingen zu einer Hütte aus Bambus und Schilf, meinem neuen Quartier. Darin stand, auf der bloßen Erde, ein Bettgestell, ebenfalls aus Bambus, sonst nicht viel. Eine riesige Ratte huschte unter dem Bett hervor. »Das A Shau Hilton«, sagte Sink. Ich warf den Tornister aufs Bett und sagte Hieu, daß ich mich gerne im Lager umsehen würde.

Unmittelbar hinter A Shau ragte ein Berg auf. Ich zeigte auf ihn, und Hieu sagte mit einem Grinsen: »Laos.« Von dort oben hätte der Feind beinahe Felsbrocken auf uns herunterrollen können. Ich wunderte mich, weshalb der Stützpunkt an einer solch gefährdeten Stelle errichtet worden war.

»Sehr wichtiger Vorposten«, versicherte mir Hieu.

»Welche Funktion hat er?« fragte ich.

»Sehr wichtiger Vorposten«, wiederholte Hieu.

»Aber weshalb gerade hier?«

»Vorposten soll Landeplatz schützen«, sagte er und deutete auf den Hubschrauber, der gerade abflog.

»Und weshalb ist der Landeplatz hier?« fragte ich.

»Landeplatz soll Vorposten versorgen.«

Von meiner Ausbildung in Fort Bragg wußte ich, welche offizielle Aufgabe wir hier hatten. Wir sollten eine »Präsenz« herstellen – ein

Wort mit einem hübschen, kultivierten Klang. Genauer ausgedrückt, sollten wir den Vietcong beschäftigen und daran hindern, durch das A-Shau-Tal zu marschieren und in den dicht bevölkerten Küstenprovinzen den Aufstand zu schüren. Doch Hieus Worte entsprachen der Realität vor Ort. Das Basislager lag in A Shau, um den Landeplatz zu schützen, und der wiederum sollte den Vorposten mit Nachschub versorgen.

Auf die eine oder andere Art sollte ich mich fast zwanzig Jahre lang mit unseren Erfahrungen in diesem Land herumschlagen. Und die ganze Zeit über machte das Vietnam-Abenteuer kaum mehr Sinn als Captain Hieus Zirkelschluß an jenem Januartag im Jahr 1963. Wir sind hier, weil wir hier sind, weil wir ...

Ich lebte jetzt unter vietnamesischen Soldaten, und das erste, was mir auffiel, war, daß ich sie um Kopfeslänge überragte und eine ideale Zielscheibe darstellte. Sie waren klein, schmächtig und sahen mit ihren glatten Gesichtern wie Kinder aus, obwohl die meisten über zwanzig waren. Sie waren nur mangelhaft ausgebildet, jedoch willig und gehorsam. Ich hatte keine Ahnung, was in ihren Köpfen vorging, denn die meisten waren Wehrpflichtige und verbargen ihre Gefühle hinter einer Maske höflicher Unterwürfigkeit.

Ich war überrascht, in A Shau Familien der Montagnards anzutreffen, Nomaden, die in diesem Teil des Landes lebten. Vietnamesen gab es hier kaum, nur diese Bergstämme und einige andere einheimische Minderheiten. Ich hatte erwartet, daß die als freiheitsliebend geltenden Montagnards eher in den Bergen lebten als auf einem Militärposten, und fragte mich, was sie hier zu suchen hatten. Ich sollte es bald erfahren.

Einige Wochen später kam Captain Hieu in meine Hütte und überbrachte mir eine Nachricht, auf die ich gewartet hatte. Wir erhielten den Befehl, zur Operation Grashüpfer auszurücken, eine ausgedehnte Patrouille durch das A-Shau-Tal. Eine innere Unruhe hatte sich meiner bemächtigt. Seit meiner Ankunft bildete ich gemeinsam mit Sergeant Sink die Vietnamesen am Schießstand aus, unterwies sie im taktischen Verhalten auf Patrouille, half bei Problemen mit der Disziplin und versuchte, mich nützlich zu machen, ohne mich vorzudrängen. Die meiste Zeit verbrachte ich in meiner Hütte, verschlang Taschenbuchromane und rauchte zuviel. Den Höhepunkt des Tages bildete das

Abendessen, denn das Vieh, das mit mir eingeflogen worden war, kam auf den Speiseplan. Amerikaner aßen dasselbe wie Vietnamesen. Frühstück: Reis, von einer klebrigen Substanz zusammengehalten und zu Bällen geformt. Mittagessen: Reis mit Gemüse. Abendessen: Reis mit Schweine- oder Ziegenfleisch und, als gelegentliche Dreingabe, ein fünf auf fünf Zentimeter großes, wirklich schmackhaftes Omelett. Ich lernte die allgegenwärtige vietnamesische Fischsoße namens Nuoc Mam kennen. Nuoc Mam wurde so häufig verwendet, daß es als freundlich gemeintes Synonym für alles Vietnamesische in den Wortschatz der GIs einging. Die staatliche Fluggesellschaft wurde »Air Nuoc Mam« genannt. Eine ältere vietnamesische Frau war eine »Nuoc Mam Mama«.

Am 7. Februar, gegen 3 Uhr morgens, schnallte ich mir den Tornister auf den Rücken, hängte mir den M-2-Karabiner über die Schulter und nahm mit Hieu eine letzte Inspektion des Bataillons vor dem Ausrükken vor. Wenig später hatte der dunkle Dschungel die lange, grüne Reihe Soldaten verschluckt. Ich empfand eine prickelnde Vorfreude. Ein Trupp bewaffneter Männer, der ins Ungewisse zieht, hat etwas Beeindruckendes, ja sogar Majestätisches, auch wenn die quiekenden Schweine und die gackernden Hühner, die uns in Weidenkörben begleiteten, die martialische Stimmung störten.

Auf diesem Marsch erfuhr ich, was das dreifache Blätterdach des Tropenwalds tatsächlich bedeutet. Die unterste Ebene besteht aus Buschgras, Sträuchern, Kletterpflanzen und kleineren Bäumen, die zum Licht streben. Größere Bäume bilden die zweite Ebene, dicht gedrängt ragen sie zehn bis zwölf Meter in die Höhe. Die dritte Ebene besteht aus voll ausgewachsenen Harthölzern, einige über dreißig Meter hoch. Wenn wir auf keine Lichtung stießen, marschierten wir den ganzen Tag, ohne die Sonne zu sehen. Selbst im Schatten waren unsere Gesichter verschwitzt und unsere Uniformen durchweicht. Der Schweiß hinterließ grauweiße Ränder unter den Achseln und Flecken auf dem Rücken. Wir schluckten ständig Tabletten, um den Salzverlust auszugleichen. Ein unverwechselbarer Geruch haftete uns an: eine stechende Mischung aus Schlamm, ungewaschenen Körpern und verrottenden Pflanzen. Jeder Tag, an dem wir versuchten, Feindberührung zu bekommen, war ein endloser Hindernislauf. Wir folgten Trampelpfaden, die einen steilen Abhang hinab in ein Tal und auf der anderen

Seite wieder bergauf führten, kletterten über kantige Felsen und durch-
wateten Wasserläufe. Die körperlichen Anforderungen rechtfertigten
jeden Härtetest, den ich in den Sümpfen Floridas und den Bergen
Georgias hatte mitmachen müssen.

Ständig umschwirrten uns Insekten, aber noch schlimmer waren die
Blutegel. Ich weiß bis heute nicht, wie sie es schafften, durch die
Kleidung zu dringen, unter den Koppeln hindurch zur Brust hinauf-
zukriechen oder durch die Uniformhosen bis zu den Beinen zu gelangen, wo sie uns ins Fleisch bissen und sich mit Blut vollsaugten. Wir
machten bis zu zehnmal täglich halt, um sie abzulösen. Es hatte keinen
Zweck, die Egel einfach abzureißen, denn dabei blieb ihr Kopf in der
Haut stecken. Wir mußten ihnen mit Unmengen von Insektenmittel
oder mit einer brennenden Zigarette den Garaus machen – das zischte
richtig.

Die Vietcong hatten auf den Pfaden Fußangeln und sogenannte Pun-
ji-Spikes ausgelegt; das waren in einem Loch verborgene Bambusstäbe,
deren Spitzen mit Büffelkot vergiftet waren. Der erste Verwundete, den
wir auf unserem Marsch zu beklagen hatten, war in eine solche Falle
getreten. Trotz aller Strapazen fand ich es immer noch aufregend, Patrouille zu laufen: Meine Ausdauer wurde auf die Probe gestellt, und
ich fühlte mich ungemein lebendig, da Kraft und Erschöpfung meinen
Körper wechselweise durchströmten.

Unsere Kolonne war gut eineinhalb Kilometer lang, und die 400
Mann gaben sich alle Mühe, leise zu sein. Unteroffiziere mahnten ständig zur Ruhe, und jeder achtete darauf, daß er nicht mit einem Ast
raschelte oder auf einen verdorrten Zweig trat, während er mit den
Augen die Umgebung absuchte. Wir kamen nur langsam voran, und
abgesehen von den Schreien exotischer Vögel und dem Schnattern der
Affen, herrschte eine unheimliche Stille. Dann, wenn es Abend wurde
und wir unser Lager errichteten, brach ein Höllenlärm aus. Die Vietnamesen entzündeten Lagerfeuer, deren Flammen hoch emporschlu-
gen und Rauchsäulen in den Himmel schickten. Tiere, die für das
Abendessen geschlachtet wurden, schrien. Und die Männer setzten
sich ans Feuer, klapperten mit Geschirr und unterhielten sich ungezwungen beim Essen. Jeder Versuch, sie zur Ruhe zu bringen, war
zwecklos. Der Lärm, das Feuer und der Rauch dürften im Umkreis
mehrerer Kilometer bemerkt worden sein. Am nächsten Morgen koch-
ten wir Tee, löschten das Feuer, spülten die Reistöpfe, kippten das

heiße Wasser den Hügel hinunter und machten uns wieder auf den Weg, ermahnten uns gegenseitig zur Ruhe und schwiegen ansonsten.

Am sechsten Tag unserer Patrouille, als wir gerade einen steilen Abhang hinabstiegen, geschah es: Ich befand mich am Ende des ersten Viertels der Kolonne, dem gebührenden Platz für Berater. Es hatte geregnet, und die Männer vor mir hatten den Pfad zu Morast zerwühlt. Wie üblich gingen wir im Gänsemarsch, der Vietcong konnte also die gesamte Kolonne stoppen, indem er den ersten Mann abschoß. Ich hatte Hieu mehrfach gedrängt, das Bataillon in drei oder vier parallel vorgehende Kolonnen aufzuteilen, doch der Urwald war so dicht und die Durchgänge an einigen Stellen so eng, daß Hieu meinen klugen Rat höflich überging.

Ich hatte gerade den Grund eines schmalen Bachbettes erreicht, als es mehrmals scharf knallte. Feindliches Feuer, das erste in meinem Leben, Schüsse aus Gewehren und Maschinenpistolen, wie ich vermutete. Ich hörte einen Schrei über mir. Die Männer riefen durcheinander und rannten kopflos umher. Ich unterdrückte meine Angst und bahnte mir einen Weg nach vorn, um festzustellen, was passiert war. An der Spitze der Kolonne angelangt, sah ich eine Gruppe von Vietnamesen, die sich um einen stöhnenden Soldaten drängten. Ein Arzt kniete neben dem Verwundeten. Ein ARVN-Unteroffizier deutete hinüber zum Bach: Dort lag zusammengerollt eine weitere kleine Gestalt. Dieser Mann war tot. Wir waren in einen Hinterhalt geraten. Die Angreifer hatten uns Verluste zugefügt und waren dann verschwunden, bevor wir sie auch nur zu Gesicht bekommen hatten. Der ganze Vorgang – Stille, Schüsse, Verwirrung, Tod und wieder Stille – hatte nur wenige Minuten gedauert.

Ich fragte mich, was wir mitten im Dschungel mit einem Toten anfangen sollten. Die Vietnamesen wickelten die Leiche in einen Regenumhang und banden sie an einen Bambusstab. Das Gelände, teilte Hieu mir mit, sei zu unwegsam und felsig, um den Soldaten zu begraben. Im übrigen war es bei den Vietnamesen üblich, einen Toten, wenn irgend möglich, in sein Heimatdorf zu bringen. Den Verwundeten setzten die Soldaten in eine Sänfte, dann marschierten wir weiter. Die Männer wechselten sich beim Schleppen der beiden Lasten durch das dichte Gestrüpp ab, bis wir höher gelegenes Gelände erreichten, wo unser Funker mit Hilfe eines tragbaren AN/GRC-9-Funkgeräts einen Hubschrauber anforderte, der die Ausfälle evakuieren sollte. Das mit einer Kurbel versehene Gerät war primitiv: Der Funker mußte die Nachricht im Morsealphabet durchgeben – auf diese Weise waren schon hundert Jahre zuvor im Sezessionskrieg Nachrichten telegraphiert worden.

Nach überraschend kurzer Zeit hörte ich das Pochen eines H-34-Rotors und sah, wie der Hubschrauber eine Lichtung anflog. Der vietnamesische Pilot zog die Maschine geschickt in einer engen Spirale nach unten, damit er nur möglichst kurz in geringer Höhe über den Bäumen fliegen mußte. Die Vietnamesen luden den Verwundeten und den Toten ein. Der Hubschrauber flog rasch davon, und wir waren wieder allein.

Bei Einbruch der Dunkelheit lagerten wir auf einer Höhe, wo wir schwerer anzugreifen waren als unten im Tal. Der übliche Tumult begann: Töpfe klapperten, Tiere kreischten, die Männer riefen durcheinander und entzündeten qualmende Feuer. Ich warf den Tornister, den Karabiner und den von kaltem Schweiß klammen Helm von mir und sackte zu Boden. Ich fühlte mich ausgelaugt. Der Spaß war vorbei. Die Heiterkeit eines großspurigen 25jährigen Amerikaners war nach einer einzigen Gewehrsalve verflogen. Heute war einer gefallen. Ein anderer würde wahrscheinlich morgen sterben, und übermorgen wieder einer. Hier lief kein Kriegsfilm, das war real, und es war gräßlich.

Nachts wurde es kalt in den Bergen, manchmal fiel das Thermometer auf vier Grad. Ich blies meine Luftmatratze auf, legte sie auf den Boden, breitete den Daunenschlafsack darüber und kroch fröstelnd hinein. Ich mußte mich abhärten, um den morgigen Tag zu überstehen, und all die anderen Tage, bis ein Jahr um war. Ich wurde von einer schrecklichen Einsamkeit gepackt, die um so schlimmer war, als ich meine Ängste mit niemandem teilen konnte. Ich war der ranghöchste amerikanische Berater, der Mann, bei dem die anderen Halt und Orientierung suchten. Jene Zeilen aus Fort Benning kamen mir wieder in den Sinn: »Bereit, ein Soldatengrab zu füllen, aus Gründen, die ich nie erfahren werde.« Ich wollte aber wissen, warum. Dann fiel ich in unruhigen Schlaf.

Ich erwachte, als die Sonne mir ins Gesicht knallte, und fühlte mich seltsam gestärkt. Ein anderer war tot, nicht ich. Ich war in Hochstimmung, ein Gefühl, das, wie ich noch erfahren sollte, Männer nach einer Schlacht häufig empfinden, selbst wenn sie um tote Kameraden trauern. Irgendwie sah die Welt bei Tageslicht nicht mehr so furchterregend aus. Dieses Wissen – daß am Morgen alles in rosigerem Licht erscheint – sollte mir durch viele dunkle Nächte helfen. Wir packten zusammen und machten uns auf den Weg durch das Tal. Nach einer Stunde gerieten wir abermals in einen Hinterhalt, doch diesmal erlitten wir keine Verluste.

Ich versuchte, mich den Vietnamesen anzupassen. Ich trug dieselbe Uniform und denselben Tornister. Ich heftete meine Rangabzeichen vorn an die Uniformjacke, wo sie von der Ausrüstung verdeckt wurden. Und dieses eine Mal erwies sich meine Hautfarbe als Vorteil. Ich wurde der Hautfarbe nach den Vietnamesen zugeordnet und war, wenn ich mich zusätzlich noch kleinmachte, von Hieus Männern praktisch nicht zu unterscheiden. Ich neckte Sink. Die Vietcong, so sagte ich, hätten es vor allem auf ein weißes Fell abgesehen.

Wie ich in Fort Benning gelernt hatte, trug ich stets einen Stift und ein Notizbuch bei mir. Letzteres war grün und paßte genau in die Hemdtasche. Inzwischen hatte es vor Schweiß und Kaffeeflecken seine Farbe verloren. Typische Einträge lauteten etwa:

10. Feb.: Regen. Spürten verlassenes Dorf auf; vernichteten Gebäude und 100 kg Reis, 20 kg Mais. Störfeuer auf 3. Kompanie.

11. Feb.: Regen. Töteten 3 Büffel, Schweine und Hühner. Störfeuer der VC [Vietcong].

13. Feb.: 2. Kompanie hatte Feindberührung mit VC. Blutspuren deuten auf Verwundeten hin [ein möglicher Ausfall], aber wir haben den Feind immer noch nicht gesehen. Armbrüste, Köcher, Pfeile, möglicherweise vergiftet, in Nähe eines Flusses gefunden.

18. Feb.: Besprühten 2 ha Süßkartoffeln, Maniok vernichtet.

21. Feb.: 09.10 Uhr. Angriff aus dem Hinterhalt. 1 KIA [killed in action, Gefallener]. 1 WIA [wounded in action, Verwundeter]. 16.10 Uhr, 1 KIA. 1 unbestätigter VC-Ausfall. 2 Häuser zerstört.

Am 18. Februar stießen wir auf ein verlassenes Dorf der Montagnards. Die Bewohner waren vor uns geflohen und hatten nur eine alte Frau zurückgelassen, die zu schwach war, um sich von der Stelle zu rühren. Wir brannten die Strohhütten nieder. Die ARVN-Soldaten verwüsteten mit ihren Bayonetten Mais-, Zwiebel- und Maniokfelder. Einen Teil der Ernte behielten wir für uns. Später wurde die Vernichtungsmethode ausgefeilter: Helikopter brachten uns 200-Liter-Fässer mit einem chemischen Herbizid, einem Vorläufer von Agent Orange. Aus den Fässern befüllten wir 10 Liter fassende Hudson-Zerstäuber mit Handpumpe, die wie Feuerlöscher aussahen. Schon Minuten nach dem Besprühen wurden die Pflanzen braun und welk.

Warum steckten wir Häuser in Brand und vernichteten die Ernte? Nach einem Ausspruch Ho Chi Minhs war das Volk das Meer, in dem seine Guerillakämpfer wie Fische schwammen. Wir standen vor dem Problem, freundlich gesinnte oder zumindest neutrale Fische von solchen zu unterscheiden, die mit den Vietcong schwammen. Und wir versuchten, es dadurch zu lösen, daß wir das gesamte Meer unbewohnbar machten. Nach der unerbittlichen Logik des Kriegs machte es keinen Unterschied, ob man den Feind erschoß oder aushungerte. Und was die armen Montagnards betraf, die zwischen die Fronten gerieten, so waren sie nach dem Verlust ihrer Ernte und ihrer Hütten auf Almosen der Südvietnamesen angewiesen. Aus diesem Grund lebten diese Nomaden in der Nähe von Basislagern wie A Shau. Man machte sie von der Regierung abhängig und hoffte, dadurch ihre Herzen und ihre Unterstützung zu gewinnen. Ich bin sicher, daß diese Bergvölker wünschten, sie hätten nie etwas von der ARVN, den Vietcong oder den Amerikanern gehört.

Wie schrecklich die Zerstörung von Häusern und die Vernichtung von Nahrungsmitteln aus heutiger Sicht auch anmuten mögen, als junger Offizier war ich darauf getrimmt worden, an die Klugheit meiner Vorgesetzten zu glauben und zu gehorchen. Ich hatte keine Skrupel wegen unseres Vorgehens. Dies war Guerillabekämpfung in Reinform. Die Felder der Bauern verwüsten, das hieß, den Vietcong Nahrung zu entziehen, und die Vietcong wurden von den Nordvietnamesen unterstützt, die ihrerseits von Moskau und Peking Beistand erhielten, unseren Todfeinden im weltweiten Kampf zwischen Freiheit und Kommunismus. Das alles ergab damals einen Sinn.

Mein Notizbucheintrag für Samstag, den 23. Februar, lautet: »Regnerisch/heiter. H-34 der Marineinfanterie evak. 2 KIA, 1 WIA; gegen 12.35 Uhr Störfeuer seitens VC.« Hinter diesem knappen Eintrag verbirgt sich ein Unglücksfall. Am Vortag hatten wir Verluste erlitten, und an jenem Samstag funkten wir zum Basislager, daß die Toten und Verwundeten evakuiert werden sollten. Wir erklommen höhergelegenes Gelände, um dem Hubschrauber einen raschen An- und Abflug zu ermöglichen, und errichteten zu seinem Schutz eine Rundumverteidigung. Zwei Hubschrauber der US-Marineinfanterie erschienen. Einer kreiste in der Luft, und der andere landete innerhalb des Verteidigungsrings. Wir luden die Toten und den Verwundeten ein und gaben dem Piloten das Zeichen zum Abheben. Ein junger Soldat, der kein Hemd, aber eine schußsichere Weste trug und dessen nackte Arme mit Tätowierungen übersät waren, kauerte in der Luke hinter einem M-60-Maschinengewehr.

In dem Moment, als der Hubschrauber abhob, eröffneten im Dschungel verborgene Vietcong das Feuer. Der Pilot versuchte, die Maschine senkrecht nach oben zu ziehen. Unsere ARVN-Soldaten schossen in den Wald. Entsetzt beobachtete ich, was dann passierte. Der junge MG-Schütze sah das Mündungsfeuer der Verteidiger, nahm an, er habe Guerillakämpfer entdeckt, und feuerte drauf los. Als das Brummen der beiden Hubschrauber hinter dem Kamm verklang, hörte ich lautes Geschrei. Ich eilte in den Wald. Ein Soldat krümmte sich am Boden und hielt sich die rechte Hand, die nur noch an einem Fetzen Fleisch hing. Ein Geschoß hatte ihm das Handgelenk weggerissen. Zwei weitere Männer waren tot. Die Vietnamesen blickten mich an, verletzt und schockiert. »Warum tut ihr das?« fragte ein Unteroffizier. »Warum schießt ihr auf uns?« Ich wußte keine Antwort. Krieg ist die Hölle? Solche schrecklichen Dinge passieren nun mal? Mühsam hatte ich das Vertrauen dieser Männer gewonnen, war für sie mehr als ein Tourist geworden, der ihre tägliche Begegnung mit dem Tod verfolgte. Und nun hatte dieser verhängnisvolle Irrtum ihr Vertrauen zu mir erschüttert. Ich verbrachte eine lange, einsame Nacht, die schlimmste seit unserem ersten Ausfall. Immer wieder sah ich die empörten Gesichter der vietnamesischen Soldaten vor mir, die sich verraten fühlten.

Wir wurden beinahe täglich angegriffen, in der Regel morgens, kurz nach dem Aufbruch. Die Gruppe an der Spitze trug die Hauptlast der Verluste. Deshalb stellten wir die Kompanien regelmäßig um und gaben so jedem die gleiche Chance, erschossen zu werden. Ich redete mehrfach auf Captain Hieu ein, wenigstens die Männer an der Spitze Panzerwesten tragen zu lassen. »Panzerwesten« ist eigentlich der falsche Ausdruck, denn sie bestanden lediglich aus verschiedenen, über kreuz gelegten Schichten aus dicht gewebtem Nylon. Gleichwohl boten sie einen guten Schutz. Vietnamesen seien klein, entgegnete Hieu, und die Westen schwer und unbequem im heißen Dschungel. Doch ich ließ nicht locker. Als wir das nächste Mal über einem Soldaten standen, der mit dem Tode rang, willigte Hieu endlich ein, die Männer an der Spitze mit Westen auszustatten.

Wir waren mittlerweile beinahe zwei Monate unterwegs. Ich hatte Verwundete gesehen. Ich hatte Männer sterben sehen. Doch den Feind hatte ich immer noch nicht zu Gesicht bekommen. Nach einem Feuergefecht setzten wir den Vietcong in der Richtung nach, aus der die Schüsse gekommen waren, und schossen auf einen unsichtbaren Gegner. Manchmal entdeckten wir Blutspuren, und ich schrieb pflichtgemäß in das Notizbuch: »Unbestätigter VC-Ausfall.« Eines Tages, nach einem solchen Angriff, packte mich die Wut, weil die südvietnamesischen Soldaten nur herumstanden. Mein Benning-Syndrom kam zum Tragen: Steh' nicht herum, werde aktiv! »Mir nach!« Ich nahm eine Blutspur auf, drang in den Urwald vor und blickte über die Schulter. Ich war allein. Niemand war mir gefolgt.

»Captain, kommen Sie zurück!« riefen die Männer. Der Verlust seines Amerikaners wäre für Hieu die größte Schmach gewesen. Die Männer warnten mich: Die Spur könnte aus Schweineblut sein, ein Vietcong-Trick. Ich kehrte um. Doch es machte mich verrückt, Tag für Tag angegriffen zu werden, Männer durch einen unsichtbaren Feind zu verlieren, der zuschlug, verschwand und, scheinbar ungestraft, von neuem zuschlug, einen Feind, der sich nie dem Kampf stellte und unseren Waffen nie ein Ziel bot. Ich fragte mich oft, ob wir überhaupt etwas erreichten. Wie sollten wir Gegner bekämpfen, die sich unter einheimische Bauern mischten, die mit ihnen sympathisierten oder aber zu viel Angst hatten, um sie zu verraten? Woran maßen wir Fortschritte? Es gab keine Front, kein gewonnenes oder verlorenes Terrain, nur ein endloses, aufreibendes Sichdahinschleppen auf einem Pfad, der nirgendwohin führte.

Am 18. März hörte es vorübergehend auf zu regnen, und das Wetter klarte auf. Wir waren seit knapp einer Stunde unterwegs, als feindliches Feuer einsetzte, und ich hörte, wie die Spitze der Kolonne das Feuer erwiderte. Der Schußwechsel endete mit der üblichen unpassenden Stille, doch dieses Mal ohne die Schreie und das Stöhnen von Verwundeten. Statt dessen hörte ich Gelächter. Ein paar Südvietnamesen kamen zu mir und deuteten nach vorn. An der Spitze der Kolonne stand ein einfacher Soldat, der nervös kicherte. Er trug eine Panzerweste mit einer Delle am Rücken, ein plattgedrücktes Geschoß steckte noch in der dichten Nylonschicht. Aus den paar Brocken Englisch, die er konnte, reimte ich mir zusammen, was geschehen war. Er war vorausgegangen und hatte der Kolonne den Weg gebahnt. Als das Feuer eröffnet wurde, richtete er sich auf, drehte sich um und gab dem Rest der Gruppe durch Zeichen zu verstehen, wo der Feind lag. In diesem Moment erhielt er eine Kugel in den Rücken, die ihn ohne die Weste höchstwahrscheinlich getötet hätte. Ich pulte das Projektil heraus und gab sie den Vietnamesen, die sie mit Ausrufen der Ehrfurcht betasteten. Meine Aktien stiegen wieder. Ich war ein kluger und weitsichtiger Führer. Das Problem war nur, daß ich bei der nächsten Nachschublieferung nicht genug Westen für alle bekam.

Ende März erhielten wir neue Befehle. Wir sollten an einem Ort namens Be Luong ein neues Basislager errichten. Er lag im Südostzipfel des A-Shau-Tals auf einem Hügel, der den Zusammenfluß mehrerer Wasserläufe überragte. Ich ließ eine Kettensäge einfliegen. Die Vietnamesen waren verblüfft: So etwas hatten sie noch nie gesehen. Bislang hatten sie mit Hilfe von Äxten oder Dynamit Bäume gefällt. Eines Tages, als das Lager allmählich Gestalt annahm, hörte ich seltsam regelmäßige Gewehrschüsse. Ich ging dem Lärm nach und entdeckte zwei ARVN-Soldaten, die ein Magazin nach dem anderen aus ihren M-1-Gewehren auf einen Baum abfeuerten. Was sie da täten? wollte ich wissen. Dynamit sei zu kostbar, erklärten sie. Deshalb schossen sie den Baum um. In solchen Augenblicken wurde das diplomatische Geschick eines Beraters auf eine harte Probe gestellt. Ein direktes Anschnauzen wie in der US-Army wäre kontraproduktiv gewesen. Bei passender Gelegenheit erwähnte ich im Gespräch mit Captain Hieu, daß Patronen acht Cent das Stück kosteten. Hieu überlegte einen Moment, dann leuchteten seine Augen auf, und er äußerte eine Ansicht, der ich sofort beipflichtete: Die Männer dürften nicht so verschwenderisch damit umgehen. Bäume sollten umgehauen, nicht umgeschossen werden. Der Grundsatz, wonach die eigenen Möglichkeiten unbegrenzt sind, solange es einem gleichgültig ist, wer den Ruhm erntet, hat mir immer schon gefallen.

Eines Tages brachte der Versorgungshubschrauber neben unserem

Proviant auch einen blonden, kräftig gebauten Artillerieoffizier, First Lieutenant Alton J. Sheek. Sein Anblick war mir willkommen, denn er war mein künftiger Assistent, und obendrein hatte ich in dieser Abgeschiedenheit nun einen weiteren Amerikaner, mit dem ich reden konnte. Er war ruhig, zurückhaltend und erwies sich als echter Soldat, tüchtig und zuverlässig.

Im Rahmen der Befestigungsarbeiten in Be Luong errichtete die ARVN für Captain Hieu, Sheek, Staff Sergeant Wesley Atwood, der Sergeant Sink abgelöst hatte, und mich einen gemütlichen Bunker aus Kokosstämmen. Inzwischen verstand ich mich mit Hieu sehr gut. Sobald er erkannt hatte, daß ich kein amerikanischer Besserwisser war, freundete er sich mit mir an. Meine Vietnamesisch-Kenntnisse waren begrenzt, aber sein Englisch war gut genug für eine Unterhaltung. Wir sprachen nie über den Krieg oder Politik. Wir sprachen über unsere Familien. Hieu zeigte mir Bilder von seiner Frau und seinen fünf Kindern, und nach einiger Zeit kannte ich seine Pläne für jedes Kind. Hieu interessierte sich sehr für Amerika, und als ich die Wunder des Autobahnnetzes und des Fast Food beschrieb, rief er aus: »Ist das wirklich wahr?« Mit der Zeit sah ich in ihm einen guten Freund und war überzeugt, daß er genauso empfand. Ich hatte einen kulturellen Graben überwunden. Ich war für ihn und seine Leute kein lästiger Gast mehr, den sie verhätscheln und beschützen mußten. Ich wurde von ihnen akzeptiert. Wie mir Hieu mitteilte, wußten seine Männer, daß ich frisch verheiratet war und Vaterfreuden entgegensah, und es rührte sie, daß ich in einem solchen Lebensabschnitt weit weg von zu Hause war und ihr Los teilte.

Leider wurde Hieu kurz nach Fertigstellung des Basislagers Be Luong versetzt. Sein Nachfolger, Captain Kheim, war für einen Vietnamesen ungewöhnlich groß und aufbrausend. Der Verlust Hieus ging mir nahe, denn er war nicht nur ein Freund, sondern auch ein tüchtiger Offizier, der von seinen Untergebenen respektiert wurde. Und ich ahnte, daß Kheim weder das eine noch das andere sein würde. Hieu ging, und es sollten dreißig Jahre vergehen, bis ich ihn wiedersah.

Ein Pilot und Captain der Marineinfanterie, dessen Namen ich vergessen habe, wurde mein wichtigster Verbindungsmann zu der Welt, die ich verlassen hatte. Alle zwei Wochen, wenn er mit seinem Hubschrauber fällig war, empfand ich eine prickelnde Vorfreude. Er brachte mir einen neuen Stapel Taschenbücher, eine Stange Salem und die

Post – und ich erwartete einen Brief von Alma, in dem sie mir mitteilte, daß ich Vater geworden war. Ich unterhielt mich nie richtig mit dem Captain, da er stets im Cockpit sitzen blieb und die Maschine auf Hochtouren laufen ließ, bereit zu einem raschen Abflug. Ich stellte mich jedesmal auf einen Reifen, er lehnte sich heraus, und wir riefen uns beim Dröhnen der Maschine Worte zu. Er war ein großer, gutmütig-derber Bursche mit einem beruhigenden Lächeln, das soviel sagte wie: Solltet ihr Jungs in Schwierigkeiten geraten, wißt ihr ja, daß ich euch rausholen werde. Für ein paar einsame Amerikaner, die in der Wildnis eines fremden Landes umherirrten, verkörperte dieser Offizier die Heimat. Meine Anhänglichkeit an ihn und seinen Hubschrauber nahm die Verzweiflung eines Mannes an, der sich an ein Rettungsboot klammert.

Wie groß die täglichen Strapazen auch waren, ich fühlte mich körperlich in meinem Leben nie besser. Ich sah abgezehrt aus, hatte aber eine hervorragende Kondition. Ich hatte meinen deutschen Bierbauch und meinen Cheeseburger-Speck aus Fort Devens, gut fünfundzwanzig Pfund, in den Dampfbädern des A-Shau-Tals verloren. Und Reis schmeckt einem immer besser, wenn man ihn dreimal täglich ißt, einundzwanzigmal die Woche. Anfangs hatten mich die klebrigen Kugeln angewidert. Doch mit der Zeit lernte ich Reisgerichte aller Art zu schätzen. Unser Speiseplan folgte einem bestimmten Muster: An den ersten Tagen nach der Nachschublieferung, wenn wir noch frisches Gemüse, lebendes Vieh und freilaufendes Geflügel hatten, waren die Mahlzeiten herzhaft. Die Tiere wurden geschlachtet, und das Fleisch in kleine Stücke geschnitten, in Töpfen gekocht und in Munitionsbüchsen aufbewahrt, die von dem Cosmoline an der Innenseite noch ölig waren. Auf den Büchsen prangte ein Warnschild: »Nicht zur Aufbewahrung von Lebensmitteln verwenden.« Nach einiger Zeit schmeckte das *Schweinefleisch au Cosmoline* hervorragend. Entweder war diese Kost der Grund für meine momentane gute Verfassung, oder irgend etwas lauerte irgendwo in meinem Körper und wartete darauf, mich zu vernichten. Nach einigen Tagen ging in der Regel das Fleisch aus, dann das Gemüse, und an den letzten Tagen, bevor der Nachschub eintraf, lebten wir ausschließlich von Reis. Wäre der Reis ausgegangen, dann wäre auch der Krieg aus gewesen. Die Vietnamesen ertrugen beinahe jede Strapaze, nur keinen Reisentzug. Ohne Reis rührten sie sich nicht von der Stelle. Er nährt Körper und Geist des asiatischen Menschen, und jedesmal wenn die Reissäcke sich allmählich leerten, suchte ich unruhig das Gelände nach einem Landeplatz ab, wo unser Wohltäter von der Marineinfanterie die nächste Lieferung absetzen konnte.

Meine einzige Zerstreuung war Briefe schreiben und lesen. In meinem Notizbuch hielt ich alles fest, was ich las: *Zärtlich ist die Nacht* von F. Scott Fitzgerald, *Das Herz ist ein einsamer Jäger* von Carson McCullers, John Herseys *Der Kindskäufer,* Wallace Stegners *Jeder Stern auf seiner Bahn,* Cornelius Ryans *Der längste Tag. Normandie: 6. Juni 1944* sowie genug Schundkrimis, um die Bücherregale eines halben Dutzend Motelbüros zu füllen.

Im März wurde ich nach Quang Tri ins Hauptquartier des Regiments beordert. Ich sollte über die Fortschritte des 2. Bataillons berichten und über die neue Strategie unterrichtet werden, die Verteidigungsminister Robert McNamaras Wunderknaben im Pentagon ausgebrütet hatten. Ein Abstecher nach Quang Tri war kein Heimaturlaub, und die Stadt war nicht mit Saigon zu vergleichen, doch immerhin konnte man dort vertraute amerikanische Gesichter sehen und vertraute amerikanische Stimmen hören, und eine Zeitlang wurde nicht auf einen geschossen. Mein amerikanischer Vorgesetzter in Quang Tri, der Berater des gesamten 3. Regiments der ARVN, war Major George B. Price, ein verwegener, ungehobelter Kerl mit dröhnender Stimme und fast schon beängstigendem Selbstbewußtsein. Price war groß, kräftig, athletisch gebaut und nicht auf den Mund gefallen – er sprach pausenlos. Im Armeejargon galt er als »Brenner«, als ein Mann, der es weit bringen wird. Seine theatralische Art und seine Stimme waren offenbar erblich bedingt: seine Schwester war der Opernstar Leontyne Price. Er wurde ein weiterer Förderer meiner Karriere, ein schwarzer Offizier, der selbst eine steile Karriere machte (er ging als Brigadier General in den Ruhestand) und großzügig jüngere Schwarze auf ihrem Weg unterstützte.

Bei dem Besuch wurde ich mit der neuesten Theorie aus dem Pentagon vertraut gemacht: dem »Ölteppich«. Mit dem Schutz für ein Wehrdorf sollte auch die Sicherheit der benachbarten Dörfer erhöht werden. Wie ein Ölteppich sollte sich die Sicherheitszone ausbreiten und in den von den Vietcong bedrohten Gebieten für Stabilität sorgen. Was ich aus jenen Tagen in Quang Tri am besten im Gedächtnis behalten habe, sind nicht die damals geltenden Strategien, sondern ein Besuch in der Offiziersmesse, wo ich mit George Price ein echtes amerikanisches Frühstück verspeiste: Eier, Schinken, Pfannkuchen,

Haferflocken. Leider hatte mein Magen damals bereits die vietnamesische Staatsbürgerschaft angenommen, und so wurde mir von der schweren amerikanischen Kost übel.

Ich zählte die Tage nach zwei Kalendern: nach dem Tag, an dem ich Vater werden sollte, und nach dem Tag, an dem ich heimfahren würde. Wie sich herausstellte, waren die Tonbandgeräte, die Alma und ich zu Weihnachten bekommen hatten, kein geeignetes Mittel, unsere Gefühle auszudrücken. Wir kehrten wieder zum zeitlosen Briefeschreiben zurück. In der Annahme, ich hätte ohnehin schon genug Ärger, verschwieg mir Alma allerdings die sich verschärfenden Rassenspannungen zu Hause. Der *Pittsburgh Courier,* eine von Schwarzen herausgegebene Wochenzeitung, hatte Birmingham zur »schlimmsten Stadt in den USA« erklärt. Der Titel wurde nicht leichtfertig verliehen. Als ich in Vietnam war, ereignete sich der achtzehnte Bombenanschlag auf ein schwarzes Wohngebiet in Birmingham (oder »Bombingham«, wie Schwarze es damals nannten). Während ich gegen die Vietcong kämpfte, wurde ein junger baptistischer Geistlicher namens Dr. Martin Luther King jr. verhaftet, weil er einen Protestzug zum Rathaus von Birmingham angeführt hatte. Im Gefängnis verfaßte er einen Brief, der das Gewissen Amerikas wachrüttelte, den berühmten *Letter from a Birmingham Jail.* Während ich im A-Shau-Tal nach Kommunisten Ausschau hielt, wachte mein Schwiegervater nachts mit einer Schrotflinte im Schoß, bereit, sein Heim gegen amerikanische Landsleute anderer Hautfarbe zu verteidigen. Ich wußte nicht, daß meine Leute Alma angerufen und angefleht hatten, aus Birmingham wegzuziehen. Ich wußte von all dem fast nichts. Wenig Neuigkeiten drangen bis ins A-Shau-Tal, und Alma wollte mir in ihren Briefen mit ihrer Liebe den Rücken stärken und mich nicht mit ihren Sorgen belasten.

Was die bevorstehende Vaterschaft anging, hatten Alma und ich ein Zeichen vereinbart. Sobald das Baby da war, wollte sie mir schreiben und auf dem Umschlag »Baby Letter« vermerken. Ich hatte die Leute im Regimentshauptquartier in Quang Tri gebeten, nach dem Brief Ausschau zu halten und ihn, sobald er eintraf, zu öffnen und den Inhalt über Funk durchzugeben. Die bevorstehende Ankunft eines neuen, unschuldigen Lebens verlieh meinem eigenen Leben in dieser kleinen Hölle eine größere Bedeutung, machte mein Überleben wichtiger.

Zu Hieus Nachfolger hatte ich inzwischen jedes Vertrauen verloren. Captain Kheim fand keinen Draht zu seinen Männern und wußte nicht, was er mit uns Beratern anfangen sollte. Ich sprach mit Alton Sheek über das Problem. Kheim war die Art von Offizier, die wir beide kannten: ein unsicherer Mensch, der seine Autorität dadurch zum Ausdruck brachte, daß er unsinnige Befehle bellte, anstatt Urteilsfähigkeit zu beweisen.

Am 3. April lag ich in unserem Bunker in Be Luong auf meinem Bett aus Bambus und versuchte, bei Kerzenlicht ein Taschenbuch zu lesen. Sheek war draußen bei den Männern, und Kheim schlief. In einiger Entfernung hörte ich Mörserfeuer und sah nach, woher es kam. Die Vietcong wollten dem neuen Lager eine Visitenkarte schicken, kannten aber seine Adresse noch nicht. Die Granaten explodierten weit von uns entfernt im Dschungel.

Captain Kheim kam aus seinem Bunker gehüpft und gab Befehl, das Feuer zu erwidern. Ich sagte ihm, daß dies möglicherweise unklug sei. Wir befanden uns auf einer Anhöhe. Wir hatten die umstehenden Bäume gefällt, und durch Geschützfeuer konnten wir unsere exponierte Stellung verraten. Der Feind, so sagte ich zu Kheim, treffe uns nicht, weil er bei Nacht auch nicht mehr sehe als wir. Nein, entgegnete er, feindliches Feuer sei grundsätzlich zu erwidern.

Einige Granaten wurden abgefeuert. Keine Minute später zuckte etwa sechs Meter über meinem Kopf eine riesige, weiße Stichflamme. Instinktiv warf ich mich zu Boden und kroch in den Bunker zurück, bevor die nächste Granate einschlug. Ich tastete mich ab. Mir war nichts passiert, aber draußen hörte ich Männer stöhnen und schreien, und ich eilte ihnen zu Hilfe.

Am folgenden Morgen sah ich genau, was geschehen war. Die Granate hatte den Ast eines Baumes getroffen, unter dem ich gestanden hatte. Die Splitter waren nach links und rechts geflogen und hatten ein halbes Dutzend Männer verwundet, mich aber verschont. Hätte die Granate nicht den Ast getroffen, hätten die Splitter mich erwischt, und das wäre wohl mein sicherer Tod gewesen. Unter den Männern, die bei dem Angriff verwundet wurden, befand sich auch Kheim, der durch seine Unbesonnenheit als Aufklärer für die Vietcong fungiert hatte. Seine Beinverletzung war immerhin so ernst, daß er evakuiert und abgelöst werden mußte – kein großer Verlust für die Soldatenzunft. Sein Nachfolger wurde Captain Quang, ein fähiger Offizier, der uns Beratern gegenüber allerdings etwas reserviert blieb. Ich schätzte ihn, doch ich hatte zu ihm nie ein so freundschaftliches Verhältnis wie zu Vo Cong Hieu.

Am Tag nach dem Mörserangriff schwebte ein Nachschubhubschrauber in Sichtweite über dem Lager. Unter der Post, die er abwarf, war ein Brief von Mutter. Ich setzte mich unter einen Baum und las den üblichen Familientratsch. »Ach, übrigens«, schrieb Mutter, »wir sind ganz entzückt von dem Baby.«

Von welchem Baby? Was war mit dem Baby-Brief passiert? Ging es Alma gut? War es ein Junge oder ein Mädchen? Über den Funker mit seinem uralten Gerät machte ich dem Basislager Beine, und es gelang uns, eine Verbindung nach Quang Tri zu bekommen. Den Brief hatte ein Schicksal ereilt, das bei militärischen Operationen keineswegs selten ist: Er war das Opfer einer Kommunikationspanne geworden. Der Umschlag steckte, deutlich gekennzeichnet, in einem Stapel nicht ausgelieferter Post. »Sag ihnen, ich will ihn *jetzt* lesen«, sagte ich dem Funker, und so erfuhr ich von der frühen Ankunft von Michael Kevin Powell, geboren am 23. März 1963 im Holy Family Catholic Hospital in Birmingham.

Meine Gefühle waren damals seltsam gemischt: Ich war stolz, daß ich einen gesunden Sohn und eine starke Frau hatte, verwirrt, wenn ich mich in der fremden Welt, in der mir dies widerfahren war, umsah, und ich empfand eine bohrende Angst. Um ein Haar wäre ich getötet worden, ohne zu wissen, daß ich Vater war. Ich hatte zu Hause eine Frau und ein Kind, die auf mich angewiesen waren. Ich wollte das Kind unbedingt sehen. Ich mußte das Jahr überstehen.

Quang war eigentlich der Kommandeur des Bataillons, und er war ein guter Soldat. Da ich aber länger bei der Einheit war und das Vertrauen der Männer genoß, kam es zu einem merkwürdigen Arrangement. Der Hauptfeldwebel war ein hagerer, zäher Veteran aus der französischen Kolonialarmee, das südvietnamesische Gegenstück zu dem zähen, alten Sergeant Edwards in Gelnhausen. Er vertraute mir, und wir spielten eine Art Spiel miteinander: Ich tat so, als erteilte ich keine Befehle, und er tat so, als nehme er von mir keine Befehle entgegen. Ich sollte Berater sein, kein Führer. Dennoch hatten wir beide ein stillschweigendes Abkommen getroffen. Führung duldet von Natur aus kein Vakuum. Und ich sollte die Lücke schließen.

Die ARVN-Soldaten waren mutig und gehorsam, aber nicht immer leicht auszubilden. Ich gab Instruktionen. Sie lächelten, nickten und ignorierten häufig, was ich gesagt hatte. Ich übte stundenlang mit ihnen, wie sie den Hubschrauber entladen sollten. Auf Schnelligkeit kam es an. Der Hubschrauber war leicht anzugreifen. Er bot ein ideales Ziel. Wir mußten ihn so rasch wie möglich entladen. Am schnellsten ging es, wenn zwei Mann hineinsprangen, sobald er gelandet war, und die Ladung herauswarfen. Der Rest der Gruppe sollte eine Kette bilden, die vom Hubschrauber bis in den Urwald reichte, die Sachen von Mann zu Mann weitergeben, wie bei einer Eimerkette, und sie unter dem Schutz der Bäume lagern. Ich malte den Umriß eines Hubschraubers auf die Erde, und wir übten wieder und wieder. Maschine landet. Zwei Mann hinein. Die anderen bilden eine Kette. Ladung weitergeben. Und das Ganze nochmal von vorn.

Am nächsten Tag landete ein Hubschrauber innerhalb der Rundumverteidigung. Ich gab den Männern das Zeichen zum Ausladen, und der ganze Trupp rannte zur Ladeluke, alle wollten gleichzeitig einsteigen. Sie murrten kein bißchen, als ich es erneut mit ihnen durchexerzierte, und endlich hatten sie es begriffen.

Es war ein heißer Nachmittag im Mai. Wir waren gerade auf Streife, kämpften uns durch das Buschgras, schwitzten und schlugen nach Insekten, als wir das Tuckern eines Aufklärungsflugzeugs vom Typ L-19 »Bird Dog« über uns hörten. Der Pilot funkte, er habe Eilpost für mich. Kurz darauf segelte sie an einem großen gelben Taschentuch zu Boden. Ich rannte zu der Stelle und fand eine Schachtel voller Gläser mit Erdnußbutter. Am Boden der Schachtel klebte ein Umschlag mit der Aufschrift »Baby Letter«. Ich riß ihn auf, und ein Foto fiel heraus. Ein dickes rotes Gesicht blickte mich mit dem ganzen Erstaunen eines Jungen an, der erst einen Tag auf der Welt ist. Wem sah er ähnlich? Wie sah er aus? Ich hätte es nicht sagen können, jedenfalls war er da, und er war mein Sohn. Willkommen, Michael Powell. Die Vietnamesen drängten sich um mich, glucksten und lachten. Ich zeigte ihnen das Foto. Dann wanderte es in meine Brusttasche, und dort blieb es.

Noch im Mai gewährte man mir eine weitere Gefechtspause. Ich wurde nach Hué beordert, wo sich das Hauptquartier der Beratergruppe der 1. ARVN-Division befand. Ich sollte mich bei einem Personaloffizier der Infantry Branch melden, denn schließlich mußte mich die Army nach Ablauf meiner Zeit im A-Shau-Tal, sofern ich sie heil überstand, woanders hinschicken. Ich flog vom Kriegsgebiet mit einem Hubschrauber direkt nach Hué und war beeindruckt von der Schönheit der ehemaligen vietnamesischen Hauptstadt, von dem glitzernden Parfüm-Fluß, der Zitadelle, ihrem Wahrzeichen, und dem bezaubernden Flair der französischen Kolonialzeit. Ich hatte kaum einen Fuß auf den Boden gesetzt, als mir die unnatürliche Sauberkeit auffiel, die scheinbare Ordnung, die ungewöhnlich alltägliche Geräuschkulisse, die Unvereinbarkeit zwischen dem Ort, wo ich war, und dem, wo ich herkam – ein Eindruck, den wohl jeder Frontsoldat hat, der plötzlich ins Hinterland kommt. Ich trug den M-2-Karabiner über der Schulter, an meinem Gürtel baumelten eine Handgranate und ein Messer, und an meinen Stiefeln klebte noch der Schlamm des A-Shau-Tals. Abgesehen von einem kurzen Sprung in einen Fluß, hatte ich seit einem Monat nicht gebadet. Meine Unterwäsche hatte eine graugelbe Farbe angenommen und war vom Schweiß beinahe zerfressen. Ich ging zunächst in die Offiziersmesse und wollte amerikanisch essen. Die sauber gekleideten Stabsmitarbeiter starrten mich an, als wollten sie sagen: Was glaubst du, was du hier tust? Und ich antwortete mit einem Blick, der besagte: Ich weiß genau, warum ich hier bin, aber vielleicht habt ihr es vergessen. Ich vertilgte ein Steak mit Pommes Frites, und wieder wurde mir schlecht. Ich fühlte mich müde und unwohl, als ich den Speisesaal verließ, und sehnte mich nach meinen Reiskugeln.

Ich meldete mich im Divisionshauptquartier bei Lieutenant Colonel Spears, dem zuständigen Stabsoffizier. Ich war nunmehr beinahe fünf Jahre bei der Army und hatte noch etwa sieben Monate in Vietnam durchzustehen. Ich wollte wissen, was die Infanterie als Nächstes mit mir vorhatte. Damals galt in der Army ein ausgeklügeltes Beförderungssystem, das ausschließlich auf Leistung beruhte. Maßgebend war eine Zahl, zu der man gelangte, indem man nach bestimmten Kriterien Punkte für unsere Leistungsberichte vergab. Der Colonel blätterte meine Personalakte durch, blickte auf und sagte: »Fortgeschrittenenlehrgang für Infanterieoffiziere, Fort Benning, Powell.«

Ich war überrascht. »Ich habe eben erst den Grundlehrgang hinter mir«, sagte ich.

»Das macht nichts«, entgegnete er. Er hatte die magische Zahl vor sich, wollte sie aber nicht preisgeben. Er sagte nur: »Wundern Sie sich nicht, wenn Sie bald zum Major befördert werden.«

Ich war gerade sieben Monate Captain, und der Mann sprach bereits vom Majorsrang. Trotz der Kanonenkugel, die in meinem Magen rumorte, verließ ich das Büro wie auf Wolken. Alle Prüfungen und Schrecken der vergangenen und der noch vor mir liegenden Monate erschienen mir auf einmal erträglicher.

Ins A-Shau-Tal zurückgekehrt, führte ich weiter mein Tagebuch. Die Einträge setzten sich mit der gleichen Monotonie fort:

16. Mai, Do.: Feindberührung 08.10 Uhr. 3 WIA durch VC-Granate. 2 Häuser zerstört, 3 ha Maniok, 1 ha Reis, von Hand.

17. Mai, Fr.: 1. Ko. Feindberührung 16.15 Uhr, 1 KIA.

Der Eintrag vom 18. Mai ist wichtig: »Feindberührung 08.05 Uhr. 1 VC-KIA ...« Wir patrouillierten durch eine Schlucht mit einem rauschenden Bach, der unseren Lärm übertönte. Dieses eine Mal erblickte die Spitzengruppe den Feind, bevor er uns entdeckte. Dieses eine Mal griffen wir aus dem Hinterhalt an. Wir stellten sie. Ein Kugelhagel mähte einige Vietcong nieder, die übrigen flohen. Vorsichtig schlichen wir näher. Ein Mann lag bewegungslos am Boden, der erste tote Vietcong, von dem ich mit Gewißheit sagen konnte, daß wir ihn getötet hatten. Er lag auf dem Rücken und starrte uns mit leeren Augen an. Der Mann war schmächtig, hatte grobe, nußbraune Gesichtszüge und trug die leichte schwarze Kleidung, die wir Pyjama nannten. Seine Füße fielen mir auf. Er trug Sandalen, die aus einem alten Autoreifen geschnitten waren, wobei ein Streifen der Seitenwand als Riemen diente. Das war also unser furchterregender, unsichtbarer Feind. Ich empfand überhaupt nichts, und ganz gewiß kein Mitleid. Ich hatte zu viel Tod und Leid auf unserer Seite erlebt, daher kümmerte es mich wenig, was auf ihrer geschah. Wir nahmen die verwundeten Vietcong gefangen und gingen weiter.

Zum ersten Mal hatten wir nachweislich einen Vietcong getötet, und dies löste einen Motivationsschub unter den südvietnamesischen Soldaten aus. Zwar war das Zahlenspiel, das später »Leichenzählen« genannt wurde, damals noch unbekannt. Doch die Vietnamesen hatten bereits begriffen, was die Amerikaner hören wollten. Und so »bewiesen« sie mir ständig, daß sie einen Vietcong getötet hatten, indem sie mir etwa Blutspuren zeigten, die von einer zurückgelassenen Waffe oder anderen Spuren wegführten. Das reiche nicht, sagte ich ihnen. Ich wurde Schiedsrichter in einem schauerlichen Spiel. Nur die Leiche eines Vietcong war ein ausreichender Beweis. Keine Leiche, kein Bonus.

Wenige Tage später kam ein vietnamesischer Leutnant zu mir und berichtete aufgeregt von einem weiteren getöteten Vietcong. »Zeigen Sie ihn mir«, sagte ich. »Zu weit weg, zu gefährlich«, erwiderte er. Ich wiederholte die Regel. Er winkte mit dem Finger, als wolle er sagen: Ich werde ihn dir zeigen. Eine halbe Stunde später kehrte er zurück und reichte mir ein Taschentuch. Ich faltete es auseinander und ich starrte auf ein Paar frisch abgeschnittene Ohren.

Am selben Abend rief ich die Kompaniechefs und die ranghöchsten Unteroffiziere zu mir. Die Regeln mußten korrigiert werden. Nur eine ganze Leiche wurde als Toter anerkannt, Leichenteile galten nicht. Keine Ohren mehr. Und keine weitere Verstümmelung von Feinden.

23. Juli. Sechs Monate war ich inzwischen in der Wildnis, und endlich erhielt das Bataillon eine Ruhepause. Wir bekamen den Befehl, das Basislager in Be Luong und das A-Shau-Tal zu verlassen und nach Osten zu einem Lager der Spezialeinheiten aufzubrechen. Wir machten uns auf den Weg und marschierten am späten Morgen an einem Bach entlang. Die Sonne schien direkt auf uns herab, und ich war nach vorn an die Spitze der Kolonne gegangen. Plötzlich rutschte der rechte Fuß unter mir weg, und ich spürte einen heftigen Stich. Ich zog meinen Fuß aus einem etwa dreißig Zentimeter tiefen Loch. Ich war in eine Punji-Falle getreten, und die Spitze hatte sich durch den Stiefel in meinen Fuß gebohrt. Ich verwünschte meine Dummheit und humpelte weiter, obwohl das Lager noch zwei Fußstunden entfernt war. Wenn überhaupt, so verspürte ich eher Scham als Schmerz und wollte die Vietnamesen nicht merken lassen, was passiert war.

Ich war aber noch keine zwanzig Minuten marschiert, als der Schmerz unerträglich wurde. Ich nahm einen Ast als Krücke und humpelte weiter. Die letzte Meile taumelte ich und schaffte es kaum. Der amerikanische Arzt im Lager machte sich gar nicht erst die Mühe, den Stiefel aufzuschnüren, sondern schnitt ihn einfach ab. Er blickte kurz auf die Wunde und rief einen Hubschrauber. Die Spitze war von der

Sohle glatt bis zum Spann durchgedrungen. Mein Fuß war dick geschwollen und gerötet, da das Gift des Dungs sich ausbreitete. Der Arzt verband die Wunde, und wenig später flog ich in Richtung Hué.

Nach der Ankunft nahm sich ein L-19-Pilot namens Jack Dunlap meiner an. Ich hatte ihn noch nie gesehen, aber er behandelte mich sofort wie einen alten Freund. Er sei derjenige, sagte er, der mir den Baby-Brief zugestellt habe. Dunlap brachte mich zu einer Ambulanz im Quartier für ledige Offiziere. Der diensthabende Arzt reinigte die Wunde nach einer denkwürdigen Methode: Er schob ein Stück behandelten Stoff, sogenannten Jodoform-Mull, von unten in die Wunde, bis er oben wieder herauskam, und zog ihn dann hin und her wie einen Schuhputzlappen. Ich wurde fast ohnmächtig vor Schmerz und drückte Dunlaps Hand. Danach pumpte der Arzt mich mit Antibiotika voll und steckte mich in ein Zimmer im Offiziersquartier.

Ich erholte mich rasch, doch meine Tage als Berater im Feld waren gezählt. Ich hatte nur noch wenige Monate abzuleisten, deshalb kam eine Rückkehr zum Bataillon nicht in Frage. In meiner siebenmonatigen Dienstzeit war ich der vierunddreißigste Ausfall unserer Einheit: sieben Tote und siebenundzwanzig Verwundete. Zu behaupten, ich hätte das Kampfgebiet ungern verlassen, wäre gelogen. Not und Tod sind Freunde, die man gern aufgibt. Doch zum Zeitpunkt meiner Verwundung war ich, wenn auch nicht offiziell, so doch de facto der Kommandeur des Bataillons. Ich hatte dieselben Gefahren auf mich genommen, auf demselben Boden geschlafen, aus denselben Töpfen gegessen wie die vietnamesischen Soldaten, und ich hatte mit ihnen mein Blut vergossen. Gemeinsame Prüfungen an den Felshängen von Georgia hatten mich mit meinesgleichen verbunden. Der gemeinsam erlebte Tod, die geteilten Schrecken und die kleinen Triumphe im A-Shau-Tal verbanden mich ebensoeng mit Männern, mit denen ich mich kaum verständigen konnte. Ich verließ meine Kameraden vom 2. Bataillon mit mehr als einem Anflug von Bedauern.

Ich wollte die Army davon abhalten, den Mechanismus in Gang zu setzen, der dafür sorgt, daß automatisch die nächsten Verwandten benachrichtigt werden, sobald ein Soldat getötet oder verwundet wird. Ich war in einen spitzen Bambusstab getreten, nicht auf eine Landmine, und ich wollte nicht, daß meine Familie sich unnötig aufregte. Doch die Mühlen der Bürokratie mahlen unaufhaltsam. Eine

Benachrichtigung, daß ich leicht verwundet worden sei, ging per Telegramm an Alma, die sie ruhig aufnahm, und an Vater, der überzeugt war, daß die Army das Schlimmste verschwieg. Und das Verhalten der südvietnamesischen Herrscherfamilie machte die Sache keineswegs leichter. Madame Nhu, die Schwägerin des unverheirateten Präsidenten Diem – sie war die Frau seines Bruders Ngo Dinh Nhu, der die Geheimpolizei leitete –, spielte in Südvietnam die Rolle der »First Lady«. Jedesmal, wenn ein GI fiel oder verwundet wurde, schrieb Madame Nhu einen Brief an die Angehörigen. Ihre Nachricht klang seltsam. Sie lautete sinngemäß etwa: Tut uns leid, doch Sie sollten auch wissen, welche Opfer *unser* Volk bringt. Amerikanische GIs nannten Madame Nhu »Drachenlady«, ein Titel, den sie wohl auch verdiente.

Da ich außer Gefecht gesetzt war, wurde ich dem Hauptquartier der 1. ARVN-Division als Assistenzberater im Einsatzstab zugeteilt. Eines Tages hörte ich in der Offiziersmesse eine vertraute, dröhnende Stimme. Ich wandte mich um und sah George Price, der inzwischen eine Schlüsselposition innehatte: Er war G-3-Berater (Einsatz und Planung) der 1. ARVN-Division und mein neuer Chef. Es war beruhigend, mit George zusammenzuarbeiten. Er redete immer noch pausenlos, doch ich hörte genau zu, denn fast alles, was er sagte, war einleuchtend.

Und vieles, was ich im Hauptquartier beobachtete, bedurfte dringend einer Erklärung. Im A-Shau-Tal hatte ich den Krieg gewissermaßen aus der Froschperspektive erlebt. Jetzt sah ich ihn aus der Vogelperspektive, und dieser neue Blickwinkel war keineswegs erfreulich. Zu meinen Aufgaben gehörte es, einem Nachrichtenoffizier der Division Daten über mögliche bevorstehende Artillerieangriffe zu liefern. Er arbeitete hinter einer grünen Tür mit dem Schild »Kein Zutritt« und beschäftigte sich mit »Regressionsanalyse«, wie man damals sagte. Meine Daten wurden eingelassen, meine Person nicht. Der Zutritt war mir untersagt. Eines Tages kam der Offizier endlich heraus. Es gebe, so eröffnete er mir, Phasen, in denen wir mit ziemlicher Sicherheit verstärkten Mörserbeschuß voraussagen könnten. Und wann? Bei Mondlicht. Na, da soll mich doch eine Reiskugel treffen. Wochen statistischer Analysearbeit hatten den Mann gelehrt, was jeder gemeine Soldat der ARVN ihm in fünf Sekunden hätte sagen können: Bei Nacht war es dort draußen gefährlicher.

Der Infanterist in der Wildnis, der mühsam immer wieder dasselbe Gelände durchkämmt, täglich unter Beschuß gerät und Verluste erleidet durch einen Feind, der sich scheinbar in Luft auflöst, fragt sich verständlicherweise, wozu das alles gut ist. Er sucht Trost in der Annahme, daß, wenn er es schon nicht weiß, so doch wenigstens klügere Leute in der Führung die Antwort kennen. Meine Erfahrungen im Stab des Hauptquartiers widerlegten diese Annahme. Wir waren die fortschrittlichste Nation der Welt. Wir stellten unsere Hochtechnologie in den Dienst der ARVN. Große Denker, wie der Nachrichtenoffizier hinter der grünen Tür, produzierten Computerausdrucke, füllten Notizblätter, wälzten Zahlen und gaben dann Binsenweisheiten als Geistesblitze aus, während ein Feind im schwarzen Pyjama und Gummisandalen einen Offizier mit einem in Büffelkot getauchten Bambusstock außer Gefecht setzen konnte.

Im Dschungel trugen wir nur das bei uns, was sich als nützlich oder lebenswichtig erwiesen hatte. In Hué sah ich jedoch, daß jeder Kommandant einer Hubschrauberbesatzung ein großes Messer mit geschnitztem Griff und funkelnder Klinge zur Schau trug, das die Sonnenstrahlen reflektierte und im Kampfgebiet leicht die eigene Position verraten konnte. Achtzehnjährige Lastwagenfahrer, die den Abfall der Division zur Müllkippe karrten, protzten mit maßgefertigten Schulterhalftern – die Lederhandwerker in Hué dürften sich an diesen Narren eine goldene Nase verdient haben. Ich sah Männer, die im Speisesaal sechsschüssige Revolver trugen, die Patronen in Cowboy-Manier hinten im Gürtel aufgereiht. Wie wollten sie bei einem plötzlichen Schußwechsel laden? Das spielte keine Rolle. Die Patronen sahen so einfach gefährlicher aus. Alles war nur Schau.

Dieses Benehmen war einfach dumm. Doch meine erste Begegnung mit höheren Offizieren des vietnamesischen Oberkommandos stimmte mich ernstlich besorgt. Die meisten Offiziere und Unteroffiziere in meinem Bataillon waren engagierte, tüchtige Berufssoldaten. Die Infanteristen waren tapfer und murrten nicht. Doch je höher der Rang, desto ausgeprägter waren offenbar Inkompetenz, Korruption und der Hang zu protzigen Uniformen. Eine rasante Karriere machte beispielsweise Nguyen Cao Ky, der mit 32 Jahren zum Chef der südvietnamesischen Luftwaffe ernannt wurde. Ky war eine elegante Erscheinung: Hitlerbärtchen, dunkle Sonnenbrille, verchromter Revolver mit Perlmuttgriff, schwarzer Fliegeranzug mit Schal. Er führte den Krieg in der

Luft mit derselben Prahlerei wie in den Saigoner Nachtclubs. Waren das die Leute, so fragte ich mich, für die arme Schweine von der ARVN im A-Shau-Tal ihr Leben ließen?

Nach den Erfahrungen im Kampfgebiet, so muß ich gestehen, empfand ich den Dienst im Hinterland als sehr angenehm. Als verwundeter ehemaliger Frontkämpfer genoß ich einen Sonderstatus. Und Hué war mit seiner zarten Schönheit, seinen guten Restaurants und seinen Zerstreuungen für die Soldaten beileibe kein unangenehmer Stationierungsort. Selbst der Gang zum Friseur wurde zum Genuß. Der Friseur schnitt mir nicht nur die Haare, sondern massierte mir mit geschickten Händen auch Kopfhaut, Nacken und Schultern. Ich legte wieder ein paar von den Pfunden zu, die ich im A-Shau-Tal abgeschwitzt hatte, da ich meinen Verdauungstrakt auf Steaks und »Ba Muoi Ba, Nummer 33«, ein beliebtes vietnamesisches Bier, umstellte. Aber ich versuchte, mein Gewicht einigermaßen zu halten, indem ich Softball spielte.

Kurz nach meiner Versetzung zum Stab flog ich zur Erholung nach Hongkong. Für einige GIs war ein Erholungsurlaub in dieser freizügigen Stadt gleichbedeutend mit einem Gang ins Bordell. Andere nutzten den Aufenthalt für eine Einkaufstour. Ich legte mir die obligatorischen maßgefertigten Schuhe (10 Dollar das Paar) zu, maßgeschneiderte Anzüge (30 Dollar) und die billigste Stereoanlage der Welt. Alma kaufte ich japanische Zuchtperlen, ein Seidenkleid und einen Ballen Seidenstoff. Nach vier Tagen war ich pleite und kehrte nach Hué zurück.

Dort erwartete mich zum wiederholten Male in meiner Karriere eine ungewöhnliche Ernennung. Zusätzlich zu meinen anderen Aufgaben wurde ich zum Kommandanten des Flugplatzes bei der Zitadelle in Hué ernannt, auf dem Transportflugzeuge vom Typ C-7 Caribou, L-19 und andere kleinere Maschinen abgefertigt wurden. Ein großspuriger Pilot empfand es offenbar als Beleidigung, daß ein Infanterist *seinen* Flugplatz führte. Eines Tages forderte er mich auf, ihn auf einem Übungsflug in seiner Bird Dog zu begleiten. Meine Ehre stand auf dem Spiel, also willigte ich ein. Sofort wurde klar, daß dieses Fliegeras mich oder meinen Mageninhalt aus der L-19 kippen wollte, denn er vollführte Rollen, Sturzflüge und andere übelkeiterregende Luftkapriolen. Ich dachte, ich müsse sterben, weigerte mich aber aus purem Trotz. Später, als er manierlicher flog, sah ich nach unten und erblickte zu

meinem Entsetzen ein mir fremdes Gelände mit einem Bahndamm.
Meines Wissens gab es so etwas in unserem Gebiet nicht.

»Wissen Sie, wo wir sind?« rief ich.

»Etwas nördlich von Quang Tri«, erklärte mein Pilot selbstsicher.

»Sie verdammter Narr«, brüllte ich durch den heulenden Wind,
»drehen Sie nach Süden ab und bringen Sie uns weg von hier. Wir
sind über Nordvietnam.«

Wie sich herausstellte, hatte ich recht. Nach meinen Erfahrungen
mit Computerkanonen und aufgeblasenen Piloten legte ich mir eine
weitere Regel zurecht: Laß dich nicht von Experten und Angehörigen
sogenannter Eliten ins Bockshorn jagen. Experten besitzen oft mehr
Daten als Urteilsvermögen. Und Angehörige der Eliten werden mitunter so weltfremd, daß sie völlig versagen, wenn sie mit der Realität
konfrontiert werden.

Am 1. November war ich wieder in Saigon. Meine Dienstzeit war um.
Nach Erledigung der Formalitäten würde man mich nach Hause schik-
ken. Zu der Zeit geriet ganz Südvietnam in Aufruhr. Präsident Diem,
ein Katholik, versuchte, buddhistische Feierlichkeiten und Demonstrationen gegen sein Regime zu unterdrücken. Das schockierende
Foto eines buddhistischen Mönches war um die Welt gegangen: Aus
Protest gegen das Diem-Regime hatte sich der Mönch in Saigon auf
eine Kreuzung gesetzt, sich mit Benzin übergossen und mit einem
Streichholz angezündet. Er war verbrannt, ohne einen Muskel zu rühren. Im August, als ich mich noch in Hué aufhielt, hatte man über
Saigon das Kriegsrecht verhängt und amerikanischen Soldaten Aus-
gangsverbot erteilt. Etwa eine Woche später hatte Präsident Diem das
Kriegsrecht auf das ganze Land ausgeweitet.

Als ich an jenem Novembertag zum Saigoner Flughafen Tan Son
Nhut fuhr, um meine Gepäck aufzugeben, war offenbar etwas Ernsteres
im Gange. Am Regierungspalast wurde geschossen, und abgesehen von
Mannschaftswagen des Militärs waren die Straßen wie leergefegt. Ich
war mitten in einem Putsch in Saigon eingetroffen. Eine Clique süd-
vietnamesischer Generäle hatte soeben die Regierung gestürzt und Präsident Diem und seinen Bruder Ngo Dinh Nhu, den Chef der Geheimpolizei, hingerichtet. Mit meinen 26 Jahren fehlte mir noch der nötige
politische Durchblick, um zu verstehen, was hier geschah. Ich dachte
wie ein Soldat, der sein Umfeld kannte und nicht weit darüber hin-

aussah. Für mich war der Putsch nur eine weitere verwirrende Facette dieses sonderbaren Landes.

Trotz der jüngsten politischen Umwälzungen wurde ich einen Monat früher nach Hause geschickt, weil wir unsere Sache in Vietnam angeblich so gut machten. Und tatsächlich war die Zahl der amerikanischen Berater leicht zurückgegangen, von 16 600 auf 16 300 Mann. Die numerischen Analysen der Ära McNamara, die das Bild des Vietnamkriegs in Amerika nachhaltig prägen sollten, kamen gerade in Mode. Ein Dorf galt als »sicher«, sobald es von einem Zaun mit einer bestimmten Länge umgeben war, von einer Miliz bewacht wurde und einen Dorfvorsteher hatte, den die Vietcong wenigstens drei Wochen lang am Leben gelassen hatten. Während meiner Zeit im Basislager Be Luong hatte Verteidigungsminister McNamara Südvietnam besucht. »... jede quantitative Analyse«, folgerte er nach einem zweitägigen Aufenthalt, »belegt, daß wir den Krieg gewinnen werden«. Messe etwas, und es ergibt einen Sinn. Messe es, und es ist real. Doch was ich im A-Shau-Tal beobachtet hatte, deutete keineswegs darauf hin, daß wir die Vietcong schlagen würden. Schlagen? Die meiste Zeit konnten wir sie ja nicht einmal finden. McNamaras Rechenschieberkommandos hatten präzise Vergleichszahlen ermittelt, mit denen das Unmeßbare gemessen wurde.

Die Armee stellte sich anscheinend auf den Standpunkt: Laß die nur machen, die es besser wissen wollen wie die Genies mit ihren Rechenschiebern. Und wenn es nicht funktioniert, behalte es für dich, vielleicht kommt alles von selber wieder ins Lot. Diese lasche Einstellung, die mir erstmals in Westdeutschland untergekommen war, setzte sich in Vietnam fort. Die Beschwörung einer Scheinwelt sollte in den folgenden Jahren zur vollen Blüte gelangen, da wir dem Unsinn der Wehrdörfer den Unsinn des Search-and-sweep-Konzepts (Aufstöbern und Beseitigen) und des Leichenzählens hinzufügten. Wir befolgten diese Konzepte, obwohl wir wußten, daß sie Unsinn waren.

Und die Zahl der amerikanischen Verluste begann zu steigen, wenn auch anfangs noch langsam. Vertraute Namen tauchten auf der Liste der Gefallenen auf: Jim Lee, mit dem ich in Gelnhausen gedient hatte; Alan Pasco, der erste Kamerad von den Pershing Rifles, der in Vietnam starb, aber nicht der letzte.

Immer noch wußten wenige Amerikaner, was in jenem fernen Land geschah, oder nur wenige kümmerten sich darum. Vietnam war genaugenommen eine Nebensache. Damals hatten die Vereinigten Staaten 252 000 Soldaten in Europa und 49 000 in Korea stationiert, in Vietnam im Vergleich dazu nur 16 300. Und 1963 gab es noch keine nennenswerte Friedensbewegung.

Trotz böser Vorahnungen glaubte ich noch an unsere Mission, als ich das Land verließ. Ich hatte Enttäuschungen erlebt, aber ich war nicht desillusioniert. Ich blieb überzeugt, daß es richtig war, Südvietnam bei der Verteidigung seiner Unabhängigkeit zu helfen, und ebenso richtig, den Kommunismus auf der ganzen Welt in die Schranken zu weisen. Das Ziel war gerecht, selbst wenn der Weg holprig war. Im Gegensatz zu Verteidigungsminister McNamaras Auffassung war die Aufgabe nur größer und schwieriger, als wir angenommen hatten. Während meiner Zeit im Nachrichtenstab in Hué hatte mich ein Analytiker, der wußte, daß ich im Feld gewesen war, einmal gefragt, was uns der Job noch abverlangen werde. Ich griff eine Zahl aus der Luft: »Wir werden eine halbe Million Mann brauchen, um zu gewinnen.«

Ich saß auf dem Flughafen in Nashville, Tennessee, und blätterte in einer Zeitschrift, während ich auf die Nachmittagsmaschine nach Birmingham wartete. Da bemerkte ich, wie sich Leute in der Wartehalle um einen Fernseher drängten und merkwürdig still zusahen. Es war der 22. November. Drei Wochen zuvor war ich noch in Vietnam gewesen, am selben Tag, als der Präsident des Landes ermordet und die Regierung gestürzt worden war. Nun war der Präsident meines eigenen Landes ermordet worden. Und während ich in der Fremde für die Freiheit von Fremden gekämpft hatte, waren bei einem Bombenanschlag auf eine Baptistenkirche in Birmingham vier kleine schwarze Mädchen ums Leben gekommen. Ich war heimgekehrt in eine Welt, die auf den Kopf gestellt schien.

5

Heimkehr

Ein klassisches Gemälde von Norman Rockwell trägt den Titel »Heim-kehrender GI«. Es erschien gleich nach dem Zweiten Weltkrieg als Titelbild der *Saturday Evening Post*. Ein junger Soldat, in der Hand einen Matchsack, trifft im Heimatort ein. Seine Familie mitsamt Hund läuft ihm zur Begrüßung entgegen. An einer Ecke wartet sittsam ein hübsches Mädchen, Nachbarn lehnen sich lächelnd aus Türen und Fenstern. Von einem Baum winken Kinder zu ihm herab, heißen den siegreichen Helden willkommen. Meine Rückkehr aus Vietnam 1963 sah ganz anders aus.

Bei der Ankunft auf dem Flughafen von Birmingham wurde ich von einer einzigen Person erwartet, einer schönen Frau, die mir kaum noch vertraut war. Wenn zwei Menschen sich erst seit einem Jahr kennen und dann ein Jahr voneinander getrennt sind, werden sie sich auch dann fremd, wenn sie verheiratet sind. Als ich Alma in meine Arme nahm, verflüchtigte sich die Fremdheit, aber ich war sicher, daß sie sich fragte: Wer ist der Mann? Kenne ich ihn wirklich? Wir stiegen in meinen alten blauen Käfer, ein vertrautes Gefühl, und fuhren zum neuen Haus ihrer Eltern in Tarrant City, einem Bezirk im Norden Bir-minghams. Bei Einbruch der Dunkelheit kamen wir an. Wir parkten hinter dem Haus, und Alma dirigierte mich zu einer großen gläsernen Schiebetür. Meine Schwiegereltern hielten sich für den Augenblick im Hintergrund.

Seit Monaten hatte ich mich auf diese Begegnung vorbereitet. Hin-ter der Glastür sah ich im schwachen Licht einer Lampe ein Laufgit-ter. Ich schob die Tür auf und erblickte ein acht Monate altes Persön-chen mit krausen Locken in einem hinreißenden roten Anzug. An den Gitterstäben festgeklammert, blickte es mich aus großen Augen an. Behutsam nahm ich den Burschen auf den Arm. »Hallo, Mike«, sagte ich. »Ich bin dein Dad!« Verwirrt blickte er mich an und schielte dann nach Alma. Diese Erfahrung macht fast jeder Mensch im Leben. Es ist ein Dritter mit im Bund. Und jetzt machte sie auch Michael Powell.

Ich aß mit Alma und ihren Eltern R. C. und Mildred ein Willkommensmahl, während mich das Baby von seinem Hochstuhl aus mit offenem Mund weiter anstarrte. Als es Zeit wurde, Mike ins Bett zu bringen, erwartete ihn der nächste Schock. Statt wie bisher bei der Mutter zu schlafen, wurde er in ein Kinderbettchen gesteckt. Am nächsten Morgen, als ich zum Frühstück herunterkam, plapperte er auf seinem Hochstuhl fröhlich vor sich hin. Dann erblickte er mich: Der Kerl war immer noch da? Wann ging er wieder? Würde er nie verschwinden? Ein Gedanke, der ihn sichtlich beunruhigte. Im Verlauf der nächsten Tage taute Mike allmählich etwas auf. Ich machte viel Aufhebens von ihm, spielte mit ihm und war folglich vielleicht doch nicht so übel, auch wenn er seine Mutter lieber mochte. So ging es eine Weile, und schließlich wurden aus dem Fremden und dem kleinen Buben Vater und Sohn.

Die nächste Etappe war die Elmira Avenue in Queens, wo wir mit meinen Eltern Weihnachten feierten. Mike holte sich dort einen heiseren, quälenden Husten. Wir fuhren ihn ins nächste Militärkrankenhaus, das St. Albans Naval Hospital in der Nähe meines Elternhauses. Der junge Marinearzt, der uns empfing, hatte mit Babys wohl ebensoviel Erfahrung wie ich. Er diagnostizierte Mikes vermeintlichen Husten als akuten Fall von Krupp. Er schob ihn sanft unter ein Sauerstoffzelt, legte neben dem Kinderbett Instrumente bereit und erklärte, er brauche unsere Einwilligung zu einem Luftröhrenschnitt, falls das Kind aufhöre, normal zu atmen. Was das heißen solle, wollte ich wissen. Der Arzt klärte uns auf, er werde gegebenenfalls Mikes Luftröhre anschneiden und einen Tubus einführen müssen. Meinen Buben anschneiden? Der Dschungelkämpfer bekam weiche Knie. Alma war ebenfalls entsetzt, behielt aber die Fassung und stellte wichtige Fragen. Sie erklärte dem Doktor, das Kind sei weder abgestillt noch an die Flasche gewöhnt. Wie sollte es ernährt werden? Der Arzt empfahl uns, nach Hause zu gehen und uns zu entspannen. Den ersten Teil des Ratschlags befolgten wir, aber in der Nacht brachte ich kein Auge zu. Bei Tagesanbruch rasten wir zum Krankenhaus zurück:

Mike saß aufrecht in seinem Bett, nuckelte, offenbar entwöhnt, Milch aus einem Fläschchen, zeigte keine Anzeichen von Krupp und lächelte.

Vom Wind gepeitscht und mit geschlossenen Augen stand ich an der geöffneten Ladetür eines Transportflugzeuges in knapp 400 Meter Höhe, auf dem Rücken ein Fallschirm vom Typ T-10. Wieder packte mich das Grauen. Ich hatte während der Luftlandeausbildung fünf Sprünge absolviert und von solchen Spielen mit der Schwerkraft genug. Trotzdem sprang ich ins bodenlose blaue Nichts.

Nach Vietnam sollte ich an einem weiterführenden Offizierslehrgang in Fort Benning, Georgia, teilnehmen. Da dieser »Laufbahnlehrgang«, wie er genannt wurde, erst im August 1964, fast acht Monate nach meiner Rückkehr, begann, hatte mich die Army, um einen Teil der Zeit zu überbrücken, in eine einmonatige »Pfadfinder«-Ausbildung gesteckt, eine Fortbildung für Luftlande-Ranger.

Gleich nach der Ankunft sah ich mich nach einer Unterkunft für meine Familie um. Mit Beginn des Lehrgangs im Sommer hatte ich Anspruch auf eine staatliche Wohnung, aber bis dahin brauchte ich eine Übergangslösung, wenn Alma und das Baby mich begleiten sollten. Es war wieder das gleiche wie damals in Fort Bragg. Für weiße Offiziere standen im Raum Columbus zahlreiche Häuser zur Verfügung, während ich als Schwarzer auf schwarze Viertel angewiesen war und kaum Aussichten hatte, eine Bleibe zu finden, die mit dem Haus der Johnsons in Birmingham auch nur annähernd vergleichbar war. Nach einem entmutigenden Anfang lernte ich einen schwarzen Makler kennen, der mir in Phenix City, gleich hinter der Grenze zu Alabama, das Haus eines Baptistenpfarrers anbot. Ich war skeptisch. Phenix City war ein so gefährliches Pflaster, daß die Nationalgarde dort ein paar Jahre zuvor hatte Ordnung schaffen müssen. Das Haus lag in einer Seitenstraße, umgeben von lauter Bruchbuden. Aber wenigstens handelte es sich um einen soliden Ziegelbau mit einem Garten für das Kind. Ich mietete es für 85 Dollar im Monat und war dankbar, etwas Annehmbares gefunden zu haben.

Bis ich mit den nötigen Renovierungsarbeiten fertig war, wohnte ich in den Unterkünften für ledige Offiziere in Fort Benning. Eines Abends, als ich mich von unserem Haus erschöpft und mit knurrendem Magen auf den Rückweg zum Stützpunkt machte, kam ich am

Victory Drive an einem Drive-in-Restaurant vorbei. Da ich sicher sein konnte, drinnen nicht bedient zu werden, parkte ich draußen und wartete. Nach einer kleinen Ewigkeit erschien endlich eine Bedienung an meinem Wagenfenster. Ich bestellte einen Hamburger.

Sie sah mich peinlich berührt an. »Sind Sie Puertoricaner?« fragte sie.

»Nein.«

»Sind Sie afrikanischer Student?« Sie schien sich ernsthaft um mich zu bemühen.

»Nein«, antwortete ich. »Ich bin Neger. Ich bin Amerikaner. Und Offizier in der Army.«

»Hören Sie«, antwortete die Bedienung. »Ich bin aus New Jersey und weiß auch nicht, was das soll. Aber ich darf Sie nicht bedienen. Warum kommen Sie nicht einfach zur Rückseite des Restaurants? Ich reiche Ihnen hinten einen Hamburger aus dem Fenster.«

Ich verlor die Beherrschung. »So hungrig bin ich nun auch wieder nicht«, sagte ich und fuhr mit quietschenden Reifen davon.

Pfadfinder sind die Elite innerhalb einer Elite, Fallschirmjäger, die vor einem Angriff von Luftlandetruppen oder mit Hubschrauber beförderten Einheiten abspringen, um Lande- und Sprungzonen zu markieren. Die Ausbildung zum Pfadfinder erwies sich als besonders aufreibend. Die anderen Lehrgangsteilnehmer waren geübte und erstklassige Fallschirmjäger aus Luftlandeeinheiten, während ich als widerstrebender Novize fünf Jahre nicht mehr gesprungen war. Wir begannen täglich mit einem Dutzend Gymnastikübungen, von denen jede solange fortgesetzt wurde, bis auch der letzte Mann zusammenklappte, und erholten uns dann bei einem 8000-Meter-Lauf. Anschließend begann der eigentliche Tag: Unterricht in Navigation, dem Markieren von Sprungzonen, Einsatz von Funkfeuer, Fliegerleitaufgaben. Und dann folgten weitere Absprünge.

Pfadfindertrupps müssen am Boden dicht beieinander ankommen. Folglich konnten wir es uns nicht leisten, langsam nacheinander aus dem Flugzeug zu springen. Der Pilot der zweimotorigen Caribou senkte statt dessen die Rampe am Heck herab, durch das wir dann in rascher Folge das Flugzeug verließen. Und was die Absprünge noch aufregender machte: Sie fanden gewöhnlich nachts statt. So war es immer eine Überraschung, ob man nun ins Wasser platschte, auf steinigem Boden aufkam oder über einem Felsen hängenblieb. Für mich machten diese Nachtübungen freilich kaum einen Unterschied, denn ich sprang ohnehin immer mit geschlossenen Augen. Und statt einen Macho-Sprung ins Unbekannte zu machen, schlurfte ich zaghaft zum Heck und setzte dann ein kleines Schrittchen auf die Rampe. Während die anderen wie Adler davonsegelten, rutschte ich auf dem Hosenboden von der Rampe aus dem Flugzeug. Im freien Fall spürte ich dann aber den Kitzel, der das Fallschirmspringen so aufregend macht, dieses magische Gefühl, wenn der Wind über einem im Fallschirm pfeift und man langsam zur Erde gleitet.

Zur Abschlußfeier prangte an meiner Uniform dann neben dem Abzeichen des gefechtserprobten Infanteristen, den Schwingen der Luftlandetruppen und dem Streifen des Rangers auch noch das Abzeichen des Pfadfinders, was in der akademischen Welt einem weiteren Titel entsprochen hätte. Zu meiner Überraschung hatte ich, ein Soldat, der froh war, wenn er festen Boden unter den Füßen hatte, als Bester des Lehrgangs abgeschnitten. Obwohl mich das sehr stolz machte, bin ich froh, daß ich nie wieder in die Verlegenheit kam, einen Absprung absolvieren zu müssen.

Da es bis zum Beginn des Aufbaulehrgangs für Infanterieoffiziere immer noch sechs Monate waren, mußte mich die Army abermals irgendwohin stecken. Diesmal kam ich zum Infantry Board, das ebenfalls in Fort Benning untergebracht war, und erhielt den fürchterlich klingenden Titel »Prüfoffizier«. Unsere Aufgabe bestand darin, neue Waffen und Ausrüstungsgegenstände auf ihre Tauglichkeit für die Truppe zu prüfen, vom neuen Bajonett bis zum neuen Maschinengewehr. Jeder Artikel mußte nach drei Kriterien beurteilt werden: Erfüllte er seine Funktion, war er in ausreichenden Mengen lieferbar, und wie teuer und aufwendig wäre die Instandhaltung? Für diese Richtlinien gab es bei der Army eine Abkürzung: RAM nach den amerikanischen Begriffen für Zuverlässigkeit, Lieferbarkeit, Instandhaltung. Meine Aufgabe bestand darin, RAM-Richtlinien zu erstellen und die Artikel entsprechend genau zu prüfen.

Ich blieb fast fünf Monate im Infantry Board. Als der Laufbahnlehrgang näherrückte, fragte mich mein Vorgesetzter, Lieutenant Colonel James Sudderth, ob ich anschließend wieder auf meinen Posten zurückkehren wolle. In einer aus Rangern, Green Berets und Luftlande-Eliteeinheiten bestehenden Truppe war eine abermalige Verwendung als Prüfoffizier im Infantry Board etwas seltsam, aber der Posten hatte einen deutlichen Vorteil: Nach dem Abschluß meines Lehrgangs würde ich in Fort Benning bleiben können. Ich hatte mich inzwischen so sehr an ein geregeltes Familienleben gewöhnt, daß ich dem Colonel mitteilte, ich würde gerne zurückkehren.

Der berufliche Aufstieg in der Army verläuft in ganz bestimmten Bahnen. Der Lehrgang in Benning sollte Captains der Infanterie auf die Führung einer Kompanie und den Dienst in einem Bataillonsstab vorbereiten. In praktischer Hinsicht hatte ich diesen Lehrgang bereits absolviert, und zwar in Westdeutschland und Fort Devens, wo ich als First Lieutenant auf dem Posten eines Captains Kompanien befehligt hatte. Und wenn auch nicht nominell, so hatte ich faktisch auch schon die Funktion eines Bataillonskommandeurs erfüllt: im A-Shau-Tal, wo man sehr leicht zu einer lebenden Zielscheibe werden konnte. In Deutschland, Devens und Vietnam hatte ich zudem Stabsarbeit getan. Trotzdem war der Lehrgang unverzichtbar für mein weiteres berufliches Fortkommen. Und zugleich ermöglichte er es mir, meine Familie in einer staatlichen Wohnung am Stützpunkt unterzubringen.

Ich war neugierig auf die anderen Lehrgangsteilnehmer. In gewissem Sinn war dies ein erster Einschnitt in meiner Laufbahn. Viele Infanterie-Offiziere dienten ihre obligatorischen zwei oder drei Jahre ab und wurden dann ausgemustert. An dem Aufbaulehrgang nahmen vierhundert Captains teil, Kameraden und Konkurrenten, die wahrscheinlich die Soldatenlaufbahn einschlagen würden.

Beim Lehrgang erwarb ich zusätzlich zu meinen bisherigen militärfachlichen Qualifikationsnachweisen das »Präfix 5«, das mir Kenntnisse über den Einsatz taktischer Nuklearwaffen bescheinigte. Ich mußte folglich wissen, wann sie einzusetzen waren (wofür allerdings eine Bestätigung von weit höherer Stelle nötig war), wie viele feindliche Soldaten, Zivilisten und Bäume bei der Zündung eines bestimmten Atomsprengkopfes verdampfen würden, wie wir unsere eigenen Leute bei einem nuklearen Schlagabtausch schützen konnten, wie groß der zu erwartende radioaktive Fallout war und wann sich unsere Truppen wieder gefahrlos in die betroffene Gefechtszone begeben konnten. An eine nukleare Apokalypse dachten wir nicht. Die Sprengkraft einer Atomgranate, die aus einem 203-Millimeter-Geschütz abgefeuert wurde, lag zwischen 1 und 10 Kilotonnen: Die Bombe auf Hiroschima hatte 15 Kilotonnen gehabt. Es war nicht unsere Aufgabe, über den Sinn eines Einsatzes von Kernwaffen auf dem Schlachtfeld nachzudenken. Ebensowenig überlegten wir, wie groß das Risiko einer weiteren Eskalation des Krieges war. Die Navy und die Air Force hatten Kernwaffen. Sollte die Army mit Musketen und Minié-Kugeln kämpfen? Im übrigen verfügte auch die Rote Armee über taktische Atomwaffen. Lange Zeit später, als ich auf politischer Ebene wirkte, betrachtete ich den Einsatz taktischer Nuklearwaffen sehr viel skeptischer. Aber einstweilen war ich noch ein Captain, der sein Handwerk lernte und keine Fragen stellte.

In diesem Sommer 1964 konnte ich im Drive-in-Restaurant am Victory Drive erstmals einen Hamburger bestellen, ohne an den Hintereingang verwiesen zu werden. Präsident Lyndon Baines Johnson hatte den Civil Rights Act unterzeichnet, mit dem Diskriminierungen in öffentlichen Lokalen für illegal erklärt wurden. Im Herbst des gleichen Jahres kandidierte Johnson gegen seinen konservativen Gegner Senator Barry Goldwater von den Republikanern. Ich war kein politischer Anhänger Johnsons, aber Goldwater hatte mich enttäuscht, weil er im Senat als einziger gegen das Gesetz gestimmt hatte. Er war kein Rassist und hatte sich wegen verfassungsmäßiger Bedenken gegen die Gesetzesvorlage gewandt, aber sein Widerstand gab den Verfechtern der Rassentrennung ungewollt Auftrieb. Ohne Rücksicht auf das Gebot zu politischer Enthaltsamkeit klebte ich einen rot-weiß-blauen Aufkleber auf meinen Volkswagen: »Vorwärts mit Johnson.«

Eines Abends in diesem Herbst wurde ich auf der Fahrt von Birmingham nach Fort Benning bei der Stadt Sylacauga von einem Staatspolizisten angehalten. War ich zu schnell gefahren? Das wäre durchaus möglich gewesen. Zu meiner Überraschung ging es dem Beamten aber nicht um meine Geschwindigkeit. Er verteilte Aufkleber für Goldwater! Er musterte den Käfer, der in den sechziger Jahren in Alabama geradezu exotisch anmutete. Erster Minuspunkt. Er blickte auf mein Nummernschild des Bundesstaates New York. Zweiter Minuspunkt. Dann sah er den Aufkleber für Johnson. Der dritte Minuspunkt. Und am Steuer ein Schwarzer! Er schüttelte den Kopf: »Bursche«, sagte er, »sehr unklug von dir, hier aufzukreuzen. Du machst besser, daß du wegkommst.« Was ich schleunigst tat.

Soldaten wie Price, Mavroudis, DePace und ich hatten in der Armee eine Zukunft. Allerdings war das Offizierskorps zu dieser Zeit von einer bestimmten Kultur geprägt, von der Kultur der protestantischen Weißen, die vornehmlich aus dem Süden und zum Teil aus dem Mittleren Westen stammten.

Unser Unterricht fand oft in kleinen, fensterlosen Räumen statt, so daß wir anschließend gerne auf den Flur hinausgingen, um uns bei einer Zigarette die Beine zu vertreten. Einmal stieß ich draußen auf eine Gruppe weißer Kameraden, die über die Präsidentschaftswahlen diskutierten und einhellig Goldwater priesen. »He, Colin«, rief einer. »Komm mal her.« Mißtrauisch ging ich zu ihnen. »Haben wir Vorurteile?« fragte er. »Zum Teufel, wenn wir welche hätten, würden wir dann zusammen im gleichen Unterricht sitzen?« Es gehe doch nicht darum, ob man »Farbige« möge oder nicht. Aber er und seine Freunde hätten nichts übrig für Bevormundungen der Regierung, die Leuten vorschreiben wolle, wie sie zu leben hätten. »Hier geht es doch um das Eigentumsrecht«, pflichtete ein anderer bei. »Wer ein Geschäft eröffnet, muß das Recht haben, damit zu machen, was er will.«

Ich hätte sie empört anbrüllen oder resigniert gehen können. Statt dessen versuchte ich, ihnen die Augen zu öffnen. »Ich will euch sagen, was Eigentumsrecht bedeutet«, begann ich. »Als schwarzer Soldat brauchst du eine starke Blase, weil du zwischen Washington und Ford Benning kaum eine Toilette findest.« Ich schilderte ihnen, wie schwierig es war, im Süden ein Restaurant oder ein Motel an der Straße zu finden, das man seiner Frau und seinem Kind zumuten konnte. Im Vorjahr war Medgar Evers von der Bürgerrechtsorganisation NAACP in Mississippi ermordet worden. Sheriff Bull Connors hatte seine Polizeihunde auf Schwarze gehetzt. Im Birmingham hatten Mörder in einer Kirche vier schwarze Kinder in die Luft gesprengt. Und diese Leute redeten von Eigentumsrechten! »Dieses Problem läßt sich nicht darauf reduzieren, ob ein weißer Hotelbesitzer Zimmer auch an Schwarze vermieten sollte«, sagte ich ihnen. »Man kann Eigentum nicht auf die gleiche Stufe stellen wie Menschen.«

Ich glaube nicht, daß ich einen von ihnen überzeugt habe, aber es tat mir einfach gut, meinem Ärger Luft zu machen und den Kameraden klarzumachen, daß Toleranz mehr bedeutete, als im Unterrichtsraum neben einem Schwarzen zu sitzen.

Zu dieser Zeit stiegen die schwarzen Offiziere aus dem Süden gewaltig in meiner Achtung. Nach einem Leben als Menschen zweiter Klasse, nach Rassentrennung und Absonderung in schwarzen Colleges traten sie mit den Weißen, mit denen sie zuvor weder hatten wohnen, noch studieren oder essen dürfen und die von ihnen nur Verbeugungen und Kratzfüße erwartet hatten, jetzt direkt in Konkurrenz. Während ich mich als Kind und Jugendlicher in Gegenwart von Weißen niemals unbehaglich oder unterlegen gefühlt hatte, war den Schwarzen im Süden immer nur eins deutlich gemacht worden: Sie seien minderwertig. Je weiter ich sie in den folgenden Jahren in der Army aufsteigen sah, desto größer wurde meine Bewunderung. Sie schüttelten die Last, die ihnen Rassisten aufzubürden versuchten, einfach ab und betrachteten sich mit dem Tag, an dem sie die gleiche Uniform anzogen wie die Weißen, als ihnen ebenbürtig. Und zum Glück waren sie in die demokratischste Institution der USA eingetreten, in der Leistung über Aufstieg und Fall entschied. Diese schwarzen Soldaten aus dem Süden nehmen in meiner Heldengalerie einen Ehrenplatz ein.

Kurz vor dem Wahltag, dem 3. November 1964, schickte ich meine Unterlagen zur Briefwahl an die zuständige Stelle nach New York. Vorwärts mit Johnson. Und am Victory Drive gönnte ich mir noch einen Hamburger.

Diese Zeit erwies sich als eine der glücklichsten meines Lebens. Für einen Infanteristen verknüpfen sich mit Fort Benning, wo die Infanterie zu Hause war, wehmütige Gefühle. Der Lieutenant stößt sich die Hörner ab, heiratet, wird zum Captain befördert, zum Laufbahnlehrgang abkommandiert und holt dann seine Frau nach Fort Benning, das häufig ihr erster Standort ist. Wir kauften unsere ersten Möbel auf Kredit in den gleichen Warenhäusern in Columbus: Wohnzimmer, Eßzimmer, Schlafzimmer und Küche, geliefert in einer Fuhre. Wir besuchten einander in unseren Häusern, die alle gleich aussahen und mit ihren zwei oder drei Schlafzimmern auf Betonsockeln standen. Abgesehen von den wenigen Paaren, die von Hause aus wohlhabend waren, hatte Schnickschnack bei uns wenig Platz. Die meisten von uns brachten den gleichen Sold nach Hause und hatten den gleichen Lebensstandard.

An den Wochenenden fuhren Alma und ich mit dem kleinen Mike

oft im Volkswagen nach Birmingham zu meinen Schwiegereltern. Dabei kamen wir auch an den Unterkünften für höhere Offiziere vorbei, geräumige und schöne Häuser mit weißem Außenputz, die während der Wirtschaftsdepression zur Arbeitsbeschaffung errichtet worden waren. Am eindrucksvollsten war Riverside, eine Villa aus der Vorkriegszeit, von Glyzinien umrankt und von Magnolien umwuchert. Riverside war die Residenz des Kommandierenden Generals von Fort Benning, in der alljährlich für die Teilnehmer des Laufbahnlehrgangs ein Empfang gegeben wurde. Die Männer trugen dunkle Abendanzüge, und die Frauen kauften die schönsten Kleider, die sie mit dem Sold eines Captains bezahlen konnten. Wie Komparsen im Film *Vom Winde verweht* schritten wir durch die gepflegten Anlagen zu dem hochherrschaftlichen Haus.

Nach dem Empfang für unseren Jahrgang fragte mich Alma, ob ich ihren Wunschtraum erraten könne. Ich tippte auf einen Kombiwagen als Ersatz für unseren alten Volkswagen. Nein, antwortete Alma, sie wolle als Frau des Generals einen ganzen Tag in Riverside verbringen. Ich erinnerte sie spaßeshalber daran, daß ihr Vater ihrer Mutter Mildred vorgeworfen hatte, sie sehne sich nach der alten Sklavenhaltergesellschaft, weil sie in einem großen weißen Haus mit Säulen wohnen wolle. Almas Wunsch schien harmlos und 1964 so unerfüllbar wie der Traum vom ersten Menschen auf dem Mond.

In Benning kam am 16. April 1965 Linda Powell zur Welt. Ich hatte Mikes erste Lebensmonate nicht miterlebt und ihn bei der ersten Begegnung schon als eine kleine Persönlichkeit kennengelernt. Als ich dann aber im Martin Army Hospital dieses kleine hilflose Geschöpf betrachtete, wurde ich von den Vatergefühlen geradezu übermannt. Ich wollte nachholen, was ich zu Beginn meiner Vaterschaft versäumt hatte. Da mich der Lehrgang nur selten voll in Anspruch nahm, verbrachte ich möglichst viel Zeit mit Linda. Schließlich wurde ich zu einem perfekten Kindermädchen. Als Linda in der sechsten Woche zur Untersuchung mußte und Alma ehrenamtlich beim Roten Kreuz zu tun hatte, nahm ich das Baby unter den einen und eine Packung Windeln unter den anderen Arm und fuhr zum Krankenhaus. Ich setzte mich zu den jungen Müttern in den Warteraum und erteilte Ratschläge zum Umgang mit Krupp, Koliken und anderen Kinderkrankheiten, mit denen ich Erfahrungen hatte.

Einige Zeit später stand ich als Major der US-Army vor einer Klasse von Offiziersanwärtern. Ich war in den Lehrberuf eingetreten und hatte vor allem mit einem zu tun: die Motivation meiner übermüdeten Schüler zu wecken.

Ich hatte den Aufbaulehrgang für Infanterie-Offiziere im Mai 1965 abgeschlossen – von den Infanteristen unter den zweihundert Kursteilnehmern als bester, insgesamt aber nur als drittbester, zu meiner Beschämung nach einem Panzersoldaten und einem Artilleristen.

Nach dem Lehrgang kehrte ich, wie geplant, zum Infantry Board zurück. Meine Gründe waren vorwiegend privater Art: Meine Familie sollte etwas länger an einem Wohnort bleiben. Mehrere ereignislose Monate brachte ich mit der Prüfung neuer Ausrüstungsgegenstände für die Infanterie zu. Dann, im Frühjahr 1966, bekam ich die Aufforderung, mich bei der Infantry Hall, der Militärfachhochschule der Infanterie, zu melden. Ich wurde dem Lehrkörper der Offiziersschule zugeteilt, an der ich kürzlich an einem Lehrgang teilgenommen hatte.

Achtzehn Monate waren vergangen, seitdem Präsident Johnson einen »unprovozierten« Angriff der nordvietnamesischen Kanonenboote im Golf von Tonking dazu benutzt hatte, im Senat eine Resolution durchzudrücken, die einer faktischen Kriegserklärung der USA an die Vietcong und Nordvietnam gleichkam. Bei meiner Rückkehr aus Südostasien war der Konflikt noch eine vietnamesische Angelegenheit mit Beteiligung von etwa 16 000 amerikanischen Militärberatern gewesen. Doch inzwischen engagierten sich die USA mit fast 300 000 Soldaten, so daß die Army rasch neue Offiziere ausbilden mußte. Die Infantry Hall, ein funkelnagelneuer Bau, war in dieser neuen Situation eben aus dem Boden gestampft worden. Meine Stelle als Dozent war sehr begehrt, weil sie für die weitere Laufbahn eine hervorragende Reverenz bedeutete. Immerhin hatte ich Offiziere auszubilden, die Truppen ins Gefecht führen würden, eine Aufgabe, die die Armee nicht jedem übertrug.

Bevor ich unterrichten durfte, mußte ich einen Lehrgang für Ausbilder absolvieren. Die anderen Teilnehmer und ich lernten in drei arbeitsreichen Wochen, wie man sich vor einer Klasse bewegt, seine Ausführungen mit Gesten unterstreicht, einen Autorität verleihenden Ton anschlägt, Mittelpunkt bleibt, sich in die Teilnehmer hineinversetzt und den Stoff didaktisch aufbereitet vermittelt. Wir beobachteten, beurteilten, bewerteten, lobten - und kritisierten uns gegenseitig vernichtend. Wenn ich eine Zeit nennen müßte, in der ich entscheidende Unterrichtserfahrungen gesammelt habe, so käme dieser Lehrgang, den ich als Bester abschloß, auf jeden Fall in Frage. Viele Jahre später, als ich Millionen von Amerikanern im Fernsehen die US-Operationen im Golfkrieg erklärte, benutzte ich die Kommunikationstechniken, die ich ein Vierteljahrhundert zuvor in der Infantry Hall erlernt hatte.

Als ich meinen ersten Unterricht hielt, trug ich ein neues Abzeichen, ein Eichenblatt. Wie von dem Personaloffizier in Hué prophezeit, war ich vorzeitig zum Major befördert worden. Ich war noch keine acht Jahre in der Army und hatte einen Rang erreicht, der gewöhnlich erst nach zehn oder elf Jahren erlangt wird. Und ich war in eine höhere Dienstgradgruppe aufgestiegen. Die Offiziere der Army untergliedern sich in drei große Kategorien: Hauptleute, Stabsoffiziere und Generale. Ich hatte die mittlere Ebene erreicht.

Als Dozent unterrichtete ich Soldaten vom Offiziersanwärter bis zum General der Reserve. Gemeinsam mit P. X. Kelley, einem munteren Lieutenant Colonel, der später Kommandeur des Marineinfanteriekorps wurde, lehrte ich amphibische Landungsunternehmen. In aller Regel waren meine Schüler allerdings Offiziersanwärter, junge Männer Anfang zwanzig, die als frischgebackene Second Lieutenants der Infanterie nach Vietnam kommen würden. Von allen Offizieren erlitt diese Gruppe dort die höchsten Verluste. Ich wußte, daß ein beachtlicher Prozentsatz dieser eifrigen Männer in meinen Kursen nicht zurückkehren würde, ganz gleich, was ich ihnen beibrachte.

Unser Leben in Benning unterschied sich damals kaum von dem der Vorstädter in Levittown. Der Vater kam abends von der Arbeit nach Hause, und die Mutter berichtete von den neuesten häuslichen Katastrophen und den Verfehlungen, die sich die Kinder den Tag über geleistet hatten. Eines Nachmittags fiel Mike, damals drei Jahre alt, von einem Baum und schlug mit dem Kopf auf dem Boden auf. Nach einer rasanten Fahrt zur Notaufnahme wies uns der Arzt an, den Jungen wieder nach Hause zu bringen, stündlich zu wecken und zu überprüfen, ob er das Bewußtsein wiedererlangte. Gegen drei Uhr morgens bettelte Mike, wir sollten ihn endlich in Ruhe schlafen lassen. Linda, ein ernstes, nachdenkliches und eigenwilliges kleines Mädchen, war der Liebling ihres Vaters geworden. Wir wohnten in einem Viertel, in dem viele Familien wie unsere lebten, Familien mit der gleichen Kinderzahl und den gleichen Freuden. Und den gleichen Ängsten, seitdem dunkle Wolken über unserem Idyll aufgezogen waren.

In Columbus, wo die Infanterie zu Hause war, lebten Tausende von Familien, deren Männer als Offiziere und Unteroffiziere nach Vietnam geschickt worden waren. Die Verluste auf dem Kriegsschauplatz beliefen sich inzwischen auf über hundert pro Woche. Wenn man vor einem Haus ein gelbes Taxi halten, den Fahrer aussteigen und ein Telegramm überbringen sah, dann wußte man, daß es in Benning eine weitere Witwe mit Halbwaisen gab. Mit der steigenden Zahl der Verluste wurde diese ungewollt brutale Methode der Übermittlung einer Todesnachricht vom Verteidigungsministerium durch eine schonendere abgelöst: Sogenannte Verlustmitteilungsoffiziere, bei denen es sich gewöhnlich um örtliche Werbeoffiziere handelte, hatten die traurige Pflicht, die Angehörigen Gefallener aufzusuchen, die Nachricht zu überbringen, Trost zu spenden und Hilfe anzubieten.

Auf meinem Weg durch den Korridor der Infantry Hall hörte ich hinter mir eine rauhe Stimme, die ich aus meinen CCNY-Tagen kannte: »He, Landsmann!« Ich drehte mich um. Vor mir stand Tony Mavroudis, mein griechischer Kamerad aus Queens. Nach dem ROTC war Tony wie ich in die reguläre Armee eingetreten. Er war in Vietnam gewesen und hatte an der Einrichtung, an der ich unterrichtete, gerade den Laufbahnlehrgang begonnen, den ich bereits hinter mir hatte. Tony wurde ein häufiger und gern gesehener Besucher in unserem Haus und der Liebling unserer Kinder. Alma, die eine vornehme Art, aber auch einen scharfen Blick hatte, wußte das goldene Herz unter seiner rauhen Schale bald zu schätzen.

Gegen Ende seines Lehrgangs teilte mir Tony mit, daß er sich freiwillig wieder nach Vietnam gemeldet habe.

»Warum so eilig?« fragte ich ihn. »Da kommen wir schon früh genug wieder hin.«

»Mach keine Witze«, antwortete Tony. »Wenn Alma und die Kinder nicht wären, würdest du dich auch freiwillig melden.« Er hatte recht. Als Infanteristen sahen wir unseren Platz in Vietnam.

Inzwischen dauerte der Krieg schon so lange, daß ein Infanterie-Offizier wie ich mindestens zweimal, ein Hubschrauberpilot in aller Regel dreimal nach Vietnam geschickt wurde. Es war nur eine Frage der Zeit, bis ich wieder an der Reihe war. Tony wollte lieber früher als später in den Krieg zurück.

Einige Monate später, ich hatte die Kinder gerade ins Bett gesteckt, klingelte das Telefon. Alma nahm ab und sagte, es sei für mich. Es war ein Kamerad von den Pershing Rifles, wer genau, weiß ich heute nicht mehr, weil ich zu betroffen war. Tony Mavroudis war gefallen. Ich tat das, was Menschen in solchen Situationen tun. Ich fragte nach den näheren Umständen seines Todes und versuchte so, mit das Unbegreifliche begreiflich zu machen. Tony hatte die Männer seiner Kompanie einen Pfad hinabgeführt, als sie plötzlich unter Feuer gerieten. Er wurde auf der Stelle getötet. Ich erzählte Alma, was passiert war. Ohne Tränen und wortlos setzten wir uns auf die Bettkante. Plötzlich schien das Haus leerer. Ein fröhlicher, warmherziger Freund war uns entrissen worden. Ich brauchte geraume Zeit, um über den Verlust hinwegzukommen.

An einem Abend wenig später bat ich Alma um ein Gespräch. »Ich werde bald gehen«, sagte ich zu ihr. Wir hatten Glück gehabt. Wir hatten mitten im Krieg fast drei Jahre lang in Benning gelebt. Aber jetzt plante mich die Army offenbar für einen weiteren Einsatz in Vietnam ein. »Darauf mußt du dich gefaßt machen«, sagte ich. »Es ist unausweichlich.« Alma verbarg ihre wahren Gefühle hinter einer gleichmütigen Miene. Ich machte sie darauf aufmerksam, daß es allerdings noch eine weitere Möglichkeit gab. Ich hatte die notwendigen Qualifikationen für ein Studium am Army Command and General Staff College in Fort Leavenworth, Kansas, Dieses College markierte im Leben eines Berufsoffiziers eine entscheidende Wende. Nicht jeder Major wurde für Leavenworth ausgewählt. Die Chancen standen fünfzig zu fünfzig. Für Offiziere, die nicht zu den glücklichen Auserwählten gehörten, bedeutete dies nicht das Ende der Karriere, aber sie würden es wohl nicht weiter bringen als zum Lieutenant Colonel oder unter besonders günstigen Umständen sogar zum Colonel. Für Generale war Leavenworth dagegen unabdingbare Voraussetzung. Ich wußte: Wenn ich jetzt nicht ausgewählt wurde, war meine Abkommandierung nach Vietnam so gut wie sicher. Alma begriff. Da es mehr nicht zu sagen gab, gingen wir zu Bett.

Eines Nachmittags im Frühjahr 1965, ich hatte gerade meinen Unterricht beendet, fand ich am Schwarzen Brett die lang erwartete Liste mit den Namen für Leavenworth. Auch meiner war darunter. Ich rief sofort Alma an. Ihre Stimme klang erleichtert. Vietnam war fürs erste abgewendet. Ich würde aufs Command und General Staff College gehen.

Nach einer langen Fahrt in unserem neuen Wagen – ich hatte den Käfer gegen einen standesgemäßen Kombi eingetauscht – kamen wir in Fort Leavenworth im Bundesstaat Kansas an. Statt sofort zu unserem Reihenhaus mit Garten zu fahren, das mein ehemaliger Mentor Red Barrett aus Gelnhausen für uns in der Stadt gefunden hatte, parkte ich neben der Memorial Chapel des Stützpunktes. Dort entdeckte ich das mit Gras überwucherte ausgefahrene Sträßchen, das zum Missouri hinabführte. An dieser Stelle waren die Pioniere, die auf Flachbooten den Fluß hinaufgefahren waren, an Land gegangen und mit Planwagen, die von Ochsen gezogen wurden, weitergefahren, um sich den Siedlertrecks nach Santa Fe und Oregon anzuschließen. Historische Schauplätze hatten mir von jeher Ehrfurcht eingeflößt, und ich hätte mir gewünscht, meine Kinder wären alt genug gewesen, um meine Ergriffenheit an dieser Stelle zu teilen. Fort Leavenworth war 1827 gegründet worden, und auf meinem allmorgendlichen Weg zu den Kriegsspielen und zum Studium der Militärgeschichte verspürte ich jedesmal einen erregenden Schauer, wenn ich daran dachte, wer diese Straßen entlanggegangen war: George Armstrong Custer, Philip Sheridan, Dwight D. Eisenhower, George Patton und viele andere, die als Soldaten Bilderbuchkarrieren gemacht hatten.

Am Morgen des 1. Februar 1968 verließ ich das Schlafzimmer, setzte Kaffeewasser auf und schaltete den Fernseher ein. Die Nachrichten zeigten bestürzende Bilder: Auf dem Gelände der US-Botschaft in Saigon waren amerikanische GIs in Gefechte verwickelt, und vor dem Präsidentenpalast, im Herzen der südvietnamesischen Hauptstadt, kämpften Kräfte der ARVN gegen den Feind. Die Vietcong hatten, unterstützt von nordvietnamesischen Verbänden, einen koordinierten Angriff auf 108 südvietnamesische Provinz- und Bezirkshauptstädte gestartet. Als ich zum Unterricht kam, herrschte überall Fassungslosigkeit. Wir waren wie vor den Kopf geschlagen. In den folgenden

Tagen tobten in Südvietnam erbitterte Kämpfe. Hué konnte erst nach sechsundzwanzig Tagen befreit werden. Bis dahin lag die wunderschöne ehemalige Hauptstadt, in der ich gedient hatte, in Schutt und Asche. Mindestens 2800 Einwohner waren vom Feind hingerichtet worden. Diese Offensive, die am Tet-Fest, dem nach dem Mondkalender festgelegten Neujahrsfest der Vietnamesen begonnen hatte, sollte unter diesem Namen in die Geschichte eingehen.

Aus militärischer Sicht endete die Tet-Offensive für die Vietcong und Nordvietnam mit einer schweren Niederlage. Ihre Soldaten wurden aus allen Städten, in die sie eingedrungen waren, wieder vertrieben, und das mit schrecklichen Verlusten. Nach Schätzungen fielen 45 000 der 85 000 beteiligten Kämpfer. Allerdings hatte der preußische General Clausewitz 137 Jahre zuvor etwas gesagt, das seine Gültigkeit bis heute bewahrt hat:»Wollen wir den Gegner niederwerfen, so müssen wir unsere Anstrengungen nach seiner Widerstandskraft abmessen; diese drückt sich durch ein Produkt aus, dessen Faktoren sich nicht trennen lassen, nämlich: die Größe der vorhandenen Mittel und die Stärke der Willenskraft.« Es war gleichgültig, wie viele feindliche Soldaten wir getötet hatten. Vietcong und Nordvietnamesen konnten und würden immer neues Menschenmaterial in diesen Krieg werfen. Der Norden glich die Verluste einfach dadurch aus, indem er reguläre Armee-Einheiten nachschickte.

Die Fernsehbilder, die den einst gesichtslosen Feind mitten in der südvietnamesischen Hauptstadt zeigten, hatten in der amerikanischen Öffentlichkeit eine ungeheure Wirkung. Die Tet-Offensive markierte einen Wendepunkt. War die Antikriegsbewegung bislang vornehmlich von Ausgeflippten und radikalen Studenten getragen worden, so regten sich jetzt auch unter den gemäßigten Amerikanern Zweifel am Sinn des militärischen Unternehmens.

Daß Amerikaner in Kriegszeiten gegen Amerikaner demonstrierten, gefiel mir nicht. Wer von uns wieder nach Vietnam geschickt wurde, würde trotz der Demonstrationen, dem Verbrennen von US-Flaggen und den Aufrufen zur Wehrdienstverweigerung unbeirrt seine Pflicht tun. Die Politiker beginnen Kriege, und die Soldaten kämpfen und sterben. Wir können uns den Luxus, auf den sauberen Krieg zu warten, leider nicht leisten. Am 31. März 1968 - ich hielt mich noch immer in Leavenworth auf - gab Präsident Johnson bekannt, daß er für keine weitere Amtszeit kandidieren werde. Diese staatsmännische Geste war zugleich die pragmatische Entscheidung eines Mannes, der die Schrift an der Wand gelesen hatte. Johnson stand vor einer zutiefst gespaltenen Nation, und er wußte, das er den Riß nicht würde kitten können. Die Koffer packen und sich auf die eigene Ranch zurückziehen war eine Option, die den amerikanischen Berufsoffizieren und Wehrpflichtigen freilich nicht offen stand.

Leavenworth war mein erster Standort, an dem es so viele Schwarze gab, daß sie gewissermaßen eine kritische Masse bildeten. Im Unterricht und bei offiziellen gesellschaftlichen Anlässen waren die Schwarzen des Colleges vollständig integriert. Inoffiziell bildeten schwarze Offiziere dagegen eine Art Subkultur. Wir gaben eigene Partys, veranstalteten Abende mit typischen schwarzen Gerichten und legten Platten von Aretha Franklin auf. Die Karriereleiter hatten wir allerdings deshalb so weit erklommen, weil wir die Fähigkeit besaßen, am Montagmorgen wieder in einer Welt aufzugehen, die von Weißen dominiert wurde. Leavenworth stand im wahrsten Sinne des Wortes für Integration. Wenn die Schwarzen ihre Freizeit mit ihren Brüdern verbrachten, wurde dem nicht mehr Bedeutung beigemessen als der Tatsache, daß Offiziere aus West Point, Panzersoldaten oder Pioniere miteinander ausgingen. Für genau diese Art Integration hatten wir gekämpft: daß man uns in einer von Weißen beherrschten Welt unsere eigene schwarze Kultur leben ließ.

Fünf Tage nach Johnsons Verzicht auf eine Kandidatur bei den Präsidentschaftswahlen von 1968 wurde der Baptistenpfarrer Martin Luther King jr. ermordet. Das Attentat rief mir und meinen schwarzen Offizierskameraden jäh wieder in Erinnerung, daß in Amerika immer noch der Rassismus wütete. Wir alle hatten soviel Diskriminierung am eigenen Leib erfahren, daß wir die gewaltsamen Ausschreitungen nach Kings Ermordung in den schwarzen Ghettos verstanden. Wir begriffen die Verbitterung schwarzer GIs, die, wenn sie das Glück hatten, unversehrt aus Vietnam zurückzukehren, zu Hause neuen Demütigungen ausgesetzt waren und düstere Berufsaussichten vorfanden. Gleichwohl verstanden wir uns in erster Linie als Berufssoldaten, die an ihren Fahneneid gebunden und ihrem Land verpflichtet waren. Und da wir beim Militär relative Freiheit genossen, ging der amerikanische Traum für uns auf. Wir hatten die kleinen Verhältnisse, aus denen wir kamen, hinter uns gelassen, uns nach oben gearbeitet und bewiesen, daß wir allen anderen ebenbürtig waren. Und wir schufen unseren Kindern eine bessere Zukunft. Radikale schwarze Stimmen wie Stokely Carmichael, Eldridge Cleaver und H. Rap Brown mit seinem Song »Burn, Baby, burn!« hörten wir nur ungern. Wir hatten an Brandstiftungen in dem Land, in dem es uns trotz allem gut ging, kein Interesse. Erst in späterer Zeit begriff ich allmählich, daß eine Bewegung viele verschiedene Stimmen braucht, und daß die Tiraden der Agitatoren wie Feuerglocken sind, die die letzten Befürworter des Status quo aus ihrem Schlaf reißen und ihnen klarmachen, daß Veränderungen ein Gebot der Stunde sind.

In Leavenworth lernte ich zahlreiche Offiziere kennen, die während ihrer Zeit in der Army einen Hochschulabschluß erworben hatten. Mir wurde klar, daß ein Hochschulabschluß neben meinen Leistungsberichten, lobenden Erwähnungen und Auszeichnungen meine Laufbahn günstig beeinflussen würde. Bei einem Gespräch, das ich mit dem zuständigen Personaloffizier der Infantry Branch über meinen weiteren Werdegang nach Leavenworth führte, bekundete ich Interesse am Army's Graduate Civil Schooling Program. Barsch erinnerte mich der Major daran, daß wir noch immer im Krieg seien. Ich antwortete, dies sei mir durchaus bewußt, aber es hindere auch andere nicht daran, sich um einen Studienplatz mit höherem Abschluß zu bewerben.

Er warf einen prüfenden Blick auf meine Noten am College. »Sie machen mir nicht den Eindruck, als hätten Sie das Zeug zur Graduate School.«

Ich spürte, wie ich wütend wurde, konnte mich aber beherrschen. »Dann werden Sie mich an einer Bewerbung hindern müssen«, sagte ich. »Ich versuche es auf alle Fälle.«

Ich bewarb mich für das von der Army finanzierte höhere Studienprogramm und hatte das Glück, daß meine Vorgesetzten meine Leistungsberichte aus Bragg, Benning, Gelnhausen, Devens und Vietnam sowie die guten Zensuren, die ich bis dato in Leavenworth bekommen hatte, in Betracht zogen. Der nächste Schritt war die schriftliche Graduiertenprüfung. Falls ich bestand, konnte ich mich an der Graduate School bewerben.

An einem späten Winterabend – Alma und die Kinder waren bereits im Bett – saß ich in der Küche und büffelte für eine bevorstehende

Prüfung in taktischer Infiltration. Es war ein dunkle, kalte Nacht, und der Wind peitschte gegen das Fenster. Plötzlich hörte ich eine Stimme, und ein Schauder überkam mich. Im Wohnzimmer lief der Fernseher. Ich stand auf, ging hinüber und erblickte auf dem Bildschirm meinen Freund Tony Mavroudis, der vor vielen Monaten gefallen war. Ich rief Alma. Sie kam im Pyjama zu mir, und wir sahen uns still und betroffen den Rest der Sendung an. Es war ein NBC-Bericht von Frank McGee mit dem Titel *Same Mud, Same Blood.* Er handelte von schwarzen Soldaten in Vietnam, und Tony, im Kampfanzug und ganz der clevere Straßenjunge, brachte die Botschaft der Sendung auf den Punkt. Die Rasse, so Tony, spiele hier draußen keine Rolle: »Sie existiert nicht ... Wir sind alle Soldaten. Die einzigen Farben, die wir kennen, sind Khaki und Grün. Die Farbe des Schlamms und die Farbe des Bluts sind gleich.« Und am Ende der Sendung sagte McGee: »Fünf Tage nach unsere Abreise starb Captain Mavroudis ... bei der Explosion einer Landmine.« Gelehrte würden wohl Seiten benötigen, um die Einsicht auszudrücken, die Tony in ein paar einfachen Worten wiedergab. Der Verlust dieses Freundes schmerzte mich an diesem Abend mehr als an jenem Tag, als ich die Nachricht von seinem Tod erhalten hatte.

Ich kam gerade aus einer Unterrichtsstunde über nachrichtendienstliche Lagebeurteilungen, als ich über meinen Mentor stolperte. »Wissen Sie eigentlich, wie gut Sie sind?« fragte er mich.

»Bislang nur Einsen«, sagte ich.

»Ja, Sie sind ganz vorn mit dabei.« Sollte ich in der Abschlußprüfung glänzen, hätte ich gute Aussichten, Jahrgangsbester zu werden.

Als ich ungefähr eine Woche später zur Abschlußprüfung erschien, hing an der Stirnwand des Raumes eine große Europakarte. Diesmal mußten wir nicht die üblichen Fragen im Multiple-Choice-Verfahren beantworten, sondern zu hypothetischen taktischen Problemen ausformuliert Stellung beziehen. Es gab keine richtigen oder falschen Antworten. Wir mußten Entscheidungen treffen, und der Lehrkörper hatte darüber zu befinden, ob sie der Lage angemessen waren oder nicht. Bei der letzten Frage ging es darum, wie wir einem Panzerangriff auf die Flanke unserer Division begegnen würden. Ich steckte in einem Dilemma: Sollte ich versuchen, mich in die Prüfer hineinzudenken, und die Antwort geben, die sie meiner Meinung nach hören wollten, oder sollte ich meine eigene Einschätzung des Problems darlegen? Ich entschied mich für letzteres. Ich hielt meine Division in einer Verteidigungsstellung und ging erst zum Gegenangriff über, als ich über Stärke, Aufstellung und Absichten des Feindes näheres wußte. Gute Entscheidungen, so meine Überlegung, beruhen auf soliden Informationen: Bevor man einen Kopfsprung in einen See macht, sollte man nachsehen, wie tief das Wasser ist.

Ich hätte es besser wissen müssen. Am letzten Tag der letzten Prüfung wollte der kampfbegeisterte Lehrkörper von Leavenworth offenbar Angriff, Angriff und nochmals Angriff! Ich bekam meine einzige Zwei, noch immer eine respektable Zensur. Bei der Abschlußfeier war ich der beste Infanterist meines Jahrgangs. Vor mir rangierte allerdings ein Artillerist, der hochbegabte Major Donald Whalen (der später General werden sollte).

Ich wäre gerne die Nummer eins gewesen, aber noch heute bin ich davon überzeugt, daß meine Antwort so gut wie die von den Prüfern gewünschte war. Vorsichtig abwarten, bis ausreichend Informationen verfügbar sind, das entspricht meinem Naturell. Anschließend bin ich zu einem kühnen und sogar intuitiven Vorstoß bereit. In Leavenworth löste ich ein rein hypothetisches Problem, und die Verluste standen nur auf dem Papier. Es sollte eine Zeit kommen, in der meine Ratschläge und Entscheidungen mit wirklichen Menschenleben bezahlt werden mußten. Bis dahin hatte ich meine Haltung nicht geändert. Für mich gab es nur eins: innehalten, schauen, hören, und dann rasch mit aller gebotenen Kraft zuschlagen.

Leavenworth war für mich der Eintritt in eine kosmopolitische Welt. Das Army Command and General Staff College wird auch von der Crème der Offizierskorps anderer Nationen besucht. Wir studierten zusammen, aßen zusammen und machten zusammen Spiele. Hier hatten wir erstmals Gelegenheit, Männer kennenzulernen, mit denen wir später möglicherweise gemeinsame militärische Operationen planen würden (was denn auch tatsächlich der Fall war). Einer meiner Kameraden in Leavenworth war der belgische Major Joseph Charlier. Bei unserer nächsten Begegnung war er Stabschef der belgischen Streitkräfte, und wir arbeiteten in der NATO zusammen. In Leavenworth werden dauerhafte kameradschaftliche Beziehungen geknüpft.

Während unserer Zeit in Leavenworth wechselte Alma, ein getauftes Mitglied der Congregational Church, in die Episkopalkirche über. Wir wollten auch in spiritueller Hinsicht zu einer Familie zusammenwachsen.

Unser angenehmes Leben ging langsam zu Ende. Ich hatte meine Abkommandierung nach Vietnam erhalten. Als ich an diesem Tag vom Unterricht heimkam, sah ich Mike, der inzwischen fünf Jahre alt war, auf seinem Dreirad schwungvoll um die Ecke fahren. Linda spielte mit den Zwillingen der Carters, mit denen wir eng befreundet waren. Ich rief meine Kinder zu mir und nahm sie in meine Arme. Diesmal fiel mir der Abschied schwerer als beim letzten Mal. Der Krieg war nicht mehr das Abenteuer, das ich 1962 begeistert gesucht hatte. Ich ließ jetzt eine Frau mit zwei Kindern zurück.

Ich schob diesen Gedanken beiseite. Tony Mavroudis hatte recht gehabt. Wir waren Berufssoldaten, und unser Platz war in Vietnam.

Ich fuhr Alma und die Kinder nach Birmingham, wo sie während meiner Abwesenheit wohnen sollten. Sie sollten mit Almas Schwester Barbara, die sich hatte scheiden lassen, und ihren zwei Kindern in ein gemietetes Haus ziehen. Es lag ungefähr zweieinhalb Kilometer vom Haus ihrer Eltern in Tarrant City entfernt. Die Gegend gefiel mir. Sie schien sicher. Und die Miete wollten sich die Schwestern teilen.

Wenn ich an meine Rückkehr nach Vietnam dachte, machte mir unter anderem eines Sorgen: die Stimmung in den USA. Verluste im Krieg wurden als eine Sache betrachtet, die nur die Militärs und ihre Angehörigen betraf, Menschen, die sich unglücklicherweise in einen schmutzigen Konflikt hatten hineinziehen lassen. Im Gegensatz zu anderen Kriegen galten sie nicht als Opfer, die das Land für ein gemeinsames Ziel brachte. Als Berufsoffiziere waren wir bereit, unsere Pflicht zu tun. Aber damit standen wir im übrigen Land alleine. Der Feind hingegen war von seiner Sache überzeugt und zur Entrichtung jedes noch so hohen Blutzolls bereit. Die Amerikaner waren dies nicht. Trotzdem sollte es fast fünf Jahre dauern, bis uns die Regierung aus dieser Misere befreite.

6

Wieder in Vietnam

Saigon war nicht wiederzuerkennen. Die Straßen, in denen es 1962 noch von Fahrradrikschas gewimmelt hatte, verstopften jetzt Jeeps, Stabsfahrzeuge und Militärlaster. War die US-Präsenz damals kaum spürbar gewesen, so drängten sich in der Stadt jetzt überall GIs. Die beschaulichen Bistros waren lärmenden Bars voller Animiermädchen gewichen, die unsere Soldaten mit Essen und Trinken versorgten. Die Hauptstadt mit ihrem kolonialen Charme umgaben jetzt amerikanische Kasernen, Hauptquartiere, Lagerhallen, Landebahnen, Hospitäler und Militärgefängnisse. Saigon glich jetzt eher einer amerikanischen Garnisonsstadt als einem Paris des Ostens. Ich konnte es kaum erwarten, ins Landesinnere zu kommen.

Am 27. Juli 1968 traf ich in Duc Pho ein. Ich war der wiederbelebten 23. Infanteriedivision aus dem Zweiten Weltkrieg, der sogenannten Americal, zugeteilt. Als stellvertretender Kommandeur sollte ich im 3. Bataillon der 11. Infanteriebrigade dienen. Das Hauptquartier der Americal befand sich in Chu Lai in der nördlichen Küstenebene. Duc Pho lag weiter landeinwärts im Süden und war in einer halben Stunde mit dem Hubschrauber zu erreichen.

Die meisten Armeen sind eine Kombination aus Kampfmaschine und bürokratischem Überbau, und letzterer war bei uns besonders stark ausgeprägt. Als stellvertretender Kommandeur hatte ich eigentlich die Aufgabe, dem Bataillon alle nötige Unterstützung zu sichern, damit es seine Gefechtsbereitschaft aufrechterhalten konnte. Meine Pflichten umfaßten alles von der Bestellung von Munition über die Versorgung der Hubschrauber mit Treibstoff bis hin zur Verteilung der Post an die Truppe. Doch gleich bei meiner Ankunft betraute mich mein neuer Vorgesetzter, der Bataillonskommandeur Lieutenant Colonel Hank Lowder, ein vierschrötiger reizbarer Raufbold, mit einem anderen Job. Ich sollte die jährliche Generalinspektion vorbereiten, eine Aufgabe, die mir in Friedenszeiten und an einem Standort wie Fort Devens passender erschien als hier in Vietnam, mitten im Krieg. Trotzdem nahm die Army Inspektionen ernst. Hank Lowder wälzte den administrativen Ärger der Vorbereitungen auf mich ab, damit er selbst sich ganz auf die Kriegführung konzentrieren konnte. Während er die Soldaten ins Feld führte, sorgte ich in Duc Pho dafür, daß Pläne zur Ungezieferbekämpfung, Verzeichnisse zu Truppenimpfungen und Berge anderer Papiere für die Inspektion bereit lagen.

Meine Aufgabe erinnerte mich an Herzog von Wellington. Während seines Feldzugs gegen die Franzosen auf der Iberischen Halbinsel soll Wellington dem britischen Außenministerium in London geschrieben haben: »Wir haben unsere Sattel, Zügel, Zelte und Zeltstangen und alle unterschiedlichen Bestände gezählt, für die mir seiner Majestät Regierung die Verantwortung übertragen hat ... Bedauerlicherweise fehlt in der Handkasse eines Infanteriebataillons ein Beleg für die Summe von einem Shilling und Ninepence, und die Anzahl der Töpfe mit Himbeermarmelade, die an ein Kavallerieregiment ausgegeben wurden, hat ein gewaltiges Durcheinander verursacht ... Dies bringt mich auf mein heutiges Anliegen, das in der Bitte um Erläuterungen zu meinen Instruktionen besteht ... Soll ich a) in Spanien ein Heer unerfahrener britischer Schreiber zur Verstärkung der Londoner Buchhalter und Kopisten ausbilden oder vielleicht b) dafür sorgen, daß Napoleons Streitkräfte aus Spanien hinausgeworfen werden?« Bei der Vorbereitung zur Jahresinspektion in Vietnam und auch bei späteren Anlässen, bei denen der Zweck des Auftrags in der Bürokratie zu versinken drohte, kamen mir Wellingtons Marmeladentöpfe oft in den Sinn.

Obwohl Duc Pho abseits der größeren Vietcong-Verbände lag, war der Ort keineswegs idyllisch. Das erste, was mir auffiel, war ein am Rande des Lagers abgestellter »Conex«-Container, mit dem normalerweise schwere Ausrüstungsgegenstände transportiert werden. Wie ich erfuhr, diente er dem Militärlager als Leichenhalle, in der tote Vietcong zwischengelagert wurden, bis entschieden war, was mit den Leichen geschehen sollte. Als nächstes fiel mir ein Gestank auf, der mir fast den Atem nahm. Er rührte von den Exkrementen her, die den ganzen Tag über in Tonnen mit zweihundert Liter Fassungsvermögen verbrannt wurden. Der ganze Stützpunkt stank wie eine Kloake. Müllbeseitigung gehörte zu den Aufgaben vietnamesischer Arbeiter, die auch

für uns wuschen, Küchendienst leisteten und andere niedrige Tätigkeiten verrichteten. Ihre Loyalität wurde von den lokalen Dorfältesten
überprüft, und Gott allein weiß, wie viele von ihnen und wie viele
Dorfälteste in Duc Pho für die Vietcong spionierten.

Wir wurden regelmäßig aus dem Hinterhalt überfallen und gelegentlich mit Granatfeuer belegt oder mit Raketen beschossen. Jeden Morgen mußte die Ausfallstraße aus Duc Pho nach den Minen abgesucht
werden, die der Feind in der Nacht möglicherweise gelegt hatte. Während die High-Tech-Krieger im Pentagon von hochmodernen Minen-
suchgeräten träumten, griffen unsere Soldaten auf ein altbewährtes
Mittel zurück. Sie füllten einen Fünf-Tonnen-Kipper mit Erde, dann
rollte der Fahrer im Rückwärtsgang über die Straße. Wenn er auf eine
Mine fuhr, wurden die Reifen zerrissen und die Rückseite beschädigt,
aber die Schäden waren im allgemeinen reparabel. Gelegentlich verloren wir einen Laster, selten einen Fahrer.

Neben der Arbeit in Duc Pho mußte ich die Kampfverbände besuchen und sicherstellen, daß sie der Jahresinspektion ebenfalls genügen
würden. Wir verfügten in unserem Gebiet über mehrere FSBs (Feuer-
unterstützungsbasen) und LZs (Landezonen) – Dragon, Liz und Chevy.
Anfang August stieg ich in einen Hubschrauber und flog zur Überprüfung zur LZ Dragon. Ich hatte gehört, daß die dortigen Verpflegungs-
einrichtungen den Anforderungen nicht genügten. Wie sich dann aber
herausstellte, war schlechte Kost in der LZ Dragon das geringste Problem. Obwohl ich keine peinliche Sauberkeit wie zu Hause erwartet
hatte, war ich über die dort herrschenden Zustände doch schockiert.
Beim Verlassen des Hubschraubers stolperte ich buchstäblich über.ver-
rostete Munition, die auf der Landebahn herumlag. Die hygienischen
Zustände waren katastrophal, die Waffen verdreckt, die Ausrüstung
nicht gewartet, die Soldaten verschlampt und ohne Haltung und Benehmen. Sieben Jahre waren seit der Entsendung der ersten amerikanischen Berater nach Vietnam vergangen, und vier Jahre seit dem massiven Ausbau der amerikanischen Präsenz nach Verabschiedung der
Tongking Golf Resolution. Ein Ende des Engagements war nicht abzu-
sehen, während der Verfall von Disziplin und Moral offenkundig war.
Ich befahl, in Dragon wieder Ordnung zu schaffen, kündigte den Offizieren einen weiteren Kontrollbesuch an und flog zum nächsten Posten weiter.

Diese Männer waren gute Soldaten, vom gleichen Schlag wie die jungen Amerikaner, die in der Vergangenheit unter Einsatz ihres Lebens für ihr Land gekämpft und Sieg um Sieg errungen hatten. Sie waren genauso tapfer und geschickt, aber ihnen fehlte die Motivation und der Glaube an den Sinn ihres Engagements. Zu Hause versuchte die Regierung, den Krieg mit möglichst wenig Opfern für das Land durchzuziehen. Sie berief die Reserven nicht ein, verzichtete auf Steuererhöhungen zur Finanzierung der Militärausgaben und ließ jungen Männern aus besserem Hause die Möglichkeit, sich zum Studium vom Wehrdienst zurückstellen zu lassen. Der Oberbefehlshaber der Streitkräfte, Präsident Johnson, gab am Ende seiner Amtszeit auf. Jährlich desertierten 100 000 Soldaten des Verbündeten, dem wir zu Hilfe geeilt waren. Der Flieger und Politiker Nguyen Cao Ky, Chef der Luftwaffe, war im Alter von vierunddreißig Jahren zu Südvietnams Ministerpräsidenten avanciert, auch wenn er während meines zweiten Vietnam-Aufenthalts nur noch den Posten des Vizepräsidenten bekleidete. Ky hatte eine junge Stewardess geheiratet und gondelte mit ihr im Partnerlook – seidene Uniform und langer Schal – im Flugzeug durch das Land. Wie Ky äußerte, gab es für ihn nur einen Helden: »Hitler ... Aber angesichts der verzweifelten Situation hier würde dieser eine nicht mehr genügen. In Vietnam brauchen wir vier oder fünf Hitler.« Für das Regime dieses Mannes ließen 1968 jede Woche zwischen drei- bis fünfhundert Amerikaner ihr Leben. Ihr Tod war genauso endgültig wie einst der Tod amerikanischer Soldaten im Bürgerkrieg oder im Zweiten Weltkrieg, aber die Kriegsziele waren miteinander nicht zu vergleichen.

Unsere Männer im Feld, die beim Marsch durch Elefantengras unter feindliches Feuer gerieten, hatten für Animositäten untereinander keine Zeit. Doch in Stützpunkten wie Duc Pho machten sich immer stärker die gleichen Rassengegensätze bemerkbar, die Amerika seit den sechziger Jahren spalteten. Wenn die Männer zu Dutzenden auf ihre Verlegung in die Kampfzone oder auf ihre Heimreise warteten, einte sie weder der gemeinsame Auftrag noch der gemeinsame Feind. Zwischen den Rassen kam es immer wieder zu Reibereien, und junge Schwarze, insbesondere Wehrpflichtige, identifizierten sich mit diesem Krieg noch weniger als die Weißen. Da sie für ein System, das sie benachteiligte, ihr Leben aufs Spiel setzen sollten, war ihre Generation für die Ausbrüche eines H. Rap Brown empfänglicher als für die besonnenen Worte eines Martin Luther King. Und Schwarze wie Weiße lehnten sich immer stärker gegen eine Autorität auf, die sie in Vietnam zur Erfüllung einer lebensgefährlichen Mission ohne klare Ziele zwang. Das wichtigste Anliegen der Wehrpflichtigen bestand darin, ihre Zeit herunterzureißen und möglichst mit heiler Haut nach Hause zurückzukommen. Wenn ich im großem Mannschaftszelt jede Nacht das Feldbett wechselte, so nicht nur deshalb, weil ich gezielten Anschlägen der Vietcong vorbeugen wollte: Ich konnte auch gegen die Führung gerichtete Attentate aus den Reihen des Bataillons nicht ganz ausschließen.

Das Leben in Duc Pho wechselte oft jäh zwischen Alltäglichem und Tragischem. Eines Nachmittags, als ich gerade Coca Cola und Bier zu den Artilleriebasen fliegen ließ – diese täglich vordringliche Aufgabe wagte kein stellvertretender Kommandeur zu versäumen –, meldete sich Colonel Lowder von der Artilleriebasis Liz: Er sei in ein schweres Gefecht verwickelt worden und brauche Unterstützung. Ich forderte einen »Slick«, einen Hubschrauber vom Typ UH-1, an, der im Laderaum keine Sitze hatte und mit mehreren Maschinengewehren bestückt war. Ich ließ ihn mit Munition für 5,56-mm-Gewehre und 7,62-mm-Maschinengewehre beladen und flog über die Baumwipfel davon. Kurz vor der Abenddämmerung landeten wir auf Liz und schafften rasch die Ladung aus dem Hubschrauber. Lowder forderte mich mit finsterer Miene auf, neun Gefallene zum Stützpunkt zurückzufliegen. Da Hubschrauber auf dem Boden durch feindliche Angriffe besonders gefährdet sind, blieb für einen pietätvollen Umgang mit den Toten keine Zeit. Die neun Gefallenen wurden kurzerhand in Regenumhänge gewickelt und in die Maschine geladen. Als wir im Halbdunkel abhoben, sackte ich zu Boden und blickte auf diese neun jungen Männer, die vor kurzem noch gelebt hatten und jetzt wie Holzscheite aufeinander gestapelt im Frachtraum lagen. Bei Dunkelheit landeten wir vor einem Feldlazarett, einer Einheit des MASH, des Mobilen Chirurgischen Einsatzdienstes der Armee. In den Zelten herrschte hektische Betriebsamkeit, Hubschrauber flogen aus allen Richtungen Verwundete ein.

Im Krieg schützen sich Menschen durch Gefühllosigkeit, die ihnen das Weitermachen ermöglicht. Diesen Schutzschild sah ich in dieser Nacht zerbrechen: Die Leichen der Soldaten wurden aus dem Hubschrauber gezogen und ins Feldlazarett gerollt, um den Tod zu bestätigen. Einer nach dem anderen wurde aus dem Umhang gewickelt und dann mit routinehafter Geschäftigkeit auf Lebenszeichen untersucht. Beim letzten Leichnam hörte ich eine Krankenschwester aufschreien: »Oh Gott, das ist ja …« Der letzte Tote war ein junger Arzt ihrer Einheit, der sich am Vortag freiwillig zum Einsatz auf der Artilleriebasis gemeldet hatte. Einige Schwestern und Sanitäter brachen in Tränen aus. Ich überließ sie ihrer Pflicht und ging.

Am 31. Oktober 1968 ließ Präsident Johnson die Bombardements auf Nordvietnam einstellen. Wir vor Ort konnten seine neue politische Strategie ebensowenig nachvollziehen wie das Geschehen auf der Sonne. Während zu Hause die Nation heftig über den Krieg stritt, erinnere ich mich nicht, daß meine Offizierskameraden während meiner Zeit in Vietnam auch nur ein einziges Mal über den Sinn dieses Konfliktes diskutiert hätten. Ihn in Frage zu stellen hätte das Kämpfen nicht leichter gemacht. Und die Einstellung der Bombardements bedeutete für uns nicht mehr, als daß der Druck auf den Feind nachließ und er unseren Männern das Leben noch schwerer machte.

Eines Tages kam mein Bild in der Zeitung, und das veränderte mein Leben in Vietnam schlagartig. Das Foto erschien in der *Army Times* und gehörte zu einem Artikel über die Abschlußklasse des Command and General Staff College in Fort Leavenworth. Zwei Monate nach ihrem Erscheinen las Major General Charles M. Gettys, der Kommandeur unserer Division, die Ausgabe und erkannte auf dem Foto den Offizier wieder, dem er auf der Landezone Liz kurz begegnet war. Daraufhin verkündete er seinem Stab in Chu Lai verwundert: »Ich habe den zweitbesten Abgänger von Leavenworth in meiner Division, und er vertrödelt seine Zeit als stellvertretender Bataillonskommandeur? Schaffen Sie mir den Mann her. Ich brauche ihn als Planungsoffizier.«

Ein Divisionskommandeur verfügt über fünf wichtige Stabsoffiziere, einen G-1 für Personalplanung, einen G-2 für Aufklärung, einen G-3 für Operationen und Planung, einen G-4 für Logistik und einen G-5 für zivile Angelegenheiten wie das Verhältnis zur Zivilbevölkerung. Unter diesen fünf Planstellen ist die des G-3 am begehrtesten, da sich in der Armee letztlich alles um Operationen dreht. Wer von den Lieutenant Colonels einer Division diesen Posten besetzt, hat gewöhnlich eine steile Karriere vor sich.

Gettys hatte für den Posten des G-3, der kürzlich vakant geworden war, bereits Lieutenant Colonel Richard D. Lawrence vorgesehen. Lawrence hatte allerdings noch drei Monate Dienst als Kommandeur eines Panzerbataillons abzuleisten, und Gettys benötigte seinen G-3 sofort. Statt mich zunächst zum Planungsoffizier, dem Stellvertreter des G-3, zu machen, zog er mich mehreren Lieutenant Colonels vor und hievte mich auf einen Posten, den in ganz Vietnam außer mir kein weiterer Major bekleidete. Und dabei hatte Gettys für die Übergangszeit bereits einen anderen Offizier ins Auge gefaßt. Doch sein Adjutant, Captain Ron Tumelson, hatte ihn darauf aufmerksam gemacht, daß er sich bei dieser Wahl völlig vergriffen habe, eine Kühnheit, die seiner Karriere schwer hätte schaden können. Gettys ließ sich allerdings von Fakten überzeugen, und versuchte es mit mir, einem Major, den er kaum kannte. Die näheren Umstände meiner Ernennung erfuhr ich erst zwanzig Jahre später aus einem Brief Tumelsons. Die Entscheidung des Generals hatte einen entscheidenden Einfluß auf meine Karriere. Hatte ich bisher achthundert Mann zu kontrollieren gehabt, so waren mir über Nacht die Planungen für die Kriegführung von fast achtzigtausend Soldaten, Artillerieeinheiten, Flugzeugverbänden und einer Flotte von vierhundertfünfzig Hubschraubern übertragen worden.

Die Americal war keine Division im üblichen Sinn. Sie blickte auf eine ruhmreiche Vergangenheit zurück. Im Zweiten Weltkrieg als 23. Infanteriedivision in Neukaledonien gegründet, zeichnete sie sich auf Guadalcanal, Bougainville und bei den Feldzügen auf den Philippinen aus. Im Dezember 1945 wurde sie aufgelöst und Mitte der fünfziger Jahre für kurze Zeit wiederbelebt. Ihre erneute Wiederauferstehung verdankte sie der Zusammenlegung dreier völlig unabhängiger Brigaden, die aus verschiedenen US-Standorten stammten, keine gemeinsamen Übungen durchgeführt hatten und zu unterschiedlichen Zeitpunkten nach Vietnam verlegt worden waren. Und die Bataillone der Brigaden wurden wie Schachfiguren willkürlich über das Land verteilt. Diese wiederbelebte Americal hatte weder eine Vergangenheit noch einen inneren Zusammenhalt und nicht einmal eine Zukunft. Nach Kriegsende war ihre Auflösung vorgesehen. Trotz dieser Handikaps handelte es sich um eine schlagkräftige Division. Ihr Ruf sollte allerdings durch die Ereignisse in dem vietnamesischen Dörfchen My Lai, die zum finstersten Kapitel der amerikanischen Militärgeschichte gehören, für immer schwer beschädigt werden.

Lageberichte sind eine Kunst für sich. Man steht mit dem Zeigestock in der Hand vor Landkarten und Schaubildern und hat – oft vor Vorgesetzten – eine hervorragende Gelegenheit, sich ins Zeug zu legen. Kaum hatte ich meinen Posten als G-3 in Chu Lai angetreten, schritt ich mit anderen Stabsoffizieren, die Kartenmaterial schleppten, zu einer Nissenhütte, in der sich der Besprechungsraum befand. Der funktionale Bau war im Innern überraschend ausgestattet: mit sechs gepolsterten Sesseln für Generäle und einem rückwärtig beleuchteten, durchsichtigen Kartentisch. An diesem Tag sollte die Division General Creighton Abrams, den Kommandeur aller US-Streitkräfte in Vietnam, über die augenblickliche Lage informieren.

Abrams war schon zu Lebzeiten eine Legende, in der ganzen Armee hochverehrt. Er war der Panzerkommandeur, der während der Ardennenoffensive die deutschen Linien durchbrochen und die eingeschlossene 101. Luftlandedivision in Bastogne entsetzt hatte. Sein damaliger Vorgesetzter, General George Patton, riet Kriegsberichterstattern, sich zu beeilen, wenn sie etwas über Abrams schreiben wollten: Bei seiner Tapferkeit werde er nicht mehr lange leben. Aber Abrams weilte noch immer unter uns, war noch immer ganz Soldat, ohne Falsch und direkt wie ein Fausthieb auf die Nase. Seine Adjutanten wußten die Äußerungen ihres lakonischen Vorgesetzten bestens zu deuten: Bei einem tiefen Grunzen war Abrams zufrieden, bei einem kurzen Stöhnen unzufrieden. Und wenn er seine Zigarre aus dem Mund nahm, mußte man sich auf einen messerscharfen Strahl Rauch gefaßt machen. Ein Referent, der Abrams aufgewärmte Informationen aufgetischt hatte, war auf der Stelle von seinen Pflichten entbunden worden.

Als wir in der Hütte auf unseren Plätzen warteten, hörten wir die Spannung geradezu knistern. Minuten später marschierte der General herein, und wir nahmen Haltung an. General Gettys folgte ihm nervös. Daß er und Abrams langjährige Kameraden waren, schien ihn nicht zu beruhigen.

Die Referenten, die vor mir an die Reihe kamen, hatten durchweg den Dienstgrad des Lieutenant Colonel. Schließlich stand Gettys auf und kündigte mich mit den Worten an: »Major Powell wird jetzt Bericht erstatten.« Ich ging die American Bataillon für Bataillon durch, erklärte, wo die einzelnen Verbände lagen, wie es um ihre Gefechtsbereitschaft stand und mit welchen Operationen sie augenblicklich beschäftigt waren. Ausführlich erläuterte ich die Planungen für die nächsten Wochen. Ich machte meine Ausführungen auswendig.

Abschließend wandte ich mich an General Abrams und fragte: »Haben Sie noch Fragen, Sir?« Er gab ein undefinierbares Grunzen von sich, das ich weder als bejahend noch als verneinend, weder als zustimmend noch als ablehnend identifizieren konnte. Er stand einfach auf und verließ mit Gettys im Schlepptau den Raum.

Wenige Minuten später hatte Gettys Abrams verabschiedet und kehrte zur Nissenhütte zurück, vor der wir erwartungsvoll auf und ab gingen. Er grinste.

»Abe ist zufrieden«, verkündete Gettys.

»Tatsächlich?« fragte ich. »Woher wissen Sie das?«

»Ganz einfach deshalb, weil er wissen wollte, wer dieser junge Major ist«, sagte Gettys und legte mir den Arm um die Schultern.

Alma hatte die Nacht bei ihren Eltern in Birmingham verbracht und kehrte am Sonntagmorgen, den 22. November 1968, zu dem Haus zurück, das sie gemeinsam mit ihrer Schwester bewohnte. Am Türknauf hing eine Mitteilung, sie habe ein Telegramm erhalten und könne es im Büro der Western Union abholen. Alma rief dort an, aber man weigerte sich, der Inhalt des Telegramms telefonisch durchzugeben. So kehrte sie zu den Johnsons zurück, nahm als moralische Stütze ihren Vater mit und fuhr mit dem Wagen in die Stadt, um den Inhalt des Telegramms zu erfahren. Es war von der Army und setzte sie davon in Kenntnis, daß ihr Ehemann, Major Colin L. Powell, 083 771, mit einem Hubschrauber verunglückt sei. Post sei an die angegebene Adresse des Militärhospitals in Vietnam zu richten. Mehr erfuhr Alma nicht, kein Wort über die Art meiner Verletzungen, nur daß sie leichterer Natur waren.

Zwei Wochen zuvor, am Samstag, dem 16. November, hatten wir nachmittags mit General Gettys' UH-1H, einem Hubschrauber mit den neuesten Raffinessen, der erst neunzig Flugstunden hinter sich hatte, ein Gebiet westlich von Quang Ngai überflogen. Der strahlende Tag spiegelte sich in der sonnigen Laune des Generals wider. Ich sah ihn mir genau an: Er trug die Kleidung eines einfachen GIs, Kampfanzug, Schiffchen und Stiefel aus Segeltuch und Leder, ein rundlicher, freundlicher Mann mit einem Lächeln im breiten Gesicht. Gettys hatte

Grund zur Zufriedenheit. In diesem Katz-und-Maus-Spiel des Krieges, in dem entscheidende Vorstöße rar waren, hatte seine vom Pech verfolgte Americal einen klaren Sieg errungen. Die 11. Infanteriebrigade hatte am Vortag neunundzwanzig nordvietnamesische Basislager entdeckt, darunter ein Hauptquartier und einen Ausbildungsplatz. Außerdem waren ihr ein umfangreiches Waffenlager und feindliche Dokumente in die Hände gefallen. Der Bataillonskommandeur hatte einen Landeplatz in den Dschungel schlagen lassen, auf den wir nun zuflogen. General Gettys wollte die Kriegsbeute des Bataillons in Augenschein nehmen.

Auf dem Flug über die steilen unzugänglichen Borghänge kam mir der Gedanke, daß unser Hubschrauber eine gewichtige Fracht beförderte: den kommandierenden Zweisternegeneral der Division, seinen Stabschef, Colonel Jack Treadwell, Captain Ron Tumelson, den Adjutanten des Generals, mich, den G-3 der Division, und vier Mann Besatzung. Ich hätte den Flug lieber in einem kleinen »Slick« unternommen, mit einem dieser neunzehnjährigen Piloten, die das Fingerspitzengefühl von Geldschrankknackern und viel Erfahrung mit millimetergenauen Landungen auf engstem Raum haben. Aber immerhin war der Pilot des Generals, Chief Warrant Officer James D. Hannan, ein erfahrener Flieger, und er rechnete nicht damit, daß es Probleme geben würde.

Eine Rauchgranate wies uns den Weg zu der gerodeten Stelle im Dschungel. Beim Landeanflug stellte der Pilot fest, daß er sich dem Ziel zu schnell näherte, und drehte wieder ab. Beim zweiten Versuch ließ er den Hubschrauber in der Luft stehen und ging dann langsam tiefer. Während abgeschnittene Zweige und Blätter durch die Luft wirbelten, sanken wir langsam durch das Blätterdach nach unten. Da ich außen saß, bemerkte ich, daß der lichte Abstand zwischen den Rotorblättern und den Bäumen auf beiden Seiten nur noch etwas mehr als einen halben Meter betrug. Ich rief dem Piloten zu, er solle den Hubschrauber wieder hochziehen, doch es war schon zu spät. Ich sah, wie er gegen eine tückische Luftströmung ankämpfte, die durch den Widerstand der Bäume entstand, und dann hörte ich ein lautes Krachen. Die Blätter des Hauptrotors waren bei 324 Umdrehungen pro Minute gegen einen Baumstamm geschlagen und kamen danach schlagartig zum Stillstand. Aus einer Höhe von ungefähr drei Stockwerken sauste der Helikopter wie ein Fahrstuhl mit gerissenen Stahltauen in die Tiefe. Instinktiv nahm ich die Crash-Position ein, duckte den Kopf nach unten und schlang die Arme um die Knie. Eine Ewigkeit noch hörte ich das nutzlose Heulen des Triebwerks, dann zerschellten wir am Boden.

Das vorschriftsmäßige Verhalten bei solchen Unfällen besteht darin, sich von der verunglückten Maschine wegen der Brandgefahr so schnell wie möglich zu entfernen. Ich öffnete also meinen Sicherheitsgurt und sprang aus der Tür. Vor mir sah ich den Bordschützen, Private First Class Bob Pyle, in den Dschungel rennen. Wir hatten uns vom Wrack noch nicht weit entfernt, als wir bemerkten, daß sich keiner der anderen Insassen an Bord rührte. Pyle rannte zurück und riß die Tür zur Pilotenkanzel auf. Ich kletterte in den Frachtraum zurück und bemerkte erstmals einen Schmerz in meinem Knöchel. Das Triebwerk arbeitete noch immer, und der Innenraum des Hubschraubers füllte sich mit Rauch. Ich entdeckte General Gettys, der halb bewußtlos und mit einer merkwürdig verrenkten Schulter in seinem Sitz hing. Wahrscheinlich hatte er sich das Schlüsselbein gebrochen. Ich öffnete seinen Gurt, zog ihn aus dem Sitz und schleppte ihn aus dem Wrack in den Dschungel. Inzwischen waren vom Boden aus mehrere Soldaten zu uns gestoßen, und wir eilten zu den übrigen Opfern. Ich entdeckte Jack Treadwell und brachte ihn in Sicherheit. Ich kletterte ein weiteres Mal an Bord und hörte das Stöhnen des Piloten, den Pyle mühsam zu befreien versuchte. Ron Tumelson, der Adjutant des Generals, war nach vorn gekippt. Sein Kopf war zwischen der Funkkonsole und dem Triebwerk eingeklemmt, das den Rumpf des Hubschraubers beim Aufschlag wie eine Eierschale durchstoßen hatte. Tumelson war blutüberströmt. Ich entdeckte kein Lebenszeichen und hielt ihn für tot. Es gelang mir, die herausgerissene Konsole beiseite zu schieben und ihn zu befreien. Dann hörte ich ihn stöhnen. Sein Helm hatte den Aufprall des Triebwerks mit einer Delle überstanden und ihn gerettet. Ich schleppte ihn zu den anderen in den Wald. Mit ihm waren alle Insassen geborgen. Am schwersten verletzt war der Pilot: Er hatte sich das Rückgrat gebrochen.

Wenn der Hubschrauber eines kommandierenden Generals abstürzt, dann tauchen wie aus dem Nichts andere Maschinen auf. Ich sah ein ganzes Geschwader von Hubschraubern über der kleinen Landezone kreisen, aber kein einziger konnte sicher landen. Schließlich drehten sie ab und machten Platz für einen Sanitätshubschrauber. Wir wurden nacheinander mit einer Winde an Bord gezogen, und während wir hilflos im Wind der Rotorblätter nach oben pendelten, konnten wir nur hoffen, daß uns die Vietcong nicht aufs Korn nahmen.

Eine Röntgenuntersuchung im Lazarett von Chu Lai erbrachte, daß ich mir nicht nur Schnittwunden und Prellungen zugezogen, sondern auch den Knöchel gebrochen hatte. Normalerweise hätte dies eine Evakuierung bedeutet. Weil Knochenbrüche bei der hohen Luftfeuchtigkeit in Vietnam nur sehr schlecht verheilten, wurden die Betroffenen gewöhnlich nach Japan gebracht. Allerdings konnte es sich die Division kaum leisten, wegen eines gebrochenen Knochens einen G-3 zu verlioren, der kürzlich erst seine Stelle angetreten hatte, und so verpaßten mir die Ärzte einen Gipsverband, in dem ich mich dann, so gut es ging, hinkend fortbewegte. Stärker gehandikapt war mein kommandierender General Gettys. Er sollte auf Erholungsurlaub nach Hawaii zu seiner Frau fliegen und beklagte sich bei mir: »Zum Donnerwetter, Colin, wie soll ein Mann das tun, was seine Frau von ihm erwartet, wenn sein Arm in einer Schlinge steckt?«

Nach einer Woche begann mein Gipsverband zu bröckeln. Ich ersetzte ihn durch einen Stützverband und erfüllte weiter meine Aufgaben. Die Ärzte erklärten mich für verrückt, und wenn es auch sieben Jahre dauerte, schließlich heilte der Knöchel doch. Störend war nur ein elektrisierendes Gefühl, wenn ich im falschen Winkel vom Bordstein trat. Heute bin ich zum Glück beschwerdefrei.

Meine Zeit als G-3 einer Division, als einziger Major in dieser Position, ging unweigerlich zu Ende. Lieutenant Colonel Dick Lawrence vollendete seine sechs Monate als Kommandeur eines Panzerbataillons und rückte auf die Stelle des G-3, die Gettys ihm versprochen hatte. Der General entschuldigte sich bei mir für die peinliche Situation, weil ich Lawrence zuvor gelegentlich hatte Anweisungen geben müssen, drückte aber dennoch seine Hoffnung aus, daß ich als Lawrences Stellvertreter bleiben würde. Ich nahm die Stelle gerne an, und in den folgenden Jahren wurde Dick für mich ein weiterer wichtiger Mentor.

Im Januar 1969 lag die Hälfte meiner Dienstzeit hinter mir und ich dachte über meine weitere Zukunft nach. Ich wußte, was ich wollte. Ich war für das Studienprogramm der Armee zugelassen worden. Die nächste Hürde, die ich nehmen mußte, war die schriftliche Graduiertenprüfung. Ich trieb ein einführendes Werk zum Studium auf, und da in Chu Lai sonst wenig geboten war, verschlang ich es an den Abenden begeistert. An einem verregneten Samstagmorgen drängte ich mich in einen Transporthubschrauber, der eine Meute Wehrpflichtiger zum Weitertransport in die Heimat nach Da Nang brachte. Ich begab mich zu einer Nissenhütte und nahm dort mit anderen Studienanwärtern an der Prüfung teil. Einige Monate später erhielt ich Bescheid, daß ich bestanden hatte, und bewarb mich an der George Washington University in Washington. Die Universität, die dem Pentagon gegenüber auf der anderen Seite des Potomac River lag, war zu einer Einrichtung geworden, an der das Washingtoner Militär gewissermaßen seinen letzten gesellschaftlichen Schliff erhielt. Viele Offiziere erwarben dort Abschlüsse in internationalen Beziehungen, was durchaus zweckdienlich erschien. Allerdings legte die Armee ihren Offizieren zu dieser Zeit verstärkt ein Studium in modernem Management nahe, das sie besser auf den Einstieg ins Computerzeitalter vorbereitete. Ich bewarb mich deshalb für die School of Government and Business Administration mit dem Abschluß Master's Degree. Das hatte einen weiteren Vorteil: Ich war jetzt über zehn Jahre in der Army, und nach einem etwaigen Ende meiner Militärlaufbahn hätte ich mit einem Studienabschluß in Betriebswirtschaft bessere Chancen auf dem Arbeitsmarkt als ein Fachmann auf dem Gebiet der politischen Systeme Westeuropas.

Am 22. Januar 1969 landete die Maschine des Army-Charterflugs P2102 in Hickham Field, dem militärischen Bereich des Internationalen Flughafens von Honolulu, Hawaii. Begeistert fieberte ich meinem Erholungsurlaub entgegen. Ich stieg voller Ungeduld, meine Familie wiederzusehen, aus dem Flugzeug und hatte das bange Gefühl, alles sei zu schön, um wahr zu sein: Ich hatte im Hotel Halekulani Zimmer reserviert, Flugtickets für Alma und die Kinder bekommen und einen Mietwagen bereitstellen lassen. Als ich durch einen Korridor in die Ankunftshalle schritt, sah ich vor mir Familien, die ungeduldig die Köpfe reckten und nach bekannten Gesichtern Ausschau hielten. Dann hörte ich einen vertrauten Schrei: »Daddy! Daddy! Daddy!« Der kleine Mike, jetzt fast schon sechs Jahre alt, rannte auf mich zu, gefolgt von der kleinen dreijährigen Linda, die auf wackeligen Beinchen auf mich zu lief. Beide klammerten sich zärtlich an meinen Beinen fest. Der Druck dieser Ärmchen war eines der angenehmsten Gefühle, die ich je erlebt habe.

In den nächsten paar Tagen unternahmen wir nichts Spektakuläres. Wir gingen zum Strand, wo ich Mike das Surfen beizubringen versuchte (als ob ich es selbst beherrscht hätte). Wir besuchten das Dorf, in dem der Film *Hawaii* gedreht worden war, gingen in den Zoo, sahen uns eine Delphinshow an und pilgerten zu einem Felsloch, durch das die blauen Fluten des Pazifiks mit der Regelmäßigkeit eines Geysir immer wieder in die Höhe schossen. Nur einen Abend gingen Alma und ich alleine aus. Während eine Babysitterin die Kinder hütete, aßen wir in Fort De Russy ein *luau*, ein typisch hawaiianisches Gericht, das zu Folkloremusik gereicht wird. Auf dem internationalen Marktplatz hörten wir uns Don Ho an, der sein »Tiny Bubbles« wohl schon jedem Soldaten, der auf Hawaii auf Erholungsurlaub gewesen war, vorgesungen haben dürfte. Das Lied ging mir noch Wochen im Kopf herum.

Und dann war der Urlaub auch schon wieder vorüber. Am letzten Abend steckten wir die Kinder ohne Aufhebens ins Bett, gerade so, als seien wir zu Hause. Dann setzten Alma und ich uns unter den magischen Himmel von Hawaii. Vietnam war Lichtjahre und doch nur mehrere Flugstunden weit entfernt. Ich redete nicht über die letzten sechs Monate, und Alma fragte nicht. Das ist bei Berufssoldaten und ihren Frauen so üblich. Und Gott sei Dank gehörte Alma nicht zu jenen Offiziersgattinnen, die ganz im Beruf ihres Mannes aufgehen und gerne mit ihm fachsimpeln, wissen, wer vorgezogen befördert und wer bei der Beförderung übergangen wurde, wer den gewünschten Posten erhielt und wer aufs Abstellgleis geschoben wurde. Alma hat sich für solche Dinge nie interessiert. Sie gab mir ein Zuhause, zog die Kinder auf, machte mich glücklich und beeindruckte die Menschen an sämtlichen Stützpunkten, an denen ich diente.

An diesem Abend sprachen wir über die Kinder. Als ich das erste Mal aus Vietnam nach Hause gekommen war, hatte Mike sich an mich erst gewöhnen müssen. Vier Jahre später war ich wieder gegangen, dann hatten wir zusammen ein paar Tage auf Hawaii verbracht, und jetzt mußte ich wieder gehen. Ich hatte Angst, ein Gelegenheitsvater zu werden, und bat Alma, meine Rolle mit zu übernehmen, was ihr offenbar hervorragend gelungen ist.

Gegen Mitternacht hielt der Bus der Army vor dem Hotel, und damit war das kurze Vergnügen des Familienlebens vorüber.

Eines Nachmittags Mitte März erhielt ich in meiner Schreibstube die Nachricht, ich solle mich auf einen Besucher vom Stab des Generalinspekteurs des Military Assistance Command Vietnam (MACV) gefaßt machen. Diese Ankündigung war in der Army ungefähr so erfreulich wie anderswo ein Besuch der Steuerfahndung. Der Ermittler war ein einsilbiger, nüchterner Mann, der zu keinem Zeitpunkt den Grund seiner Visite nannte. Es stellte ein altmodisches Tonbandgerät auf den Tisch, schaltete es ein und ließ sich von mir Namen, Dienstgrad, Position und Aufgabenbereich in der Division geben. Ohne Umschweife und eintönig ging er seinen Fragenkatalog durch. Dann fragte er mich, ob ich die Einsatzberichte der Division zu verwahren hätte, und ich bejahte. Er forderte mich auf, die Berichte vom März 1968 zu holen. Ich wies ihn darauf hin, daß ich zu diesem Zeitpunkt nicht bei der Division gewesen sei. »Holen Sie einfach die Berichte«, bat er. »Gehen Sie die Einträge in diesem Monat durch und lassen Sie mich wissen, wenn Sie auf einen Tag mit ungewöhnlich hohen Verlusten auf Seiten des Feindes stoßen.«

Offensichtlich war er sich sicher, daß ich einen solchen Tag finden würde. Ich blätterte die Berichte durch, und nach einigen Seiten wurde ich tatsächlich fündig. Am 16. März 1968 hatte eine Einheit der 11. Brigade auf der Halbinsel Batangan 128 gefallene Feinde gezählt. In diesem zermürbenden und gnadenlosen Krieg, der gewöhnlich allerdings völlig unspektakulär verlief, war dies in der Tat eine hohe Zahl. »Bitte lesen Sie den Eintrag laut auf Band«, forderte mich der Ermittler auf.

Inzwischen war ich ebenso neugierig wie wachsam geworden. Ich fragte, ob ich den Stabschef der Division anrufen könne. Der Stabschef forderte mich am Telefon entschlossen auf: »Kooperieren Sie.« Der Ermittler fragte, ob die Zahlen in den Berichten meiner Meinung nach exakt seien, und ich bejahte dies für den Normalfall. Als er aufstand, fragte er mich, ob mir Captain Ernest Medina bekannt sei. Ich bejahte abermals. Medina gehörte meiner taktischen Operationszentrale an. Der Ermittler kündigte an, daß er als nächstes Medina vernehmen werde. Er ging, und ich wußte über den Grund seines Besuchs soviel wie vor seinem Erscheinen.

Den genauen Grund erfuhr ich erst knapp zwei Jahre später. Ich diente mittlerweile im Raum Washington und wurde vor einen Untersuchungsausschuß in Fort Belvoir, Virginia, geladen. Den Vorsitz führte Lieutenant General William Ray Peers. Der Ausschuß bat mich, die Bedingungen zu schildern, unter denen ein Gefecht auf der Halbinsel Batangan im Jahr 1968 stattgefunden haben dürfte. Ich wußte, daß es sich um ein schwer zugängliches Gebiet handelte, das Anhänger der Vietcong bewohnten. Die Franzosen waren von der Halbinsel Batangan seinerzeit vertrieben worden und hatten sie aufgegeben. Immer wenn wir Einheiten dorthin schickten, konnten wir uns darauf gefaßt machen, daß im Feldlazarett Dutzende von Soldaten mit abgerissenen Gliedmaßen versorgt werden mußten. Die Vietcong und sympathisierende Bauern, auch Frauen und Kinder, hatten überall Minen gelegt und Sprengfallen versteckt.

Das entschuldigt freilich nicht, was am 16. März 1968 geschah. An diesem Tag, etwas mehr als drei Monate vor meiner Ankunft in Vietnam, drangen Soldaten der 11. Brigade in das Dorf My Son am Südchinesischen Meer ein. Ein Zug unter First Lieutenant William Calley trieb Hunderte alter Männer, Frauen und Kinder, unter ihnen auch Säuglinge, aus dem Dörfchen zu einem nahegelegenen Graben. Dort wurden alle mit Maschinengewehren niedergemäht. Wie spätere Untersuchungen ergaben, hatten Calley und seine Männer 347 Menschen umgebracht. Die 128 »getöteten Feinde«, die in den Berichten der Division auftauchten, waren eine grobe Untertreibung. Calley wurde vor ein Kriegsgericht gestellt, des vorsätzlichen Mordes für schuldig befunden und zu lebenslanger Haft verurteilt. Auf Betreiben Präsident Nixons wurde seine Haft später in drei Jahre bequemen Hausarrest umgewandelt. Captain Ernest Medina, der ebenfalls wegen Mordes und Totschlags angeklagt wurde, weil er den Tod von etwa einhundert Vietnamesen zugelassen haben sollte, erhielt einen Freispruch. Der Fall, zu dem mich der schweigsame Ermittler eines Nachmittags befragt hatte, sollte der Öffentlichkeit als das Massaker von My Lai in Erinnerung bleiben.

My Lai war ein grauenhaftes Beispiel dafür, daß in Vietnam vieles außer Kontrolle geraten war. Da sich der Krieg so sehr in die Länge gezogen hatte, waren auch unfähige Leute in die Positionen von Offizieren gelangt. Verhängnisvoll wirkten sich auch die starken Verluste im Korps der Berufsunteroffiziere aus. Sie bilden das Rückgrat jeder

Armee, und fähige Leute haben als Berufssoldaten jahrelang Erfahrungen gesammelt. Um auf die Einberufung von Reservisten verzichten zu können, bildete die Armee jedoch Unteroffiziere im Schnellverfahren aus. Wir nannten sie Knack-und-Back-Sergeants, weil es sich um einfache Soldaten handelte, die man in einem Schnellverfahren in ihre neuen Aufgaben eingewiesen hatte. Zwar war ich überrascht über die hervorragenden Leistungen und die Tapferkeit von einigen dieser grünen Jungs, die für ihr Alter und ihre geringe Erfahrung ein ungewöhnlich hohes Maß an Verantwortung zu tragen hatten. Aber der Einsatz so vieler unvorbereiteter Offiziere und Unteroffiziere schadete der Moral der Truppe, führte zu Disziplinlosigkeiten und Beeinträchtigungen des militärischen Urteilsvermögens. Angesichts der allgemeinen Abstumpfung in dem scheinbar endlosen und sinnlosen Gemetzel war es kein Wunder, daß es zu Greueltaten wie in My Lai kam.

Ich entsinne mich, daß wir im Feld die Abkürzung MAM für military-age male (Mann im wehrfähigen Alter) benutzten. Wenn der Pilot eines Hubschraubers einen Bauern in der typischen schwarzen Tracht entdeckte und es sich um einen verdächtigen MAM handelte, dann kreiste er über ihm und gab einen Warnschuß vor seine Füße ab. Wenn der Verdächtige nicht stehenblieb, galt dies als Indiz für feindliche Absichten, auf die mit einem gezielten Schuß auf ihn selbst reagiert wurde. Vielleicht war dieses Vorgehen brutal, aber Lieutenant Colonel Walter Pritchard, ein fähiger Bataillonskommandeur, unter dem ich in Gelnhausen gedient hatte, war bei der Beobachtung von MAMs im Hubschrauber von tödlichen Schüssen getroffen worden. Und Pritchard war nur einer von vielen. Angesichts der Alternative, zu töten oder selbst getötet zu werden, geht im Krieg so mancher Unterschied zwischen Recht und Unrecht verloren.

Meine Dienstzeit ging im Juli 1969 zu Ende. Rein beruflich gesehen, war sie ein Erfolg. Daß ich in der größten, in Vietnam stationierten Division als Major die Stelle des G-3 bekleidet hatte, war eine glänzende Referenz. Und in meinen Leistungsberichten wurde ich weiterhin in den höchsten Tönen gelobt. Ich erhielt den Orden »Legion of Merit«, und General Gettys verlieh mir für meinen Einsatz bei der Rettungsaktion nach dem Hubschrauberabsturz die »Soldier's Medal«. Das war die Bilanz meiner Dienstzeit in Vietnam aus der beruflichen Perspektive. Lange Zeit ließ ich nur diese Sicht zu: Ich war Offizier, tat meinen Dienst, gab mein Bestes und war »bereit, ein Soldatengrab zu füllen«.

Aber mit der Zeit weitete sich mein Blickwinkel, und ein anderer Teil von mir begann, sich mit den Erfahrungen in Vietnam kritischer auseinanderzusetzen. Ich war 1962 mit einem festen Fundament aus Prinzipien und Überzeugungen nach Südostasien gekommen, und dieses Fundament war durch Euphemismen, Lügen und Selbsttäuschung ausgehöhlt worden. Die verhängnisvolle Schönfärberei, mit der ich erstmals in Gelnhausen konfrontiert worden war, wurde während meiner ersten Dienstzeit in Vietnam gewissermaßen nach Südostasien exportiert und hatte während meiner zweiten Dienstzeit ihren Höhepunkt erreicht. Nehmen wir nur die Abkürzung KHA für »killed by hostile action« (etwa: »durch Feindeinwirkung gefallen«). Sie nahm dem sachlichen, bislang benutzten und vertrauteren Ausdruck KIA für »killed in action« (»im Einsatz gefallen«) etwas von seinem Stachel, als wolle man vor der Öffentlichkeit zu Hause verschleiern, was in den Reisfeldern Vietnams wirklich geschah. Mit solchen feinen Unterscheidungen führten die Bürokraten freilich nur sich selbst hinters Licht. Ähnlich verhielt es sich mit den Marineinfanteristen, die im Zweiten Weltkrieg und im Koreakrieg Marine Expeditionary Forces (MEF) geheißen hatten. In Vietnam wurden sie zu MAFs, Marine Amphibious Forces, umbenannt. Der Grund lag auf der Hand. Weil nämlich der Ausdruck »Expeditionary« bei den Amerikanern Bilder von Männern heraufbeschwor, die zum Kämpfen und Sterben nach Übersee geschickt wurden. Landungsübungen mit Amphibienfahrzeugen wurden dagegen auch in North Carolina durchgeführt. Aber wem außer sich selbst konnte die Army damit etwas vormachen? Jahre später, nachdem ich Vorsitzender der Vereinten Stabschefs geworden war, schaffte der Chef des Marineinfanteriekorps, General Alfred M. Gray, diese verschleiernden Begriffe aus der Vietnam-Ära wieder ab. Die Marineinfanteristen verließen das Land wieder zu militärischen Expeditionen. Der General verhalf den MEF löblicherweise wieder zu ihrer alten Stellung.

In der Vietnam-Ära wurden Berichte über die Gefechtsbereitschaft und den Ausbildungsstand der Truppe routinemäßig geschönt. Es ging mehr um einen gefälligen Eindruck und die Verschleierung von Mängeln als um realistische Einschätzungen und korrigierende Maßnahmen. In Jubelmeldungen schnitten alle als »überdurchschnittlich« ab.

Offenbar glaubte man, mit Sprachkosmetik die Wirklichkeit verändern zu können, und verlor so den Kontakt zur Realität. Auch von der Technik ließ man sich blenden: Der Feind war primitiv, und wir waren die Nation mit der fortschrittlichsten Technologie auf der Welt. Daß dem unbestreitbar so war, belegten technische Wunderwerke wie der »Menschenschnüffler«, ein Gerät aus McNamaras Werkstatt, das vom Flugzeug aus Konzentrationen von Urin am Boden aufspürte (und von den gleichen Kreisen propagiert wurden, die später mit Agent Orange aufwarteten). Urin, der in mutmaßlichem Feindgebiet entdeckt wurde, lieferte unserer Artillerie ein Ziel. Wehe den Bauern oder Wasserbüffeln, die sich zufällig am falschen Ort erleichterten. Der Menschenschnüffler war typisch für die sogenannte McNamara-Linie, eine Reihe elektronischer Sensoren, die über das Land verteilt und jede Feindbewegung vom Ho-Chi-Minh-Pfad aus melden sollten, ein von Anfang an zum Scheitern verurteiltes Unternehmen.

Der Orden »Legion of Merit«, den ich erhalten hatte, hätte mir in einem Krieg, in dem Medaillen nicht wahllos verteilt wurden, sicher mehr bedeutet. Ich erinnere mich, daß ich als G-3 der Division auf einem Artilleriestützpunkt an der feierlichen Übergabe des Bataillonskommandos teilnahm. Der scheidende Kommandeur wurde nach sechsmonatiger Dienstzeit mit drei »Silver Stars«, der dritthöchsten Tapferkeitsmedaille der USA, und zahlreichen weiteren Medaillen ausgezeichnet. Er hatte seine Aufgaben anständig und gelegentlich auch tapfer erfüllt. Und er war bei seinen Männern beliebt. Aber nun mußten die Soldaten antreten und sich Lobhudeleien auf ziemlich durchschnittliche Leistungen anhören. In Vietnam wurden so viele Auszeichnungen verliehen, daß es geradezu eine Kunst war, sie in der Verleihungsrede zu rechtfertigen. Das fast regelmäßig vergebene »Gesamtpaket« für einen scheidenden Bataillonskommandeur bestand in einem »Silver Star«, einer »Legion of Merit« und in »Air Medals«, wobei man letztere allein schon dafür bekam, daß man die Flugzeiten eines Hubschraubers protokolliert hatte. Das Paket wurde angenommen, weil alle es annahmen, aber es schmälerte die Leistungen der wahren Helden, die sich, gleich ob einfacher Soldat oder Oberst, tatsächlich durch besondere Tapferkeit ausgezeichnet hatten. Ich weiß noch, wie ich bei der Verleihung der drei »Silver Stars« die Gesichter der Soldaten ansah und wie mir bewußt wurde, daß dies alles Irrsinn war und daß wir Soldaten herbefohlen hatten, um diesen Irrsinn zu bezeugen. Was wollten wir ihnen damit deutlich machen? Daß Unfug funktioniert? In der Army hatte sich die verhängnisvolle Neigung breitgemacht, sich am äußeren Schein zu orientieren, und dies galt auch für mich.

Finstere Episoden wie My Lai waren teils auch das Ergebnis einer anderen, mit Besessenheit verfolgten Fiktion, dem »Leichenzählen«, diesem schauerlichen Erfolgsmaßstab, den der Vietnamkrieg uns beschert hat. So hatte die 11. Infanteriebrigade für ihre 128 in My Lai getöteten »Feinde«, bevor die Wahrheit ans Licht kam, ein besonderes Lob erhalten. Das Pentagon stand unter Druck, den horrenden Einsatz des Landes an Menschenleben und Geld zu rechtfertigen, und so brauchte die Army für ihre militärischen Erfolge dringend eine Meßlatte. Welche Erfolge hatte man im wöchentlichen Lagebericht schon vorzuweisen? Eine eroberte Höhe? Ein Tal? Einen Weiler? Da so etwas kaum Eindruck machte, bildeten Leichen den Maßstab. Zählungen der feindlichen Verluste waren problematisch: Während die Presse unsere eigenen Verluste ganz genau kannte, weil die Reporter nur die ausgeflogenen Särge zu zählen brauchten, hatten wir für unsere Erhebung kaum Anhaltspunkte. Die Vietcong und die Nordvietnamesen benutzten keine Särge und verstanden es zudem geschickt, das Gefecht abrupt zu unterbrechen und mit ihren Toten zu verschwinden. Auch erbeutete Waffen hätten als Maßstab für militärische Erfolge dienen können, aber die hätte man den Reportern vorlegen müssen, während man bei der Angabe feindlicher Verluste die »Beweisstücke« schuldig bleiben durfte. So zogen die Truppen allabendlich Bilanz: »Wie viele hat Ihr Zug erwischt?« »Ich weiß nicht, zwei haben wir sicher gesehen.« »Nun, wenn Sie zwei gesehen haben, dann waren es wahrscheinlich acht. Schreiben wir also zehn.« Das Leichenzählen entwickelte sich zu einem makaberen Wettbewerb, bei dem die einzelnen Kompanien, Bataillone und Brigaden untereinander konkurrierten. Hohe Verluste des Feindes sprachen für einen fähigen Kommandeur, der mit baldiger Beförderung rechnen konnte. Und angesichts inflationär in die Höhe schnellender Verlustzahlen konnte es sich kaum einer leisten, bei der Zählung nicht großzügig zu sein.

Der Feind erlitt tatsächlich horrende Verluste. Aber das machte kaum einen Unterschied. Ein Militärstatistiker formulierte es so: Man verrechne die Verluste des Gegners mit den eigenen Kriegskosten und den politischen Folgen im eigenen Land. Solange der Gegner zu jedem

Opfer bereit war, verloren Verlustrechnungen jede Bedeutung. Und unser Feind war offenbar zu allem bereit und zog die Kriegsbilanz auf seine Weise. Wir versuchten stets, ihn in eine Entscheidungsschlacht zu zwingen und ihm ein Waterloo zu bereiten, aber er wich einfach immer wieder aus. Ganz gleich, wie hart wir zuschlugen, die nordvietnamesischen Verbände zogen sich ins Hochland oder nach Laos zurück, versorgten sich mit neuen Waffen, formierten sich wieder und kehrten in den Kampf zurück. Und dann lieferten sie sich auf dem schmalen Streifen zwischen den Bergen und der Küstenebene von Vietnam mit unseren Soldaten einen endlosen Kleinkrieg. Jeden Freitagabend rechneten wir die feindlichen Verluste der Woche zusammen, gingen dann zu Bett und hatten eine weitere Woche des Tötens und Sterbens vor uns.

Am Ende meiner ersten Dienstzeit hatte ich geschätzt, wir würden zur Erfüllung unserer Mission eine halbe Million Mann brauchen. Sechs Jahre später, während meiner zweiten Dienstzeit, hatte die amerikanische Truppenpräsenz einen Höchststand von 543 000 Mann erreicht, und das war noch immer nicht genug. Angesichts der territorialen Gegebenheiten, der besonderen Kriegführung der Nordvietnamesen und der Vietcong und ihrer Opferbereitschaft war unsere Aufgabe mit keiner Truppenstärke, die in den USA politisch durchsetzbar gewesen wäre, zu erfüllen.

Aus meiner Zeit als stellvertretender Bataillonskommandeur erinnere ich mich an einen jungen Soldaten, der auf eine Mine getreten war. Sein Bein war zerfetzt, seine Brust durchlöchert. Wir legten ihn auf eine Bahre und fuhren ins nächste Lazarett nach Duc Pho, etwa fünfzehn Autominuten entfernt. Nie werde ich den Ausdruck auf diesem kindlichen Gesicht vergessen: eine Mischung aus Schrecken, Angst, Neugierde und vor allem Verständnislosigkeit. Er versuchte zu sprechen, brachte aber kein Wort heraus. Seine Augen schienen zu fragen: »Warum?« Ich hatte auf die Frage damals keine Antwort und habe sie heute noch nicht. Er starb noch vor der Ankunft in Duc Pho in meinen Armen.

Ich habe kürzlich noch einmal Bernard Falls Buch über Vietnam, *Dschungelkrieg,* gelesen. Fall macht darin schmerzlich deutlich, mit welcher Blindheit wir in den Vietnamkrieg hineingestolpert waren. Ich bin überzeugt: Wenn Präsident Kennedy oder Präsident Johnson dieses Buch an einem ruhigen Wochenende in Camp David gelesen hätten, so hätten sie sich am nächsten Montag im Weißen Haus sofort Gedanken darüber gemacht, wie sie uns aus diesem Treibsand wieder herausholen könnten. In den Jahren zwischen meinem ersten und meinem zweiten Vietnam-Aufenthalt hatte sich an der Logik von Captain Hieus Erklärung – der Vorposten soll den Landeplatz schützen, und der Landeplatz soll den Vorposten versorgen – nichts geändert, sie galt jetzt sogar noch umfassender. Wie waren hier, weil wir hier waren ...

Der Krieg ist das allerletzte Mittel der Politik. Wenn man in den Krieg zieht, braucht man ein Ziel, das die Bevölkerung des Landes begreift und unterstützt. Zur Erfüllung einer militärischen Aufgabe müssen Ressourcen mobilisiert und ein Sieg erzwungen werden. Der Krieg in Vietnam wurde dagegen nur halbherzig geführt. Einem großen Teil der Nation war er zuwider oder gleichgültig. Und eine kleine gesellschaftliche Gruppe mußte ihn ausbaden.

In Vietnam habe ich soviel Tapferkeit erlebt, wie man es in jedem Krieg erwartet. Ich bin stolz auf meinen Dienst in der Americal Division, in der wir glanzvolle Augenblicke erlebten und hervorragende Soldaten hatten. In der gleichen Division diente auch Lieutenant Colonel H. Norman Schwarzkopf. Er, ich und viele andere, die später eine größere militärische Verantwortung übernahmen, haben in Vietnam nützliche Erfahrungen gesammelt. Ich bin stolz auf die amerikanischen Soldaten, die ihrer Einberufung selbstlos gefolgt sind, obwohl dieser Krieg von der politischen Führung ihres Landes erbärmlich vorbereitet, geführt und erklärt worden war. Dutzende meiner Freunde sind in diesem Krieg gefallen. Ein so kleiner Kreis wie die Pershing Rifles vom CCNY verlor in Vietnam 1968 sein drittes Mitglied, John Young. Genau um dieses Heldentum und diese Opferbereitschaft geht es: Mut und Menschenleben dürfen nicht an unklare Ziele verschwendet werden. Ein militärischer Einsatz braucht den Rückhalt und das vorbehaltlose Engagement der Nation.

Ich verurteile vor allem die Art und Weise, wie unsere politische Führung die Soldaten für diesen Krieg rekrutiert hat. Die Methoden, nach denen über Einberufung oder Zurückstellung, über Dienst oder Freistellung, über Leben und Tod entschieden wurde, waren zutiefst undemokratisch. Nie werde ich den Zynismus einer Führung vergessen, die praktisch nach dem Motto vorging: Ärmere, schlechter ausgebildete und unterprivilegierte junge Männer sind (als »ökonomisches Kanonenfutter«, wie sie jemand bezeichnet hat) notfalls entbehrlich, aber die wertvolle Elite des Landes darf nicht aufs Spiel gesetzt werden. Wütend macht mich, wie viele Söhne aus einflußreichem und gutsituiertem Hause und wie viele Berufssportler (die körperlich wohl leistungsfähiger waren als wir alle) in der Reserve oder in der Nationalgarde unterkriechen konnten. Diese eklatante soziale Diskriminierung ist eine der zahlreichen Tragödien des Vietnamkrieges. Sie hat den Glauben an das amerikanische Ideal, wonach alle Bürger des Landes gleich sind und ihm gleiche Gefolgschaft schulden, am schwersten erschüttert.

Zur gleichen Zeit, als ich meine Meinung über den Krieg zu ändern begann, vollzog sich der gleiche Gesinnungswandel in der gesamten Armee. Wir sahen ein, daß wir im Dienste einer Außenpolitik eingesetzt worden waren, die sich jetzt als völliger Fehlschlag erwies. Die Führung hatte uns nach der Einheitslogik des Antikommunismus in den Krieg geschickt, doch diese Logik ließ sich auf Vietnam nur teilweise anwenden: Der dortige Kampf hatte seine historischen Wurzeln im Nationalismus, im Krieg gegen den Kolonialismus und in sozialen Konflikten, die unabhängig vom Ost-West-Konflikt bestanden. Die erfahreneren Offiziere wußten, daß es um diesen Krieg schlecht bestellt war, aber sie beugten sich dem Gruppenzwang und hielten den Schein aufrecht: das trügerische Maß des Leichenzählens, die Illusion der Wehrdörfer und die übertriebenen Erfolgsmeldungen. Das gesamte Militär war nicht in der Lage, den Politikern und sich selbst die Wahrheit einzugestehen. Niemals sagten die obersten Befehlshaber dem Verteidigungsminister oder dem Präsidenten ins Gesicht: »Wenn wir diesen Krieg so führen, können wir ihn nicht gewinnen.« Viele Berufsoffiziere meiner Generation, Captains, Majors und Lieutenant Colonels, die aus diesem Krieg gestählt hervorgegangen waren, schworen sich eines: Sollten sie eines Tages in Schlüsselpositionen gelangen, würden sie einen halbherzig geführten Krieg für ein Ziel, das die amerikanische Öffentlichkeit weder verstand noch unterstützte, nicht stillschweigend hinnehmen. Wenn wir dieses Versprechen, das wir uns selbst, der politischen Führung und unserem Vaterland gegeben haben, einlösen können, sind die Opfer, die in Vietnam gebracht worden sind, nicht völlig umsonst gewesen.

Am 15. Juni 1969, wenige Wochen vor Ablauf meiner Dienstzeit, erhielt ich einen Brief von der George Washington University. Ich hatte für Herbst einen Studienplatz an der School of Government and Busi-

ness Administration. Am selben Tag war ich auf einer Landezone gewesen und hatte eine Schützenkompanie beobachtet, die gerade von
einer Patrouille zurückkehrte. Die M-16-Gewehre umgehängt und unter der Last der Rucksäcke gebeugt, kamen die Soldaten erschöpft den
Berg herauf und konnten einen weiteren Tag abhaken. Auch das war
eine absurde Seite des Krieges in Vietnam. An einem bestimmten Ka-
lendertag kehrte man ihm den Rücken.

Für meine Rückkehr in die Staaten planten Alma und ich, ein paar
Tage allein miteinander zu verbringen und erst dann zu den Kindern
und meinen Schwiegereltern nach Birmingham zu fahren. Wir kamen
überein, in Atlanta zu bleiben, wo Alma mich am Flughafen abholen
sollte. In einem Brief hatte ich ihr meine Wünsche mitgeteilt, welche
Frisur, welches Kleid und welche Farben sie bei meiner Ankunft tragen sollte: Orange und Gelb. Ich hatte mir in der Phantasie ein Bild
zurechtgelegt und wollte, daß es beim Aussteigen aus dem Flugzeug
Wirklichkeit würde. Alma enttäuschte mich nicht. Wir fuhren in die
Stadt und gingen in unser Hotel. An diesem Abend schlief ich unge-
hörig früh ein. Alma gelang es bei aller Mühe nicht, mich wach zu
halten. Sie zerrte immer wieder an mir und wiederholte, ich solle in
den Fernseher schauen, die Astronauten spazierten über den Mond!
Es war der 20. Juli 1969. Ich war müde, und nicht nur wegen der
Zeitverschiebung. Ich war völlig erschöpft. Ich mußte mich von den
seelischen und körperlichen Strapazen eines Jahres in Vietnam erholen. Eineinhalb Tage verbrachten wir allein miteinander, dann wußte
Alma, was ich mir sehnlicher wünschte als alles andere: Ich wollte
nach Hause zu meinen Kindern.

7

White House Fellow

Als ich die Uniform ablegte und Seminare an der George Washington University besuchte, tauchte ich wieder in die Welt ein, die ich elf Jahre zuvor verlassen hatte. Ich war ganz im Militär aufgegangen, hatte seine Uniformen getragen, seinen Regeln gehorcht und seit dem Abgang vom College fast nur unter Soldaten verkehrt. Jetzt führte ich praktisch wieder das Leben eines Zivilisten.

Alma und ich machten uns sofort auf die Suche nach einem Haus. Ein Freund gab uns den Tip, uns in der neu errichteten Schlafstadt Dale City bei Woodbridge, Virginia, umzusehen. Die Gegend war nicht gerade vornehm, und die Häuser wirkten eintönig. Der gesamte Wald war dem Bulldozer zum Opfer gefallen, aber der Bauunternehmer hatte ein Haus mit sehr viel Platz zu bieten: fünf Schlafzimmer und drei Toiletten, und das alles für 31 000 Dollar. Wir griffen sofort zu.

Im ersten Semester an der George Washington University wurde mein Selbstvertrauen erschüttert. Die Army gab mir achtzehn Monate, um einen Abschluß als Master in Betriebswirtschaft mit Schwerpunkt Datenverarbeitung zu machen. Vor Vorlesungsbeginn meldete ich mich beim Fakultätsleiter, dem distinguierten Prof. Dr. Jack McCarthy. Beim Durchblättern meines Zeugnisses vom College murmelte er nachdenklich: »Keine Mathematik, keine Statistik, keine Wirtschaftslehre.« Er griff zum Hörer, wählte eine Nummer der Infantry Branch und sagte, bei meiner akademischen Vorbildung könne er sich unmöglich vorstellen, daß ich den Abschluß in Betriebswirtschaft schaffen würde. »Jedenfalls nicht in achtzehn Monaten«, fügte er zu meiner Erleichterung hinzu. »Ja, ich weiß. Hervorragende Zeugnisse an der Infantry School, am Command and General Staff College, aber das sind keine Universitäten.« Man solle Major Powell zwei Jahre Zeit und ihn zwei Ferienkurse besuchen lassen, dann gebe es Hoffnung, empfahl McCarthy. Zu meinem Glück war die Army einverstanden.

Ich mußte zugeben: Das akademische Lernen war mir völlig fremd geworden. Die Anforderungen erschienen mir erschreckend hoch, und daß ich mit zweiunddreißig Jahren in den meisten Seminaren der älteste war, machte die Sache nicht leichter. Selbst das halbe Dutzend Offiziere, die mit mir studierten, waren mir gegenüber im Vorteil: Sie kamen aus den Bereichen Verwaltung und Finanzen und waren mit Wirtschaft und Computern bereits vertraut. Als die Professoren dann über statistische Analyse und Wahrscheinlichkeitsrechnung referierten – bei letzterer hatte ich bereits am CCNY versagt –, verstand ich nur noch Bahnhof. Ich kam mir vor wie ein Hochstapler. Was tat ich hier? Ich war hier fehl am Platz. Meine Zulassung war ein Irrtum gewesen.

In der Cafeteria, wo wir uns zwischen den Seminaren trafen, Kaffee tranken und Karten spielten, machte ich dann die Entdeckung, daß der Einäugige unter den Blinden König ist. Nicht nur meine Offizierskollegen, sondern auch die meisten anderen, die Wirtschaft im Hauptfach belegten, hatten noch weniger Ahnung als ich. Und mein Prüfungsleiter Dr. Marvin Wofsey, Professor für Management, machte mir noch Mut. Er habe volles Vertrauen zu mir, meinte er. Und zu meiner Überraschung erhielt ich im ersten Semester nur Einsen.

Alles ging gut, bis ich im Seminar »Computerlogik« aufs Glatteis geriet. In der Abschlußprüfung sollten wir für ein Software-Programm einen Arbeitsablaufplan zeichnen, der zeigte, wie der Computer seine Entscheidungen trifft. Wieder versuchte ich, mir einen Konus vorzustellen, der im Raum eine Ebene schneidet. In der Zwischenprüfung schnitt ich dürftig ab, konnte mich bis zur Abschlußprüfung dann aber – wohl durch göttliche Fügung – auf eine Zwei verbessern.

In dieser Zeit las ich immer wieder begierig die *Army Times,* um festzustellen, wer zum Lieutenant Colonel befördert werden sollte. Ich stand auf der Beförderungsliste, aber meine Nummer war bislang noch nicht an die Reihe gekommen. Nicht nur aus beruflichen, sondern auch aus finanziellen Gründen wartete ich ungeduldig auf meine Beförderung: Sie bedeutete eine Solderhöhung von 12 999 auf 16 179 Dollar pro Jahr, eine erhebliche Verbesserung zu einer Zeit, da von meinen 900 Dollar monatlich 259 für Hypothekenzinsen draufgingen. Anfang Juli fand ich in der *Army Times* endlich meine Nummer auf der Liste

derer, die im nächsten Monat zum Lieutenant Colonel befördert wer-
den sollten. Diesmal war meine Beförderung nicht vorzeitig erfolgt.
Aber ich lag noch immer gut im Rennen und war den meisten meiner
Offizierskollegen um einige Jahre voraus. Ich fragte einen Captain in
Washington, wie meine offizielle Beförderung aussehen würde.»Wenn
ich das wüßte, Sir«, antwortete er.

Ein wenig zeremonieller Pomp, so fand ich, sollte schon sein. In
Ermangelung eines Besseren ließ ich die Truppe im Wohnzimmer am
DeSoto Court 14 605 antreten. Alma war nicht da, und ich mußte die
Kinder hüten. In einem Chaos aus Spielsachen am Boden sitzend, ließ
ich mir von dem inzwischen siebenjährigen Michael Powell ein sil-
bernes Blatt ans Sweatshirt heften. Zeugen des Festaktes waren die
fünfjährige Linda und unser Neuzugang Annemarie Powell, die die
Szene von ihrem Kindersitz aus gelangweilt beobachtete.

Annemarie war zwei Monate zuvor, am 20. Mai 1971, geboren worden. Ich war von diesem wunderschönen Kind völlig begeistert. Da
mir mein Studium viel Freizeit ließ, trug ich sie gerne auf dem DeSoto
Court spazieren und wartete darauf, daß Nachbarn herauskamen und
sie bestaunten. Wir hatten jetzt drei gesunde, hübsche Kinder und
beschlossen, keinen weiteren Beitrag zum Wachstum der Weltbevöl-
kerung zu leisten.

In Herbst besuchte ich wieder die Seminare an der GWU, ein Berufssoldat auf dem Höhepunkt der Antikriegsbewegung an einer Universität. Es war ein seltsames Gefühl, wenn ich an den Häusern von
Studentengruppen vorbeikam, an denen Spruchbänder mit Friedens-
symbolen und Parolen gegen den Krieg hingen und vor denen Redner
auf Podesten standen und den Krieg geißelten, in dem ich gekämpft
hatte. In meinen leichten Freizeithosen und meinem Sweatshirt fühlte
ich mich wie ein gut getarnter Agent in Feindesland. Scharmützel mit
Protestlern blieben die Ausnahme, denn unter den Kommilitonen, die
mit mir Seminare in Marketing und Buchhaltung besuchten, waren
nur wenige Fahnenverbrenner. Wie ich interessierten sie sich weniger
für Politik als für ihre nächste Prüfung und die schriftliche Abschluß-
arbeit. Sie waren die Yuppies von morgen, auch wenn dieser Begriff
erst noch geprägt werden mußte.

Während meines Abschlußsemesters an der Universität verwandelte
sich Washington in einen Hexenkessel. Am 24. April zogen über
200 000 Kriegsgegner auf den Hügel des Kapitols, um den Kongreß

zum Rückzug aus Vietnam zu drängen. Auf der Strecke von der GWU zum Kapitol roch es überall nach Tränengas. Ich sah »Vietnam-Veteranen gegen den Krieg« ihre Transparente schwingen. Hunderte von ihnen schleuderten ihre Ordensbänder und Medaillen gegen die Mauern des altehrwürdigen Gebäudes. Ich verstand ihre Verbitterung, denn seit meiner Rückkehr aus Vietnam waren dort weitere fünftausend Amerikaner gefallen, aber ich konnte mich mit diesen Demonstranten nicht identifizieren. Ich glaubte noch immer an ein Amerika, in dem man auf eine militärische Auszeichnung stolz sein konnte und sich ihrer nicht zu schämen brauchte, in dem die Uniform respektiert und nicht geschmäht werden sollte, in dem die Streitkräfte kein Fremdkörper, sondern ein achtbarer Teil der Nation waren.

Auf die Abschlußfeier an der Universität im Mai konnte ich verzichten. In Anbetracht der Antikriegsstimmung auf dem Campus hatte ich, ein verheirateter Mann mit drei Kindern, keine Lust auf Pomp, Zeremonien oder weitere Proteste. Ich holte mir das Abschlußzeugnis einfach im Vorzimmer des Dekans ab. In den zwei Jahren an der Universität hatte ich überall Einsen und nur in Computerlogik eine Zwei erhalten. Mein Mentor Dr. Wofsey ermutigte mich zu promovieren, was die Army sicher unterstützt hätte. Doch dazu kannte ich mich zu gut. Ich war ein guter Student, aber kein Gelehrter, und vor allem anderen war ich Soldat. Ich konnte es kaum erwarten, in die Army zurückzukehren.

Das Pentagon ist Teil eines Machtgefüges, in dem das Weiße Haus, der Kongreß, die Bundesbehörden, Gerichtshöfe, Medien und Lobbys miteinander vernetzt sind und das gemeinhin als »inside the Beltway« bezeichnet wird. Mit dem Studienzeugnis in der Tasche meldete ich mich im Juli 1971 im Pentagon, wo ich dem »A-Vize«, dem Büro des stellvertretenden Vizestabschefs der Army zugeteilt war. Der Inhaber dieses Postens, Lieutenant General William E. DePuy, war trotz seiner kleinen Statur eine imposante Figur. Er galt als ein besonders unangenehmer General und war bekannt dafür, daß er die Leute feuerte, wie er nur konnte. Einmal nannte er den Grund für sein hartes Durchgreifen: »Ich habe im Zweiten Weltkrieg miterlebt, wie unfähige Kommandeure junge Soldaten verheizten.« Und Neuzugängen erklärte er: »Sie mögen auf Ihre Art fähig sein, aber wenn Sie es nicht so sind, wie ich mir das vorstelle, werfe ich Sie raus. Vielleicht bringen Sie anderswo gute Leistungen, aber nicht unter mir.«

Präsident Nixon hatte inzwischen im Rahmen der »Vietnamisierung« des Krieges mit dem Abzug von US-Truppen aus dem Konfliktgebiet begonnen. Während der Truppenabzug weiterging, gewann ein vertrauliches Papier, eine Studie des Army War College in Carlisle, Pennsylvania, immer mehr Einfluß auf das Denken in Militärkreisen. Erstellt worden war die Studie von vierhundertfünfzig Lieutenant Colonels, die alle in Vietnam gekämpft hatten. Ihr Inhalt war höchst brisant. Die Autoren warfen der Armee vor, vor den eigenen Unzulänglichkeiten die Augen zu verschließen. Die heftigsten Angriffe richteten sich gegen die oberste Führungsebene. Angeprangert wurden falsche Darstellungen der Einsatzbereitschaft der Truppe, übertriebenes Karrieredenken unter den Offizieren, Vetternwirtschaft bei Personalentscheidungen, die inflationäre Verleihung von Orden, fiktive Angaben bei der Zählung feindlicher Verluste und mithin die ganze äußere Fassade, mit der sich die Armee über die wahren Zustände in der Truppe hinwegtäuschte. So kam die Studie zu dem Schluß: »Nach weit verbreiteter Meinung hat die Armee ein Umfeld geschaffen, in dem relativ unbedeutende kurzfristige Erfolge belohnt und der langfristige Aufbau von moralischer Stärke vernachlässigt oder sogar vereitelt werden …«

Die Autoren der Studie suchten nicht außerhalb der Armee nach Sündenböcken: »Nichts deutet darauf hin, daß dieses Klima, das alles andere als optimal ist, vornehmlich auf äußere finanzielle, politische, soziale oder wirtschaftliche Einflüsse zurückzuführen ist. Ebensowenig können die öffentliche Reaktion auf den Krieg in Vietnam, die rasche Vergrößerung der Streitkräfte oder der gegenwärtige krankhafte Antimilitarismus als entscheidende Gründe dafür angeführt werden, daß die Armee dem professionellen Niveau, das sie als erreichbares Ideal anstrebt, nicht entspricht.« Die Misere der Armee war hausgemacht, und so verhehlte die Studie denn auch nicht, wer letztlich die Verantwortung trug: »Die Veränderungen müssen somit von der Spitze der Armee ausgehen.«

Die Carlisle-Studie löste nach ihrem Bekanntwerden heftige Diskussionen aus und wurde anschließend keineswegs ad acta gelegt. Sie beeinflußte Generale wie William Westmoreland, George Forsythe, Bernard Rogers, Creigton Abrams, Walter »Dutch« Kerwin und Bruce Palmer. Mein neuer Chef General DePuy stand bei den Reformern an vorderster Front. Nach dem Debakel von Vietnam war er mit der Doktrin, der Struktur, dem Führungsstil und der Moral der Armee alles andere als zufrieden und hatte für das Karrieredenken, von dem das Militär befallen war, nur Verachtung übrig. Er hatte sich keine geringere Aufgabe gestellt, als die Rolle und den Aufbau der gesamten Army von Grund auf zu erneuern oder zumindest Konzepte für eine Reform zu entwickeln. Dazu scharte er einen Kreis besonders fähiger Lieutenant Colonels um sich, die als sein persönlicher Brain-Trust fungierten.

Nach einiger Zeit arbeitete ich mit General Bill DePuy persönlich zusammen. Wie so oft stellte sich heraus, daß das Schlimmste an diesem Dreisternegeneral sein Ruf war. Bill DePuy verabscheute es lediglich, wenn Untergebene schlampten oder zweitklassige Arbeit ablieferten, und solange dies nicht der Fall war, behandelte er sie gut. Da ihm mein Stil gefiel, ließ er mich seine Reden schreiben.

General DePuy verdanke ich die wertvolle Erkenntnis, daß es wichtig ist, in einem Beruf, der von Uniformität und Unterordnung geprägt ist, seine Identität zu bewahren. Wir flogen spät nachts von Fort Leavenworth zurück, wo der General eine Rede gehalten hatte. Wir saßen allein in einem kleinen Jet der Luftwaffe, und es war einer dieser Augenblicke, in denen alle Rangunterschiede verschwinden und zwei Menschen zu Atomen im Universum werden. DePuy, Soldat durch und durch und ein vorbildlicher Militär, sagte mir, daß ein Offizier dem Dienst einen Teil seines Selbst vorenthalten müsse. »Lassen Sie sich von Ihrem Beruf nie so auffressen«, erklärte er mir, »daß für Sie selbst und Ihre Familie nichts übrig bleibt.« Wir sollten zwischen Berufs- und Privatleben strikt trennen und letzteres nicht antasten lassen. »Dulden Sie es nicht«, warnte er mich, »daß Ihr Beruf zu Ihrer gesamten Existenz wird.« Mir war aufgefallen, daß keiner aus dem Stab das Haus des Generals je von innen gesehen hatte. Jetzt wußte ich, warum.

Bis zu einem gewissen Grad hatte ich mir DePuys Maxime bereits zueigen gemacht. Wenige meiner Kollegen im Pentagon wußten, daß ich in der Episkopalkirche St. Margaret's in Woodbridge erster Verwalter für weltliche Angelegenheiten war und die fünfte Klasse der Sonntagsschule unterrichtete. Gleich nach unserer Übersiedlung nach Dale City hatte ich begonnen, mich in der Gemeinde zu engagieren. Bei

einer Erkundungsfahrt durch die neue Umgebung hatten Alma und ich
auf einem Hügel das einfache Gotteshaus der Episkopalkirche entdeckt, das den gleichen Namen trug wie die Kirche in der Bronx, in
die ich als Junge gegangen war. Nach unserem Beitritt zur Gemeinde
wurde ich zunächst zweiter, dann erster Verwalter. Auch Alma übernahm eine führende Funktion, und Michael und Linda wurden Meßdiener. Wie früher Luther und Arie halfen wir, kirchliche Bazare zu
veranstalten, Pfannkuchenabende vorzubereiten und gebrauchte Kleidung zu verkaufen. Ich avancierte zum Finanzfachmann der Kirche
und rührte in der Gemeinde die Werbetrommel für Sammelaktionen
einzelner Mitglieder.

Im Leben eines jeden gibt es wohl einen Augenblick, von dem er rück-
blickend sagen kann, er sei – ob positiv oder negativ – ein Wendepunkt
gewesen. Für mich kam dieser Moment im November 1971, zu einer
Zeit, als ich noch Mitarbeiter in General DePuys Büro war. Ein Major
aus der Infanterie-Abteilung im Pentagon rief mich an und teilte mir
mit, er werde mir einen achtseitigen Antrag zuschicken, den ich über
das Wochenende ausfüllen solle. Als ich mich erkundigte, um was für
einen Antrag es gehe, antwortete er, um ein White House Fellowship,
also um eine Art einjähriges Praktikum in den Regierungsstellen.
Nachdem er mir Näheres erläutert hatte, entgegnete ich, ich sei nicht
interessiert. Ich hatte bereits eine vielversprechende Stelle in einem
der wichtigsten Büros im Pentagon und wollte meine Militärlaufbahn
ohne einen Umweg weiter verfolgen. Im übrigen schien der Gedanke,
ich könne White House Fellow werden, ziemlich vermessen: Mit fünfunddreißig Jahren hatte ich fast schon die Altersgrenze für das Programm erreicht.

Der Major machte mir deutlich, daß es sich nicht um eine Frage,
sondern um einen Befehl handelte. Der damalige Verteidigungsminister Melvin Laird hatte Anstoß daran genommen, daß sich nur wenige
Militärangehörige für das Programm bewarben. Darauf hatte die Infantry Branch die Personalakten nach geeigneten Kandidaten durchkämmt und unter anderem mich ausgewählt. Ich füllte also die For-
mulare aus, beschaffte die notwendigen Referenzen, reichte den
Antrag fristgerecht ein und vergaß die Sache wieder. Ich war einer von
über fünfzehnhundert Bewerbern.

Das Programm war ein geistiges Kind von John W. Gardner, ehemals

Minister für Gesundheit, Erziehung und Soziales. Gardners Gedanke bestand darin, zukünftigen amerikanischen Führungskräften, vor allem aus dem privaten Sektor, Einblicke in die Arbeitsweise der Bundesregierung auf höchster Ebene zu ermöglichen. Es war ihm gelungen, Präsident Lyndon Johnson für sein Programm zu gewinnen, und mittlerweile lief es schon seit sieben Jahren. Unter den ehemaligen Teilnehmern waren Vorstandsvorsitzende bedeutender Konzerne, Vorsitzende von Berufsverbänden, Universitätsprofessoren und nicht zuletzt auch hochrangige Militärs. Das Programm erwies sich als so effektiv, daß einige Fellows, die Geschmack an Washington gefunden hatten, nach Ablauf ihres Jahres gar nicht mehr weg wollten. Sie kandidierten für einen Sitz im Kongreß oder schafften es, einen bedeutenden Posten in einer Bundesbehörde zu ergattern.

Die wichtigste Frage auf dem Antrag war: Warum wollen Sie White House Fellow werden? Ich war ja gar nicht besonders darauf erpicht. Dennoch gab ich mein bestes und schrieb, die Kontroverse um den Vietnamkrieg habe das amerikanische Militär von der Bevölkerung entfremdet, was ich in einer Demokratie für gefährlich hielte. Folglich wolle ich nicht nur Einblicke in die Arbeitsweise der Regierung gewinnen, sondern den Zivilisten auch deutlich machen, daß Offiziere der Armee keine Dummköpfe seien. Wie groß die Kluft inzwischen geworden war, erfuhr ich im Juni 1972, als das CCNY das ROTC abschaffte und die alte Exerzierhalle, die vier Jahre lang mein Zuhause gewesen war, niedergerissen wurde. Hatten sich dem ROTC in seiner Blütezeit noch vierzehnhundert Studenten pro Jahr angeschlossen, so waren es in seinem letzten Jahr, als das Interesse am Militär gleich null war, nur noch einundachtzig. Dieser Niedergang stimmte mich traurig, und nicht nur, weil er wehmütige Erinnerungen weckte: In einem Land, in dem die zivile Kontrolle des Militärs ein fundamentales Prinzip ist, empfand ich den Wegfall einer Ausbildungsstätte für Reserveoffiziere als tragisch.

Wenige Wochen, nachdem ich mich für das White House Fellowship beworben hatte, erhielt ich die Nachricht, daß ich die erste Hürde genommen hatte. Ich war einer von hundertdreißig Antragstellern, die zu einem Vorstellungsgespräch eingeladen wurden. Jetzt mußte ich mich mit dem Programm ernsthaft auseinandersetzen. Nach dem Gespräch blieben noch dreiunddreißig Kandidaten übrig. Und ich war noch immer im Rennen. Ich geriet unter Druck. Meine Bewerbung hatte sich in der Familie herumgesprochen: »Colin geht ins Weiße Haus!« hieß es. »Ja, er wird dem Präsidenten helfen.« Was aber, wenn ich die nächste Hürde nicht schaffte? Ich hörte schon den Klatsch: »Was hat er bloß falsch gemacht?« »Was für eine Schande für die Familie.«

An einem Nachmittag im Mai stieg ich mit den anderen Finalisten vor dem alten Civil Service Building in einen Bus und fuhr nach Airlie House, einem feudalen Anwesen bei Warrenton, Virginia, das zum Kongreßzentrum umfunktioniert worden war. Dort sollten wir im letzten Teil des Auswahlverfahrens drei Tage lang durch die Mangel gedreht werden, bis schließlich siebzehn von uns übrigblieben. Vor der Fahrt hatte man uns ein Informationspaket überreicht, das unter anderem die Lebensläufe aller Kandidaten enthielt, unsere erste Gelegenheit, die Konkurrenz einzuschätzen. Ich hatte gerade Platz genommen und blätterte meine Mappe durch, da setzte sich ein junger Schwarzer neben mich. Er stellte sich als James E. Bostic jr. aus South Carolina vor. Ein Blick in seinen Lebenslauf verriet mir, daß er als erster Schwarzer an der Clemson Univerity in Chemie promoviert hatte. Mit vierundzwanzig Jahren war er von allen Finalisten der jüngste. »Was mache ich eigentlich in diesem Haufen?« fragte ich Bostic. Er blickte mich an, ließ sich offenbar meinen Dienstgrad und mein Alter durch den Kopf gehen und schien sich das gleiche zu fragen. Unterwegs erfuhr ich, daß Bostic aus einer armen Familie aus den Südstaaten stammte und die meisten seiner Geschwister einfache Landarbeiter geworden waren. Jemand hatte entdeckt, daß Jim besondere Fähigkeiten besaß, und ohne das Engagement von schwarzen und weißen Förderern wären seine Begabungen sicherlich verkümmert.

In Airlie House herrschte eine Atmosphäre, die irgendwo zwischen der Stimmung auf einer Studentenparty und der bei einem Polizeiverhör lag. Wir mußten uns nacheinander einer Reihe von Gesprächen mit »Kommissionsmitgliedern« unterziehen, die Eindruck auf uns machten und zuweilen unangenehm wurden. Besonders lebhaft blieb mir Milton Friedman, der Nobelpreisträger für Wirtschaftswissenschaften, in Erinnerung. Die absichtlich provokante Befragung zielte darauf ab, die Kandidaten zu verunsichern, ihren Charakter zu testen und ihr Wissen zu überprüfen. Ich erinnere mich an einen jungen Kandidaten, der schwärmte: »Dr. Friedman, Ihr *Theoretical Framework for Monetary Analysis* hat mich sehr beeindruckt.« »Tatsäch-

lich?« entgegnete Friedman, »und was genau hat Sie so beeindruckt?«
Tiefes Schweigen. Der arme Kerl war offenbar nicht über das Auswen-
diglernen der Titel von Friedmans Büchern hinausgekommen.

Das letzte Gespräch fand am Samstagabend statt. Die Leiter des Auswahlverfahrens hatten eine recht boshafte Art ausgeheckt, ihre Urteile
bekanntzugeben. Irgendwann mitten in der Nacht sollte denjenigen,
die es geschafft hatten, eine Mitteilung unter der Tür durchgeschoben
werden. Die Zeit bis dahin konnten wir nach Belieben miteinander
gestalten. Von den Mitstreitern aus der Armee hatte ich mich mit Bob
Baxter, John Fryer, Don Stukel und Lee Nunn jr. angefreundet. Wir
hatten schon schlimmere Prüfungen hinter uns gebracht als dieses
Auswahlverfahren, so daß wir bis tief in die Nacht feierten. Als ich in
mein Zimmer zurückkehrte, lag dort die Mitteilung: »Glückwunsch!
Ich habe das große Vergnügen, Sie davon in Kenntnis zu setzen, daß
die Kommission des Präsidenten Sie dazu ausersehen hat, 1972/73 als
White House Fellow zu dienen. Mit freundlichem Gruß, Arthur E.
Dewey, Direktor.«

Am nächsten Morgen stiegen wir wieder in den Bus und fuhren zum
Weißen Haus. Für die meisten von uns war dies der erste Besuch, ein
eindrucksvolles und aufregendes Erlebnis. Am Ende kam ich wieder
auf den Boden zurück, stieg in meinen Bel Air, Baujahr '63, und trat
die lange Rückfahrt nach Dale City an. An der Ecke Pennsylvania Avenue und 18. Straße entdeckte ich die kleine und verlorene Gestalt Jim
Bostics. Er hatte es ebenfalls geschafft und wußte im Augenblick offenbar nicht, wohin er gehen sollte. Ich nahm ihn mit zu mir nach
Hause, wo er sich mit meiner Familie auf Anhieb gut verstand. Jim
machte später bei der Georgia-Pacific Corporation Karriere. Ich war
Brautführer bei seiner Hochzeit mit Edie Howard, der Tochter des Ar-
meepioniers Colonel Edward Howard, der 1949, kurz nach der Rassenintegration bei den Streitkräften, seinen Abschluß in West Point
gemacht hatte. Jim Bostic wurde für mich so etwas wie ein jüngerer
Bruder, und wir sind über zwanzig Jahre lang treue Freunde geblieben.

Ich wußte bereits, wo ich mein Jahr als White House Fellow verbringen
wollte – in einer Behörde, deren Name den meisten nur ein Gähnen
entlockt: im Office of Management and Budget (OMB), dem Haushalts-
planungsstab der Regierung. Aus den Seminaren an der Universität
und meiner Zeit im Pentagon wußte ich, daß Budgets der Lebensnerv

jeder Organisation sind, und das OMB kontrollierte die Budgets aller Ministerien. Es war somit eine der unbekanntesten und doch einflußreichsten Bundesbehörden in Washington.

Im OMB hatte ich zunächst ein Vorstellungsgespräch bei dem kleinen, drahtigen und einnehmenden Kraftbündel Frank Carlucci, dem Stellvertreter des Direktors Caspar Weinberger. Carlucci machte sich bei den Insidern in Washington bereits einen Namen. Als junger Beamter im Auswärtigen Dienst hatte er bei der Niederschlagung eines Aufstands in Zaire geholfen und war dabei niedergestochen worden. Und später, als Pennsylvania von Überschwemmungen heimgesucht wurde, wirkte der gewandte Ex-Diplomat an der Umsetzung eines Katastrophenplans mit.

Ich wurde als White House Fellow im OMB zugelassen und lernte bald darauf ein weiteres Mitglied von Weinbergers Team kennen, William Howard Taft IV., einen Enkel des siebenundzwanzigsten Präsidenten der Vereinigten Staaten. Taft, Weinbergers rechte Hand, war ein ganz anderer Typ als die Leute, die ich in der Armee kennengelernt hatte. Ein belesener Mann, interessierte er sich nicht nur für die politischen Ränke in Washington, sondern auch für die Klassiker der Literatur.

Die ersten vier Monate verbrachte ich in einer Außenstelle des OMB, dem New Executive Office Building (New EOB), und nicht in den Hauptbüros im Old EOB, einer prachtvollen Festung des 19. Jahrhunderts neben dem Weißen Haus. Meine erste Tätigkeit war eine Art Beschäftigungstherapie, aber sie sollte sich bald als anregend und sogar nützlich herausstellen. Präsident Franklin D. Roosevelt hat die Bundesbürokratie einmal mit einem riesigen Tier verglichen: Wenn man ihm in den Hintern trete, dauere es zwei Jahre, bis der Schmerz im Gehirn ankomme. Seither hatte sich nichts verändert. Präsident Nixon gab im Oval Office Direktiven aus, von denen später keiner wußte, was mit ihnen passiert war. Das herauszufinden, wurde nun meine Aufgabe.

Nicht lange nach meiner Ankunft wechselte Weinberger vom OMB ins Ministerium für Gesundheit, Bildung und Soziales und untermauerte dort seinen Ruf als »Cap the Knife«, als erbitterter Kostendämpfer, ein Ruf, den er sich als Budget-Direktor unter Gouverneur Reagan in Kalifornien erworben hatte. Carlucci folgte ihm ins Ministerium als Stellvertreter und Will Taft als Berater. Obwohl ich diese Männer nur kurz kennengelernt hatte, sollten sie mein Leben entscheidend beeinflussen.

Beim folgenden Personalkarussell landete Fred Malek auf dem Posten des stellvertretenden OMB-Direktors. Malek war West-Point-Absolvent und hatte an der Harvard Business School studiert. Bei der Rettung eines bankrotten Werkzeugherstellers in South Carolina hatte er ein Vermögen gemacht. Zuvor hatte er sich in der Personalabteilung des Weißen Hauses den Ruf eines Mannes erworben, der für seinen Chef unangenehme Dinge erledigt. Zu seinen Aufgaben als Rausschmeißer der Administration gehörte es später, den in Ungnade gefallenen Innenminister Walter Hickle in seinem Büro aufzusuchen und ihm mitzuteilen, daß er bis Sonnenuntergang seine Sachen zu packen habe. Wenn eine Sekretärin am Telefon sagte, Malek sei am Apparat, so klang das wie eine Drohung der Mafia.

Malek hatte zu den Mitgliedern der Kommission gehört, die uns in Airlie House ins Kreuzverhör genommen hatte. Zu seiner Ernennung ließ ich ihm ein Glückwunschschreiben zukommen, informierte ihn, daß ich als White House Fellow im OMB arbeitete und ihm als Mitarbeiter jederzeit zur Verfügung stehe. Er rief sofort an und bat mich in sein Büro. Fred Malek hatte ein Falkengesicht, er war mager, hielt sich aufrecht und sprach mit leiser, aber entschlossener Stimme. Ich zog gleich als sein persönlicher Mitarbeiter in das Old EOB an der Pennsylvania Avenue, wo ich gewissermaßen die Funktion des Türstehers übernahm. Wer zu Malek wollte, mußte erst einmal zu Powell.

Fred interessierte sich für das Tauziehen der Minister vor Verabschiedung des Bundeshaushalts nicht besonders. Ihm ging es in erster Linie darum, dem Weißen Haus die Kontrolle über die Bürokratie zu sichern. Das Volk wählt einen Präsidenten, damit er das Land regiert, doch bald schon stellen die Präsidenten fest, daß sie den Regierungsapparat nicht unbedingt im Griff haben. Oft bleiben ihre Anweisungen irgendwo im bürokratischen Labyrinth stecken.

Mit der Art und Weise, wie Fred die Kontrolle über den Regierungsapparat zu gewinnen versuchte, weihte er mich in die geheimen Mechanismen der Macht ein. So wie das OMB das Nervenzentrum der Bundesbürokratie ist, so sind die Budget- und Personalbüros die Nervenzentren der einzelnen Ministerien. Also ging Fred daran, die Schlüsselpositionen der »Abteilungsleiter« in den wichtigen Bundesbehörden mit seinen Leuten zu besetzen. Sollten die Kabinettsmitglieder ruhig Reden schwingen, Einweihungsbänder durchschneiden und in Fernsehsendungen wie *Meet the Press* auftreten. Derweil erledigten namenlose leitende Beamte, die Malek treu ergeben waren, die Tagesgeschäfte nach den Wünschen der Nixon-Administration.

In Professor Maleks Schule lernte ich so allerhand. So wollte Fred beispielsweise dem OMB neues Leben einhauchen, indem er Berufsbeamte durch neue »Führungskräfte«, junge vielversprechende Abgänger aus Harvard, Standford und Wharton, ersetzte. Allerdings warf das Probleme auf. Fred rief mich eines Tages in sein Büro und erläuterte mir seine Strategie und meine Aufgabe dabei. Ich rief daraufhin Beamte von Behörden an und erklärte, ich hätte frohe Kunde von Fred Malek. Ihre Machtbefugnisse würden erweitert. Eine bislang vom OMB erfüllte Aufgabe werde ihrer Behörde übertragen. Wunderbar. Zusätzliche Planstellen bedeuten höhere Budgets und damit mehr Macht, und das ist Musik in den Ohren jedes Bürokraten. Dann aber mußte ich ihnen eröffnen, daß sie nur die Kompetenzen und das Personal bekommen würden. Die Stellen und das Geld blieben beim OMB (wir brauchten jede freie Stelle und jeden Dollar für Maleks Jungstars). »Und wo sollen wir mit den Leuten hin, die Sie uns schicken?« fragten die Beamten händeringend. »Wir haben für sie weder die Stellen noch das Geld.« Worauf ich entgegnete: »Sir, Fred Malek vertraut voll darauf, daß Ihnen mit ein wenig Mühe und Phantasie etwas einfällt.« Wenig später hatten die mißliebigen Bürokraten ihre Büros und Posten im OMB geräumt und Platz für Maleks neue Generation gemacht. Aus dieser Erfahrung ging eine meiner Maximen hervor: Was man sich herausnehmen kann, weiß man erst, wenn man es probiert hat.

Im Januar 1973 fanden wir White House Fellows uns in einem anonymen Büro der CIA im Stadtzentrum ein. Das große Abenteuer des Jahres als Fellow war ein Winterausflug in die Sowjetunion, auf den im nächsten Sommer eine Reise nach China folgte. Während wir darauf warteten, eingewiesen zu werden, kursierten Witze darüber, wo wir Mikrofilme verstecken müßten und wer aus unserer Gruppe am ehesten überlaufen würde. Die tatsächlichen Instruktionen, die uns ein Mitarbeiter der CIA dann gab, stellten sich als harmlos heraus. Statt uns Spionageziele zu nennen und uns in der Handhabung von Spionagekameras zu unterweisen, wurden wir lediglich vor verwanzten

Zimmern, Fangschaltungen und allzu entgegenkommenden russischen Damen gewarnt.

Um die White House Fellows kümmerte sich Lieutenant Colonel Bernard Loeffke, eine Kombination aus Schafhirte, Anstandswauwau und Reiseführer, ein Mann, der mir unauslöschlich im Gedächtnis blieb. Bernie Loeffke war in Columbia als Sohn eines amerikanischen Vaters und einer lateinamerikanischen Mutter geboren worden. Er war ein gutaussehender dunkler Typ mit tadellosem militärischen Schliff und hatte ein bewegtes Leben hinter sich. Er war West-Point-Absolvent, selbst ehemaliger White House Fellow, Fallschirmspringer, und er hatte sich selbst das Fliegen beigebracht. Daneben war er ein Fitness-Fanatiker, Sporttaucher und ein erstklassiger Schwimmer. Fremdsprachen sog er buchstäblich in sich auf. In Vietnam war er mit zwei »Silver Stars«, vier »Bronze Stars« und einem »Purple Heart« ausgezeichnet worden, was trotz der massenhaften Verleihung von Orden in der damaligen Zeit bemerkenswert war. Bernie sollte uns im Winter auf der Reise durch das noch immer bedrohliche Gebiet hinter dem Eisernen Vorhang begleiten.

Unsere Erinnerungen an die Bitterkeit des Kalten Krieges sind bereits beträchtlich verblaßt. Doch im Winter 1973, als ich zum ersten Mal einen Fuß auf sowjetischen Boden setzte, herrschten überall noch Argwohn und Mißtrauen. Wir flogen im Februar von Japan aus in die ostsibirische, nördlich von Wladiwostok gelegene Stadt Chabarowsk. Die erste Russin, die ich kennenlernte, war Alla Fedorowa, unsere Führerin von Intourist, eine attraktive Frau, die ein tadelloses amerikanisches Englisch sprach. Einen Teil ihrer geheimnisvollen Anziehungskraft verdankte sie einem dunkelhaarigen Russen – wir vermuteten in ihm einen Beamten des KGB –, der ihr wie ein Schatten folgte.

In Chabarowsk wurden wir in ein einfaches Hotel einquartiert. Ich habe von dieser tristen, schmutzigen Stadt mit ihren Wäldern aus Baukränen, Gerüsten und Schloten, ihrem ständig bleigrauen Himmel und dem eisigen Zug im Rücken nur verschwommene Eindrücke zurückbehalten. Wir durften die Bewohner nicht ansprechen, und wenn wir es versuchten, reagierten sie sehr nervös.

Am ersten Abend im Hotel führten die Russen uns zur Unterhaltung einen Film über die Robbenjagd vor. Kaum hatte der Film in dem abgedunkelten Raum angefangen, flüsterte Bernie Loeffke mir zu: »Ist das langweilig. Gehen wir.« Wir stahlen uns aus dem Raum, blieben aber, wie man von uns verlangt hatte, im Hotel. Wir wären wohl auch ohne das Verbot dageblieben. Draußen herrschten vierzig Grad unter Null.

Wir hörten Musik und folgten ihr in eine Art Club. Drinnen hatten sich anscheinend alle höheren Offiziere des sowjetischen Ostsibirien-Kommandos versammelt, in Uniform und mit Frau oder Freundin. Bernie und ich standen in blauen Straßenanzügen mit kleinen US-Flaggen am Revers in der Tür und fühlten uns wie in der Höhle des Löwen. Die Musik brach ab. Alle Köpfe im Raum wandten sich uns zu. Auf russisch sprach Bernie einen Kellner an: »Einen Tisch für zwei bitte.« Der Kellner blieb wie angewurzelt stehen. Seine Furcht und die Stille im Raum kamen nicht von ungefähr. Unsere Betreuer vom KGB hatten uns aufgespürt und standen jetzt hinter uns. Sie machten uns darauf aufmerksam, daß der Film über die Robbenjagd noch nicht zu Ende sei. Ob wir nicht vielleicht den Schluß sehen wollten.

Am nächsten Tag stiegen wir in die Transsibirische Eisenbahn nach Irkutsk, seit alters her ein sibirischer Verbannungsort. Der erste und überwältigende Eindruck im Landesinnern war die endlose Weite. Nach einer dreitägigen Zugfahrt hatten wir unser Ziel, das nicht einmal die Hälfte der Gesamtstrecke entfernt lag, noch immer nicht erreicht. Den ersten Tag beobachteten wir eine Landschaft wie aus *Doktor Schiwago,* die mit ihren grenzenlosen Horizonten, ihren schlanken weißen Birken und Rentierherden an uns vorüberflog. Und wir schlürften aus Gläsern süßen Tee.

Am zweiten Abend meinte Bernie: »Allmählich wird es langweilig. Schauen wir mal, wie der Rest der Leute hier lebt.« Wir schlichen im Zug weiter nach hinten zu einem Waggon, der nach dritter Klasse aussah. Drinnen drängten sich warm eingepackte Bauern. Als Bernie uns als Amerikaner vorstellte, hellten sich ihre Gesichter auf. »Oh, unsere Verbündeten im Großen Vaterländischen Krieg, unsere Kameraden im Kampf gegen die Faschisten«, riefen sie aus und ließen Flaschen mit Wodka kreisen. Kaum hatten wir es uns gemütlich gemacht, tauchten erneut unsere Freunde vom staatlichen Sicherheitsapparat auf. Sie seien überzeugt, meinten sie, daß wir es in unserem Waggon der ersten Klasse, einem Qualitätsprodukt ostdeutscher Industrie, bequemer hätten. Auf dem Rückweg kamen wir an einem Abteil vorbei, in dem dienstfreie Zollbeamte saßen. Sie blätterten in einer Zeitschrift, die mir vertraut vorkam, und lachten dazu genüßlich. Zurück in unserem Wagen, erfuhren wir vom Mißgeschick eines White House Fellows: Sein *Playboy* war beschlagnahmt worden. In der Sowjetunion wurden unzüchtige Schriften nicht geduldet.

In der Stadt Tschita, einem weiteren militärischen Außenposten, legten wir einen Zwischenstopp ein. Zu dieser Zeit gab es an der nahe gelegenen Grenze zu China heftige Spannungen. Wir durften den Zug verlassen und uns die Beine vertreten, aber nicht in die Stadt gehen. Fotografieren war ebenfalls untersagt. Als wir den Pfiff hörten, der zum Einsteigen aufforderte, zählte Bernie seine Mannschaft durch und stellte fest, daß zwei Fellows fehlten. Er informierte Alla Fedorowa, die daraufhin verschwand. Als nächstes sahen wir vom Zugfenster aus ein halbes Dutzend Zivilisten nervös über den leeren Bahnsteig patrouillieren. Sie stiegen erst wieder in den Zug, nachdem unsere fehlenden Freunde aufgetaucht waren. Damit war der Rest unseres Bewachertrupps vom KGB enttarnt.

Bei der Anfahrt auf Irkutsk kamen wir am Baikal-See vorbei, dem größten Süßwasserreservoir der eurasischen Landmasse. Fabriken säumten das Ufer. Nach dem Ende des Kalten Krieges sollte ich erfahren, daß ihre Abwässer einen der größten Fischbestände der Welt vernichtet hatten. Profitgierige Kapitalisten bedrohten offenbar nicht als einzige die Umwelt.

Nach unserem eintägigen Aufenthalt in Irkutsk empfand ich die Weite der russischen Landschaft erneut als überwältigend. Nach drei Tagen Zugfahrt waren es im Flugzeug bis Moskau noch einmal sieben Stunden. Alla, die schon am Anfang ziemlich attraktiv gewesen war, sah inzwischen reizend aus. Der Flug, unsere erste Erfahrung mit Aeroflot, erinnerte ein wenig an die Pionierzeit der Luftfahrt. Die Maschine war schlecht beheizt, und als wir durch den Gang schritten, brach einer der Passagiere mit dem Fuß durch den Boden in den Gepäckraum ein. Wir wunderten uns, warum das Flugzeug ans Ende der Startbahn geschleppt wurde, obwohl das Cockpit noch leer war. Als die Piloten eintrafen, unternahmen sie anders als üblich keine Probeläufe der Turbinen. Sie hoben sofort mit vollem Schub ab, wie eine MIG-19, die auf der Jagd nach Eindringlingen in den Himmel über der Sowjetunion schießt. Wie wir erfuhren, sollte mit der Schleppaktion Treibstoff gespart werden. Und den raketenartigen Start verdankten wir dem Umstand, daß der Pilot einst tatsächlich eine MIG-19 geflogen hatte und offenbar der guten alten Zeit nachtrauerte.

Ich war in den fünfziger Jahren herangewachsen, hatte der Roten Armee als junger Offizier im Fuldaer Becken gegenübergestanden und in Vietnam zweimal die Kommunisten bekämpft. So war es jetzt ein merkwürdiges Gefühl, sich mitten im Kalten Krieg im Herzen jenes Landes aufzuhalten, das ein späterer amerikanischer Präsident als »das Reich des Bösen« bezeichnen sollte. Diese Gegnerschaft hatte das Leben in den USA in den letzten fünfundzwanzig Jahren stark geprägt. Der Staatshaushalt, Politik und Rüstung, Auslandsbeziehungen, Wissenschaft und Forschung, die Innenpolitik und das Leben von Millionen Männern im wehrfähigen Alter wurde in den Vereinigten Staaten fast ebensosehr von den Ereignissen in Moskau wie von denen in Washington bestimmt. Und jetzt stand ich, ein Offizier der amerikanischen Armee, der sein Leben der Verteidigung gegen dieses Riesenreich gewidmet hatte, auf dem Roten Platz und ließ mir von Angehörigen der sowjetischen Elite Moskau zeigen, von Mitarbeitern des USA-Kanada-Instituts, an dem alle amerikanisches Englisch sprachen und wohl auch den augenblicklichen Tabellenstand in der amerikanischen Football-Liga kannten.

Ich bekam zu diesem Land eine lebendige Beziehung, wie sie erst entsteht, wenn man einen Ort nicht nur vom Hörensagen oder Lesen, sondern vom Anfassen, Sehen und Riechen kennt. Ich spürte das Gemeinsame aller Menschen einschließlich dieser Russen, die damals als unsere Todfeinde galten. Die Leute, denen ich im Zug begegnete, an denen ich auf dem Roten Platz vorüberging und mit denen ich mich im Kaufhaus GUM vor den Ständen drängte, waren keine politischen Ideologen. Es waren ganz normale Menschen wie meine Familienangehörigen, Mütter, die zum Abendessen einkauften, Väter, die nach einem Arbeitstag in den Schreibstuben der Moskauer Behörden müde nach Hause trotteten, und Kinder, die das anstehende Fußballspiel Moskau gegen Kiew mehr interessierte als die weltweite Verbreitung des Marxismus-Leninismus.

Und gleichzeitig spürte ich die immense Größe und die Macht dieses Landes, seine erschreckende Fähigkeit, das eigene Volk einzuschüchtern, und sein offenkundiges Potential, es mit jeder Militärmacht aufzunehmen, mit jeder Waffe und jedem Waffensystem. Was wir aus dem oberflächlichen Blickwinkel, den uns die Sowjets darboten, allerdings nicht sahen, war die tödliche Schwäche, an der das System schon damals litt und die schließlich zu seinem Zusammenbruch führte.

Von Moskau aus reisten wir weiter ins bulgarische Sofia, das einen großartigen Eindruck auf uns machte. Obwohl noch immer im Ostblock, umgaben uns plötzlich bunte Farben. Wir fuhren nach Warschau weiter, wo reges Leben herrschte. Wenn man aus der Sowjetunion in diese Länder kam, hatte man das Gefühl, als schaue man sich nach Schwarzweißfotos im Kino einen Farbfilm an. Nach dem grauen Einerlei des sowjetischen Alltags erwachten unsere Sinne wieder zum Leben.

In Warschau besuchten wir das Institut »Jahr 2000«, das ein Bild von Polens Zukunft im kommenden Jahrtausend entwerfen sollte. Nie werde ich vergessen, wie ein Professor, ein hochgewachsener Mann mit schlürfendem Gang und gewitztem Blick, zu uns Fellows sagte: »Sehen Sie, welchen Platz Polen von Gott erhalten hat: zwischen Deutschland und der Sowjetunion. In jeder Generation überrennt uns eine der beiden Mächte. Manchmal auch beide. Uns ist ein polnisches Schicksal verwehrt worden.« Ich wurde hellhörig. Dieser Kommunist sprach nicht wie ein Mann, der bereit war, für das sowjetische Brudervolk auf den Barrikaden zu sterben. Ich ahnte, daß er und seine Landsleute ihren »Verbündeten« liebend gerne loswären, ein Gedanke, den ich noch lange im Kopf behielt. So erinnerte ich mich sechzehn Jahre später, als der kommunistische Block zu zerfallen begann, wieder an diesen polnischen Professor und prophezeite vor einer Zuhörerschaft hochrangiger Offiziere, daß diese Satellitenstaaten wohl einen Austritt aus dem Warschauer Pakt und die Mitgliedschaft in der NATO anstreben würden.

Als White House Fellow bekam man persönlichen Kontakt zu Leuten, denen man in Fort Devens oder Chu Lai wohl nie begegnet wäre. Nach unserer Rückkehr in die USA reisten wir nach Georgia zu einem Empfang beim Gouverneur. Wir durften auch unsere Ehefrauen mitnehmen. Als unser Autokorso vom Flughafen von Atlanta aus hinter den Motorrädern der Polizei mit heulenden Sirenen über die abgeriegelten Straßen fuhr, machte ich Alma auf die hohen Baumwollsträucher draußen aufmerksam.

Der Gouverneur entpuppte sich als ein jugendlich wirkender, 49jähriger Mann mit strahlendem Lächeln. Er ließ uns Platz nehmen und faszinierte uns mit kühnen Visionen von Georgia und seinen Überlegungen zur nationalen Politik. Von den Südstaatenpolitikern kannte ich bisher lediglich Bull Connor, George Wallace und den ehemaligen Gouverneur von Georgia, Lester Maddox, der an bornierte Gleichgesinnte gerne Axtstile verschenkte. Der Gouverneur, der jetzt vor uns saß, repräsentierte einen neuen Süden. Der Mann hat das Zeug zum Präsidenten, dachte ich bei mir. Drei Jahre später wurde Jimmy Carter neununddreißigster Präsident der Vereinigten Staaten.

»Das ist so, als lasse man kleine Kinder beim Geschlechtsakt zusehen«, sagte mir einmal Joe Laitin, der Direktor für Öffentlichkeitsarbeit am OMB. Joe erklärte mir, warum er mit dem Programm für White House Fellows nicht einverstanden war. Er war neben Fred Malek mein Mentor im OMB geworden. Wenn ich am Ende des Arbeitstages die vierzig Kilometer zu meinem Haus in Dale City im Stau steckte, hörte ich mir seinen unerschöpflichen Vorrat an Anekdoten an. Er stammte aus Brooklyn, war ehemaliger Journalist und als PR-Mann zu einer mobilen Institution in der Regierung geworden. Eine Zeitlang hatte er unter Lyndon B. Johnson im Presseamt gearbeitet und dem Präsidenten offenbar sogar Gutenachtgeschichten erzählen müssen, damit er friedlich einschlafen konnte. Einmal, als er Johnson Klatsch aus der Wirtschaft berichtete, gab der ihn an die Presse weiter, worauf die Börse eine Zeitlang verrückt spielte.

Ich fragte Joe, was er gegen die White House Fellows habe. Ich war ja auch einer, und bislang waren wir miteinander gut ausgekommen. Joe erklärte mir, daß Demokratie im Licht der Öffentlichkeit nicht immer gut funktioniere. Demokratie sei ein Geben und Nehmen. Die Leute müßten feilschen, tauschen, Rückzieher machen, sich beugen und Kompromisse schließen, Ideale aufgeben und das Machbare anstreben. Auf Uneingeweihte wirke Politik schmutzig, sie reagierten enttäuscht oder sogar schockiert. Wer Kompromisse schließe, erscheine als manipulierbar, prinzipienlos oder sogar doppelzüngig. Es sei in Ordnung, wenn ich das alles mitbekäme, fuhr Joe fort. Ich sei älter und erfahren. »Aber einige dieser Kids irren mit großen Augen durch den Westflügel und die Büros der Kabinettmitglieder und sind geschockt, wie die Dinge hier wirklich laufen.«

Die Kehrseite der Medaille sei, so Joe, daß »einige an der Macht Geschmack finden, ehe sie mit ihr umgehen können«. In ihrer anfänglichen Begeisterung übersähen sie leicht die gesetzlichen Schranken und könnten in Schwierigkeiten geraten. »Gegen Sex ist ja nichts einzuwenden«, fuhr Joe fort, »aber Kinder zusehen lassen, bevor sie wissen, worum es geht, ist einfach unmoralisch.«

Als ich im Sommer 1973 in einem chinesischen Dorf den Worten eines verhutzelten Ortsvorstehers lauschte, war ich in eine Welt eingetaucht, die nur wenige Amerikaner zu sehen bekommen hatten. Diese Reise stand am Ende unseres Jahres als White House Fellows. Am 23. Juli waren wir in Kanton eingetroffen. Ein endloser Strom von Fahrrädern floß lautlos über die makellosen Straßen, und ich staunte über die Sauberkeit und Ruhe in einer so großen Stadt. Die Chinesen führten uns durch weitere Großstädte und zu den üblichen Touristenattraktionen: der Verbotenen Stadt, der Großen Mauer. In einem primitiven Krankenhaus auf dem Land verfolgten wir eine zwanzigminütige Schilddrüsenoperation, vorgenommen an einer Frau, die nur mit Akupunktur betäubt worden war. Anschließend stand die Patientin auf, trank ein Glas Limonade und ging. In Shenyang besuchten wir eine Maschinenfabrik. Die Arbeiter steckten in dick gepolsterten und wattierten Anzügen, so daß wir Männer nicht von Frauen unterscheiden konnten. Wir erfuhren, daß die Arbeiter bei einer Sechs-Tage-Woche ohne Urlaub, sah man einmal von gelegentlichen Feiertagen ab, umgerechnet 52 Dollar im Monat verdienten, auch die Vorarbeiter, Kontrolleure und alle anderen außer der Betriebsleitung. Trotz dieser Arbeitsbedingungen, die Amerikaner auf die Barrikaden getrieben hätten, machten sie einen zufriedenen Eindruck.

Einer unserer Reiseführer, ein 44jähriger Professor, hatte in den Vereinigten Staaten studiert. Zu Beginn seines Arbeitslebens, so erklärte er uns, habe er nur Wohlstand und beruflichen Aufstieg angestrebt, habe seinen Studenten Buchwissen eingetrichtert und sie auf individuellen Erfolg getrimmt. Weder er noch sie hätten praktische Kenntnisse oder auch nur einen Funken soziales Verantwortungsgefühl gehabt. Dann sei die Große Proletarische Kulturrevolution gekommen. Der Professor wurde aufs Land abkommandiert und leistete dort zum ersten Mal in seinem Leben »ehrliche Arbeit«, wie er es ausdrückte: »Zuvor wußte ich nichts. Ich konnte nicht einmal Baumwolle pflanzen. Ich hatte Studenten unterrichtet und mußte jetzt von Bauern geschult werden.« Das erzählte er mit erhabenem Lächeln. Einige der Fellows gerieten ins Schwärmen. Meine Erfahrungen mit körperlicher Arbeit an einer Pepsi-Abfüllanlage dämpften meine Begeisterung.

Nach dem Besuch in der Sowjetunion fiel mir an China auf, daß dort keine Paranoia herrschte. Unsere Führer schienen weniger besorgt als ihre sowjetischen Kollegen. Sie behielten unser Gepäck nicht ständig im Auge, schränkten unsere Bewegungsfreiheit nicht ein und verboten uns nicht das Fotografieren. Dennoch zog sich zweierlei wie ein roter Faden durch den Aufenthalt in China. Wenn man in Peking, Kanton, Schenjang oder in irgendeinem Dorf einen einfachen Menschen nach seinem Wohlbefinden fragte, kam das immer gleiche Lächeln mit der Antwort:»Gut. Unter dem Vorsitzenden Mao haben wir eine Nähmaschine, ein Radio und ein Fahrrad.« Die Gleichschaltung des Denkens in diesem Riesenreich war von einer erschreckenden Perfektion. Und die zweite eiserne Regel bestand darin, daß chinesische Funktionäre wohl Unzulänglichkeiten, nie aber Irrtümer eingestanden.

Eines Tages, als wir den Fluß Amur an der Grenze zwischen China und der Sowjetunion besuchten, fragte ich unseren Führer, ob wir auch einen Militärstützpunkt besichtigen dürften. Mit gütigem Lächeln klärte er mich auf, dies sei nicht möglich, denn das friedliebende China unterhalte entlang dieser umstrittenen Grenze keine Stützpunkte. Beim Besuch in einem Tempel hörten wir plötzlich ein ohrenbetäubendes Donnern. Wir wandten uns um und sahen zwei chinesische Kampfjets vom Typ MIG-19 über den Himmel jagen; sie waren offenbar von einem nahegelegenen Fliegerhorst gestartet. »Was war das?« fragte ich unseren Führer, der noch immer friedlich und still vor sich hinblickte. »Was war das?« fragte auch er. Das war das Ende der Diskussion.

Der verhutzelte alte Ortsvorsteher, der in einem Dorf zu uns sprach, schilderte uns, wie er und seine Leute sich buchstäblich mit bloßen Händen durch einen felsigen Berg gegraben hätten, um an den fruchtbaren Boden auf der anderen Seite zu gelangen. Sie hatten an den Hängen zertrümmerte Steine aufgeschichtet und Terrassen errichtet, um den Boden festzuhalten. Kaum war die Arbeit vollendet, da schwemmte der Regen alles wieder fort. Doch gestärkt von den Gedanken des Vorsitzenden Mao und den Aussprüchen aus seinem Roten Buch, hätten sie von vorn angefangen und diese wohlhabende Gemeinde aufgebaut. Der Ortsvorsteher lud uns zu einem Essen ein, dessen Zutaten aus dem Terrassenanbau stammten. Soweit ich es beurteilen konnte, handelte es sich um Hirse mit etwas Fleischsoße und einem undefinierbaren Gemüse. Einfache Kost, räumte unser Gastgeber ein, aber nahrhaft. Zusammen mit der Weisheit des Vorsitzenden Mao gebe sie ihnen Kraft.

Nach dem Essen stand er auf und entschuldigte sich, daß er keine Geschenke für uns habe. Aber er wolle uns einen kleinen Stein mit einem eingravierten Datum geben. Der Stein stammte von einer Terrasse und wurde uns von den Dorfbewohnern in aufrichtiger Freundschaft überreicht. Da sprang Colonel Loeffke auf und sagte, er habe für unsere Gastgeber Geschenke. Er holte eine Einkaufstasche und begann, Anstecker mit lächelnden Gesichtern, Kugelschreiber, Anstecknadeln zu Nixons Amtsantritt und anderen Trödel zu verteilen. Die Szene erinnerte an den Kauf Manhattans von den Indianern. Der Ortsvorsteher bedankte sich mit rätselhaftem Lächeln: »Ihr habt uns soviel gegeben, und wir Euch sowenig. Bitte verzeiht uns.«

Als mein Jahr als White House Fellow dem Ende zuging, rief mich Fred Malek in sein Büro. Sein Fernseher lief. Er sah einen Bericht über Senator Sam Ervins Untersuchungsausschuß zu Watergate. »Der Sturm wird sich wieder legen«, bemerkte Fred. Er sagte, er wolle mit mir darüber reden, ob ich ein weiteres Jahr im OMB bleiben wolle. Ich wußte jetzt, daß mein anfänglicher Widerwille, White House Fellow zu werden, die Voreingenommenheit eines Neulings gewesen war. Die Fellows hatten Gelegenheit gehabt, mit Präsident Nixon über die Macht der Exekutive zu diskutieren, mit US-Senatoren die Legislative unter die Lupe zu nehmen und sich beim Minister für Gesundheit, Bildung und Soziales über soziale Programme zu informieren. Im Bereich der Außenpolitik waren wir mit führenden Politikern Japans, der Sowjetunion, Chinas, Polens, Bulgariens und Westdeutschlands zusammengekommen. Wir hatten jede Woche mit namhaften Journalisten zu Mittag oder zu Abend gegessen. Ziel des Programms war es, uns tiefere Einblicke in die Schaltzentralen der Macht und zugleich einen groben Überblick über das gesamte Machtgefüge der amerikanischen Politik zu geben. Keine politologische Fakultät und kein Seminar für öffentliche Verwaltung im ganzen Land hätte Vergleichbares leisten können.

Dennoch wollte ich in die Armee zurückkehren. Als Student an der Universität, als Offizier an einem Schreibtisch im Pentagon und als White House Fellow hatte ich seit drei Jahren nicht mehr am regulären Soldatenleben teilgenommen. Vor allem das Fellows-Programm hatte mich von der gradlinigen Militärlaufbahn abgebracht, und jetzt war ich begierig darauf, wieder aufs angestammte Gleis zurückzukehren. Die Armee war mein Leben. Ich dankte Malek für sein Angebot und teilte ihm mit, daß ich ihn verlassen würde. Im übrigen war die Regierung Nixon aufgrund der Beweise, die Sam Ervin und der Watergate-Sonderermittler sammelten, trotz Maleks Optimismus in meinen Augen kein besonders seetüchtiges Schiff. Ich wollte nichts anderes, als auf der anderen Seite des Potomac in Erfahrung bringen, welchen Posten das Pentagon einem Soldaten, der sich wieder nach einem Truppenkommando sehnte, zu bieten hatte. Seit meinem Dienst als Kompaniechef in Fort Devens 1962 hatte ich kein direktes Kommando mehr ausgeübt. Bei meinem ersten Aufenthalt in Vietnam hatte ich faktisch zwar ein Bataillon befehligt, doch in den Akten wurde ich nur als Berater geführt. Bei meinem zweiten Aufenthalt hatte ich nur als Stabsoffizier gedient. Als Lieutenant Colonel, der bei der Infantry Branch als qualifiziert galt, hoffte ich jetzt auf ein eigenes Bataillon.

Im Frühjahr 1973, in meinen letzten Tagen als White House Fellow, ging ich ins Personalbüro der Infantry Branch. Ein Lieutenant Colonel schob mir eine Kladde hin und schlug sie auf. Auf losen Blättern waren handschriftlich sämtliche Bataillone der Army aufgelistet, dahinter drei Spalten: Spalte A gab an, wer die Einheit augenblicklich kommandierte, Spalte B, wer als Nachfolger vorgesehen war, und Spalte C, wer das Kommando im Anschluß daran übernehmen sollte. Ich ging auf der Suche nach Lücken die ganze Spalte B durch, denn ich wollte mein Kommando so schnell wie möglich.

Schließlich entschied ich mich für eine in Korea stationierte Einheit, nicht weil ich zu Korea eine besondere Beziehung gehabt hätte, sondern weil das Kommando über das 1. Bataillon, 32. Infanteriebrigade, 2. Infanteriedivision, 8. Armee in Korea zu den wenigen gehörte, die in Kürze vakant wurden. Das Bataillon lief unter dem Namen Queen's Own Buccaneers (die Freibeuter der Königin) oder kurz »die Bucs« in Anspielung auf seine hawaiianischen Ursprünge. Es hatte in den neunziger Jahren des 19. Jahrhundertes unter dem Befehl von Königin Liliuokalani gestanden.

Am schwierigsten war, die Sache Alma beizubringen. Ich konnte sie nicht nach Korea mitnehmen, und das bedeutete, daß ich sie für ein Jahr mit drei Kindern im Alter von zehn, acht und drei Jahren in Dale

City zurücklassen mußte. »Ich bitte dich um ein Opfer«, räumte ich ein. Meine vernünftige Frau reagierte gefaßt.

»Wenn du unbedingt willst«, sagte sie, »wenn du glaubst, es sei für dich das Beste, dann tue es.«

Ihr Rückhalt machte mir den Abschied leichter, aber keineswegs leicht. Dies war die dritte Trennung von meinem Sohn, die zweite von meiner Tochter Linda und die erste von Annemarie, die im Augenblick im süßesten Alter war. Die Abreise nach Korea ohne meine Frau und meine Kinder war das Schmerzlichste, das ich bis dahin erlebt hatte.

8

»Go, Gunfighter, Go!«

Mein neuer befehlshabender Offizier, Major General Henry E. »Gunfighter« Emerson, hatte die 2. Division in Camp Casey erst ein paar Monate vor meiner Ankunft in Korea übernommen. Bei meiner offiziellen Kommandoübergabe bekam ich einen ersten Hinweis darauf, wie er war. Ich löste Lieutenant Colonel Zeb Bradford ab, einen weiteren Offizier aus DePuys Stab, der als Bataillonskommandeur bei den Bucs erstklassige Arbeit geleistet hatte. Kommandoübergaben sind gewöhnlich etwas peinlich, denn wer hat schon ein gesteigertes Interesse daran zu hören, wie der Vorgänger die Truppe geführt hat. Ich ziehe eine kurze Übergabe vor, und in diesem Fall war sie kurz.

Am Morgen der Übergabe betraten Bradford und ich einen nahezu leeren Exerzierplatz. In Deutschland und Vietnam hatte ich mich an einen übertriebenen Rummel bei solchen Anlässen gewöhnt, an große Aufmärsche und die Verleihung zahlreicher Orden. Hier aber verlor sich lediglich eine vierköpfige Fahnenabordnung auf dem Antreteplatz. Fünf Kompaniekommandeure und ihre Fahnenträger standen stellvertretend für die fünf Kompanien verstreut wie einsame Wachtposten. Ein paar Zuschauer sahen von ihren Plätzen aus zu. »Gunfighter läßt die Soldaten ungern in der heißen Sonne stehen, während ein paar Offiziere sich gegenseitig erzählen, wie toll sie sind«, sagte mir Bradford. Der Sergeant Major übergab die Fahne des Bataillons Bradford, der sie wiederum an mich weiterreichte, und ich gab sie dem Sergeant Major zurück. Das war alles. Die ganze Angelegenheit dauerte keine dreißig Sekunden. Langsam fand ich Gefallen an Gunfighter Emerson.

Kurz darauf ging ich zum Hauptquartier der Division und meldete mich beim General. Er kam aus dem Büro gestürmt, packte meine Hand und schüttelte sie wie einen Pumpenschwengel. Er war um die Fünfzig, groß, schlaksig, hatte eine Adlernase, zerfurchte Gesichtszüge, leuchtende Augen und eine dröhnende Stimme. Er ging, während er mich begrüßte, unentwegt auf und ab. Den Spitznamen hatte er aus Vietnam, wo er einen cowboymäßigen sechsschüssigen Revolver anstelle der üblichen Dienstpistole trug. Ich bemerkte auch, daß ein Revolver auf seine Gürtelschnalle graviert war. Zudem hatte ich gehört, daß er sich dort den Ruf eines grimmigen Kämpfers erworben hatte.

General Emerson hatte für den Vormittag eine Kommandeursbesprechung anberaumt, und so blieb ich gleich da. Der General stellte mich meinen Kollegen vor, und wir nahmen im Konferenzraum Platz. Emerson selbst ging weiter auf und ab. »Unser heutiges Thema«, erklärte er, »ist das Schießen.« Er begann in einem gemäßigten Ton. Je länger er sprach, um so mehr erwärmte er sich für das Thema. Schießen sei wichtig! Er schritt schneller aus. Wenn wir das Schießen vernachlässigten, seien die Soldaten schlecht ausgebildet! Seine Augen begannen zu funkeln. Und wenn Soldaten schlecht ausgebildet seien, könnten sie nicht siegen. Was, zum Donnerwetter, sei das für eine Führung? Inzwischen trommelte er mit den Fäusten. Dieses Verhaltensmuster sollte sich nie ändern, solange ich unter Gunfighter diente: maßvoller Beginn, wachsende Leidenschaft, apoplektischer Schluß. Ich beobachtete seine zunehmende Erregung bei jedem Thema, ob er nun über Hubschraubereinsätze entlang der entmilitarisierten Zone (DMZ) oder Fernkurse für Soldaten sprach. Und die Pointe war stets dieselbe, ein markerschütterndes »Wenn wir unsere Arbeit nicht richtig machen, werden die Soldaten nicht siegen!«

Vor der Truppe verhielt er sich kein bißchen anders. Bei seinem ersten Auftritt, den ich miterlebte, hatten wir die gesamte Division auf dem Exerzierplatz von Camp Casey antreten lassen. »Wir haben in Korea dafür zu sorgen, daß der Waffenstillstand, der am 27. Juli 1953 zwischen den Vereinten Nationen und Nord-Korea vereinbart wurde, eingehalten wird. Des weiteren haben wir die Aufgabe, unseren südkoreanischen Verbündeten zu Hilfe zu kommen, falls der Waffenstillstand gebrochen wird.« Mit jedem Wort sprach Emerson schneller. Ich hörte einen Sergeant flüstern: »Jetzt gerät er in Fahrt.« Gleich darauf brüllte Gunfighter: »Und wenn die nordkoreanischen Hurensöhne die DMZ jemals übertreten, werden wir sie in den Arsch treten!« Seine Augen blitzten, und die Adern in seinem Nacken traten hervor. »Und wenn die Chinesen eine Million Mann über die Grenze schicken, werden wir auch die in den Arsch treten!« Die Soldaten ließen sich von seiner Begeisterung anstecken und riefen: »Go, Gunfighter, go!«

Emerson hatte ein schweres Kommando angetreten. Die Moral der 2. Division war schlecht, als er sie übernahm, die Disziplin lasch. Daß hier ein Kommandeur eine feurige Ansprache hielt und den Willen bekundete, etwas zu ändern, machte mir Mut. Die Division konnte ein paar markige Sprüche vertragen.

Bereits am zweiten Abend im Camp bekam ich einen ersten Eindruck vom Zustand der Division. Ich war in meinem Quartier, einer Wellblechhütte mit Dusche, Bett, Tisch und einem stinkenden Ölofen, und wollte gerade zu Bett gehen, als ich telefonisch gebeten wurde, sofort auf die Wache zu kommen. Die Nacht war kühl, und ein Hauch des bevorstehenden koreanischen Winters lag in der Luft, als ich, mir die Jacke zuknöpfend, den Hang hinunterrannte.

Ich trat in ein kleines Gebäude neben dem Tor, das einen Tisch für den MP-Sergeant und einige Zellen enthielt. Es war, als sei ich mitten in einen Kampf mit einer Wildkatze geraten. Ein Militärpolizist versuchte, 150 Pfund geballter Wut Handschellen anzulegen, während sechs andere das Knäuel aus Armen und Beinen wachsam umringten. Ein Major stand ganz gelassen etwas abseits. »Denkt daran, was ich euch beigebracht habe«, sagte er. »Nicht nur einmal, nein zehnmal habe ich euch gesagt, niemals einer gegen einen. Alle Mann drauf!« Sofort stürzten sich die anderen MPs auf das Knäuel und überwältigten den Missetäter. Unter dem Berg aus Leibern erhaschte ich einen flüchtigen Blick von einem kleinen Private, der, wie mir gesagt wurde, meinem Bataillon angehörte.

Die MPs führten den Soldaten ab und zerrten ihn zur Überführung ins Militärgefängnis in Seoul in einen Lastwagen. Unterdessen berichtete mir der Major, was vorgefallen war. Der Soldat gehörte einer Bande an, die anscheinend ein Mordkomplott gegen den Chef der Militärpolizei geschmiedet hatte. Er und seine Kumpane hatten absichtlich eine Schlägerei angezettelt, um verhaftet und in die Zellen gesteckt zu werden. Dort wollten sie eine zweite Rauferei vortäuschen, und wenn dann der Chef kommen würde, um sie zu trennen, sollte ihn der Raufbold von eben mit einer langen Nadel, die er durch die Leibesvisitation geschmuggelt hatte, erstechen. Das letzte, was ich von dem Gefangenen sah, war, wie er, an Händen und Füßen gefesselt, das Rückfenster zerschlug, als der Lastwagen anfuhr. Dies war meine erste Lektion in Sachen Drogenmißbrauch, Rassenspannungen und Disziplinlosigkeit – Probleme, die der Army in Korea zu schaffen machten, obwohl sie hier keinen Krieg führte wie in Vietnam.

Die heutige Freiwilligenarmee hat ein hohes Niveau. Damals war das anders. Wir befanden uns in der Übergangszeit von der Wehrpflichtigen- zur reinen Berufsarmee. Nach unserem Rückzug aus Vietnam kehrte die Nation dem Militär den Rücken. Viele waren sogenannte »Kat Vier«-Soldaten, um ein Army-Kürzel zu verwenden. Kategorie IV umfaßte Soldaten mit spärlichen Kenntnissen in Lesen, Schreiben und Rechnen, Männer, die es im Zivilleben zu nichts gebracht hatten. Sie rangierten eine Stufe über der Kategorie V, den Wehrdienstuntauglichen. Heute fallen nur noch vier Prozent unter die Kategorie IV, doch damals lag der Anteil bei nahezu fünfzig Prozent.

General Emerson war entschlossen, diesen laschen, demoralisierten Haufen auf Vordermann zu bringen, und widmete dieser Aufgabe seine ganze Aufmerksamkeit. So hatte er ein Programm zur Neugestaltung der 2. Infanteriedivision in die Wege geleitet, das er »Pro-Life« nannte – nicht zu verwechseln mit der Bewegung der Abtreibungsgegner. Das Programm sollte, wie er es ausdrückte, »den Soldaten die Möglichkeit bieten, es im Leben zu etwas zu bringen«. In Anbetracht des Zustands der Army in Korea befürwortete ich jedes »Pro«, solange es in einem vernünftigen Rahmen blieb. Vernunft war freilich nicht immer Gunfighters Stärke.

Er stand mit seinem Reformeifer beileibe nicht allein. In der damaligen Übergangsphase versuchte die Army, das Soldatenleben attraktiver zu machen und Mängel zu beseitigen, die Männer davon abhielten, sich für längere Zeit zu verpflichten. So wurde der verhaßte Küchendienst abgeschafft. Und wo immer möglich, wurde eine Fünftagewoche mit freien Wochenenden eingeführt. Die Kasernen, die allzuoft an Krankenhäuser erinnerten, wurden renoviert und umgebaut, und je drei Soldaten erhielten eine eigene Stube mit Bad. Allerdings war kaum eine dieser Neuerungen bis nach Korea gedrungen. Gleichwohl war Gunfighter entschlossen, die Moral der Truppe zu heben.

Der Grund unserer Präsenz in diesem Land war ein Krieg, der damals zwanzig Jahre zurücklag. Das Drama des Zweiten Weltkriegs und die Agonie von Vietnam haben den Koreakrieg fast in Vergessenheit geraten lassen. Und doch starben in diesem Konflikt 54 000 Amerikaner, eine Verlustquote, die, gemessen an der dreijährigen Dauer des Krieges, höher war als in Vietnam, wo wir uns fast zehn Jahre lang mit einem größeren Truppenkontingent engagierten. Und mit dem Koreakrieg bin ich zum großen Teil aufgewachsen. Am Ende des Zweiten Weltkrieges war ich acht Jahre alt, und meine Erinnerungen daran sind bruchstückhaft wie die eines Kindes. Doch als die älteren Jungs aus der Kelly Street nach Korea zogen, war ich schon im Teenager-Alter und entsprechend empfänglicher. Die GIs, die aus dem Krieg zurückkehrten, erzählten von einem primitiven Land, in dem Lasten noch mit Ochsenkarren befördert wurden und der Gestank von Mist allgegenwärtig war. Heute ist Südkorea ein asiatisches Wirtschaftswunderland, in dem alles hergestellt wird, vom Auto über Videorecorder bis zum Mikrochip. Und bei meiner Ankunft hatte der ökonomische Aufschwung bereits eingesetzt, zumindest in Seoul, das vor Bürohochhäusern strotzte und über ein pulsierendes Geschäftsleben verfügte. Einige Kilometer hinter der Stadtgrenze wich die Eleganz der Hauptstadt freilich Dörfern aus Strohhütten, Gemüsegärten und Reisfeldern.

Camp Casey, wo ich das folgende Jahr verbringen sollte, lag etwa eine Autostunde von Seoul entfernt und bestand aus Wellblechhütten, die verstreut in einem Tal lagen und sich die umliegenden Hänge hinaufzogen. Im Camp herrschte eine Atmosphäre wie in einem Kriegsgebiet, denn es fehlten die Annehmlichkeiten eines Stützpunkts, auf dem auch die Familien der Soldaten leben. Wir befanden uns etwa vierzig Kilometer von der entmilitarisierten Zone entfernt, die einen Puffer zwischen Nord- und Süd-Korea bildete. Und die amerikanischen Soldaten der 2. Infanteriedivision sollten dort, drastisch ausgedrückt, einen Puffer aus Fleisch und Blut bilden.

Wir waren hier, um einen nordkoreanischen Angriff zu verhindern. Bei drohender Gefahr sollten wir sofort ausrücken. Daher war die Errichtung kostspieliger Quartiere überflüssig. Im Sommer war es in den Wellblechhütten brütend heiß, und im harten koreanischen Winter, der unmittelbar bevorstand, eiskalt. Geheizt wurde mit untauglichen Ölöfen, die zum Betrieb ein kleines Vergaserventil benötigten. Ich stellte fest, daß viele Baracken nicht beheizt wurden, weil dieses Teil fehlte – ein Umstand, der die allgemeine Schlamperei im Camp widerspiegelte. Als meine Dienststelle die Ventile bestellte, erhielt sie vom Instandhaltungsbataillon den Bescheid: »Nicht auf Lager.« Darauf ging ich selbst ins Lager und schlug einen Mordskrach, bis ich die Ventile schließlich fand – neben einem Stapel Gasmaskeneinsätze aus dem Ersten Weltkrieg. Die Leute vom Nachschub konnten zwar keine Ventile zum Beheizen der Baracken finden, bewahrten aber fast sechzig Jahre alte Atemeinsätze auf, weil sie Angst hatten, sie wegzuwerfen. Das war die Haltung, die Emerson verändern wollte, und dabei hatte er meine volle Unterstützung.

Beim Durchsehen der Bataillonsberichte stieß ich auf eine erstaunlich hohe Zahl sogenannter AWOLs – damit waren Männer gemeint, die sich unerlaubt von der Truppe entfernt hatten, wenn auch gewöhnlich nur für wenige Stunden. »Yobos«, erklärte mir der stellvertretende Kommandeur. Yobos? Jeder Achtzehnjährige, der sich an der High-School schwer getan hatte, ein Rendezvous zu bekommen, konnte sich in Tong Du Chon, der nächstgelegenen Stadt, eine Wohnung und ein Mädchen, ein eigenes Yobo, mieten, und das für nur 180 Dollar im Monat. Die Mädchen wurden von einer Frau vermittelt, die, eine Mischung aus Klatschweib und Puffmutter, für die amerikanische Garnison arbeitete. Bei der miserablen Unterbringung im Camp war die Attraktivität solcher Wohnungen nur allzu verständlich. Und aus gesundheitlicher Sicht waren solche Arrangements vermutlich einem Besuch bei jenen Prostituierten vorzuziehen, die für zehn Dollar ihre Dienste anboten und die Zahl der Geschlechtskrankheiten in Camp Casey in schwindelnde Höhen getrieben hatten: In einigen Einheiten stieg die Quote, bezieht man die »Wiederholungstäter« mit ein, auf über 100 Prozent.

Die Stadt Tong Du Chon hatte nur einen Gewerbezweig, und dieser Gewerbezweig war die Army. In den Staaten war gerade der Afro-Look in, und im Kino liefen Filme mit schwarzen Helden wie *Shaft* und *Superfly*. In der Army war ein übertriebener Afro-Look nicht erlaubt, doch in der Freizeit trugen die schwarzen Soldaten jede Art von Hippie-Mode: hohe Absätze, verrückte Anzüge und ausgefallene Capes, Klamotten, die sie sich bei Schneidern in Tong Du Chon praktisch über Nacht für 20 Dollar anfertigen lassen konnten. Bei den Weißen waren Cowboy-Hüte, phantasievoll bestickte Stiefel und Jeanshemden der letzte Schrei, und viele versuchten, sich mit langen Haaren durchzumogeln.

Bei meinem ersten Besuch in Tong Du Chon bummelte ich an einer

Reihe von Straßenmalern vorbei, die, wie ich zunächst glaubte, nach meiner Brieftasche griffen. Endlich entnahm ich ihrem Pidgin-Englisch, daß sie Fotos meiner Angehörigen sehen wollten. Ich zog ein Bild der kleinen Annie hervor, und in 20 Minuten fertigte ein Maler für 10 Dollar ein Ölbild meiner Tochter an – meiner koreanischen Tochter, da die Gesichtszüge stets asiatisch wirkten, einerlei wen die Künstler malten. Elvis Presley war der Renner unter den weißen Soldaten in Tong Du Chon: Elvis auf Samt in jeder Pose und Größe. Ich frage mich, wie viele amerikanische Wohnzimmer mit diesen Porträts des mandeläugigen King geschmückt sind, die beleibte, inzwischen fünfzigjährige Männer aufbewahrt haben.

In manchen Straßen von Tong Du Chon reihte sich Geschäft an Geschäft, die alle nur Messingartikel verkauften: Kerzenständer, Aschenbecher, Teller, Platten, Haushaltsgegenstände, kurzum alles, was sich aus Messing herstellen ließ. Bald erfuhr ich, woher das Metall stammte. Wir führten eine nächtliche Schießübung durch, beschossen einen Hügel zunächst mit Artillerie und schickten dann die Infanterie hinterher, die mit Handfeuerwaffen in den Hang pfefferte. Eine rote Leuchtrakete stieg auf und signalisierte »Feuer einstellen«. Sofort blitzten überall auf dem Hügel Lichtpunkte auf. Was das sei, fragte ich. »Koreaner«, informierte mich der stellvertretende Kommandeur. Schattenhafte Gestalten tauchten aus Löchern und Gräben auf und strebten dem Schießplatz zu. Sie trugen Taschenlampen, manche sogar Kerzen, und lasen die verschossenen Kugeln und die noch warmen Geschoß- und Patronenhülsen auf. Einige hatten einen Vorsprung, da sie sich in Höhlen im Einschußbereich versteckt hatten. Hier stammte das Messing her, das in den Läden von Tong Du Chon zu finden war.

Am Tag nach der nächsten Nachtübung des Bataillons mußte ich meinen Stellvertreter in ein nahegelegenes Dorf schicken, um dem Bürgermeister mitzuteilen, daß einer seiner Leute auf dem Schießplatz versehentlich getötet worden war. Der Bürgermeister nahm die Nachricht sachlich auf und nickte nur. Diese Menschen waren sehr arm, und sie waren bereit, bei der Arbeit ihren Kopf zu riskieren.

»Guuuuuten Morgen, Camp Casey.« Die vergnügte Stimme des Radiosprechers weckte mich jeden Morgen um 5.30 Uhr. Ein weiteres Gegenmittel aus Gunfighter Emersons Pro-Life-Programm gegen Schlägereien, Drogenmißbrauch, übermäßiges Trinken, sexuelle Ausschweifungen und Versuche, den Kommandeur der Militärpolizei abzustechen, war körperliche Ertüchtigung bis zur Erschöpfung. Folglich begannen wir jeden Tag mit einem Lauf über 6,5 km, der in 32 Minuten oder weniger zu absolvieren war. »Der Sieger der letzten Woche im Laufen war ...« fuhr der Sprecher fort. »Und heute herrscht eine Temperatur von ...« Oh, Gott, laß es zehn Grad unter Null sein. Wenn es so kalt war, brauchten wir nämlich nicht zu laufen. Ein Grad mehr, und wir mußten raus aus den warmen Betten und hinaus in eine Kälte, die uns die Lungen gefrieren ließ. Zuerst liefen wir einen leichten Abhang hinauf, dann erklommen wir einen steileren Hügel, machten auf halber Höhe kehrt und kehrten nach Camp Casoy zurück – und das alles vor dem Frühstück. Die letzten zwei Minuten spurteten wir, und Hunderte von Männern schrien sich die Lunge aus dem Hals. Am meisten verwunderte mich, daß dieselben Männer, die ständig über den Lauf murrten, hinter der Ziellinie über mich herfielen und fragten: »Was für eine Zeit sind wir gelaufen, Colonel? Wie schnell waren wir? Schneller als das 72. Panzerbataillon?« Gunfighter hatte schon was los.

Ich führte das einzige Infanteriebataillon in einer Brigade, die sonst nur aus Panzerbataillonen bestand. Zwei alte Kameraden aus Gelnhausen, Clyde Sedgwick und Bill Wiehl, befehligten die benachbarten Panzereinheiten. Sie absolvierten den Lauf in einem gemächlichen Trab, während ich mich voll reinhängte und jeden Morgen den gleichen Zyklus durchlief wie meine Männer: Ärger über das Aufstehen bei eisiger Kälte, Erschöpfung auf halber Strecke und Hochstimmung im Ziel. Ich war entschlossen, das 1. Bataillon der 32. Infanteriebrigade zum Sieg zu führen. Ich wollte nicht zulassen, daß Soldaten, die den ganzen Tag in fahrbaren Eisenbunkern hockten, Infanteristen beim Laufen schlugen.

Unter uns waren auch Männer, die Katusas genannt wurden (ein Kürzel für koreanische Soldaten, die die amerikanischen Truppen verstärkten) und endlos rennen konnten. Unsere Einheiten waren stets unterbesetzt. Die Sollstärke meines Bataillons lag bei 700 Mann, aber ich hatte nie mehr als 500. Die Lücken wurden mit Koreanern aufgefüllt. Sie schlugen sich darum, ihre Einheiten zu verlassen und zu uns zu kommen, folglich konnten wir aus der Masse der Bewerber auswählen. Die Katusas gehörten zu den besten Soldaten, die ich je befehligt habe. Nie erschienen sie betrunken oder überhaupt nicht zum Dienst. Sie waren unermüdlich, diszipliniert und lernten rasch. Und sie verdienten 3 Dollar im Monat, weniger, als einer unserer Männer abends in Tong Du Chon für Bier ausgab.

Wenn ein Katusa mal aus der Reihe tanzte, was freilich selten vorkam, ging ich einfach zu seinem koreanischen Vorgesetzten und sagte: »Soldat Kim tut sich anscheinend etwas schwer, Befehle zu befolgen.« Wenn der aufsässige Soldat es wert war, auf den rechten Weg zurückgeführt zu werden, verschwand der Vorgesetzte mit ihm hinter den Baracken und bleute ihm die Unrechtmäßigkeit seines Verhaltens ein. Bei vergleichbaren Disziplinarmaßnahmen könnte ein amerikanischer Soldat seinem Anwalt oder Kongreßabgeordneten schreiben. Hier prallten zwei unterschiedliche Kulturen aufeinander, die im Widerstreit zwischen Freiheit und Ordnung, zwischen den Rechten des einzelnen und den Bedürfnissen einer Gruppe zu unterschiedlichen Kompromissen gelangt waren. Unterm Strich halte ich unseren Weg für den besseren, auch wenn er für Vorgesetzte weit unbequemer und lästiger ist.

An einem Wintertag rief Gunfighter alle Kommandeure zu sich und teilte uns seine Absicht mit, ein Spezialtraining durchzuführen, daß darin bestand, die Nacht zum Tage zu machen. »Schließlich«, so erläuterte Gunfighter, »werden uns die Nordkoreaner nicht zu den üblichen Bürozeiten angreifen.« Also führte ich meine Männer zu den Hügeln am Fluß Imjin, wo wir den normalen Tagesablauf auf den Kopf stellten: Frühstück 20 Uhr, danach Orientierungsmarsch durch die Wildnis bis 1 Uhr, Mittagspause, »nachmittags« von 2 bis 7 Uhr Waffenausbildung und Schießübungen, Abendessen um 8 Uhr und Schlafversuche von 9 bis 15 Uhr. Zehn Tage lang versuchten wir, den 24-Stunden-Rhythmus umzukehren, was aus gewissen Gründen nie funktionierte. Die Mahlzeiten zu solch unchristlichen Zeiten machten einige Soldaten buchstäblich krank, und wir mußten wieder dazu übergehen, unseren Dienst zur üblichen Zeit zu verrichten. Trotzdem hatte Gunfighter recht. Kriege kommen zu ungeregelten Zeiten.

»Colonel Powell, Sie müssen zur Kompanie C kommen, schnell.« Der Anrufer an jenem Samstagnachmittag war der Kompaniechef, ein vielversprechender junger Offizier, der im Umgang mit Untergebenen allerdings noch nicht die richtige Mischung aus Druck und Überzeugungskraft gefunden hatte.

Ich stürzte aus der Hütte und entdeckte an einer Kreuzung in der Nähe des Freizeitraums der Kompanie C einen kleinen Menschenauflauf. Die Männer machten Platz und ließen mich durch. In der Mitte stand ein Soldat, entweder betrunken oder unter Drogen, und schwang einen Billardstock. Seine Augen funkelten, sein Gesicht war verzerrt. »Einer muß sterben!« schrie er. »Einer muß sterben! Ihr habt meinen Kumpel ins Gefängnis gesteckt. Mich steckt keiner ins Gefängnis. Erst muß einer sterben!«

»Ich habe die MP gerufen, Colonel«, teilte mir der Lieutenant mit. »Sie ist unterwegs.«

Ich nickte, ging auf den Soldaten zu und blieb im Abstand eines Billardstocks vor ihm stehen. »Was hast du vor, mein Junge?« sagte ich. »Willst du mich schlagen?«

»Einer muß sterben«, wiederholte er.

Ich schlug einen milden Ton an. »Junge, leg den Stock weg.«

»Nein, Sir.«

»Weißt du, wer ich bin?«

»Ja, Sir, Colonel Powell.«

»Ich möchte, daß du den Stock weglegst, bevor du jemandem weh tust. Ich möchte, daß du ihn weglegst, bevor jemand dir weh tut.« Ich trat näher. »Wenn du nicht tust, was ich dir sage, werden dich die Männer hier windelweich schlagen. Und wenn sie mit dir fertig sind, kommst du für ein Jahr ins Militärgefängnis. Was hat das für einen Sinn? Also, leg den Stock weg, und dann unterhalten wir uns in aller Ruhe.«

Er ließ die Arme sinken, der Billardstock fiel zu Boden. Und dann brach er in Tränen aus. »Keiner versteht mich. Keiner kümmert sich um einen.« Auf einmal war aus dem mordlustigen Hitzkopf ein verwirrtes, verletztes Kind geworden.

Er bekam ein paar Wochen Ausgangsverbot. Wenig später ging ich im Camp an ihm vorüber, und er grüßte mich zackig. »Colonel, wie geht es Ihnen, Sir?« Grinsend sagte er einem Kumpel: »Das ist Bro P, Bruder Powell, der ist in Ordnung.« Und Bro P wurde für den Rest meiner Zeit in Korea mein Spitzname, zumindest unter den Schwarzen.

Die Rassenkonflikte in Camp Casey ließen sich zum Teil auch an einer musikalischen Trennlinie festmachen. Die Weißen wollten Rock und Country and Western hören. Die Schwarzen bevorzugten Soul, Aretha

Franklin und Dionne Warwick. Die Lage wurde so prekär, daß wir die
Besitzer der Bars in Tong Du Chon ins Hauptquartier riefen und nach
einem fairen Kompromiß suchten. Schließlich willigten sie ein, sieben
»weiße« Songs auf je drei »schwarze« Songs zu spielen. Am Ende
waren die Weißen nur dreißig, die Schwarzen siebzig Prozent der Zeit
unglücklich.

Die Soldaten hatten das Problem auf ihre Weise gelöst. Weiße besuchten Bars in einem bestimmten Stadtteil, Schwarze in einem anderen. Die Demarkationslinie dazwischen nannten sie Crack. Ein Weißer,
der den Crack überquerte, setzte sich derselben Gefahr für Leib und
Leben aus wie ein Schwarzer, der vor der Verabschiedung des Civil
Rights Act 1964 versucht hätte, in Birmingham eine weiße Bar zu betreten. Dieser Zustand war Gunfighter ein Greuel. Die Vorstellung, daß
eine Gruppe einen Teil von Tong Du Chon »in Besitz nahm«, war ihm
ebenso unerträglich wie der Gedanke, daß ein amerikanischer Soldat
sich von anderen amerikanischen Soldaten bedroht fühlen mußte.
»Rassismus ist schlecht«, erklärte Gunfighter im Kreis der höheren
Offiziere. »Rassenspannungen passen nicht zu Pro-Life. Ich werde in
meiner Division keinen Rassismus dulden.« Wir hätten uns nicht gewundert, wenn er hinzugefügt hätte: »Ab morgen früh sieben Uhr ist
Schluß mit dem Rassismus.«

Gunfighter hatte einen Plan. Er habe, so teilte er uns mit, bereits ein
Sonderkommando der MP nach Tong Du Chon beordert. »Und Sie,
Gentlemen, werden durch jede Straße am Crack gehen. Sie gehen in
Tanzsäle, Bars, in jedes öffentliche Lokal. Und sollte irgend jemand
bedroht oder angegriffen werden, werde ich die Bereitschaft und MPs
schicken und den Schuppen räumen lassen.« Dann lächelte er uns
kurz zu und sagte: »Jetzt gehen Sie, und viel Vergnügen.«

In einem Lokal trafen wir zufällig Pater Gianastasias, einen katho-
lischen Kaplan. Er tanzte gerade mit einem Barmädchen. Einige Offiziere waren überrascht, ich nicht. Ich kannte die Methoden des Pa-
ters. Er ging dorthin, wo seine Schäfchen waren. Wenn ein Junge ein
Problem hatte, sich aber scheute, damit ins Bataillonshauptquartier
zu gehen, konnte er den Pater im Kit Kat Klub aufsuchen. Der Seel-
sorger trank ein Bier nach dem anderen mit ihm, bis der Soldat
schließlich auftaute und ihm sein Herz ausschüttete. Wir hatten auch
andere Geistliche, die ihre Zeit in den Hütten verbrachten und die
Briefe des Paulus an die Korinther studierten. Alles schön und gut,

doch einem Soldaten, der in Schwierigkeiten steckte, half das nicht viel. Pater Gianastasias' Methoden mochten unorthodox sein, aber wir hörten nie von Gerüchten, daß er gegen die Priestergelübde verstoßen habe.

Ich kann nicht behaupten, daß unser Marsch auf dem Crack die Rassenspannungen zum Verschwinden gebracht hätte. Wir hatten das zu Hause nicht geschafft, wie sollte es dann in einer Garnisonsstadt im fernen Korea gelingen. Doch General Emerson beseitigte mit seinem mutigen Schritt die Grenze zwischen Menschen unterschiedlicher Hautfarbe. Danach beanspruchte keine Gruppe mehr einen Teil von Tong Du Chon für sich. Und es gab keine Selbstjustiz mehr, die sich über die Autorität der Army hinwegsetzte. Wir hatten den Mythos des Crack zerstört.

Gunfighters Streben nach einem harmonischen Zusammenleben der Rassen war keine vorübergehende Laune. Er ging die Sache mit vollem Eifer an, wie alles, was er tat. Eines Tages erfuhr ich, daß einer seiner Günstlinge, ein hochbegabter Offizier, den er kürzlich auf einen Spitzenposten im Divisionsstab berufen hatte, schwarze Soldaten angeblich »Neger« genannt hatte. Ich ging der Sache nach, und der Vorwurf erwies sich als richtig. Der Fall war in meinen Augen so wichtig, daß ich ihn meinem Vorgesetzten, dem Brigadechef, meldete, und der wiederum informierte die Division. Noch am selben Nachmittag entließ Emerson den betreffenden Offizier, obwohl ich wußte, daß ihn der Verlust eines fähigen Untergebenen sehr schmerzte.

Weiße Offiziere und Unteroffiziere konnten mit weißen Unruhestiftern und Drückebergern hart ins Gericht gehen, doch viele sträubten sich, bei aufsässigen Schwarzen durchzugreifen, aus Angst, zum Rassisten gestempelt zu werden. Derlei Skrupel kannte ich nicht, wie der Fall eines Corporals zeigt, den ich hier Biggs nennen möchte. Eines Tages kam Sergeant Major Albert Pettigrew, ein Soldat der alten Schule, mit besorgter Miene zu mir und sagte: »Wenn der Colonel erlaubt, muß ich dem Colonel Meldung machen, daß wir einen neuen Mann haben, der eben von einem Artilleriebataillon im Norden zu uns versetzt wurde, Corporal Biggs.«

»Und?«

»Corporal Biggs könnte uns Ärger machen«, sagte Pettigrew. »Er kommt aus dem Bataillon, dessen Kommandeur abgelöst wurde, weil er die Kontrolle über seine Leute verloren hatte. Biggs war der Rädelsführer. Und jetzt hat er sich hierher versetzen lassen.«

»Er hat sich versetzen lassen?« fragte ich. Der findige Corporal Biggs, so erklärte Pettigrew, hatte es irgendwie fertiggebracht, an einen Standort seiner Wahl zu kommen.

»Ich möchte diesen Soldaten sehen«, sagte ich Pettigrew.

Bald stand Biggs vor mir, ein kleiner, anmaßend wirkender Mann.

»Ich bin wirklich froh, hier zu sein«, sagte er.

»Weshalb?« fragte ich.

Biggs teilte mir in vertraulichem Ton mit, daß wir ernste Rassenprobleme hätten, meinte aber, daß er sie in den Griff kriegen könne.

»Tatsächlich«, sagte ich. »Das ist fein. Doch lassen Sie mich die Regeln erläutern, an die wir uns bei den Bucs halten.« Ich erklärte Biggs, wie ich das Bataillon führte, und er hörte mir höflich, aber gelangweilt zu.

Wenig später erfuhr ich, daß Biggs hinter den Baracken Versammlungen schwarzer Soldaten abhielt und sich dabei als geschickter Organisator erwies. Er schilderte in düsteren Farben, wozu weiße Offiziere fähig waren, wenn ihnen die Schwarzen nicht Paroli boten. Mit Hilfe von Drogen gewann er Einfluß auf die anderen. Drei Wochen lang nahm ich sein provokatives Verhalten hin, dann ließ ich mir von Pettigrew seine Personalakte bringen. Nach einer sorgfältigen Durchsicht der Akte rief ich den Corporal wieder in mein Büro. »Wie geht's Ihnen, Biggs?« fragte ich.

Biggs machte ein ernstes Gesicht. »Sir, das Bataillon hat mehr Probleme, als ich dachte. Ich bin zur rechten Zeit hergekommen. Wir sollten uns täglich treffen und einige Dinge bereden.«

»Das wird nicht gehen«, sagte ich.

»Warum nicht?«

»Nun ja, Corporal, in Osan steht ein Flugzeug, in das Sie noch heute steigen werden. Das Flugzeug wird Sie zum Luftwaffenstützpunkt Travis in Kalifornien bringen, und wenn Sie dort aussteigen, werden bereits einige Leute mit Ihren Entlassungspapieren auf Sie warten. Und die werden Sie bis vors Tor geleiten.«

»Das können Sie mit mir nicht machen«, protestierte Biggs.

»Ich habe bereits alles veranlaßt. Sie sind raus aus dem Bataillon, raus aus der Brigade, raus aus der Division, raus aus der Army. Sie sind arbeitslos.«

Ich bewegte mich auf sicherem Boden, denn ich hatte in seiner Akte genug Verfehlungen gefunden, um eine »Entlassung auf dem Dienstweg« zu befürworten, eine Möglichkeit, unfähige Soldaten aus einer Vielzahl von Gründen loszuwerden. Ich rief Pettigrew und zwei meiner kräftigsten Unteroffiziere herein, um den Mann wegzuschaffen. Bald sprach sich die Sache im Bataillon herum. »Hast du gehört, was Bro P getan hat? Er hat Biggs abserviert. Echt. Biggs ist weg, Mann, weg. Leg dich bloß nicht mit Bro P an.«

Wie hatten unter unseren weißen Soldaten eine Menge Problemkinder. Doch mit Schwarzen hatten wir, gemessen an ihrer Zahl, mehr Disziplinarprobleme. In den Staaten hatten Schwarze schlechtere Lebens- und Berufsperspektiven, geringere Bildung und niedrigere Einkommen. Die Folge war ein stärkerer Hang zu asozialem Verhalten, und der machte sich auch in Korea bemerkbar. Zudem beobachtete ich, daß schwarze Soldaten das System weniger geschickt austricksten als weiße Unruhestifter. Schwarze neigten eher zu einer trotzigen Haltung, als seien Regelverstöße Ausdruck ihres Stolzes. Sie standen offenbar auf dem Standpunkt: »Macht, was Ihr wollt«, während weiße Missetäter eher leugneten: »Was? Ich armes Würstchen soll das getan haben, Sir?«

Einige der besten Soldaten und Unteroffiziere, die ich kannte, waren Schwarze. Sie hatten in der Army eine Freiheit gefunden, die es ihnen ermöglichte, sich selbst zu verwirklichen. Deshalb sah ich es überhaupt nicht gern, wenn ihre Leistungen, auf die sie stolz sein konnten, von nihilistischen Typen, einer Minderheit innerhalb einer Minderheit, in den Schmutz gezogen wurden. Was Soldaten wie der Junge mit dem Billardstock wirklich brauchten, war jemand, der sich um sie kümmerte und sie nicht wie Biggs zu Handlungen verführte, mit denen sie sich nur selbst schadeten. Ich wollte mich im positiven Sinn um sie kümmern. Und das wollte auch Gunfighter, wenn er auch manchmal übers Ziel hinausschoß.

Gunfighters beliebtestes Mittel zur Förderung der Rassentoleranz war der Film *Brian's Song* aus dem Jahr 1970. Er handelte von der Freundschaft zwischen dem schwarzen Footballprofi Gale Sayers und seinem weißen Mannschaftskameraden Brian Piccolo. Wir zeigten den Film im Theater des Standorts mit anschließender Diskussion. Wie tief war die Kluft zwischen den beiden Männern am Anfang? Was trennte sie?

Was machte sie zu echten Freunden? Was konnten die Soldaten in Camp Casey aus der Geschichte lernen? Der Film war ein wirkungsvolles Instrument. Gunfighter liebte ihn und ließ ihn deshalb immer wieder vorführen. Irgendwann zählte ich nach und stellte fest, daß ich *Brian's Song* sechsmal gesehen hatte.

Eines Tages erfuhren wir, daß H. Minton Francis, der das Pentagon-Programm zur Förderung der Chancengleichheit leitete, auf dem Weg nach Camp Casey war. Gunfighter war begeistert. Francis mußte unbedingt miterleben, wie die Soldaten sich den Film ansahen und anschließend darüber sprachen. Die Wahl fiel auf mein Bataillon. Das brachte mich in eine Klemme. Der größte Teil der Männer war nämlich draußen bei einer Übung, und viele hatten den Film fast schon so oft gesehen wie ich. Ich schlug folgende Lösung des Problems vor: Der Film sollte den rund vierzig Männern, die momentan verfügbar waren, im Soldatenklub gezeigt werden, wo Gunfighter und Francis die Diskussion in einem kleineren Kreis verfolgen konnten.

Ich ließ meine Mitarbeiter ausschwärmen und so viele Leute aus meinem Bataillon zusammentrommeln, daß der Saal voll wurde. Und ich richtete es so ein, daß Gunfighter und Francis zehn Minuten vor Ende des Films eintrafen, also rechtzeitig zur Diskussion. Die Vorführung hatte gerade begonnen, da erhielt ich einen Telefonanruf. Emersons Stabschef, Colonel Paul Braim, war am Apparat: Gunfighter wünsche, daß das gesamte Bataillon der Vorführung beiwohne. Ich versuchte zu erklären, warum das unmöglich sei, doch Braim blieb hart. Es sei Gunfighters Wunsch, daß Vorführung und Diskussion in einem *vollen* Theatersaal stattfänden. Der General werde in zwanzig Minuten eintreffen.

Ich ließ den Film anhalten und sagte den Vorführern, sie sollten im Theater alles vorbereiten – und eine Axt aus dem Feuerwehrhaus mitnehmen, für den Fall, daß das Gebäude abgeschlossen war. Jeder greifbare Mann wurde zur Teilnahme gezwungen – ob er nun schlafend, betrunken oder nüchtern angetroffen wurde. Ich stellte einige Sergeants an der Hauptstraße auf und wies sie an, jeden ins Theater zu schicken, der ihnen über den Weg lief, gleich welchem Bataillon er angehörte. Zwei MPs kamen vorbei, die gerade einen Mann in Handschellen ins Gefängnis brachten. Alle drei wurden ins Theater umgeleitet. Es gelang uns, den Saal mit verdutzten Soldaten zu füllen, bevor Emerson und Francis auftauchten.

Ich hatte gerade noch Zeit, ein paar Mikrofone im Saal aufzustellen, und als die Vorführung zu Ende war, sprach ein kluger Lieutenant aufs Stichwort: »Ich bin der Ansicht, der Film zeigt, was Menschen verschiedener Herkunft erreichen können, wenn gegenseitiger Respekt und nicht rassische ...« Gunfighter strahlte. Knappe fünf Minuten lauschten er und Francis den erbaulichen Reden, dann gingen sie. Ich erklomm die Bühne, dankte den Männern für ihr Kommen und entließ sie dann.

Die ganze Angelegenheit war eine weitere sinnlose Energieverschwendung, wie ich sie so sehr verabscheute. Ich kam mir wie ein Betrüger vor. Draußen vor dem Theater sah ich, wie die Männer die Köpfe schüttelten. Ich senkte den Blick und ging weg. Ein Sergeant vom Nachschub hielt mit mir Schritt. »Das war doch zum Piepen, nicht wahr, Sir?« sagte er.

»Es war dumm«, platzte es aus mir heraus. »Ich hasse es, wenn ich Soldaten dummes Zeug machen sehe. Ich hasse es, die Verantwortung dafür zu tragen.«

Er schwieg eine Weile. »Colonel Powell«, sagte er, »keine Sorge. Wir haben keine Ahnung, wozu das Ganze gut war. Aber die Männer wissen, daß Sie sich einen solchen Quatsch nicht ausdenken würden. Sie vertrauen Ihnen. Sie werden es Ihnen nicht ankreiden. Wir haben mitgemacht, weil Sie uns gebraucht haben. Regen Sie sich also nicht auf, Sir.«

In all den Jahren in der Army habe ich viele lobende Erwähnungen und Auszeichnungen erhalten. Aber keine Anerkennung hat mir soviel bedeutet wie die Worte des Sergeants an jenem Tiefpunkt.

Es war eine kalte Aprilnacht, gegen 1 Uhr morgens. Das Bataillon marschierte seit vier Stunden. Gewehrkolben klatschten rhythmisch gegen die Hüften der Soldaten, Lederstiefel trommelten auf die unbefestigte Straße, Füße platschten durch Pfützen. Sonst war kein Laut zu hören. Wir hatten eine Woche im Gelände zugebracht, bei Tag geschlafen, bei Nacht Übungen durchgeführt. Endlich hatten wir unser Ziel erreicht. Die Übung war vorüber, und die erschöpften, aus dem Rhythmus gebrachten Soldaten sanken zu Boden und warteten darauf, mit Lastwagen nach Camp Casey gebracht zu werden. Ich war besonders erpicht darauf zurückzukehren, denn am nächsten Tag sollte ich meinen Heimaturlaub antreten. Ich saß da und wartete, als ein Offizier mit der

Meldung zu mir kam, daß die Division nicht genug Benzin habe, um
das Bataillon ins Lager zurückzufahren. Wir würden die restlichen
dreißig Kilometer marschieren müssen. Die Männer rappelten sich auf
und gingen los, zu erschöpft, um auch nur zu murren.

Wir durchquerten ein koreanisches Dorf, in dem nur das Heulen
eines Hundes die nächtliche Stille störte. Einer meiner Offiziere, Captain Harry W. »Skip« Mohr, ließ sich von der Spitze des Zuges zurückfallen und kam zu mir. »Sir«, sagte Mohr mit einer Aufregung in der
Stimme, die überhaupt nicht zu der allgemeinen Erschöpfung paßte,
»wir haben nur noch knapp neunzehn Kilometer vor uns. Wenn wir
das Bataillon antreiben, könnten wir das in drei Stunden schaffen und
den Marsch als Leistungsnachweis für das EIB nutzen.« Ich hatte das
Bataillon in den letzten drei Wochen durch verschiedene zermürbende
Tests gescheucht, denn ich wollte, daß möglichst viele Männer das
EIB, das Infanterieleistungsabzeichen, erwarben, das in der Regel nicht
einmal jeder fünfte Infanterist erhielt. Wir hatten bereits alle Anforderungen erfüllt. Die letzte verbliebene Hürde war ein Geländemarsch
über 19 km in drei Stunden. Ich ließ den Blick über die total ausge-
laugten Männer schweifen und sagte: »Skip, Sie machen wohl Scher-
ze.«

Doch Mohr gab nicht auf. »Sir, bis auf die letzten paar Kilometer ist
das Gelände flach. Ich kenne die Männer. Sie können es schaffen.«

Eines hatte ich in der Army gelernt: Bremse nie den Diensteifer
deiner Männer. In der Kolonne wurde die Anweisung nach vorn und
hinten weitergegeben, das Marschtempo zu erhöhen. Wie ein Zug, der
langsam an Fahrt gewinnt, fielen die Männer in den neuen Rhythmus.
In den folgenden Stunden wurden Parkas aufgerissen, Schweiß tropfte
trotz der Kälte von den Gesichtern, und das Schnaufen und Prusten
Hunderter Männer klang wie ein eigentümlicher Wind. Wir nahmen
den letzten, steilen Anstieg nach Camp Casey in Angriff. Ich konnte
nicht begreifen, woher die Männer die Kraft nahmen. Ich selbst mußte
alle paar hundert Meter anhalten, um tief Luft zu holen.

Und dann hörte ich, wie ganz vorn ein paar vereinzelte Stimmen im
Takt der Schritte ein schlüpfriges Lied anstimmten. Immer mehr Stimmen fielen mit ein, bis die Hügel vom Gesang des Bataillons wider-
hallten. Dann durchschritten wir das Tor zum Camp, und die Sergeants
scheuchten die Leute in Reih und Glied. Wir erreichten die gepflasterte
Straße und zogen in Marschordnung am Hauptquartier der Division

vorbei. Unser lauter Gesang hatte General Emerson geweckt. Gunfighter trat im Morgenmantel aus seinem Quartier und strahlte, als die Männer in Formation an ihm vorbeimarschierten. Für mich hatte dieser Moment in Korea, als 700 eben noch total erschöpfte Soldaten zu einem begeisterten Ganzen verschmolzen, etwas Magisches – eine der wertvollsten Erinnerungen meines Lebens.

In unserem Bataillon erwarben mehr Männer das Infanterieleistungsabzeichen als in allen drei Bataillonen der benachbarten Infanteriebrigade zusammen. Am folgenden Tag fuhr ich nach Hause in Urlaub, und es war mir, als würde ich eine Familie wegen einer anderen verlassen.

Es war mir schon schwer genug gefallen, meine Familie im vorigen September zu verlassen, doch nach dem zehntägigen Urlaub fiel mir die Trennung noch schwerer. Als ich 1962 Alma verlassen hatte und nach Vietnam gegangen war, hatte ich die Einstellung eines Fünfundzwanzigjährigen, der auf Abenteuer aus ist. Mittlerweile war ich siebenunddreißig. Beruflich war die Dienstzeit in Korea die bislang zufriedenstellendste. Doch der Heimaturlaub zeigte mir, welchen Preis ich dafür bezahlte. Ich verließ das Haus in Dale City mit widerstrebenden Gefühlen: Ich war betrübt, weil mir wunderschöne Augenblicke im Leben der heranwachsenden Kinder entgingen, ich hatte leichte Gewissensbisse, weil ich meinen Teil der Verantwortung nicht auf mich nahm, ja es tat mir sogar etwas weh, daß meine Familie anscheinend auch ohne mich gut zurechtkam. Ohne Männer wie Gunfighter, ohne die andere Familie, die auf mich wartete, wäre die Rückkehr nach Korea nur ein Akt der Pflichterfüllung gewesen, ohne daß ich mich auf irgend etwas hätte freuen können.

Eines Morgens kündigte General Emerson bei einer Kommandeursbesprechung an: »Jeder Angehörige dieser Division wird einen High-School-Abschluß erwerben.« Wohl die Hälfte unserer Soldaten hatte keinen. Viele hatten die Schule abgebrochen, nie eine feste Aufgabe gehabt oder etwas zu Ende geführt, bis sie sich zur Army meldeten oder eingezogen wurden. Gunfighter wollte, daß wir Lehrer auftrieben, Kurse einrichteten und die Männer auf die Prüfung im Rahmen des allgemeinen Bildungsförderungsprogramms vorbereiteten. Und wehe dem, so wetterte er, der sie nicht bestehe.

Wir durchkämmten die Gegend und stellten amerikanische Ehefrau-
en ein, die Soldaten auf eigene Kosten nach Korea mitgebracht hatten.
Außerdem heuerten wir amerikanische Zivilisten an und stellten qualifizierte Offiziere und Unteroffiziere als Lehrkräfte ab. Dann richteten
wir in Baracken, Erholungsräumen, Tagesräumen und Lagerschuppen
Klassenzimmer ein. Von 15 Uhr, wenn die Männer von Übungen im
Gelände zurückkamen, bis zum Abendessen saßen sie im Unterricht
und paukten Englisch, Mathematik, Naturwissenschaften und Geschichte. Auf die Frage des Generals, wieviel Prozent der in Frage
kommenden Soldaten an dem Programm teilnahmen, antworteten wir,
85 Prozent. »Verdammt nochmal«, rief er, »und was ist mit den anderen fünfzehn?« In Gunfighters Augen hatte die Army mit diesen jungen
Männern einen Vertrag geschlossen. Sie hatte ihnen versprochen, etwas aus ihnen zu machen und ihnen etwas Nützliches mit auf den
Weg zu geben, wenn sie später ins Zivilleben zurückkehrten. Wenn sie
aber ohne Ausbildung aus der Army ausschieden, würden sie wieder
ganz unten landen.

Offiziere vom Major aufwärts erhielten unter General Emerson keine
Auszeichnungen. Seine Begründung fiel gewohnt barsch aus: »Ich halte nichts von Orden für höhere Offiziere. Als Stabsoffiziere müßt ihr
eure Pflicht erfüllen, und wenn ihr das gut macht, werdet ihr einen
hervorragenden Leistungsbericht bekommen. Und mehr braucht ihr
auch nicht. Vergeudet also keine Zeit damit, einander unsinnige lobende Erwähnungen zu schreiben. Vergeudet nicht die Zeit der
Schreibkräfte.«
Niedere Offiziere erhielten noch Auszeichnungen, Unteroffiziere
ebenfalls. Und einfache Soldaten wurden mit Orden geradezu überschüttet. In Emersons Augen hatten diese Männer in ihrem Leben nie
genügend Anerkennung erfahren, und deshalb wollte er ihnen zu einem Erfolgserlebnis verhelfen. Offiziere, die neu zu uns stießen, waren
perplex, als sie von Gunfighters Haltung erfuhren, denn sie widersprach völlig den sonstigen Gepflogenheiten, die ihnen speziell auch
aus Vietnam vertraut waren. Das Ergebnis war jedoch außergewöhn-
lich. Bald spielten Auszeichnungen keine Rolle mehr. Die aufgebläh-
ten lobenden Erwähnungen, ein künstliches Druckmittel, verschwanden. Wir machten einfach unsere Arbeit. Einige murrten weiter.
Höhere Stellen, die über Beförderungen zu befinden hatten, berück-

sichtigten Auszeichnungen nur noch, wenn die Betroffenen unter anderen Kommandeuren als Gunfighter Emerson gedient hatten. Nach dem Mißbrauch, den ich in Vietnam beobachtet hatte, unterstützte ich Gunfighters mutigen und klugen Schritt, denn irgendwo mußte man ja schließlich mit den Reformen beginnen.

Im Herbst 1974 ging meine Dienstzeit in Korea dem Ende entgegen. General Emerson bat mich zu verlängern, und für einen Moment geriet ich in Versuchung. Doch die Sehnsucht nach meiner Familie war zu diesem Zeitpunkt zu groß, und ein begehrter neuer Posten wartete auf mich. Ich empfand jedoch ein tiefes Gefühl der Erfüllung nach diesem Jahr in Korea. Meine beiden vorangegangenen Truppenkommandos hatte ich auf Kompanieebene und jeweils nur ein paar Monate ausgeübt. Sie hatten mich über meine berufliche Zukunft im ungewissen gelassen. In den elf Jahren dazwischen hatte ich andere lohnende Posten bekleidet, doch sie hatten mir nicht die gewünschte Erfüllung gebracht. Mein Lebensziel war, ein tüchtiger Infanteriekommandeur zu werden. Natürlich hätte ich mir einreden können, ich sei einer, doch nach der Zeit in Korea spürte ich es in den Knochen. Alle Selbstzweifel waren verflogen.

Ich wußte, daß ich bei der Übergabe des Kommandos an meinen Nachfolger kein Riesentamtam zu erwarten hatte. Und tatsächlich fiel das Zeremoniell bei meinem Abschied noch bescheidener aus als seinerzeit bei meiner Ankunft. Wir hielten gerade auf dem Rodriguez-Schießplatz ein Manöver ab, und nach vollbrachtem Tagwerk schüttelte ich meinem Nachfolger die Hand, reichte ihm die Fahne, wünschte ihm alles Gute, kehrte in einem Hubschrauber nach Camp Casey zurück und flog nach Hause. Keine Orden, keine Ansprachen. Gunfighter hielt aber Wort. Er ließ das ganze Brimborium weg und stellte mir dafür eine ausgezeichnete Leistungsbeurteilung aus, die in der Schlußfolgerung gipfelte, ich hätte das Zeug zum General.

Es fällt mir nicht schwer, die gelegentlichen Exzesse dieses Mannes ins rechte Licht zu rücken. Am Ende zählt das Ergebnis. In meiner Zeit unter General Emerson ging die Zahl der Fälle, in denen Soldaten unerlaubt der Truppe fernblieben, um über 50 Prozent zurück. Die Zahl der Weiterverpflichtungen stieg um nahezu 200 Prozent. Zwar verprügelten sich gelegentlich ein paar junge Heißsporne, doch rassistisch motivierte Schlägereien gab es praktisch nicht mehr. Gunfighter erwarb noch den dritten Stern und befehligte das 18. Luftlandekorps, bevor er in Pension ging. Viele Initiativen, die er im fernen Korea ergriff, hätten einer Prüfung durch die neue Army, die Militärgerichte, die Presse oder das Sanitätskorps in den Staaten vermutlich nicht standgehalten. Doch ich verdanke diesem Mann viele Einsichten. Er hatte ein Gespür dafür, wie er den Soldaten Stolz vermitteln konnte, insbesondere den einfachen, die in ihrem Leben nur selten Stolz empfunden hatten.

Ohne Männer wie Tom Miller und Red Barrett in Deutschland, Bill Abernathy und Cider Joe Stillwell in Fort Devens, Charles Gettys in Vietnam, Gunfighter Emerson in Korea hätte ich die Army zum damaligen Zeitpunkt längst verlassen. Diese Männer gaben unserem Leben Würze und Form, sie verliehen ihm eine unvergeßliche Stimmung und Atmosphäre. Wenn ich meine Zeit in Korea heute Revue passieren lasse, so wird mir klar, daß damals, vor über zwanzig Jahren, eine Ära zu Ende ging. Wir standen am Übergang von der alten, aus Wehrpflichtigen und Freiwilligen bestehenden Armee zu einer reinen Berufsarmee, die ein nie dagewesenes Niveau erreichte, von einer Armee, in der wenige Frauen dienten, zu einer Armee, in der viele Frauen dienten. Ja, es war auch das Ende der ganz von Männern geprägten Kultur mit Saufgelagen und derben Sprüchen, in der ich aufgewachsen war. Nie mehr würden mehrere hundert Männer durch einen Stützpunkt marschieren und mit heiseren Stimmen unanständige Lieder grölen. Ein Freund sagte einmal treffend, damals sei »die letzte Gelegenheit gewesen, ein altmodischer Infanterist zu werden, bevor die Army vornehm wurde«.

War die alte Army besser als die neue? Sicher nicht. Die heutige Truppe ist überlegen, das haben Operationen wie Just Cause in Panama und Desert Storm am Persischen Golf bewiesen. Und ich vergesse keineswegs die schlechten Seiten, die ich angesprochen habe. Ja, ich habe mir geschworen, daß ich im Ruhestand nie sagen werde: »In den alten Zeiten haben wir das ganz anders gemacht.« Dennoch erinnere ich mich spät abends, wenn ich meine Gedanken schweifen lasse, liebevoll an jene Tage. Ich denke voller Freude an die enge Kameradschaft, die unzähmbaren Charaktere, die zuweilen ausgelassene Stimmung. Und ich bin mir bewußt, daß in dreißig Jahren die heutigen Lieutenants und Captains graue Haare haben und sich verschwommen an ihre »alten Zeiten« erinnern werden. Ich bin stolz darauf, der Führung anzugehören, die die neue Army geschaffen hat, so wie ich auch stolz darauf bin, der alten angehört zu haben, die verändert werden mußte. Damals, als ich aus Korea heimkehrte, hatte ich das glücklichste Jahr meines Soldatenlebens hinter mir, in vielerlei Hinsicht aufgrund dessen, was war und nie wieder so sein kann.

Kurz bevor ich Korea verließ, hatte ich alle Briefe von Alma gebündelt. Einem hatte ich bei der ersten Lektüre gar keine besondere Beachtung geschenkt. Später freilich las ich ihn immer wieder mit Verwunderung. Am 13. August 1974 schrieb Alma: »Ich spüre, daß wir dicht vor einem aufregenden Ereignis stehen. Ich kann mir einfach nicht vorstellen, daß wir in einen angenehmen Trott verfallen und in Dale City unser Leben zubringen werden, wobei du morgens ins Pentagon fährst und abends wieder zurückkommst ... Ich weiß nicht, was uns bevorsteht, aber etwas Großes und Aufregendes wird geschehen.«

9

Die hohe Schule des Krieges

Während meiner Dienstzeit in Korea hatten sich in Washington fünf Generäle getroffen und Offiziere ausgewählt, die Militärhochschulen der Teilstreitkräfte besuchen sollten. Ich hatte das Glück, zu den Auserwählten zu gehören. Army, Navy und Air Force verfügen alle über eigene renommierte Einrichtungen, aber eine Aufnahme ins Army War College war am wahrscheinlichsten. Statt dessen beschloß Lieutenant General Julius Becton, der Vorsitzende des Wahlausschusses und einer meiner Förderer, daß ich das National War College (NWC) in Fort McNair in Washington besuchen sollte. Das NWC, das Harvard der militärischen Ausbildung, nahm pro Jahr etwa 140 Studenten auf: zu gleichen Teilen Soldaten aus allen Teilstreitkräften sowie Zivilisten aus dem Außenministerium, der CIA und dem US-Informationsdienst. Becton war selbst NWC-Absolvent.

Wenn man in Korea durch die Nacht marschiert und dabei unanständige Lieder grölt, erscheint einem das National War College so weit entfernt wie die Sterne. Ich kroch gerade bei einer Übung durch den Schlamm, als ich erfuhr, daß man mich für das NWC ausgewählt hatte. Ich kehrte im September 1974 in die Staaten zurück. Einen Monat zuvor war Präsident Nixon im Zuge des Watergate-Skandals zurückgetreten, und gerade als ich nach Hause kam, begnadigte ihn sein Nachfolger, Präsident Gerald Ford. Ich mußte daran denken, was Fred Malek über Watergate gesagt hatte, als ich beschlossen hatte, nicht in der Administration zu bleiben, und statt dessen nach Korea gegangen war: »Der Sturm wird sich wieder legen.«

Da die Kurse am NWC erst im August 1975 begannen, wurde ich kurzzeitig ins Pentagon versetzt. Ich fürchtete schon, ich müßte dort neun Monate lang die Zeit totschlagen. Doch William Brehm, der für Personalplanung, Reserveangelegenheiten und Logistik zuständige Vizeverteidigungsminister, hatte andere Pläne mit mir. »Colonel Powell«, sagte Brehm, als ich praktisch noch in der Tür stand, »wir haben Ärger mit dem Kongreß. Wir müssen jedes Jahr eine Prognose zum Personalbedarf des Militärs erstellen. Und in den letzten Jahren kamen wir damit immer zu spät. Es ist mir gleich, wie Sie es anstellen, aber Ihr Job ist es, den Bericht pünktlich vorzulegen.«

In den folgenden Monaten arbeitete ich hart und ging mit John Brinkerhof, meinem unmittelbaren Vorgesetzten, zahllose Entwürfe durch. Es war für mich ein glücklicher Tag, als wir dem Kongreß – noch vor dem Termin – den Bericht vorlegten und ich mich ans National War College begeben konnte.

Der Besuch des NWC war bedeutsam für meine Karriere, aber ebenso gefiel mir, daß ich meine Familie nicht aus ihrer gewohnten Umgebung herausreißen mußte. Wir konnten weiter in Dale City wohnen, solange ich das NWC besuchte. Das College ist im historischen Washingtoner Arsenal in Fort McNair untergebracht. Das Gebäude aus dem Jahr 1907 hat etwas Majestätisches. Vom Haupteingang tritt man in eine dreistöckige Rotunde aus Marmor, die Galerien mit Balustraden säumen und eine 24 Meter hohe, mit spanischen Fliesen verkleidete Kuppel krönt. Den Ort umgibt eine Aura des Schweigens, ähnlich wie das Lincoln Memorial. Unweit von hier wurden die am Mordkomplott gegen Lincoln beteiligten Personen gehängt, und es heißt, der Geist einer Verschwörerin, Mary Surratts, gehe noch in einem Nachbargebäude um.

Auf dem College wurden uns keine mechanischen Aufgaben wie Multiple-Choice-Fragen gestellt. Genaugenommen absolvierten wir gar keine Prüfungen. Die Kurse in Geschichte, Politik, Diplomatie und Militärtheorie zielten weniger darauf ab, konkretes Fachwissen zu vermitteln, sondern waren eher dazu gedacht, geistige Anregungen zu liefern und unseren Horizont zu erweitern. Unsere Dozenten waren Diplomaten, Wissenschaftler, Leiter militärischer Dienststellen, Schriftsteller, Spitzenleute aus allen Bereichen. Wir wurden mit den großen Militärtheoretikern bekannt gemacht und beschäftigten uns mit Mahans Konzept der Seestreitkräfte, Douhets Luftkampfstrategie und Clausewitz' philosophischen Überlegungen zum Krieg im allgemeinen. Nachmittags standen verschiedene Vorlesungen zur Wahl, so etwa über Zukunftsforschung, den Einfluß der Medien auf die nationale Sicherheit und revolutionäre Ideologien.

Ich besuchte das NWC zu einer günstigen Zeit. Die nach Vietnam
einsetzende Gewissensprüfung – das Was-haben-wir-falsch-gemacht-
Syndrom – bildete ein belebendes Element. Harlan Ullman, ein Lieutenant Commander der Navy, der Militärstrategie lehrte, schärfte meinen Weitblick um einige Grade. Ich hatte bislang viele Männer der
Praxis kennengelernt, aber nur wenige, die darüber hinaus auch echte
Intellektuelle waren. Ullman gehörte zu dieser seltenen Gattung. Er war
ein Gelehrter in Uniform, ein kampferprobter Offizier, der befähigt war,
ein Kommando zur See zu führen, und einer der besten und anregend-
sten Köpfe, denen ich je begegnet bin. Mit seiner und der Hilfe der
anderen Dozenten gelang es mir, meine Erfahrungen aus der Frosch-
Perspektive mit einem Überblick über die damit zusammenhängende
Geschichte, Kultur und Politik der Kriegführung zu verknüpfen.

Die Gedanken des weisen Preußen Carl von Clausewitz waren für
mich wie eine Offenbarung. Sein Werk *Vom Kriege,* 106 Jahre vor meiner Geburt geschrieben, war wie ein Lichtstrahl aus der Vergangenheit,
der auch militärische Probleme der Gegenwart erhellte. »Man fängt
keinen Krieg an, oder man sollte vernünftigerweise keinen anfangen«,
schrieb Clausewitz, »ohne sich zu sagen, was man mit und was man
in demselben erreichen will …« Fehler Nummer eins in Vietnam. Was
zu Clausewitz' Regel Nummer zwei führt: Die politische Führung muß
ein Kriegsziel vorgeben, während die Armee es zu erreichen versucht.
In Vietnam blickte einer den anderen an und suchte Antworten, die
niemand geben konnte. Schließlich muß das Volk den Krieg mittragen.
Da es den Staatssäckel füllt und seine Söhne, heutzutage auch seine
Töchter, den Krieg ausfechten, muß es davon überzeugt sein, daß seine
Opfer gerechtfertigt sind. Gegen diesen Grundsatz war im Verlauf des
Vietnamkriegs verstoßen worden. Clausewitz' wichtigste Lehre für Militärs war, daß der Soldat, bei allem Patriotismus, Mut und Können,
lediglich ein Element einer Troika ist. Wenn nicht alle drei Pferde mit-
ziehen, Militär, Regierung und Volk, muß das Unternehmen scheitern.

Mein gesellschaftlicher Umgang hatte sich bislang auf Nachbarn, Verwandte und auf gleichaltrige Kameraden beschränkt, die meinen
Dienstrang bekleideten, allenfalls eine Stufe über oder unter mir standen. Harlan Ullman kannte solche Schranken nicht. Einmal luden er
und seine Frau Julian Alma, eine geborene Britin, Alma und mich zum
Abendessen in ihr Stadthaus in Georgetown ein und machten uns mit

einigen Freunden bekannt. Ehrengast war Vice Admiral Marmaduke G. Bayne, der Präsident der National Defense University, die das National War College und das Industrial College of the Armed Forces, die Wirtschaftshochschule der Streitkräfte, umfaßte. In meinen Kreisen verkehrten Offiziere im Majorsrang gewöhnlich nicht mit Admiralen oder Generälen, nicht so bei Harlan Ullman. Der Admiral war sehr freundlich, doch ein Anflug von Verwirrung huschte über sein Gesicht, als wir einander vorgestellt wurden. Er war in der Erwartung gekommen, Lewis Powell, den beisitzenden Richter am Obersten Gerichtshof, zu treffen, und keinen Studenten seiner eigenen Hochschule.

Am NWC war es Ehefrauen gestattet, Veranstaltungen in den Wahlfächern zu besuchen, und Julian Ullman ging häufig in Harlans Vorlesungen. Wir beide saßen gewöhnlich nebeneinander. An verschlafenen Nachmittagen in Washington war es nicht immer leicht, sich wach zu halten und den »Lehren aus dem Punischen Kriege für die Gegenwart« zu folgen. Jahre später, ich war bereits stellvertretender nationaler Sicherheitsberater, kamen die Ullmans zu der Party, die ich anläßlich meines 50. Geburtstages gab. Und als es für mich an der Zeit war, eine kleine Rede zu halten, rief ich Julian, die am selben Tag Geburtstag hatte wie ich, zu mir. Ich legte den Arm um sie und vertraute den Gästen dann an, daß wir in meiner Zeit am War College zusammen geschlafen hätten, um dann nach einer qualvollen Pause hinzuzufügen: »... in den Vorlesungen ihres Mannes.«

Im Februar 1976, zur Halbzeit am NWC, wurde ich vorzeitig zum Colonel befördert. Zahlreiche durchaus beachtliche militärische Laufbahnen endeten mit diesem Rang, und ich fragte mich, wie weit ich es noch bringen würde. Im Militär herrschte damals ein rigoroses Beförderungsprinzip: rauf oder raus. Das System war hart, konkurrenzorientiert und rücksichtsloser, als es für Zivilisten vermutlich den Anschein hatte. Wer den nächsten Dienstgrad nicht schaffte, trat nicht einfach nur auf der Stelle. Ein Offizier, der mehrmals eine mögliche Beförderung verpaßte, mußte seinen Abschied nehmen und der nachrückenden Generation Platz machen. Mit jeder weiteren Stufe wurde der Wettbewerb härter. Von hundert Berufsoffizieren brachte es vielleicht nur einer zum Brigadier General.

Was meine eigene Karriere anging, so hütete ich mich stets, allzu hoch gespannte Erwartungen zu hegen. Doch schon bald nach meiner

Beförderung zum Colonel erhielt ich eine weitere gute Nachricht. Nach der Offiziersschule sollte ich das Kommando über die 2. Brigade der 101. Luftlandedivision in Fort Campbell, Kentucky, übernehmen. Ich war in meiner Klasse der jüngste, der zum Colonel befördert wurde, und einer von nur zwei Army-Offizieren, die das Kommando über eine Brigade erhielten. Hatte ich in Korea noch ein Bataillon von 700 Mann geführt, so sollte ich künftig drei Bataillone mit insgesamt über 2500 Mann befehligen. Zuerst das National War College, dann die rasche Beförderung und schließlich das bevorstehende Kommando – bei aller Vorsicht kam ich nicht an der Schlußfolgerung vorbei, daß mir womöglich eine Zukunft auf höchster Ebene winkte: Ich konnte es bis zum General bringen. Bis dahin war freilich noch ein langer Weg.

Ich war aufgeregt, weil ich nach der Kriegsschule zur 101. Luftlandedivision, den »Screaming Eagles«, einer Bilderbucheinheit, versetzt werden sollte. Die Division war, zusammen mit der 82. Luftlandedivision, Mitte 1942 aus fünf Fallschirmspringerregimentern der aufgelösten 82. Leichten Division gebildet worden. Ein berühmtes, kurz vor der Landung in der Normandie aufgenommenes Foto zeigt General Eisenhower, wie er zu Fallschirmjägern mit geschwärzten Gesichtern spricht. Die Männer, von denen er Abschied nimmt, gehörten der 101. Division an. Die Division sprang im Rahmen der Operation »Market Garden« über Holland ab und wurde in dem Roman *Die Brücke von Arnheim* und dem gleichnamigen Film verewigt. Als die Deutschen während der Ardennen-Offensive Bastogne einkesselten und die Amerikaner zur Kapitulation aufforderten, gab der Kommandeur der Division, Brigadier General Anthony McAuliffe, die legendäre Antwort: »Rutscht mir den Buckel runter.« In Vietnam hatte die Division ihren guten Ruf als Kampfverband untermauert.

Und dann ereilte mich eine Schreckensmeldung. Ich sollte Colonel Fred Mahaffey ablösen. Mahaffey, ebenfalls ein Schützling DePuys, hatte eine so steile Karriere gemacht, daß viele ihm beste Chancen einräumten, eines Tages Stabschef der Army zu werden, was sein früher Tod vereitelte. Und nun teilte mir Major General John Wickham, der Befehlshaber der 101. Division, mit, daß Mahaffey zum Brigadier General befördert worden sei und die 2. Brigade sofort verlassen werde. Mahaffeys vorzeitiger Weggang bedeutete, daß Wickham die mir versprochene Stelle mit einem anderen besetzen mußte, da er keine zwei Monate warten konnte, bis ich die Kriegsschule absolviert hatte. Ich war enttäuscht. Doch so schnell warf ich die Flinte nicht ins Korn. An der National Defense University galt die Regel, daß man Kurse nicht vor der Zeit verlassen durfte. James Murphy, Major General der Air Force, war Präsident des National War College unter dem Universitätspräsidenten Admiral Bayne. Ich suchte Murphy auf und erklärte ihm, daß ich mein Kommando verlieren würde und nach einem neuen anstehen müßte, wenn man mich nicht vorzeitig gehen ließ. Murphy war freundlich, doch er wiederholte die Regel: Ich müsse zuerst meine Kurse abschließen, eine Exkursion ins Ausland machen und anschließend zum Examen zurückkommen.

Ich sah einen Lichtstreif am Horizont. Da ich als White House Fellow bereits Rußland und China bereist hatte, bestand vielleicht die Möglichkeit, eine Exkursion zu machen, die für mich lohnender war. Wie wäre es, so fragte ich, mit Fort Campbell, dem Standort der 101. Division?»Hmm«, sagte Murphy.»Das wäre allerdings möglich. Anschließend könnten Sie zurückkommen, Ihren Abschlußbericht vorlegen und mit Ihrer Klasse die Prüfung ablegen.«

Ich rief General Wickham an und bat ihn, mein Kommando freizuhalten. Dann eilte ich zur Infantry Branch, um einen kleinen Trick anzuwenden, stieß dabei aber auf ein weiteres Hindernis: Die Personalabteilung des Pentagon für die Infanterie konnte mir kein befristetes Kommando zuteilen, solange ich fest an der Kriegsschule war. In Ordnung, sagte ich, dann sollten sie mich eben nach Campbell versetzen und meine Rückkehr an die Kriegsschule zeitlich befristen. Fred Malek von der Haushaltsbehörde wäre stolz auf mich gewesen.

Ich fuhr ohne Familie nach Campbell, übernahm das Kommando, kam sechs Wochen später zurück und machte meinen Abschluß am NWC.

Damals galt für Immobilien im Raum Washington die Regel: Was im Preis steigt, wird noch weiter steigen. Wir verkauften das Haus in Dale City zu einem Preis, der ungefähr doppelt so hoch war wie der, den wir sieben Jahre zuvor selbst bezahlt hatten. Alma war bereit zu einem Umzug, und nun, da ihr Mann Colonel mit einer eigenen Brigade war, erwartete sie, daß die Army uns ein Haus zur Verfügung stellte, das ihren Vorstellungen von Luxus etwas näher kam.

Wie üblich fuhren wir mit Kind und Kegel von Washington nach

Fort Campbell, diesmal mit einem riesigen Chrysler, den ich einem Kameraden von der Kriegsschule, Bill Bramlett, für fünfzig Dollar abgekauft hatte und der gut dreißig Liter auf hundert Kilometer schluckte. Fort Campbell liegt in einer ländlichen Gegend genau an der Grenze zwischen Kentucky und Tennessee, etwa eine Autostunde nördlich von Nashville. Wir fuhren nach Cole Park, wo der befehlshabende General und die Brigade- und Bataillonskommandeure wohnten. Gleich zu Beginn kamen wir an einem rustikalen Meisterwerk vorbei: einer Blockhausvilla, dem Haus von General Wickham. Almas Augen leuchteten. Wir fuhren an einem sogenannten Capehart-Haus vorbei, so benannt nach dem US-Senator, der sich für den Bau von Armeeunterkünften eingesetzt hatte. Ein weiteres Capehart-Haus zog vorüber, dann noch eins und noch eins, und eins sah aus wie das andere. Almas Augen verengten sich. Das waren, wie sich herausstellte, die Häuser der Brigade- und Bataillonskommandeure. Wir hielten vor Cole Park 1560, dem Haus, das uns zugeteilt war. Die drei Kinder sprangen aus dem Wagen wie Tiger, die aus einem Käfig befreit wurden, und erkundeten den Garten, während Alma und ich hineingingen.

»Prächtig«, sagte Alma. »In Benning hatten wir das gleiche Haus mit Holzböden, Geschirrspüler und Klimaanlage, und du warst Captain, und jetzt haben wir Linoleumböden, keinen Geschirrspüler und keine Klimaanlage, und du bist Colonel. Colin«, fragte sie, »wann bekommen wir endlich das Traumhaus, das du mir versprochen hast?«

»Bald«, sagte ich.

John Wickham gehörte zu jenen Offizieren, die gern »politischer General« geschimpft werden, weil er im Pentagon unter zwei Verteidigungsministern, James Schlesinger und Donald Rumsfeld, als Militärberater tätig gewesen war. Wickham hatte mit einem weiteren Vorurteil zu kämpfen: Er hatte ein Kommando erhalten, das normalerweise ein Flieger innehatte. Ich lernte ihn im Hauptquartier der Division kennen. Er war ein kleiner, drahtiger Mann mit stahlgrauem Haar und ruhigem, selbstsicheren Auftreten. Ich war überrascht, wie flink er sich bewegte. In Vietnam hatten die Vietcong eine Sprengladung in seinen Bunker geworfen. Er wurde so schwer verwundet, daß er über ein Jahr in Militärkrankenhäusern verbrachte. John Wickham hatte seinen Blutzoll entrichtet und war Soldat durch und durch.

Wickhams stellvertretender Divisionskommandeur, Brigadier General Weldon C. Honeycutt, mein unmittelbarer Vorgesetzter, hatte mit mir zusammen Fort Leavenworth besucht. »Tiger« Honeycutt, ein geborener Kämpfer und als Held aus Vietnam zurückgekehrt, hatte vielleicht die derbste Ausdrucksweise in der ganzen Army, und das will bei der harten Konkurrenz etwas heißen. »Powell«, begrüßte er mich, als ich mich bei ihm meldete, »seit Leavenworth habe ich nichts mehr von Ihnen gehört, trotzdem willkommen in der 101. Division, der verdammt nochmal besten Division auf Gottes grüner Erde.« Er setzte sich und ließ mich stehen, während er mir einen Überblick über die Division gab. »Wir haben drei Infanteriebrigaden. Ihre ist die beschissenste. Kinzel« – Lieutenant Colonel Arthur Kinzel – »unser bester Bataillonskommandeur, führt Ihr 501. Infanteriebataillon. Aber das 502. und das 506. bilden das Schlußlicht des gesamten Haufens. Machen Sie ihnen Dampf. Und jetzt bewegen Sie Ihren Arsch hier raus.«

Vielen Dank, Sir. Wäre dies meine erste Begegnung mit den Tiger Honeycutts dieser Welt gewesen, so hätte ich mich vielleicht geärgert. Doch in der Army wimmelte es von ihnen. Sie lieferten den Pfeffer, der brennt, aber auch die Würze.

Die 101. Division hatte einen ganz speziellen Auftrag, den hubschraubergestützten Angriff, und General Wickham war sein glühender Befürworter. Die Division war weltweit die einzige Einheit für Einsätze aus der Luft, bei denen leichte Infanteriebataillone mit Hilfe von Hubschraubern rasch über das Gefechtsfeld verteilt wurden. Wir operierten luftgestützt, waren aber keine Fallschirmjäger. Und natürlich waren wir nicht schwer gepanzert. Folglich wurden wir von beiden Seiten belächelt. Luftlandetruppen, die nicht absprangen, galten unter Fallschirmjägern als »Fußsoldaten«, und das war keineswegs als Kompliment gemeint. Und nach Ansicht der Panzertruppen überlebten Soldaten, die in einem so windigen Ding wie einem Hubschrauber umherflogen, auf dem Gefechtsfeld keine fünf Minuten. Nach John Wickhams Ansicht war es unsere Aufgabe, beide Seiten zu widerlegen.

»Reforger« hieß die im Herbst 1976 bevorstehende Übung. Das Kürzel stand für »Return of Forces to Germany« (Rückverlegung von Truppen nach Deutschland), eine alljährliche Übung, mit der die Vereinigten Staaten ihren NATO-Verbündeten demonstrierten, wie rasch wir die Kräfte auf dem Kontinent verstärken konnten. In diesem Jahr sollte die

101. Division »Reforger« durchführen, und ich hoffte schon, als Colonel und Brigadekommandeur an die Orte zurückzukehren, wo ich achtzehn Jahre zuvor als kleiner Lieutenant gedient hatte. Zwei der drei Brigaden sollten an »Reforger« teilnehmen, eine sollte in den Staaten zurückbleiben. Zu meiner tiefen Enttäuschung war meine Brigade, die zweite, bereits dazu bestimmt worden, zu Hause zu bleiben. Ich ließ einen halben Tag lang den Kopf hängen, dann beschloß ich, mir nach der Rückkehr der beiden anderen Brigaden keine Kriegsgeschichten anzuhören. Ich wollte ihnen eine kleine Überraschung bereiten.

Die Schule für luftgestützte Angriffe ist für die Hubschraubertruppen, was die Springerschule für Fallschirmjäger ist. Ich beschloß, möglichst viele meiner Soldaten an der Schule zu qualifizieren, angefangen mit mir selbst. Bislang hatte kein Kommandeur einer Infanteriebrigade den körperlichen Fitneß-Test für die Aufnahme in die Schule bestanden. Ich ging zu den Unteroffizieren, die den Test durchführten, machte meine Liegestützen, Kniebeugen, Klimmzüge, durchlief den Hinderniskurs – und fiel bei letzterem wegen einer Zehntelsekunde durch. Eine Woche später ging ich noch einmal hin. Diesmal war ich ausreichend vorbereitet und bestand den Test. Mit meinen neununddreißig Jahren kam ich mir vor wie ein alter Mann, der sich im College-Football versucht, als ich mich zusammen mit rund hundert einfachen Soldaten und Unteroffizieren, deren Vorgesetzter ich war, aus Hubschraubern abseilte und Gewaltmärsche über zwanzig Kilometer absolvierte.

Kaum hatte ich das Lehrgangsabzeichen erworben, rief ich meine Bataillonskommandeure, Kompaniechefs und meinen Stab zusammen und erklärte:»Einige von Ihnen haben den Lehrgang noch nicht absolviert«, sagte ich und deutete auf das neue Abzeichen.»Am 30. Oktober werden wir zusammen fotografiert, und für mich ist jeder, der auf dem Bild kein Abzeichen trägt, in dieser Brigade weg vom Fenster.«

Ich ging zu den drei Kaplanen und forderte sie auf, ebenfalls den Lehrgang zu belegen. Um ihnen die Entscheidung zu erleichtern, sperrte ich die Kapelle unter der Woche zu. Der Platz eines Kaplans sei bei den Soldaten, gab ich zu verstehen, und Soldaten gingen nicht ständig in die Kapelle. Der baptistische Kaplan weigerte sich. Er sei nicht in die Army eingetreten, um Krieg zu spielen, teilte er mir mit. Wenn er meinen Soldaten Trost zusprechen wolle, entgegnete ich, müsse er den

Lehrgang besuchen wie jeder andere Offizier. Widerwillig fügte er sich und brach sich gleich in der ersten Woche das Bein. Nach einer angemessenen Pause fragte ich ihn, wann ihm der Gips abgenommen werde. »Weshalb?« fragte er. »Damit Sie den Lehrgang abschließen können«, antwortete ich. Er ließ sich in eine andere Brigade versetzen.

Sechs Wochen später kehrte der Rest der Division nach einem erfolgreichen Manöver aus Deutschland zurück. General Wickham war von der Arbeit, die wir in seiner Abwesenheit geleistet hatten, beeindruckt – insbesondere davon, daß 100 Prozent meiner Offiziere den Lehrgang absolviert hatten. Da er nicht wollte, daß meine Brigade sich stiefmütterlich behandelt fühlte, setzte er mich über Ted Crozier, seinen Stabschef, unter Druck, meine Männer für Belobigungen und Auszeichnungen vorzuschlagen. Ich nannte ein paar Namen. Doch ich kam aus der Schule von Gunfighter Emerson und hielt nichts von der inflationären Vergabe von Orden, weil sie nur deren Wert schmälert. Mir persönlich war die Lektion, die ich gelernt hatte, Belohnung genug: Wenn du das schmutzige Ende des Stocks erwischst, spitze es zu und verwandele ihn in ein nützliches Werkzeug.

Zu Thanksgiving 1976 kamen meine Eltern nach Fort Campbell. Mutter freute sich, ihre Enkel wiederzusehen und Alma in der Küche helfen zu können. Doch Vater war nach Fort Campbell gekommen, um etwas zu sehen und gesehen zu werden. Ich steckte ihn in einen warmen schwarzen Mantel, zu dem er seinen unverzichtbaren Filzhut trug, und ließ uns von meinem Fahrer im Jeep über den ganzen Standort fahren. Da Luther in seinem Leben noch nie einen Gewehrschuß gehört hatte, brachte ich ihn zum Schießstand, damit er einen Eindruck davon bekam, was für ein Leben sein Sohn führte. Im Offiziersklub tranken wir etwas. Und wir besuchten mit General Wickham die Divisionsmeisterschaften im Boxen. Luther saß in der ersten Reihe, als habe er immer schon da gesessen, und plauderte mit Wickham, als habe er ein Leben lang mit Generälen verkehrt.

Ich wollte meinen Eltern einen weiteren Eindruck von der Welt geben, in der ich lebte. Meine Brigade benutzte noch die altmodischen Kompaniespeisesäle, und dorthin ging die Familie Powell an Thanksgiving zum Abendessen. Wir setzten uns an den Tisch für die befehlshabenden Offiziere, und die Köche servierten uns Truthahn mit allem Drum und Dran. Einmal blickte ich mich um, und Vater war weg. Ich fand ihn in der Küche, wo er mit den Köchen plauderte, ihnen die Hand schüttelte und ihr köstliches Essen lobte. Dann ging er im Speisesaal von Tisch zu Tisch wie ein General, der sich vor einer Invasion unter die Männer mischt. Sein selbstsicheres Auftreten beeindruckte mich. Kein Rang, kein Ort oder Zeremoniell vermochten ihn einzuschüchtern. Luther Powell fühlte sich überall dort zu Hause, wo er gerade war. Am letzten Abend schlich er sich zu Alma in die Küche und raunte ihr zu: »Colin wird es zum General bringen.« Woher er das wisse, fragte Alma, und er antwortete, er habe mit General Wickham gesprochen.

Am nächsten Tag brachte ich meine Eltern zum Flughafen in Nashville. Auf dem Weg zur Abfertigung erhob Papa zum ersten Mal keinen Protest, als ich die Taschen trug. Sein Gang war langsamer geworden, sein Gesicht ein wenig faltig. Mein Vater wurde alt. Und das schockierte mich.

Mike und ich spielten eines Tages hinter dem Haus in Cole Park mit einem Baseball, als er von sich aus sagte, es gefalle ihm in Fort Campbell. »Alle Kinder sind wie wir«, sagte er. »Und alle Eltern machen dasselbe.« Ich war erleichtert, als ich das hörte. Ich selbst war bis in meine College-Jahre hinein in demselben Viertel mit denselben Kindern aufgewachsen. Ein Vorteil von Dale City war gewesen, daß meine Familie, auch wenn ich eine Zeitlang nicht da war, im selben Haus wohnen konnte und die Kinder nicht die Schule zu wechseln brauchten. Soldaten und ihren Frauen bereitet es häufig Sorge, daß ihre Kinder ständig aus ihrer gewohnten Umgebung herausgerissen werden. Und nun gab mir mein Sohn zu verstehen, daß er gerne hierher gezogen war und daß der gemeinsame Beruf der Väter auch für die Kinder eine gute gemeinsame Basis darstellte.

Wir führten in Fort Campbell ein angenehmes Leben, auch wenn wir uns etwas umstellen mußten. So gab es am Standort nur eine winzige Gemeinde der Episkopalkirche, die obendrein weder über einen Organisten noch über ein Prozessionskreuz verfügte. Gemeinsam mit einem episkopalischen Geistlichen suchten Alma und ich nach anderen Mitgliedern unserer Kirche am Standort und stellten fest, daß sich viele aus dem aktiven Kirchenleben zurückgezogen hatten. Wir saßen mehrere Abende lang zusammen, schrieben Briefe und luden sie ein, wieder aktiv zu werden. Wir machten einen Organisten ausfindig, besorgten ein Prozessionskreuz und nahmen unsere Kinder einmal mehr als Meßdiener in die Pflicht. Die Gemeinde wuchs allmählich, und unser Glaube war wieder fest verankert. Allerdings gelang es uns nach dem Weggang aus Dale City nie, den Geist von St. Margaret's wieder ganz einzufangen.

Meine Kinder besuchten Schulen am Standort, die unter Aufsicht des Ministeriums für Gesundheit, Bildung und Soziales standen. General Wickham ernannte mich zum Vorsitzenden des Schulausschusses, und das brachte die Powell-Kinder in eine exponierte Stellung. Ihr Vater war nicht nur der Brigadekommandeur, sondern auch der Mann, der ihre Lehrer einstellte, feuerte und bezahlte.

Meine Kinder mauserten sich zu guten Schülern, auch Annemarie, die in Fort Campbell die erste Klasse besuchte. Mike wurde Starfänger im Baseballteam der High-School-Unterstufe, womit ich ein wenig angeben konnte. Linda zeigte eine musikalische Begabung. Zunächst liehen wir für sie eine Flöte von der Schule. Sie machte rasche Fortschritte, und der Lehrer empfahl uns, Linda eine eigene Flöte zu kaufen. Als pflichtbewußter Vater ging ich die Kleinanzeigen im *Post Daily Bulletin* durch und erwarb für 25 Dollar eine gebrauchte Flöte. Linda, Alma, der Lehrer, alle waren entsetzt. Das Instrument hatte mehr undichte Stellen als ein 72er Vega mit 160 000 Kilometern. Wir kauften ihr eine bessere Flöte. Lindas Spiel wurde immer besser, und ihre Flöten ebenfalls. Glücklicherweise stieß sie an die Grenzen ihres Könnens, bevor wir beim Topmodell in Gold für 25 000 Dollar angelangt waren.

Wichtiger als der Flötenunterricht war jedoch, daß Linda in Campbell eine ausgezeichnete Erziehung erhielt. Betty Querin unterrichtete die sechste Klasse und konnte, eine seltene Gabe, hervorragend mit heranreifenden Teenagern umgehen. In einer Familie mit drei Kindern nimmt das mittlere oft eine besondere Stellung ein, und Linda konnte Betty ihre geheimsten Gefühle anvertrauen. Diese Lehrerin erweckte meine Tochter in geistiger Hinsicht, und bis heute sind sie eng befreundet. Jedes Kind hat zumindest eine Betty Querin verdient.

Wir wissen nur selten, was unsere Kinder von uns halten, was aus der Flut ihrer Kindheitseindrücke und Erinnerungen herausragt und was verblaßt. Neulich machte die Fotografin Mariana Cook ein Buch über Väter und Töchter und bat Linda und Annemarie, einen Begleittext zu unserem Foto zu verfassen. Linda schrieb: »Mein Vater ist ein gütiger Mann, doch ich weiß noch, daß ich als Kind ein wenig Angst

vor ihm hatte – er war so groß. Er wurde selten laut, aber wenn, rutschte mir das Herz in die Hose. Doch ich erinnere mich auch, wie ich
einmal weiß-rosafarbenen Gardinenstoff als Zierde um mein Fahrrad
band, damit er, wenn ich schnell fuhr, wie ein bunter Schwanz hinter
mir herwehte. Der Stoff verfing sich in den Speichen, und ich flog über
den Lenker. Ich saß auf dem Asphalt und heulte. Da tauchte wie aus
dem Nichts mein Vater auf, nahm mich auf den Arm, drückte mich
fest an sich und trug mich heim.« Ich erinnerte mich nicht an den
Vorfall, doch sie hat ihn nie vergessen.

Annemarie schrieb in das gleiche Buch: »Papa ist der klügste
Mensch, den ich je gekannt habe. Er gewinnt immer beim Trivial Pur-
suit. Er war stets ganz offen zu mir, wenn es nötig war. Im Smoking
oder in seinem Blaumann sieht er großartig aus. Ich bin nie überrascht
über seine Erfolge, sie machen mich nur stolz. Er ist der beste Mechaniker in der Stadt. Ich hatte nie den geringsten Zweifel daran, daß er
uns behüten könnte und würde, ganz gleich was geschieht.«

Wie käme ich dazu, das Urteil meiner Töchter anzuzweifeln, vor
allem, was den Mechaniker angeht?

Was Kinder anbelangt, so war ich nie der Ansicht, daß sich Liebe,
Ansehen, Respekt oder gutes Benehmen kaufen lassen. Deshalb hielt
ich mich immer zurück, wenn ich ihnen Geld gab. Ab dem zwölften
Lebensjahr bekamen sie zwei Dollar Taschengeld pro Woche. Es fehlte
ihnen an nichts, allerdings wurden sie auch dazu erzogen, keine allzu
hohen Ansprüche zu stellen. Und zu den großen Festen, zu Weihnachten und zum Geburtstag, erhielten sie große Geschenke.

Als Mike in die Pubertät kam, hielt ich es für an der Zeit, ihn mit
grundlegenden Dingen des Lebens vertraut zu machen. Meine Methode war sehr direkt, ob sie auch mutig war, sei dahingestellt. Eines
Abends blieb ich vor seinem Zimmer stehen und reichte ihm eine
Papiertüte mit einem Buch. Es hieß *Jungen und Sex.* »Was ist das?«
fragte er. »Lies es«, erwiderte ich, »und laß es mich wissen, wenn du
Fragen hast.«

Wenn eines meiner Kinder sechzehn Jahre alt wurde, schrieb ich
ihm einen Brief, in dem ich darzulegen versuchte, was ich für Weisheit
hielt oder, bescheidener ausgedrückt, was ich aus meinen richtigen
und falschen Entscheidungen gelernt hatte. Mike war der erste, und
ich schrieb ihm unter anderem: »Du läßt nun die Kindheit hinter dir
und kommst allmählich ins Mannesalter ... Du wirst endgültig der

Mensch werden, der du in den folgenden fünfzig Jahren bleiben wirst. Versuchungen erwarten dich auf deinem Weg: Drogen, Alkohol, Gelegenheiten, dich schlecht zu benehmen. Du kannst Recht von Unrecht unterscheiden, und ich vertraue auf dein Urteilsvermögen ... Hab keine Angst, Fehler zu machen. Fürchte dich mehr davor, etwas gar nicht erst zu versuchen ... Nimm deine Chancen wahr und gehe Risiken ein, aber unternimm keine tollkühnen Schritte, sondern Schritte, die wohl mißlingen können, aber auch Erfolg und große Belohnung versprechen. Und denk immer daran: Wie schlimm etwas auch scheinen mag, morgen sieht alles ganz anders aus.«

Fasziniert beobachtete ich, was jede Seite der Familie zum Charakter unserer Kinder beitrug. Almas Eltern und meine hätten nicht unterschiedlicher sein können. Mike und Linda lebten, als sie noch klein waren und ich in Vietnam diente, bei den Johnsons. Die Johnsons waren keine Gefühlsmenschen und führten ein strenges, diszipliniertes Leben. Als Büchernarren lasen sie den Kindern vor, und Lesen ist ansteckend. Sie brachten meinen Kindern Sinn für Disziplin und Achtung vor dem Lernen bei. Von den Powells lernten meine Kinder, das Leben zu lieben. Bei ihnen begegneten sie lustigen Originalen, respektlosen Menschen, die aus vollem Hals lachen konnten, ganz ungezwungen, Menschen, die sich ebenso intensiv vergnügten, wie sie arbeiteten, die gern feierten, sangen und tanzten. Mit Freuden beobachtete ich, wie beide Wesenszüge bei meinen Kindern zur Entfaltung kamen.

Seit jenem Tag, als mein Vater vor unserem Haus in der Kelly Street 952 mit einem Pontiac, Baujahr 1946, vorgefahren war, liebte ich Autos. Ich fuhr sie für mein Leben gern, doch was unter der Motorhaube vor sich ging, war für mich ein Buch mit sieben Siegeln. Einmal, als ich in Dale City Probleme mit meinem Wagen hatte, riet mir ein Nachbar:»Prüfen Sie den Spannungsregler.« Ich hätte den Rat gern befolgt, nur wußte ich nicht, was ein Spannungsregler war. Ich kaufte mir ein Chevy-Handbuch und begann Schritt für Schritt, die Geheimnisse unter der Motorhaube zu lüften. Bald wechselte ich schon eigenhändig das Öl!

Gegenüber wohnte ein anderer Nachbar, der in seiner Freizeit Käfer herrichtete. Mein erstes Auto war ein Käfer, und ich hatte immer noch eine Schwäche für dieses Auto, selbst als der Familienzuwachs mich zwang, auf größere Wagen und Kombis umzusteigen. Ich lungerte also häufiger bei dem Mann herum, reichte ihm Werkzeug und lernte noch dazu. Zu der Zeit, als ich nach Fort Campbell kam, konnte ich bereits einen Verteiler einstellen, den Kühler abdichten und Pannen in der Elektrik beheben. Ich trieb gerne Sport, machte daraus aber nie eine Leidenschaft, sicher wegen meiner bescheidenen athletischen Möglichkeiten. Autos hatten für mich jedoch einen besonderen Reiz. In meinem Berufsleben, ob im Gelände oder am Schreibtisch, hatte ich es stets mit unberechenbaren Menschen zu tun, ihren Schwächen – und meinen eigenen. Je höher ich im Rang stieg und je mehr Verantwortung ich übernahm, desto schlimmer wurde es. Autos haben, im Unterschied zu Menschen, kein Temperament. Wenn ich an einem Wagen arbeitete, mußte ich mich nie mit ungewissen und abstrakten Dingen, sondern mit konkreten und klaren Fakten auseinandersetzen. Wenn etwas am Motor nicht funktionierte, konnte ich, wenn ich logisch vorging, den Fehler finden und beheben – der einzige Bereich im Leben, den ich so gut unter Kontrolle hatte. Diese mechanischen Puzzlespiele fesselten mich, und ich konnte mich dabei entspannen. Ich hatte das richtige Hobby gefunden.

Auch Alma fand eine Beschäftigung. Ich war in Fort Campbell ranghöchster Offizier, und zum ersten Mal entsprach ihr Verhältnis zu den anderen Ehefrauen in gewisser Weise meinem Verhältnis zu den Offizieren. Sie wurde eine Mutterfigur für die jüngeren Frauen. Sie stürzte sich in ehrenamtliche Tätigkeiten, und das zu einer Zeit, als die Emanzipationsbewegung der Frauen gerade an Zulauf gewann und einige Feministinnen Kritik an unbezahlter Arbeit in Krankenhäusern und Wohltätigkeitsbasaren übten. Nach Almas Ansicht ließ diese Kritik den besonderen Charakter des Militärlebens außer acht. Soldaten konnten von einem Moment auf den anderen irgendwohingeschickt werden. Wann und ob sie zurückkamen, war nie sicher. »Wenn wir uns jetzt nicht kennenlernen«, sagte Alma immer, »wie sollen wir uns dann in schweren Zeiten, wenn wir uns einsam fühlen, gegenseitig helfen?« Über den unmittelbaren Nutzen hinaus taten Frauen mit herkömmlicher ehrenamtlicher Arbeit genau das, was die Feministinnen forderten: Sie leisteten schwesterlichen Beistand.

Erst zwei Jahre waren vergangen, seit ich der alten Army in Korea Lebewohl gesagt hatte. In Fort Campbell hatte man den Übergang zur neuen Army schon fast, wenn auch nicht ganz, vollzogen. Die neue, nur noch aus Freiwilligen bestehende Truppe wurde nach den Kriterien eines modernen Managements beurteilt: nach der Zahl der Wiederverpflichtungen, der Häufigkeit unerlaubten Fernbleibens von der Truppe, der Zahl der alkoholbedingten Verkehrsdelikte, den Resultaten der jährlichen Fitneß-Tests, der Einhaltung von Arztterminen und der Schwundrate im Nachschublager. Monat für Monat erhielt jede Brigade, jedes Bataillon und jede Kompanie einen Bericht, dem zu entnehmen war, wie gut sie im Vergleich zu anderen Einheiten abgeschnitten hatte. In einer riesigen Organisation wie der Army waren solche statistischen Methoden nötig, um vergleichbare Leistungen bewerten zu können. Aber mit Zahlen allein lassen sich Faktoren wie Moral, Führungsqualität und das Gefühl, daß eine Einheit einsatzbereit ist, nicht messen. Gunfighter Emerson hätte solche Statistiken, selbst wenn man ihm eine Pistole an den Kopf gesetzt hätte, keines Blickes gewürdigt.

Ich hatte längst gelernt, wie man mit Modeerscheinungen in der Führung umgehen mußte. Gib dem Kaiser, was des Kaisers ist, halte dir damit den Rücken frei und mach dann weiter mit dem, was du für wichtig hältst. Wenn meine Arbeit etwa nach der AWOL-Rate beurteilt werden soll – AWOLs sind Soldaten, die unerlaubt der Truppe fernbleiben –, werde ich um 6.30 Uhr einen Sergeant losschicken und den Burschen suchen lassen, der beim Wecken um 6 Uhr nicht anwesend war. Bis Mitternacht gilt der Mann nicht als AWOL. Also holt man ihn vorher zurück und hält damit die Zahl der AWOLs niedrig. Voller Eifer tat ich alles, um jede Statistik aufzubessern, nach der meine Brigade beurteilt wurde. Und widmete mich weiter den Dingen, die meiner Ansicht nach zählten.

Ich stellte fest, daß Offiziere, die sich die Karriere verbauten, obwohl ihre Fähigkeiten außer Frage standen, häufig denselben Fehler machten: Sie verweigerten dem Kaiser, was des Kaisers war. Sie bekämpften, was ihnen dumm oder belanglos erschien, und hatten folglich nicht genug Kraft für die Dinge, die ihnen wichtig waren.

Einmal verstieß ich selbst gegen diese Regel. Die neue Army hatte, vernünftigerweise, beschlossen, dem übermäßigen Trinken einen Riegel vorzuschieben. Es gab zu viele Fehlleistungen im Rausch, zu viele durch Trunksucht ruinierte Familien, zu viele Tote bei alkoholbedingten Verkehrsunfällen. Bei Alkohol am Steuer griff Wickham hart durch. Wurde ein Soldat erwischt, mußten sein Sergeant, sein Kompaniechef, sein Bataillons- und sein Brigadekommandeur bei Wickham oder Tiger Honeycutt vorsprechen und eine Erklärung abgeben. Dann ging Wickham noch einen Schritt weiter: Jeder Offizier, der beim Fahren unter Alkoholeinfluß erwischt wurde, erhielt ein Verfahren nach Artikel 15, eine außergerichtliche Bestrafung, die eine Laufbahn ruinieren konnte. MPs postierten sich vor den Offiziersklubs und paßten jeden Offizier ab, der augenscheinlich einen über den Durst getrunken hatte.

Ich beorderte alle Offiziere zu mir. Um sie vor sich selbst zu schützen, erließ ich eine Anordnung, die eine regelrechte Protestaktion auslöste. »Der Zutritt zum Klub ist verboten«, erklärte ich. »Keine Happy Hour mehr. Keine Italienischen Nächte mit Wein mehr. Überhaupt kein Offiziersklub mehr. Nicht für die 2. Brigade.« Nach diesen Worten hätte man eine Stecknadel zu Boden fallen hören.

Der Umsatz des Klubs ging rapide zurück. Chuck Bagnal, der stellvertretende Divisionskommandeur, der die Klubs in Fort Campbell leitete, fragte mich, ob ich den Verstand verloren hätte. »Wir können nicht beides haben, Sir«, sagte ich. »Sie können nicht MPs draußen postieren, die nur darauf warten, meine Offiziere zu schnappen, und gleichzeitig verkaufen andere Angehörige der Army in der Happy Hour Drinks für einen Vierteldollar.«

Ein paar Wochen später hatte ich Stabschef Ted Crozier auf dem Hals. »Powell«, sagte er, »Sie können Ihrer Brigade nicht den Zutritt zum Klub verbieten.«

»Ich habe es bereits getan«, sagte ich und wiederholte meine Predigt über Heuchelei. Die Army könne nicht auf der einen Seite ein bestimmtes Verhalten verurteilen und es auf der anderen Seite fördern.

»Blödsinn!« erklärte Crozier. »Raus!«

Ich wußte, daß ich den Bogen überspannt hatte. Ich hatte für eine gute Sache gekämpft, doch ich wollte nicht, daß es mein letzter Kampf war. Man kann nicht jeden Tag einen Drachen erschlagen. Manchmal gewinnt auch der Drache. Ich erlaubte meiner Brigade wieder den Besuch des Klubs. Doch ich schärfte meinen Offizieren ein, welche Konsequenzen ein Glas zuviel haben konnte. Die MPs lauerten nicht mehr vor den Türen, und mit der Zeit gehörte die Happy Hour in der Army der Vergangenheit an.

Eines Tages erhielt ich einen Anruf aus Gunfighter Emersons Stab: Der alte Haudegen ging demnächst in Pension, und das 18. Luftlandekorps wollte ihn mit einer großen Feier verabschieden. Emerson selbst habe den Wunsch geäußert, daß ich die Truppenparade leiten solle. Ich lehnte ab. In Fort Bragg war die 82. Luftlandedivision stationiert. Zwar gehörte auch die 101. zu Emersons Korps, doch den Fallschirmjägern von der 82. konnte es kaum gefallen, wenn einer von der 101. Division daherkam und ihre Männer befehligte. Zehn Minuten später war erneut ein Adjutant am Telefon. »Der General hat gesagt: ›Sagen Sie Powell, er soll verdammt nochmal herkommen.‹« Das klang ganz nach Gunfighter.

Ich fuhr also nach Fort Bragg und drillte die muskulösen Fallschirmjäger im Marschieren, so wie ich es seinerzeit am College in New York getan hatte. Am Tag der Verabschiedung erschienen mehrere Tausend Besucher, und Gunfighter stand auf der Zuschauertribüne, schüttelte jedem, der in Reichweite war, die Hand und klopfte jedem auf die Schulter. Ich hatte die Männer gerade rühren lassen, da sah ich, wie er mich zu sich winkte. Er dankte mir, weil ich die Parade übernommen hatte, und sagte, er habe eine besondere Bitte an mich: Auf sein Stichwort hin sollte ich den Offizieren befehlen, kehrtzumachen, so daß sie den Soldaten im Abstand von etwa zwanzig Zentimetern gegenüberstanden. Ich fragte ihn, was es mit diesem neuen Kommando auf sich habe, doch er sagte, ich solle mir keine Sorgen machen. Ich ging zurück und ließ die Anweisung an die anderen Offiziere weitergeben.

Die Zeremonie begann mit Ansprachen und der Verleihung von Auszeichnungen an Emerson. Dann hielt Gunfighter eine Rede. Er begann unter Tränen, wiederholte sich und zählte die Namen längst verstorbener Kameraden auf. Auf einmal hielt er inne, blickte mich an und rief: »Jetzt!«.

»Offiziere – und nur die Offiziere –,« befahl ich, »macht kehrt!« Da standen wir dann, beinahe Nase an Nase vor den Soldaten, und fragten uns, was als nächstes kam.

Da brüllte Gunfighter von der Tribüne aus: »Offiziere, grüßt Eure Soldaten!«

Es war eine ergreifende Geste, typisch für Gunfighter Emerson. In ihrer einfachen Symbolik drückte sie alles aus, was man über Armeen und diejenigen wissen muß, die es im Grunde am meisten verdienten, gegrüßt zu werden.

Seit meinen Erfahrungen in Korea reagierte ich auf Rassenspannungen innerhalb der Army besonders empfindlich. Als eine meiner ersten Amtshandlungen in Fort Campbell rief ich den stellvertretenden Kommandeur, Lieutenant Colonel Henry B. »Sonny« Tucker, zu mir und äußerte den Wunsch, den Unteroffizier zu sprechen, der für die Durchsetzung von Chancengleichheit und das Programm gegen die Diskriminierung von Minderheiten zuständig sei. Tucker, ein großer, kräftiger Offizier aus Alabama, sah mich befremdet an, versprach aber, den Mann herbeizuschaffen.

Tucker hatte eine bewundernswerte Art, mit Soldaten und ihren Problemen umzugehen, wie ich durch die Wand zwischen unseren Büros hörte: »Sieh mal, mein Junge, du machst meinen Colonel unglücklich, du machst mich unglücklich. Also zeig uns jetzt, wie schnell du uns beide wieder glücklich machen kannst.« Und wie durch ein Wunder lösten sich Probleme über Nacht in Luft auf. Doch diesmal geschah nichts. Zwei Tage später wiederholte ich meinen Wunsch, den betreffenden Unteroffizier zu sprechen. »Wir suchen nach ihm«, versicherte mir Tucker. Wenn er den Mann nicht einmal finden konnte, wieviel Bedeutung maß die Brigade dann diesem Thema bei? Nach der dritten Anfrage brachte Tucker einen fetten, lustlosen Sergeant in Halbschuhen und weißen Socken zu mir. Wegen einer Beinverletzung tat er nur noch eingeschränkten Dienst und schob in den letzten Monaten vor seinem Ruhestand eine ruhige Kugel. Ich schickte den Mann wieder fort und machte Tucker Vorhaltungen. Der Mann sei eine Niete. Wie wichtig nehme man eigentlich diese Aufgabe?

»Beruhigen Sie sich, Colonel«, sagte Sonny. »Für diesen Job brauchen wir keinen Spitzenmann, das wäre reine Vergeudung. Seit Monaten hatten wir in der Brigade keine Beschwerde wegen Diskriminierung mehr.«

Ich stellte Nachforschungen an, befragte Leute und überprüfte Tuckers Aussagen. Wie sich zeigte, hatte er recht. Zwar hatten wir noch keine vollkommene Harmonie im Verhältnis zwischen den Rassen erreicht, doch die gegenwärtige Army ähnelte in keiner Weise derjenigen, die ich in Korea verlassen hatte. Der Hauptgrund dafür war, daß sie nur noch aus Freiwilligen bestand. Die Wehrpflicht war inzwischen längst abgeschafft. Die neuen Rekruten, ob weiß oder schwarz, bestachen in jeder Hinsicht durch gute Führung, auch gegenüber Angehörigen anderer Rassen, was hauptsächlich darauf zurückzuführen war,

daß sie eine bessere Ausbildung genossen hatten und aus freien Stük-
ken zur Army gekommen waren. Ich ernannte dennoch einen erstklas-
sigen Unteroffizier zum Minderheiten-Beauftragten, denn ich wollte
gewährleisten, daß es auch so blieb.

Ferner bedrängte ich Tucker, Kurse zum Erwerb des High-School-
Abschlusses anzubieten. »Die meisten haben bereits einen High-
School-Abschluß«, belehrte er mich. Und wie stand es mit Englisch-
kursen für Anderssprachige? »Wir nehmen keine Rekruten mehr, die
nicht Englisch sprechen«, erklärte Sonny geduldig. Die Army war bereits besser geworden, auch wenn der Dienst vielleicht nicht mehr
soviel Spaß machte wie in der alten Army, an die ich manchmal weh-
mütig zurückdachte. Aber schießlich war die Army ja auch nicht zum
Spaß da. Die nach Vietnam eingeleiteten Reformen begannen zu greifen. Die Army erneuerte sich und fand zu altem Stolz und Selbstbewußtsein zurück.

Ich widmete mich ganz den Aufgaben meines Truppenkommandos
und dachte an nichts Böses, als ich im Februar 1977 telefonisch nach
Washington beordert wurde. Seit dem 20. Januar war eine neue Regierung im Amt, eine, für die ich gestimmt hatte. Ich hatte Jimmy Carter
in meiner Zeit als White House Fellow kennengelernt, und diese Begegnung hatte mich beeindruckt. Ausschlaggebend für meine Wahlent-
scheidung war aber eher die Überzeugung, daß das Land nach dem
qualvollen Watergate-Skandal einen Neubeginn brauchte. Als Bürger
mit ständigem Wohnsitz in New York gab ich meine Stimme immer
noch per Briefwahl in New York ab, und ich war immer noch keiner
Partei beigetreten, was ich auch später nie tat.

Man hatte mich nach Washington bestellt, weil Carters Sicherheitsberater Zbigniew Brzezinski mit mir über einen Posten im Nationalen
Sicherheitsrat reden wollte. Ich befürchtete, abermals aus meiner militärischen Laufbahn herausgerissen zu werden, und suchte deshalb
zuerst John Wickham auf. Er war nicht nur mein vorgesetzter Offizier, er kannte sich auch im Washingtoner Labyrinth bestens aus.
»Gehen Sie hin«, sagte Wickham. »Sie müssen zumindest mit ihm
reden.«

Einige Tage später fand ich mich in einem vertrauten Gebäude wieder, dem Old Executive Office Building, wo ich als White House Fellow in der Haushaltsbehörde gearbeitet hatte. Das Gebäude strahlt mit

seinen endlosen, stillen Säulengängen eine Atmosphäre ruhiger Macht aus, und die Wände atmen Geschichte. Zu Beginn des Zweiten Weltkriegs hatte das Gebäude das Außenministerium und das Kriegsministerium beherbergt, bis das Pentagon gebaut wurde. An diesem Tag bot ich den schicken Mitarbeitern im OEOB einen seltenen Anblick: ein Colonel der Army in Springerstiefeln, Uniformhose und Grünzeug. Mein Äußeres sollte demonstrieren: Ich bin Brigadekommandeur in der 101. Luftlandedivision, und ich bin es gern. Ihr habt den Falschen erwischt. Ich stieg die breite, gewundene Treppe hinauf in den dritten Stock zu den Räumlichkeiten des Nationalen Sicherheitsrats. Ich wurde in ein reichverziertes Büro aus dem 19. Jahrhundert geführt, wo mich Dr. Brzezinski erwartete, ein Mann mit ausgeprägt slawischen Gesichtszügen und temperamentvollem Auftreten. Bei ihm war sein Stellvertreter David Aaron. Dr. Brzezinski bot mir einen Stuhl an, und ich nahm umständlich Platz, so daß meine Stiefel nicht zu übersehen waren.

Zunächst bewies mir Brzezinski, daß er sich bestens über meinen Werdegang informiert hatte, speziell über meine Zeit als White House Fellowship, dann kam er zur Sache: »Wir suchen einen Soldaten, der weiß, wie man auf dieser Ebene arbeiten muß. Offen gesagt, wir möchten, daß Sie den Stab des Verteidigungsprogramms des Sicherheitsrates leiten.«

Das hörte sich nach einer einmaligen Chance an. Ich antwortete ihm, ich würde mich geschmeichelt fühlen, sei aber nicht interessiert. »Ich habe mein Kommando nicht einmal zur Hälfte hinter mir«, sagte ich. »Eigentlich möchte ich aus Fort Campbell nicht weg. Und die Arbeit, die Sie geschildert haben, ist nichts für mich. Ich kenne mich da überhaupt nicht aus.«

Statt Brzezinskis Begeisterung zu dämpfen, entfachte mein Widerstand sie nur noch mehr. »Genau das wollen wir ja«, sagte er. »Keinen Akademiker, sondern jemanden, der neue Ideen einbringen kann.«

Ich erhob weitere Einwände und sagte: »Ich würde lieber bei der Truppe bleiben.«

David Aarons Miene und die Art seiner Fragen schienen zu sagen: Was hat dieser Kerl in Kampfstiefeln hier überhaupt verloren? Er sagt, er will den Job nicht. Vergeuden wir also nicht noch mehr Zeit mit ihm. Doch mein Widerstreben stachelte Brzezinskis Eifer weiter an. Es schien ihn zu faszinieren, daß jemand dem Lockruf der Macht widerstand. Schließlich sagte er: »Lassen wir es dabei bewenden. Wenn das Ende Ihres Kommandos näherrückt, reden wir noch einmal darüber. Könnte aber sein, daß es dann nicht mehr um denselben Job geht wie heute. Trotzdem, wir wollen Sie.«

Ich wandte mich bereits zum Gehen, da fügte Brzezinski hinzu: »Bevor Sie uns verlassen, möchte ich, daß Sie das hervorragende Team kennenlernen, das wir zusammengestellt haben.« Den Rest des Nachmittags zog ich im dritten Stock von Dienststelle zu Dienststelle und hörte mir die meiste Zeit erschreckend naive Rüstungskontrollvorschläge an, die denn auch kläglich scheitern sollten, als sie den Sowjets vorgelegt wurden.

Als ich nach Fort Campbell zurückkehrte, konnte General Wickham meinen Bericht kaum erwarten. »Colin, Sie haben den Job nicht genommen«, sagte er, »aber die werden wiederkommen, oder irgendein anderer. Sie haben keine normale Soldatenlaufbahn vor sich. Manche Offiziere sind dafür einfach nicht bestimmt.«

Ich vergaß Washington und widmete mich wieder den Aufgaben meines Kommandos. Ich hatte ein hervorragendes Bataillon übernommen und zwei, die auf dem besten Wege waren, es zu werden. Mein Ziel war, alle drei an die Spitze zu bringen, bevor ich ging.

»Sie sollten das Ding da untersuchen lassen, Sir«, sagte Sonny Tucker. Bei dem Wirbel, den mein Stellvertreter um mich machte, brauchte ich keine Eltern. Das »Ding«, das Sonny beunruhigte, war eine Geschwulst, die eines Morgens an der linken Seite meines Halses aufgetaucht war. Sie tat nicht weh, ging aber auch nicht weg. Sie wurde nur ständig größer.

Ich ging ins Standortkrankenhaus, und einer der Ärzte sagte nach der Untersuchung: »Wir wissen nicht, was es ist, aber es könnte bösartig sein.« Er erklärte mir, daß sie eine Nadel-Biopsie durchführen und dann die Geschwulst herausschneiden müßten. Sollte die Biopsie ergeben, daß es Krebs sei, sagte er, »werden wir bis zu Ihrer Kehle schneiden müssen. Es wäre möglich, daß Sie nach dem Aufwachen nicht mehr sprechen können.«

Ich war vierzig Jahre alt, Vater von drei Kindern, stand auf dem Höhepunkt meines privaten und beruflichen Lebens und hatte Angst. Ein paar Tage später lag ich im Operationssaal. Alma hielt Wache, und Sonny Tucker ebenfalls. Ich weiß noch, wie er den Arzt ansah, als wolle er sagen: »Wenn du meinen Colonel verpfuschst, werde ich dir die Arme brechen.«

Die Geschwulst war nicht bösartig. Nach der Biopsie klammerten die Ärzte die Wunde und ließen sie verheilen, was sie auch tat, von innen nach außen. Zurück blieb eine rauhe Narbe am Hals. Sie sieht aus wie eine Schußwunde. Wenn jemand danach fragt, sage ich ihm die profane Wahrheit. Damals rauchte ich noch, doch nach diesem Erlebnis wurde mir immer unwohler dabei. Heute habe ich es aufgegeben.

Als sich mein Kommando über die 2. Brigade dem Ende zuneigte, hielt Dr. Brzezinski Wort und bat mich noch einmal nach Washington. Ich fragte mich, ob sich John Wickhams Prophezeiung erfüllen sollte.

Teil Drei

DIE WASHINGTONER JAHRE

10

Im Verteidigungsministerium unter Carter

Im Blickfeld der Öffentlichkeit stand ich vor allem in den Jahren unter Reagan und Bush, doch meine Sporen im Bereich der Sicherheitspolitik verdiente ich mir in den zweieinhalb Jahren, die ich unter Präsident Carter im Büro des Verteidigungsministers arbeitete. Im Mai 1977 fuhr ich erneut nach Washington und traf mich mit Zbigniew Brzezinski im Nationalen Sicherheitsrat. Er teilte mir mit, daß der Posten, den er mir anfänglich angeboten hatte, nämlich die Führung seines Mitarbeiterstabs im Verteidigungsprogramm, inzwischen an Victor Utgoff vergeben worden war, der nun seinerseits einen Assistenten brauchte. Dieses neue Angebot erschien mir alles andere als reizvoll, zumal ich schon den Spitzenjob abgelehnt hatte. Aber dem Weißen Haus einen Korb zu geben, ist keine leichte Sache für einen Soldaten, der Gehorsam gelernt hat. Deshalb bat ich Brzezinski um Bedenkzeit.

Noch in Washington erhielt ich einen Anruf, diesmal vom Pentagon. Ich sollte einen gewissen John Kester treffen, einen Beamten mit dem umständlichen Titel »Sonderberater des Verteidigungsministers und dessen Stellvertreters«. Ich hatte meine Quellen in der Behörde und nutzte sie, um mehr über Mister Kester zu erfahren. Danach war er ein ehrgeiziger, dynamischer junger Jurist aus dem engeren Kreis um Verteidigungsminister Harold Brown. Sein kompromißloser Stil hatte im Pentagon schon für einigen Ärger gesorgt.

Kesters großzügiges Büro lag am Eisenhower-Korridor des E-Rings gleich neben dem des Verteidigungsministers. Er war tatsächlich jung und mit seinen achtunddreißig Jahren zwei Jahre jünger als ich, eine Alterskonstellation, die sich auf das Verhältnis zwischen Vorgesetztem und Untergebenem nicht immer positiv auswirkt. Und John Kester hatte einen schneidigen Ton. Er stellte klar, daß er und der Vize Charles Duncan den Laden für Verteidigungsminister Brown schmissen. Ebenso ließ er keinen Zweifel aufkommen, wer de facto die Stelle des Stabschefs innehatte, nämlich er, und daß er beabsichtigte, die Fäden in diesem ausgedehnten bürokratischen Apparat zu ziehen und die Vereinten Stabschefs am Zügel zu führen. Kester hatte vier Militärs in seinem Stab, und diese Gruppe sollte ich als seine rechte Hand leiten.

Bei dieser ersten Begegnung hatte zunächst nur Kester geredet. Dann war ich an der Reihe. »Warum haben Sie gerade mich rufen lassen?« fragte ich.

»Ich habe Sie in die engere Wahl gezogen«, antwortete er, »und viel Gutes über Sie gehört.« Er hatte eine Liste mit den Namen eines halben Dutzends Offiziere eingesehen, die für die Position eines Militärberaters beim Verteidigungsminister vorgeschlagen worden waren. Am Ende war Colonel Carl Smith von der Air Force ernannt worden, ein Mann, der meinen Weg später noch in mehreren kritischen Augenblicken kreuzen sollte. Und nun benutzte Kester die Liste für die Anstellung eines eigenen Militärberaters. Besonders beeindruckt hatten ihn mein White House Fellowship und meine Erfahrung als Kommandeur im Vietnamkrieg.

»Auch ich habe mich erkundigt, und ich habe nicht nur Gutes über Sie gehört«, sagte ich mit einem Lächeln. Meine Unverblümtheit schien ihn zu belustigen. Ein gutes Zeichen. Er brauchte also keinen Ja-Sager. Damit war unser erstes Gespräch beendet, und ich· kehrte nach Fort Campbell zurück.

Ich hatte nun die Wahl zwischen zwei hohen Posten, um die ich mich nicht beworben hatte. Im stillen hoffte ich immer noch, vom Brigadekommandeur zum Stabschef der 101. Luftlandedivision aufzusteigen und von Washington nichts mehr zu hören. Doch nach meiner Rückkehr stellte General Wickham klar, daß ich nicht sein Stabschef werden könne. Von seinen Brigadekommandeuren war ich der jüngste, und da ich kein Flieger war, fehlte mir eine entscheidende Qualifikation für den Posten. »Im übrigen«, bemerkte Wickham, »kenne ich den Laden. Die Army wird sich die Gelegenheit nicht entgehen lassen, einen der Ihren in eine dieser Schlüsselpositionen in Washington zu bringen.« Er machte allerdings keinen Versuch, meine Wahl zu beeinflussen.

In dieser Frage suchte ich Rat bei einem anderen Freund, Carl Vuono, wie ich ein Protegé DePuys. Er war erst vor kurzem zum Brigadier General befördert worden und arbeitete nun für den Stabschef der

Army, General Bernard Rogers.»Carl«, sagte ich,»der Job im Verteidigungsministerium würde mir eher liegen. Ich bin nicht darauf erpicht, die Army zu verlassen. Aber ich werde das tun, was unser Chef für das Beste hält.« Carl besprach die Angelegenheit mit General Rogers und teilte mir die Antwort mit: Ich sollte in Kesters Stab gehen. Kester und Rogers hatten bereits einige »Revierkämpfe« ausgefochten, daher hielt es Rogers offenbar für nützlich, einen Mann aus der Army in Kesters Stab zu haben. Ich sagte Zbigniew Brzezinski mit Bedauern ab und trat den Posten bei John Kester an.

Meine Familie zog von Fort Campbell in den Raum Washington um, und wir bauten ein Haus in Burke Center im Bezirk Fairfax, Virginia. Der Umzug verschlang den gesamten Gewinn, den wir beim Verkauf des Hauses in Dale City gemacht hatten. Unser neues Heim lag in Hauptstadtnähe, und das ist das Zauberwort auf dem Washingtoner Immobilienmarkt. Mit jedem Kilometer, den man näher an die Hauptstadt heranrückte, mußte man damals 10 000 Dollar mehr für ein Haus bezahlen.

Ein Brigadekommandeur in Fort Campbell hat davon, wie Verteidigungspolitik gemacht wird, eine ebenso vage Vorstellung wie ein Chevrolet-Händler in Kansas vom Geschehen in der Chefetage von General Motors. Ich kam nach Washington, um zu lernen. John Kester richtete mir ein kleines Büro außerhalb seiner Suite ein. Von diesem Beobachtungspunkt verfolgte ich das Tun und Treiben meines hochgewachsenen, schlaksigen Chefs, der sich mit Joggen fit hielt und der, im Kontrast zu seinem autoritären Auftreten, mit piepsender Stimme sprach. Kester faszinierte mich. Er war sehr direkt und nahm kein Blatt vor den Mund, aber er hatte auch etwas von einem Renaissancemenschen. Aus seinem Büro kam klassische Musik, und manchmal hörte ich ihn am Telefon französisch sprechen. Er war belesen und schrieb einen klaren, lebhaften Stil, den man bei einem Juristen und Regierungsbeamten nicht unbedingt erwartet hätte.

Kester spielte mit der Macht. Ich merkte schon bald, daß er alle wichtigen Fäden im Pentagon in der Hand hielt. Verteidigungsminister Harold Brown, ein Physiker, der in der Johnson-Administration Luftwaffenminister und Direktor für Rüstungsforschung und später Präsident des California Institute of Technology gewesen war, hatte die letzte Entscheidungsbefugnis. Aber Kester hatte es so eingerichtet, daß keine Akte zu Brown gelangte, die er nicht vorher eingesehen hatte. Und für Besucher führte der Weg nur über ihn. Als Berufssoldat und Colonel hatte ich eine ehrfürchtige Scheu vor Drei- und Vier-Sterne-Generalen. Nicht so John Kester. Er sprach nicht nur bei der Ernennung von Zivilisten ein gewichtiges Wort mit, er mischte sich auch in die Beförderungen hoher Militärs ein. Listen für die Ernennung zum Brigadier oder Major General sollten nicht länger pro forma von Verteidigungsminister Brown abgezeichnet werden. Kester unterzog sie künftig einer genauen Prüfung. Er räumte auch mit dem Vorrecht der Chefs der Teilstreitkräfte auf, Generäle und Admirale zur Beförderung zum Drei- oder Vier-Sterne-General vorzuschlagen. Früher war es üblich, daß die Chefs nur einen Namen zur Entscheidung vorlegten. Nun sollten sie nach Kesters Willen jeweils zwei Kandidaten vorschlagen, und der Verteidigungsminister sollte am Ende entscheiden. Darüber waren die Militärs nicht glücklich. General Rogers hatte einem General mitgeteilt, er werde ihn zum Vier-Sterne-Rang befördern und ihm den Oberbefehl über alle Landstreitkräfte in den Vereinigten Staaten (FORSCOM) geben. Kester schaltete sich ein und pochte auf die Nennung zweier Kandidaten, wozu sich Rogers herbeiließ. Verteidigungsminister Brown, Army-Minister Clifford Alexander und Kester prüften die Eignung der Kandidaten. Am Ende traf der Minister die Wahl, und sie fiel nicht auf Rogers Kandidaten.

Wenig später bestellte mich Rogers in sein Büro, wo ich als Punchingball für ihn herhalten durfte. »Das ist das Schlimmste, was ich in meinen fünfunddreißig Dienstjahren in punkto Personalfragen erlebt habe«, raunzte der General und machte seinem Ärger über Kester Luft. »Ich verstehe nicht, wie ein ziviler Beamter die Personalentscheidung des ranghöchsten Generals der Army umstoßen kann.«

Als er einen Augenblick innehielt, warf ich ein: »Sir, ich verstehe Ihre Enttäuschung, aber Kester hat lediglich klargestellt, daß solche Ernennungen in die Kompetenz des Verteidigungsministers fallen.« Das wußte Rogers natürlich auch, und allmählich gewann er seine Fassung wieder. Beim Abschied betonte er ausdrücklich, ich hätte loyal zu Kester zu stehen, auch wenn nicht alle Entscheidungen im Sinn der Generalität ausfielen.

Kester hatte die Kontrolle über den Informationsfluß und die Personalentscheidungen im weitläufigen Apparat des Verteidigungsministeriums erlangt. Sein Stil war zupackend wie der ganze Mann. Liebe

Kinder wurden belohnt, für die bösen gab es die Rute. Macht zu erringen und auszuüben war ihm kein persönliches Bedürfnis – Johns Ego hatte so etwas nicht nötig –, vielmehr glaubte er, so am besten den Interessen seines Chefs und der Carter-Administration zu dienen.

Kester war das politische Pferd in der Troika. Die anderen beiden Stabsmitglieder waren Tom Ross, Vizeverteidigungsminister für öffentliche Angelegenheiten, und Jack Stempler, Berater für Parlamentsfragen, der Verbindungsmann des Ministeriums zum Kongreß. Jeden Morgen versammelte der Minister seine engsten Mitarbeiter in seinem Büro. Ich saß hinten im Raum, wie eine Fliege an der Wand, neben einer Standuhr, die jede halbe Stunde schlug. Der Minister brauchte seine Stützen. Harold Brown war ein brillanter Kopf, und Präsident Carter hatte mit ihm einen glücklichen Griff getan, aber als Wissenschaftler und Intellektueller hatte er es lieber mit Papier als mit Menschen zu tun. Ich hatte immer den Eindruck, Brown wäre nicht unglücklich gewesen, wenn wir den Papierkram einfach unter seiner Tür durchgeschoben hätten, denn so hätte er ungestört schreiben und nachdenken können. Wenn seine Frau Colene mit ihm zu Abend essen wollte, mußte sie oft ins Büro kommen, wo Harold über Akten brütete, die er in seiner zierlichen Hieroglyphenschrift mit Notizen versah.

Harold Brown hatte an der Columbia University den Doktor der Philosophie erworben. Jack Stempler hatte das politische Handwerk auf den Nebenstraßen von Baltimore gelernt. Eines Morgens eröffnete der Minister die Sitzung mit harschen Worten über einen Abgeordneten, der ihn verärgert hatte. Der Mann sei ein Heuchler. Heute beteuere er das, und morgen stimme er für das Gegenteil. »Mit dem will ich nichts mehr zu tun haben«, beschied Brown.

»Fein, Harold«, sagte Stempler, »dann funkt er Ihnen nicht mehr dazwischen. Sind Sie erleichtert? Leider ist der Mann aber ein gewählter Volksvertreter und Sie brauchen seine Stimme im Streitkräfteausschuß. Sie müssen mit ihm reden, Sie müssen ihn hätscheln. Im übrigen möchte ich, daß Sie morgen mit ihm zu Mittag essen.«

Brown stöhnte.

Weihnachten 1977 rückte näher, und ich setzte mich mit meiner Schwester Marilyn in Verbindung. Sie und ihr Ehemann Norm hatten dem Schnee und Eis des Nordens Ade gesagt und waren von Buffalo nach Südkalifornien gezogen. Ich bat sie, über Weihnachten in den Osten zu kommen. Das ganze Jahr schon hatte ich bei meinem Vater eine Veränderung beobachtet. Er, der sonst geschäftig wie ein Plantagenbesitzer durch seinen kleinen Garten gefegt war, saß nun lieber den ganzen Tag über in der Wohnung. Er, der mit den Gänsen um die Wette schnattern konnte, versank nun in stundenlanges Schweigen. Ich hielt es für angebracht, die ganze Familie zu Weihnachen in der Elmira Avenue zusammenzubringen. Es wurde eine schöne, aber stille Weihnacht. Eines spürten alle: Vater hatte die Rolle des Zirkusdirektors mit der des Zuschauers vertauscht.

Im Frühjahr des folgenden Jahres kam ich wieder zu Besuch nach Hause und begleitete meine Mutter zu Vaters Hausarzt. Der Arzt schenkte uns sogleich reinen Wein ein. Vater habe Leberkrebs im Endstadium, er habe höchstens noch ein Jahr zu leben. Für meine Mutter war es ein Schock. Kaum waren wir allein, brach sie in Tränen aus. Sie und mein Vater hatten ihren Gefühlen füreinander immer nur sehr verhalten Ausdruck gegeben, um so überraschter war ich nun von dieser Tränenflut. Von nun an pendelte ich jedes Wochenende zwischen dem Washingtoner National Airport und dem New Yorker Flughafen La Guardia hin und her, während mein Vater körperlich zusehends verfiel.

Am Samstag, dem 22. April, besuchte ich Vater in der Elmira Avenue. Er war nun ans Bett gefesselt und lag in meinem früheren Zimmer. Im Krankenhaus hatte man ihm nicht mehr helfen können, also hatten ihn die Ärzte nach Hause geschickt. Das Bett, in dem er lag, weckte Erinnerungen in mir. Ich hatte es zum Mitarbeiterrabatt erstanden, als ich noch bei Sickser's arbeitete. Es war mein erster größerer Beitrag zur Möblierung unserer Wohnung gewesen. Auf der Frisierkommode standen die beiden Fotografien, die Vater immer in seiner Nähe hatte: die eine zeigte Marilyn bei ihrer Abschlußfeier an der High-School, die andere mich als Lieutenant in Gelnhausen.

Meine Mutter und Miss Bell, die immer noch bei meinen Eltern wohnte, wechselten gerade Vaters Bettwäsche. Er war inkontinent geworden. Sein Anblick erschütterte mich. Dieser so stolze Mann lag hilflos da, während zwei Frauen das Bett frisch bezogen und der Sohn von der Tür aus zusah. Als die Frauen seinen entblößten Körper wendeten, sagte meine Mutter: »Schau dir das an. Ich sehe jetzt mehr von ihm als in all den Jahren, in denen ich mit ihm verheiratet gewesen bin.« Ich konnte mir das Lachen nicht verkneifen. Mutter lachte, Miss Bell stimmte in das Gelächter ein, und mir schien es, als ob auch um Vaters Lippen ein Lächeln spielte. In diesem Augenblick brach der jamaikanische Familiensinn durch, dieser Humor, der sich in der Freude ebenso zeigt wie im Kummer. Tränen liefen mir über die Wangen. Die Frauen wuschen meinen Vater, schüttelten sein Kopfkissen auf und versprühten Eau de Cologne, dann ließen sie uns allein. Ich sprach zu ihm, und obwohl auf meine Worte quälende Pausen folgten, redete ich weiter. Schließlich nahm Vater seine ganze Kraft zusammen, blickte mich fest an und versuchte zu sprechen. Ich beugte mich zu ihm hinunter.»Colin«, flüsterte er und deutete mühsam auf seinen Kopf, »da drin ist nichts mehr los.« Das waren die letzten Worte, die ich aus seinem Mund gehört habe. Er starb am darauffolgenden Samstag. Die prägende Gestalt meines Lebens hatte diese Welt verlassen.

Mutter trug schwer am Verlust ihres Mannes, ohne sich ihren Sinn für das Praktische nehmen zu lassen, der durch lebenslanges eisernes Sparen noch geschärft worden war. Wir hatten Vaters Nachlaß aufgeteilt, alles bis auf den Chevrolet Baujahr 1964. Ich fragte, ob ich ihn haben könnte. Selbstverständlich, sagte Mutter und überließ mir den Wagen für 400 Dollar.

John Kester war der Diener zweier Herren. Der eine war Verteidigungsminister Brown, der andere Browns Stellvertreter, die Nummer zwei im Pentagon, Charles Duncan. Obwohl Mitglied der Demokratischen Partei hatte Duncan alle Insignien eines Country-Club-Republikaners. Seine Karriere in der Wirtschaft hatte er mit der Präsidentschaft bei Coca-Cola gekrönt. Er besaß Vermögen und vereinte Scharfsinn mit Charme. Er führte die laufenden Geschäfte im Ministerium und leitete die drei Sekretariate. Besonderes Geschick entfaltete er im Umgang mit Vertragslieferanten des Ministeriums und beim politischen Feilschen mit Kongreßmitgliedern.

Duncans Militärberater, Major General Joe Palastra, war wie ich ein Zögling DePuys und Infanterist.»Ich mag den Job nicht«, sagte er mir mehr als einmal. Joe arbeitete gern für Duncan, aber am Ende schimpfte er über jede Aufgabe im Pentagon, denn wirklich glücklich war er nur als Kommandeur bei der Truppe. Joe war vor kurzem zum Major General befördert worden und wartete darauf, das Kommando über eine Division zu erhalten. Duncan wollte ihn jedoch erst gehen lassen, wenn er einen gleichwertigen Ersatz gefunden hatte. Der Posten eines Militärberaters kam mindestens dem eines Brigadier Generals gleich. Palastra erwartete, daß ich bald auf der Liste stehen würde, und diese Aussicht beflügelte seine Phantasie. Bald darauf fragte er mich, ob ich nicht Lust hätte, einmal aus dem täglichen Trott auszubrechen und im Oktober den stellvertretenden Verteidigungsminister auf einer Reise in den Iran, nach Saudi-Arabien, Kenia und Ägypten zu begleiten. Die Reise, so sagte er, sei bereits mit Kester und Duncan abgesprochen. Daraus schloß ich, daß ich auf die Probe gestellt werden sollte. Palastra, der Krieger, hatte sich als Kuppler betätigt.

Der Iran war Amerikas Bollwerk im Mittleren Osten. Er lag im Zentrum der Länder des Fruchtbaren Halbmonds, in denen heute Öl gefördert wurde. Und er schob dem schon historischen Bestreben der Sowjetunion nach einem Hafen am Persischen Golf einen Riegel vor. Herrscher über den Iran war Amerikas loyaler Verbündeter Schah Mohammad Resa Pahlawi, ein Mann, der von seinem Volk geliebt wurde, so glaubten wir zumindest, und der das Land ins Industriezeitalter führen wollte. Um seine Herrschaft zu festigen, hatten die Vereinigten Staaten den Iran mit modernster Waffentechnologie ausgestattet. Der vordergründige Zweck von Duncans Besuch bestand darin, sich ein Bild darüber zu machen, inwieweit diese Waffen in die iranischen Streitkräfte integriert waren. In letzter Zeit waren allerdings Gerüchte aufgekommen, wonach ein fanatischer islamischer Fundamentalist, der im Pariser Exil lebende Ajatollah Khomeini, zum Sturz des Schahs aufrief. Duncan ging auch deshalb in den Iran, weil er sehen wollte, wie stabil die Herrschaft unseres Verbündeten war.

Wir flogen am 23. Oktober 1978 nach Teheran und wurden dort vom Leiter der amerikanischen Militärmission, Major General Philip Gast, begrüßt. Bei dieser Gelegenheit stand ich auch zum ersten Mal iranischen Generälen gegenüber, allesamt stolze, hochdekorierte Militärs, die ein vorzügliches Englisch sprachen. Nach einem opulenten Mahl im Offizierskasino begaben wir uns auf eine Tribüne, um von dort die Parade iranischer Eliteeinheiten abzunehmen. In tadellos sitzenden Uniformen, mit Barett und hochgeschnürten, glänzenden Lederstiefeln defilierten die »Unsterblichen«, wie sie genannt wurden, unter zackigen Rufen und mit kriegerischen Mienen an uns vorüber. Ein iranischer Offizier neben mir erläuterte dazu:»Die Loyalität dieser Männer ist bedingungslos. Die Unsterblichen werden den Schah bis zum letzten Mann verteidigen.« Wir setzten unsere Reise fort und besuchten Isfahan, eine Stadt wie aus Tausendundeiner Nacht. Vergangenheit und Gegenwart gingen ineinander über, als eine Formation von F-14-Jagdbombern, die wir der iranischen Luftwaffe geliefert hatten, über die lieblich anzuschauende Lutfullah-Moschee hinwegbrauste. Bei einem Bankett, das lokale Regierungsvertreter uns zu Ehren gaben, hörte ich auf der Straße ein mir vertrautes hämmerndes Geräusch. Es klang wie Maschinengewehrfeuer, aber unsere Gastgeber stellten sich taub.

Als nächstes besuchten wir den Luftwaffenstützpunkt bei Schiras, wo die F-14 stationiert waren. Die Anlage war genauso modern ausgerüstet wie irgendeine Basis in den Vereinigten Staaten. Gegen Abend ging ich in die Halle unseres Hotels, wo ich mich mit Charles Duncan treffen wollte. Wir sollten an einem feierlichen Diner teilnehmen, das die iranische Luftwaffe im Hauptquartier des Stützpunktkommandanten gab. Ein Protokolloffizier in Gala-Uniform kam auf uns zu, entschuldigte sich wortreich und machte uns klar, daß wir unser Hotel nicht verlassen konnten. Zwischen dem fundamentalistischen Mob und der Polizei seien Kämpfe ausgebrochen. Die Straßen von Schiras seien nicht sicher.

Am darauffolgenden Tag flogen wir nach Saudi-Arabien weiter. Ich blickte auf die F-14-Jagdbomber hinab, die aufgereiht in der Sonne funkelten. Ich dachte an die Unruhen, die am Vorabend in den Straßen ausgebrochen waren, und ich fragte mich, ob Charles Duncan und ich wirklich Einblick in die Verhältnisse im Iran gewonnen oder nur die glänzende Fassade gesehen hatten.

Wir befanden uns gerade im Besprechungsraum eines saudischen Fliegerhorsts bei Dhahran und hörten zu, wie der Kommandant seine Piloten instruierte, als die Tür aufging und ein saudischer Offizier im Fliegeroverall mit schwarz-weiß kariertem Tuch eintrat. Er war zwar nur Major, aber durch sein Erscheinen zog er alle Autorität im Raum an sich. Er wurde Duncan und mir als »Major Bandar« vorgestellt. So lernte ich erstmals ein Mitglied der saudischen Königsfamilie kennen: Prinz Bandar Bin Sultan, Sohn des Ministers für Verteidigung und Luftfahrt, Neffe des Königs Fahd, ein Mann, der später einmal saudischer Botschafter in den Vereinigten Staaten werden sollte.

Am 16. Januar 1979, keine drei Monate nach unserer Reise, wurde der Schah aus seinem Land vertrieben. Die *Washington Post* brachte Fotos von exekutierten Generälen, deren nackte Körper im Leichenhaus aufgebahrt lagen. Das waren unsere Gastgeber gewesen. Die »Unsterblichen« hatten nicht bis zum letzten Mann gekämpft. Sie waren wie Kristallglas gleich am ersten Tag der Kämpfe zerbrochen. Mein Mißtrauen gegenüber Elite-Einheiten und bloßen Paradetruppen vertiefte sich. Schau immer hinter die Fassade, schärfte ich mir ein, laß dich nicht davon abhalten, auch wenn du dort vielleicht Dinge entdeckst, die dir nicht gefallen. Am Ende waren alle unsere Investitionen im Iran umsonst, weil wir auf ein Individuum und nicht auf das ganze Land gesetzt hatten. Mit dem Sturz des Schahs brach auch unsere Iranpolitik zusammen. Die Milliarden, die wir in das Land gepumpt hatten, trugen nur zur Verschärfung der bestehenden Gegensätze und zum Aufstieg eines fundamentalistischen Regimes bei, das uns bis heute unversöhnlich gegenübersteht.

Nach unserer Heimkehr war von einer Veränderung meines militärischen Rangs zunächst keine Rede mehr. Doch dann, an einem Tag im Dezember 1978, ging Charles an meinem Büro vorüber und winkte mir zu, ehe er in Kesters Suite verschwand. Eine Minute später bat mich John über die Wechselsprechanlage, ebenfalls zu ihm herüberzukommen. Schon beim Eintreten sah ich das breite Grinsen auf ihren Gesichtern. »Glückwunsch«, sagte John, »man hat Sie zum Brigadier General befördert.« Ehe ich die frohe Kunde noch recht fassen konnte, fügte Duncan hinzu: »Und ich möchte, daß Sie mein Militärberater werden.«

Die Beförderung vom Lieutenant Colonel zum Colonel ist eine Sprosse auf der Karriereleiter. Vom Colonel zum Brigadier General ist es hingegen ein gewaltiger Sprung. Eine solche Beförderung ließ mich nicht kalt. Ich kam mir vor wie ein Kind vor der Weihnachtsbescherung. Wir holten meine Mutter zur Ernennungsfeier nach Washington. Onkel, Tanten und Cousins strömten nach Burke Center. Unser Heim verwandelte sich in ein Tollhaus. Mutter war so aufgeregt wie eine Braut und ließ Alma keine Ruhe. Sie bat sie, ihr beim Frisieren zu helfen, ihr Kleid zu bügeln und ihre Garderobe zu begutachten, bis alle meinten, sie werde der eigentliche Star sein.

Die offizielle Ernennungsfeier fand am 1. Juni 1979 im eleganten

Speisesaal des Ministeriums statt. Meine Angehörigen, Freunde aus meiner bisherigen Dienstzeit, ja sogar Kameraden vom ROTC nahmen an ihr teil. Charles Duncan, mein neuer Chef, machte mit viel Charme die Honneurs für mich. Der eine, den ich schmerzlich vermißte, war Vater. Aber ich fühlte, daß er irgendwo unter den anderen Seelen anwesend war und mit dem ihm eigenen Stolz vernehmen ließ:»Nun, hatten Sie etwas anderes erwartet?«

Stuart Purviance, Browns Protokolloffizier im Verteidigungsministerium und Lieutenant Colonel der Air Force, überreichte mir ein eingerahmtes Zitat von Abraham Lincoln. Ein Telegraphist im Kriegsministerium soll dem Präsidenten einmal die Nachricht überbracht haben, daß den Konföderierten eine Herde Pferde und ein Brigadier General der Unierten in die Hände gefallen waren. Erstaunt stellte der Telegraphist fest, daß Lincoln sich größere Sorgen um die Pferde machte. Darauf soll Lincoln gesagt haben:»Einen Brigadier General kann ich in fünf Minuten ernennen. Aber hundertzehn Pferde sind nicht so leicht zu ersetzen.« Dieses Zitat hatte Purviance für mich einrahmen lassen. An die Rückseite hatte er einen Umschlag geklebt, auf dem geschrieben stand:»Erst in zehn Jahren öffnen.« Ich hielt mich daran. Als ich den Umschlag 1989 öffnete, las ich:»Sie werden es einmal zum Stabschef der Army bringen.« Ich konnte mir ein Lächeln nicht verkneifen. Zu dem Zeitpunkt war ich bereits Vorsitzender der Vereinten Stabschefs. Das Lincoln-Zitat hat mich in jedes Amt begleitet, das ich seither bekleidet habe, denn es ist das beste Mittel gegen Selbstüberschätzung.

Nach der offiziellen Ernennung folgte der private Teil der Feier im Hause Powell, ein Fest mit über 150 Gästen. Speisen und Getränke wurden geliefert. Mutter hielt das für eine unglaubliche Verschwendung. Bisher hatten immer sie und Verwandte für die Beköstigung bei Familienfeiern gesorgt. Doch dann fand sie sich schnell in diesen ungewohnten Luxus. Mit zweiundvierzig Jahren war ich der jüngste General in der Army. Meine Kinder strahlten, meine Verwandten strahlten, ich strahlte. Und im stillen hoffte ich, daß auch Alma strahlen würde. Ich neckte sie oft, weil sie meine großen und kleinen Erfolge stets mit sehr verhaltener Begeisterung aufnahm. So hatte sie auf meine Mitteilung, ich hätte in Leavenworth mit dem zweitbesten Ergebnis abgeschnitten, lediglich erwidert:»Das ist schön, aber ich habe immer nur das Beste von dir erwartet.« Eine Frau, die sich nicht leicht beeindrucken läßt, sorgt dafür, daß der Mann auf dem Teppich bleibt. Doch an diesem Abend in Burke Center strahlte auch Alma.

Zu den Einführungsriten für frischgebackene Generäle gehörte der Besuch der »Schule des Charmes«, einer Reihe von Veranstaltungen, die der Vorbereitung auf höchste Führungsaufgaben dienten. Den Anfang machte eine Begrüßung durch den damaligen Stabschef der Army, General Rogers. Wir waren insgesamt zweiundfünfzig, die sich in einem Konferenzraum im Pentagon versammelt hatten, und wir sollten Worte hören, die ich bis heute nicht vergessen habe. Rogers beglückwünschte uns zunächst zu unserer Beförderung, setzte dann aber alles in die richtige Relation. »Ich möchte Ihnen verdeutlichen, wie stark die Konkurrenz auf dieser Ebene ist«, begann er. »Nehmen wir an, Sie alle hier besteigen ein Flugzeug und verschwinden morgen über dem Atlantik. Dann werden wir Sie durch zweiundfünfzig Colonels ersetzen, die ebenso qualifiziert sind wie Sie. Wir werden keinen Unterschied merken. Ferner werden viele unter Ihnen sich damit abfinden müssen, daß dies Ihre letzte Beförderung sein wird. Geben Sie Ihr Bestes und lassen Sie die Zukunft entscheiden.« Die Hälfte der Versammelten würde es zum Major General bringen, höchstens zehn zum Lieutenant General. Und vielleicht vier würden vier Sterne erhalten.

Weiter sagte der Stabschef, er sei stolz auf uns und erwarte, daß wir uns bewährten. Aber er warnte uns auch vor den Risiken unseres neuen Rangs. »Einige unter Ihnen werden in ihrer Karriere an einen toten Punkt kommen, weil sie meinen, der Generalsstern hebe sie über alle Regeln hinweg, so daß sie sich wie Götter aus Blech benehmen. Andere kommen nicht weiter, weil sie der Verantwortung nicht gewachsen sind. Wieder andere bleiben auf der Strecke, weil ihre Ehefrauen sich so benehmen, als seien *sie* befördert worden. Und das sind keine bloßen Hypothesen. Alles, was ich Ihnen gerade gesagt habe, wird irgendeinem unter Ihnen widerfahren.«

Zum Schluß wünschte uns der General alles Gute für unseren weiteren Weg. Im Lauf der folgenden Jahre bewährten sich die meisten neuen Generäle so, wie es Rogers erwartet hatte. Aber für einige haben sich auch seine Prophezeiungen erfüllt.

Charles Duncan und ich wurden dicke Freunde. Wir spielten fast jeden Tag zusammen Tennis, wir reisten gemeinsam um den Globus, und ein paarmal haben wir auch kräftig einen gehoben. Eines Abends wollte ich gerade mein Büro verlassen, als er mich bat, noch einen Augenblick zu bleiben. In der Carter-Administration rumorte es. Präsident Carter hatte sich unlängst nach Camp Davis zurückgezogen, war dort zu dem Ergebnis gekommen, daß sich im ganzen Land ein Unbehagen breitgemacht habe, und hatte beschlossen, den angeschlagenen patriotischen Geist der Nation wieder zu erneuern. Teil dieser Erneuerung war eine Kabinettsumbildung, bei der unter anderen der Minister für Gesundheit, Bildung und Soziales Joseph Califano und der Energieminister James Schlesinger abgelöst werden sollten.

Ich setzte mich auf die Couch in Duncans Büro und wartete darauf, was er mir zu sagen hatte. »Colin«, begann er, »ich verlasse das Verteidigungsministerium. Der Präsident möchte, daß ich das Energieministerium übernehme.« Ich war nicht glücklich über diese Neuigkeit, doch andererseits sah ich auch einen Hoffnungsstrahl für mich, denn hier eröffnete sich eine Chance, endlich zur Army zurückzukehren. Doch Charles fuhr fort: »Und ich möchte, daß du mich begleitest.« Ich hatte schon so manchen Posten fern der Army bekleidet, aber das schlug dem Faß den Boden aus. Ich protestierte, doch er hob abwehrend die Hand. Alles sei bereits mit dem neuen Stabschef der Army, General Edward »Shy« Meyer, abgesprochen. Duncan versprach, er werde mich gehen lassen, sobald er im Energieministerium Fuß gefaßt habe. Mir blieb nichts anderes übrig als zuzustimmen.

Mit von der Partie bei der Interimsbesetzung des Energieministeriums war die Rechtsberaterin des Verteidigungsministeriums Deanne Siemer. Sie war aus hartem Holz geschnitzt, und ich stehe nicht an, ihr das höchste Kompliment zu machen: Sie war John Kester ebenbürtig. Deanne sollte das gesamte Ministerium neu organisieren, während meine Aufgabe darin bestand, die Ressortleitung aufzubauen. Darüber hinaus hatte ich eine unausgesprochene Verpflichtung übernommen. Da ich schon im Verteidigungsministerium der Punchingball gewesen war und meine Rolle gut gespielt hatte, sollte ich nun als Stoßdämpfer zwischen Siemer und Duncan im Energieministerium fungieren.

Zum Übergangsteam gehörte auch ein gewiefter, ehrgeiziger Jurist namens Bernard Wruble, der meine private Philosophie um eine Maxime bereicherte. Eines Tages hatten wir eine besonders hitzige Diskussion, und ein anderer Jurist aus dem Verteidigungsministerium zog schmollend davon, als seine Position verworfen wurde. Wruble ging zu ihm und sagte: »Sie vergessen, was Sie im Jurastudium gelernt haben. Lassen Sie Ihre Person nicht zu sehr mit Ihrer Position verschmelzen, damit für den Fall, daß Ihr Standpunkt unhaltbar wird, nicht auch Ihre Person Schaden nimmt.« Das habe ich mir gemerkt.

Zum ersten Mal seit meiner Arbeit in der Pepsi-Abfüllanlage in Long Island City hatte ich wieder einen rein zivilen Job. Das Energieministerium war ein Konglomerat aus der alten Kommission für Atomenergie, der Bundesenergiekommission und drei weiterer früher selbständigen Behörden. Sie verhielten sich wie Stiefgeschwister aus verschiedenen Ehen, die nun zusammenleben mußten und darüber nicht glücklich waren. Der Kongreß hingegen schätzte das neue Gebilde. Das Energieministerium sollte die westliche Zivilisation retten, indem es überall im Land alternative Energiequellen erschloß – Windkraft, Sonnenenergie, Gas aus Kohle, Öl aus Schieferton. Die Suche nach Autarkie in der Energieversorgung war ein Zauberstab, der über dem Land einen staatlichen Subventionsregen niedergehen ließ.

Mein Job beim Aufbau der Ressortleitung lief darauf hinaus zu entscheiden, wer bleiben durfte und wer gehen mußte. Eine stets unerfreuliche Aufgabe, die mir zugeschoben worden war, damit Minister Duncan nicht als böser Bube dastand. Zum Glück hatte Duncan aber nach zweieinhalb Monaten den bürokratischen Apparat im Griff und konnte mich wieder freigeben.

Meine Hoffnung, wieder in die Army zurückzukehren, zerschlug sich jedoch. W. Graham Claytor jr., der ehemalige Marine-Minister, hatte Duncans Platz als die Nummer zwei im Verteidigungsministerium eingenommen. Der neue Vize bat mich, sein Militärberater zu werden und mit seinem gegenwärtigen Assistenten, dem Navy Captain Jack Baldwin, einem hervorragenden Offizier, zusammenzuarbeiten. Weil Claytor die Seite der Navy im Pentagon vertrat und bereits einen Militärberater aus der Marine mitbrachte, hielt es Army-Stabschef General Shy Meyer für taktisch klug, wenn Claytor auch einen Mann von der Army neben sich hätte. Wieder war mein Rettungsweg blockiert.

Graham Claytor war ein siebenundsechzigjähriger Gentleman der alten Schule, der zuweilen zur Rechthaberei neigte. Er hatte einen Harvard-Abschluß in Jura, hatte als Sekretär für einen Richter beim Berufungsgericht gearbeitet und war ein einflußreicher Washingtoner Anwalt geworden. Seinen größten Erfolg hatte er jedoch als Vorstandsmitglied der Eisenbahngesellschaft Southern Railway gefeiert. Züge waren seine Leidenschaft. Er war stolzer Besitzer einer unschätzbaren Sammlung von Modelleisenbahnen, darunter viele aus dem 19. Jahrhundert, die er alle in seinem Haus in Georgetown untergebracht hatte.

Der 24. April 1980, ein Donnerstag, war ein klarer, sonniger Tag in Washington. Ich kam wie üblich um sieben Uhr morgens ins Büro. Graham Claytor war schon da und zeigte ein besorgtes Gesicht. Im Lauf des Vormittags spürte ich, wie die Spannung im Eisenhower-Korridor stieg. Claytor verschwand mehrmals zu Besprechungen im Büro des Verteidigungsministers, hielt mich aber weiterhin auf Distanz. »Der Minister will bei dieser Sache keine Militärberater dabei haben«, wiederholte er mir gegenüber, was auch immer mit »dieser Sache« gemeint war. Abends fuhr ich – ein Pendler wie viele andere – nach Hause, ohne zu ahnen, was im Schwange war.

Am folgenden Morgen um sieben hatte sich eine Schar von Frühaufstehern vor dem Fernsehgerät im Büro des Vizeverteidigungsministers versammelt, als Präsident Carter mit aschgrauem Gesicht über die Ereignisse des vergangenen Tages berichtete. Die Regierung hatte den Versuch unternommen, die dreiundfünfzig amerikanischen Geiseln, die seit fünf Monaten von iranischen »Studenten« in der amerikanischen Botschaft in Teheran gefangengehalten wurden, zu befreien. Das Unternehmen war gescheitert. »Er war meine Entscheidung, den Befreiungsversuch zu wagen«, sagte Carter weiter. »Es war auch meine Entscheidung, die Aktion abzubrechen, als es zu Problemen kam. Die Verantwortung liegt allein bei mir.«

Weitere Einzelheiten sickerten erst nach und nach durch. An der Operation unter dem Namen »Desert One« waren acht Navy-Hubschrauber vom Typ RH-53, sechs Hercules-Transportflugzeuge und mehrere Kommandoeinheiten aus allen vier Teilstreitkräften beteiligt gewesen, in der Hauptsache Fallschirmspringer der Army. Sie waren nach Dascht-e-Kavir, der Großen Salzwüste, im Iran geflogen. Der Plan sah wie folgt aus: Die Hubschrauber fliegen weiter zu einem vereinbarten Ort nahe bei Teheran. Agenten am Boden, die für die Vereinigten Staaten arbeiten, stellen Lastwagen zur Verfügung, mit denen die Kommandoeinheiten aus den Hubschraubern zur amerikanischen Botschaft gebracht werden. Dort überrumpeln sie die Wachen. Die Hubschrauber verlassen inzwischen ihr Versteck, landen auf dem Botschaftsgelände, nehmen die befreiten Geiseln auf und bringen sie zu den Transportflugzeugen, die auf einem nahen, im Handstreich besetzten Flugplatz warten. Von dort werden sie dann in die Freiheit ausgeflogen. Die Planer waren davon ausgegangen, daß mindestens sechs der acht Hubschrauber für den Erfolg der Operation nötig waren. Doch zwei Hubschrauber fielen wegen technischer Probleme aus, noch bevor es zum Rendezvous in der Salzwüste kam, und ein dritter wies bei der Ankunft einen Schaden an der Hydraulik auf. Auf diese Nachricht hin entschied der Präsident, das Unternehmen abzublasen. Zu diesem Zeitpunkt war »Desert One« ein technischer Mißerfolg, aber noch keine Blamage oder gar eine menschliche Tragödie. Dazu sollte es erst noch kommen. Als einer der intakt gebliebenen Hubschrauber zum Auftanken für den Rückflug in Position ging, trafen seine Rotorblätter den Rumpf der C-130. Hubschrauber und Flugzeug gingen in Flammen auf, Munition explodierte. Acht Männer wurden getötet, vier weitere erlitten schwere Verbrennungen.

Mir war nie etwas über »Desert One« zu Ohren gekommen. Doch nach meiner Erfahrung mit Hubschraubereinsätzen in Vietnam, Korea und bei der 101. Luftlandedivision wunderte ich mich schon über die Art und Weise, wie die Operation geplant und durchgeführt worden war. Hubschrauber sind für ihre Störanfälligkeit bekannt. Für eine Mission dieses Ausmaßes hätten weit mehr als acht Hubschrauber zur Verfügung gestellt werden müssen, um die Gewähr zu haben, daß sechs voll funktionsfähige Maschinen für den zweiten Teil der Mission einsatzbereit sein würden. »Desert One« war auch darin eine Fehlplanung, daß auf ein »handverlesenes« Team gesetzt wurde. Die Männer für diese Mission waren aus allen Teilstreitkräften zusammengezogen worden, und die Piloten flogen Maschinen anderer Einheiten. Schwächen in der Befehlskette, in der Kommunikation, bei der Wettervorhersage und in Fragen der Sicherheit trugen ebenfalls zum Mißerfolg bei. Die Männer, die in die iranische Wüste aufgebrochen waren, hatten ohne Zweifel Mut. Doch es brauchte mehr als nur Mut. Die Mission scheiterte, und Männer mußten dafür mit ihrem Leben bezahlen. Colonel Charles Beckwith, der Kommandeur der Delta Force, brachte es auf den Punkt: »Man kann nicht Männer aus einer Einheit auswählen, sie mit Männern aus einer anderen zusammentun, ihnen Ausrüstung und technisches Gerät einer dritten Einheit geben, und dann hoffen, daß ein erstklassiges Kommando dabei herauskommt.«

Ich sollte mich später noch an Beckwiths Worte erinnern, als es zu meinen Aufgaben gehörte, Kampfeinsätze auf höchster Ebene zu planen. Man muß sorgfältig vorbereiten, den Einsatz im Team trainieren, den militärischen Schlag mit dem politischen Ziel abstimmen und mit allem, was man braucht, in den Kampf gehen. Man darf sich nicht reinem Wunschdenken hingeben. Ich hätte die Erfolgschancen für »Desert One« auf 1 zu 100 geschätzt, denkbar schlechte Chancen für eine militärische Operation. Das Scheitern der Geiselbefreiung dürfte ausschlaggebend für das Ende von Carters Präsidentschaft gewesen sein. Meiner Ansicht nach war auch der Umgang mit der Öffentlichkeit in dieser Sache ein Fiasko. Ich ließ Dampf ab, indem ich einen satirischen »Leitfaden zum Umgang mit Katastrophen« schrieb. Kurzgefaßt lautete er folgendermaßen: Rücke mit den Tatsachen nur langsam heraus und erst dann, wenn sie bereits an die Öffentlichkeit gedrungen sind. Lege nicht den ganzen Sachverhalt offen, solange du nicht dazu gezwungen bist. Betone, was gut lief, und beschönige, was danebenging. Zeige helle Empörung, wenn auf Fehleinschätzungen oder Irrtümer hingewiesen wird. Spiele alle Fakten herunter, die du nicht selbst vorbringst. Bezichtige Kritiker, sie würden sich wie Möchtegern-Generäle aufführen. Akzeptiere schließlich die Ansicht, daß die Gesamtverantwortung bei der obersten Führung liegt, womit alle übrigen Beteiligten reingewaschen wären.

Unsere zivile Führung erkannte noch vor dem Militär die Notwendigkeit, künftigen Katastrophen wie »Desert One« vorzubeugen. Wenige Jahre später, 1987, schuf der Kongreß gegen den Widerstand des Verteidigungsministeriums die gesetzlichen Grundlagen für eine besondere Kommandostruktur, das »Special Operations Command« (SO-COM), das unter Führung eines Vier-Sterne-Generals die Planung, Koordination und Überwachung gewährleisten sollte, an denen es bei Desert gefehlt hatte. Bei »Just Cause«, der Mission zur Wiederherstellung der Demokratie in Panama, und im Golfkrieg 1991 konnten wir sehen, wie gut diese verbesserte Struktur funktionierte.

In den folgenden acht Monaten arbeitete ich weiterhin für Graham Claytor. Ich mochte und bewunderte alle meine Chefs im Pentagon, Kester, Duncan und Claytor. Daher beschlichen mich zwiespältige Gefühle, als 1980 der Tag der Präsidentschaftswahlen näherrückte. 1976 hatte ich Jimmy Carter unterstützt. Das konnte ich nun nicht mehr. Die Carter-Administration hatte mit einer zweistelligen Inflationsrate zu kämpfen und mußte das demütigende Schauspiel hinnehmen, daß US-Bürger im Iran als Geiseln gehalten wurden. »Desert One« war ein militärisches und psychologisches Fiasko gewesen. Zugegeben, die Leistungen im Bereich der Sicherheitspolitik waren so schlecht nicht. Unter Harold Browns Ägide hatte man die Entwicklung fast aller Waffensysteme in Angriff genommen, die dann im Golfkrieg einsatzbereit waren. Ein Mitarbeiter des Verteidigungsministers, der für diese Pionierarbeit höchstes Lob verdient, war William Perry, damals Direktor für Forschung und Entwicklung und später selbst Verteidigungsminister. Dennoch war der Wind, der aus Carters Weißem Haus wehte, für das Militär keineswegs angenehm. Das Projekt für den Bau des B-1-Bombers fallenzulassen war weise, aber andere Kürzungen der Militärausgaben gingen so sehr an die Substanz, daß der Stabschef der Army, General Meyer, vor dem Kongreß vor einer »Aushöhlung der Armee« warnte. Damit erhielten die Parteigänger Reagans ein Wahlkampfthema ersten Ranges. Carter legte daraufhin den Rotstift beiseite und wandte sich der Stärkung der Landesverteidigung zu, doch es war schon zu spät. Der Einmarsch der Sowjets in Afghanistan im Dezember 1979 hatte zur Folge, daß die Carter-Administration mit ihrer Erwartung, am Beginn einer harmonischen Ära in den Ost-West-Beziehungen zu stehen, nun als blauäugig erschien.

Im November 1980 gab ich auf meinem Briefwahlschein Ronald Reagan meine Stimme und schickte den Zettel nach New York. Ich kannte Offiziere, die nicht an Präsidentschaftswahlen teilnahmen, um politisch unvoreingenommen zu bleiben. Sie beraubten sich selbst der Möglichkeit, eine Präferenz für ihren Oberbefehlshaber abzugeben. Das ging mir zu weit. Ich hatte auch keine Bedenken, zu panaschieren und Parteigrenzen zu überspringen. Das war meine Art, parteipolitische Unabhängigkeit zu bekunden.

Ronald Reagan setzte sich bei der Wahl klar durch. Im Pentagon warteten wir nun gespannt, wie der neue Verteidigungsminister heißen würde. Bald nach den Wahlen erschien ein Interimsteam im Ministerium. Alte Hasen warnten mich, daß der Übergang nach bekanntem Muster verlaufen würde. In solchen Fällen schwärmten siegreiche Jungtürken in die für sie ausersehenen Ämter aus. Aus purer Höflichkeit riefen sie vorher ein paarmal bei den Amtsinhabern an, behandelten sie sonst aber wie Aussätzige. Schließlich waren diese nun in der

Opposition. Sie hatten verloren. Was konnte man von ihnen schon erfahren? Die Neuankömmlinge stürzten sich auf die Unzufriedenen im Ministerium, die ihrerseits nur darauf warteten, ihrem Groll über die alte Administration Luft zu machen. Da diese Kritiker sich mit den Verlierern nicht vertragen hatten, nahm die Interimsmannschaft an, daß sie genau wüßten, wovon sie sprachen. Kaum ein Gedanke wurde darauf verschwendet, warum es den Nörglern so kümmerlich ergangen war. Jede Meckerei wurde für bare Münze genommen. So wird das Kind mit dem Bade ausgeschüttet.

Die erste Welle von Reagan-Leuten, die ins Pentagon schwappte, wurde von William Van Cleave, dem Chef der Interimsmannschaft, angeführt. Van Cleave und seine Männer streiften durch die Korridore, entdeckten alle möglichen Mißstände und brannten darauf, ihre Nasen in geheime militärische Pläne zu stecken. Sie schrieben umfangreiche Gutachten, aus denen hervorging, welche Probleme zu lösen, welche Mängel abzustellen und welche Personen aus dem Amt zu entfernen seien. Zu diesem Zeitpunkt war der neue Verteidigungsminister noch nicht ernannt, daher konnten Mister Van Cleave und Konsorten völlig ungestört vorgehen.

Schließlich fiel der Name des neuen Verteidigungsministers, und ein Schauder lief durch das Pentagon: Caspar Weinberger hatte unter Nixon im Ministerium für Gesundheit, Bildung und Soziales seinen Spitznamen »Cap the Knife« alle Ehre gemacht und seinen Ruf als eiserner Kostendämpfer untermauert. Wir versuchten, uns gegenseitig zu trösten. Wenigstens galt Weinberger als kompetenter Manager. Er war ein enger Vertrauter Ronald Reagans. Seine Sparpolitik konnte das Ministerium schlanker, aber auch effizienter machen.

Van Cleave und seine Interimsmannschaft überreichten dem designierten Verteidigungsminister ihre Pläne für ein neues, besseres Pentagon. Weinberger gab schon bald eine Kostprobe seines Führungsstils. Er fragte Van Cleave, wann er mit seiner Arbeit fertig sein würde. Im kommenden Juni, war die Antwort. Weinberger dankte Van Cleave und sagte ihm, seine Dienste würden nicht länger gebraucht. Van Cleave wurde ein Opfer derselben psychologischen Einstellung, die er selbst gegenüber der scheidenden Administration gezeigt hatte. Er war nicht Weinbergers Mann. Das war sein Pech.

Anfang Januar 1981 kam dann Weinbergers Vorhut. Zu ihr gehörte Richard Armitage, Absolvent der Marineakademie und kurz zuvor noch Mitglied des Stabs von Senator Robert Dole. Armitage war Mitte dreißig, korpulent, kahlköpfig, breit wie ein Schrank, und er sah aus, als würde er am nächsten Samstag als Catcher in den Ring steigen. Ich gehörte zu denen, die er wegen der Interimsverwaltung befragte. Dabei erfuhr ich, daß Armitage sechs Jahre in Vietnam verbracht hatte, ein Thema, das uns viel Gesprächsstoff lieferte. Er erzählte auch, er stemme jeden Morgen Gewichte, aber dazu konnte ich wenig beitragen.

Eines Tages erhielt ich die Anweisung, einem anderen Neuling, Weinbergers Direktor für politische Ernennungen, behilflich zu sein. Bei dem Titel mußte man unweigerlich an einen ergrauten ehemaligen Parteivorsitzenden der Republikaner oder einen geschlagenen Kongreßabgeordneten denken, der einen neuen Job brauchte. Statt dessen wurde mir eine junge Frau in den Zwanzigern vorgestellt, Marybel Batjer, die Tochter eines Richters aus Nevada. Sie hatte, wie Caspar Weinberger selbst, für die kalifornische Bechtel Corporation gearbeitet. Miss Batjers politischer Mentor war Senator Paul Laxalt, ein Republikaner aus Nevada. Trotz ihrer Jugend beeindruckte sie mich durch Kompetenz, Sachverstand und eine Reife, die weit über das in ihrem Alter übliche Maß hinausging.

Eines galt für die Neulinge, vor allem für Armitage und Batjer: Anders als die Besserwisser des Übergangsteams waren sie einsichtig genug, um zu erkennen, daß neue Besen auch zu radikal kehren konnten. Sie entdeckten im Ministerium eine Sachkompetenz, die es zu bewahren galt. Hier arbeiteten Menschen, die von ihrem Job etwas verstanden und nicht ausgewechselt werden mußten. Die Neuen suchten bewußt Rat und Hilfe bei erfahreneren Kollegen, statt durch die Korridore zu streifen und über ihre eigene Inkompetenz zu stolpern.

Da Weinberger früher Direktor der Haushaltsbehörde OBM gewesen war und ich dort mein White House Fellowship absolviert hatte, erhielt ich eines Abends, kurz vor der Amtseinführung des Präsidenten, den Auftrag, ihn ins Pentagon zu bringen, damit er sein neues Büro besichtigen konnte. In der Empfangshalle seines Hotels drängten sich Republikaner in Siegesstimmung, die freudig den Feierlichkeiten zur Amtseinführung entgegensahen. Ich meldete mich unten an der Rezeption an und fuhr dann hinauf in Weinbergers Suite. Der designierte Verteidigungsminister öffnete selbst die Tür. Er war tadellos, aber schlicht gekleidet. Im Umgang mit anderen achtete er auf Formen, ohne aber deshalb kalt zu wirken. So begrüßte er mich mit einer Art steifen Herzlichkeit. Er habe mich noch aus meiner Zeit in der Haushaltsbehörde in guter Erinnerung, schmeichelte er mir, und freue sich auf unsere Zusammenarbeit. Ich fühlte mich geehrt, fragte mich aber im stillen, was diese Worte wohl für meine Hoffnung, in die Army zurückzukehren, zu bedeuten hatten.

Auch Alma wünschte, daß ich in die Army zurückkehrte. Sie wies mich auf etwas hin, das mir bisher entgangen war: Ich war entspannter, vergnügter, einfach mehr in meinem Element, wenn ich einen rein militärischen Posten bekleidete. In der Army arbeitete ich mit Kameraden zusammen, mit denen mich die gleiche Ausbildung, gemeinsame Erinnerungen und gemeinsame Werte verbanden. Die politischen Posten dagegen brachten erheblich mehr Frustrationen, Spannungen und Hektik mit sich. Zwar hatte ich als Soldat lange Trennungen von der Familie in Kauf nehmen müssen, aber der Dienst im Büro des Verteidigungsministers lief in dieser Hinsicht fast auf das gleiche hinaus. Ich verließ das Haus, ehe unsere Kinder wach waren, und kam heim, wenn sie schon im Bett lagen.

Am 20. Januar 1981 kam ich zu gewohnt früher Stunde in meine Dienststelle. Die Räume des Ministers waren leer. Eine ungewöhnliche Stille lag über dem Eisenhower-Korridor. Wenn die Staffette von einer Administration an die andere weitergegeben wird, herrscht für einen Augenblick ein Vakuum in den Hallen der Macht. Wenige Tage zuvor hatte ich noch mit Graham Claytor geplaudert, als dieser seinen Schreibtisch räumte. Er und die übrigen, von den Demokraten ernannten Mitarbeiter des Verteidigungsministeriums hatten sich wacker geschlagen und verloren. Doch ich spürte, daß sie wegen Carters Ausscheiden nicht verzweifelt waren, jedenfalls nicht im Hinblick auf die nationale Sicherheitslage. Ich mochte und bewunderte Graham Claytor, er würde mir fehlen. Er fand bald wieder in seine liebsten Gleise zurück: Als Präsident der Eisenbahngesellschaft Amtrak machte er sich um die Sanierung des Personenschienenverkehrs im Land verdient.

An seinem letzten Tag im Pentagon gab Claytor eine kleine Abschiedsfeier. Dabei schüttelte er auch mir die Hand und sagte: »Colin, wundern Sie sich nicht, wenn Sie eines Tages als Vorsitzender der Vereinten Stabschefs enden.« Damals hielt ich seine Worte für ein nettes Kompliment, nicht für eine realistische Prophezeiung.

11

Die Jahre unter Reagan – gerade noch einmal davongekommen

Kurz nach der Amtseinführung des neuen Verteidigungsministers ging ich gerade an dessen Büro vorüber, als eine mir wohlbekannte Gestalt mit dem gedrungenen, athletischen Körper eines Ringers (der er tatsächlich gewesen ist) in den Korridor trat. Er trug kein Jackett und hatte die Hemdsärmel hochgekrempelt – ein im Pentagon ungewohnter Anblick. »Mr. Carlucci«, rief ich, »willkommen im Ministerium.«

Er blieb stehen. »Oh, ja, Colin Powell«, erwiderte er lächelnd. »Ich kenne Sie noch vom OMB. Schön, Sie wiederzusehen. Wie ich höre, werden Sie mein Militärberater.«

In den Jahren seit unserer gemeinsamen Zeit in der Haushaltsbehörde war Frank Carlucci zum Hansdampf in Politik und Diplomatie geworden. Von 1975 bis 1978 war er Botschafter in Portugal gewesen, gerade zu der Zeit, als die amerikanische Regierung mit großer Sorge den Wechsel Portugals von einer Rechtsdiktatur zum Kommunismus verfolgte. Dank Carlucci hatte die amerikanische Diplomatie einen Mittelkurs gehalten, bis Portugal selbst seinen Weg zur Demokratie fand. Er war der ewige Zweite, Vize in der Haushaltsbehörde, Vize im Ministerium für Gesundheit, Bildung und Soziales und stellvertretender Direktor der CIA. Nun wartete er darauf, daß ihn der Senat als Weinbergers Nummer Zwei im Verteidigungsministerium bestätigte. Seine Fähigkeiten waren von beiden großen Parteien geschätzt und genutzt worden, und gerade darin sahen gewisse Konservative einen Makel. In ihren Augen hatte Carlucci eine besonders schwere Sünde begangen. Während Carters Präsidentschaft hatte er in der CIA unter Admiral Stansfield Turner gedient, jenem Mann, der sich den Zorn der strammen Konservativen zugezogen hatte, als er pauschal alle V-Leute an die Luft setzte. Gewisse Kreise im Weißen Haus wollten Carlucci nicht im Verteidigungsministerium haben, ebensowenig der einflußreiche Senator Jesse Helms. Aber Weinberger wollte auf Carlucci nicht verzichten und setzte sich über alle Einwände hinweg. Ich hatte miterlebt, wie Weinberger mit Bill Van Cleave umgesprungen war, und sah bestätigt, daß sich hinter dem Minister mit den tadellosen, altmodischen Manieren ein Mann mit einem eisernen Willen verbarg. Er brachte als weiteren engen Mitarbeiter William Howard Taft IV. mit, der schon im OMB als Rechtsberater für ihn gearbeitet hatte und diese Aufgabe auch im Verteidigungsministerium erfüllte.

»Herr Minister«, so fuhr ich fort, »sagen Sie mir, was ich für Sie tun kann.«

»Eines gleich vorweg, nennen Sie mich nicht Herr Minister«, bat er.

»Gut, dann sage ich Mr. Carlucci.«

»Auch nicht Mr. Carlucci und schon gar nicht Herr Botschafter. Nennen Sie mich einfach Frank.«

Schließlich kamen wir überein, daß wir uns hinter verschlossenen Türen Colin und Frank nennen wollten. »Aber«, beschwor ich ihn, »bringen Sie mich nicht damit in Verlegenheit, daß Sie vor anderen Generälen auf der Anrede Frank bestehen. Denn die werden Sie in der Öffentlichkeit nie mit Frank anreden. Das Pentagon ist nicht das OMB. Sie sind mit der Führung der Streitkräfte der Vereinigten Staaten betraut, und wir nennen unsere Vorgesetzten weder Jim noch Bob, auch nicht Freddie oder Frank.«

Carlucci wurde schließlich, Senator Helms Einwänden zum Trotz, am 4. Februar vereidigt. Vorangegangen war ein politischer Tauschhandel, der den strammen Konservativen Fred Iklé als Unterstaatssekretär für Politik ins Verteidigungsministerium brachte. Carlucci übernahm Graham Claytors altes Amt und Büro. Und ich blieb auf meinem Posten, nun als Carluccis persönlicher Militärberater.

Der Mann, der so wenig Wert auf die Anrede legte, genoß die Rolle des Insiders. Einmal sprach er in einem ganz unspezifischen Kontext hartnäckig von »Cap«, so daß ich schließlich nachfragte: »Weinberger?« Nein, erläuterte Frank, er meine selbstverständlich Carlos Andrés Pérez, den charismatischen Präsidenten von Venezuela. Dieser Kontrast zwischen Schein und Sein bei Frank erheiterte mich immer wieder. Er konnte machiavellistischen Intrigen nachsinnen und dabei seinem Töchterchen Kristin die Windeln wechseln. Er brachte die

Kleine an manchen Samstagen mit ins Pentagon, wenn sich seine Frau Marcia aus beruflichen Gründen nicht um sie kümmern konnte.

Eines wurde in der Reagan-Administration schon bald deutlich: Die Generation des Zweiten Weltkriegs war wieder am Ruder. Mochten die militärischen Verdienste des Präsidenten Reagan auch bescheiden ausgefallen sein – er drehte Schulungsfilme an der Hollywood-Front –, so war der Krieg für ihn doch ein prägendes Erlebnis, über das er sich gerne verbreitete. Cap Weinberger war auf dem pazifischen Kriegsschauplatz vom einfachen Soldaten zum Captain aufgestiegen und hatte unter General MacArthur gedient. Dort hatte er auch seine Frau Jane, eine Krankenschwester im Sanitätsdienst, kennengelernt. Auch er hatte aus jener Zeit entscheidende Eindrücke behalten.

Eines Morgens, bei einer Stabssitzung, sagte Weinberger zu Carl Smith und mir:»Ich bin verunsichert. Sind Sie nun alle Soldaten oder nicht? Ich sehe selten Offiziere meines Stabs in Uniform.« Wir erklärten ihm, daß das Tragen von Zivilkleidung in den frühen siebziger Jahren üblich geworden war, weil der Eindruck erweckt werden sollte, daß in den Washingtoner Ministerien weniger Militärpersonal arbeite als früher. Weinberger räusperte sich und sagte:»Wenn Sie Soldaten sind, dann tragen Sie auch Uniform.« Gesagt, getan.

Ein deutlicherer Beweis dafür, daß eine neue Ära anbrach, kam mit der Aufstellung des Verteidigungsetats. Ronald Reagan hatte die Landesverteidigung zu einem Hauptthema seines Wahlkampfs gemacht und gegen die »Aushöhlung der Armee« gewettert, die General Shy Meyer beklagt hatte. Obwohl der letzte Verteidigungsetat unter Carter, den die Republikaner beerbten, eine Steigerung um fünf Prozent aufwies, erging aus Weinbergers Ministerium an die Stabschefs der Teilstreitkräfte die Aufforderung, ihren zusätzlichen Bedarf anzumelden. Das war wie Weihnachten im Februar, wie Tennisspielen ohne Netz. Die Stabschefs setzten sich hin und schrieben ihre Wunschzettel. Der Mehrbedarf lief anfangs auf eine Steigerung der Verteidigungsausgaben um rund neun Prozent hinaus. Ich saß zusammen mit Frank Carlucci im Büro des Verteidigungsministers und traute meinen Ohren nicht. Das sei noch nicht genug, sagte Weinberger und schickte die Stabschefs zurück an ihre Schreibtische, wo sie nun zu Papier brachten, wovon sie heimlich schon immer geträumt hatten. Vorschläge für Anschaffungen wurden formuliert, von denen keiner geglaubt hätte, sie jemals vorbringen zu können. Die neuesten Zahlen gingen an das OMB, und von dort kam der Bescheid zurück, es sei immer noch nicht genug. Die Haushaltsbehörde hatte für diesen Bescheid keine strategische Analyse ausgearbeitet, vielmehr folgte sie der Anweisung des Weißen Hauses, dem Pentagon schlicht mehr Geld zu bewilligen. Die Militärs gehorchten frohen Herzens, denn, so dachten sie sich, Manna fällt nicht jeden Tag vom Himmel.

Weinberger schaffte es, das von der Carter-Administration übernommene Budget um elf Prozent oder 25,8 Milliarden Dollar zu erhöhen und den Rahmen für eine überschaubare Zukunft zu stecken. Dabei hatten wir nicht wahllos Geld zum Fenster hinausgeworfen. Nach mehreren mageren Jahren waren die Streitkräfte in einer kümmerlichen Verfassung. An Investitionen für Vorzeigeprojekte – vor allem Forschung und Entwicklung für den Bau von High-Tech-Waffen – war auch früher nicht gespart worden, aber die Ausgaben für Allerweltsdinge, die für den Betrieb der Streitkräfte unerläßlich sind und das Soldatenleben erträglich machen, waren vernachlässigt worden. Die Streitkräfte glichen einem baufälligen Haus, vor dem ein teures Kabriolett in der Einfahrt steht. Mit ihrem Verteidigungsetat finanzierte die Regierung Reagan Solderhöhungen, Ersatzteile, Schulungen, moderne Kommunikationszentralen, Wartungseinrichtungen, Kinderhorte, familiengerechte Wohnungen, Zahnarztpraxen – Haushaltsposten, die in vielen Fällen schon seit dem Zweiten Weltkrieg nicht mehr dem Bedarf angepaßt worden waren. Und der Kongreß billigte diese Ausgabensteigerung. Der einst so gefürchtete »Cap the Knife« (»das Messer«) hatte sich, einem Kritikerwort zufolge, in »Cap mit der Schöpfkelle« verwandelt. Wir, die wir das Militär von innen kannten, wußten allerdings, daß die Streitkräfte gewissermaßen unterernährt waren. Wir brauchten einen ordentlichen Nachschlag, um die Verteidigungskraft unseres Landes wiederherzustellen und die Soldaten auch moralisch wiederaufzurichten.

Ende Februar machte ich in meiner Eigenschaft als Carluccis Türsteher für den neuen Army-Minister John O. Marsh jr. einen Termin mit Frank. Jack Marsh, ein ehemaliger Kongreßabgeordneter aus Virginia, war ein nachdenklicher Mann der leisen Töne. Ich wußte nicht, worum es an dem Tag in seinem Gespräch mit Carlucci gegangen war, aber als er aus dessen Büro kam, nahm er mich beim Arm und führte mich auf den Gang hinaus. Dort drückte mir der sanfte Marsh eine Handgranate mit gezogenem Sicherungssplint in die Hand. »Colin«, sagte er, »ich möchte Sie bitten, einmal den Gedanken zu erwägen, die militärische Laufbahn zu verlassen. Ich würde Sie gern zum stellvertretenden Army-Minister machen.« Er sagte noch, er habe die Sache soeben mit Carlucci und dem Personalbüro des Weißen Hauses abgeklärt und grünes Licht bekommen.

Ich war verblüfft, aber ich begriff doch, was los war. Ich stand im Ruf, in der Pentagon-Bürokratie etwas bewegen zu können. Mehr noch, Marsh hoffte, einer qualifizierten Führungskraft, die einer ethnischen Minderheit angehört, eine Spitzenposition in einer Organisation zu verschaffen, die zu fast 40 Prozent aus schwarzen Truppenangehörigen besteht. Ich versprach Marsh, mir die Sache zu überlegen.

Gewöhnlich verschonte ich Alma mit beruflichen Problemen. Doch diese Entscheidung würde unser beider Leben so grundlegend ändern, daß ich ihre Meinung dazu wissen mußte. Die Frage bereitete uns keine schlaflose Nacht. Ich war ein vierundvierzigjähriger Brigadier General mit guten Zukunftsaussichten. Die Army war mein Leben. Meinen Abschied zu nehmen und ein politisches Amt anzutreten, würde genau das bestätigen, was ich immer weit von mir gewiesen hatte: nämlich den Verdacht, der mich manchmal selbst beschlich, mehr Politiker als Soldat zu werden. Alma stimmte völlig mit mir überein. Der Sprung in die unsicheren Gewässer politischer Berufungen bereitete ihr Unbehagen. Am nächsten Tag dankte ich Marsh für die Ehre, lehnte sein Angebot aber ab.

Danach ging ich zu Carlucci. Ich arbeitete gern mit ihm, aber mittlerweile hatte ich schon fast vier Jahre mit politischen Aufgaben verbracht. »Frank«, begann ich, »ich möchte in die Army zurück und das tun, was ein Brigadier General eigentlich tun sollte.«

»Ja, selbstverständlich, das kriegen wir schon hin«, antwortete er und lud mir gleich einen Haufen neuer Arbeit auf.

Nach Feierabend, vor dem Heimfahren, unterhielt ich mich gern noch ein bißchen mit Rear Admiral John Baldwin, Carluccis zweitem Militärberater. An einem Abend im März sagte Baldwin: »Colin, Sie kommen hier nie mehr raus.«

»Wieso nicht?«

»Erstens hat Carlucci keine Veranlassung, Sie gehen zu lassen. Er ist ja hochzufrieden mit Ihnen. Er ist kein Soldat, er versteht nicht, daß es uns wichtig ist, den Kontakt zur Truppe nicht zu verlieren. Im Gegenteil, er zieht Sie nur immer tiefer und tiefer hinein.«

»Und der zweite Grund?«

»Ihr eigentlicher Chef ist Shy Meyer, und der sieht Sie lieber hier im Ministerium.«

Jack Baldwins Worte waren für mich wie das Schrillen einer Alarmglocke. Am folgenden Morgen ging ich geradewegs in Carluccis Büro und sagte:»Frank, ich muß hier raus.«

»Ja, ja, wir reden nächste Woche darüber.«

Bis zum Frühjahr hatte ich Carlucci jedoch so bearbeitet, daß er schließlich nachgab. General Meyer zeigte unerwartet viel Verständnis. Er gab mir den Posten eines stellvertretenden Divisionskommandeurs für Operationen und Ausbildung bei der 4. Panzergrenadierdivision in Fort Carson, Colorado. Ein solcher Posten bereitet auf das Kommando über eine ganze Division vor, so gesehen hätte ich es gar nicht besser treffen können. Zu meinem Erstaunen teilten aber viele, auf deren Urteil ich Wert legte, durchaus nicht meine Begeisterung, darunter auch Major General Dick Lawrence, unter dem ich in der Americal Division in Vietnam gedient, sowie Julius Becton, der mich ins War College gelotst hatte.

»Colin«, sagte Lawrence zu mir,»ich sähe es lieber, wenn Sie nicht nach Fort Carson gingen.« Aber warum? wollte ich wissen. Er habe ein ungutes Gefühl dabei, gestand Lawrence, und zwar wegen des Kommandeurs der 4. Infanteriedivision, Major General John W. Hudachek. Er kenne Hudachek, und der Bursche, nun ja, er sei schwierig. »Man hätte ihm nie eine Division geben dürfen«, sagte Lawrence. Julius Becton rief mich an und äußerte ähnliche Vorbehalte. Und man vergaß auch nicht, mich auf Probleme hinzuweisen, die mir in der Person der Gattin meines neuen Vorgesetzten erwachsen könnten. Doch ich ließ mich nicht bange machen. Ich wollte unbedingt zur Truppe zurück. Und ich war immer mit meinen Kommandeuren klargekommen, mit braven Kerlen wie Red Barret und mit harten Burschen wie Tiger Honeycutt.

Ich hatte an Frank Carlucci die Mischung schätzen gelernt, die ihn unverwechselbar machte: dynamisch und zielstrebig im Verfolgen seiner Ziele, aber mitfühlend und nachdenklich im Umgang mit Menschen. An ihm war keine Spur von Eigendünkel. Er brauchte niemanden, der ihm Blumen streute. Er gab eine Abschiedsparty für mich, bei der er mir den Orden des Verteidigungsministeriums für besondere Verdienste verlieh. Wir trennten uns als enge Freunde.

Die letzten Mitarbeiter, von denen ich mich verabschiedete, ehe ich nach Fort Carson ging, waren Rich Armitage und Marybel Batjer. Rich sollte zum Referenten für internationale Sicherheitspolitik ernannt werden. Der Mann fluchte wie ein Kutscher und sprach in schlichten Sätzen das aus, was der gesunde Menschenverstand gebot. Wir verstanden uns. Für mich war er kein bloßer Arbeitskollege oder Kamerad, sondern ein echter Freund. Und Marybel, die vor ihrer Arbeit im Pentagon wahrscheinlich einen General nicht von einem Türsteher unterscheiden konnte, bewies ein instinktiv sicheres Urteil für Menschen, eine unschätzbare Begabung für jemanden, der über die Besetzung politischer Stellen zu entscheiden hat. Wir hatten alle drei inoffizielle Drähte bis in die hintersten Ecken des Pentagons, eine unabdingbare Voraussetzung, wenn man den Strom von Informationen anzapfen will, der unterhalb des amtlichen Berichtswesens im Ministerium fließt. Fast täglich tauschten wir solche nützlichen Informationen aus. Damals ahnte ich noch nicht, daß diese Freundschaften mich meine ganze weitere Laufbahn begleiten und sich als unschätzbar erweisen würden.

Für einen Burschen aus der Süd-Bronx, für den der Inbegriff einer schönen Aussicht darin besteht, vom Dach eines Mietshauses nach Brooklyn hinüberzuschauen, ist die Lage von Fort Carson schon atemberaubend. Der Posten ist an einem Punkt gelegen, wo die Prärie mit den Rocky Mountains zusammenstößt. Die Zwillingsgipfel des Pikes Peak und Cheyenne Mountain sind von Fort Carson gut zu sehen. »Hier gibt es zuviel Himmel«, hatte Alma bei einer Spazierfahrt gesagt. »Woher kommt bloß diese Weite?« Sie vermißte auch Bäume. Ich konnte es ihr nachfühlen. Die weite, baumlose Prärie und daneben die Rocky Mountains lassen einen Menschen irgendwie zwergenhaft erscheinen.

Drei flache Ranchhäuser hatte man auf einen kahlen Hügel am Rand des Standorts gesetzt, eines für den kommandierenden General, eines für den stellvertretenden Divisionskommandeur für Operationen und Ausbildung, mein Posten, und eines für den Chef des Nachschubs. Die

Häuser waren geräumig, aber ohne besonderen Reiz. Alma mußte also weiterhin auf das Anwesen warten, das einer Generalsgattin würdig wäre.

Am Tag meines Dienstantritts in Fort Carson ging ich in den zweiten Stock des Hauptquartiers, eines modernen, in den fünfziger Jahren errichteten Baus, und sprach mit meinem Vorgänger, Brigadier General Grail L. Brookshire. Danach brachte mich mein neuer Adjutant, Captain Fred Flynn, zu meinem neuen Chef, Major General Hudachek. Sowohl Brookshire als auch Flynn hatten sich auffallend zugeknöpft hinsichtlich der Person des Generals gezeigt. Ich betrat ein großzügiges Büro, dessen Wände mit den üblichen Plaketten und Fotografien dekoriert waren. Das Fenster bot einen weiten Blick über den Paradeplatz hinweg bis zu den Rocky Mountains. Mir gegenüber stand ein stämmiger, mittelgroßer Offizier mit kurzgeschorenem Haar und ernster Miene. Hudachek begrüßte mich mit Handschlag und kam sogleich zur Sache. Worum es ihm hauptsächlich gehe, sei Ausbildung und Führung. Mein Bereich sei die Ausbildung. Er sprach kompetent über das Thema und machte keine Umschweife. Die Ausbildungsprogramme, die in Fort Carson liefen, beeindruckten mich. Nach zehn Minuten ließ er erkennen, daß das Gespräch für ihn beendet sei. Beim Hinausgehen sagte ich mir, daß der Mann sein Metier verstehe. Von ihm konnte ich etwas lernen. Mir war auch aufgefallen, daß er bei dieser ersten Begegnung nicht ein Mal gelächelt hatte. Jack Hudachek war ganz sicher kein Red Barret, Charles Gettys oder Gunfighter Emerson.

Die Aufgabe der 4. Panzergrenadierdivision bestand darin, auf dem europäischen Kriegsschauplatz den Armeen des Warschauer Pakts entgegenzutreten. Meine Erfahrung mit Panzern war bisher sehr begrenzt. Daher nahm ich mir vor, mich als Schütze in einem M-60A1-Panzer zu qualifizieren. Das wurde zwar von einem stellvertretenden Kommandeur für Ausbildung nicht erwartet, aber Trainern, die selbst nie gespielt haben, fehlt es an Glaubwürdigkeit. Ich begann meine Ausbildung mit drei Sergeants, hartgesottenen Panzerfahrern, die sich gegenüber ihrem Schüler mit dem Generalsstern respektvoll, aber keineswegs eingeschüchtert zeigten.

Es war mein erster Tag, an dem ich als Panzerkommandant auf der Übungsstrecke fuhr. Ich sollte die Kanone auf ein Ziel in tausend Meter

Entfernung richten, während wir über ein scheinbar flaches Gelände dahindonnerten. Plötzlich knickte der Panzer mit der Kanone nach vorn. Allem Anschein nach waren wir über eine Bodenwelle gefahren. Wütend richtete ich die Kanone nach oben, aber es war schon zu spät. Es gab ein kratzendes Geräusch, das einem durch Mark und Bein ging. Dann kam der Panzer zum Stillstand.

Gewisse Dinge tut man einfach nicht. Man spuckt nicht gegen den Wind. Man besteigt ein Pferd nicht von rechts. Man setzt ein Schiff nicht auf Grund. Und Panzerschützen bohren ihre Kanone nicht in den Dreck oder bleiben nicht wegen Treibstoffmangel liegen. Infanteristen glauben, daß Panzerfahrer eher in den Tank pinkeln, als daß sie mit leerem Tank liegenbleiben. Und Schützen richten die Kanone vorher auf, nicht nachher, wenn sie in eine Bodenwelle geraten.

Der Sergeant schaute mich gequält an.»Sir, wir müssen eine Pause machen und die Kanone überprüfen.« Wir stiegen aus und betrachteten das Malheur. Zum Glück war das Rohr nicht verbogen. Wir säuberten es und waren schon bald wieder unterwegs. Beim dritten Anlauf traf ich dann das Ziel und schloß die Ausbildung als qualifizierter Panzerschütze ab.

Ich war nicht so naiv, das Ergebnis mir selbst zugute zu halten. Eine Panzerbesatzung, die einen General als Schützen zu instruieren hat, wird nicht wahllos zusammengewürfelt. Richtschütze, Ladeschütze und Fahrer waren Spitzenleute, die eigens für mich ausgesucht worden waren. Trotzdem stellte ich das erworbene Abzeichen gern auf meinem Schreibtisch aus. Außerdem macht es schon Spaß, mit 50 Stundenkilometern in einem tonnenschweren, stählernen Boliden durch die Gegend zu sausen.

Wir versuchten herauszubekommen, wieviel Übungsmunition eine Panzerbesatzung verschießen mußte, ehe sie treffsicher war. Eines wußten wir schon, daß nämlich sowjetische Panzerschützen zehn Prozent mehr Munition verschossen als amerikanische. Die Mehrkosten waren enorm. Jeder Schuß aus einer Panzerkanone kostete den Steuerzahler zwischen 200 und 1000 Dollar, je nach Munitionstyp. Jede Panzerbesatzung gab annähernd hundert Schuß pro Jahr ab. Techniker der Army hatten Simulatoren nach Art von Videospielen entwickelt, die dazu beitragen sollten, daß die Besatzungen weniger Munition verbrauchten und dennoch Treffsicherheit erlangten. Wir wollten herausfinden, welche Kombination von Schießübungen mit scharfer Munition und solchen am Simulator zum besten Ergebnis führt. Dazu wurde einem Panzerbataillon die höchstmögliche Schußzahl eingeräumt, einem anderen eine geringere. Ein drittes durfte noch weniger Schüsse abgeben, bekam dafür aber mehr Zeit zum Üben am Simulator. Der abschließende Test sah dann so aus, daß die auf unterschiedliche Weise ausgebildeten Bataillone vom gleichen Schießstand aus eine vorgegebene Zahl von Schüssen abgeben mußten. Dann wurde das Ergebnis verglichen. Die Antwort auf unsere Ausgangsfrage fiel anders aus als erwartet. Die Bataillone, die am besten abgeschnitten hatten, waren die mit dem besten Kommandanten. Ein guter Kommandant verstand es, seine Männer unter allen gegebenen Bedingungen zu Höchstleistungen anzuspornen. »Wir gewinnen, selbst wenn jeder nur einen Schuß abgeben darf«, so ließe sich die Haltung der Besten beschreiben. Die neue Technik wurde angenommen und brachte eine spürbare Verbesserung. Dennoch verloren wir nie die Tatsache aus den Augen, daß es Menschen, besonders fähige Kommandanten sind, die den Erfolg einer Einheit verbürgen. Ich drücke es gern so aus: Führung ist die Kunst, mehr zu erreichen als nach den geläufigen Managementkenntnissen eigentlich möglich wäre.

General Hudacheks Führungsstil war der eines strengen Aufsehers. Die Aufgaben wurden erfüllt, aber durch Zwang, nicht aus innerer Motivation heraus. Stabsbesprechungen gerieten zu Standpauken, Inspektionen nahmen einen inquisitorischen Charakter an. Der ständige Druck von oben ermüdete die Kommandeure und Stabsmitglieder. Die 4. Panzergrenadierdivision war ein seetüchtiges, aber kein glückliches Schiff. Um so erstaunter war ich, als der General, der sonst mit saurer Miene umherlief, eines Tages frohgelaunt in mein Büro kam und sagte: »Powell, Sie machen sich bestens. Ich werde einen gesonderten Leistungsbericht einsenden, und wer weiß, vielleicht werden Sie schon bei der nächsten Sitzung des Beförderungsausschuß berücksichtigt.« Dieses Gremium sollte in Kürze wieder zusammentreten und darüber entscheiden, wer für eine Beförderung zum Major General in Frage kam. Ein Sonderbericht konnte mir einen Pluspunkt einbringen. Hudachek rief seinen Adjutanten, Captain Philip Coker, herbei, um den Bericht auf dem Dienstweg weiterzuleiten.

Am Ende kam bei dem Sonderbericht nichts heraus. Die Personal-
stelle teilte uns mit, ein Offizier müsse mindestens sechzig Tage auf
seinem Posten Dienst getan haben, was bei mir nicht der Fall war, ehe
er für eine Beförderung in Frage komme. Dennoch wußte ich es zu
schätzen, daß Hudachek sich für mich einsetzte. Schien es doch zu
bedeuten, daß er trotz seines schwierigen Charakters jeden, der seine
Aufgabe gut machte, fair behandelte.

Eines unserer Kinder war nun flügge geworden. Kurz vor unserem
Umzug nach Fort Carson hatte mein Sohn Mike die Lake Braddock
High School in Burke, Virginia, abgeschlossen. Mike war mit uns nach
Fort Carson gekommen, aber im August ging er auf das College of
William and Mary in Williamsburg, Virginia. Ich habe ihm nie vorge-
schrieben, was er einmal später im Leben machen solle. Aber ich habe
versucht, ihm eine Orientierung zu geben. Im vorangegangenen Jahr
hatte ich ihn gedrängt, damit er seine Bewerbungen für einen College-
Platz rechtzeitig einreichte. Ich hatte seine Aufsätze wie ein Schulmeister überwacht. Er war in West Point angenommen worden und hatte
auch ein Vierjahresstipendium der Army im Reserveoffizierskorps erhalten. Beides hätte unser Familienbudget sehr erleichtert. Ich freute
mich, daß er sich für das College of William and Mary entschied. Die
Militärakademien haben einen ausgezeichneten Ruf, und ich war stolz
auf die Zusage, die er von West Point erhalten hatte. Dennoch war ich
der Ansicht, Mike würde an einer zivilen Hochschule eine umfassen-
dere Bildung bekommen als an einer Militärakademie. Wenn er sich
schließlich doch für die militärische Laufbahn entscheiden sollte,
könnte sein alter Herr darauf verweisen, das er selbst mit seinem Geo-
logiestudium und der Verpflichtung im ROTC keine so schlechte Figur
gemacht hatte.

Im gleichen Jahr kam Linda in die Cheyenne Mountain High School
in Colorado Springs, ihre dritte High-School in drei Jahren. Der ständige Wechsel schien ihr nichts auszumachen, denn sie war auf dem
Weg, in die engere Auswahl für ein nationales Stipendium zu kommen. Die inzwischen elfjährige Annemarie gaben wir in eine katholische Privatschule, die Pauline Memorial Academy. Es gefiel uns, daß
dort Wert auf Disziplin gelegt wurde, obwohl uns klar war, daß die
Ordensschwestern das unbändige Temperament unserer Tochter nicht
ganz zügeln konnten. Annemarie wurde Cheerleader. Außerdem ent-

deckte sie ihre Liebe zum Schlittschuhlaufen (was sie sicherlich weder von ihrer Südstaatenmutter noch von ihrem Vater aus der Bronx geerbt hatte). Sie nahm Unterricht auf der olympiareifen Eisbahn im Broadmoor Hotel, wo sie wie ein Schwan ihre Bahnen zog.

Alma wollte sich in Fort Carson in gleicher Weise ehrenamtlich engagieren wie in den vorangegangenen Standorten. In Washington war sie Vorsitzende der Hostess Association der Streitkräfte gewesen, ein Verein, der den Familien bei allen praktischen Problemen half, die sich aus dem ständigen Wohnungswechsel von Militärangehörigen ergeben. So kann die Frau eines Sergeants zum Beispiel das Büro der Hostess Association im Pentagon aufsuchen und dort Informationen über den künftigen Standort ihres Mannes erhalten, angefangen von Schulen und Krankenhäusern, über Mietpreise und Durchschnittstemperaturen bis hin zu religiösen Angeboten. Doch zu ihrem Erstaunen mußte Alma in Fort Carson feststellen, daß die anderen Ehefrauen wenig Begeisterung für jede ehrenamtliche Tätigkeit zeigten. Wir sollten bald erfahren, warum das so war.

Mir kamen nach und nach Klagen von Offizierskameraden zu Ohren, daß wir in Fort Carson neben dem Divisionskommandeur noch einen zweiten Befehlshaber hätten. Während General Hudachek seine Untergebenen an die Leine nahm, tat seine Gattin das gleiche mit den Frauen der Offiziere. Die Hudacheks waren ein pflichteifriges Paar, und der General ließ sich bei der Amtsführung von seiner Frau assistieren. Ann Hudachek spielte eine dominierende Rolle in allen Beiräten, die er eingerichtet hatte, um die Verpflegungsausgabestelle, die Verkaufsläden der Army, den Kinderhort oder irgendeine andere Einrichtung zu überwachen. Sie fühlte sich offensichtlich für das Wohlergehen der Soldaten, die ihrem Gatten unterstellt waren, und deren Familien verantwortlich. Probleme gab es wegen der harschen Art, wie die Hudacheks ihre Rollen ausübten. Ich wurde zum Blitzableiter für den Ärger, der sich aufstaute. Nun gut, sagte ich mir, gib dem Kaiser, was des Kaisers ist, und wenn nötig auch der Kaiserin. Aber die Lage in Fort Carson spitzte sich zu. Ich hatte das Ganze vier Monate lang beobachtet und festgestellt, daß die Moral der Truppe Schaden nahm. Daher hielt ich es für meine Pflicht, etwas zu unternehmen.

Als stellvertretender Divisionskommandeur absolvierte ich in Fort Carson gewissermaßen eine Lehrzeit. Nach Army-Tradition sollte ich dort die Kenntnisse und Fertigkeiten erwerben, die mich zur Führung einer Division befähigten. Es gibt kommandierende Generäle, die gern und viel an ihre Stellvertreter delegieren, während sie selbst im Sessel sitzen und sie bei der Arbeit beobachten. Hudachek war das genaue Gegenteil. Mir schien es, als wäre er nicht unglücklich gewesen, wenn ihn seine beiden Stellvertreter möglichst nicht behelligt hätten. Er allein führte die Division, und wir durften zu Füßen des Meisters sitzen und ihm zuschauen. Das machte die Aufgabe, derentwegen ich nach Fort Carson geschickt worden war, nicht gerade leichter.

Tom Blagg, Hudacheks Stabschef, hatte seinen Platz vor dem Büro des Generals und stand unter dessen Fuchtel. Ich erzählte Tom, daß es in der Division erhebliche Spannungen gebe und daß ich mit Hudachek darüber sprechen wolle, was man dagegen tun könne.

»Colin«, sagte Tom, »tun Sie das nicht.«

»Warum nicht?«

»Weil das ein Thema ist«, fuhr Tom fort, »über das Hudachek nicht mit sich reden läßt. Er gibt nicht einmal zu, daß es ein Problem ist. Ich warne Sie – damit helfen Sie ihm in keiner Weise, eher werden Sie sich selber schaden.«

Tom war kein Narr, und nur ein Narr hätte seinen Rat in den Wind geschlagen. Aber schließlich hatte ich im Pentagon schon die gefährlichsten Klippen umsegelt, und so traute ich mir zu, auch ein heikles Thema mit Hudachek besprechen zu können. »Tom, ich habe keine andere Wahl«, sagte ich. »Ich verletze meine Pflicht, wenn ich den Mund nicht aufmache.«

Am nächsten Morgen schaute ich kurz ins Büro des Generals. »Sir«, sagte ich, »wenn Sie Zeit haben, würde ich Sie gerne sprechen. Es geht um ein paar Ausbildungsfragen und um die Ehefrauen.«

»Ich habe zu tun«, war Hudacheks Antwort. Ich ging in mein Büro zurück.

Gegen Feierabend teilte mir sein Sekretär mit: »Er hat jetzt Zeit.«

»Worum geht es denn?« fragte mich Hudachek, als ich in sein Büro trat.

Ich sprach zuerst über einige Fragen zur Truppenausbildung. Dann wagte ich mich vorsichtig in vermintes Gelände vor. »Sir, ich finde, wir könnten mehr mit den Ehefrauen machen. Sie könnten stärker eingebunden werden.« Hudachek starrte mich wortlos an. Ich fuhr fort. »Ann hat hervorragende Ideen. Sie möchte für die Soldaten und ihre

Familien soviel tun.« Immer noch hüllte sich mein Gegenüber in Schweigen. »Ich meine, wir müßten einen Weg finden, wie sich ihre Ziele mit etwas stärkerer Beteiligung der anderen Frauen verwirklichen lassen.« Unser Gespräch kam nicht vom Fleck, es erstarb einfach. Kaum war ich abends nach Hause gekommen, fragte mich Alma schon: »Was hast du bloß gemacht?«

»Wieso? Habe ich etwas gemacht?«

»Ann Hudachek hat vor einer Stunde angerufen und mich zum Tee eingeladen. ›Alma‹, sagte sie, ›ich bin so traurig. Der General und ich mögen Sie und Colin wirklich gern. Wir dachten, daß wir wenigstens auf Euch zählen könnten.‹« Offensichtlich hatte Hudachek, kaum war ich aus seinem Büro, mit seiner Frau telefoniert und ihr von meinem Besuch erzählt. War das der erste Streich? Ich ging weiterhin meinen Pflichten nach, hatte Freude an der Arbeit mit der Truppe und versuchte, mich über Klatsch, Argwohn und Intrigen hinwegzusetzen.

Während meiner Zeit in Fort Carson wurden in der Army hitzige Diskussionen darüber geführt, wie sich die Einsatzbereitschaft der Truppe am besten überprüfen ließ. Die Traditionalisten beharrten auf der jährlichen Generalinspektion. Bei meinem zweiten Vietnameinsatz hatte ich als stellvertretender Bataillonskommandeur mitten im Krieg eine dieser umfassenden Prüfungen durchführen müssen. Für mich war die jährliche Inspektion immer so etwas wie der Frühjahrsputz der Truppe: Teppiche ausklopfen, Vorhänge waschen, Speicher und Keller entrümpeln. Am Tag der Inspektion bemüht man sich, einen tadellosen Eindruck zu machen, und hofft, daß dies auch eine Weile vorhalten wird. Und sollte der Feind angreifen, kann man nur beten, daß er es nach der Inspektion tut, wenn die Truppe in Höchstform ist, denn zwei Wochen später reißen die alten Gewohnheiten wieder ein.

Die Vertreter der neuen Schule predigten, die Inspektion müsse ein permanenter Prozeß sein, kein großer formalistischer Akt einmal im Jahr. Sie wollten statt dessen ohne vorherige Ankündigung hier einer Kompanie und dort einem Bataillon auf den Zahn fühlen, bis im Lauf eines Jahres die ganze Division inspiziert war. Jede Einheit mußte also zwölf Monate lang auf der Hut sein, nicht nur zwei Wochen im Jahr. Kein Wunder, daß Einheitsführer das alte Verfahren vorzogen. Niemand mag es, wenn er unvorbereitet angegriffen wird. Dennoch schloß ich mich den Vertretern der neuen Schule an. Während die Diskussion im Pentagon anhielt, versuchte ich, auch in Fort Carson für die permanente Inspektion zu werben. Ich vertrat gegenüber Jack Hudachek die Ansicht, daß dieser Form die Zukunft gehöre. Er hörte mir zu, ließ sich aber nicht überzeugen. Der zweite Streich?

Ich war neun Monate bei der Division, als sich eines Nachmittags der Kommandeur einer Brigade mit besorgtem Gesicht bei mir meldete. Ich bat ihn in mein Büro und schloß die Tür. Er berichtete mir von der Beschwerde eines Sergeants. Der Mann, der in einem seiner Bataillone diente, beschuldigte seinen vorgesetzten Offizier, eine sexuelle Beziehung zur seiner Frau zu unterhalten. Ein solches Verhalten wirkt sich verheerend auf die Moral der Truppe aus und wird in der Army entsprechend geahndet. Wäre ich der erfahrene Offizier gewesen, für den ich mich hielt, hätte ich die Angelegenheit an die Juristen der Garnison oder an das Criminal Investigation Department (CID) weitergeleitet. Statt dessen nahm ich mich selbst der Sache an. Ich bat den Brigadekommandeur, den bezichtigten Offizier zu mir zu bestellen. Ich bildete mir ein, ich könnte herausfinden, ob der Betreffende zurecht beschuldigt wurde. Falls ja, wollte ich General Hudachek empfehlen, dem Offizier den Befehl über seine Einheit zu entziehen und ihn strafzuversetzen. Kurzum, ich wollte dem Chef gleich die Lösung anbieten, statt ihn mit einem Problem zu konfrontieren.

Doch die Geschichte nahm einen anderen Verlauf. Der Offizier leugnete alles. Jetzt mußte ich Hudachek doch mit einem Personalproblem behelligen. »Gut, ist recht«, sagte er bloß. »Ich kümmere mich darum.« Er tat dann auch genau das, was ein erfahrener Vorgesetzter in einem solchen Fall tut: Er übergab die Sache den Juristen und dem CID. Bei den anschließenden Ermittlungen konnte dem Offizier das inkriminierte Verhalten nachgewiesen werden, sogar Motelrechnungen für seine Rendezvous kamen ans Licht. Hudachek rief mich in dieser Angelegenheit nie wieder zu sich, sprach nie darüber und machte auch keine Bemerkung, wie ich es hätte besser machen können. Er beließ es bei dem »Gut. Ich kümmere mich darum.« War das der dritte Streich?

Am 20. Mai 1982 hatte ich mein erstes Jahr in Fort Carson hinter mir. Der Mann, der mich zehn Monate zuvor noch für die Beförderung zum Major General hatte vorschlagen wollen, ließ mich in sein Büro kommen. »Nehmen Sie Platz«, sagte Hudachek. Die Zigarette – er war Kettenraucher – zitterte in seiner Hand, während er mir einen zweiseitigen Text reichte. Es war mein Leistungsbericht für das zurückliegende Jahr. Meine Zukunft hing an diesem Papier. Ich las es durch, dann fragte ich: »Ist das Ihr endgültiges Urteil?« Er nickte. »Ist Ihnen bewußt, welche Folgen es haben wird? Dieser Bericht wird wahrscheinlich meiner Karriere ein Ende setzen.« Aber nein, beschwichtigte Hudachek, mein Eindruck sei falsch. Und nächstes Jahr werde er mich nochmals beurteilen. »Beim nächsten Bericht werden Sie gut wegkommen«, fügte er hinzu. Keineswegs überzeugt, entschuldigte ich mich, stand auf und verließ sein Büro.

Hudachek hatte an mir nur Fähigkeiten als »Ausbilder« gelobt, von Führungsqualitäten, die Voraussetzung für einen Divisionskommandeur, war in seinem Bericht nicht die Rede. Allerdings sollte er damit nicht das letzte Wort haben. Er war »Gutachter«, doch sein Bericht über mich mußte von einem »Obergutachter« bestätigt werden. Der dafür zuständige Offizier war Lieutenant General M. Collier Ross, der stellvertretende Befehlshaber des Streitkräfte-Kommandos (FORS-COM). Er hatte seine Dienststelle im über dreitausend Kilometer entfernten Atlanta, und er hatte mich genau einmal gesehen. Zwei Wochen später erhielt ich Post von FORSCOM. Mit klopfendem Herzen öffnete ich den Umschlag. General Ross lobte wie Hudachek meine Fähigkeiten als »Ausbilder« und fügte dann hinzu: »Er verdient als erstrangiger Stabsoffizier im Hauptquartier für eines der wichtigen Kommandos eingesetzt zu werden. Der Gutachter sieht hier zur Zeit eher Powells Stärke, und nicht in einer Kommandeursstelle. Ich schließe mich dem an ...« Die Formulierung war schon vernichtend genug, doch Ross mußte noch eine Einordnung vornehmen. Wurde das erste Kästchen angekreuzt, hieß das, der Mann ist spitze. Das zweite Kästchen bedeutete, Beförderung nur mit gewissen Bedenken. Das dritte Kästchen kam einer Ablehnung gleich. Ross kreuzte das dritte Kästchen an. Das war der Gnadenstoß. Aber ich durfte es General Ross nicht übelnehmen. Er konnte sich bei der Beurteilung meiner Leistung nur auf Hudacheks Bericht stützen. Wenigstens bekam Alma eine zur Beförderung qualifizierende Note: »Powell hat eine wirklich charmante Gattin.« Ross hatte geschrieben: »Sie besitzt in hohem Maße die Fähigkeit, die Army zu repräsentieren, und wird ihrem Gatten auf jedem Posten eine Stütze sein.«

Ich ging an jenem Abend mit schwirrendem Kopf zu Bett. Das war die schlechteste Beurteilung, die ich in meinen vierundzwanzig Dienstjahren erhalten hatte. General Rogers hatte uns gewarnt, daß jeder zweite von uns nicht zum Zwei-Sterne-General befördert werde. Ich wußte nun, zu welcher Hälfte ich gehören würde. Bei der Zentralstelle für Offiziersangelegenheiten (GOMO) im Pentagon würden nun die jungen Lieutenant Colonels, die mit den Personalakten von Generalen befaßt sind, meinen Leistungsbericht lesen und sich sagen, schau an, dieser Überflieger ist nun auch auf Normalgröße geschrumpft. Powell war eben doch nur ein politischer General. Kam mit der Truppe nicht klar. Auch Shy Meyer würde den Kopf schütteln, wenn er den Bericht sah: Colin war eben doch zu lange von der Truppe fort gewesen. Der nächste Beförderungsausschuß würde sich beim Anblick der bisher makellosen Akte verwundert fragen, was mit dem Mann wohl passiert sei. In dieser Nacht schlief ich nicht viel.

Am darauffolgenden Morgen ging ich jedoch in die Dienststelle und fühlte mich wohl. Damals in Vietnam, als ich meinen ersten Toten im Gefecht gesehen hatte, hatte ich gelernt, daß nicht alles so schlimm ist, wie man anfangs glaubt. Am nächsten Morgen sieht die Welt meist ganz anders aus. Ich bin zwar zu Selbstmitleid fähig, aber nicht für lange. Ich schaute kurz bei Tom Blagg vorbei und berichtete, was passiert war. »Ich habe Sie gewarnt«, sagte Tom. Die Probleme hätten damit begonnen, so vermutete er, daß ich wegen der Ehefrauen zu Hudachek gegangen war. Ich pflichtete ihm bei und erwähnte noch meine Diskussion mit Hudachek über den besten Inspektionsmodus und schließlich die Sache mit dem Offizier, der sich mit der Frau eines Sergeants eingelassen hatte. Letzteres dürfte mir den Rest gegeben haben. Ich hatte es mir selbst eingebrockt. Aber ich bereute nichts. Ich hatte getan, was ich für richtig hielt. Hudachek konnte das gleiche von sich behaupten und hatte mich entsprechend beurteilt. Ich hatte nicht die Absicht, zu schmollen oder die Beurteilung anzufechten, sauer mit Hudachek zu sein oder mich von ihm einschüchtern zu lassen. Ich würde mich mit den Folgen abfinden.

Auch weiterhin versah ich mit Freude meine Pflichten. Aber ein Teil meiner selbst begann sich von der Army zu lösen. Eines Abends setzte ich mich daheim an meinen Schreibtisch und feilte an einem Bewerbungsschreiben für zivile Jobs. Auf keinen Fall wollte ich auf einem beruflichen Abstellgleis auf meine Pensionierung warten. Gerade ein Jahr war es her, daß ich stellvertretender Army-Minister hätte werden können!

Eine seltsame Zeit brach für mich an. Mit einem Fuß stand ich noch in der Army, mit dem anderen war ich zum Abspringen bereit. Aber wohin? Vielleicht, so sagte ich mir, sollte ich einmal bei der GOMO anrufen, um zu erfahren, ob ich wirklich noch ein weiteres Jahr in Fort Carson bleiben würde. Ich geriet an einen Lieutenant Colonel, der mir sogleich sagte:»Komischer Zufall. Wir wollten uns sowieso mit Ihnen in Verbindung setzen. Wir rufen morgen zurück.« Rufen Sie uns nicht an, wir rufen Sie zurück – da hat man immer das Gefühl, man wird abgewimmelt. Jetzt wußte ich gar nicht mehr, was ich von der ganzen Sache halten sollte. War das nun ein gutes oder ein schlechtes Zeichen? Ich verbrachte wieder eine schlaflose Nacht.

Ich war gerade bei einer Panzerschießübung, als mir mein Adjutant durch den Lärm zurief, die GOMO habe versucht, mich zu erreichen. Ich fuhr ins Hauptquartier zurück und ließ mich mit dem Pentagon verbinden. General Hudachek werde seinen Posten verlassen, wurde ich informiert, und als Stabschef der 8. Armee nach Korea gehen. Major General Ted Jenes aus Fort Leavenworth werde ihn ersetzen. Bis hierhin war ich nicht direkt betroffen. Doch der Colonel von der GOMO wußte noch mehr und teilte mir mit, daß ich nicht in Fort Carson bleiben würde. Im August sollte ich nach Fort Leavenworth wechseln und dort Jenes' Posten als stellvertretender kommandierender General einer Operationsabteilung mit dem Namen CACDA übernehmen.

In einem Zustand zwischen Hoffen und Bangen legte ich den Hörer auf. Jenes hatte zwei Sterne. Der Posten, den er verließ, war ein Zwei-Sterne-Job. Entweder hatten die Leute im Pentagon meine letzte Beurteilung nicht gelesen oder man hatte mich wieder ins Reich der Lebenden zurückgeholt.

An einem Nachmittag Ende Juli gingen Alma und ich in den Konferenzsaal des Hauptquartiers, der nur wenige Schritte von General Hudacheks Büro entfernt lag. Beim Betreten des Saales wurden wir von den Kommandeuren der Brigaden und Bataillone, den Stabsoffizieren der Division und ihren Ehefrauen herzlich begrüßt. Ich hatte oft als Blitzableiter und Puffer zwischen den Offizieren und dem komman-

dierenden General fungiert, und bisweilen auch den Beichtvater gespielt. Gemeinsam hatten wir ein seetüchtiges, ja vielleicht sogar ein
glückliches Schiff geschaffen. Mein alter Kamerad Tom Blagg war mittlerweile gegangen und durch einen neuen Stabschef namens Bill Flynn
ersetzt worden. Flynn hielt eine launige Rede und überreichte mir als
Abschiedsgeschenk die Statue eines Cowboys in Chaps, ledernen
Kniehosen, die Replik eines Werks des bekannten Westernbildhauers
Michael Garmon. Im Anschluß hielt ich meine Abschiedsrede. Währenddessen saß Jack Hudachek, keine zehn Schritte entfernt, hinter
verschlossener Tür in seinem Büro. Schließlich löste sich die Gesellschaft auf, Alma ging nach Hause, und ich kehrte in mein Büro zurück
und packte ein paar Sachen zusammen.

»Der General möchte Sie sprechen.« Ich drehte mich um und sah
Hudacheks Sekretär in der Tür stehen. Als ich ins Büro des Generals
trat, murmelte er ein paar Worte, die »Alles Gute auf Ihrem weiteren
Weg« gelautet haben könnten. Danke gleichfalls. Dann reichte er mir
eine Plakette mit dem aufgeklebten Divisionszeichen. Wir schüttelten
uns noch kurz die Hand, dann ging ich. Bei meiner Ankunft hatte es
eine Parade gegeben, aber ich verließ Fort Carson ohne Fahnen und
Hörnerklang.

Während ich mich schon anschickte, nach Fort Leavenworth zu gehen, wußte ich immer noch nicht genau, was die Army mit mir vorhatte. Nur glaubte ich inzwischen mehr und mehr, daß ich meine Karriere doch nicht in den Sand gesetzt hatte. Ich hatte mich ein wenig
umgehört und erfahren, daß ich nicht nur einen Zwei-Sterne-Posten
übernehmen sollte, obwohl ich nur einen Stern auf den Schulterklappen trug, sondern daß sich der neue Posten für alle meine Vorgänger
als Karrieresprungbrett erwiesen hatte. Ich erfuhr auch, wie ich der
Vergessenheit entrissen worden war. General Richard G. Cavazos, der
Oberbefehlshaber von FORSCOM, war der Vorgesetzte von General
Ross, dem »Obergutachter« meiner Beurteilung. Cavazos, ein Held im
Koreakrieg, genoß in der Army einen legendären Ruhm. Wenn dieser
Offizier davon sprach, was es hieß, Soldat zu sein und sein Leben im
Dienst für das Vaterland hinzugeben, konnte er selbst gestandene Män-
ner zu Tränen rühren. Der alte General versah sein Amt sehr gewis-
senhaft und hatte stets ein wachsames Auge auf alle Divisionskom-
mandeure von FORSCOM. So war er auch nach Fort Carson
gekommen, um einen Blick auf Hudacheks Division zu werfen.

Nach seiner letzten Inspektionsreise war Cavazos gemeinsam mit Julius Becton zurück nach Atlanta geflogen. Wie Becton später berichtete, machte sich Cavazos über Hudacheks Division Sorgen. »Ist Ihnen heute bei der Versammlung im Konferenzsaal etwas aufgefallen?« fragte Cavazos seinen Kollegen Becton. »Der einzige, der sich in Hudacheks Gegenwart getraut hat, den Mund aufzumachen, war Powell. Alle anderen waren völlig eingeschüchtert.« Cavazos hatte mit meiner Beförderung eigentlich nichts zu tun, denn sein Stellvertreter Ross war für mich zuständig. Aber in der Army gibt es verschiedene Ebenen der Leistungsbeurteilung. Bis zum General ist das Verfahren weitgehend formell. Da es aber nicht so viele Generäle gibt, wird auf dieser Ebene ein informelles Netzwerk wirksam. Plaudereien bei einem Glas Whisky im Offizierskasino, Telefongespräche, der Militärklatsch, Atmosphärisches, das die alten Hasen mit sicherem Gespür aufnehmen, das alles wiegt am Ende genauso schwer wie ein Leistungsbericht. In diesem inneren Zirkel war man offenbar zu folgendem Schluß gekommen: Gewiß, Powell hat sich in Fort Carson Ärger zugezogen, aber er hat getan, was er für richtig gehalten hat, und dafür etwas riskiert. Wahrscheinlich muß er noch lernen, sein Mundwerk im Zaum zu halten und nicht ins Fettnäpfchen zu treten. Entscheidend war am Ende, daß die Generäle den Offizier kannten, der beurteilt worden war, und daß sie auch den Offizier kannten, der ihn beurteilt hatte. Meine Zukunft war nicht verbaut.

Meine neue Aufgabe in Fort Leavenworth war für die Army von großer Bedeutung, auch wenn sie für den Laien nicht gerade aufregend klingt. Im Gefolge der letzten Reorganisation der Army waren die in den Vereinigten Staaten stationierten Truppen in zwei Kommandos aufgeteilt worden. FORSCOM, das Streitkräfte-Kommando, ist eine Art Dachorganisation, die die gesamte strategische Reserve der Army umfaßt und sie für den Kriegseinsatz vorbereitet. TRADOC, das Kommando für Ausbildung und Militärdoktrin, ist das Gehirn der Army und entwikkelt Kampfstrategien und Ausbildungseinrichtungen, mit denen die Truppen für FORSCOM ausgestattet werden. Eines der Hauptziele von TRADOC besteht darin, dafür zu sorgen, daß die verschiedenen Truppengattungen – z.B. Infanterie, Panzertruppen, Artillerie und Flugabwehr – ihre Einheiten so ausbilden, daß sie als Team und nicht isoliert kämpfen. Für diese Aufgabe hatte TRADOC eine eigene Abteilung geschaffen, die Dienststelle für die Entwicklung des kombinierten Kampfeinsatzes von Waffengattungen (CACDA). Ich wurde stellvertretender Kommandeur der CACDA unter dem dynamischen Drei-Sterne-General Jack Merritt. Schon bald fand ich mich mit einer Aufgabe konfrontiert, die meinem alten Mentor General John Wickham immer am Herzen gelegen hatte. Ich beschäftigte mich mit dem Aufbau einer verschlankten, mit leichtem Gerät für hohe Mobilität ausgerüsteten Infanteriedivision, die besonders auf Kriegsschauplätzen in der Dritten Welt eingesetzt werden sollte.

Zu den historischen Bauten in Fort Leavenworth gehörte auch das Haus Scott 611. Im Jahr 1841 erbaut, beherbergte es ursprünglich die Marketenderei. Dann hatten die Generäle William Tecumseh Sherman, Philip Sheridan und George Armstrong Custer unter seinem Dach gewohnt. Die Legende will, daß der aufbrausende Custer von hier aus geradewegs in die Schlacht am Little Bighorn geritten ist. Weiterhin heißt es, daß der Geist von Mrs. Sheridan immer noch in dem Haus spuke. Sheridan war zu einer Reise nach Chicago aufgebrochen und hatte die unglückliche Frau allein zu Hause gelassen, wo sie in seiner Abwesenheit starb. Ihr Geist soll das Haus nie verlassen haben. Heute ist Scott 611 ein blendend weißes Herrenhaus, umgeben von einem dreitausend Quadratmeter großen Park über dem Missouri. Im Speisezimmer finden mit Leichtigkeit vierzig Gäste Platz. Das Anwesen ist landschaftlich reizvoll gelegen und bietet eine schöne Aussicht. Hier waren wir nun zu Hause. Almas Traum von einem Herrenhaus war endlich in Erfüllung gegangen. Nun war ich ich in ihren Augen rehabilitiert.

Unser neuerlicher Umzug brachte für unsere Töchter wieder einen Schulwechsel mit sich. Annemarie brauchte wie üblich anderthalb Tage für die Umstellung, dann brachte sie auch schon neue Freundinnen mit nach Hause. Wenn sie Kummer hatte und Enttäuschungen erlebte, vertraute sie es ihrem kleinen Tagebuch an.

Linda besuchte mittlerweile ihre vierte High-School, etwas viel Wechsel für einen Teenager. Die Leavenworth High School hatte aber mehr schwarze Schüler als ihre früheren Schulen und verhalf ihr zu einer prägenden Erfahrung für ihr weiteres Leben. Die Theatergruppe der Schule wollte ein szenisches Potpourri auf die Bühne bringen. Die schwarzen Schülerinnen, darunter auch Linda, hatten Szenen aus *For*

Colored Girls Who Have Considered Suicide/When the Rainbow Is Enuf ausgesucht. Der Inhalt ist starker Tobak für Jugendliche im High-School-Alter, und die ausgewählten Szenen erregten denn auch Anstoß. Eine Woche vor der geplanten Aufführung strich die Schulverwaltung den schwarzen Programmteil.

Ich versprach meiner empörten Tochter, das Stück zu lesen. Einmal abgesehen von der für einen Vater verstörenden Tatsache, daß seine Tochter für die Rolle einer Prostituierten ausgewählt worden war, hielt ich das Stück für überzeugend und ehrlich. Ich rief den Schulleiter an und sagte ihm meine Meinung. Linda schrieb für die Schülerzeitung einen Artikel, in dem sie die Streichung kritisierte. Die Schulverwaltung blieb bei ihrer Entscheidung, machte aber eine Konzession. In dem Programmteil, in dem die inkriminierten Szenen vorgesehen waren, sollten die schwarzen Schüler und Schülerinnen Gelegenheit erhalten, mit dem Publikum über die Streichung zu diskutieren.

Ich sagte Linda, daß wir beide durch die Befehlshierarchie gegangen seien, und daß es nun, nicht anders als beim Militär, in ihrer Verantwortung liege, ob sie sich an die Entscheidung halten wolle. Am letzten Abend der Aufführungen hatte Linda aber eine Überraschung in petto. Während der Diskussion trat sie plötzlich vor und sagte: »Vielleicht möchten Sie gerne sehen, worüber wir die ganze Zeit diskutieren.« Dann gab sie ihre Rolle zum besten. Nach anfänglicher Verblüffung klatschte das Publikum Beifall. Ich glaube, Alma und ich waren noch nie so stolz gewesen. Wir meinten, den mutigen Auftritt einer Teenagerin gesehen zu haben. Tatsächlich aber wurden wir Zeuge, wie eine junge Frau die Wahl ihres Lebens traf. Von da an war Linda fest entschlossen, Schauspielerin zu werden, und rückte nie mehr davon ab.

John Wickham trat wieder in mein Leben, während ich in Fort Leavenworth Dienst tat. Im Frühjahr 1983 sollte Wickham zum Stabschef der Army ernannt werden. Er rief mich aus Washington an und berichtete mir, er habe aus den dreizehn besten Lieutenant Colonels und Colonels, die er habe finden können, ein Team gebildet. Nun bat er mich als Brigadier General, die Leitung dieses Teams zu übernehmen. Meine Aufgabe sei es, innerhalb eines Monats eine Studie zu der Frage zu erstellen, wohin er die Army in den nächsten vier Jahren bringen müsse. Da ich der vierzehnte Offizier war, nannte er das ganze Unternehmen Projekt 14.

Es waren jetzt zehn Jahre seit dem amerikanischen Rückzug aus Vietnam vergangen, und die US-Streitkräfte hatten das Trauma dieses Krieges mittlerweile überwunden. Am 27. Mai 1983 überreichten wir den Bericht über das Projekt 14, in dem wir dem General einige bescheidene Kurskorrekturen empfahlen. Allerdings betonten wir, daß die Army kein zweites Fiasko wie »Desert One« verkraften würde. Eine Armee ist dazu da, Schlachten und Kriege zu gewinnen, es genügt nicht, daß sie sich selbst gut verwaltet. Wenn das Vertrauen der Nation in ihre Streitkräfte wiedergewonnen werden sollte, dann mußten wir den nächsten Waffengang erfolgreich bestehen.

Ich flog nach Washington, um General Wickham und seinem Stab den Abschlußbericht zu erläutern. Danach begleitete ich ihn noch in sein Büro und nutzte die Gelegenheit, um seinen Rat in einer Sache zu suchen, die mich beunruhigte. Wickhams Vorgänger im Amt, General Shy Meyer, hatte mir zugesichert, er wolle mich für zwei Jahre in Leavenworth behalten und dann zum Anwärter auf ein Divisionskommando machen, war mein sehnlichster Wunsch war. Doch auf dem Weg nach Washington waren mir beunruhigende Gerüchte zu Ohren gekommen. »Wie ich höre«, sagte ich zu Wickham, »werde ich als Nachfolger für Carl Smith als Weinberges persönlicher Militärberater gehandelt.« Ich hoffte auf ein Dementi durch den General.

»Das ist richtig«, bestätigte Wickham. »Pete Dawkins' Name wird allerdings auch genannt. Aber meiner Ansicht nach sind Sie besser geeignet.« Das war nicht die Antwort, die ich mir gewünscht hatte. Dawkins, mein Kamerad an der Infanterieschule in Fort Benning, war immer noch der Liebling der Army, der Mustersoldat schlechthin. »Ich bin ganz dafür, daß Pete den Posten bekommt«, sagte ich. »Ich bin gerade erst zweiundzwanzig Monate aus dem Pentagon heraus und habe also meine Schuldigkeit getan. Außerdem war ich schon Militärberater bei drei stellvertretenden Ministern. General, muten Sie mir das nicht noch einmal zu.« Ich äußerte meine Befürchtung, für alle Zukunft als militärischer Dilettant zu gelten. Wickham ließ sich auf nichts festlegen. So verließ ich die Hauptstadt und kehrte so rasch wie möglich wieder nach Kansas zurück.

Carl Smith, Weinbergers damaliger Militärberater, war vier Jahre zuvor am selben Tag wie ich in Harold Browns Amtszimmer zum Brigadier General befördert worden. Zwei Tage nach meiner Rückkehr nach Fort Leavenworth rief mich Carl an. Minister Weinberger wolle sich mit mir in Washington unterhalten.»Colin«, vertraute mir Carl an,»ich komme hier raus, auch wenn ich einem alten Kameraden die Staffette in die Hand drücken muß.«

Ein paar Tage darauf ging ich den vertrauten E-Ring entlang zum Büro des Verteidigungsministers. Bei meinem Eintritt erhob sich Weinberger, ganz Gentleman, von seinem Platz und schüttelte mir herzlich die Hand.»Colin«, sagte er und kam ohne Umschweife zur Sache,»Sie wissen, daß General Smith gehen will. Möchten Sie seinen Job übernehmen?«

»Nein, Herr Minister, ich bin glücklich auf meinem jetzigen Posten. Aber ich tue überall meine Pflicht, egal wo man mich hinschickt.«

»Ich habe nichts anderes von Ihnen erwartet«, antwortete Weinberger.»Ich wäre enttäuscht, wenn ein Soldat wie Sie die Arbeit bei der Truppe nicht vorziehen würde.« Wir plauderten noch eine Weile, dann gingen wir wieder auseinander, ich immer noch in der stillen Hoffnung, daß Pete Dawkins den Posten bekommen würde.

Noch ehe ich das Gebäude verlassen hatte, kam Carl Smith auf mich zu. Ich hätte den Job bekommen, teilte er mir sichtbar erleichtert mit. Minuten später bestätigte Wickham die Nachricht.»Seit 1976, als ich weggegangen bin, hatten wir auf dem Posten keinen Mann von der Army mehr«, erklärte er.»Das wollen wir ändern. Aber machen Sie sich keine Sorgen. Ich veranlasse, daß Sie ein Haus in Fort Myer, Residenz 27 A, bekommen, eine schöne Gegend und gerade zwei Minuten vom Pentagon entfernt. Wenn Sie wieder hierherkommen, dann mit einem zweiten Stern.«

Vorher mußte ich aber zurück zu Alma und ihr beibringen, daß es für uns nach nicht einmal einem Jahr schon wieder hieß, Abschied zu nehmen von Fort Leavenworth und dem liebgewonnenen historischen Haus.

Am 29. Juni 1983, einem der letzten Tage bei der CACDA, stand ich im Grant-Auditorium, und Generalleutnant Carl Vuono, der inzwischen stellvertretender Kommandeur von TRADOC war, steckte mir den zweiten Generalsstern an. Die Beförderung zum Major General brachte mich auf der Karriereleiter eine Sprosse höher. Für mein subjektives Empfinden bedeutete sie, daß ich nun dem Fegefeuer entronnen war. Ich hatte einen Steckschuß abbekommen und überlebt. Künftig wollte ich, wenn möglich, ein solches Risiko nicht noch einmal eingehen.

Nach kurzen elf Monaten verließ Familie Powell also Fort Leavenworth und kehrte widerwillig nach Washington zurück.

12

Das Telefon klingelt in einem fort

In den vergangenen zwei Monaten hatte ich einen leichten Schlaf bekommen. In dieser Nacht, es war der 1. September 1983, hörte ich das
Telefon schon beim ersten Klingeln. Alma reichte mir den Hörer herüber, ohne aufzuwachen und wie in Trance. Ich schaute zur Leucht-
anzeige auf dem Radiowecker: kurz vor Mitternacht.

»General Powell, hier ist der DDO« – der stellvertretende Direktor
für Operationen. Er rief aus der Nationalen Militärischen Kommandozentrale an, die den Globus rund um die Uhr überwacht. Der DDO und
ich hatten in letzter Zeit häufig zu nachtschlafender Zeit miteinander
telefoniert. »Wir haben ein Problem«, berichtete er mir. »Ein südko-
reanisches Verkehrsflugzeug ist auf dem Weg von Anchorage nach
Seoul plötzlich vom Radarschirm verschwunden.«

Ich mußte nun entscheiden, ob ich den Verteidigungsminister wek-
ken und diese bruchstückhafte Information an ihn weitergeben sollte.
»Wissen Sie nicht mehr darüber?« fragte ich.

»Das ist alles bis jetzt«, antwortete er. »Die Maschine ist gerade
außer Reichweite.«

Ich lag im Dunkeln und überlegte, was zu tun war. Ich stellte mir
die Szenen vor, die sich auf dem Flughafen Seoul abspielen würden:
wartende Familien, die sich fragten, warum der Flug Verspätung hatte.
Falls die Maschine ins Meer gestürzt war, konnten wir die Streitkräfte
einschalten und eine Rettungsaktion starten. Also rief ich den Minister
an. Cap Weinbergers Stimme klang mitten in der Nacht genauso fest
und beherrscht wie um zwölf Uhr mittags im Pentagon. Er sagte, ich
solle ihn auf dem laufenden halten.

Kaum hatte ich den Hörer aufgelegt, klingelte das Telefon schon
wieder.

»General.« Es war der diensthabende Offizier. »Alles scheint in Ordnung. Wir haben gerade eine Meldung bekommen, wonach die Maschine wahrscheinlich notgelandet ist.«

Auch diese Information gab ich an Weinberger weiter. Dennoch fand ich keinen Schlaf. Irgend etwas in mir ließ mich nicht zur Ruhe kommen. Flugzeuge verschwinden nicht plötzlich und tauchen rein zufällig wieder auf. Während ich noch grübelte, erhielt ich den dritten Anruf.

»General, Burning Wind hat einen merkwürdigen Funkverkehr zwischen dem sowjetischen Luftabwehrkommando und einem Kampfpiloten aufgefangen. Die südkoreanische Maschine könnte sowjetischen Luftraum verletzt haben.« Burning Wind war das Codewort für nachrichtendienstliche Luftüberwachung über dem Pazifik, für die RC-135-Aufklärungsflugzeuge eingesetzt wurden.

»Was halten Sie davon?« fragte ich.

»Ich weiß noch nicht so recht.« Wir hatten beide das Gefühl, daß etwas Unheilvolles geschehen war. Sollten die Sowjets eine vollbesetzte Zivilmaschine abgeschossen haben?

So kommt im Pentagon eine Tragödie ans Licht – nicht als Meldung in sauberen Zeitungsspalten, auch nicht in griffigen Sätzen, wie sie Fernsehkorrespondenten formulieren, sondern bruchstückweise. Schließlich waren so viele Informationen durchgedrungen, daß Außenminister George Shultz um 10.45 Uhr des gleichen Tages eine Erklärung abgab. Ein sowjetisches Kampfflugzeug habe eine südkoreanische Zivilmaschine abgeschossen. »Die Vereinigten Staaten bekunden ihren Abscheu vor diesem aggressiven Akt«, sagte Shultz. »Der Verlust an Menschenleben ist offenbar groß. Eine solche menschenverachtende Handlung ist durch nichts zu rechtfertigen.«

Anfangs leugneten die Sowjets schlichtweg. Dann, als die Wahrheit doch herauskam, behaupteten sie, daß die Maschine in den sowjetischen Luftraum eingedrungen sei. Man habe versucht, sie zum nächsten Flugplatz zu dirigieren, doch der Pilot sei einfach weitergeflogen. Schließlich gaben die Sowjets zu, die Maschine abgeschossen zu haben, behaupteten aber, sie habe im Auftrag der Vereinigten Staaten und Japans eine »gezielte, sorgfältig geplante Spionageoperation« durchgeführt.

Jahre vergingen, ehe die ganze Wahrheit ans Licht kam. Nach dem Zusammenbruch des Sowjetregimes lüftete sich der Schleier des Staatsgeheimnisses, der bisher über dieser Affäre gelegen hatte. Die

Maschine des Fluges 007 der Korean Air Line (KAL) von Alaska nach Korea war 600 Kilometer vom Kurs abgekommen und tatsächlich zweimal in sowjetischen Luftraum eingedrungen, zuerst über der Halbinsel Kamtschatka, dann über der Insel Sachalin. Das Sowjetische Luftabwehrkommando schickte einen Piloten, Major Gennadij Osipowitsch, mit einem Kampfflugzeug vom Typ Suchoi-15, um die KAL-Maschine abzufangen. Osipowitsch meldete, daß der Eindringling Navigationslichter und Funkfeuer benutze, wie es bei Nachtflügen von Zivilmaschinen üblich ist. Der sowjetische Pilot war auch rechts an die Passagiermaschine herangeflogen (wie nahe wissen wir nicht) und hatte sie sich genauer angesehen. Er war ein erfahrener Flieger, der tausend Begegnungen mit amerikanischen Militärflugzeugen hinter sich hatte und folglich deren Konturen so genau kannte wie die seiner eigenen Maschine. Dennoch behauptete er, er habe die Boeing 747 nicht als zivilen Düsenjet erkannt. Er ließ sich zurückfallen, stellte sein Radargerät auf das Ziel ein und schoß auf Befehl der Bodenzentrale die KAL-Maschine in dem Augenblick ab, als sie gerade wieder Sachalin verließ und in den internationalen Luftraum zurückkehrte. Osipowitsch feuerte zwei Raketen ab. Die eine traf das Leitwerk, die andere riß die halbe linke Tragfläche fort. Es dauerte noch zwölf Minuten, bis die mit 269 Passagieren besetzte KAL-Maschine mit einer Geschwindigkeit von mehreren hundert Stundenkilometern ins Meer stürzte.

Warum haben die Sowjets eine Zivilmaschine mit unschuldigen Passagieren abgeschossen? Die überzeugendste Antwort scheint noch die zu sein, daß der damalige Sowjetführer Jurij Andropow im Kampf gegen die laxe Disziplin im Militär ein strenges neues »Gesetz über die Staatsgrenze« verordnet hatte und daß die aufgeschreckten Sowjetoffiziere daraufhin die neuen gesetzlichen Bestimmungen stur wie Roboter ausführten.

Zur Zeit des Kalten Krieges stand fast jedes Ereignis in dem größeren Zusammenhang des alles umspannenden Ost-West-Konflikts. Die Sowjets hatten versucht, die KAL-Maschine als Spionageflugzeug hinzustellen, um mit dieser Lüge einen tragischen Irrtum zu kaschieren. Auf amerikanischer Seite beobachtete ich, wie Cap Weinberger und George Shultz darum rangen, dem Vorfall eine angemessene politische Bedeutung zu geben. Weinberger sah darin ein moralisches Drama, in der die Sowjets das Böse verkörperten. Er vertrat die Ansicht, daß Shultz ein anstehendes Treffen mit dem sowjetischen Außenminister Andrej

Gromyko in Madrid absagen solle. Shultz hielt dem entgegen, wir könnten den Vorfall zwar in schärfster Form verurteilen, dürften aber nicht so weit gehen, daß die Verhandlungen mit den Sowjets, die in beiderseitigem Interesse seien, blockiert würden. Präsident Reagan machte sich von beiden Positionen etwas zu eigen. Er nannte die sowjetische Aggression einen »barbarischen Akt, der Ausdruck einer Gesellschaft ist, die individuelle Freiheitsrechte und den Wert eines Menschenlebens mit Füßen tritt«. Dennoch bestand er auf einer Fortsetzung der Gespräche zwischen Shultz und Gromyko.

Der Abschuß der KAL-Maschine erfolgte nicht ganz zwei Monate nach meiner Ernennung zu Weinbergers Militärberater. Ich zog aus dem Vorfall einige nützliche Lehren: Laß dich durch erste Meldungen nicht in Panik versetzen. Urteile nicht voreilig, solange die Fakten nicht auf dem Tisch sind. Und selbst wenn vermeintliche Fakten vorliegen, frage dich, ob sie zusammen einen Sinn ergeben. Unser Gespür kann uns über den möglichen Zusammenhang mehr sagen als bloße Daten. Ich merkte mir auch, daß Fakten so rasch wie möglich bekanntgegeben werden sollten, selbst wenn neue Fakten den alten widersprechen. Die ungeschminkte Wahrheit ist allemal besser als gefällige Lügen, die am Ende wie ein Kartenhaus zusammenstürzen. Vermeide es, der Darstellung eine ganz bestimmte Richtung zu geben, die durch weitere Enthüllungen diskreditiert werden kann (in diese Falle tappten die Sowjets). Sei darauf gefaßt, daß ein Vorfall von internationaler Tragweite unabhängig von seiner wirklichen Bedeutung aus politischen Gründen aufgebauscht oder heruntergespielt wird. Und schließlich: Man darf sich in einer Welt, die mit Höllenmaschinen aller Art reichlich ausgestattet ist, nicht wundern, daß ab und zu eine explodiert.

Fünf Jahre später, in meiner Zeit als Nationaler Sicherheitsberater, befanden wir uns in einer ähnlichen Situation, als wir der Weltöffentlichkeit erklären mußten, warum der amerikanische Kreuzer *Vincennes* einen iranischen Airbus abgeschossen hatte, wobei die 290 Passagiere und die Besatzung ums Leben kamen. Es war ein tragischer Irrtum. Wir beschönigten nichts und veröffentlichten die Fakten so rasch wie möglich.

Der Anruf über die vermißte KAL-Maschine hatte mich nicht im Quartier 27A von Fort Myer erreicht, wo wir eigentlich hätten wohnen sollen, sondern im Quartier 23A. Wir hatten dort ein Häuschen gerade gegenüber dem Offiziersklub, in dem immer ein lärmiges Treiben herrschte. Das größere Haus, das uns versprochen worden war, hatte uns ein höherrangiger Offizier weggeschnappt. Ich richtete mir in unserem neuen Heim ein kleines Zimmer als Kommunikationszentrale ein. Wegen der Kabelbündel, die hier hereingeführt wurden, ergab das Ganze ein ähnliches Bild wie Ganglien unter einem Mikroskop. Bald waren die Mitarbeiter mehrerer Telefongesellschaften ständige Gäste in unserem Haus, denn immer gab es etwas zu montieren, zu reparieren oder neu zu konfigurieren. Alma kannte sie bald alle mit Vornamen. Und mit dem Tag unseres Einzugs klingelte das Telefon in einem fort.

Ich arbeitete nun in einem Stab, der sich seit meinem Weggang aus dem Verteidigungsministerium 1981 sehr verändert hatte. Frank Carlucci hatte Ende 1982 den Staatsdienst quittiert und stand nun an der Spitze von Sears World Trade. Ersetzt wurde er durch Paul Thayer, einen Geschäftsmann, der aber nur eine Weile blieb, da er in Gerichtsprozesse verwickelt wurde und abtreten mußte. Will Taft nahm Thayers Platz als Vize im Verteidigungsministerium ein. Neben seinem erprobten Scharfsinn als Rechtsberater besaß Taft noch einen besonderen Vorzug. Er gehörte zu den wenigen Menschen, die Weinbergers volles Vertrauen hatten und die den Minister in seinen bisweilen eigensinnigen Ansichten beeinflussen konnten.

Ich hatte von meinem Vorgänger Carl Smith eine Perle geerbt: Nancy Hughes war eine erfahrene, clevere, taktvolle Sekretärin, die das unschätzbare Talent besaß, immer schon im voraus zu ahnen, was der Chef dachte und vorhatte. Nancy sollte, von kurzen Unterbrechungen abgesehen, bis ans Ende meiner militärischen Laufbahn für mich arbeiten. Einer perfekten Sekretärin pfuscht man nicht ins Handwerk.

Gleich in den ersten Tagen auf meinem neuen Posten bekam ich eine Lektion, wie mein neuer Chef sein Amt versah. Es war der 26. Juli. Ich war um 6.30 Uhr ins Büro gekommen und schaute gerade den *Early Bird* durch, den für das Pentagon zusammengestellten Querschnitt durch die Morgenpresse, als mein Blick auf einen Artikel aus der *Washington Post* fiel. Die Navy habe im Bethesda Naval Hospital in Maryland ein »Wundlaboratorium« eingerichtet, wo Medizinstudenten speziell für die Behandlung von Kriegsverletzungen ausgebildet werden sollten. Ihre Lernobjekte, so hieß es in dem Artikel, seien Hunde, die erst narkotisiert und dann angeschossen wurden. Sofort schrillten bei mir die Alarmglocken. Ich konnte mir die Reaktion meiner Landsleute vorstellen, wenn es hieß, Lassie oder Snoopy würden für medizinische Experimente des Militärs geopfert. Ich rief meinen Kollegen Paul David Miller im Büro des Navy-Ministers an. Minister Weinberger wolle Aufschluß darüber, was es mit dieser Meldung auf sich habe. Miller sagte mir, im Bethesda Hospital sei zu dieser frühen Stunde noch niemand zu sprechen. Er werde mich im Laufe des Morgens zurückrufen. Ich entgegnete, er solle mir lieber jetzt gleich das Nötigste mitteilen, der Minister könne jeden Augenblick eintreffen. Eine Abstimmung über die Aufstellung von MX-Raketen war das heiße Thema an jenem Morgen, und der Minister hatte in aller Frühe Interviews mit den drei großen Fernsehanstalten anberaumt. Paul Miller gab mir also die dürftigen Informationen, die er besaß.

Kaum hatte ich den Hörer aufgelegt, da kam Weinberger durch die Tür. Seine ersten Worte waren:»›Militär schießt auf kleine Hunde‹, was ist das für eine Geschichte?« (Die Weinbergers hatten selber einen Collie, der auf den Namen Kiltie hörte.)

»Sir«, begann ich,»das ist wichtig, wenn Marineinfanteristen in Gefechtssituationen ...«

»Damit muß Schluß sein.«

»Sir, solche medizinischen Forschungen helfen ...«

»Sagen Sie der Navy, daß damit Schluß ist. Das Programm wird gestrichen. Da gibt es nichts zu überlegen. Habe ich mich deutlich ausgedrückt?«

Ich rief Miller an, gab die Anordnung des Ministers weiter und hörte am anderen Ende der Leitung ein ungläubiges »Aber, aber«. Ich sagte ihm, ich würde die Erklärung später nachreichen. Wir müßten jetzt mit dem Minister ins Studio des Pentagons im zweiten Stock gehen und seinen ersten Auftritt in der Sendung *Today* vorbereiten.

Die Welt hätte am Rand der nuklearen Katastrophe stehen können, doch die erste Frage des Journalisten Bryant Gumbel bezog sich auf die Hundegeschichte in der *Washington Post*. So etwas werde es nicht geben, antwortete Weinberger kühl. Er habe bereits den sofortigen Stopp des Programms angeordnet, falls es überhaupt existiert habe. Der nächste Interviewer stellte die gleiche Frage, und auch diesmal versicherte Weinberger der Nation, daß amerikanische Militärs nicht auf kleine Hunde schossen, zu welchem vermeintlich guten Zweck auch immer. Weinberger hatte an jenem Morgen ganz intuitiv reagiert. Er hatte kein hochkarätiges Expertenteam aus Chirurgen, Psychiatern, Tierärzten und Tierschützern konsultiert und mit ihnen über diese Frage diskutiert. Er hatte sofort erkannt, daß in einem Volk von Hundefreunden solche Experimente nicht durchsetzbar waren, ganz gleich, wie die wissenschaftliche Rechtfertigung lautete. Folglich schob er sofort einen Riegel vor. Berge von Briefen kamen ins Ministerium. Anrufe aufgebrachter Bürger blockierten die Leitungen des Pentagons. Leitartikler sangen ein Loblied auf Weinberger. Der Minister war ein Held. Und mir hatte er eine Lektion in Sachen Öffentlichkeitsarbeit erteilt. Gewisse Dinge sind heilig und unantastbar. Und weiter: Auch das heikelste Thema kann angegangen und, sofern es nur beherzt und rasch geschieht, als ein Plus auf der Habenseite verbucht werden.

An einem Morgen im September teilte mir Weinberger bei seiner Ankunft im Büro mit, ich solle mich für eine Reise in warme Länder bereitmachen. Das Ziel hieß Mittelamerika, meine erste Auslandsreise mit ihm. Am 6. September gingen wir auf dem Luftwaffenstützpunkt Andrews an Bord einer DC-9, an deren Rumpf die Aufschrift »United States of America« prangte. Beim Einsteigen bemerkte ich unter dem Gefolge des Ministers, zu dem Rich Armitage und vierzehn Journalisten gehörten, auch ein neues Gesicht, einen selbstbewußten jungen Nachwuchsmann, der keinen Zweifel daran ließ, daß er den Nationalen Sicherheitsrat repräsentierte. Sobald wir in der Luft waren, drängte er sich hartnäckig in Weinbergers Nähe, obwohl die unpersönliche Art des Ministers Neulinge gewöhnlich auf Distanz hielt. Während wir, um einen kleinen Konferenztisch gruppiert, die geplanten Treffen mit drei mittelamerikanischen Staatschefs besprachen, hielt sich unser gutinformierter und forsch auftretender Neuling immer nur an Weinberger und machte so deutlich, daß er sich als die Nummer zwei in dieser Crew betrachtete. Wer ist der Bursche? fragte ich mich. Ich schaute mir nochmals das von Stabsmitgliedern zusammengestellte Reisebuch an, in dem Routen, Landkarten und die Lebensdaten der Mitreisenden verzeichnet waren. Und da stand er auch: Oliver L. North, Major der Marineinfanterie.

Minister Weinberger hatte ein inniges Verhältnis zu seiner Frau Jane, und er wollte stets, daß sie ihn auf seinen Auslandsreisen begleitete. Für die Ehefrauen bedeuten Staatsbesuche, ständig neuen unbekannten Gesichtern gegenüberzustehen, endlos höfliches Geplauder anzuhören und stets lächeln zu müssen. Jane Weinberger, ein eher stilles Wesen, war eine warmherzige, kluge Frau, die das vertrauliche Gespräch liebte und sich für das Repräsentieren nicht zu begeistern vermochte. Weinberger lud oft andere Gattinnen als Begleitung für Jane ein. Am 22. September sollten wir eine weitere Reise, diesmal rund um den Globus, antreten. Weinberger bestand darauf, daß uns Alma als »geladener Gast« begleiten sollte, womit sie ein offizielles Mitglied der Reisegesellschaft wurde. Meiner Ansicht nach war es übertrieben, die Ehefrau des Steigbügelhalters, Hundefängers und Laufburschen des Ministers ebenfalls mitzunehmen, aber Weinberger beharrte darauf. Alma kam also mit, konnte aber in der ersten Nacht ihre Verwirrung nicht verhehlen. War sie eine Touristin oder nur zusätzliches Gepäck? Was erwartete man eigentlich von ihr?

Im Lauf der Reise schälte sich jedoch ihre Rolle heraus. Alma wurde eine geschickte Vermittlerin. Sie durfte den Gastgeberinnen Dinge sagen, die Jane Weinberger nicht äußern durfte, z. B. daß die Gattin des Ministers übermüdet sei (Jane begann damals an einer schmerzhaften Osteoporose zu leiden) und der Ausflug zu den etruskischen Gräbern daher besser gestrichen werden sollte. Jane fühlte sich in Almas Gesellschaft wohl. Wenn das letzte Defilee vorüber und das offizielle Bankett überstanden war, konnten sich die beiden entspannen und Eindrücke vom Tage austauschen, ehe sie sich dann zurückzogen.

Wenn die Liste der Teilnehmer für Auslandsreisen zusammengestellt wurde, ließ ich Almas Namen immer aus. Aber Weinberger setzte sie stets darauf. »Herr Minister«, sagte ich bei einer Gelegenheit, »es besteht wirklich kein Grund, warum Alma diesmal mitkommen sollte.«

»Aber ja«, erwiderte er, »sie ist eine Bereicherung für die Reisegesellschaft. Ich möchte, daß sie dabei ist, Punktum!«

Alma hatte ihre Rolle gefunden: Sie war Janes Hofdame.

Am 13. Oktober erfuhren wir, daß Richter William Clark, der Nationale Sicherheitsberater des Präsidenten, auf der Karriereleiter eine Sprosse nach oben rutschte und Innenminister wurde. Clark hatte das Amt, für das er wenig Neigung besaß, nur mit Mühe versehen. Er gehörte zusammen mit Weinberger zu Reagans kalifornischer Clique. Sein Nachfolger war ein Außenseiter, den Weinberger mit kritischen Augen betrachtete: Robert C.»Bud« McFarlane, ein ehemaliger Lieutenant Colonel der Marineinfanterie und Mittvierziger. McFarlane war nicht der Mann, den Weinberger als ebenbürtig ansehen konnte. Obendrein gab sich McFarlane betont einsilbig.»Hm, Danke für den Anruf und einen schönen Tag noch«, war alles, was er bei Anrufen des Ministers entgegnete, ein Verhalten, das Weinberger zum Kochen brachte. Bud McFarlane nahm am 17. Oktober Clarks Platz als Nationaler Sicherheitsberater ein.

McFarlanes auffälligster Mitarbeiter war jener forsche Marineinfanterist, der auf der Mittelamerikareise seinen Einstand gegeben hatte. Ollie North war mittlerweile Lieutenant Colonel und wurde bald als ein Mann fürs Grobe bekannt. Er hatte Phantasie und entwickelte beachtliche Dynamik, fiel aber immer wieder durch Merkwürdigkeiten auf. So kam eines Tages ein Referent in mein Büro und sagte:»General, Colonel North bittet um die Erlaubnis, eine Waffe zu tragen.«

»Wozu braucht er denn im Nationalen Sicherheitsrat eine Waffe?« wollte ich wissen.

»Irgendwelche Leute haben es auf ihn abgesehen«, berichtete mein Referent.

»Und wer?« fragte ich.

»Das hat er nicht gesagt.«

Ollie Norths persönliche Sicherheit hatte nichts mit dem Verteidigungsministerium zu tun. Als Marineinfanterist unterstand er dem Navy-Ministerium. Sollten also die entscheiden, ob es nötig sei, daß er eine Waffe trage.

Am 23. Oktober, sechs Tage nach Bud McFarlanes Ernennung zum Sicherheitsberater, erhielt ich wieder einen nächtlichen Anruf von der Nationalen Militärischen Kommandozentrale. Diesmal brauchte ich nicht überlegen, ob ich Weinberger sogleich informieren sollte. Terroristen hatten mit einer Lastwagenbombe einen Anschlag auf die Kaserne von US-Marineinfanteristen in der Nähe des Beiruter Flughafens verübt. Wieder kam die Wahrheit scheibchenweise. Mit jedem Anruf stieg die Zahl der Todesopfer, und jedesmal mußte ich das wachsende Grauen einem Verteidigungsminister mitteilen, von dem ich wußte, daß er sehr empfindlich auf das Thema Tod reagierte. Bei der Übernahme seines Büros im Pentagon hatte Weinberger das Porträt des ersten Verteidigungsministers James Forrestal entfernen lassen; Forrestal hatte mit einem Sprung vom Bethesda Naval Hospital Selbstmord begangen. Statt des Porträts wählte Weinberger einen rosigen Tizian, den er als Leihgabe aus einem Washingtoner Museum erhalten hatte. In dieser Nacht mußte der Minister jeden meiner Anrufe wie einen Schlag ins Gesicht empfinden. Anfangs war von achtzig Toten die Rede. Dann waren es hundert, hundertfünfzig. Am Ende wurden 241 tote Marineinfanteristen aus den Trümmern geborgen. Ein fast zur gleichen Zeit verübtes Attentat auf das französische Hauptquartier in Beirut kostete 77 französischen Soldaten das Leben.

Unsere Marineinfanteristen waren im Libanon stationiert worden, weil sie, wie es wolkig hieß, eine »Präsenz« garantieren sollten. Ein Jahr zuvor, im Juni 1982, war die israelische Armee in den Libanon einmarschiert mit dem Ziel, den PLO-Terroristen den Garaus zu machen. Dieser massive Schlag hatte das stets prekäre Machtgefüge im Nahen Osten durcheinander gebracht. Die Vereinigten Staaten versuchten nun, als Schiedsrichter den Abzug aller ausländischen Truppen aus dem Libanon zu überwachen. Die Marineinfanteristen wurden, wie es in einer Verlautbarung des US-Außenministeriums hieß, als »Friedenstruppe« am Beiruter Flughafen stationiert. Im Klartext hieß das: Sie saßen zwischen zwei Pulverfässern, der Libanesischen Armee und den von Syrien unterstützten Schiitenmilizen, die sich im Schuf-Gebirge Gefechte lieferten. Weinberger hatte eine Stationierung der US-Soldaten von Anfang an abgelehnt, sich bei der Debatte im Weißen Haus gegen McFarlane und Außenminister Shultz aber nicht durchsetzen können.

Ich reagierte allergisch auf glatte Formeln wie »Präsenz zeigen«, »Signale setzen«, »Option freihalten« und »Glaubwürdigkeit unterstreichen«, wie sie von Beamten des Außenministeriums geprägt wurden. Solche Begriffe hatten für die Militärs, die sie in die Tat umsetzen sollten, oft blutige Konsequenzen. Gegen ihren Gebrauch war nichts einzuwenden, wenn ein genau umrissener militärischer Auftrag zugrunde lag. Zu oft wurden sie aber benutzt, um trüben politischen Vorstellungen den Anschein von Klarheit zu geben.

Am 29. August, noch vor dem Anschlag am Beiruter Flughafen, waren zwei Marineinfanteristen durch Granatenbeschuß der Muslime getötet worden; am 3. September zwei weitere und am 16. Oktober nochmals zwei. Gegen Weinbergers Protest überredete McFarlane, der sich nach Beirut begeben hatte, den Präsidenten, er solle dem Schlachtschiff *New Jersey* Befehl erteilen, die Stellungen in den Bergen hinter Beirut mit 16-Zoll-Granaten zu beschießen, so als müßte man, wie im Zweiten Weltkrieg, den Strand eines Atolls im Pazifik für eine Invasion vorbereiten. In solchen Situationen übersehen wir gern, daß die andere Seite in der gleichen Weise reagieren wird, wie wir es gerade tun. Als die ersten Granaten fielen, meinten die Schiiten, der amerikanische »Schiedsrichter« habe für ihre Gegner Partei ergriffen. Da aber das Schlachtschiff außerhalb ihrer Reichweite lag, fanden sie ein leichteres Ziel, nämlich die am Flughafen stationierten Marineinfanteristen.

Soweit ich von meinem Beobachtungsposten im Pentagon sehen konnte, griff Amerika in ein tausendjähriges Wespennest und gab sich der Hoffnung hin, seine bloße Präsenz genüge, um die Wespen vom Stechen abzuhalten. Auch 1991, als im ehemaligen Jugoslawien alte ethnische Konflikte aufflammten und wohlmeinende Amerikaner davon sprachen, man müsse doch »etwas für Bosnien tun«, hatte ich immer die zerfetzten Leichen der Marineinfanteristen vom Beiruter Flughafen vor Augen und riet daher zur Vorsicht. Es gibt Zeiten, da müssen amerikanische Soldaten ihr Leben riskieren. Außenpolitik kann sich nicht durch die Aussicht auf drohende Verluste lähmen lassen. Aber Menschenleben dürfen nicht aufs Spiel gesetzt werden, solange wir den Eltern, der Ehefrau oder dem Kind nicht eine klare Antwort geben können, warum ein Mitglied der Familie sterben mußte. »Signale setzen« oder »Präsenz zeigen« ist da zuwenig.

Am 25. Oktober 1983, kurz nach dem Anschlag von Beirut, erfolgte unsere Invasion in Grenada. Auf dieser Insel in der Karibik war der junge Marxist Maurice Bishop an die Macht gekommen. Unter seinem Regime wurde mit kubanischer Hilfe eine Rollbahn für Düsenflugzeuge gebaut, die auch der Sowjetunion zur Nutzung offenstehen sollte. Dann wurde Bishop ermordet. Politische Wirren brachen aus, und das Leben der annähernd tausend amerikanischen Medizinstudenten, die auf Grenada studierten, geriet in Gefahr.

Wir griffen mit einer vereinigten Streitmacht aus Fallschirmjägern der Army, Marineinfanteristen und SEAL-Einheiten der Navy an. Eigentlich hätte es ein Leichtes sein sollen, die Kontrolle über ein Land von 84 000 Einwohnern zu erlangen, das lediglich von einer 2000 Mann starken, schlecht bewaffneten Dritte-Welt-Miliz und einem kubanischen Pionierbataillon verteidigt wurde. Dennoch dauerte es fast eine Woche, bis jeder Widerstand gebrochen war und die Medizinstudenten in Sicherheit gebracht worden waren. Die Invasion war alles andere als ein Musterbeispiel für die Kooperation der Teilstreitkräfte. Der Feldzug hatte als Operation unter Führung der Navy begonnen. Erst in letzter Minute war noch Major General H. Norman Schwarzkopf, der damalige Kommandeur der 24. Infanteriedivision (motorisiert), in den Stab unter Vice Admiral Joseph Metcalf aufgenommen worden, damit wenigstens ein hoher Offizier dabei war, der etwas von Bodengefechten verstand. Die Beziehungen zwischen den Teilstreitkräften wurden durch schlechte Kommunikation, Aufspaltung der Befehlskompetenzen und Kontrollfunktionen, Engstirnigkeit der Teilstreitkräfte und ein kleinkariertes Management aus Washington beeinträchtigt. Die Operation zeigte, wie weit die Zusammenarbeit der Teilstreitkräfte noch entwikkelt werden mußte. Die Invasion auf Grenada gelang, aber sie war kein glänzender Erfolg. Damals hatte ich nur einen Beobachtungsposten, aber ich merkte mir die Lehren für die Zukunft.

Weinberger war ein Mann von ehernen Prinzipien. Seine Kritiker hätten eher von »Starrköpfigkeit« gesprochen. Er konnte wie ein Löwe gegen Kabinettskollegen oder Abgeordnete des gegnerischen Lagers kämpfen. Aber er brachte es nicht über sich, dem Mann entgegenzutreten, der von allen in der Regierung vielleicht am leichtesten zu beeinflussen war, Präsident Reagan selbst. Weinbergers Ergebenheit und Loyalität gegenüber dem Präsidenten waren absolut. Er mochte es nicht, seinem Idol Unbehagen zu bereiten. Daher widersprach er auch nicht, als der Präsident sich dazu überreden ließ, Marineinfanteristen in unklarer Mission nach Beirut zu schicken und in eine militärisch prekäre Lage zu bringen.

Während Weinberger nie zögerte, mit George Shultz oder anderen Vertretern des Weißen Hauses die Klinge zu kreuzen, ertrug er keine Spannungen unter den Mitarbeitern, mit denen er es täglich zu tun hatte. Vergebens redete ich auf ihn ein, er solle doch einem Chauffeur kündigen, der einmal, als er die Weinbergers von einer Party zu Thanksgiving abholte, so betrunken war, daß er sie mit »Frohe Ostern« begrüßte.

Der Kreis meiner Pflichten war groß und reichte von der Funktion des strategischen Beraters bis zum Taschenträger. Einmal mußte ich sogar Weinbergers Smoking von zu Hause holen, damit er sich im Büro für eine Abendgesellschaft umziehen konnte. Während ich ihm noch rasch das Wichtigste über den anstehenden Abend mitteilte, leerte er vor mir die Taschen seines Jacketts. Dabei kam eine ganz neue Facette dieses sonst so höflich-steifen Mannes zum Vorschein. Er holte unter anderem einen Bleistiftstummel hervor, der ihn, wie er mir sagte, schon seit seiner Kindheit begleite. Außerdem einen australischen Halfpenny, eine Erinnerung an die Kriegszeit, als er im Pazifik um seine spätere Frau Jane warb. »Ich fühle mich sicherer, wenn ich diese Sachen bei mir habe«, erläuterte er schüchtern.

Wie Harold Brown und John Kester war Cap Weinberger ein gebildeter Mensch. Er hatte eine Vorliebe für die Klassiker in Literatur und Musik. Wir besorgten ihm einen Radiowecker mit Cassettenrecorder, auf dem er, wenn er allein in seinem Büro arbeitete, Bach und Beethoven hörte. Diese Kultiviertheit fand ich faszinierend, war sie bei Infanteristen doch eher selten anzutreffen. Bisweilen führte sie mir aber auch meine eigene mangelhafte Bildung vor Augen. Wenn ich abends um neun nach Hause kam, las ich gerade zwei, drei Seiten in einem Buch, dann übermannte mich die Müdigkeit.

Frank Carlucci hatte mir einmal den guten Rat gegeben, kluge Untergebene wüßten genau, wann sie es auf eine Auseinandersetzung mit Weinberger ankommen ließen. »Wenn es nur um Kleinigkeiten geht«, hatte mich Frank gewarnt, »kann man sich die Mühe gleich schenken. Auch wenn der Chef völlig falsch liegt. Man spart sich die Energie für wirklich wichtige Sachen. Und selbst dann wird man wahrscheinlich gegen eine Wand rennen.« Weinberger konnte tatsächlich halsstarrig sein, wie ich beim »Krieg der Sterne« noch erfahren sollte.

Am 23. März 1983, vier Monate nach meiner Rückkehr ins Pentagon, gab Präsident Reagan in einer bedeutenden politischen Rede die Absicht der Vereinigten Staaten bekannt, eine »Strategische Verteidigungsinitiative« (SDI) zu entwickeln. Der Präsident hatte sich von den Vereinten Stabschefs und anderen Beratern davon überzeugen lassen, daß es möglich sei, im Weltall einen aus Satelliten bestehenden Schutzschirm zu errichten, der angreifende sowjetische Raketen zerstören würde. Der Präsident begriff sofort, daß ein solcher Schutzschirm die atomare Gleichung verändern könnte. Bis dahin bestand ein Gleichgewicht des Schreckens, die »gegenseitige gesicherte Zerstörungsfähigkeit« (MAD). Wenn ihr uns vernichtet, dann vernichten wir euch. Wenn jedoch die anderen uns, wegen des Schutzschirms im All, nicht vernichten konnten, dann verlor das immer noch wachsende Atomwaffenarsenal seinen Sinn.

Als Antwort auf die SDI-Rede des Präsidenten prägte Senator Edward Kennedy das Wort vom »gewissenlosen Plan eines Kriegs der Sterne«. Der Senator machte sich damit die große Popularität des gleichnamigen Films zunutze. Die Menschen bekamen Angst bei der Vorstellung, das Weltall könne zum Schauplatz gewaltiger nuklearer Explosionen werden mit anschließendem radioaktiven Fallout auf die Erde. Ich bin in ideologischer Hinsicht weder liberal noch konservativ, glaube aber, daß die Liberalen einen schweren Fehler begingen, als sie das SDI-Konzept, sofern es überhaupt realisierbar war, als töricht ablehnten. Mir scheint, Reagans Kritiker wollten damals nicht wahrhaben, daß der Präsident einen konzeptuellen Durchbruch im nuklearen Patt vorgeschlagen hatte.

Beim Thema SDI wurde Weinberger päpstlicher als der Papst und vertrat die Regierung bei den parlamentarischen Anhörungen auf dem Kapitolshügel. Eines Tages, als er dem Kongreß zu diesem Thema wieder einmal Rede und Antwort stehen sollte, kam er bei seinem Bemühen, die Ängste vor einem »Krieg der Sterne« zu zerstreuen, auf die Idee, Richard De Lauer, den Entwicklungschef des Pentagons, zu fragen, ob die Röntgen-Laser, die die angreifenden sowjetischen Raketen zerstören sollten, ihre Energie aus nuklearen Explosionen bezogen. »Ist das eine Bombe?« fragte Weinberger den Experten. So würden die Laserstrahlen erzeugt, erklärte De Lauer, durch das Zünden nuklearer Sprengsätze im All.

»Aber es ist keine Bombe, oder?« fragte Weinberger nochmals. De Lauer fand einen nützlichen Euphemismus: »Nein, keine Bombe, eher ein nukleares Ereignis.« Von da an weigerte sich Weinberger, in Kongreßdebatten und anderswo die Tatsache anzuerkennen, daß SDI einen Nuklearschlag erfordere. Er rollte dann immer zwei gelbe Bleistifte zwischen den Fingern hin und her – eine Marotte, die anzeigte, daß er geistig in Kampfstellung gegangen war. Er redete lieber von einem »Generator« als von einer »Bombe«.

In technischer Hinsicht lag er mit seiner Ansicht falsch. Ich fürchtete, er könne wegen seiner Unbelehrbarkeit unseriös wirken. Wenn wir beide allein in seinem Büro waren, versuchte ich deshalb, ihm den Sachverhalt zu erklären. »Herr Minister, ein nuklearer Sprengkörper muß im All explodieren, um die gewaltige Energie zu erzeugen, die zum Betrieb des Systems nötig ist. Die Kraft dazu kommt nicht aus einer harmlosen Taschenlampenbatterie.«

»›Um Energie zu erzeugen‹, sagen Sie«, zitierte er mich mit Genugtuung. »Dann sind Sie mit mir ja einer Meinung. Es ist eben keine Bombe, sondern ein Generator.«

Schließlich merkte ich, daß in seiner Unbelehrbarkeit so etwas wie Methode lag. Solange er in diesem Punkt nicht nachgab, hatten die Zeitungen keinen Anlaß zu Schlagzeilen wie »Weinberger bestätigt Atombomben im All: Kennedy fordert neue SDI-Debatte.«

Mein Chef war ein guter Mann, wenn man auf der richtigen Seite stand, andernfalls war mit ihm nicht gut Kirschen essen. Richard Perle, ein kalter Krieger vom Scheitel bis zur Sohle, war als Abteilungsleiter für Internationale Sicherheitspolitik ins Ministerium gekommen. Perle, wegen seiner unerbittlichen anti-sowjetischen Haltung überall im Pentagon als »Fürst der Finsternis« bekannt, hatte eine verwandte Seele mitgebracht, den bärtigen Frank Gaffney, einen ehemaligen Stabsmitarbeiter im Kongreß. Ich war Zeuge von Gaffneys erstem Auftritt in Weinbergers Stabssitzung. Er belehrte den Minister über die Gefahren einer milden Politik gegenüber den Roten und sprach immer nur von »Jack«, wenn er den Vorsitzenden des Vereinten Stabschefs, General John Vessey, meinte. Nach der Sitzung nahm mich Weinberger beiseite. »Wer ist der junge Mann da?« fragte er mich. »Wie heißt er?« Ich nannte ihm seinen Namen, aber das ganze folgende Jahr hindurch blieb Frank Gaffney, mochte er auch noch sooft zu den Sitzungen erscheinen, für Weinberger immer nur der junge Mann ohne Namen. Ich gab Perles Schützling eine Lektion, wie man sich in einem Ministerium zu benehmen hatte, und am Ende ließ sich Weinberger soweit erweichen, den Namen »Gaffney« auszusprechen und den jungen Mann sogar für einen höheren Posten vorzuschlagen. Aber im allgemeinen hatte man bei Cap Weinberger selten eine zweite Chance.

Zu früher Stunde begleitete ich einmal Weinberger zu einer Sitzung im Weißen Haus, die im Lagebesprechungsraum stattfand. Ich wartete draußen, bis er und der Präsident herauskamen und zu einem kleinen Büro nebenan gingen, um noch ein wenig zu plaudern. Es war das erste Mal, daß ich Ronald Reagan aus der Nähe sah. Weinberger winkte mich heran und stellte mich vor. Als der Präsident mir die Hand gab und sein gewinnendes Lächeln zeigte, spürte ich sogleich die Ausstrahlung, die von diesem Mann ausging. Sein Äußeres war makellos, jedes Haar lag akkurat, die Krawatte tadellos gebunden, das blütenweiße Hemd frisch gestärkt und gebügelt. Wir scherzten ein wenig, dann wandte er sich mit Weinberger wieder dienstlichen Fragen zu. Mir blieb von dieser ersten Begegnung der Eindruck einer paradoxen Mischung aus Herzlichkeit und Distanz, die Reagan um sich zu verbreiten schien, als könnte es so etwas wie unpersönliche Vertrautheit geben.

Mein Vater war schon tot, und auch Almas Mutter war 1972 gestorben. Anfang des Jahres 1984 sollte Alma ihren Vater und ich meine Mutter verlieren. R. C. Johnson starb am 5. Februar 1984 einundachtzigjährig in Almas Armen. Anfangs war ich ein mißtrauisch beäugter Schwiegersohn gewesen, ein Soldat und, was wahrscheinlich noch schlimmer war, ein Karibe. Als R. C. starb, war von diesen Fehlern keine Rede mehr. Ich konnte mit diesem nüchternen Pädagogen scherzen, ihn zu einem Gläschen überreden und ihn damit aufziehen, daß immer wieder Werkzeuge aus meinem Werkzeugkasten in seinen hinüberwanderten.

Ich übernahm die Pflicht, R. C.s Nachlaß zu verwalten. Bei einem Gang durch das Haus in Birmingham hatte ich das Arsenal an Waffen sichergestellt, die er in Kommoden, Schränken und im Keller gehortet hatte. Dann verfrachtete ich alles in den Kofferraum meines Autos und brachte es nach Washington. Jim Brooks, der die Nachrichtenzentrale des Verteidigungsministeriums leitete, war Waffensammler und wollte sich einmal anschauen, was ich aus Birmingham mitgebracht hatte. Jim interessierte sich für eine Smith & Wesson, Kaliber 38, mehrere Magnums und ein altes japanisches Armeegewehr, das aus meinem Besitz stammte. Über die Pistolen wurden wir uns gleich einig, dann kamen wir auch auf das Gewehr zu sprechen. Während der Mittagspause gingen wir zum Parkplatz, wo ich ihm das Stück, das sich immer noch im Kofferraum meines Autos befand, zeigen wollte. Jim schaute es sich an und meinte, er wolle es sich noch einmal überlegen. Er ging dann weiter, während ich das Gewehr wieder im Kofferraum verstaute. In diesem Augenblick kam ein Streifenwagen herangefahren, und ein Beamter der Polizeitruppe des Verteidigungsministeriums stieg aus.

»Ist das Ihr Wagen?« fragte er.

»Ja.«

»Öffnen Sie bitte den Kofferraum.«

Ich wollte erklären, daß es sich um eine Waffensammlung handelte.

»Öffnen Sie den Kofferraum«, wiederholte der Beamte.

Ich tat wie geheißen, und zum Vorschein kam eine Waffe, die auch schon in dem Jahr, als die Japaner Pearl Harbor überfielen, antiquiert gewesen war.

»Kommen Sie mit«, sagte er und nahm das Gewehr an sich.

»Hören Sie, ich bin Major General Powell«, sagte ich. »Ich bin Minister Weinbergers Militärberater.«

»Kommen Sie bitte mit, Sir.« Er wollte mich in den Fond des Streifenwagens drängen. Ich weigerte mich und sagte, wie es in Kinofilmen immer geschieht, daß ich ganz ruhig mitgehen würde, nahm mir aber vor, mir nichts bieten zu lassen.

Wir gingen dann in die Polizeiwache im Untergeschoß des Pentagons. Dort saß ein Sergeant an einem Schreibtisch, zu dessen Aufgaben es gehörte, die Ankommenden nach ihren Personalien zu fragen und ihnen ihre Rechte vorzulesen. Ich sah der kommenden Szene mit gemischten Gefühlen entgegen, als plötzlich ein Lieutenant erschien.

»General, was machen Sie denn hier?« fragte er mich.

»Ich glaube, ich bin verhaftet«, sagte ich.

»Ich übernehme die Sache«, beschied er den Streifenbeamten. Und zu mir gewandt, sagte er: »Sie können wieder in Ihr Büro gehen. Ich sorge dafür, daß Sie Ihr Gewehr wiederbekommen.«

Zurück in meinem Büro, erklärte mir meine Sekretärin Nancy Hughes, was geschehen war. Eine aufmerksame Sekretärin im vierten Stock des Pentagons, also im Bereich des Air-Force-Ministeriums, hatte beobachtet, wie zwei Personen unten auf dem Parkplatz mit einem Gewehr hantierten. Terroristen! Sie alarmierte sofort die Polizei. Die kluge und taktvolle Nancy erfuhr von der Sache und benachrichtigte einen Mann namens Doc Cooke.

Der Verteidigungsminister leitete das Ministerium, aber David O. »Doc« Cooke war Herr über das Gebäude. Offiziell war Doc stellvertretender Abteilungsleiter für die Verwaltung. Tatsächlich war er Mädchen für alles. Soll jemand, der seine Arbeit nicht macht, auf elegante Weise kaltgestellt werden? Man wende sich an Doc Cooke. Möchten Sie ein privates Badezimmer, das Ihrem Rang als Staatssekretär entspricht? Doc kann es einbauen lassen. Können Sie keinen Stellplatz auf dem prestigeträchtigen Parkplatz am River Entrance bekommen? Fragen Sie Doc. Soll einem Major General aus der Bredouille geholfen werden? Doc ist auch dafür der richtige Mann. Die Macht dieses Paten des Pentagons war außerordentlich. Doc war der einzige Crack, den selbst der gewiefte John Kester nicht aushebeln konnte. Doc kannte als ehemaliger Captain der Navy die Militärbürokratie aus dem Effeff, und er beherrschte die Kniffe eines Advokaten, der er nun war. Ohne Doc Cooke hätte das Pentagon morgens nicht öffnen können. Keiner hätte gewußt, wo die Schlüssel lagen. Doc und Nancy hatten meine Befreiung ohne Zwang und ohne Kaution geräuschlos arrangiert.

Meine Mutter starb einen schweren Tod. Fünf Jahre zuvor hatte sie einen Herzanfall erlitten, den sie überlebte, erkrankte dann aber an Krebs, der am Ende eine Brustamputation erforderlich machte. Sie erlitt einen zweiten Herzanfall. Am Ende flog ich, wie schon bei meinem Vater, fast jedes Wochenende nach New York. Auch unter anhaltenden Schmerzen verlor sie nie den Mut. Sie gab dann einen typisch jamaikanischen Laut von sich, so als wolle man etwas einsaugen, und schloß mit einem unübersetzbaren »Chuh«. »Colin, du bringst mich einfach nach draußen, wirfst etwas Efeu über mich, und das war's.« Ich dankte Gott, daß Ida Bell noch da war, die nun schon fünfundzwanzig Jahre im Haus meiner Mutter wohnte. Miss Bell hatte mitgeholfen, meinen Vater im Endstadium seiner Krankheit zu pflegen. Nun tat sie das gleiche für meine Mutter. Dafür werde ich Ida Bell immer dankbar sein.

Maud »Arie« Powell starb am 3. Juni 1984. Eine Woche vorher, als ich bereits wußte, daß das Ende nahte, war ich mit der ganzen Familie nach New York gefahren, um sie, wie ich meinte, ein letztes Mal zu sehen. Ich war gerührt, was für ein inniges Verhältnis meine Frau und meine drei Kinder zu meiner Mutter hatten. Die Kinder nannten sie alle »Darling«, ein Kosewort, das sie sich zu eigen gemacht hatten, weil sie von meiner Mutter immer so genannt worden waren.

Mein Vater war die prägende Gestalt meines Lebens. Doch meine Mutter hat eine nicht weniger bedeutsame Rolle gespielt. Auch von ihr lernte ich, hart zu arbeiten und Selbstdisziplin zu üben. Sie hat ihr Leben lang gearbeitet, bis sie es aus gesundheitlichen Gründen nicht mehr konnte. Dennoch hat die Notwendigkeit, zum Lebensunterhalt beizutragen, ihrer Mutterliebe keinerlei Abbruch getan. Ich habe nie verstanden, wie sie Tag für Tag fern von Zuhause so hart arbeiten und doch meiner Schwester und mir stets das Gefühl geben konnte, daß wir bemuttert und umsorgt wurden. Solche Eltern zu haben, ist ein Geschenk des Himmels. Mit meiner Mutter und meinem Vater hätte ich es nicht glücklicher treffen können.

Der Trauergottesdienst fand in St. Margaret statt, unserer alten Familienkirche in der Süd-Bronx. Nun hatten progressive Kirchenleute die Leitung übernommen. Was mir immer so viel bedeutet hatte, die Liturgie, die poetische Sprache und das ganze Zeremoniell, war nun von Grund auf anders. Die Kirche hatte jetzt eine neue Gottesdienstordnung. Der junge Priester, der die Pfarrerstelle in St. Margaret versah, hatte die Modernität auf die Spitze getrieben und Gott zu einem geschlechtslosen und gewöhnlichen Wesen gemacht. Gewiß, meine Verbundenheit mit dem traditionellen Ritus war mehr eine Frage des Gefühls und weniger des Verstandes. Aber es bestürzte mich, daß der Fels des Glaubens, auf dem ich groß geworden war, bewegt werden konnte. Meine Mutter erhielt in theologischer Hinsicht ein Begräbnis zweiter Klasse. Ich kann mich nicht erinnern, daß der Name »Gott« auch nur ein einziges Mal gefallen wäre. So flüsterte ich am Ende: »Mach dir keine Sorgen, Mutter. Du bekommst später von uns etwas Besseres, denn so wolltest du nicht aus dieser Welt gehen.«

Ich wußte, daß Weinberger, obwohl er sich äußerlich nichts anmerken ließ, von dem Attentat auf die Kaserne der Marineinfanteristen in Beirut in seinem Innern tief aufgewühlt war. Wie tief, erkannte ich erst, als er den Entwurf zu einem einschlägigen Dokument verfaßte. Er bat mich, es durchzuschauen, und ließ es dann unter den Sicherheitspolitikern der Regierung zirkulieren. Weinberger hatte seinen brillanten juristischen Verstand auf die Analyse der Frage verwendet, in welchen Fällen die Vereinigten Staaten im Ausland Truppen einsetzen sollten. Er war empört über Worthülsen wie »Präsenz« und »Friedenseinsatz«, die lediglich kaschierten, daß US-Truppen ohne einen klaren militärischen Auftrag in eine gefährliche Lage gebracht wurden. Er stemmte sich dagegen, daß unsere Soldaten im schlimmsten Sinne des Wortes

»benutzt« wurden. Dafür hatte er sechs Fragen formuliert, um genau zu bestimmen, wann amerikanische Truppen zum Einsatz kommen sollten.

Weinbergers Gegenspieler George Shultz war mit Caps Ansatz nicht einverstanden. Mir war die Ironie ihrer Fehde, die schon seit Monaten schwelte, nicht entgangen. Der Außenminister war häufig bereit, Amerikas Militärmacht selbst in einem Niemandsland wie dem Libanon einzusetzen. Welchen Sinn hatte eine Militärpräsenz, wenn man nicht hin und wieder jemandem einen Schlag versetzte, um die eigene Macht zu demonstrieren? Auf der anderen Seite stand der Minister, der für die Soldaten verantwortlich war, die ihr Leben hingeben mußten. Für ihn kamen nur Einsätze in Frage, die wirklich unumgänglich waren.

Weinberger wollte seine Richtlinien nicht nur innerhalb der Regierung zirkulieren lassen, sondern noch im gleichen Sommer damit an die Öffentlichkeit gehen. Wir machten uns bereits Gedanken über mögliche Diskussionsforen, doch die Verantwortlichen im Weißen Haus lehnten eine kontroverse Diskussion vor den Präsidentschaftswahlen ab. Am 28. November 1984, nach Reagans Wiederwahl, wandte sich Weinberger an den National Press Club. Ich begleitete ihn zu diesem Treffen, bei dem er darlegte, welche Kriterien erfüllt sein mußten, »wenn wir den Einsatz von US-Kampftruppen im Ausland erwägen«.

1. Truppen sollen nur dann zum Einsatz kommen, wenn unsere vitalen Interessen oder die unserer Verbündeten berührt werden.
2. Wird für einen Einsatz entschieden, dann muß er mit allen Mitteln erfolgen, die für einen Sieg erforderlich sind.
3. Für ein Engagement müssen die politischen und militärischen Zielen klar formuliert sein.
4. Form und Umfang des Einsatzes müssen gegebenenfalls geändert werden können, da Kriege selten stillstehen.
5. Es sollten nur solche Einsätze angeordnet werden, die die Unterstützung des amerikanischen Volkes und des Kongresses haben.
6. Der Einsatz von US-Truppen ist stets nur als letztes Mittel zu betrachten.

Auf einen Punkt gebracht: Ging es bei dem Einsatz um das nationale Interesse? Lautete die Antwort ja, dann war der Einsatz gerechtfertigt, und er sollte so erfolgen, daß der Sieg sicher war. Lautete die Antwort nein, dann sollte man die Finger davon lassen.

Clausewitz hätte sicherlich seinen Beifall bekundet. Später, als es zu meinen Pflichten gehörte, Präsidenten bei der Frage nach Truppeneinsätzen in Kriegsgebieten zu beraten, erwiesen sich Weinbergers Richtlinien als eine praktische Hilfe. Doch damals, als er seine Rede vor dem Presseclub hielt, hegte ich die Befürchtung, seine Richtlinien seien zu explizit und könnten, einmal veröffentlicht, potentiellen Gegnern die Möglichkeit bieten, nach Schlupflöchern zu suchen.

Im Mai 1985 erhielt ich eine Einladung, bei der Vereidigung der angehenden Reserveoffiziere am College of William and Mary eine Rede zu halten. Siebenundzwanzig Jahre war es her, daß ich im Aronowitz Auditorium des CCNY gestanden war und meine Leutnantsabzeichen erhalten hatte. Unter den Kadetten, denen ich an diesem Tag das Offizierspatent verleihen sollte, war auch Michael Powell. Als für mich der Augenblick gekommen war, den Eid abzunehmen, wies ich die Kadetten an, eine Kehrtwendung zu machen, so daß sie zu den versammelten Eltern und Angehörigen schauten, eine Geste, die ich von der Parade bei Gunfighter Emersons Verabschiedung übernommen hatte. Als dann Mike über die Bühne kam, überreichte ich ihm das Offizierspatent und umarmte ihn, ein bewegender Augenblick, der die Kontinuität von Vater und Sohn zum Ausdruck brachte. Im Publikum saßen Alma und Mikes Schwestern Linda, nun im zweiten Jahr im College of William and Mary, und Annemarie, die dort ebenfalls bald anfangen sollte. Die Vorstellung war mir lieb, daß Thomas Jefferson, ein Sklavenbesitzer mit schlechtem Gewissen, sicherlich erfreut gewesen wäre zu erfahren, daß die Powells eine erstklassige Erziehung auf dem College bekamen, das auch er besucht hatte.

Der frischgebackene Lieutenant Mike Powell wollte sich zuerst ein neues Auto kaufen, ehe er nach Fort Knox zur Grundausbildung bei der Panzertruppe ging. Ich versuchte ihn davon zu überzeugen, mit dem Kauf noch zu warten, bis er nach Deutschland komme, wohin er später auch tatsächlich ging. Dort könne er sich einen europäischen Wagen kaufen. Aber es war nichts zu machen. Mike hatte genug von meinen gebrauchten Volvos, vor allem seit jener Nacht, als ich einen defekten Volvo über 150 Kilometer von Richmond zu uns nach Hause geschleppt hatte und er am Steuer des abgeschleppten Fahrzeugs sitzen mußte. Für ihn war das eine haarsträubende Erfahrung gewesen. Nun wollte er von Vaters Pfennigfuchserei nichts mehr wissen. Er wollte einen japanischen Neuwagen. Ich ging mit ihm zu einer Honda-Vertretung und führte ihm in die Kunst des Feilschens ein. Mike war es mehr als peinlich, aber nach drei Stunden hatte ich die fünf Verkäufer und zwei Vertreter der Geschäftsleitung schließlich soweit, daß sie unsere Preisvorstellung akzeptierten.

Schon damals kaufte ich vermeintlich schrottreife Volvos auf und erweckte sie, wie Lazarus, wieder zum Leben. Es gab viele Leute, die nur wegen meiner Volvos zu mir kamen. Andere überließen mir gern ihre maroden Karossen. Ich reparierte sie, brachte sie mit Lack im Wert von 99 Dollar wieder auf Hochglanz und verkaufte sie. Das Geschäft lief gut. Ich bemühte mich sogar um eine Händlerlizenz, aber der Bundesstaat Virginia betrachtete Fort Myer nicht als seriöse Geschäftsadresse. In den vergangenen zehn Jahren sind über dreißig Volvos durch meine Hände gegangen. Schade, daß Schweden keinen Nobelpreis für das Recyceln seiner Automobile vergibt.

Ein Großteil meines Arbeitstages in Weinbergers Büro bestand darin, die eingehende Post daraufhin zu prüfen, was die besondere Aufmerksamkeit des Ministers verdiente. Das Schriftstück, das am 17. Juni 1985 in sein Büro kam, hatte die Brisanz einer Bombe. Es war der Entwurf einer Entscheidungsdirektive zur Nationalen Sicherheit (NSDD) mit der Überschrift »US-Politik gegenüber dem Iran«. Das als »Streng geheim« eingestufte Papier zeigte den Briefkopf des Weißen Hauses und war an Weinberger und Außenminister George Shultz adressiert. Unser Exemplar des acht Seiten langen Schriftstücks trug den Vermerk »Nur für den Verteidigungsminister persönlich«. Allerdings erwartete Weinberger von mir, daß ich alles für ihn durchschaute. Bei der Lektüre des NSDD wurde mir klar, was ich da in Händen hielt. Bud McFarlane, der gegenwärtige Nationale Sicherheitsberater, wollte offenbar einem Henry Kissinger nicht nachstehen und strebte nach unsterblichem Ruhm. Kissinger, der an demselben Schreibtisch gesessen hatte, an dem nun McFarlane saß, hatte gemeinsam mit Präsident Nixon Mut zu kühnen Konzepten bewiesen und das Undenkbare gedacht. Sie hatten das Tor zum kommunistischen China aufgestoßen, das Amerika eine Generation lang geschlossen gehalten hatte. Und nun wurde in dem Papier vorgeschlagen, in einen Dialog mit dem Iran zu treten und amerikanische Waffen an die iranische Revolutionsregierung des Ajatollah Khomeini zu liefern, ein Regime, das über ein Jahr lang zweiundfünfzig amerikanische Geiseln in seiner Gewalt gehalten hatte. Die

Vereinigten Staaten hatten den Iran offiziell als Terroristenstaat bezeichnet, und Präsident Reagan wollte nichts mit ihm zu tun haben.
Die amerikanische Regierung hatte einen Boykott gegen das Land verhängt und forderte ihre Verbündeten auf, es ihr gleichzutun. Schließlich wurde der Iran mit dem Attentat in Beirut, bei dem 241 Marines
ihr Leben verloren hatten, in Zusammenhang gebracht. Konnte es etwas Kühneres geben als dieses Papier? Ich brachte es Weinberger und
schlug vor, daß auch Rich Armitage einen Blick hineinwerfen sollte.
Ich war gespannt, was Weinberger dazu sagen würde.

Als das Memorandum dann zurückkam, hatte ich Grund, stolz auf
meinen Chef zu sein. Weinberger hatte quer über das Schriftstück geschrieben:»Das ist fast schon zu absurd für einen Kommentar ... Genausogut könnte man Gaddafi zu einem Plauderstündchen nach Washington einladen.«

Gewöhnlich war der Sicherheitsberater nicht sehr gesprächig. Das
war ein Grund, weshalb Weinberger nicht gern mit ihm zu tun hatte.
Doch kaum war McFarlane mit seinem kühnen Einfall auf Ablehnung
gestoßen, da bat er um ein Treffen mit dem Verteidigungsminister. Ich
sah, wie der sonst so phlegmatische Bud sich ernsthaft um Weinberger
bemühte, der sich mit demonstrativer Passivität hinter seinem Schreibtisch verschanzte. McFarlane behauptete, die vorgeschlagene Initiative
könne die gemäßigten Kräfte im Iran für uns einnehmen. Wir könnten
wieder einen Fuß in die Tür bekommen, ehe die Sowjets das im Iran
entstandene Machtvakuum besetzten. Und schließlich biete sie eine
Chance, die sieben in Beirut festgehaltenen amerikanischen Geiseln
freizubekommen.

»Die einzigen Gemäßigten, die es im Iran gibt, liegen auf dem Fried-
hof«, lautete Weinbergers Antwort. Es sei töricht, in der Geiselfrage
auf die Worttreue eines Regimes zu hoffen, daß die gewaltsame Ergreifung der Geiseln gutgeheißen habe. Das revolutionäre Regime unter
Khomeini sei ebenso unheilvoll wie das sowjetische Regime. Kaum
war McFarlane gegangen, sagte Weinberger zu mir, er hoffe, nie wieder
von diesem hanebüchenen Unfug zu hören. George Shultz hatte den
geplanten Waffenverkauf ebenfalls entschieden abgelehnt. Es war eines der wenigen Themen, in denen Shultz und Weinberger einer Meinung waren.

Weinberger hatte die Angewohnheit, alles, was im Lauf seines Arbeitstages vorfiel, auf kleinen Merkzetteln zu notieren. Seine Notizen

reichten von Einträgen wie »Treffen mit McFarlane wegen NSDD« bis zu »Tierarzt für Kiltie anrufen«. Wenn er einen Block mit Merkzetteln vollgeschrieben hatte, legte er ihn in der rechten mittleren Schublade seines Schreibtisches ab. War die Schublade voll, deponierte er die Blöcke in einem Wandschrank. Er sagte mir einmal, diese Gewohnheit habe er nun schon seit Jahren. Stellte diese Sammlung von Notizen ein Tagebuch dar? Die Umsetzung von McFarlanes Plan, Waffen gegen Geiseln zu tauschen, und die daraus resultierende Iran-Contra-Affäre waren die Ursache dafür, daß diese Frage einmal juristische Konsequenzen für Caspar Weinberger haben sollte – und für mich.

Im gleichen Sommer rief mich John Wickham, inzwischen Stabschef der Army, eines Nachmittags über seinen heißen Draht an. Er hatte eine Neuigkeit für mich. Mein Job als Militärberater war auf zwei Jahre veranschlagt, und die Zeit ging gerade zu Ende. Ich erwartete also neue Befehle, und Wickham wußte mir gerade darüber Gutes zu berichten. Es hieß, ich sollte als kommandierender General der 8. Infanteriedivision (motorisiert) nach Deutschland gehen. Ich sollte Major General Charles W. »Bill« Dyke ersetzen, einen besonders fähigen und dynamischen Offizier. Nach Feierabend schwebte ich wie auf einer Wolke nach Hause. Endlich würde ich Washington verlassen und zu meinem eigentlichen Metier zurückkehren; obendrein bedeutete der Posten auch ein Wiedersehen mit Deutschland nach fast siebenundzwanzig Jahren. Wenig später begleitete ich den Minister auf einer Dienstreise nach Westdeutschland, und ich nutzte die Gelegenheit für ein Gespräch mit Bill Dyke. Ich konnte es kaum erwarten, die Division zu übernehmen.

Meine gehobene Stimmung dauerte drei Wochen. Dann kam Wickham in mein Büro herunter. Allein das wertete ich schon als schlechtes Zeichen. »Colin«, begann er, »ich habe keine Zweifel an Ihren Fähigkeiten als Kommandeur.«

»Aber?«

»Minister Weinberger hat mit mir gesprochen. Sie haben sein volles Vertrauen, und er hält große Stücke auf Sie. Ihre Rolle hier im Ministerium ist genauso wichtig wie jedes Truppenkommando. Ich fürchte, ich habe gute und schlechte Nachrichten für Sie.«

Ich brauchte nicht erst im Kaffeesatz zu lesen, um die schlechte Nachricht zu ahnen.

»Einen anderen Divisionskommandeur kann ich jederzeit finden«, sagte Wickham. »Der Minister braucht Sie hier, deshalb bleiben Sie auf Ihrem jetzigen Posten. Und nun die gute Nachricht: In einem Jahr geben wir Ihnen ein ganzes Korps, ohne daß Sie vorher Divisionskommandeur gewesen sein müssen.« Wickham ging, und ich begab mich ins Büro des Ministers, der gerade an einem Schokoriegel knabberte. Er begrüßte mich wie ein Vater, der seinen törichten Sohn gerade noch davon abhalten konnte, von Zuhause wegzulaufen. »Die Sache ist also beschlossen«, sagte er. »Sie bleiben, und dafür bekommen Sie nächstes Jahr statt einer Division gleich zwei.« Männer wie Weinberger verstehen etwas von Sicherheitspolitik. Aber sie verstehen nicht immer die Denkweise von Militärs. Daß ich eine Division überspringen und gleich das Kommando über ein Korps erhalten sollte, würde bei den Offizieren meines Ranges nicht unbedingt Begeisterungsstürme auslösen. Manche würden diese Beförderung kritisieren und, nicht zu Unrecht, von einem »politischen Schachzug« sprechen. Wickham hatte mir gegenüber beteuert, bei mir liege der Fall anders, und er könne die Beförderung durchziehen, ohne die alten Büffel vor den Kopf zu stoßen. Ich war mir da nicht so sicher. Mir war immer noch der White House Fellow in Erinnerung, der auf politischen Druck zum Colonel befördert worden war, was aber das Ende seiner militärischen Karriere bedeutet hatte. Für ein weiteres Jahr würde ich jedenfalls nicht mehr als einen Schreibtisch vor dem Büro des Ministers kommandieren.

Jeden Morgen bekam ich einen schwarzen Plastikkoffer mit der Aufschrift »Streng geheim«. Darin befand sich eine Auswahl der wichtigsten geheimdienstlichen Nachrichten, die von der Nationale Security Agency (NSA), unserer elektronischen Überwachungsbehörde, in aller Welt aufgefangen worden waren. Vice Admiral Arthur Moreau, der Referent des Vorsitzenden der Vereinten Stabchefs, kam eines Morgens zu mir und machte mir eine merkwürdige Enthüllung. Das Büro des Verteidigungsministers bekam keine Kenntnis von einem höchst verdächtigen Nachrichtenverkehr, den die NSA mitgehört hatte. Art war aus eigenem Antrieb zu mir gekommen, um mir das zurückgehaltene Material zu zeigen. Was ich zu lesen bekam, verblüffte mich nicht wenig. Ausländische Mittelsmänner arrangierten, gegen Bezahlung, Waffenverkäufe zwischen Vertretern der Reagan-Administration und vermeintlich »gemäßigten Kräften« im Iran. McFarlanes Initiative war also durchaus nicht gestorben, im Gegenteil. Der Inhalt des Materials war an sich schon bestürzend genug, was mich aber nicht weniger beunruhigte, war der Umstand, daß es dem Verteidigungsminister vorenthalten werden sollte.

Ich zeigte Weinberger das aufgefangene Material. Doch jedesmal, wenn er McFarlane anrief und von ihm wissen wollte, was hinter seinem Rücken vor sich gehe, blieb der Nationale Sicherheitsberater stumm. Schließlich rief mich ein gereizter Weinberger zu sich ins Büro und sagte: »Colin, von wem bekommen wir diese Informationen?« Ich erklärte, wir bekämen sie unter der Hand von Admiral Moreau und der wiederum habe sie von der NSA.

»Ach wirklich?« sagte Weinberger. »Und bin ich nicht der oberste Vorgesetzte der NSA?«

Das war er. Die NSA unterstand dem Verteidigungsministerium. Ihr Direktor, Lieutenant General William Odom, war Weinbergers Untergebener. »Würden Sie bitte General Odom anrufen«, sagte Weinberger zu mir, »und ihn daran erinnern, für wen er eigentlich arbeitet?«

Wieder in meinem Büro, rief ich Odom an und fragte ihn ohne Umschweife, was eigentlich los sei. Ich spürte das Unbehagen eines Mannes, der zwischen zwei Loyalitäten hin- und hergerissen wurde. McFarlane hatte Odom mit der Autorität des Weißen Hauses angewiesen, die aufgefangenen Meldungen nur im engsten Kreis zu verbreiten, unter Ausschluß des Verteidigungsministers. Wir regelten die Sache umgehend.

Weinberger kämpfte weiter gegen das Waffengeschäft mit den Iranern, zumal die Angelegenheit offenbar Elemente begehrlich gemacht hatte, die zur übelsten Sorte von Teppichhändlern gehörten. Dennoch blieb bei Weinberger die Loyalität zum Präsidenten der alles beherrschende Zug.

Der geplante Waffenverkauf war eine schlechte Idee. Aber zu dem Zeitpunkt war er nur schlechte politische Initiative, noch kein Vergehen, das die Präsidentschaft in Gefahr brachte. Hohe Regierungsvertreter können sich nicht jedesmal in ihr Schwert stürzen, wenn sie mit dem Präsidenten nicht einer Meinung sind. Und der Plan machte damals den Eindruck, als würde er, abstrus wie er war, ohnehin nicht zum Ziel führen. Aber wir unterschätzten die Unterstützung, die der Präsident dem Plan entgegenbrachte, oder die Entschlossenheit, mit der der Nationale Sicherheitsrat ihn in die Tat umzusetzen gedachte.

Ronald Reagan war für den Waffenverkauf deshalb so eingenommen, weil damit die Möglichkeit verknüpft war, die Geiseln freizubekommen. Deren Angehörige kamen zu ihm ins Weiße Haus und verfolgten ihn bei seinen Redeauftritten im Land. Ihre Bitten ließen ihn nicht ungerührt. Er wollte die Geiseln freibekommen, auch wenn er dafür politische Risiken eingehen mußte. Ich für meinen Teil meine, daß Geiselnahmen durch Terroristen individuelle Tragödien darstellen und daß alles menschenmögliche getan werden muß, um die Betroffenen aus ihrer Bedrängnis zu befreien. Dennoch darf es nicht soweit kommen, daß Geiselnahme und Terrorismus die außenpolitischen Entscheidungen bestimmen. Lösegeld, unter welcher euphemistischen Bezeichnung auch immer, bleibt Lösegeld und sollte nie gezahlt werden. Wer den Forderungen von Geiselnehmern und Terroristen nachgibt, beweist ihnen nur, daß sie mit ihren Waffen ans Ziel kommen.

Anfang Dezember 1985 trat Bud McFarlane von seinem Posten als Nationaler Sicherheitsberater zurück. Doch sein wahrscheinlicher Nachfolger flößte uns auch kein Vertrauen ein. Ich war mit Weinberger gerade in Europa bei einer NATO-Tagung, als der Minister einen Anruf von William J. Casey, dem Direktor der CIA, erhielt. Casey sei außer sich gewesen, teilte mir Weinberger nachher mit. McFarlanes bisheriger Stellvertreter, Admiral John Poindexter, wurde als heißester Anwärter auf den Posten gehandelt. »Er ist der Aufgabe nicht gewachsen, Cap«, soll Casey gesagt haben. Pointexter habe einfach nicht das Format. Casey wollte, daß Weinberger seinen Einfluß beim Präsidenten geltend machte, um Poindexters Ernennung zu verhindern.

Ich hatte mit John Poindexter zu tun gehabt und konnte mir selbst ein Bild von seiner Eignung machen. Er war kompetent, aber in einem engen, technischen Sinn. Poindexter war ein Mann, der mit einem Kollegen im Büro nebenan lieber per Computer kommunizierte, als persönlich mit ihm zu sprechen. Ich hatte ihn einmal wegen eines Artikels auf der Titelseite der *Washington Post* angerufen, eine heikle Geschichte, über die ich mit ihm sprechen mußte. »Ich lese die *Washington Post* nicht«, entgegnete er.

»Sie brauchen dem, was Sie lesen, ja nicht zuzustimmen«, sagte ich. »Das tue ich oft auch nicht, aber man muß wissen, was in Blättern wie

der *Washington Post* oder der *New York Times* steht, wenn man in dieser Stadt etwas bewirken will.«
»Die *New York Times* lese ich auch nicht«, hatte John geantwortet. Weinberger ließ sich mit dem Weißen Haus verbinden. »Mr. President«, begann Weinberger, »ich weiß, daß Bud gegangen ist und daß Sie nun mit John Poindexter weiterarbeiten möchten. Bill Casey hat mich angerufen, und er meint, daß John nicht der geeignete Mann für diesen Posten sei. Bill hat mich gebeten, Sie anzurufen ...« Ich beobachtete, wie Weinberger nickte, als Präsident Reagan offenbar seine Gründe für Poindexters Nominierung nannte. Am Ende sagte Weinberger: »Mr. President, wenn Sie meinen, daß Sie mit John richtigliegen, dann werden sicher auch wir mit ihm klarkommen.«

Mitte Dezember 1985 hatte Weinberger über zwei Themen mit der britischen Premierministerin Margaret Thatcher zu sprechen, zum einen über den supergeheimen Tarnkappenbomber F-117, zum anderen über ein militärisches Mobiltelefonsystem. Die Briten hatten unter dem Namen Ptarmigan ein solches Telefonsystem entwickelt, und die Franzosen ein ähnliches mit dem Namen Rita. Beide Systeme waren allem weit voraus, was wir in diesem Bereich in den kommenden Jahren entwickeln konnten. Folglich hatte die Army Angebote von beiden Verbündeten eingeholt, um gleichsam aus dem Regal ein solches System zu kaufen. Bei dem Handel ging es um über 4 Milliarden Dollar. Weinberger war es zugefallen, der Premierministerin zu erläutern, warum die Briten den Auftrag an die Franzosen verloren hatten. Ich begleitete ihn nach Großbritannien, und als er die amerikanische Botschaft verließ, um sich in die Downing Street 10 zu begeben, sagte er zu mir: »Colin, begleiten Sie mich doch. Ich brauche ein genaues Protokoll über diese Sache.« Unser Botschafter Charles Price kam ebenfalls mit.
Man führte uns in Mrs. Thatchers Empfangszimmer, ein ruhiger, heimeliger Raum mit zwei Sofas, die einander gegenüberstanden, mehreren Stühlen und einem wohlig knisternden Kaminfeuer. Wir wurden durch den Privatsekretär Charles Powell begrüßt, der seinen Namen übrigens »Poul« aussprach. Dann kam die Premierministerin herein, tadellos frisiert und in einem Kostüm, das feminin und doch geschäftsmäßig wirkte.
Cap Weinberger wußte, wie heikel seine Aufgabe war, und wollte

erst einmal über den F-117 sprechen. Kaum hatte er den Mund aufgetan, als ihm die Premierministerin auch schon ins Wort fiel.
»Mein lieber Cap. Sie sollen wissen, wie furchtbar enttäuscht ich über den geplatzten Ptarmigan-Handel bin«, sagte Mrs. Thatcher. »Sie können sagen, was Sie wollen, aber ich bin sicher, daß es bei der Entscheidung nicht sauber zugegangen ist. Wir sind betrogen worden. Ich wiederhole, betrogen. Versuchen Sie gar nicht erst, mir etwas vorzumachen.«

Beide hatten Sympathie und Bewunderung füreinander, vor allem nach Caps vorbehaltloser Unterstützung der Premierministerin im Falklandkrieg. So blieb er stoisch, während sie weiter von »unsauberen Geschäften« und »Betrug« redete. Als sie dann eine Pause einlegte, um Luft zu holen, versuchte Weinberger zu erklären, warum die amerikanische Entscheidung gerade so ausgefallen war. Doch die Premierministerin ließ sich auch durch diesen Kniefall nicht beirren. »Die Franzosen!« stieß sie hervor, als ob dieses Wort eine Beleidigung wäre. Diese schrecklichen Leute hatten offensichtlich etwas Ungehöriges getan. »Ich bin sicher, daß sie nicht fair waren.« Dann sagte sie zu mir gewandt: »Nehmen Sie das nicht ins Protokoll auf, junger Mann.« Für weitere zehn Minuten ließ sie ihren Ansichten über die Franzosen und ihrer Enttäuschung über ihre amerikanischen Vettern freien Lauf. Schließlich unternahm Weinberger einen zweiten Erklärungsversuch. »Aber Cap«, sagte Mrs. Thatcher wie ein Schulmeister, der einen Schüler rügt, »ich habe gesagt, daß es bei der Entscheidung nicht sauber zugegangen ist. Sie sollten doch nicht versuchen, mir etwas anderes einzureden. Haben Sie nicht richtig zugehört?«

Die Szene war faszinierend für den Betrachter. Weniger angenehm war sie für die Zielscheibe dieser Belehrungen, wie ich aus dem gequälten Gesicht meines Vorgesetzten ablas. Margaret Thatcher war jeder Zoll die Eiserne Lady, für die sie galt. Sicherlich war sie eine der großartigsten Führungspersönlichkeiten, die ich je kennengelernt habe. Ich war eben selbst Zeuge geworden, wie sie Minister Weinberger den Kopf gewaschen hatte.

Immer wenn wir glaubten, der geplante Waffenverkauf an den Iran sei endgültig vom Tisch, kehrte Weinberger mit der Nachricht aus dem Weißen Haus zurück, der Handel sei auf dem Weg. Bei einer dieser Gelegenheiten bat er mich, darüber nachzudenken, wie wir den Israelis für den Fall, daß sie den Iranern die Waffen aus ihrem Arsenal überließen, rasch Nachschub beschaffen könnten. Ich ging zu Hank Gaffney in die Defense Security Assistance Agency, jener Behörde im Pentagon, die anderen Staaten Waffen verkauft und liefert, und bat ihn, ein Memorandum über die juristischen Modalitäten bei verschiedenen Transfers anzufertigen. Da ich wußte, daß Weinberger von der ganzen Sache nichts hielt, bat ich Gaffney, eher die negativen Aspekte hervorzuheben. Die Antwort ließ nicht auf sich warten: Eine Auffüllung von Waffenarsenalen sei nur dann juristisch korrekt, wenn das Gesetz über die Kontrolle von Waffenexporten angewandt werde. Mit anderen Worten, der Kongreß mußte in Kenntnis gesetzt werden, denn er hatte darüber zu befinden, wem die Waffen letztendlich übereignet wurden. Das aber war genau die Auskunft, die der Nationale Sicherheitsrat nicht hören wollte. Ich gab Weinberger das Memorandum, als er gerade auf dem Weg ins Weiße Haus war. Im stillen hoffte ich, daß wir dem geplanten Waffengeschäft diesmal den entscheidenden Schlag versetzen würden.

Am 17. Januar 1986 unterschrieb der Präsident einen streng geheimen Notwendigkeitsbeschluß, demzufolge der heimliche Verkauf von Waffen an den Iran im Interesse unseres Landes sei. Der Plan war immer noch tollkühn, aber nun legal. Was späterhin als Iran-Contra-Affäre bezeichnet werden sollte, bezieht sich denn auch auf andere Aspekte, auf illegale Maßnahmen und Rechtsverletzungen wie die Umleitung von Geldern an die nicaraguanischen Contras und die Falschaussagen von Beteiligten vor dem Kongreß. Am Tag nachdem der Präsident seine Unterschrift unter den Beschluß gesetzt hatte, sollte Weinberger mit der Verwirklichung des Plans beginnen. Er wies mich an, den Waffentransfer an die CIA in die Wege zu leiten. Anfangs war von 4000 Panzerabwehrraketen vom Typ TOW die Rede (die Zahl wurde später auf 4508 erhöht). Die Raketen gingen an die CIA gemäß einem Gesetz, das Economy Act hieß und das staatlichen Behörden erlaubte, Material untereinander zu transferieren. Dieser Vorgang war legal, soweit die Army daran beteiligt war. Die CIA sollte dann die Raketen an den Iran verschieben.

Weinberger unterstützte dieses indirekte Vorgehen, weil er der Ansicht war, das heimliche Weiterleiten von Waffen an ausländische Staaten sei eine Domäne der CIA, und nicht Aufgabe seines Ministeriums. »Ich will mit den Iranern nichts zu tun haben«, stellte Weinberger mir gegenüber fest. »Die Sache soll so abgewickelt werden, daß das Ministerium weitestgehend aus dem Spiel bleibt.« Wir behandelten den Waffentransfer wie Abfall, den man möglichst rasch aus dem Haus haben möchte.

Ich rief General Max Thurman an, den stellvertretenden Stabschef der Army und bat ihn, die TOW-Raketen der CIA zur Verfügung zu stellen. Mehr sagte ich ihm nicht. Ich wußte seit Monaten, daß Pläne für einen Waffenverkauf im Schwange waren. Aber erst zu dem Zeitpunkt, da Weinberger mich anwies, den Transfer in die Wege zu leiten, wußte ich, daß der Präsident definitiv beschlossen hatte, dem Iran die Waffen zu liefern.

Kurze Zeit nach der Lieferung des ersten TOW-Kontingents erhielt ich einen Anruf von dem besorgten Lieutenant General Arthur Brown, dem Leiter des Army-Stabs. »Wir haben keine Ahnung, wohin das Zeug geht«, sagte Brown, »aber eins ist sicher, es bleibt nicht bei der CIA. Wenn Waffen in dieser Menge ins Ausland gehen sollen, darf das nicht ohne Kenntnis des Kongresses geschehen. Die Rechtsexperten der Army haben uns auf diese Vorschrift hingewiesen, und auch Sie sollten sich dessen bewußt sein.«

»Legen Sie das alles schriftlich in einem Memorandum dar«, sagte ich zu Brown. Nach Erhalt dieses Memorandums hielt ich es für das klügste, den Sachverhalt selber noch einmal schriftlich darzustellen und Poindexter daran zu erinnern, daß der Kongreß laut Gesetz in Kenntnis gesetzt werden müsse, wenn die Waffen ins Ausland gingen. Ich zeigte mein Memorandum Weinberger, der kein glückliches Gesicht machte. Genau das, wovor er gewarnt hatte, trat nun ein: Für eine ruchlose Sache wurde die Glaubwürdigkeit der Regierung aufs Spiel gesetzt. Poindexter traf sich ein Mal wöchentlich mit Weinberger und George Shultz zu einem gemeinsamen Frühstück. Bei dieser Gelegenheit übergab ich ihm persönlich das Papier. Was wir damals nicht wußten: Poindexter und Konsorten planten durchaus, den Kongreß zu unterrichten – aber erst in der letzten Woche von Reagans Amtszeit, drei Jahre später. Wäre der Kongreß rechtzeitig informiert worden, wäre der ganze Plan wahrscheinlich vom Tisch gefegt worden.

In den ersten Monaten des Jahres 1986 ging ich weiter meinen täglichen Aufgaben nach, während ich mit einem Bein schon bereit für den Absprung war. Meine täglichen Routinearbeiten hätten keine sinnvolle

Arbeitsplatzbeschreibung ergeben. Der Tag konnte z.B. damit beginnen, daß ich die Memos auswählte, die Weinberger unbedingt lesen mußte. Zum Tagesausklang feilte ich dann an der nächsten Ministerrede. Dazwischen betrieb ich Seelenmassage bei einem gebeutelten Minister, veranlaßte, daß der Paradeplatz mit Rasenboden wieder hergerichtet wurde, und mischte mich im Speisezimmer unter die Kellnertruppe des Ministers.

Die meisten meiner Aufgaben und meiner vielen tausend Telefongespräche dürften kaum Spuren hinterlassen haben. Nur ein bleibendes Zeichen habe ich gesetzt. Das Büro des Verteidigungsministers liegt im Eisenhower-Korridor des Pentagons. Ich fühlte schon immer eine besondere Affinität zu Dwight Eisenhower. Er war ein Kriegsheld, der weder zu brüllen noch mit dem Säbel zu rasseln brauchte, um sich Respekt zu verschaffen, ein Präsident, der sein Volk nicht in jeden Konflik auf der Welt hineinzog, ein Mann, der es verstand, mit der Macht umzugehen und doch den Wert der Zurückhaltung kannte, vor allem aber ein Charakter, der einem die Gewähr gab, immer das Angemessene zu tun. So war es Ike, der dem Druck widerstand, sich in Vietnam zu engagieren, als die Franzosen in Dien Bien Phuh eine vernichtende Niederlage erlitten. Ich bewunderte ihn als Soldaten, Präsidenten und Menschen.

Im Pentagon waren die Korridore von Army, Navy und Air Force wie kleine Museen hergerichtet, während der Eisenhower-Korridor nur mit einigen Bildern dekoriert war. Dem Andenken an Ike, so fand ich, waren wir etwas mehr schuldig. Weinberger, der Sinn für Geschichte und Tradition besaß, stimmte mir zu. Doc Cooke war der Mann, an den ich mich mit meinen Renovierungsplänen für den Korridor wandte. Doc fand das nötige Geld in irgendeinem Budgettopf, gab mir seinen fähigen Innenarchitekten Joe Pisani, und gemeinsam machten wir uns ans Werk. In den folgenden Monaten sah der mit Abdeckplanen verhängte Korridor wie eine Retrospektive der Werke Jackson Pollocks aus. Das Hämmern und Streichen schien kein Ende zu nehmen.

Neun Monate nach Beginn der Arbeiten war es dann schließlich soweit. John D. Eisenhower, der Sohn des verstorbenen Präsidenten, war unserer Einladung zur Einweihung des renovierten Korridors gefolgt und stand der Zeremonie vor. Wir hatten ein altes Schild mit der Aufschrift»The Bell Springs Creamery« auftreiben können, das in dem

Milchladen gehangen hatte, in dem Ike als Jugendlicher achtzig Stunden in der Woche arbeiten mußte. Auch sein West-Point-Jahrbuch war ausgestellt; auf der aufgeschlagenen Seite war sein Foto zu sehen, daneben die Zeile »Dwight, der Teufelskerl, der unerschrockene Don ist der tollste Bursche im ganzen Korps«. Andere Vitrinen bargen weitere Andenken an die militärische Laufbahn des Oberkommandierenden der Alliierten Streitkräfte, der das geschichtsträchtige »Los!« für die Landung in der Normandie gab. Anhand der Schaustücke konnte der Betrachter Ikes Lebensweg von Abilene in Kansas bis ins Weiße Haus verfolgen. Heute ist der Korridor ein Highlight bei jeder Führung im Pentagon und für mich ein bleibender Grund zum Stolz.

Am 25. März saß ich mit Alma im vielleicht prächtigsten Raum in ganz Washington, dem diplomatischen Empfangssaal im Außenministerium, den Weinberger für mein Abschiedsessen gemietet hatte. Ich verstand diese Geste als ein Zeichen der Freundschaft, die sich aus unserem Verhältnis, das schon beinahe ein Vater-Sohn-Verhältnis war, entwickelt hatte. Am Tag darauf steckte mir Weinberger persönlich den dritten Generalsstern an, der mir nun als Kommandeur eines Korps zustand.

Damit mein Wunsch, in die Army zurückzukehren, in Erfüllung ging, hatte sich Will Taft für mich verwenden müssen. Er hatte Weinberger schließlich dazu überreden können, für mich einen Ersatz zu suchen. Vice Admiral Don Jones sollte der neue Militärberater des Ministers werden. Diesmal machte ich mir darum keine Gedanken, die Wahl hätte auch auf Popeye fallen können. Ich wollte nur endlich raus.

Auf das Wort des guten John Wickham war Verlaß. Ich sollte das 5. Korps in Deutschland übernehmen. Die Ernennung auf diesen Posten rief in mir lebhafte Erinnerungen wach. Ich kehrte an den Ort zurück, an dem ich meine militärische Laufbahn mit dem Befehl über vierzig Mann begonnen hatte. Nun sollte ich ein 75 000 Mann starkes Korps kommandieren.

Zwei Jahre und zehn Monate war ich Militärberater gewesen – mir schien es, als sei ein ganzes Leben vorüber. Ich verließ das Pentagon mit den wärmsten Gefühlen für den Mann, dem ich diese Jahre über gedient hatte. Cap Weinberger hatte seine Eigenheiten, aber im Grunde war er ein großer Kämpfer, ein brillanter Jurist und ein Mann, der sich, wie sein Präsident, einige festumrissene Ziele setzte und sie unbeirrbar verfolgte. Er strahlte Kraft, Unbeugsamkeit und unbeirrbares Selbstvertrauen aus. Und doch werde ich einen bezeichnenden Augenblick nicht vergessen, auf einem Nachtflug in einer fast leeren Boeing 707 irgendwo über dem Mittelmeer. Es war im Oktober 1984 gegen Ende einer dieser kräftezehrenden Reisen von Hauptstadt zu Hauptstadt. Wir hatten in Italien, Tunesien, Israel und Jordanien zu tun gehabt. Alle Teilnehmer unserer Delegation fühlten sich unwohl, vor allem aber Weinberger. Wir saßen im vorderen Teil der Maschine, Rich Armitage und ich auf der einen Seite, Weinberger auf der anderen. Wir konnten uns im Dunkeln kaum sehen. Wir dachten, der Minister schliefe, doch dann ließ sich plötzlich seine tiefe Stimme vernehmen. Wir hatten immer geglaubt, Weinberger sei durch nichts zu erschüttern. Doch nun sagte er auf einmal wie zu sich selbst:»Ein einsames Leben ist das. Man macht sich wirkliche Feinde, findet aber nur wenige echte Freunde. Das zehrt an Körper und Geist. Ich bemühe mich, dem Präsidenten so treu und gut zu dienen, wie ich es vermag. Aber Dankbarkeit zu zeigen fällt ihm und seiner Frau nicht immer leicht.« Er hielt einen Augenblick inne, so als sei ihm bewußt geworden, wie sehr er sich mit diesem Seufzer vor uns entblößt hatte. Dann sagte er weiter:»Zu euch kann ich offen reden. Euch vertraue ich.« Daß dieser scheinbar so unbeugsame Mann die gleichen Sorgen und Ängste hegte wie wir auch, machte ihn in meinen Augen nur noch bewundernswerter. Doch diese Seite seines Wesens durften wir nur dieses eine Mal sehen.

Die unerschütterliche Gewißheit, die Weinberger gemeinhin zeigte, war seine Stärke und seine Schwäche zugleich. In den Jahren seines Ministeramts hatte sich die Welt verändert, er aber nicht. Seine Forderung nach immer neuen Erhöhungen der Verteidigungsausgaben fand bald keine Resonanz mehr. Am Ende verlor er auch die Aufmerksamkeit des Kongresses. Er konnte es nicht lassen, vom »Reich des Bösen« zu sprechen, selbst als es sich vor unseren Augen allmählich auflöste. Aber als er damit recht hatte, war es genau zur richtigen Zeit. Wir verdanken es Weinberger und Reagan, daß die Vereinigten Staaten nach dem fluchtartigen Rückzug aus Vietnam und dem Fiasko von »Desert One« wieder zu einer geachteten und glaubwürdigen Militärmacht aufgestiegen sind. Ich gestehe der Carter-Ära mit Harold Brown als Verteidigungsminister gerne zu, daß damals die dringende Modernisierung der Waffensysteme am Zeichenbrett geplant wurde. Wäre dann aber nicht die Erhöhung des Verteidigungsetats unter Reagan und Weinberger gekommen, dann wären die meisten neuen Waffensysteme eben Zeichnungen geblieben. Die vielleicht größte Leistung des Gespanns Reagan-Weinberger bestand aber darin, die Entfremdung zwischen dem amerikanischen Volk und denen, die es verteidigen, abzubauen. In dieser Ära wurde der Bruch geheilt, und Amerika schloß seine Streitkräfte wieder in die Arme.

Am 16. März verließ ich das Pentagon und sah meiner neuen Aufgabe entgegen. Ich war immer stolz, meinem Land zu dienen. Aber an diesem Tag fühlte ich mich einige Zentimeter größer. Vielleicht bildete ich es mir nur ein, aber mir schien, als ob in der Ära Reagan und Weinberger jeder Soldat das Gefühl hatte, wieder etwas gewachsen zu sein.

13

»Sie ruinieren meine Karriere, Frank«

Ich sah dem Kommando des 5. Korps mit Zuversicht und etwas Nervosität entgegen. Zwölf Jahre zuvor hatte ich die 2. Brigade der 10. Luftlandedivision in Fort Campbell befehligt. Zuletzt war ich bei der Army stellvertretender Divisionskommandeur unter Jack Hudachek gewesen, hatte dort aber kaum Gelegenheit gehabt, mich richtig zu bewähren. Ich fühlte mich nach wie vor unbehaglich bei dem Gedanken, das Kommando einer Division zu überspringen und gleich ein Korps zu führen. Ich war entschlossen zu beweisen, daß ich ein fähiger kommandierender General war und nicht nur ein hochrangiger Militär aus dem Pentagon.

Ich hatte gehofft, das Kommando im April übernehmen zu können, aber Lieutenant General Robert L.,»Sam« Wetzel, den ich ablösen sollte, wollte sein Kommando, sein letztes vor dem Ruhestand, nicht vorzeitig abgeben. So meldete ich mich erst im Juni 1986 in Deutschland. Die Monate zuvor brachte ich damit zu, mich mit Trainingskursen wieder in Form zu bringen. Zudem lernten Alma und ich drei Wochen lang acht Stunden täglich Deutsch. Ich war ihr gegenüber im Vorteil, denn ich hatte die Sprache bereits – mit den Noten Befriedigend und Ausreichend – am CCNY gelernt und mir während meiner früheren Dienstzeit in Deutschland ein gewisses Vokabular um »Bier« und »Schnitzel« herum angeeignet. Alma verabscheute die unregelmäßigen deutschen Verben so sehr, daß ich sie fast mit vorgehaltener Waffe in den Unterricht zwingen mußte.

Und es kam noch schlimmer. Weil Deutschland zu dieser Zeit von Terroristen unsicher gemacht wurde, mußten wir beide zu unserem Schutz an einem speziellen Fahrkurs teilnehmen. Um potentielle Angreifer abzuschütteln, kurvten wir in West Virginia mit hundertvierzig Sachen über eine Rennpiste für Stock-Cars. Wir übten in filmreifen

Szenen, den Wagen bei halsbrecherischer Geschwindigkeit ins Schleudern zu bringen und dann in entgegengesetzter Richtung weiterzufahren. Bei einem letzten Test mußten wir ein Fahrzeug, das die Straße blockierte, mit einem gezielten Aufprall aus dem Weg räumen, ohne uns zu verletzen oder den eigenen Wagen zu Schrott zu fahren. Alma vermochte bei den Prüfungen nicht zu glänzen, was ihr allerdings ziemlich egal war.

Ich flog als erster nach Deutschland. Alma, Linda, Annemarie und unser Kater Max folgten wenig später. Am Rhein-Main-Flughafen holte sie Second Lieutenant Michael Powell ab. Mike hatte wie einst ich im ROTC den Springer- und Luftlandelehrgang absolviert, war dann aber nicht Infanterist, sondern Panzersoldat geworden. Augenblicklich war er als Zugführer in einer Aufklärungskompanie des 2. gepanzerten Kavallerieregimentes, 7. Korps, in Amberg stationiert.

Am 2. Juli 1986 fand dann die Übergabe des Kommandos statt. Das 5. Korps versammelte sich auf dem Paradeplatz des Hauptquartiers vor der Tribüne, auf der amerikanische und westdeutsche Politiker und Militärs saßen. Ich wechselte mit den Wetzels, mit Sam und seiner Frau Eileen, bei der Begrüßung einige Worte. Nachdem Sam und ich die Truppen inspiziert hatten, wurde die Fahne des 5. Korps übergeben, womit das Kommando offiziell an mich übergegangen war. Der König ist tot, lang lebe der König.

Seit meiner ersten Stationierung in Westdeutschland hatte sich das politische Klima in der Welt entscheidend verändert. In der Sowjetunion regierte seit zwei Jahren der 54jährige Michail Gorbatschow, ein neuer Typ des Sowjet-Führers, der mit Energie und Dynamik die Öffnung von Glasnost und die Reformen der Perestroika propagierte. Selbst die schwer zu überzeugende Margaret Thatcher hielt ihn für einen ernstzunehmenden Verhandlungspartner. Im vorigen November hatten Präsident Reagan und die Sowjets in Genf ihren ersten Gipfel abgehalten. Obwohl Reagan Gorbatschow durch sein Festhalten an SDI verärgert hatte, setzte man die Abrüstungsverhandlungen fort und unternahm den Versuch, das atomare Vernichtungspotential zu reduzieren.

Ich war Soldat, kein Politiker, und mein gegenwärtiger Auftrag bestand darin, die sowjetischen Streitkräfte aufzuhalten, falls sie durch die Täler des Fuldaer Beckens vorrücken sollten: Die gleiche Aufgabe hatte ich bereits als junger Lieutenant ein halbes Jahrhundert zuvor erfüllt.

Das Hauptquartier des 5. Korps lag in Frankfurt im sogenannten Abrams-Komplex. Das Gebäude, eines der größten in Europa, war nach Creigton W. Abrams benannt, dem verstorbenen Stabschef der Army, dem ich vor langer Zeit in Vietnam einen Lagebericht gegeben hatte. Der Abrams-Komplex war in den zwanziger Jahren von dem berühmten deutschen Architekten Hans Poelzig errichtet worden, ursprünglich als Hauptgebäude der I.G. Farben. In den Räumen, die ich jetzt beziehen sollte, hatte nach dem Zweiten Weltkrieg General Eisenhower als Oberbefehlshaber der alliierten Streitkräfte in Europa seine Regierungsgeschäfte getätigt. Das Vestibül des Baus war ein architektonisches Meisterwerk im Stil des Art deco, allerdings verunstaltet durch eine schmierige Imbißbude und andere Zugeständnisse an den Kommerz. Zur Belüftung des Hamburgergrills sollten zur Zeit meiner Ankunft die prachtvollen bleiverglasten Fenster entfernt werden.

Beim Einzug in mein neues Büro stellte ich als erstes ein Foto auf den Schreibtisch: das Porträt eines uniformierten Mittvierzigers mit gewelltem Haar und einem breiten lächelnden Gesicht. Er sah aus wie ein Stahlarbeiter, ein Mann von der Straße, mit dem man in Pittsburgh in einer Kneipe ein Bier trinken geht. Dieser Mann war kein Geringerer als Generaloberst Wladislaw A. Atschalow, mein direkter Gegenspieler, der Kommmandeur der achtzigtausend Mann starken 8. Gardearmee der Sowjets, die auf der anderen Seite des Fuldaer Beckens stationiert war.

Schon wenige Tage nach meiner Ankunft konnte ich der Verlockung nicht mehr widerstehen und unternahm einen nostalgischen Abstecher nach Gelnhausen. Ich nahm nur meinen Adjutanten Bruce Scott mit. Wir fuhren zur Coleman-Kaserne und parkten vor den Unterkünften der Kompanie D. Auf dem Weg zum Geschäftszimmer gab der Kommandeur einen Bericht über das augenblickliche Tun der Kompanie. Ich bekam kaum etwas mit. Ich war in Träumereien versunken, war ein Lieutenant in einer Generalsuniform, umgeben von Erinnerungen und Gesichtern aus der Vergangenheit, Tom Miller, Red Barrett, Sergeant Edward.

Wieder mußte meine Familie umziehen. Da Linda ans William and Mary College zurückkehrte und Mike in der Army Dienst tat, waren wir nur noch zu dritt. Wir zogen ins Haus des Korps-Kommandeurs und meldeten Annemarie in der Frankfurter High-School für amerikanische Armeeangehörige an. Unser Haus ähnelte einem Kontrollposten an der Grenze zum Feindesland. Es lag knapp dreizehn Kilometer von meinem Büro entfernt im Vorort Bad Vilbel und bestand aus zwei verwinkelten Stockwerken, in denen nur eine Ordonnanz Dienst tat. Ein Badezimmer war zu einem gepanzerten Schutzraum umgebaut worden, in den wir uns im Falle eines terroristischen Überfalls bis zu unserer Befreiung einschließen sollten. Das Haus war mit Stacheldraht umzäunt, davor stand ein Wachhäuschen mit verspiegelten Scheiben, in dem Militärpolizisten saßen, die das Haus rund um die Uhr im Auge behielten. Das war unser trautes Heim.

Ich konnte mir gut vorstellen, daß es für junge Soldaten nichts Langweiligeres gab, als den ganzen Tag das Haus des Generals zu bewachen (außer sie konnten einen Blick von Annemarie beim Sonnenbaden erhaschen). Um für Abwechslung zu sorgen, nahm ich einen der jungen Wachsoldaten auf einem Hubschrauberflug nach Grafenwöhr mit. Ich fragte ihn, welche Bitten er an mich richten solle. Die Kameraden in der Kaserne hätten ihm doch sicher welche aufgetragen, als sie erfahren hätten, daß er mit dem Kommandeur unterwegs sein würde. Er schluckte.»Raus mit der Sprache, mein Sohn«, ermutigte ich ihn.»Keine Angst.«

»Nun, Sir«, rückte er heraus.»Es betrifft das Joggen.« Ich unternahm oft in der Gegend Läufe, und jedesmal, wenn ich losrannte, erschienen ein oder zwei Militärpolizisten in Jogger-Kluft vor dem Wachhäuschen und liefen mir unauffällig hinterher.»Die Kameraden fragen sich«, fuhr der Corporal fort,»ob Sie eigentlich wissen, daß der Chef der Militärpolizei für den Fall, daß Sie joggen gehen, immer Leute ins Wachhäuschen abkommandiert, auch an unseren freien Wochenenden.«

Ich sagte nichts, aber genau diese Art Übereifer haßte ich. Irgendein bedauernswerter Soldat wurde an seinem freien Wochenende in einen kleinen Raum gesperrt, um zur Stelle zu sein, falls ich beschloß, zwanzig Minuten zu laufen. Zugegeben, es gab ein Sicherheitsproblem: Im Monat vor meiner Ankunft hatten Terroristen auf den Frankfurter Verkaufsladen für Angehörige der Army einen Bombenanschlag verübt.

Aber ich lief zu unterschiedlichen Zeiten und wählte nie dieselbe Strecke, und Terroristen sind auf Regelmäßigkeit angewiesen. Ich wartete ein paar Tage, um meine Quelle nicht zu verraten, und teilte dem Chef der Militärpolizei dann mit, daß ich an den Wochenenden keine Aufpasser benötigte. Ich könne auf mich selbst achtgeben. Wenn ich erschossen würde, sei nicht er dafür verantwortlich. Er schien nicht überzeugt.

Zu meiner Sicherheit stand für Fahrten ein gepanzerter Mercedes 380 SE bereit. Mein Fahrer war Staff Sergeant Otis Pearson, ein schwarzer Soldat aus dem ländlichen Alabama. Otis, groß, schlank und gutaussehend, ein schweigsamer Mensch, hatte die Army wie viele junge Männer dazu genutzt, seine von Haus aus ungehobelten Manieren abzulegen. Jetzt war die Army seine Familie, und bald wurde er auch Teil der Familie Powell. Otis hatte auch meinen Vorgänger Sam Wetzel chauffiert, einen begeisterten Hobbyjäger, der gute Beziehungen zu den Spitzen der deutschen Gesellschaft gehabt hatte und gelegentlich Gast in feudalen Jagdhütten gewesen war. Otis hatte viel Zeit damit zugebracht, für Wetzel erlegtes Wild aus dem Dickicht zu zerren. Weder Wetzels Umgang noch sein liebster Zeitvertreib zogen mich an. Ich spielte lieber Racquetball, eine Art Squash, und bastelte an Autos, beides Aktivitäten, für die sich auch Otis begeistern konnte. Gleich nach meiner Ankunft kaufte ich einen fast neuen BMW 728, an dem wir dann gemeinsam herumschraubten. Ich kam auf den spaßigen Gedanken, mit diesem Gefährt wie Batman aus der Garage zu schießen und noch ehe die Wachen begriffen, was passiert war, mit 170 Stundenkilometern über die Autobahn zu jagen.

Die Westdeutschen waren zwar froh, daß zwischen ihnen und den Sowjets die 75 000 Soldaten des 5. Korps stationiert waren, hätten es aber auch ganz gerne gesehen, wenn sie bis zum Kriegsausbruch in den Kasernen geblieben wären. Panzer und Mannschaftswagen richteten an den Straßen verheerende Schäden an, und unsere Panzerkolonnen behinderten den Verkehr. Unsere Hubschrauber machten entsetzlichen Lärm und störten den normalen Betrieb der Zivilflughäfen. Besonders unbeliebt waren wir bei den Grünen, der deutschen Umweltschutzpartei, die in den Ländern Hessen und Rheinland-Pfalz, wo das 5. Korps stationiert war, ihre Hochburgen hatten.

Eines Morgens bekam ich einen Anruf vom Kommandeur der 3. Panzerdivision, Major General Tom Griffin. Die Grünen hatten in der Nacht in unserer Panzerauffahrt hundert junge Bäume gepflanzt. »General, ich walze sie kurz nieder«, sagte Griffin. »Warten Sie, Tom«, sagte ich. »In Deutschland walzt man keine Bäume nieder.« Statt dessen gruben wir sie aus und pflanzten sie in den Bereich der Wohnanlagen um. Dann veranstaltete Griffin eine Feier, zu der wir Lokalpolitiker, Journalisten und die Grünen einluden. Letztere ignorierten die Einladung allerdings. Wir dankten ihnen trotzdem für ihre Unterstützung bei der Verschönerung unserer Anlagen. Wie ich bei Weinbergers Hunde-Rettungsaktion gelernt hatte, ließ sich ein gegnerischer Schlag mit etwas Phantasie leicht in einen Vorteil ummünzen.

Ich erinnere mich noch, wie stolz ich war, als mich Captain Tom Miller 1958 beauftragte, die 28-Zentimeter-Atomgeschütze zu bewachen – bis ich bei der Erfüllung dieses Auftrags meine Pistole verlor. Bei meinem damaligen Dienstgrad hatte ich mir über Sinn und Unsinn eines Kernwaffeneinsatzes im Gefecht noch keine Gedanken gemacht. Damals hieß es einfach: »Jawohl, Sir!« Achtundzwanzig Jahre später simulierte ich mit hochrangigen Offizieren meines Stabs im Kommandozentrum einen Angriff der 8. Gardearmee. Der Feind, so erläuterte mein G-3, Colonel Jerry Rutherford, der mit einem Zeigestock in der Hand am Kartenbrett stand, werde die Flüsse Haune und Fuld überqueren, zum Vogelsberg vorstoßen und dann ins Main-Tal einfallen. Von dort aus habe er ebenes Gelände vor sich und somit bis Wiesbaden und zu den Rheinbrücken ein überschaubares Gefechtsfeld. Die Streitkräfte der NATO wären in zwei Teile gespalten, und der Feind könne nach Norden bis zum Ärmelkanal vorstoßen. »Die letzte Verteidigungsstellung, die wir halten können, ist folglich der Vogelsberg«, erklärte Rutherford. »Und zu diesem Zeitpunkt könnte es nötig werden, Atomwaffen einzusetzen.

»Erläutern Sie mir den Einsatzplan«, bat ich.

»Wir schlagen mit Lance-Raketen und AFAPs zu«, also mit Atomgeschossen, die mit Geschützen abgefeuert werden. »Der Wirkungsradius ist gerade groß genug, um die Straßen unpassierbar zu machen, ohne unsere eigenen Truppenbewegungen zu beeinträchtigen.«

»Was ist mit der Zivilbevölkerung?« fragte ich.

»Zivilisten werden sich in der Gefechtszone nicht aufhalten.«

»Wo denn dann?« wollte ich wissen.

»Nach dem Einsatzplan bleiben die Deutschen in ihren Dörfern außerhalb der Gefechtszone. Wir feuern nur auf bewaldetes Gebiet.«

»Das müssen wir eine Minute durchdenken«, sagte ich. »Nehmen wir an, Sie sind deutscher Zivilist und haben im Radio gehört, daß die Russen kommen. Sie sollen sich nicht vom Fleck rühren, um den Amerikanern nicht in die Quere zu kommen. Was meinen Sie, passiert wirklich? Sie wissen es genau. Jeder BMW und Volkswagen in Hessen und Rheinland-Pfalz wird mit Sack und Pack, und dem Familienhund, in Richtung Westen davonbrausen.«

Es ging nicht einfach nur darum, Artilleriegranaten auf eine Kreuzung abzufeuern. So klein diese nuklearen Sprengladungen auch sein mochten, mit ihrem Einsatz würde eine Schwelle überschritten. Der Einsatz von Atomwaffen an diesem Punkt war eine der folgenschwersten politischen und militärischen Entscheidungen seit Hiroshima. Die Russen würden sicher zurückschlagen, und vielleicht sogar für eine Eskalation sorgen. Die Welt würde den Atem anhalten. Ab diesem Tag fing ich an, mir ernsthaft Gedanken darüber zu machen, ob der Einsatz kleiner Kernwaffen wirklich praktikabel war. Und einige Jahre später, als ich Vorsitzender der Vereinten Stabschefs wurde, hatte ich zum Einsatz taktischer Atomwaffen eigene Vorstellungen.

Mein unmittelbarer Vorgesetzter war der hervorragende General Glenn Otis, der Oberbefehlshaber aller US-Landstreitkräfte in Europa und NATO-Befehlshaber der Heeresgruppe Mitte. Otis hatte zwei amerikanische Korps unter sich, mein 5. und das 7. Korps, in dem mein Sohn Mike diente. Das 7. Korps unterstand Lieutenant General Andy Chambers. Seit ich das 5. Korps übernommen hatte, wurden beide Korps von schwarzen Dreisternegenerälen befehligt. Daß dies keinem auffiel, war ein ermutigendes Zeichen dafür, daß man in der Army der Hautfarbe keine Bedeutung mehr beimaß. Und es half, in Europa herrschende Mißverständnisse über das Verhältnis der Rassen in Amerika auszuräumen.

Obwohl unser Haus einer Festung glich, fühlten wir uns in Frankfurt sehr wohl. Wenn wir nicht gerade eine Übung abhielten, endete mein Arbeitstag gewöhnlich um fünf Uhr. Dann spielte ich eine Runde Rac-

quetball, ging nach Hause, aß zu Abend, erledigte einige Schreibarbei-
ten und entspannte mich. Ich mußte nicht jede Nacht mit einem Anruf
vom stellvertretenden Direktor für Operationen rechnen, weil es wieder irgendwo auf der Weltbühne brannte. Ich hatte mein Schäfchen
sozusagen im Trockenen. Und die angenehmsten Stunden meiner Freizeit brachte ich damit zu, mit Otis an meinem BMW, Baujahr 1982,
herumzuschrauben.
Allerdings lasteten allerlei gesellschaftliche Verpflichtungen auf
mir. Ich stand oft mit einem Bürgermeister auf dem Podium oder
schnitt bei der Eröffnung eines deutsch-amerikanischen Kulturzen-
trums das Band durch. Alma gehörte mindestens vier Frauenvereinen
mit unaussprechlichen Namen wie »Steubenschurzgesellschaft« an.
Aber es war angenehm, daß jetzt andere meine einstigen Rollen als
Laufbursche und Steigbügelhalter übernahmen. Wenn irgendwo eine
Spendenaktion begann, wurde von mir ein erster symbolischer Beitrag
erwartet. Und immer wenn der Offiziers-Club eine Versteigerung zu
wohltätigen Zwecken veranstaltete, erwartete man von Alma und mir
das erste Gebot.

Obwohl wir im gleichen Land lebten, sahen wir Mike nur selten. Wir
hielten hauptsächlich über Briefe miteinander Kontakt, und wenn ich
von Mike Neuigkeiten erfuhr, fühlte ich mich in meine Zeit als junger
Offizier zurückversetzt. Er schrieb mir von einer Nacht an einem Vorposten an der Grenze. Sein Kompaniechef hatte sich bis zur Bewußt-
losigkeit betrunken. Als das Telefon klingelte und der Vorgesetzte sich
nicht rührte, blieb Mike nichts anderes übrig, als den Anruf entgegen-
zunehmen. Der Anrufer war der stellvertretende Kommandeur des
Panzerbataillons. Er schöpfte Verdacht und fragte Mike, warum sein
Vorgesetzter nicht selbst ans Telefon gehe. Mike sagte die Wahrheit.
Sein Chef wurde am nächsten Morgen von seinen Pflichten entbunden.
Mike machte der Vorfall schwer zu schaffen. Aber er hatte richtig gehandelt, auch wenn ihn einige Kameraden aus falsch verstandener
Loyalität gegenüber dem vorgesetzten Offizier kritisierten.
Ich fühlte mich Mike besonders nahe, als er uns schilderte, wie er
bei einer Übung zum erstenmal Zeuge eines tödlichen Unfalls wurde.
Ich erinnerte mich an Grafenwöhr, wo eine verirrte Granate in ein Zelt
eingeschlagen war und zahlreiche junge Männer zerrissen hatte. Bei
einer Nachtübung war ein Mannschaftswagen M-113 von einer unbe-

festigten Straße abgekommen und hatte einen von Mikes Männern zermalmt. In einem langen Brief teilte mir Mike seinen Kummer mit. Wie mir zu Ohren kam, erbrachte Mike außerordentlich gute Leistungen und hatte nach einer Beförderung zum First Lieutenant Aussichten auf einen Posten als stellvertretender Kompaniechef. Er hatte seine Entscheidung getroffen. Auch er wollte sein Leben in den Dienst der Army stellen. Es freute mich, daß er diesen Entschluß ganz alleine gefaßt hatte.

Zu den Beutestücken, die nach dem Zweiten Weltkrieg aus dem Besitz von Hitlers Drittem Reich in den der Army übergegangen waren, gehörte auch ein privater Eisenbahnzug, der an die Pracht vergangener Zeiten erinnerte. Der Zug hatte eine komplett ausgestattete Küche, einen Stab von Kellnern, einen Salonwagen und Schlafgelegenheiten für sechs Fahrgäste. Er stand höheren amerikanischen Befehlshabern in Deutschland zur Verfügung. Alma und ich hatten uns mit Ronald Launder und seiner Frau Jo Carol angefreundet. Ron hatte während meiner Zeit im Pentagon den Posten eines stellvertretenden Vizeverteidigungsministers bekleidet, und war jetzt, in der stürmischen Zeit, als der durch seine Nazi-Vergangenheit belastete Kurt Waldheim in Österreich zum Bundespräsidenten gewählt worden war, amerikanischer Botschafter in diesem Land. Im Herbst diesen Jahres wollte ich mir bei einer Bahnfahrt einmal jenen Luxus gönnen, der mir in meiner Jugend in der New Yorker U-Bahn stets vorenthalten geblieben war. Ich lud die Lauders und ihre beiden Töchter Jane und Aerin nach Frankfurt zu einer gemeinsamen Fahrt nach Berlin ein. Ron, ein sehr wohlhabender Mann, genoß diese Reise sehr, war aber von mir enttäuscht, als ich in Berlin eine Vorliebe für Cheeseburger bekundete und mir Wein aus Flaschen mit Schraubverschluß vorsetzen ließ. Für kommende Zeiten vereinbarten wir eine andere Aufgabenverteilung. Seither wählt Ron die Restaurants und die Weine aus, und ich genieße.

Während ich in Deutschland das 5. Korps kommandierte, lösten jene geheimen Mitteilungen der NSA, auf die ich Weinberger in Washington aufmerksam gemacht hatte, schließlich auf spektakuläre Weise die Iran-Contra-Affäre aus. Am 1. November erfuhr die Weltöffentlichkeit aus der Beiruter Zeitschrift *Al Shiraa*, daß die Vereinigten Staaten an Khomeinis Regime heimlich Waffen verkauft hatten, und das trotz Präsident Reagans Versicherung, mit Terroristen keine Geschäfte zu machen. Ich hatte am Transfer von TOW-Panzerabwehrraketen der Army an die CIA mitgewirkt, die sie dann in den Iran lieferte. Dann, am 25. November, sorgte Generalstaatsanwalt Edwin Meese mit neuen Enthüllungen für einen weiteren Schock. Poindexter und North hatten bei ihrer Operation vom Iran einen überhöhten Preis für die Waffen verlangt und die Überschüsse auf ein Privatkonto geleitet, das zur Unterstützung der nicaraguanischen Contras diente. Weder ich noch der Präsident, das Kabinett oder der Kongreß waren über die Transaktion unterrichtet worden. Poindexter trat zurück, Oliver North wurde von Präsident Reagan entlassen.

Der Präsident mußte einen neuen Nationalen Sicherheitsberater ernennen, und wie ich über meine guten Verbindungen zu Armitage und Batjer erfuhr, führte Frank Carlucci die Kandidatenliste an, was sicher eine kluge Wahl war. Allerdings wurde ich sofort stutzig, als mir meine Sekretärin mitteilte, Frank sei am Telefon. Ich gratulierte ihm, doch schon bei seinen ersten Worten wurde mir etwas mulmig:»Colin, Sie müssen wieder herkommen. Ich habe hier ein Chaos übernommen und brauche Sie, um Ordnung zu schaffen. Ich will, daß Sie mein Stellvertreter werden.«

»Frank, ich habe das Chaos nicht angerichtet«, sagte ich. »Sie finden ein Dutzend Leute, die für den Job ebenso geeignet sind wie ich.« Ich wies Carlucci darauf hin, daß ich nur wenig Referenzen hatte. »Warum holen Sie nicht einen Ihrer Freunde aus dem Auswärtigen Dienst?« fragte ich. »Oder wie wäre es mit Jon Howe?« Der schneidige Admiral hatte mich als Carluccis Militärberater im Verteidigungsministerium abgelöst. »Immerhin war Jon schon politischer Planer im Außenministerium.«

»Ich suche keinen außenpolitischen Experten«, sagte Carlucci. »Ich suche jemand, der weiß, wie man etwas durchsetzt. Ich brauche jemand, der die gleichen Aufgaben erledigt, die Sie für Weinberger und mich erledigt haben, jemanden, der hier für Ordnung sorgt und den Nationalen Sicherheitsrat wieder handlungsfähig machen kann.«

»Frank«, bat ich, »ich bin endlich wieder in der *richtigen* Army.« Ich sagte ihm, ich wolle nicht gehen, bevor ich nicht bewiesen hätte, daß ich in der Lage sei, ein Korps zu führen. Ich hatte keine Lust, als ein Kerl dazustehen, der für ein paar Monate eine Kompanie befehligt, dann jeweils für ein Jahr ein Bataillon und eine Brigade übernimmt, die Divisionsebene überspringt und sein Kommando über ein Korps schon nach fünf Monaten wieder abgibt. Außerdem glaubte ich nicht, daß die Nation nach den Erfahrungen mit Poindexter und North erneut einen Soldaten im Nationalen Sicherheitsrat dulden würde.

»Wir brauchen Sie, Colin«, fuhr Frank fort. »Die Lage ist ernst. Glauben Sie mir, die Präsidentschaft steht auf dem Spiel.«

Ich spielte meine letzte Karte aus. »Wie Sie wissen, habe ich eine Rolle in der Affäre gespielt.« Ich schilderte ihm meine Arrangements zur Lieferung der TOWs auf den Notwendigkeitsbeschluß Präsident Reagans hin.

»Ich sorge dafür, daß sich das Justizministerium und die Juristen im Weißen Haus darum kümmern«, sagte er.

»Sie ruinieren meine Karriere, Frank«, sagte ich.

»Darüber reden wir noch«, sagte er und legte auf.

Wie ein Ertrinkender, der nach dem Rettungsring greift, rief ich General Wickham an. Er zeigte Verständnis, blieb aber bei der alten Linie: »Ich sage Ihnen schon lange, Colin, daß Sie möglicherweise nicht zum Kommandeur bestimmt sind. Die Entscheidung liegt bei Ihnen, aber meiner Meinung nach sollten Sie tun, was man von Ihnen verlangt.« Sollte ich den Posten übernehmen, so fügte er noch hinzu, werde er dafür sorgen, daß ich nach Beilegung der Krise in die Army zurückkehren könne. Ich wußte, daß Wickham es aufrichtig meinte, aber er stand kurz vor der Pensionierung, und sein Nachfolger würde vielleicht nicht so entgegenkommend sein. Wenn ich den Job übernahm, so fürchtete ich, konnte dies das Ende meiner Laufbahn in der Army bedeuten. Und der Druck auf mich wuchs noch weiter. Bald hatte ich Cap Weinberger in der Leitung. »Colin«, sagte er, »ich bin sicher, Sie werden dem Präsidenten in dieser Stunde der Not zu Hilfe kommen.«

Zwei Tage später rief Carlucci erneut an. Er hatte alle etwaigen juristischen Probleme im Zusammenhang mit dem TOW-Transfer prüfen lassen. Alles war mit rechten Dingen zugegangen. Da mir kein Hintertürchen mehr blieb, wurde ich schroff. »Es gibt für mich nur eine Möglichkeit für einen ehrenvollen Abgang, nur eine Möglichkeit, ihn vor meinen Offizierskameraden zu rechtfertigen«, sagte ich. »Das Ersuchen darf nicht von Ihnen kommen, Frank. Es muß direkt vom Oberbefehlshaber kommen. Nur das wird in unseren Kreisen verstanden.«

»Gut«, sagte er.

Zwei Tage lang passierte nichts, und ich hatte die vage Hoffnung, daß ich davongekommen war. Am 12. Dezember, Alma und ich waren gerade von einer Weihnachtsfeier nach Hause gekommen und saßen in der Küche, klingelte das Telefon. Ich nahm ab und hörte die gebieterische Stimme einer Telefonistin aus dem Weißen Haus. Der Präsident wolle mich sprechen. Dann war Ronald Reagan in der Leitung und sagte in einem vertraulichen, aufmunternden Ton, er hoffe, sein Anruf komme nicht ungelegen, er sei es ja nicht gewohnt, einem General Befehle zu erteilen. Dann begann er (nach Punkten, die Ken Adelman, der Leiter der Rüstungskontroll- und Abrüstungsbehörde in Carluccis Auftrag ausgearbeitet hatte) zu plaudern. Er habe sich sehr gefreut, mich bei der anregenden Reise nach Grenada dabeigehabt zu haben, sagte der Präsident. Er wisse, daß ich beim 5. Korps bisher großartige Arbeit geleistet hätte und wieviel mir an diesem Kommando liege. Auch sei ihm bekannt, wie wohl Alma und ich uns in Frankfurt fühlten. Es bedeute für meine militärische Laufbahn nur eine kurze Unterbrechung, sei für das Land aber von entscheidender Bedeutung, daß ich in die Heimat zurückkehrte. Er brauche mich, um Frank Carlucci dabei zu helfen, das Durcheinander im Nationalen Sicherheitsrat zu beheben.

»Ja, Sir«, antwortete ich. »Ich werde es tun.« Ich hatte keine Wahl.

»Gott segne Sie«, sagte der Präsident.

Meine Ernennung zum stellvertretenden Berater des Präsidenten für nationale Sicherheitsfragen wurde am 18. Dezember 1986 bekannt gegeben. Ich kehrte für ein paar Tage allein nach Washington zurück, besorgte eine Unterkunft, kaufte einen Wagen und meldete meine Tochter Annemarie wieder in der Schule an, aus der wir sie fünf Monate zuvor herausgenommen hatten. Und ich sprach mit Frank Carlucci kurz über die Aufgaben, die uns in dem steuerlos dahintreibenden und demoralisierten Nationalen Sicherheitsrat erwarteten. Ich kehrte rechtzeitig vor Weihnachten nach Frankfurt zurück und verlebte in unserem Haus, in dem schon die Packer das Regiment übernommen hatten, chaotische Festtage. Am letzten Tag des Jahres 1986 gab ich dann das Kommando über das 5. Korps offiziell ab.

Ich hatte das 5. Korps kaum mehr als fünf Monate befehligt. Wäre ich die volle Dienstzeit geblieben, wäre ich vielleicht zum Viersternegeneral befördert worden und hätte das Kommando über die US-Landstreitkräfte in Europa übernehmen können. Ich hatte von Sam Wetzel

ein erstklassiges Korps übernommen, das unter meinem Team noch
besser geworden war. Zwei meiner Initiativen zahlten sich gleich nach
meinem Weggang aus: Das 5. Korps gewann die beiden nächsten bedeutenden NATO-Wettbewerbe, den Boselager-Cavalry-Wettkampf, bei
dem die Vereinigten Staaten noch nie gesiegt hatten, und den Panzer-
Wettbewerb um den Canadian Army Cup, den wir seit geraumer Zeit
nicht mehr gewonnen hatten, obwohl wir über den Panzer vom Typ
M-1 Abrams, den besten der Welt, verfügten. Diese Wettkämpfe mögen
dem Uneingeweihten nicht viel sagen, aber in der NATO bedeutete
dieser Erfolg ungefähr soviel, wie wenn ein Land die Europameister-
schaft und zwei Jahre später die Weltmeisterschaft im Fußball gewinnt.
Mein Nachfolger Jack Woodmansee war so freundlich, mich im Weißen
Haus anzurufen und das Verdienst mit mir zu teilen. Aber natürlich
hätte ich an der Verleihung der Trophäen in Deutschland gerne persönlich teilgenommen.

Am 2. Januar 1987 saß ich, mit einem alten Zivilanzug bekleidet, wieder im Westflügel des Weißen Hauses, in einem Arbeitszimmer, das
ungefähr so groß war wie die Toilette in meinem Büro beim 5. Korps.
Eine Tür weiter saß in einem luftigen repräsentablen Eckbüro mein
neuer Chef Frank Carlucci, oder besser, mein alter Chef in seiner neuen
Funktion als Nationaler Sicherheitsberater Präsident Reagans. Im
Weißen Haus herrschte eine gespenstische Ruhe. Der Präsident und
ein Großteil der Mitarbeiter waren noch nicht aus den Ferien in Kalifornien zurückgekehrt.

Frank und ich stellten uns die gleiche Frage: Was sollten wir als
nächstes tun? Wir standen vor einer ähnlichen Situation wie ein Offizier, der ein demoralisiertes Bataillon, dessen Befehlshaber eben vom
Dienst suspendiert worden ist, übernimmt. Ken Adelman, Marybel
Batjer und Grant Green, Carluccis früherer Militärberater, waren bereits in den Nationalen Sicherheitsrat umgezogen, um Frank bei der
anstehenden Umgestaltung zu unterstützen. Adelman fiel die uner-
quickliche Aufgabe zu, das alte Personal drastisch zu reduzieren, bevor
er wieder auf seinen Posten in der Rüstungskontroll- und Abrüstungsbehörde zurückkehrte. Carlucci und ich mußten fast alles von Grund
auf erneuern.

Als ich mich gerade mit der Telefonanlage vertraut machte, näselte
eine Stimme: »Ist er da?« Und gleich darauf stand in der Türöffnung

eine große schlanke Gestalt und streckte mir in einer überschwenglichen Geste die Hand entgegen. »George Bush«, sagte er. »Ich möchte Sie im Weißen Haus willkommen heißen. Ich bin sehr froh, daß Sie und Frank hergekommen sind. Sie werden ein hervorragendes Team bilden.« Ich fühlte mich noch immer als Infanteriegeneral und war überrascht, daß der Vizepräsident der Vereinigten Staaten auf einen Sprung hereinkam, um mich auf meinem neuen Posten zu begrüßen. Ich fühlte mich wie ein namenloser Neuling in einer Fußballmannschaft, der vom Klub-Präsidenten persönlich empfangen wird. Wie ich erfuhr, würden der Vizepräsident und ich sogar dieselbe Toilette benutzen. Das mußte ich am Abend Alma erzählen.

Der Nationale Sicherheitsrat (NSC) war 1947 geschaffen worden, im gleichen Jahr, als das alte Kriegsministerium, das Marineministerium und andere Dienststellen zum Verteidigungsministerium zusammengelegt wurden. Die Beschreibung seiner Aufgaben war kurz und nicht besonders aussagekräftig: Er sollte den Präsidenten »hinsichtlich der Integration von Innen-, Außen- und Militärpolitik mit Blick auf die nationale Sicherheit« beraten. Um es deutlicher zu sagen: Da zahlreiche unterschiedliche Behörden und Personen versuchten, in Fragen von Krieg und Frieden auf den Präsidenten Einfluß zu nehmen, benötigte er eine Art Schiedsstelle, die ihm uneigennützig, unvoreingenommen und unparteiisch die einzelnen Positionen darlegte und dadurch die Einschätzung des Nationalen Sicherheitsberaters ergänzte. Ein guter Sicherheitsberater war ein ehrlicher Makler. Henry Kissinger hatte dem Amt ein Höchstmaß an Macht verschafft, das Außenministerium umgangen und die China- und Sowjetpolitik direkt von seinem Büro im Westflügel des Weißen Hauses aus gelenkt. Als er selbst Außenminister wurde, hielt er an seinem Posten im NSC noch eine Zeitlang fest, damit ihm nicht das gleiche widerfahren konnte.

Unter McFarlane, Poindexter, North und Konsorten war der NSC auf Irrwege geraten. Das war nicht allein ihre Schuld. Sie arbeiteten für einen Präsidenten, der gerne alles den mächtigen Kabinettsmitgliedern überließ und schwierige Entscheidungen abgab. Der Präsident äußerte den Wunsch, Geiseln zu befreien und die Contras aktionsfähig zu halten, kümmerte sich aber kaum darum, wie das konkret zu bewerkstelligen war. Der NSC hatte folglich ein Machtvakuum ausgefüllt. Er hatte als ein zweites Verteidigungsministerium kleine Kriege geführt, als ein zweites Außenministerium eine eigene Geheimdiplomatie betrieben und als eine zweite CIA Geheimoperationen durchgeführt. Das Ergebnis war das Fiasko der Iran-Contra-Affäre.

Schon am ersten Tag stand mir ein Kampf bevor. Carlucci hatte Reden schon immer gehaßt und schickte mich deshalb als Vertreter des NSC zu einer Sitzung leitender Mitarbeiter des Weißen Hauses, auf der der Entwurf für eine Rede des Präsidenten zum Verteidigungsbudget diskutiert werden sollte. Vorgelegt wurde er vom Chefredenschreiber Tony Dolan, einem streitlustigen ehemaligen Enthüllungsjournalisten und Pulitzer-Preis-Träger. Er war der Rechtsaußen im Team von Reagans Redenschreibern. Als ich zu bedenken gab, daß der Entwurf möglicherweise etwas zu scharf geraten sei, sprang Dolan auf, hielt mir mit erhobenem Zeigefinger eine Standpauke und gab mir zu verstehen, daß ich angesichts meiner bescheidenen Erfahrung allenfalls fähig sei, ein Handbuch für Infanteristen zu beurteilen. Ich durchschaute das Spiel sofort: Als Neuling im Amt wurde ich auf die Probe gestellt. Ich behauptete mein Terrain, aber ich merkte, daß hier sogar ein noch rauherer Wind wehte als im Pentagon.

Einige Tage später, nach der Rückkehr des Präsidenten, steckte Carlucci den Kopf zu meiner Tür herein. »Kommen Sie«, sagte er, »wir werden ihm jetzt Bericht erstatten.« Senator John Tower leitete die Untersuchung der Iran-Contra-Affäre und hatte unter anderem bemängelt, daß es über die Gespräche des Sicherheitsberaters und seines Stabes mit dem Präsidenten und dessen Entscheidungen keinerlei Aufzeichnungen gab. Meine Aufgabe, so Carlucci, bestehe darin, diese Lücke zu schließen. »Sagen Sie offen Ihre Meinung«, wies er mich an, »aber Ihre Hauptaufgabe ist, aufzuschreiben, was ich ihm sage und was er entscheidet.«

Als wir das Oval Office betraten, wurde der Präsident gerade von seinem Stabschef Donald Regan über andere Angelegenheiten unterrichtet. Bei unserem Erscheinen stand der Präsident auf, lächelte herzlich und setzte sich in einen Lehnstuhl links neben dem Kamin. Er entschuldigte sich nochmals dafür, daß er mich aus Deutschland abberufen hatte. Vizepräsident George Bush trat ein und setzte sich links von Reagan ebenfalls in einen Lehnstuhl. Carlucci saß an einem, ich am anderen Ende einer Couch. Donald Regan nahm auf einer zweiten Couch uns gegenüber Platz. Der Präsident eröffnete die Runde mit einem Witz (seine übliche Art, wie ich erfuhr). Als mein Blick auf seine Füße fiel, bemerkte ich etwas Seltsames. An der Oberseite seiner spiegelblanken Schuhe fehlten die Fältchen, die beim Tragen normalerweise entstehen. Bei dieser und bei allen weiteren Gelegenheiten machten seine Schuhe jedesmal den Eindruck, als trage er sie zum ersten Mal.

Zuerst gab Carlucci einen Überblick über die weltpolitischen Ereignisse der letzten vierundzwanzig Stunden, dann kam er sofort darauf zu sprechen, wie wir aus dem Scherbenhaufen, den die Iran-Contra-Affäre hinterlassen hatte, wieder einen funktionierenden NSC machen wollten. »Zunächst, Mr. President«, sagte Carlucci, »haben wir das Büro von Oliver North aufgelöst. Wir nehmen den NSC aus den verdeckten Operationen heraus.« Ferner überprüfe man alle laufenden verdeckten Operationen der CIA. »Wir haben vier Kriterien aufgestellt«, erklärte Carlucci. Bei jeder solchen Operation sollten folgende Fragen gestellt werden. 1.) Ist sie legal? 2.) Ist uns bekannt, was mit ihr bezweckt werden soll? 3) Erreicht sie ihr Ziel? 4.) Wenn die Operation plötzlich auf der Titelseite der *Washington Post* erschiene, was würde die Nation dann sagen: »Was sind das doch für clevere Teufelskerle«, oder: »Was für ein Haufen von Idioten.« Wenn ein Programm diesen Kriterien nicht standhielt, so Carlucci weiter, würden wir seine Einstellung empfehlen. »Und der Jurist Paul Stevens wird künftig sicherstellen, daß alles, was wir tun, koscher ist.«

Präsident Reagan hörte bei dieser ersten Lagebesprechung aufmerksam zu, stellte einige Fragen, griff aber nicht lenkend ein. Nach diesem Muster sollten alle morgendlichen Besprechungen verlaufen. Wir stellten die unterschiedlichen Standpunkte der einzelnen Kabinettsmitglieder und des Kongresses dar und warteten darauf, daß der Präsident sich Gedanken über ihre jeweiligen Motive machte, was allerdings nicht geschah. Und was noch entnervender war: Wenn Carlucci ihm verschiedene Optionen vorstellte, hüllte sich der Präsident in Schweigen bis Frank eine Empfehlung aussprach. Und selbst dann ließ er kaum erkennen, ob er zugehört hatte. Er äußerte sich weder zustimmend noch ablehnend und drückte nicht einmal Unschlüssigkeit aus. Wenn ich mit Frank anschließend durch die Halle schritt, murmelte er: »War das jetzt ein Ja?« Schließlich gingen wir davon aus, daß uns der Präsident eine ausgewogene Beurteilung der Situation zutraute und von uns lediglich hören wollte, was wir in seinem Namen zu tun gedachten. Das war zumindest unsere optimistische Interpretation. Durch seinen passiven Führungsstil erlegte uns der Präsident eine schwere Bürde auf. Bis wir uns daran gewöhnt hatten, war uns nicht besonders wohl dabei, Empfehlungen ohne Direktive in die Tat umzusetzen. Würde es bei der Entscheidung bleiben, wenn sie später von denen, die anderer Meinung waren, kritisiert würde? Würde sie der Präsident widerrufen? Eines Morgens, als wir in einer wichtigen Rüstungskontrollfrage wieder einmal selbst entscheiden mußten, sagte Frank nach dem Hinausgehen verärgert: »Mein Gott, wir haben uns doch nicht verpflichtet, das Land zu regieren!«

Der gute John Wickham hatte dafür gesorgt, daß wir vorübergehend in einer Villa aus dem letzten Jahrhundert in Fort McNair am Washington Channel wohnen konnten. Es war das prachtvollste Haus, das uns die Army je zur Verfügung gestellt hatte. Bei der ersten Besichtigung riß Annemarie die Hände hoch und imitierte gekonnt Scarlett-O'Hara: »Ich schwöre, ich werde nie wieder arm sein!« Alles war wunderbar, aber Fort McNair lag vollkommen abseits vom Schuß. Wenn Alma eine Rolle Zwirn brauchte, mußte sie jedesmal über die Brücke der 14. Straße fahren. Wegen der Ruhe nannte ich das Anwesen Menopause Manor. Und am schlimmsten war, daß es keine Garage gab, in der ich an meinen Autos herumbasteln konnte. So waren wir genauso froh, als Wickham uns ein bescheideneres Haus im geschäftigen Fort Myer besorgte. Der dritte Umzug in knapp einem Jahr stand uns bevor.

Am 26. Februar legte die Tower-Kommission ihren Bericht zur Iran-Contra-Affäre vor. Sie bezeichnete Präsident Reagan als konfus und uninformiert und machte seinen passiven Führungsstil für seine Unkenntnis der Vorgänge unter seiner Präsidentschaft verantwortlich. Wir benutzten den Tower-Bericht als Leitfaden und hielten uns an die Empfehlungen, die darin ausgesprochen wurden. Carlucci erließ die Anweisung, daß sich der NSC aus Operationen herauszuhalten habe. Wir hatten die Aufgabe, den Präsidenten zu beraten. Es war nicht unsere Sache, Kriege zu führen oder Geheimstrategien zu entwerfen. Dafür hatten wir das Verteidigungsministerium und die CIA.

Mit dem Erscheinen des Berichtes wuchs der Druck auf Präsident Reagan, vor dem amerikanischen Volk zur Iran-Contra-Affäre Stellung

zu beziehen. Das hatte er bislang vermieden. Landon Parvin, ein alt-
bewährter Redenschreiber, wurde eingeschaltet. Nach Carluccis Vorgaben arbeitete ich mit ihm eine endgültige Erklärung zu der Affäre
aus.

Die Tower-Kommission war mit Cap Weinberger und George Shultz
hart ins Gericht gegangen, weil sie den Vorgängen in Poindexters NSC
nicht energisch genug nachgespürt hätten. Ein Vorwurf, der nicht gerechtfertigt war. Ich erinnere mich lebhaft daran, wie Weinberger in
meinem Beisein gegen das idiotische Waffengeschäft gewettert hatte.
Ich hatte ihn bei seinen Bemühungen unterstützt, die Rolle des Verteidigungsministeriums auf eine minimale Befolgung der Forderungen
und Anweisungen des NSC zu beschränken. Und ich wußte, daß Weinberger ebenso wie jeder andere im Ministerium von dem brisantesten
Aspekt der Affäre, der Abzweigung der Gewinne aus dem Waffengeschäft mit dem Iran für die Contras, keine Kenntnis gehabt hatte.

Als Weinberger erfuhr, daß ich an der Ausarbeitung der Präsidentenrede beteiligt war, verlieh er mir gegenüber seiner Hoffnung Ausdruck, daß seine Rolle in der Angelegenheit aufgeklärt werde. Da er
und George Shultz sich den Machenschaften des NSC widersetzt hatten, versuchte ich, den Präsidenten dazu zu bewegen, ihre Haltung
lobend hervorzuheben. Wir schlugen für die Rede des Präsidenten folgenden Wortlaut vor:»Aus Gründen der Fairneß muß ich jedoch sagen,
daß die Kritik der [von Tower geleiteten] Kommission an George Shultz
und Caspar Weinberger meines Erachtens nicht berechtigt ist. Beide
lehnten die Waffenverkäufe an den Iran entschieden ab und berieten
mich mehrfach in diesem Sinn. Die Äußerungen der Kommission, wonach die beiden Minister den Präsidenten nicht unterstützten, sind
ebenfalls falsch. Sie unterstützten mich trotz ihres bekannten Wider-
stands gegen das Programm durchaus. Wie ich feststellen muß, werden
beide Minister jetzt von den gleichen Leuten, die mir wichtige Informationen in der ganzen Angelegenheit vorenthielten, und mittels der
gleichen Verfahren, die dazu benutzt wurden, aus den Sitzungen zu
diesem Thema ausgeschlossen.« Diese klärenden Worte zur Rolle
Weinbergers und Shultz' gingen in den letzten Entwurf der Rede ein,
an der ich mitarbeitete.

Am 4. März hielt Präsident Reagan im Oval Office eine Fernsehansprache an die Nation, seine wohl letzte gelungene Rede.»Vor ein paar
Monaten«, begann der Präsident,»habe ich dem amerikanischen Volk

mitgeteilt, daß ich keinen Tauschhandel Waffen gegen Geiseln getätigt habe. Mein Gewissen und meine guten Absichten sagen mir, daß dies noch immer wahr ist, doch die Tatsachen und Beweise sprechen für das Gegenteil. Nach dem Bericht der Tower-Kommission mißriet die angestrebte strategische Öffnung zum Iran in ihrer Durchführung zu einem Tauschhandel Waffen gegen Geiseln. Dies verstößt gegen meine Überzeugungen, gegen die Politik dieser Regierung und gegen die ursprünglich von uns verfolgte Strategie. Es gibt Gründe, warum dies geschah, aber keine Entschuldigung. Es war ein Fehler.«

Ronald Reagan hatte öffentlich eine Mitschuld eingestanden. Aber im tiefsten Inneren war er rein geblieben. Für den Rest seiner Amtszeit lernten wir, das Thema wie die Pest zu meiden. Wenn jemand trotzdem darüber stolperte, hielt Reagan einen zwanzigminütigen Monolog, in dem er darlegte, daß es bei dem Handel nicht um Waffen gegen Geiseln gegangen sei. Wir hätten ja nicht wissen können, daß es keine gemäßigten Iraner gebe.

Drei Themen beherrschten den NSC. Das erste waren die Veränderungen in den Ost-West-Beziehungen, die Michail Gorbatschow herbeigeführt hatte; das zweite die gespannte Lage in Mittelamerika, die durch die Enthüllungen um die Iran-Contra-Affäre noch brisanter geworden war; schließlich der Mittlere und der Nahe Osten, wo der Iran und der Irak nach wie vor Krieg gegeneinander führten und die ungehinderte Verschiffung des Öls durch den Persischen Golf gefährdeten. Und trotz der Waffenlieferungen an den Iran wurden im Libanon immer noch amerikanische Geiseln versteckt gehalten.

Um unsere Aufgabe im Nationalen Sicherheitsrat erfüllen zu können, mußten wir der Vielzahl von Kürzeln, die uneingeweihte Bürger in Washington zur Verzweiflung treibt, ein weiteres hinzufügen. Da der NSC die Aufgabe hatte, die Standpunkte verschiedener Ministerien und Behörden zusammenzutragen und dem Präsidenten zur Begutachtung vorzulegen, schufen wir als Koordinationsstelle die PRG, die Policy Review Group, und besetzten sie mit hochkarätigen Beamten aus den Ministerien. Aus dem Verteidigungsministerium kam Rich Armitage, womit ich so etwas wie einen Bruder und Bodyguard zur Seite hatte. Das Außenministerium vertrat Mike Armacost, Staatssekretär für politische Angelegenheiten, ein Berufsdiplomat und ehemaliger White House Fellow, den ich seit Jahren kannte. Die Vereinten Stabschefs wurden zunächst durch Lieutenant General John Moellering, später durch Vice Admiral Jon Howe vertreten. Howe, der mich als Carluccis Militärberater ablösen sollte, diente zudem als Direktor für politisch-militärische Angelegenheiten im Außenministerium und als Sicherheitsberater von Vizepräsident Nelson Rockefeller. Die CIA wurde durch Dick Kerr vertreten, die Nummer Drei in der Geheimdienstbehörde. Don Gregg, der Berater von Vizepräsident Bush in Fragen der nationalen Sicherheit, trat dem Kreis ebenfalls bei. Je nach Tagesordnung kamen weitere hinzu, wobei die oben genannten allerdings den Kern bildeten. Wir alle waren gut miteinander bekannt und mit den Stolperdrähten und Fallstricken in Washington bestens vertraut.

Am 12. Januar, zehn Tage nach meiner Ankunft, stand der Persische Golf auf der Tagesordnung ganz oben. Alle Ministerien wurden informiert, daß es zwischen den Vereinigten Staaten und dem Iran von jetzt an nur noch einen einzigen Informationskanal gab, und der lief über das Außenministerium. Weder Waffenschieber noch NSC-Mitarbeiter, die Kuchen und Bibeln verteilten (wie Oliver North bei einem Geheimtrip nach Teheran), hatten künftig das Recht, für die Vereinigten Staaten zu sprechen. Wir machten zudem deutlich, daß der Iran von Amerika nicht einmal eine Steinschleuder erhalten würde, solange das Waffenembargo in Kraft war. Und da die Öllieferungen aus der Golfregion für uns lebenswichtig waren, kündigten wir Gegenmaßnahmen für den Fall an, daß kuwaitische Tanker durch den Iran oder den Irak bedroht wurden. Wir informierten die kuwaitische Regierung, daß die Vereinigten Staaten bereit seien, ihrer Bitte zu entsprechen, ihre Tanker unter US-Flagge und damit unter amerikanischen Schutz zu stellen. Zum ersten Mal bemühten wir uns, eine Politik auf die Beine zu stellen, die von jedermann verstanden und gebilligt wurde. Aufgrund der Passivität des Präsidenten hatte es in seinem Umfeld heimliche Richtungskämpfe gegeben. Weinberger und Shultz stritten ständig, so daß es mehr Zwist als Kooperation gab. Carlucci und ich wollten klare Positionen, die vom Kabinett mitbestimmt, vom Präsidenten gebilligt und vom Kongreß verstanden wurden.

Als beispielsweise einige Monate später die US-Fregatte USS Stark im Persischen Golf von einer irakischen Exocet-Rakete getroffen wurde und siebenunddreißig amerikanische Seeleute starben, geschah diese Tragödie vor dem Hintergrund einer klar umrissenen Politik, so daß wir dem Kongreß nicht erst erklären mußten, wie dieses Schiff in die

Gefahrenzone gelangt war: Es war darum gegangen, die Fahrrinne der Öltanker freizuhalten. Als ein kuwaitischer Tanker unter US-Flagge im Golf auf eine Mine lief, konnten wir auch hier wieder die Wogen der Erregung glätten, denn der Zwischenfall hatte sich vor dem Hintergrund der gleichen Politik, der Sicherung der Ölversorgung, ereignet. Eine solche Kohärenz hatte zuvor gefehlt und zum Debakel der Iran-Contra-Affäre geführt. Die Policy Review Group wurde innerhalb der Administration zum Instrument einer Außenpolitik, die von breiten Bevölkerungsschichten verstanden und gebilligt wurde.

Die nächste große Frage betraf unsere Haltung gegenüber den Contras, die immer noch die marxistisch-sandinistische Regierung in Nicaragua bekämpften. Ihre heimliche Unterstützung, mit der Oliver North ein Verbot des Kongresses umgangen hatte, war der schmutzigste Teil der Iran-Contra-Affäre gewesen. Das änderte aber nichts daran, daß die Contras für eine gerechte Sache kämpften. Dennoch spaltete die Frage, wie man sich ihnen gegenüber verhalten sollte, die Administration und sogar die Anhänger der Contras in zwei gleiche Teile. George Shultz betrachtete die Contras als nützlich bei dem Versuch, Druck auf die Sandinisten auszuüben und sie an den Verhandlungstisch zu zwingen. Wir hofften, sie zu demokratischen Reformen und einer Abkehr von ihrer Politik, den Kommunismus zu exportieren, zu bewegen. Caspar Weinberger betrachtete die Contras wie die Mudschaheddin, die in Afghanistan gegen die Sowjets kämpften, durch eine romantisierende Brille. Für ihn waren sie Freiheitskämpfer, die bei ihren Bemühungen, das marxistische Joch in Managua abzuschütteln, unsere volle Unterstützung verdienten.

Da ich Informationen gerne aus erster Hand beziehe, wandte ich mich in dieser Frage an Alan Fiers, den Leiter der CIA-Sonderabteilung Mittelamerika, die für die Versorgung der Contras mit Waffen, Munition, Fahrzeugen, Lebensmitteln und Medikamenten verantwortlich war. Auf einer Sitzung des PRG fragte ich Fiers, welche Truppenstärke die Contras letztlich aufbieten könnten. Ungefähr fünfzehntausend erstklassige Männer, antwortete er. Ich fragte, ob Hoffnung bestehe, daß diese Streitmacht die Berge verlassen und die sandinistische Armee schlagen könne. »Nein - sie hätten keine Chance«, antwortete Fiers. »Besteht die Aussicht, daß das nicaraguanische Volk die Contras unterstützen wird?« Das sei unwahrscheinlich, antwortete Fiers. Für mich war die Sache damit erledigt. Die Contras waren eine Karte, mit der wir auf eine Verhandlungslösung drängen konnten, selbst aber keine Lösung. Als Berater in lateinamerikanischen Angelegenheiten hatten wir einen erbitterten Gegner Castros angeworben, den Kubaner José Sorzano. José redete mich mit *mi general* an, eine Anrede, die in Lateinamerika seit über zweihundert Jahren gebräuchlich war. Ich wollte mir von den Contras ein genaueres Bild machen. Zu diesem Zweck arrangierte José für mich eine Begegnung mit mehreren ihrer Anführer, die in Miami von der CIA unterstützt wurden. Ich bekam es mit einem gemischten Haufen zu tun. Coronel Enrique Bermúdez, der Militärbefehlshaber der Contras, beeindruckte mich als echter Kämpfer, der bereit war, für seine Sache zu sterben. Andere dagegen waren unbelehrbare Veteranen des alten korrupten Regimes von Anastasio Somoza, Soldaten, die bei der Machtübernahme der Sandinisten auf der falschen Seite gestanden hatten.»Gucci comandantes« wurden sie spöttisch genannt. Aber damals mußten wir uns angesichts des Ost-West-Konfliktes mit allen potentiellen Verbündeten arrangieren.

In Zusammenarbeit mit José Sorzano und den beiden Beratern des Weißen Hauses in Gesetzgebungsfragen, Dave Addington und Alan Kranowitz, versuchte ich als Vertreter der Regierung, im Kongreß soviel Unterstützung für die Contras zu gewinnen, daß sie sich über Wasser halten konnten. Alle paar Monate lag dem Kongreß eine entsprechende weitere Gesetzesvorlage vor. Wir hatten wenig Probleme, Unterstützung für humanitäre Hilfe zu bekommen. Wenn es um Waffen- und Munitionslieferungen ging, konnte ich bei Republikanern wie Bob Michel, Mickey Edwards und den Senatoren David Boren, Warren Rudman und Ted Stevens mit vorbehaltloser Unterstützung rechnen. Bei den meisten Demokraten biß man dagegen auf Granit.

Eines Abends, als im Vermittlungsausschuß eine dieser Gesetzesvorlagen diskutiert wurde, versuchte ich die Demokraten vergeblich davon zu überzeugen, daß man Männern, die für die Demokratie kämpften, nicht mitten im Gefecht die Unterstützung entziehen dürfe.»Lassen Sie mich Ihnen etwas erzählen«, sagte ich.»Als ich 1963 in Vietnam im Dschungel kämpfte, befand ich mich in der gleichen Situation wie die Contras heute. Sie können sich nicht vorstellen, wie verzweifelt wir auf den Hubschrauber der Marineinfanterie warteten, der uns jede Woche mit Nachschub versorgte. Von seinen Lieferungen hingen nicht nur unser Wohlergehen, sondern auch unser Leben ab. Die Contras sind heute in der gleichen Lage.« Ich hob hervor, daß wir hier kein außenpolitisches Seminar abhielten:»Wir reden davon, ob Menschen, die ihr Vertrauen in die Vereinigten Staaten gesetzt haben, weiterleben oder dem Tod preisgegeben werden.« Es wurde still im Raum, und einige Demokraten nickten. Innerhalb einer Stunde waren wir fast zu einem Kompromiß gelangt. Wir legten eine Pause ein, um beiden Seiten Gelegenheit zu einer parteiinternen Abstimmung zu geben.

Bei der Rückkehr fiel mir auf, daß Ted Stevens und Warren Rudman zurückblieben und miteinander tuschelten. Als wir im Konferenzsaal wieder Platz genommen hatten und ich dem demokratischen Abgeordneten Dave Obey mitteilen wollte, daß wir eine Übereinkunft erzielt hatten, stand Ted Stevens plötzlich auf und sagte, er werde nicht weiterdiskutieren, ehe sich die Demokraten nicht bereiterklärten, bei einer weiteren Sitzung des Kongresses über zusätzliche Hilfen für die Contras zu reden, eine Forderung, die sie bislang abgelehnt hatten. Rudman rief, er stimme Stevens zu, worauf beide sich zum Gehen anschickten. Inzwischen wollten alle nach Hause gehen, so daß die Demokraten widerstrebend nachgaben. Als ich nach der Ausschußsitzung mit Stevens und Rudman im Capitol um eine Ecke gebogen war, brachen beide in Gelächter aus. Ihr Auftritt war abgesprochen gewesen, und er hatte funktioniert. Sie meinten zu mir, ich sei zu »unparteiisch«, deshalb hätten sie mich in ihr Spiel nicht mit einbeziehen können. Ich mochte im Pentagon und Weißen Haus Erfahrungen gesammelt haben, aber im Kongreß sei ich noch Neuling.

Unsere vordringliche Sorge galt der Sowjetunion. Unsere Verteidigungsstrategie und unser Etat spiegelte fast ausschließlich unsere Einschätzung des sowjetischen Bedrohungspotentials wider. Der Ausbau unserer Streitkräfte bemaß sich an der Stärke und der Einsatzbereitschaft der Roten Armee. Auf der Grundlage des Ost-West-Gegensatzes entschieden wir, welche Seite wir bei Konflikten überall auf der Welt unterstützten. Doch jetzt stellte der neue sowjetische Führer Michail Gorbatschow die Muster des Kalten Krieges auf den Kopf. Gorbatschow hatte offenbar eher die Absicht, die inneren Unzulänglichkeiten der Sowjetunion zu beheben, als sich auf so fruchtlose Abenteuer wie Angola oder Afghanistan einzulassen. Und er hatte wenig Interesse daran, weiterhin für die gewaltigen Finanzdefizite in Kuba oder Nicaragua aufzukommen. Nur durch einen Abbau der Spannungen zwischen Ost und West konnte er die hohen Militärausgaben der Sowjetunion senken und die Ressourcen des Landes für dringende zivile Aufgaben nutzen. Aus diesem Grund hatte Gorbatschow im Spätsommer 1987 Bereitschaft signalisiert, über die Beseitigung der Mittelstreckenraketen (INF) zu verhandeln. Das bedeutete, daß die sowjetischen SS-20 vernichtet werden sollten. Im Gegenzug sollten wir die Raketen vom Typ Pershing II der Landstreitkräfte und die landgestützten Marschflugkörper der Luftwaffe verschrotten. Ronald Reagan operierte aus einer Position der politischen und militärischen Stärke heraus. In dieser Situation brachte er genug Weitblick und Flexibilität – die vielen Kalten Kriegern abgingen – auf, um zu erkennen, daß Gorbatschow eine neue Ära verkörperte, die neue Chancen für den Frieden brachte. Die Aussichten auf einen INF-Vertrag wuchsen, und das bedeutete, daß erstmals seit dem Beginn des Atomzeitalters die Verschrottung einer ganzen Klasse von Kernwaffen ins Haus stand.

Während wir im NSC weltpolitische Themen in Angriff nahmen, verfolgte die Öffentlichkeit gespannt die Kongreß-Anhörungen zur Iran-Contra-Affäre, die am 5. Mai begonnen hatten. Die Nation wurde Zeuge der schauspielerisch gekonnten Auftritte von Oliver North, den der Untersuchungsausschuß als Mann ohne Skrupel verurteilt hatte und der es jetzt verstand, sich bei mindestens der Hälfte des Publikums als glühender Patriot in Szene zu setzen. Mich überzeugte er nicht. So lauter seine Absichten auch gewesen sein mochten, North hatte das Waffengeschäft ebenso wie Poindexter und die anderen nur eingefädelt, um Maßnahmen zu finanzieren, die von den gewählten Vertretern des amerikanischen Volkes nicht gebilligt wurden. Bei seinen Machenschaften hatte er sich der Verantwortlichkeit gegenüber dem Präsidenten und dem Kongreß entzogen. Das war Unrecht.

Ich wurde nicht vor den Untersuchungsausschuß des Kongresses geladen, mußte am 19. Juni aber vor Juristen des Ausschusses eine eidesstattliche Erklärung über meine Rolle bei dem TOW-Transfer an die CIA abgeben. Ich traf mich im Lagebesprechungsraum des Weißen Hauses mit Arthur Liman, dem Rechtsexperten des Senats, und Joseph Saba, dem Rechtsexperten im Stab des Repräsentantenhauses. Sie interessierten sich vor allem dafür, warum das Verteidigungsministerium die Raketen an die CIA und nicht direkt an den Iran geliefert hatte. Ich

wiederholte Minister Weinbergers Begründung: »Er sah es nicht als
Aufgabe des Verteidigungsministeriums an, Waffen an ein Land wie
den Iran zu liefern. In Anbetracht ihres Umfangs sollte die Transaktion
von Regierungsstellen abgewickelt werden, die dazu in der Lage und
gewillt sind, solche Transaktionen durchzuführen.«

Liman warf ein: »Vielleicht müßte ich es schon wissen, aber hat der
Minister ein Tagebuch geführt?«

»Der Minister hat meines Wissens kein Tagebuch geführt«, antwortete ich. »Er hat sich wohl Notizen gemacht, aber ich weiß nicht, zu
welchem Zweck und was er mit ihnen gemacht hat.« Ich hatte nie
etwas bei ihm gesehen, was man gemeinhin als »Tagebuch« bezeichnen würde. Aber ich sprach von »Notizen«, weil ich mich daran erinnerte, daß Caspar Weinberger in seiner Schreibtischschublade kleine
Schreibblöcke aufbewahrte. Ich hatte diese Notizen nie gelesen und
hielt es deshalb auch nicht für angebracht, sie als Tagebuch zu bezeichnen. Ich erwartete, daß die Juristen in dieser Sache weiterbohren würden, aber sie gingen zu anderen Themen über. Weinbergers Notizen
waren kein Geheimnis. Im Nachrichtenmagazin *Time* erschien später
ein Foto des Ministers, auf dem zu sehen ist, wie er sie in seiner letzten
Woche im Amt einpackt. Sie wurden weder beiseite geschafft noch
vernichtet, sondern schließlich in der Kongreßbibliothek archiviert.

Ich hoffte, daß meine Rolle in der Affäre mit dieser Sitzung beendet
sei. Dann aber holte der Sonderankläger Lawrence Walsh, der seine
Ermittlungen ad infinitum weitertrieb, die Notizblöcke wieder aus der
Versenkung. 1991, vier Jahre nach meiner ersten Anhörung, wurden
sie von seinem Stab in der Kongreßbibliothek erneut unter die Lupe
genommen. Dabei kamen seine Mitarbeiter – meiner Überzeugung
nach irrigerweise – zu dem Schluß, Caspar Weinberger habe die Un-
wahrheit gesagt, als er erklärt hatte, er habe nicht gewußt, daß im
Herbst 1985, also noch vor der offiziellen Erlaubnis durch Präsident
Reagan im Januar 1986, Bauteile von Hawk-Raketen in den Iran geliefert worden waren. Walshs Mitarbeiter befragten mich in aller Aus-
führlichkeit zu den Eintragungen auf diesen Blöcken, die ich jetzt zum
ersten Mal einsehen konnte. Weinbergers Anwalt Bob Bennett forderte
mich auf, eine eidesstattliche Erklärung zur Sache abzugeben. In dieser
Erklärung bezeichnete ich die Notizblöcke beiläufig als »Tagebuch«.

Volltreffer! Der Sonderankläger glaubte, ich hätte mich in einen Widerspruch verwickelt. Ich hatte ja vier Jahre zuvor ausgesagt, Weinber-

ger habe meines Wissens kein Tagebuch geführt. Ich hatte aber wohl von seinen Notizen gesprochen. Jetzt, nach Einblick in seine Aufzeichnungen und nach der Befragung durch die Mitarbeiter des Sonderanklägers hatte ich sie als Tagebuch bezeichnet. Für Walsh war das belastend genug, um mich in seinem Abschlußbericht zu erwähnen. In dem Bericht, der am 3. Dezember 1993 herauskam, hieß es, auch ich hätte im Jahr 1985 »detaillierte Informationen über Waffenlieferungen an den Iran« gehabt. Das war völlig falsch. Ich wußte zu der Zeit nur von *Vorschlägen,* Raketen in den Iran zu liefern. Ich wußte nicht, daß solche Lieferungen bereits erfolgt waren. Davon erfuhr ich erst irgendwann 1986, als Präsident Reagan mit der Unterzeichnung des Notwendigkeitsbeschlusses das Geschäft mit dem Iran erlaubt hatte. »Powells frühere Aussagen zu dieser Initiative waren offen und widerspruchsfrei«, schloß der Bericht, fuhr dann aber fort: »... einige sind allerdings fragwürdig und scheinen allgemein darauf abzuzielen, Weinberger zu decken. Da dem Sonderankläger kein direkter Beweis dafür vorliegt, daß Powell wissentlich falsche Angaben gemacht hat, wurde dieser Punkt nicht weiter verfolgt.« Ich war wütend über diese Formulierung, die explizit nichts darüber sagte, ob ich Falschangaben gemacht hatte oder nicht. Walsh deutete an, daß ich Falschaussagen gemacht hätte, vertiefte das aber nicht weiter und ließ seine unfaire und unbegründete Schlußfolgerung einfach so stehen. Ich war im übrigen nicht der einzige, der so unfair behandelt wurde. Rich Armitage und anderen erging es ebenso.

Wenigstens bedeutete der Bericht für mich ein Ende der Iran-Contra-Affäre. Allerdings setzte der Sonderankläger Weinberger weiterhin hart zu. Weinberger wurde angeklagt, dann aber von Präsident Bush kurz vor dem Ausscheiden aus dem Amt begnadigt. Ich und viele andere hatten dem Präsidenten dazu geraten. Weinberger war ein Ehrenmann, und die Anklage gegen ihn war einfach eine Schande. Er hatte den Plan, Waffen gegen Geiseln zu tauschen, vom ersten Tag an als »absurd« verworfen, ihn unablässig bekämpft und seinen Widerstand erst aufgegeben, als Präsident Reagan grünes Licht gegeben hatte. Statt dafür Lob zu ernten, wurde er von einem selbstherrlichen Ankläger, dem zuviel Zeit und Geld zur Verfügung stand, mit vernichtender Kritik bedacht. Die Anklage gegen Cap Weinberger war eine Pervertierung des Rechts.

Ende Mai kehrte meine Familie anläßlich Lindas Abschlußfeier zum William and Mary College zurück. Auf dem Rückweg eröffnete uns Linda, daß es ihr todernst damit sei, Schauspielerin zu werden. Alle unsere Kinder hatten in der Schule an Theateraufführungen mitgewirkt. Aber einen Beruf daraus machen? Man konnte auf bessere Pferde setzen. Linda brachte sogar den Mut auf, mich zu fragen, ob ich ihr die Schauspielschule bezahlen würde. Ich glaube, sie war sehr überrascht, als ich zusagte. Aber ist ein Vater denn mehr als ein Geldesel? Linda schrieb sich für eine zweijährige Ausbildung an der Square Theatre School in Manhatten ein. Es war seltsam, daß eines meiner Kinder jetzt nach New York zurückkehrte, in die alte Heimat, die ich fast dreißig Jahre zuvor freiwillig verlassen hatte.

Am 27. Juni erhielt ich, als ich nachmittags in mein Büro zurückkehrte, einen Anruf von Lieutenant General Andy Chambers, der noch immer das 7. Korps in Deutschland kommandierte. Ich freute mich über Andys Anruf, fragte mich aber, was er von mir wolle: Ging es um meinen Sohn Mike? Ich hatte recht, und es gab schlechte Nachrichten. »Mike ist schwer verletzt«, sagte Andy und fügte sofort hinzu: »Aber sterben wird er nicht.« Er berichtete mir kurz das Wichtigste: Mike und Ulrich Brechbuhl, ebenfalls Lieutenant, waren mit dem Jeep unterwegs gewesen. Ihr Fahrer verlor auf der Autobahn die Kontrolle über das Fahrzeug. Es überschlug sich. Mike wurde herausgeschleudert und geriet unter den Jeep. Die anderen beiden Insassen wurden nur leicht verletzt. Andy teilte mir mit, daß ich bald einen Anruf vom Militärkrankenhaus in Nürnberg mit näheren Einzelheiten zu Mikes Zustand erhalten würde. Es ist müßig, die Gefühle nachzuzeichnen, die man in einem solchen Augenblick empfindet. Alles um einen herum dreht sich, und man versucht, einen klaren Gedanken zu fassen. Ich teilte meiner Sekretärin Florence Gantt mit, daß ich nach Hause fahren und es meiner Frau sagen würde. Florence traf sofort alle Vorkehrungen für unsere Abreise nach Westdeutschland.

Alma räumte in der Küche gerade die Geschirrspülmaschine aus, als ich ankam. Sie fragte, warum ich so früh zu Hause sei. Ich sagte es ihr. Zunächst war sie ganz still, dann nahmen ihre Züge einen entschlossenen Ausdruck an. Wie schnell würden wir Mike sehen können? Ich hatte in dieser schweren Stunde in Alma wohl eine stärkere Stütze als sie in mir.

Grant Green, der geschäftsführende Sekretär des NSC hatte bereits seine Frau Ginger über Mikes Unfall informiert. Beide gehörten zu unseren engsten Freunden. Ginger, eine Anwältin, ließ alles stehen und liegen und kam zu uns, um uns in den Stunden des bangen Wartens beizustehen. Schließlich kam der Anruf aus dem Krankenhaus. Mike hatte sich das Becken gebrochen und schwere innere Verletzungen erlitten. Sein Zustand war kritisch. Noch am selben Abend stiegen wir an Bord einer C-5-Transportmaschine der Air Force und flogen in einem kleinen Abteil hinter der Pilotenkanzel nach Westdeutschland.

Mike lag auf der Intensivstation. Er war völlig verschwollen, konnte dank schmerzstillender Mittel aber lächeln. Da die Blutgefäße in seinem Becken verletzt worden waren, hatte er achtzehn Einheiten Blut erhalten, das doppelte der normalen Gesamtblutmenge im Organismus. Die Schwellungen rührten von den dreizehn Litern Flüssigkeit her, die sich durch die Transfusionen im Körper angesammelt hatten. Der Generalstabsarzt der Army in Deutschland, Dr. Frank Ledford, war eigens aus Heidelberg herbeigeeilt. Nach dem Besuch bei Mike führte er uns in einen kleinen Raum und erläuterte uns den Zustand unseres Sohnes. An Mikes Becken würden Operationen durchgeführt werden müssen, die augenblicklich noch in der Erprobungsphase steckten. Zu seinen weiteren ernsthaften Blessuren gehörte eine Verletzung der Harnröhre. Seine Genesung würde zwischen vier und sechs Monaten dauern, prognostizierte Dr. Ledford. Ob seine Verletzungen jemals vollständig verheilen würden, sei im Augenblick nicht vorhersagbar.

Was nach dem Unfall genau geschehen war, erfuhren wir erst einen Monat später durch einen Freund von Mike. Die drei Amerikaner aus dem Jeep waren zunächst in ein deutsches Krankenhaus gebracht worden. Lieutenant Brechbuhl, der Deutsch sprach, hörte den Arzt über Mike sagen: »Für den da können wir nichts mehr tun.« Der Lieutenant sprang daraufhin vom Untersuchungstisch und sagte: »Nein, Sie dürfen ihn nicht aufgeben. Rufen Sie sofort das amerikanische Krankenhaus an.« Und so kam es, daß Mike in kritischem Zustand nach Nürnberg gebracht wurde.

Ich mußte am nächsten Tag nach Washington zurückkehren, während Alma bei Mike blieb. Ein paar Tage später war im Krankenhaus die Hölle los. Bei einer Gefechtsübung war eine Granate explodiert und hatte auf der Stelle zwei Soldaten getötet. Ambulanzen mit Verletzten trafen am Krankenhaus ein. Einer der Soldaten, die auf Mikes Station gebracht wurden, hatte beide Beine und fast alle Finger verloren. Da das Personal völlig überlastet war, half Alma mit. Sie wurde an den Empfang gesetzt, nahm Anrufe entgegen und wies Besuchern den Weg. Später wurde sie von General Otis wegen ihres Einsatzes in der Notlage lobend erwähnt.

Vier Tage nach dem Unfall lag Mike im Walter Reed Army Medical Center in Washington. Dort wurde er von Dr. Walter Bruce Van Dam untersucht, dem wohl besten orthopädischen Chirurgen beim Militär und sicher einem der fähigsten im ganzen Land. Dr. Van Dam klärte Mike rücksichtsvoll und routiniert über seinen Zustand auf. Er sagte ihm, daß er und der Chefurologe an ihm bislang kaum durchgeführte Eingriffe vornehmen würden. Beim Hinausgehen fügte er hinzu: »Daß Ihre Militärlaufbahn zu Ende ist, wissen Sie, oder?« Mike hatte es nicht gewußt oder den Gedanken einfach beiseite geschoben.

Alma war zu dieser Zeit bei ihm, und Mike bettelte immer wieder: »Ich will mit Dad sprechen. Hol Dad her.« Ich fuhr so schnell ich konnte zum Krankenhaus. Zum ersten Mal seit dem Unfall sah ich meinen Sohn demoralisiert. »Ich weiß nicht, was ich sonst tun soll«, wiederholte er immer wieder. »Ich bin immer davon ausgegangen, daß ich mein Leben in den Dienst der Army stellen würde. Was soll ich denn jetzt tun?«

Beim Hinausgehen sprach ich Dr. Van Dam auf die zerstörte berufliche Zukunft meines Sohnes an. »Es wäre mir lieber gewesen, ich hätte es zuerst erfahren«, sagte ich.

Er war verständnisvoll, blieb aber standhaft. »Tut mir leid, aber es ist nun einmal die Wahrheit.« sagte er. »Früher oder später mußte er es erfahren.«

Der Abend vor der ersten Operation war furchtbar, vor allem für Mike, aber auch für uns andere. Der Arzt hatte uns erklärt, daß Mikes Becken ohne chirurgischen Eingriff krumm und schief zusammenwachsen würde. Deshalb mußte auf die Hinterseite eine Platte mit einer stabförmigen Klammer aufgeschraubt werden, die die Knochen in der richtigen Position hielt. Wie wir erfuhren, würde er nach der Operation unerträgliche Schmerzen aushalten müssen. Zu ihrer völligen Ausschaltung wäre eine lebensbedrohlich hohe Dosis Morphium nötig gewesen.

Nach der Operation durften wir Mike besuchen. Er hing an vielen

Schläuchen, und das Morphium linderte seine Leiden nur wenig. Alma machte sich im Krankenzimmer nützlich, während ich, der Dreisternegeneral, der große Koordinator, Organisator und Administrator mich im Leben noch nie so nutzlos gefühlt hatte. In dem Augenblick, als ich schon meinte, ich könne das Leid meines Sohnes nicht mehr mitansehen, stürmte eine flotte Krankenschwester herein. »Hallo«, sagt sie, »wie geht's uns denn? Reduzieren wir erst einmal das Morphium, es ist genug. Das kommt schon wieder in Ordnung.« Sie beugte sich über die Stäbe und Schrauben, die aus Mikes Körper ragten. »Schauen wir mal, was unser Gerüst macht«, sagte sie und zog schwungvoll die Muttern nach. Sie hieß Barbara Cilento, und mit ihrer energischen, beschwingten und kompetenten Art vermittelte sie uns das Gefühl, daß alles wieder ins Lot kommen würde. Sie erinnerte mich an eine meiner Maximen: »Stetiger Optimismus schenkt doppelte Kraft.« In der Army suchten wir stets nach Mitteln, unsere Kräfte zu verdoppeln, und eines war Zuversicht. Diesmal war ich allerdings der Nehmende, und tatsächlich wurde ich von ihrem Optimismus angesteckt.

Mike hatte noch weitere Operationen vor sich. Wir sind so hervorragenden Ärzten wie Dr. Van Dam, Dr. Stephen A. Sihelnik und David G. McLeod, der unseren bereits abgeschriebenen Sohn wieder auf den Weg der Besserung gebracht hat, noch heute sehr dankbar. In eine Reihe mit diesen Ärzten stellen wir die Krankenschwester Barbara Cilento. Sie wurde zu Mikes gutem Geist und, wie wir einen Augenblick meinten, zum Gegenstand einer beginnenden Romanze.

In den nächsten sechs Monaten war das Krankenhaus der Mittelpunkt von Almas und meinem Leben. Ich besuchte Mike zwischen den Krisen im NSC so oft ich konnte. Er war auf dem Wege der Besserung. Dies verdankte er der ausgezeichneten medizinischen Betreuung, aber ebensosehr auch seiner unbändigen Lebenskraft, auf die wir mächtig stolz waren.

Eine schwierige Aufgabe bei der Leitung von Reagans Außenpolitik bestand darin, dem Präsidenten zu helfen, nicht nur mit Herz, sondern auch mit Verstand zu handeln. Im Herbst 1987 hielten Terroristen im Nahen Osten neun Amerikaner in Geiselhaft. Wegen des drohenden Prestigeverlustes seiner Regierung hätte sich der Präsident um ein Haar in ein weiteres Abenteuer zur Geiselbefreiung gestürzt. Neben Mitleid

spielte dabei auch das Bewußtsein mit, daß Jimmy Carters Präsidentschaft unter dem Geiseldrama sehr gelitten hatte. Carlucci und ich
wirkten auf ihn ein, sich mit öffentlichen Äußerungen zu den Geiselnahmen zurückzuhalten: Gerade das Aufsehen und die Publizität
machten sie ja so wirkungsvoll und ermunterten zu weiteren Aktionen.
Um die Angelegenheit in die richtige Perspektive zu rücken, hoben
wir hervor, daß Woche für Woche ebenso viele Amerikaner dem Terror
auf Washingtons Straßen zum Opfer fielen. Wir durften nicht zulassen,
daß unsere Außenpolitik durch den Rambo-Aktionismus einer Handvoll Fanatiker diktiert wurde.

Anfang November teilte Cap Weinberger dem Präsidenten mit, daß er
als Verteidigungsminister zurücktreten wolle. Die Osteoporose und andere Leiden seiner Frau Jane hatten sich verschlimmert. Der Minister
hatte sieben aufreibende Jahre im Amt verbracht. Im Kongreß war seine
Forderung nach einer Erhöhung seines Budgets zum zweiten Mal ab-
geschmettert worden, und das Weiße Haus hatte ihm nicht den Rücken
gestärkt. Der Präsident stand noch immer loyal zu ihm, aber sein Verhältnis zu Nancy Reagan, das noch nie das Beste gewesen war, hatte
sich verschlechtert, und das blieb nicht ohne Folgen. Für die pragmatische First Lady schwamm Weinberger mit seiner unversöhnlichen
Feindschaft gegenüber der Sowjetunion gegen den Strom. Im chroni-
schen Zwist zwischen ihm und Shultz stellte sie sich immer mehr auf
die Seite des Außenministers, was Weinberger kränkte. Er kannte sein
Geschäft gut genug, um zu wissen, wann es Zeit war, den Hut zu
nehmen. Er bat den Präsidenten, ihn von seinen Pflichten als Verteidigungsminister zu entbinden.

Die Suche nach einem Nachfolger dauerte nicht lange. Will Taft,
Weinbergers fähiger Stellvertreter und enger Vertrauter, war einer der
Kandidaten. Doch der Ruf erging einmal mehr an Frank Carlucci, der
aufgrund seiner Leistungen in den verschiedenen, mit der Sicherheitspolitik befaßten Behörden der ideale Mann war. Taft sollte als stellvertretender Minister im Amt bleiben.

Nun, da Carlucci ins Pentagon einzog, sah ich für mich eine Chance,
in die Army zurückzukehren, jedenfalls bis zu jenem Morgen, an dem
mich Stabschef Howard Baker in sein Büro führte. »Wenn wir Ihnen
den Posten des Nationalen Sicherheitsberaters anbieten würden«, fragte er, »würden Sie annehmen?«

»Nach Poindexter können Sie unmöglich einen aktiven Offizier an
die Spitze des NSC stellen, Howard«, antwortete ich. »Man wird Sie
kreuzigen.«

»Der Präsident kann ernennen, wen er will. Ich frage Sie, was würden Sie sagen?«

Einem Präsidenten schlägt man so leicht nichts ab, und bei der Army
hatte ich wahrscheinlich alle Möglichkeiten ausgereizt. »Ich würde
das Angebot annehmen«, antwortete ich.

Am 16. Oktober trat im Lagebesprechungsraum des Weißen Hauses
die National Security Planning Group (NSPG), der innere Kreis des
NSC, zusammen. Frank und der Präsident traten ein und setzten sich.
Frank reichte mir eine Notiz. »Abgemacht, er ist von Ihnen begeistert«,
stand auf dem Zettel. Der Präsident selbst sprach mit mir nie über den
Posten, sagte nie, was er von mir erwartete, und gab mir auch nie eine
Anleitung. Überhaupt bot er mir den Posten nicht persönlich an und
beglückwünschte mich auch nicht. Nach zehn Monaten im Weißen
Haus überraschte mich das nicht. Das war Reagans Art, und sein Ver-
trauen ehrte mich.

Am 5. November 1987, an einem sonnigen, schon herbstlich frischen
Tag schritten wir feierlich in den Rosengarten hinaus. Der Präsident
dankte Caspar Weinberger im Namen der Nation dafür, daß er das Land
wieder stark gemacht habe. Er betonte die hervorragende Eignung Carluccis als Weinbergers Nachfolger. Dann kündigte er an, daß er Lieutenant General Colin L. Powell als Nachfolger Carluccis zum Nationalen Sicherheitsberater des Präsidenten ernennen werde. Alma und
meine Töchter waren anwesend. Und daß auch mein Sohn dabei war,
rührte mich fast zu Tränen. Er hatte das Krankenhaus zum ersten Mal
seit dem Unfall verlassen und stand jetzt auf Krücken neben mir.

Carlucci hatte an mich, seinen Stellvertreter, so viele Aufgaben de-
legiert, daß ich zuversichtlich war, die Führung des NSC in den Griff
zu bekommen. Ich war bereits Reagans sechster Sicherheitsberater,
und manche bezeichneten den Stuhl, auf dem ich nun saß, als Schleu-
dersitz, aber ich war fest entschlossen, den Posten bis zum Ende seiner
Präsidentschaft zu behalten. Ich gebe zu, daß mich meine Ernennung
nicht nur mit Stolz erfüllte. Für mich war es zugleich auch eine Bürde,
mich als erster Afroamerikaner auf diesem Posten bewähren zu müssen. Der Kolumnist Carl Rowan drückte das so aus: »Um zu ermessen,

was Powells Berufung in dieses äußerst schwierige und anspruchsvolle Amt bedeutet, muß man sich eines vor Augen halten: Vor nur einer Generation war es im Bereich der Außenpolitik noch ein ungeschriebenes Gesetz, daß Schwarze höchstens als Botschafter nach Liberia oder als Gesandte auf die Kanarischen Inseln entsandt werden konnten.«

Vor meiner offiziellen Ernennung tauchte ein Problem auf. Aus einflußreichen Kreisen wurden Einwände dagegen laut, daß ein Offizier, der im aktiven Dienst stand, zum Leiter des NSC berufen werden sollte. Zu den Kritikern gehörten Admiral Crowe, der Vorsitzende der Vereinten Stabschefs, Alexander Haig, Präsident Reagans erster Außenminister und einst selbst zweiter Mann im NSC, sowie Brent Scowcroft, der frühere Nationale Sicherheitsberater Präsident Fords. In einem Interview mit der *New York Times* hatte ich selbst die Ansicht geäußert, daß der Posten des Sicherheitsberaters mit einem zivilen Politiker besetzt werden solle. Der demokratische Senator Tom Harkin aus Iowa hatte sogar ein Gesetz vorgeschlagen, mit dem aktive Offiziere von diesem Posten ausgeschlossen werden sollten. Die Gesetzesvorlage sollte mir noch Kopfschmerzen bereiten.

Die Besetzung des Postens mußte eigentlich nicht vom Senat bestätigt werden. Doch als Dreisternegeneral benötigte ich für jede Aufgabe, die ich übernahm, seine Zustimmung, wenn ich meinen Rang behalten wollte. Bei einer Zurückstufung zum Zweisternegeneral hätte ich auch ohne Zustimmung des Senates ernannt werden können. Aber ich wollte mich wegen einer zivilen Beförderung nicht degradieren lassen. Meine Zukunft war somit etwas in der Schwebe.

14
Nationaler Sicherheitsberater des Präsidenten

Am 18. Dezember 1987 erhielt ich einen Anruf von Senator Sam Nunns Sekretärin. Sie richtete mir aus, ich solle nicht versäumen, am nächsten Nachmittag den Kabelkanal C-Span einzuschalten. Dieser Sender übernimmt unter anderem die Berichterstattung über den Kongreß. Ich wurde neugierig und etwas unruhig. Nach der Iran-Contra-Affäre hatte sich Nunn, der einflußreiche Vorsitzende des Streitkräfteausschusses des Senats, entschieden dagegen ausgesprochen, einen Militär zum Nationalen Sicherheitsberater des Präsidenten zu machen. Ich war aus meinem winzigen Büro des Stellvertreters inzwischen in das große Eckbüro im Westflügel umgezogen, das bis vor kurzem Frank Carlucci besetzt hatte. Hoffentlich würde ich aus der Sendung von C-Span nicht erfahren, daß ich das Büro wieder räumen mußte.

Am Nachmittag des nächsten Tages schaltete ich in meinem Büro den Fernseher ein. Nunn erschien auf dem Bildschirm. Mit seiner ernsten gedehnten Sprechweise verkündete er:»Ein Offizier weiß, daß seine nächste Beförderung vom Verteidigungsministerium und den führenden Generälen und Admiralen im Pentagon abhängt.« Und weiter:»... jeder Offizier im aktiven Dienst, der dieses Amt innehat, gerät möglicherweise in einen Zwiespalt zwischen seiner Verantwortlichkeit gegenüber dem Präsidenten und seinen Wünschen im Hinblick auf seine berufliche Zukunft in den Streitkräften. Die Berufung eines Militärs auf diesen hohen und sensiblen Posten wirft zudem ernsthafte Fragen zur Kontrolle des Militärs durch den zivilen Bereich auf.« Dann vollzog Nunn plötzlich eine Wende um 180 Grad:»Warum jetzt eine Ausnahme machen?« fragte er rhetorisch.»Ich glaube, wir haben es mit besonderen Umständen zu tun.« Er hob hervor, daß die Präsidentschaft Reagans nur noch ungefähr ein Jahr dauern werde und daß es im »Büro des Nationalen Sicherheitsrates beträchtlichen Aufruhr« gegeben habe. Das Land brauche jetzt Kontinuität, schloß Nunn und erklärte sich bereit, für die Bestätigung dieses speziellen Kandidaten zu stimmen. »Wird John nachgeben?« Die Kamera schwenkte auf den republikanischen Senator John Warner, das führende Mitglied der republikanischen Minderheit im Streitkräfteausschuß. Auch Warner hatte zunächst Bedenken angemeldet, den einflußreichen Posten an einen Militär zu vergeben, pries jetzt aber »den hervorragenden Offizier, der seiner Nation und sich große Ehre« gemacht habe.

Nunn sprach sich dafür aus, meine Ernennung zu bestätigen, was der Senat denn auch tatsächlich tat. Minuten später hatte ich Nunn und Warner am Telefon. Mit bübischem Gelächter fragten sie mich, ob mir die Vorstellung gefallen habe. Natürlich hatte sie mir gefallen. Daß man eigens für mich eine Ausnahme gemacht hatte, war nicht nur ein Kompliment. Durch die Bestätigung des Senates blieb ich im Nationalen Sicherheitsrat und konnte meinen Rang als Dreisternegeneral behalten.

Obwohl ich mich der Aufgabe gewachsen fühlte, war die Laufbahn, die mich, einen Soldaten, bis hierher geführt hatte, schwindelerregend. Zehn Jahre zuvor war ich in meinen alten Springerstiefeln durch die Korridore des Old Executive Office Building gegangen, um dem damaligen Sicherheitsberater Zbigniew Brzezinski zu erklären, daß ich weder die Qualifikation noch die Neigung hätte, in seinem Laden mitzumachen. Und jetzt hatte ich selbst das Amt inne, das er und vor ihm Henry Kissinger bekleidet hatten. Ich war jetzt kein Assistent, keine zweitrangige Figur mehr. Ich würde mit dem Präsidenten, Vizepräsidenten, Außenminister und Verteidigungsminister, die den Nationalen Sicherheitsrat bildeten, direkt zusammenarbeiten. Zu meiner Aufgabe würde die des Richters, Verkehrspolizisten und Aufpassers, des Schiedsrichters, Feuerwehrmannes und Kaplans, des Psychiaters und gelegentlich auch die des Rausschmeißers gehören. Und ich mußte nicht nur die Ansichten anderer zusammentragen und dem Präsidenten vorlegen. Künftig wurde von mir auch erwartet, daß ich ihm ein eigenes Urteil zu nationalen Sicherheitsfragen vorlegte. Ich war zu einem »Hauptakteur« mit dem Status, wenn nicht sogar dem Rang eines Kabinettsmitgliedes geworden.

Obwohl noch nicht offiziell bestätigt, erfüllte ich die Aufgabe des

Beraters faktisch bereits seit dem 18. November, seit dem Tag, als Frank Carlucci den Posten verlassen und das Verteidigungsministerium übernommen hatte. Nur zwei Tage nach meiner Amtsübernahme informierte ich im Roosevelt-Room eine Gruppe von Redakteuren des Medienkonzerns Knight-Ridder über meine Einschätzung der Lage in Nicaragua. Einer von ihnen, der schwarze Journalist Reginald Stuart, stellte zunächst keine Fragen, meldete sich dann aber schließlich zu Wort: »Sie sind der erste Schwarze auf dem Posten«, stellte er fest. »Was meinen Sie, wie groß sind die Aussichten, daß Sie auf dem Posten ernstgenommen und bei Entscheidungen nicht übergangen werden?« Es gelang mir, meine Verblüffung zunächst zu verbergen – der Bruder fragte mich, ob ich als Schwarzer nur Alibifunktion hätte! –, und ich rasselte die Fakten herunter: Ich war seit zehn Monaten im Nationalen Sicherheitsrat und hatte bislang mit allen erdenklichen Fragen zu tun bekommen, von der Rüstungskontrolle bis hin zu den Pachtverträgen für die Bermuda-Inseln. Und ich hatte mit dem Präsidenten, dem Verteidigungsminister und dem Außenminister persönlich zusammengearbeitet. Ich wurde ernstgenommen und durchaus nicht übergangen! Ich fürchte, man hat mir die Verärgerung dann doch angemerkt.

Als ich zwei Wochen später an einem Empfang im Joint Center for Political Studies, einer Denkfabrik für Schwarze in Washington, teilnahm, entdeckte ich Stuart. Ich ging auf ihn zu und stellte ihn zur Rede: »Mann, warum haben Sie mich diesen Blödsinn gefragt?«

Er lächelte amüsiert. »Weil das alle Weißen im Raum gedacht haben und keiner gewagt hat, die Frage zu stellen. Also habe ich für sie gefragt.«

Im Dezember sollte Michail Gorbatschow zum dritten Gipfel mit Präsident Reagan erstmals nach Washington kommen, um den Vertrag zur Beseitigung der nuklearen Mittelstreckenraketen zu unterzeichnen. Die INF-Raketen hatten eine Reichweite von knapp fünftausend Kilometern, so daß sie eine Zwischenstellung zwischen den taktischen atomaren Gefechtsfeldwaffen und den Interkontinentalraketen einnahmen, die auf Städte wie Washington, Moskau, New York oder Leningrad gerichtet waren. Im Kriegsfall würden die Sowjets und die westlichen Verbündeten die INF-Raketen auf dem europäischen Schlachtfeld einsetzen. Im November reiste ich mit Minister Shultz nach Genf, um den INF-Vertrag auszuarbeiten und den Gipfel im Dezember vorzubereiten. Shultz leitete die Delegation und führte bei den Gesprächen mit den Sowjets in der amerikanischen Botschaft meistens das Wort. Ich hörte zu und beobachtete die Männer am Verhandlungstisch, allen voran den gewandten sowjetischen Außenminister Eduard Schewardnadse. Der Gesichtsausdruck und die sanfte Redeweise dieses silbrig ergrauten Herrn erinnerten an einen anglikanischen Vikar.

Immer wieder zog ein älterer, kleiner, magerer, aber drahtig wirkender Militär meinen Blick auf sich: Marschall Sergej Achromejew, der erste stellvertretende Verteidigungsminister und Chef des sowjetischen Generalstabs, dem alle sowjetischen Streitkräfte unterstanden. Während ich mir diesen »Helden der Sowjetunion« genau anschaute, mußte ich mir die völlig veränderte Situation immer wieder deutlich machen. Noch vor einem Jahr hatte ich das 5. Korps kommandiert, dessen einzige Mission darin bestand, Achromejews Armeen, insbesondere das 8. Gardekorps, im Falle eines Angriffs zurückzuschlagen. Jetzt nahm ich als Nationaler Sicherheitsberater an Verhandlungen teil, die dazu beitragen sollten, das 5. Korps und das 8. Gardekorps überflüssig zu machen.

An einem Abend gaben die Amerikaner für die sowjetische Delegation in der Residenz des amerikanischen Botschafters ein Staatsbankett. Als das Gespräch stockte, beugte ich mich zu Achromejew hinüber. »Marschall«, sagte ich, »Sie müssen einer der letzten Veteranen sein, die im Zweiten Weltkrieg gekämpft haben und noch immer aktiv im Dienst sind.« (Die Landung der alliierten Truppen in der Normandie lag jetzt zweiundvierzig Jahre zurück.)

Der Marschall nickte. »Ich bin der letzte Mohikaner«, sagte er. Ich lachte wegen seiner Vertrautheit mit James Fenimore Cooper. »Oh ja«, sagte er, »viele Russen meiner Generation haben Cooper, Jack London, Mark Twain und alle Ihre herausragenden Schriftsteller gelesen.«

Ich fragte Achromejew nach seinem Einsatz im Zweiten Weltkrieg. Mit siebzehn Jahren, so berichtete er, sei er direkt vom Bauernhof weg in die Rote Armee eingetreten. Seine Einheit lag knapp sechzig Kilometer vor Leningrad, das damals von den Deutschen belagert wurde. Während der Belagerung, die 890 Tage dauerte, starben allein 830000 Zivilisten durch Beschuß oder verhungerten.

Achtzehn Monate lang, so berichtete Achromejew, habe er keinen

Fuß in ein Gebäude gesetzt,»nicht einmal bei fünfzig Grad unter Null. Ich verbrachte zwei Winter im Freien, erlebte keinen warmen Tag, kämpfte ständig, hungerte ständig.« Während er redete, herrschte im Raum andächtige Stille.»Und dann die gewaltigen Verluste. Acht von zehn Jugendlichen meines Alters kamen im Krieg um. Von den zweiunddreißig Schülern meiner Gymnasialklasse überlebten nur ich und ein anderer.«

Die Schilderungen des alten Marschalls lösten bei mir zweierlei Reaktionen aus: Bewunderung für die Tapferkeit des Soldaten und eine Ahnung, wie schwer es Achromejew fallen mußte, einzusehen, daß all dies Blut nicht nur zur Rettung des Vaterlandes, sondern auch zur Bewahrung eines Irrglaubens, des Marxismus, vergossen worden war. Er sah die Notwendigkeit von Veränderungen ein und unterstützte die Perestroika, klammerte sich aber wie Gorbatschow an die alte Ideologie, die beide reformieren, nicht aber aufgeben wollten.

Nach dem Treffen in Genf flog ich nach Kalifornien und besuchte Reagan in den Santa Ynez Mountains oberhalb von Santa Barbara auf seiner Ranch, wo er mit seiner Familie Thanksgiving verbrachte. Ich mußte ihn über den ausgearbeiteten INF-Vertrag informieren. Ich war über das bescheidene kleine Haus, das nicht einmal eine Zentralheizung hatte, überrascht. Der Präsident trug ein buntkariertes Wollhemd, Jeans und Stiefel. In dieser einfachen Umgebung war er ganz in seinem Element. Nancy Reagan blieb stets in unserer Nähe und ließ sich kein Wort entgehen. Der Präsident strahlte, als ich ihm von unserer Vereinbarung mit der Sowjetunion berichtete, und dies zu Recht. Als erster amerikanischer Regierungschef sollte er mit der Verschrottung von Atomwaffen beginnen.

An einem Novembermorgen saß in meinem Büro eine Gruppe von Russen, die Vorausdelegation für den Gipfel zwischen Gorbatschow und Reagan. Anders als ihr elegant gekleideter Chef trugen diese Männer noch immer Anzüge, die an die Erzeugnisse der Staatlichen Bekleidungsfabrik Minsk 2 erinnerten. Ich hatte inzwischen alle Hände voll zu tun, um die zahlreichen Vorbereitungen für den Gipfel zu treffen. An diesem Morgen versuchte ich die Russen davon zu überzeugen, Gorbatschow in einem Hubschrauber vom Luftwaffenstützpunkt Andrews einfliegen zu lassen, damit er einen Panoramablick über Washington genießen konnte. »*Njet*«, sagten die Russen und verwiesen auf Sicherheitsgründe. Gorbatschow solle den Weg im Autokorso zurücklegen.

Die Sowjetische Vorausdelegation ließ es sich während des Aufenthaltes in Washington gutgehen. In der ersten Nacht im Hotel *Madison* verkonsumierten sie aus den Minibars in ihren Zimmern Getränke im Wert von 1400 Dollar. Wir wiesen die Hoteldirektion an, die Bars nicht mehr aufzufüllen. Daneben spielte ich Vermittler zwischen dem KGB und unseren Sicherheitsbehörden. Das sowjetische Team war mit allerhand elektronischem Gerät eingetroffen, und wenn Gorbatschow kam, wollten sie ihr Befehlssystem zur Freigabe der Atomwaffen mitbringen, eine Entsprechung des »Footballs«, der unseren Präsidenten überallhin begleitet. Der Nachrichtendienst NSA, unsere Behörde für Lauschoperationen, lechzte nach einer Erlaubnis, im Weißen Haus Abhöranlagen zu installieren. Auch die CIA stand in den Startlöchern. Spione, die Spione ausspionierten ... Träger von Herzschrittmachern konnten von Glück sagen, wenn sie während des Gipfels unbeschadet durch die Anlagen vor dem Weißen Haus kamen.

Der Sicherheitschef der sowjetischen Vorausdelegation, Wladimir A. Krjutschkow, ein hoher KGB-Beamter, bat mich um eine Unterredung. Als die Mitarbeiter unseres Geheimdienstes erfuhren, daß ich einen Mann aus der KGB-Spitze im Westflügel des Weißen Hauses empfangen würde, gerieten sie in Panik. Nicht auszudenken, was Krjutschkow im Schilde führte. Woher wußten wir, was in seinen Schuhen war? Was, wenn er irgendwo eine Wanze anbrachte? Oder ein kleines Mikrofon in ein Sofa steckte? »Meine Herren«, sagte ich, »ich kann mir nicht vorstellen, daß der sowjetische Sicherheitschef für Gipfeltreffen seine Coups selbst durchführt. Was wollen Sie denn mit Gorbatschow machen, wenn er hier auftaucht? Ihn im Ostflügel einer Leibesvisitation unterziehen?« Ich versicherte ihnen, daß sie, sobald Krjutschkow gegangen sei, mein Büro auf den Kopf stellen dürften.

Wie mir Krjutschkow sagte, suchte er mich auf, »um für die absolute Sicherheit des Genossen Gorbatschow zu sorgen«. Ich schilderte ihm die Sicherheitsmaßnahmen, und er nickte zustimmend. »Ihr Geheimdienst hat uns sehr beeindruckt. Wir können von ihm lernen«, sagte er und fügte hinzu: »Wie auch Sie von uns lernen können.« Und mit einem verschmitzten Lächeln: »Wir freuen uns auch über die vielen neuen Angestellten in unserem Hotel. Im Hauptquartier des FBI muß es jetzt sehr einsam sein.« Wladimir A. Krjutschkow sollte kaum ein Jahr nach seinem Besuch im Weißen Haus Vorsitzender des KGB werden.

Ronald Reagans liberale Kritiker irrten in einem Punkt: Weil er als Konservativer für eine drastische Anhebung der Verteidigungsausgaben eintrat, hielten sie ihn für einen Kriegstreiber im Gewand eines Freizeit-Cowboys. Das war falsch. Ronald Reagan war vielmehr ein Visionär, der davon träumte, die Gefahr der nuklearen Vernichtung zu bannen. Darum ging es im INF-Vertrag, und darauf zielte auch sein SDI-Programm ab. Der Schutzschirm einer weltraumgestützten Raketenabwehr sollte Kernwaffen hinfällig machen. Obwohl das SDI-Programm (oder »der Krieg der Sterne«, wie Kritiker es nannten) einen gigantischen technischen Aufwand erforderte, lag ihm ein einfacher Gedanke zugrunde. Die gegenwärtige Situation glich der zweier feindlicher Soldaten, die, jeder mit einer Handgranate bewaffnet, im Schützengraben saßen. Wenn der eine seine Granate schleuderte, blieb dem anderen genug Zeit, dasselbe zu tun, so daß ein Erstschlag die sichere gegenseitige Vernichtung bedeutete. Wenn sich der eine ein Gewehr besorgte, um sich einen Vorteil zu verschaffen, zog der andere nach, und so weiter. Hinter dem SDI-Programm steckte die Absicht, diesen Teufelskreis zu durchbrechen. Präsident Reagan betrachtete die weltraumgestützte Raketenabwehr als einen Schutzschild, mit dem man feindliche Angriffe abwehren und somit auf den Bau neuer Waffen für Vergeltungsschläge verzichten konnte. Beim SDI-Programm ging es nicht um die Vernichtung, sondern um den Schutz von Menschen.

Der Präsident liebte den Vergleich mit einem Schutzschild, auch wenn er etwas übertrieben war. Eine weltraumgestützte Abwehr konnte nicht alle feindlichen Raketen abfangen. Ihr eigentlicher strategischer Vorteil bestand darin, daß sie einen vernichtenden nuklearen Erstschlag durch die Sowjets unmöglich machen würde. Reagan hatte den Sowjets sogar angeboten, die SDI-Technologie mit ihnen zu teilen, ein Angebot, dem die Sowjets niemals trauten. Auch viele US-Planer zweifelten an der Ernsthaftigkeit von Reagans Absichten, aber ich wußte, daß er es aufrichtig meinte. Reagan ging davon aus, daß die Sowjets nur dann zu einer Verringerung ihres Kernwaffenarsenals bereit seien, wenn auch sie sich sicher fühlten. Das war Reagans Vision. Gorbatschow vertrat demgegenüber die Position, daß der Bau von Raketen billiger sei als der eines hochkomplizierten Abwehrsystems und daß sein Land somit jeden Schutzschild durch den Bau neuer Waffen wirkungslos machen könne. Sein Argument ließ freilich die ökonomische Komponente der Gleichung außer acht. Wir hatten das Geld, beide Wege zu gehen, SDI oder mehr Raketen, während die Sowjets durch den Rüstungswettlauf wirtschaftlich ausbluteten. Auf dem Gipfel von Reykjavík 1986 hatte Gorbatschow Bereitschaft signalisiert, auf einen Großteil des strategischen Arsenals der Sowjetunion zu verzichten, wenn wir das SDI-Programm fallenließen. Damit zeigte er, daß er die neue Technologie trotz seiner anderslautenden Behauptungen fürchtete. Wir wußten, daß er sie bei seinem Washington-Besuch im Dezember immer noch zu verhindern versuchen würde. Und wir wußten, daß Reagan an ihr festhalten würde.

Als ich den Präsidenten einige Tage vor Gorbatschows Ankunft über den Ablauf des Gipfels informierte, unterbrach er mich und holte zwei kleine Schachteln hervor. Er öffnete sie und präsentierte mir lächelnd zwei Paar goldene Manschettenknöpfe, auf denen zwei Figuren dargestellt waren, die Schwerter zu Pflugscharen schmiedeten. Wie viele seiner Einfälle stammte auch dieser von einem kalifornischen Freund. Das eine Paar wollte der Präsident am Tag von Gorbatschows Ankunft tragen, das andere wollte er seinem Gast beim ersten Gespräch unter vier Augen im Oval Office überreichen. Ich machte ihn darauf aufmerksam, daß Russen wahrscheinlich keine französischen Manschettenknöpfe tragen, aber er ließ sich nicht beirren. An diesem und den folgenden Tagen erwartete uns viel Arbeit. Gorbatschow war ein gewiefter Verhandlungspartner. Trotzdem kam der Präsident jedesmal, wenn ich ihn über die Themen des Gipfels informierte, auf die Manschettenknöpfe zu sprechen. Er wußte, daß es letztlich um Abrüstung und Wirtschaft ging, aber es war ihm auch wichtig, daß sich die beiden Hauptakteure durch ein persönliches Symbol verbunden fühlten.

Wenige Tage vor dem Gipfel bat ich den sowjetischen Botschafter Jurij Dubinin, so rasch wie möglich in mein Büro zu kommen. Wir mußten ein dringendes Problem lösen. Dubinin, ein großer weißhaariger Mann, der einen gewöhnlich freundlich anblickte, machte ein gequältes Gesicht, als ich ihm unsere Zwangslage schilderte. Über seinen Augenbrauen begannen Schweißperlen zu glitzern. Ich berichtete ihm, daß

Nancy Reagan erzürnt war. Sie hatte Gorbatschows Frau Raissa schon mehrfach zum Tee oder zum Mittagessen eingeladen und trotz mehrfacher Nachfragen durch unseren Mitarbeiterstab bislang noch keine Antwort erhalten. Wir wußten nicht einmal, ob sie die Einladungen zur Kenntnis genommen hatte. Tom Griscom, der Leiter der Informationsabteilung und mein Mitstreiter bei der Vorbereitung des Gipfels, bemerkte auf seine witzige und originelle Art:»Worum geht's im Tiergehege? Um einen Futterstreit zwischen zwei First Ladies?« Da ich Nancy Reagans eisernen Willen kannte, wies ich Dubinin darauf hin, daß der einträchtige Verlauf des Gipfeltreffens in Gefahr geraten könnte, wenn sie keine klare, höfliche Antwort bekomme, und zwar sehr schnell.

»Colin«, druckste Dubinin, »das ist eine delikate Situation. Raissa Gorbatschowa ist ...« Ich wußte genau, was es hieß, eine First Lady um etwas zu bitten. Trotzdem sagte ich ihm:»Legen Sie sich ins Zeug, wenn Sie nicht wollen, daß der Gipfel an einer Albernheit scheitert. Nehmen Sie doch einfach das neue Faxgerät vom KGB. Sorgen Sie bitte dafür, daß eine Antwort kommt, und zwar schnell.« Vierundzwanzig Stunden später – für sowjetische Verhältnisse eine Blitzentscheidung – hatten wir eine telegrafische Zusage von Raissa Gorbatschowa. Sie wolle zum Tee kommen.

Obwohl ich schon ein wenig Erfahrung im Umgang mit willensstarken First Ladies gesammelt hatte, mußte ich noch einiges lernen. Mein Stab und ich hatten die Unterzeichnung des Vertrages auf den ersten Tag gelegt, damit der Gipfel mit einem dramatischen Auftakt begann. Als Zeitpunkt hatten wir Schlag 11 Uhr vorgesehen. Ich schickte den Terminvorschlag Ken Duberstein, dem stellvertretenden Stabschef im Weißen Haus, einem tatkräftigen und klugen jungen Mann aus Brooklyn. Duberstein rief mich später an und teilte mir mit, die Unterzeichnung werde erst um 13.45 Uhr stattfinden. Ich wandte ein, dies sei unmöglich, weil es den gesamten Ablauf des Gipfels durcheinanderbringe. Ken bestand auf 13.45 Uhr. Ich schlug als Kompromiß 11.30 Uhr oder allerspätestens Mittag vor. Aber Duberstein blieb bei seinem Termin. Die sture Haltung war für ihn so ungewöhnlich, daß ich schließlich fragte:»Warum gerade 13.45 Uhr, Ken?« Er antwortete ausweichend und bestand auf der Erfüllung seiner Forderung. Uns blieb nichts anderes übrig, als den gesamten Terminplan umzustoßen.

Wochen später verriet mir Duberstein schließlich, warum er auf seiner Uhrzeit bestanden hatte, und weihte mich in ein Geheimnis ein, das damals nur ein halbes Dutzend Mitarbeiter im Weißen Haus kannten. Heute weiß alle Welt, daß Nancy Reagan eine Astrologin konsultierte, bevor entschieden wurde, wo und wann ihr Mann seinen Staatsgeschäften nachging. Und nach Meinung ihrer kalifornischen Seherin Joan Quigley standen die Sterne für die Unterzeichnung des INF-Vertrages um 13.45 Uhr in einer günstigen Konstellation.

Nancy Reagans Interesse an der Astrologie stand durchaus im Einklang mit gewissen mystischen Zügen beim Präsidenten selbst. Ronald Reagan war über den Reaktorunfall in Tschernobyl bestürzt gewesen. Wenn schon bei einem Störfall in einem sowjetischen Atomkraftwerk über weite Teile der Erde Radioaktivität verweht wurde, was würde dann erst beim Einsatz von Kernwaffen geschehen? Der Präsident hatte erfahren, daß sich der Name Tschernobyl vom russischen Wort für »Wermut« herleitete. In der Bibel taucht Wermut als Symbol für Bitterkeit auf, und der Präsident erstellte eine Assoziationsreihe von Wermut über Erbitterung bis zu Armageddon und verkündete uns, der Vorfall in Tschernobyl sei ein Fingerzeig Gottes an die Menschheit gewesen.

Als Gorbatschow am 7. Dezember schließlich in Washington landete, hielten wir uns strikt an das Drehbuch: Ankunft des Generalsekretärs an der Südseite des Weißen Hauses, dann ein kurzes Gespräch unter vier Augen mit dem Präsidenten im Oval Office. Reagan überreichte erwartungsvoll die Manschettenknöpfe, und Gorbatschow nahm sie mit einem einfachen »Danke« entgegen. Dann führten beide ihre Delegationen zur Unterzeichnung des INF-Vertrages in den East Room. »Erstmals in der Geschichte«, so sagte Präsident Reagan, »wurde die Sprache der ›Rüstungskontrolle‹ durch die der ›Abrüstung‹ ersetzt.« Wir hatten zwei ledergebundene Ausfertigungen des Vertrages vorbereitet, blau für die Vereinigten Staaten, rot für die Sowjetunion. Reagan und Gorbatschow unterzeichneten kurz nach 13.45 Uhr.

Jetzt war es Zeit, die Förmlichkeiten hinter sich zu lassen und sich substantiellen Dingen zu widmen. Gorbatschow wollte Reagan nach wie vor zu einem Verzicht auf das SDI-Programm bewegen und zudem um Wirtschaftshilfe für sein Land werben. Wir wollten die Sowjets zum Rückzug aus Afghanistan bringen und erreichen, daß sowjetische Juden ungehindert ausreisen durften. Ich hatte es so eingerichtet, daß sich die Hauptpersonen und ihre engsten Mitarbeiter um 14.30 Uhr im Oval Office einfinden sollten. Da auf Wunsch des Außenministeriums zu dieser Sitzung zahlreiche weitere Amerikaner und Sowjets zugelassen wurden, bat George Shultz im letzten Augenblick um eine Verlegung in den weitaus größeren Kabinettssaal. Ich wurde unruhig. Ronald Reagan geriet bei unerwarteten Veränderungen leicht aus dem Konzept. Unklugerweise gab ich Shultz nach.

Als im überfüllten Kabinettssaal alle Platz genommen hatten, forderte der Präsident seinen Staatsgast auf, als erster zu sprechen. Während Gorbatschow nach handschriftlichen Notizen seine Rede hielt, notierte ich mir meine Eindrücke: »Intelligent, schwungvoll, wendig, kraftvoll, solide, lebendig. Eine farbige Rede.« Gorbatschow warf mit Begriffen wie »Mehrfachsprengköpfe« und »Flugbahnen« um sich und sprach über das »Wurfgewicht« von SS-12, SS-13, SS-18 und SS-24, so daß ich mich stellenweise an Ken Adelmans Fachleute in der Rüstungskontroll- und Abrüstungsbehörde erinnert fühlte. An einem Punkt sagte er: »Ich weiß, daß Sie in Ihrer Fabrik in Pine Bluff in Arkansas Vorbereitungen zur Produktion neuer chemischer Waffen treffen.« Er wußte sogar, daß diese Waffen mit 155-Millimeter-Artilleriegranaten abgefeuert würden, was mir nicht bekannt gewesen war. Der Präsident hörte ihm mit unveränderlich amüsierter Miene zu. Plötzlich unterbrach er ihn mit dem Hinweis, er habe etwas zu erzählen. Wir wußten bereits, daß er eine Reihe von Witzen über die Russen auf Lager hatte, von denen er die meisten bei Mitarbeitern der US-Botschaft in Moskau aufgeschnappt hatte. Gorbatschow überließ ihm das Feld.

»Ein amerikanischer Professor«, begann der Präsident, »fuhr im Taxi zum Flughafen, um in die Sowjetunion zu fliegen. Wie sich herausstellte, war der Taxifahrer Student. ›Wenn Sie mit dem Studium fertig sind‹, fragte der Professor, ›was wollen Sie dann werden?‹ ›Weiß nicht‹, sagte der Taxifahrer, ›ich habe mich noch nicht entschieden.‹

Nach der Landung in Moskau nahm der Professor ein Taxi in die Stadt und knüpfte ein Gespräch mit dem Fahrer an, der, wie sich herausstellte, ebenfalls Student war. Der Professor fragte ihn, was er nach Abschluß seines Studiums tun werde. ›Weiß nicht‹, antwortete der Taxifahrer, ›man hat es mir noch nicht gesagt.‹ Dies«, so meinte der Präsident, »ist der grundlegende Unterschied zwischen uns.«

Die meisten Amerikaner im Raum hätten sich am liebsten unter dem

Tisch verkrochen. Gorbatschow starrte mit ausdrucksloser Miene vor sich hin. Er traf jetzt zum dritten Mal mit dem amerikanischen Präsidenten zusammen und kannte seine persönliche Art inzwischen. Aber ihm lag ganz offenbar mehr daran, seine Positionen durchzusetzen, als auf eine Beleidigung zu reagieren. So ging er, als sei nichts gewesen, zur Tagesordnung über. Auch im weiteren Verlauf wurde deutlich, daß der Präsident schlecht vorbereitet war. Bei diplomatischen Fragen wandte er sich an Shultz: »Nun, George, vielleicht möchten Sie dazu ein paar Worte sagen.« Auf militärischem Gebiet wandte er sich an Carlucci: »Ich bin sicher, Frank, sie möchten diesen Punkt aufgreifen.«

Nach demEnde der Begegnung zog sich unsere Seite ins Oval Office zurück. George Shultz sagte ihm die Wahrheit mutig ins Gesicht: »Mr. President, das war eine Katastrophe. Dieser Mann ist ein zäher Brokken. Er ist vorbereitet. Da können Sie doch nicht einfach nur Witze erzählen.«

Eine weitere Arbeitssitzung Reagans und Gorbatschows war für den nächsten Morgen vorgesehen. Ich war entschlossen, eine Wiederholung der heutigen Fehler, für die ich mich zum Teil verantwortlich fühlte, auf alle Fälle zu vermeiden. »Zunächst einmal bleiben wir im Oval Office«, verlangte ich. Diesmal stimmte mir George Shultz zu. »Und als nächstes, Mr. President«, sagte ich, »werden wir dafür sorgen, daß Sie eine detailliertere Liste mit Gesprächspunkten bekommen.« Es hatte wenig Sinn, Ronald Reagan weiter ins Gebet zu nehmen. Da er am Abend für Gorbatschow ein Staatsbankett gab, schlug ich vor, er solle sich zur Vorbereitung in seine Privaträume zurückziehen. Ich versicherte ihm, wir hätten für ihn bis morgen alles vorbereitet.

Am Ende der Besprechung sah Shultz immer noch besorgt aus. Wir waren sozusagen in der ersten Runde zu Boden gegangen. Ich schlug vor, erst einmal tief Atem zu holen, dann an die Arbeit zu gehen und die Scharte auszuwetzen. Ich kehrte in mein Büro zurück und wies meine Sekretärin Florence Gantt an, meine Mitarbeiter Fritz Ermath, Bob Linhard und Nelson Ledsky zusammenzutrommeln. Sobald sie eingetroffen waren, gab ich die Order mit den klassischen fünf Punkten aus: Lage: ernst, wir haben das erste Gefecht verloren. Kampfauftrag: die Initiative zurückgewinnen. Ausführung: Gegenangriff durch bessere Vorbereitung des Präsidenten für den nächsten Tag. Logistik: drei oder vier eng beschriebene Seiten mit Gesprächspunkten, vorbereitet von seinem Stab. Kommando und Kontrolle: hier in diesem Raum mit Bestätigung der Gesprächspunkte durch den Außenminister. »Gegen Mitternacht sehe ich Sie hier wieder«, sagte ich, »nach dem Staatsbankett.«

Das Diner verlief reibungungslos: Ronald Reagan war ganz in seinem Element, er plauderte herzlich, wirkte überzeugend und war witzig – und diesmal auch vorbereitet. Kurz vor Mitternacht ging ich in mein Büro und fand dort das Chaos vor, das einen bei Blitzaufträgen üblicherweise erwartet: Schreibtische, auf denen halbleere Styroporbecher mit kaltem Kaffee standen und Plastiklöffel verstreut lagen, Männer mit hochgekrempelten Ärmeln und gelockerten Krawatten, die sich über Manuskripte mit bekritzelten Rändern beugten, Sekretärinnen mit zersaustem Haar, die Texte in Computer eintippten. Gerade spuckte der Drucker einen letzten Entwurf aus. Ich warf einen Blick auf die aktuelle Version und sagte: »Gut, aber noch nicht gut genug.« Ich nahm einige Korrekturen vor und ging nach Hause, schlief ein wenig und war um fünf Uhr morgens wieder im Westflügel. Die Mitarbeiter saßen matt auf Stühlen und Sofas und blickten mich aus trüben Augen an. Ermath reichte mir die letzte Version der Geprächspunkte für den Präsidenten. Ich warf einen Blick auf meine Uhr. Um sieben würde Shultz vorbeikommen, um unsere Arbeit zu begutachten. »Noch einmal«, sagte ich und gab ein paar neue Anweisungen. Sie standen auf und versammelten sich wieder um den Konferenztisch.

Shultz war pünktlich, und wir zeigten ihm, was wir zu bieten hatten. »Ich denke, es ist gut«, sagte er, »aber ich nehme es doch besser ins Ministerium mit. Meine Leute müssen einen Blick darauf werfen.«

»Sie sollen sich aber beeilen«, sagte ich. »Ich muß den Präsidenten noch instruieren. Um 11 Uhr trifft er mit Gorbatschow zusammen.«

Der Präsident machte einen erholten und entspannten Eindruck, als ich die Gesprächspunkte mit ihm durchging. Der Text war mit zweizeiligem Abstand gedruckt und umfaßte die Themen SDI, Rüstungskontrolle, regionale Konflikte, Menschenrechte und Wirtschaftshilfe. Reagan tat so, als sei gestern nichts vorgefallen. Ich war sehr zuversichtlich. Morgens sehen die Dinge immer besser aus. Und stetiger Optimismus schenkt doppelte Kraft, sogar einem Präsidenten.

Der Präsident äußerte sich sehr zufrieden und nickte, während wir einen Punkt nach dem anderen durchgingen.

Er saß in einem Sessel neben einem Beistelltisch. Ich zog die Schublade auf und legte die drei Seiten hinein. »Nach der offiziellen Eröffnungszeremonie«, erklärte ich, »kehren wir ins Oval Office zurück.« Ein Mitarbeiter Gorbatschows (ein finster blickender KGB-Offizier, den Griscom als »Dracula« bezeichnet hatte) würde seine Aktentasche öffnen und dem Generalsekretär einen Block mit handgeschriebenen Notizen reichen. »In diesem Moment ziehen Sie beiläufig die Gesprächspunkte aus der Schublade«, wies ich den Präsidenten an. »Achten Sie darauf, daß Sie als erster reden.«

Am späten Vormittag begrüßte der Präsident Gorbatschow im Weißen Haus. Beide begaben sich mit ihren Stäben ins Oval Office. Wir ließen die Journalisten zum Phototermin ein, dann machten wir uns wieder an die Arbeit. Gorbatschow hielt seinen Stenoblock bereits in der Hand. Ich blickte zum Präsidenten hinüber, der seine Notizen aus dem Beistelltisch zog. In einem natürlichen und überzeugenden Ton begann er seine Rede. Gestern, so bemerkte er, sei ein stolzer Tag gewesen. Aber wie der Generalsekretär selbst gesagt habe, bleibe noch viel zu tun. Er fühle sich ermutigt durch die Bereitschaft der Sowjetunion, die ballistischen Raketen auf 4800 bis 5100 Sprengköpfe zu beschränken. Die Angriffswaffen hätten den Frieden über vierzig Jahre lang gesichert, aber unsere beiden Völker verdienten Besseres. Das sei das Ziel von SDI. Das System werde der Welt mehr Stabilität bringen, da es den Parteien im Krisenfall jeden Anreiz zum Erstschlag nehme.

Der Auftritt klappte hervorragend, der Präsident lenkte die Diskussion in die gewünschte Richtung. Nach einer gewissen Zeit nahm ich Gorbatschow in Augenschein, und einmal mehr fiel mir auf, daß er die neue Situation sofort erfaßte. Er hatte unsere Strategie, mit der wir den Patzer von gestern wettmachen wollten, sofort begriffen. Dann hatte der Präsident zu Ende gesprochen, und Gorbatschow ergriff das Wort. Nach einem kurzen Blick in seine Notizen gab er uns eine weitere Kostprobe seines umfangreichen Faktenwissens. Wieder äußerte er schwerwiegende Bedenken gegen das SDI-Programm und trat Meldungen der amerikanischen Presse entgegen, wonach die Sowjetunion ein eigenes SDI-Programm entwickele. Wenn die USA diesen Weg weitergehen wollten, so Gorbatschow, sei dies ihre Angelegenheit. Die Sowjetunion werde darauf jedenfalls eine Antwort finden. Dennoch blieb der Tenor seiner Rede positiv, und er zeigte Bereitschaft, weiter nach Übereinkünften zum Abbau des Kernwaffenarsenals zu suchen.

Die Gespräche zogen sich über eineinhalb Stunden hin. Shultz, Carlucci und ich mußten dem Präsidenten bei Details gelegentlich auf die Sprünge helfen. Obwohl Gorbatschow ihm bei Sachfragen eindeutig überlegen war, zeigte er keine Spur von der Herablassung eines Nikita Chruschtschow, der den jungen unerfahrenen Präsidenten John F. Kennedy 1961 in Wien eingeschüchtert hatte. Gorbatschow verhielt sich ähnlich wie Margaret Thatcher, die Reagan bei der Erfassung und Darstellung komplexer Themen ebenfalls haushoch überlegen war. Wie sie erkannte er in Reagan jene Fähigkeiten, mit denen er die Amerikaner bei zwei Präsidentschaftswahlen für sich gewonnen hatte. Dieser Mann war nicht nur Präsident, er verkörperte in vielerlei Hinsicht auch den bodenständigen Charakter seines Volkes, stand für Machbarkeit und Optimismus. Kluge Staatschefs sahen das, den zynischen blieb es verborgen. Und Michail Gorbatschow konnte keiner etwas vormachen.

Am nächsten Morgen blieb noch immer eine wichtige Detailfrage zu klären: Die Sowjets wollten für die ballistischen Raketen eine Obergrenze von 5100, wir dagegen von nur 4800 Stück festsetzen. Bevor dieses Problem nicht gelöst war, konnten wir vom INF-Vertrag nicht zum START-Vertrag übergehen, bei dem es um die Begrenzung der strategischen Atomwaffen mit großer Reichweite, also der auf die gegnerischen Städte gerichteten Interkontinentalraketen ging.

Während wir mit den Sowjets im überfüllten Kabinettsraum über Obergrenzen für ballistische Raketen stritten, warteten Reagan, Gorbatschow und ihre Frauen auf ein Ende der Debatte, damit wir mit der Abschiedszeremonie in den regennassen Anlagen vor der Südseite des Weißen Hauses beginnen konnten. Schließlich schlug Carlucci Achromejew einen Kompromiß von 4900 Raketen vor. Nach einer Rückversicherung bei Shultz holte unser Verhandlungsteam die Zustimmung des Präsidenten ein. Anschließend versicherte ich ihm, daß wir ein gutes Ergebnis erzielt hätten. Ich hatte den gleichen Eindruck, den Carlucci mir einmal beschrieben hatte: Ronald Reagan vertraute seinen Leuten vollkommen, und da er ihren Ratschlägen gewöhnlich folgte, mußten sie sich ihrer Sache ganz sicher sein. Einmal gab mir Präsident

Reagan auf ein Foto, das zeigt, wie ich ihn im Oval Office berate, ein Autogramm und schrieb die Bemerkung daneben:»Wenn Sie etwas sagen, Colin, muß es richtig sein.« Der Grad seines Vertrauens hatte schon fast etwas Beunruhigendes.

Auch Gorbatschow stimmte dem Kompromiß zu. An diesem regnerischen Vormittag wurde die Welt ein Stück sicherer.

Das nächste Gipfeltreffen war für den Sommer in Moskau anberaumt. Am 19. Februar flogen Außenminister Shultz und ich zu Vorbereitungen in die russische Hauptstadt und legten in Finnland einen Zwischenstopp ein. Inzwischen war das Eis zwischen Shultz und mir gebrochen. Shultz war einer der glänzendsten Staatsdiener, die mir je begegnet waren, und je besser ich ihn kennenlernte, desto mehr beeindruckte er mich. Ich bewunderte ihn nicht nur wegen seiner intellektuellen Fähigkeiten, sondern auch wegen der entschlossenen Art, mit der er Ronald Reagans Visionen mit Leben erfüllte. Wir trafen uns allmorgendlich um sieben Uhr mit Frank Carlucci in meinem Büro und arbeiteten so gut zusammen, daß man kaum den Eindruck hatte, daß wir rivalisierende Regierungsstellen leiteten. In dieser Administration gab es nur einen Außenminister, und der hieß George Shultz, und ich sorgte dafür, daß der Stab des Nationalen Sicherheitsrates das begriff und ihm stets den Rücken stärkte.

Während unseres Aufenthaltes in Helsinki stiegen wir in dem gemütlichen Hotel Kalastajatorppa ab, um uns vor der Begegnung mit den Sowjets von den Strapazen der Zeitverschiebung zu erholen. Shultz gab für die rund fünfzehn Personen unseres Trosses im Hotel ein großzügiges Abendessen. Dabei stellten wir fest, daß wir von einer Gruppe japanischer Touristen am Nebentisch interessiert beobachtet wurden.

Als wir Anstalten zum Aufbruch machten, umringten uns die Japaner mit ihren Kameras. Sie sagten, sie wollten sich mit »dem berühmten Mann« fotografieren lassen. Shultz und ich setzten uns etwas in Pose, stellten dann aber fest, daß das Interesse der Japaner einem anderen galt. Die Berühmtheit, mit der sie sich fotografieren lassen wollten, war Charles Redman, der Pressesprecher des Außenministeriums. Redman trat bei Pressekonferenzen täglich vor die Fernsehkameras, deren Bilder auch in Japan ausgestrahlt wurden. Im Zeitalter der Medien wird die Wahrnehmung von TV-Bildern bestimmt, hinter denen die Wirklichkeit immer stärker zurücktritt. Ich sollte noch feststellen, daß dieses Phänomen auch bei Verhandlungen über außenpolitische Fragen eine immer größere Rolle spielte.

Nach unserer Ankunft in Moskau traf ich mit einer wichtigen Persönlickeit aus der Zeit des Kalten Krieges zusammen, mit Anatolij Dobrynin, dem sowjetischen Botschafter in den Vereinigten Staaten unter Chruschtschow, Breschnew, Andropow und Tschernjenko. Dobrynin schwamm immer oben. Er hatte alle diese kommunistischen Regime von Hardlinern politisch überlebt und war auch jetzt im Zeitalter von Glasnost und Perestroika ein wichtiger Ratgeber Michail Gorbatschows. Mit Dobrynin und Eduard Schewardnadse arbeiteten wir in Osobnjak, der alten zaristischen Villa, die dem Außenministerium jetzt als Gästehaus diente, an den Vorbereitungen für den kommenden Gipfel.

Am Ende des ersten Tages trat Dobrynin an mich heran und schlug vor, unter vier Augen ein wenig zu plaudern. Sein Fahrer brachte uns in einer Limousine der Marke Sil zu einem stattlichen Hotel, das vom Kreml aus jenseits der Moskwa lag. Die Eingangshalle war fast menschenleer, und so fragte ich Dobrynin: »Was ist das für ein Hotel?« »Eines für hohe Tiere«, antwortete er in seinem angenehmen amerikanischen Englisch. »Politbüro, KGB.« Wir nahmen den Aufzug in den vierten Stock, wo mich Dobrynin in einen abgetrennten Speisesaal führte. Obwohl die Sowjetunion gewöhnlich nicht ihrer Küche wegen bereist wird, genoß ich hier ein vorzügliches Mahl. Serviert wurde es von einem Zwillingspaar, zwei flinken jungen Russinnen.

Dobrynin hatte ein großes, offenes und onkelhaftes Gesicht, und seine Art war entwaffnend. Ich war auf der Hut. »Damit Sie richtig verstehen, was hier vor sich geht, Colin«, sagte er beim Essen. »Mit Gorbatschow führt zum ersten Mal seit Lenin wieder ein Jurist das Land. Dieser Punkt ist bedeutsamer als Sie denken. Eine Gesellschaft, die von Bürokraten mit Diktaten regiert wird, kann nicht funktionieren. Von Apparatschiks ist nichts zu erwarten. Es gibt keine Möglichkeit für Reformen. Gorbatschow versucht, aus diesem Land eine Nation zu machen, in der Gesetze und nicht Parteifunktionäre herrschen.« Dann kam Dobrynin auf den besonderen Umgang Gorbatschows mit den Militärs zu sprechen, den es bislang noch nicht gegeben habe: »Er treibt die Generäle in den Wahnsinn. Gorbatschow sagt ihnen: ›Warum erzählen Sie mir, daß wir diese oder jene Waffe bräuchten, nur weil die Amerikaner sie haben? Ich bin nicht darauf aus, Amerika zu erobern. Sagen Sie mir also, ob wir sie für *unsere* Sicherheit brauchen.‹« Bislang, so Dobrynin weiter, habe den Militärs niemand solche Fragen gestellt. In der Vergangenheit hätten sie stets alles bekommen, was sie gewollt hätten.

Er bat mich, die sowjetische Expansionspolitik einmal aus ihrer Sicht zu betrachten. »Immer hackt Ihr wegen Kuba auf uns herum: Kuba, Kuba und nochmals Kuba«, sagte er. »Wissen Sie, von wem wir Kuba bekommen haben? Von Euch doch. Castro war Revolutionär, aber kein richtiger Marxist. Er ging zu den Vereinten Nationen. Er wartete im Hotel Theresa in Harlem. Ihre Regierung hat ihn ignoriert, ihn zum Paria gemacht. Damit fiel er uns in den Schoß.«

»Ihr hackt ständig wegen Nicaragua auf uns ein«, fuhr er fort, »aber wir geben den Sandinisten nicht mehr, als sie zu ihrer Selbstverteidigung brauchen. Das reicht nicht, um ihren Nachbarn Schwierigkeiten zu machen. Und Sie werden sehen, daß wir uns in Zukunft nicht mehr so rasch an den Revolutionen anderer beteiligen.« Diese Zeit gehe dem Ende entgegen, versicherte Dobrynin. Die Sowjetunion wolle sich in keine ausländischen Abenteuer mehr stürzen, die sie Milliarden Rubel kosteten und nichts anderes einbrächten, als despotische Regime und schlechte Beziehungen zu den USA.

Gorbatschow wolle die Sowjetunion im Inneren erneuern. Die neue Regierung wolle den Weg in Richtung Marktwirtschaft einschlagen. Aber dieser Wandel sei nicht einfach. »Nehmen Sie nur Brot als Beispiel«, erläuterte Dobrynin. »Bei uns wird Brot subventioniert. Es ist so billig, daß es günstiger ist, Schweine mit Brot statt mit Schweinefutter zu füttern. Beim Brot ist die Plastikverpackung teurer als der Inhalt. Wir wissen, daß das Irrsinn ist und daß es so nicht weitergehen kann. Aber nach sechzig Jahren kann man die Subventionen für Brot nicht einfach streichen. Dann gäbe es eine wirkliche Revolution.« Gorbatschow, so Dobrynin, habe auch versucht, höhere Steuern durchzusetzen, um den Staat handlungsfähiger zu machen. »Aber dann riskiert man, jede unternehmerische Initiative im Keim zu ersticken.«

Ich war mir bewußt, daß ich es mit einem altgedienten Berufsdiplomaten zu tun hatte, der so geschmeidig war wie Seide. Trotzdem mißtraute ich nicht automatisch allem, was Anatolij Dobrynin mir sagte.

Ich kehrte in mein Hotel zurück und brachte jedes Wort, an das ich mich erinnerte, zu Papier.

Am 1. März traf sich Präsident Reagan in Brüssel mit den anderen fünfzehn Staats- und Regierungschefs der NATO-Staaten. Die rasanten Veränderungen in der Sowjetunion brachten alle unsere althergebrachten Anschauungen ins Wanken. Der deutsche Bundeskanzler Helmut Kohl, dessen Land im Falle eines Krieges zwischen Ost und West wahrscheinlich das Schlachtfeld sein würde, wollte weitere Abkommen über eine noch drastischere Reduzierung taktischer Nuklearwaffen wie unserer Lance-Raketen mit einer Reichweite von unter hundert Kilometern. Zu Hause geriet die Regierung Reagan unter Druck: Die Öffentlichkeit wollte wissen, warum unsere Verteidigungsausgaben pro Kopf trotz der Verminderung der sowjetischen Bedrohung noch immer fast viermal so hoch waren wie die eines durchschnittlichen NATO-Partners.

Die Staats- und Regierungschefs der NATO saßen im Brüsseler Hauptquartier an einem riesigen runden Tisch, und hinter ihnen ihre Mitarbeiter. Präsident Reagan sollte als letzter der sechzehn sprechen. Als sein Auftritt am Ende des Tages schließlich näherrückte und seine Vorredner sich bereits zu Gorbatschow geäußert hatten, kamen mir Zweifel, ob die Notizen, die wir für ihn vorbereitet hatten, noch passend waren. Deshalb ging ich in der nächsten Pause zu ihm hin und flüsterte ihm zu: »Verzeihen Sie, Sir, aber Ihre Notizen sind nicht besonders gut. Ich fürchte, Sie werden improvisieren müssen.«

Er sah mich freundlich an, geriet nicht in Panik und sagte nur: »Okay.« Seine Rede war im Anschluß an die des kanadischen Premierministers Brian Mulroney vorgesehen. Mulroney begann mit dem Hinweis, daß sein Land direkt neben einer Supermacht liege, und verglich die 4800 Kilometer lange unbefestigte Grenze zwischen Kanada und den USA mit der waffenstarrenden Grenze zwischen dem Ostblock und dem Westen. Diese Grenze mit ihren Waffen repräsentiere die Vergangenheit, so Mulroney, während die offene Grenze zwischen Kanada und den USA für die Zukunft stehe. Mit seiner wortreich vorgetragenen Rede lenkte Mulroney etwas von der Gorbimanie ab, die bislang an diesem Tag die Szenerie beherrscht hatte.

Schließlich kam Präsident Reagan an die Reihe. Er sprach über unsere gemeinsamen Bemühungen mit der Sowjetunion. Schlicht und überzeugend legte er unsere Ziele und Erwartungen dar. Er trug seine Gedanken aus dem Stegreif vor und brachte bei den anderen Staats- und Regierungschefs offenbar eine Saite zum Klingen. Ronald Reagan war eine schillernde Persönlichkeit, und nicht die eindimensionale Gestalt, die seine Kritiker zu zeichnen versuchten. An diesem Tag zeigte er einmal mehr sein Verständnis für die historischen Veränderungen, die unsere Beziehungen zur Sowjetunion bestimmten. Und er brachte seine Überzeugungen auf seine ganz eigene schlichte Weise zum Ausdruck. Er strahlte mehr Selbstvertrauen und Zuversicht aus als alle anderen Menschen, die ich bislang kennengelernt habe.

Während der Präsident bei allen seinen Reden das letzte Wort hatte, war ich als Vertreter des Weißen Hauses dafür verantwortlich, Reden zur nationalen Sicherheit einer ersten Prüfung zu unterziehen. Einmal hatten wir über den Entwurf zu einer Rede zu befinden, die am 21. April auf dem World Affairs Council von West-Massachusetts in Springfield gehalten werden sollte. Der Entwurf stammte von Tony Dolan, dem einflußreichsten Hardliner unter Reagans Redenschreibern, der den Tonfall des Präsidenten meisterhaft beherrschte. Obwohl Ronald Reagan keinen Konfrontationskurs mehr steuerte und die Kooperation mit der Sowjetunion noch weiter ausbauen wollte, bemühte sich Dolan, in die Rede des Präsidenten etwas Biß zu bringen: Zum einen ist Nachgiebigkeit eine schlechte Verhandlungstaktik, und zum anderen standen im Land Wahlen an. Obwohl Reagan selbst nicht mehr antrat, war die Republikanische Partei entschlossen, die Regierung auf konservativer Basis weiterzuführen. Die Rede hieb folglich in die traditionelle Kerbe des Ost-West-Gegensatzes, um vor dem Moskauer Gipfel den rechten Flügel der Republikaner zu stärken. Ich hatte aus diplomatischen Gründen gewisse Bedenken gegen die Rede, aber von einem nüchternen politischen Standpunkt aus betrachtet, hatte die Strategie durchaus ihren Sinn.

Am 22. April, einen Tag nach der Rede des Präsidenten, saß ich mit George Shultz im Kreml, im Katharinensaal, einer prachtvollen Halle aus der Zarenzeit mit hohen Decken, gelb-weiß ausgeschmückten Wänden und wuchtigen Kristallüstern. Uns gegenüber am Tisch verurteilte Michail Gorbatschow mit grimmiger Miene, strenger Stimme und brüsken Gesten die harschen Töne, die Präsident Reagan vierundzwanzig Stunden zuvor in seiner Rede in Springfield angeschlagen hatte. »Ich muß glauben«, so Gorbatschow, »daß es eine Rückwärtsbewegung gibt, den Versuch, uns eine Moralpredigt zu halten.« Wie sonst sei zu erklären, daß Reagan in altgewohnter Manier auf die Sowjetunion einschlage? »Soll der Gipfel ein Hahnenkampf werden?« fragte er.

Mir fiel auf, daß Gorbatschow sich auf seinen Angriff sehr gut vorbereitet hatte. Er hatte diesmal keinen Stenoblock vor sich. Statt dessen lag vor ihm ein leerer Aktendeckel, den er vorn, hinten und innen eng beschrieben hatte. Selbst die Ecken waren diagonal bekritzelt. Ich konnte mir die Szene am Vorabend gut vorstellen: »Genosse Vorsitzender, hier sind die Unterlagen für morgen.« Gorbatschow mußte sie kurz überflogen und unwirsch beiseite gelegt haben: »Diesen Unsinn haben die Ereignisse längst überholt. Das mache ich selbst.«

Bei unserem Treffen wies der Generalsekretär darauf hin, daß Richard Nixon kürzlich den INF-Vertrag kritisiert hatte. »Nixon hat beim Memoirenschreiben wohl eine Pause eingelegt, um wieder an der politischen Debatte teilzunehmen«, bemerkte Gorbatschow sarkastisch. »Man sollte es nicht zulassen, daß die Toten die Lebenden an den Rockschößen in die Vergangenheit zurückziehen.« Wir sollten Leuten entgegentreten, die »den Betreibern der amerikanisch-sowjetischen Normalisierung Knüppel zwischen die Beine werfen«. Was solle er von diesen neuerlichen kriegerischen Tönen halten? Sei das eine Rückkehr zur alten Politik, oder liefere Präsident Reagan nur der amerikanischen Rechten ein Schauspiel? Sehr scharfsinnig, Michail, dachte ich.

Die Standpauke dauerte einschließlich Übersetzung fünfundfünfzig Minuten. Anfangs hatte ich mich gefragt, welchen Preis wir für die Rede in Springfield würden zahlen müssen. Dann aber spürte ich, daß auch Gorbatschow lediglich Rücksicht auf seine Klientel in Gestalt der am Tisch versammelten Sowjets nehmen mußte. Der Angriff auf sein Land hatte einfach nicht ohne Gegenschlag bleiben können.

George Shultz war nicht in Washington gewesen, als die Springfield-Rede freigegeben worden war. Er kannte sie nicht und war daher über Gorbatschows Strafpredigt etwas überrascht. Klugerweise ignorierte er die harschen Töne und ging, als Gorbatschow schließlich zum Ende gekommen war, ruhig zur Tagesordnung über. Damit änderte auch Gorbatschow seinen Ton. Er beschrieb die Ziele von Perestroika und Glasnost. Er wollte den schwerfälligen sowjetischen Riesen reformieren, seine Wirtschaft und Verwaltung effizient machen, das Land den Kräften des Marktes öffnen. Er wollte die Kommunistische Partei umgestalten und die UdSSR verändern, wie wir es uns nie hätten vorstellen können. Gorbatschow kündigte tatsächlich an, er werde den Kalten Krieg beenden. Der Kampf zwischen ihrer und unserer Ideologie sei vorüber, und die Sowjetunion habe ihn verloren. Gorbatschow blickte mir, dem Militär, in die Augen und sagte mit einem Zwinkern: »Was werden Sie jetzt tun, da Sie Ihren besten Feind verloren haben?«

Als ich den ungewöhnlichen Tag nachts im Hotelzimmer Revue passieren ließ, war ich im Innersten davon überzeugt, daß der Kurswechsel der Sowjets keine Kriegslist war, um den Westen zu entwaffnen. Dieser Mann meinte, was er sagte. Im Bett wurde mir bewußt, daß ein Abschnitt meines Lebens zu Ende gegangen war und ein neuer begann. Meine Aufgabe hatte bislang darin bestanden, dem Kommunismus entgegenzutreten, ihn in Schach zu halten und notfalls zu bekämpfen. Jetzt mußte ich mir Gedanken über eine Welt ohne den Kalten Krieg machen. Alle früheren Wahrheiten hatten damit ihre Gültigkeit verloren.

Nach dem Moskauer Besuch begleitete George Shultz Eduard Schewardnadse zu einer Visite in die Republik Georgien. Ich flog nach Hause, legte aber einen Zwischenstopp in London ein, um Premierministerin Thatcher über die aktuelle Lage zu informieren. Wieder wurde ich in ihr Wohnzimmer geführt, wo wir fast eine Stunde miteinander redeten. Vor dem Gehen erwähnte ich eine der letzten Äußerungen Gorbatschows: »Er sagte uns, er werde versuchen, soviel wie möglich zu verändern, und solange wie möglich. Er wolle den Wandel unumkehrbar machen. Dann könne er getrost durch einen anderen ersetzt werden.«

»Ach, mein lieber Junge«, sagte Margaret Thatcher, »glauben Sie nicht alles, was man Ihnen sagt. Auch ich sage von Zeit zu Zeit solche Dinge.«

Die amerikanischen Nachrichtendienste und gewisse politische Kreise hatten Schwierigkeiten, sich auf die veränderten Verhältnisse in der Sowjetunion einzustellen. Sowjetexperten aus der CIA prognostizierten mir gegenüber, daß die Hardliner Gorbatschow auf einer anstehenden Sitzung des Zentralkomitees der Kommunistischen Partei diesmal sicher entmachten würden. Tatsächlich kam es dann aber so, daß Gorbatschow im Anschluß an die Sitzung etwa ein Dutzend Generäle und Hardliner aus ihren Ämtern entfernte. Ich empfand für unsere Kreml-Experten geradezu Mitleid. Die Welt, die sie vierzig Jahre lang aufmerksam beobachtet und bestens gekannt hatten, verlor ihre Struktur und ihre Regeln. Mit ihrem gesamten Fachwissen konnten sie zu den Ereignissen jetzt keine zutreffenderen Prognosen aufstellen als ein Laie vor dem Fernsehschirm. Ich hatte die Vorgänge aus nächster Nähe miterlebt und schenkte der Meinung von Experten immer weniger Beachtung. Auch George Shultz begann, Einschätzungen der CIA zur Lage in der Sowjetunion zu ignorieren. Die Hinweise häuften sich, daß Gorbatschow ernsthaft bemüht war, sein Land von der wirtschaftlichen Belastung des Wettrüstens zu befreien, die sowjetischen Satellitenstaaten westlichen Bankiers zu überlassen und sich aus den Befreiungskriegen zurückzuziehen. Unsere Fachleute verschlossen sich der Einsicht, daß es eine Zukunft geben konnte, die mit der Vergangenheit nichts mehr gemein hatte. Sie glaubten an ein Scheitern Gorbatschows. Er scheiterte tatsächlich, aber aus einem anderen Grund, als sie prophezeit hatten. Er scheiterte nicht, weil er die zum Alptraum verkommene sozialistische Vision aufgegeben, sondern weil er die Reformen nicht rasch genug vorangetrieben hatte. Für die Außenpolitik und die Nachrichtendienste der USA war damit ein Feindbild zerbrochen, nach dem alten Scherzwort: »Was tun all die Prediger, wenn der Teufel erlöst ist?«

Wir setzten in den Moskauer Gipfel große Hoffnungen. Am 15. Mai 1988 hatten die Sowjets begonnen, ihre Truppen aus Afghanistan abzuziehen. Und von dieser Begegnung auf höchster Ebene erwarteten wir nun, daß der Durchbruch bei den Verhandlungen zur nuklearen Abrüstung vervollständigt würde. Reagan und Gorbatschow hatten den INF-Vertrag unterzeichnet. Er war vom Obersten Sowjet inzwischen gebilligt worden, und nur die Ratifizierung durch den US-Senat stand noch aus. Wir erwarteten eine Zustimmung, der allerdings bei Republikanern wie Demokraten eine heftige Auseinandersetzung mit den konservativen Kräften vorangehen würde. Der Vertrag war für sie eine bittere Pille, weil auch wir auf Waffen verzichten mußten und weil ein Rest Mißtrauen geblieben war. Meine Aufgabe war es nun, die Hardliner und Unentschlossenen im Senat für den Vertrag zu gewinnen.

Am 28. Mai, einen Tag vor unserer Ankunft in Moskau – der Präsident und seine Begleiter gewöhnten sich in Finnland an die Zeitumstellung –, erhielten wir die Nachricht, daß der Senat den Vertrag gebilligt hatte.

Am nächsten Tag, als sich die Präsidentenmaschine gerade im Landeanflug auf Moskau befand, suchte ich Reagan in seiner Privatkabine auf. Im Verlauf des Gipfels gab es ungefähr dreißig Anlässe für eine Rede, und ich wollte mit ihm die Themen für die Auftritte gleich nach der Landung durchsprechen, die letzte Gelegenheit vor dem Verlassen der Maschine. Als ich in seine Kabine trat, saß er allein am Fenster und blickte in die weite russische Landschaft hinaus. Im Sinkflug zogen Häuser und Gehöfte vorüber.

»Sehen Sie, es ist kaum Verkehr«, sagte er und nahm mich kaum wahr.

»Mr. President, vielleicht haben Sie Fragen zu den Kärtchen für Ihre Ansprache bei der Ankunft«, sagte ich und setzte mich neben ihn. Ich ging die Kärtchen durch, aber er hörte nicht zu. Inzwischen wurden die Landeklappen und das Fahrgestell ausgefahren. Ich wurde unruhig, besonders als der Präsident sich schließlich umwandte und fragte: »Was sagten Sie gerade?«

Er ließ sich von meiner Nervosität nicht anstecken. Endlich sah er das »Reich des Bösen«. Beim vorangegangenen Gipfel hätte er es gerne gesehen, wenn Gorbatschow einen Flug über die Vereinigten Staaten unternommen hätte. Dann hätte er ihm die vielen Wagen auf den Autobahnen und die Fabriken der Konsumgüterindustrie zeigen können. Für Ronald Reagan standen die fast leeren russischen Straßen für das Scheitern des Kommunismus. Sie bestärkten ihn in der Überzeugung, daß er Gorbatschow helfen mußte, die Sowjetgesellschaft in unsere Richtung zu lenken.

Als wir schließlich festen Boden unter den Füßen hatten und er vor die Kameras und Mikrofone trat, war er wie immer textsicher.

Beim ersten Vieraugengespräch zwischen Reagan und Gorbatschow reichte der sowjetische Staatschef dem Präsidenten den Entwurf für eine Erklärung und schlug vor, ihn ins spätere Abschlußkommuniqué mit aufzunehmen. Reagan las den Entwurf und befand ihn für gut. Der Wortlaut schien einwandfrei: »... die beiden politischen Führer sind der Überzeugung, daß kein strittiges Problem mit militärischer Gewalt gelöst werden kann und darf.« Und weiter hieß es: »Die Gleichheit aller Staaten, die Nichteinmischung in die inneren Angelegenheiten und die Freiheit der gesellschaftlichen und politischen Entscheidungen sind als unveräußerliche und bindende Normen internationaler Beziehungen anzuerkennen.« Der Präsident bat seinen Stab um eine Prüfung von Gorbatschows Entwurf.

Ich war relativ neu in dem Gewerbe und konnte an dieser Erklärung nichts Anrüchiges entdecken. Die alten Sowjetexperten in unserer Delegation begutachteten sie dagegen wie Sprengstoffspezialisten, die eine Bombe zu entschärfen hatten. George Shultz und Roz Ridgway drängten den Präsidenten, der Erklärung die Zustimmung zu verweigern. Sie beinhalte unterschwellig eine Festschreibung des sowjetischen Zugriffs auf die baltischen Staaten Litauen, Lettland und Estland, die wir nach wie vor nicht als Teil der Sowjetunion anerkannten. Hinter der schönen Formulierung stecke im Kern die Aussage, daß jeder die Eroberungen des anderen anerkennen und sich von fremdem Terrain fernhalten solle.

Wir legten die Sache beiseite und wandten uns anderen Themen und denkwürdigen Ereignissen des Gipfels zu: Im Spaso-Haus, der Residenz des amerikanischen Botschafters, empfing Ronald Reagan mutige Dissidenten, die von erlittenen Repressionen berichteten. An der Moskauer Universität sprach der Präsident der Vereinigten Staaten unter einer monumentalen Lenin-Büste zu Studenten. Und später stand der Mann, der die Sowjetunion als »Brennpunkt des Bösen in der modernen Welt« etikettiert hatte, Seite an Seite mit Michail Gorbatschow auf dem Roten Platz.

Dann, beim letzten Arbeitsgespräch im Katharinensaal, schob Gorbatschow dem Präsidenten erneut die strittige Erklärung mit der Bitte um sein Einverständnis über den Tisch. Das Ende der Sitzung stand in ein paar Minuten bevor. Im angrenzenden Wladimirsaal warteten eine Menschenmenge und zahlreiche Journalisten auf die Unterzeichnung und den Austausch der Ratifizierungsurkunden.

Gorbatschow verwies Reagan darauf, daß der Wortlaut der gleiche wie am ersten Tag ihrer Begegnung sei. Er habe dem Präsidenten doch gefallen, warum also wolle er ihn nicht unterzeichnen? Der Schuß zielte am Stab vorbei direkt auf den Präsidenten. Wie meistens, wenn er improvisieren mußte, wirkte Reagan verlegen. Gorbatschow schlug vor, die Sache ein letztes Mal mit seinen Beratern durchzusprechen.

Wie Sekundanten beim Boxen zogen sich die Russen in eine und

wir in eine andere Ecke zurück. Der Präsident fragte, was an der harmlosen Erklärung so gefährlich sei. Er und Gorbatschow kämen doch
prächtig miteinander aus. Und waren wir nicht hier, um friedliche
Beziehungen zu fördern? Wir legten ihm noch einmal unsere Einwände dar. Reagan akzeptierte sie mit einem enttäuschten Achselzucken.
Dann trafen wir wieder mit der sowjetischen Delegation zusammen,
bei der Gorbatschow lächelnd wartete. Reagan teilte ihm mit, daß seine
Berater die Erklärung nicht unterstützten. Gorbatschows Lächeln erlosch, dann wandte er sich uns zu. Wo das Problem sei, wollte er
wissen. Shultz erläuterte ihm unsere Position. Die Einwände seien
unsinnig, gab er verärgert zurück, und durchbohrte Reagan dabei geradezu mit seinem Blick.

Ich hatte mich bis zu diesem Augenblick weitgehend als einen Administrator begriffen, als einen Mann, der für das reibungslose Funktionieren des Nationalen Sicherheitsrats sorgte. Ich war kein Henry
Kissinger oder Zbigniew Brzezinzki, die sich, mit einem Doktortitel
geschmückt, mit schlafwandlerischer Sicherheit über das internationale Parkett bewegten. Aber dieser diplomatische Eiertanz bei einer
Debatte in der letzten Minute gefiel mir einfach nicht. Es war Zeit für
einen Schlußstrich. Ich wandte mich an Gorbatschow und sagte, diese
Angelegenheit dürfe nicht übers Knie gebrochen werden. Er habe seine
innenpolitischen Probleme und wir hätten unsere. Es sei unserem gemeinsamen Interesse nicht dienlich, wenn der Präsident von diesem
Gipfel ein Dokument mitbringe, das seine Anhänger zu Hause entzwei-
en könne. In einem bewußt ruhigen und gelassenen Tonfall versuchte
ich, jede weitere Diskussion zu unterbinden. Ich machte noch einmal
deutlich, daß unser Rat an Präsident Reagan laute, die Erklärung nicht
zu unterschreiben.

Alle schwiegen. Gorbatschow blickte in die Runde. Wenn die Generäle des Präsidenten dieser Ansicht seien, so sagte er, dann sei es so.
Darauf führte er Reagan mit den Worten »Kommen Sie, wir werden
erwartet« aus dem Raum. Sie steuerten den Wladimirsaal an und unterzeichneten im Blitzlichtgewitter und vor surrenden Kameras die
Ratifizierungsurkunden.

Im vorigen Dezember hatten beide Politiker den INF-Vertrag geschlossen. Jetzt wurde er von ihren Nationen bestätigt. Damit konnte
die Verschrottung von Mittelstreckenraketen beginnen, 1500 auf ihrer
und 350 auf unserer Seite. Das war nicht sehr viel angesichts der

Gesamtgröße der Arsenale, aber es war immerhin ein bedeutender Anfang. Wir flogen erschöpft, aber fröhlich nach Washington zurück.

An einem Wochenende im Juli kam mein Sohn Mike in mein Büro und wartete mit einer Überraschung auf. Er wollte eine junge Frau namens Jane Knott heiraten – eine weiße. Alma und ich kannten sie und mochten sie sehr, reagierten auf die Heiratspläne aber mit gemischten Gefühlen. Einerseits zeigte diese Entwicklung, daß Mike nach über vierzehn Operationen am Becken und zur Behandlung seiner inneren Verletzungen gute Fortschritte gemacht hatte. Nach Rollstuhl und Gehstützen konnte er sich inzwischen mit Hilfe eines Gehstocks frei bewegen. Zudem hatte er im Pentagon einen aussichtsreichen Posten als Experte für japanische Angelegenheiten angenommen. Aber Alma und mir war beim Gedanken an eine »Mischehe« nicht wohl, auch wenn meine Schwester Marilyn mit Norm Berns seit fast vierzig Jahren eine glückliche Ehe führte. Ich lege Wert auf den Ausdruck »nicht wohl«, denn wir waren nicht gegen diese Heirat. Die ältere Generation hat der jüngeren stets einige Erfahrung voraus. Selbst unter idealen Umständen ist eine Ehe nicht immer leicht, und man muß es sich doch nicht noch schwerer machen.

Mike war mit Jane, der Tochter eines Navy-Captains, schon vor Jahren zum ersten Mal ausgegangen. Damals hatte sie noch am College William and Mary studiert. Nach einer Zeit brachen sie – auch zur Erleichterung von Janes Familie, wie ich vermute – die Beziehung wieder ab. Nach Mikes Unfall kamen die beiden sich aber wieder näher. Der heikle nächste Schritt war das gegenseitige Kennenlernen der Familien. Alma und ich luden die Knotts zu uns nach Hause in Fort Myer zum Abendessen ein. Zunächst herrschte eine gezwungene Atmosphäre, bis wir uns wieder an eine alte allgemeingültige Wahrheit erinnerten: Menschen sind zuallererst Individuen und nicht Vertreter von Rassen. Im persönlichen Kontakt entwickeln sich Sympathien und Respekt oder auch nicht, und dabei sind die Charaktere, nicht die Pigmentierung der Haut entscheidend. Am Ende des Abends war das Eis zwischen den Knotts und den Powells schließlich gebrochen.

Im Sommer entbrannte zwischen Army und Navy ein heftiger Streit. Die US-Streitkräfte sind in zehn größere Kommandos eingeteilt, die von CINCs (Commander In Chief, also Oberbefehlshaber, gesprochen:

»sink«) befehligt werden. Das Problem bestand nun darin, daß einer dieser Viersternegeneräle, der CINC des »CENTCOM« (nach der englischen Abkürzung für »Zentralkommando«), in den Ruhestand ging und sein Posten neu besetzt werden mußte. Das CENTCOM deckt Teile des Mittleren Ostens und Südwestasien ab. Da die Anrainerstaaten am Persischen Golf auf ihrem Boden amerikanische Stützpunkte nur ungern sahen, lag das Hauptquartier des CENTCOM auf dem Luftwaffenstützpunkt MacDill in Florida. Mit einem siebenhundertköpfigen Stab konnte es von dort aus überall auf der Welt US-Einheiten mobilisieren.

Der richtigen Wahl des CINC für das CENTCOM kam entscheidende Bedeutung zu. Im seinem Kommandobereich lagen die wohl krisengefährdetsten Regionen auf unserem Globus. Bisher hatten sich Army und Navy bei der Besetzung des Postens abgewechselt. Da der scheidende Kommandeur George Crist General der Marineinfanterie war, erhob die Army Anspruch auf Übernahme seines Kommandos. Da die Navy aber Einheiten zur Eskortierung der unter US-Flagge fahrenden kuwaitischen Tanker im Persischen Golf abgestellt hatte, machte sie ebenfalls Ansprüche auf das Kommando geltend. In der Streitfrage entstand innerhalb der Vereinten Stabschefs eine Pattsituation. Army und Air Force machten sich für einen General der Army, Navy und Marineinfanterie für einen Admiral stark. Das Zünglein an der Waage bildete der Vorsitzende der Vereinten Stabschefs, Admiral Crowe, und der entschied sich für einen Mann von der Navy. Damit hatte Verteidigungsminister Frank Carlucci das letzte Wort.

Der Kandidat der Army war der 55jährige General H. Norman Schwarzkopf, ein stämmiger, brillanter und lebhafter Soldat von 1,92 Metern Körpergröße. Ich hatte Schwarzkopf einige Jahre zuvor in Fort Myer kennengelernt. Wenn wir auch niemals in der gleichen Einheit gedient hatten und uns nicht besonders nahestanden, so wußte ich doch, daß er einen hervorragenden Ruf als Truppenkommandeur besaß. Mir waren seine glänzenden Fähigkeiten ebenso bekannt wie sein explosives Temperament, das ihm den Spitznamen »storming (»wütender« oder »stürmischer«) Norman« eingetragen hatte. Als Nationaler Sicherheitsberater hatte ich in Personalfragen offiziell kein Mandat. Aber ich hatte mir zur Besetzung des CENTCOM eine feste Meinung gebildet, insbesondere nach langen Gesprächen mit Rich Armitage, meinem Vertrauten im Pentagon. Wir stimmten darin überein, daß es wenig sinnvoll war, der Navy den Oberbefehl über Streitkräfte in einer

Region zu erteilen, in der sie nur wenige, schwache und unbedeutende Einheiten stationiert hatte. Aber noch wichtiger war, daß das CENT-COM ursprünglich für rasche Einsätze bei Gefechten in der Wüstenregion konzipiert gewesen war. Diese Aufgabe kam eindeutig einem Soldaten oder Marineinfanteristen zu und nicht etwa einem Seemann. Zudem war Schwarzkopf der Mann unseres Vertrauens. Ich teilte Carlucci mit, wem ich den Vorzug geben würde. Da auch er kein Interesse an einer Vergabe des CENTCOM an einen Admiral hatte, verwarf er die Empfehlung der Vereinten Stabschefs. So erhielt Norman Schwarzkopf das Kommando, das ihm einen Platz in der Geschichte sichern sollte.

Mike Powell und Jane Knott wurden am 1. Oktober getraut. Ich neckte meinen Sohn, weil er seine Flitterwochen verschoben hatte, um eine Rede zu halten. Eine merkwürdige Entscheidung für einen vitalen jungen Mann, sagte ich ihm. Mike bedeutete diese Rede, um die ihn Frank Carlucci gebeten hatte, allerdings sehr viel. Er sollte sie auf einer Feier für versehrte Bedienstete des Verteidigungsministeriums halten, wo er augenblicklich arbeitete. Alma und ich setzten uns mit unserer frischgebackenen Schwiegertochter und ihren Eltern Dick und Eleanor Knott in den Vortragssaal des Pentagons. Wir hatten keine Ahnung, worüber Mike sprechen würde. Dann sahen wir ihn mit seinem Gehstock langsam auf die Rednertribüne schreiten.

Mit klarer, fester Stimme begann er seine Rede. Er verglich den Kampf der Versehrten bei der Rehabilitation mit einer militärischen Schlacht. Er schilderte, was er empfunden hatte, als im Krankenhaus die Dosis der Schmerzmittel gesenkt wurde und der Strom der Besucher, Postkarten und Blumen verebbte. Dann berichtete er von dem Tag, als ihm zwei Physiotherapeutinnen unverblümt eröffnet hatten, daß der leichte Teil der Genesung nun vorbei sei. Jetzt beginne der schwierige Teil, den geschädigten Körper wieder in Gang zu bringen. Am folgenden Tag, so Mike, »schaute ich in den Spiegel. Ich sah erbärmlich aus. Meine Haare waren durch die Medikamente völlig ausgetrocknet, ich hatte enorm an Gewicht verloren, und mein unrasiertes Gesicht war farblos. Ich stützte mich auf Krücken, und aus meinem Bauch ragte ein Katheder. Ich zitterte und konnte die Tränen nicht zurückhalten. Das war der absolute Tiefpunkt in meinem Leben. Es war ein richtiger Krieg, und ich war dabei, ihn zu verlieren.« Dann beschrieb Mike, wie er den Tiefpunkt am diesem Tag überwand, wie er kämpfte, neue Hoffnung schöpfte und den Krieg ausfocht, den jeder körperlich Versehrte ausfechten muß, einen Krieg, der sich vom militärischen kaum unterscheide.»Die Kraft des menschlichen Willens ist erstaunlich«, schloß er.»Sie ermöglichte es mir, das Bett zu verlassen, aus dem Rollstuhl aufzustehen, den Stock zur Hand zu nehmen und wieder aufrecht durchs Leben zu gehen.« Tränen liefen mir über das Gesicht. Ich blickte zu Alma und Jane. Sie lächelten. Wir brauchten kein Wort zu wechseln. Wir lasen den Stolz in unseren Augen.

Im Herbst 1988 schien die hektische Betriebsamkeit im Weißen Haus fast vorüber. Jetzt standen George Bush und sein Wahlkampf gegen den demokratischen Herausforderer, Gouverneur Michael Dukakis aus Massachusetts, im Rampenlicht. Seit der ersten herzlichen Begrüßung bei meiner Ankunft im Weißen Haus vor zwei Jahren hatte ich Bush näher kennengelernt. Ich hatte erlebt, wie er sich bei Gesprächen im Oval Office mit dem Präsidenten verhalten hatte. Er hatte wenig gesagt und es vorgezogen, dem Präsidenten seine Ratschläge unter vier Augen zu geben.

In den ersten Tagen meiner Amtszeit als stellvertretender Sicherheitsberater hatte ich seine Frau Barbara kennengelernt. Ich nahm an einem Mittagessen für den französischen Verteidigungsminister in der Botschaft seines Landes teil und erhielt zufällig den Platz neben Bushs Frau.»Mrs. Bush«, begrüßte ich sie,»wie geht es Ihnen?«

»Gut,« antwortete sie,»nennen Sie mich Barbara.«

»Meine Mutter hätte das nie zugelassen«, entgegnete ich.

»Ich bin nicht Ihre Mutter«, gab sie zurück.»Nennen Sie mich Barbara.« Sie sprach in einem herzlichen, aber auch sehr bestimmten Ton. An diesem Tag hatte eine enge Freundschaft begonnen.

Erst nach fast eineinhalb Jahren Zusammenarbeit entdeckte ich in George Bush einen anderen Menschen als die unauffällige Gestalt, die ich bei den Sitzungen im Oval Office kennengelernt hatte. Dies geschah im Zusammenhang mit unserer Panama-Politik. Am 4. Februar 1988 hatte das US-Justizministerium gegen den panamaischen Diktator Manuel Noriega Anklage wegen Drogenhandels und -schmuggels erhoben. Die Vereinigten Staaten verhängten Sanktionen gegen sein Land. Von da an verschlechterte sich die politische Situation in Panama zusehends. Im März schlug Noriega einen Staatsstreich nieder. Seine Armee, die Verteidigungsstreitkräfte Panamas (PDF), mißhandelte und verhaftete Oppositionelle in Massen. Präsident Reagan befolgte Frank Carluccis Rat, mit weiteren Truppenentsendungen Noriega ein deutliches Signal zu geben. In den nächsten Wochen entbrannte in Washington zwischen Falken und Tauben ein Streit über das weitere Vorgehen gegen den großspurigen Diktator. Wir wußten immerhin soviel, daß Noriega die Anklage gegen ihn nicht auf die leichte Schulter nahm. Sie bot uns einen guten Ansatzpunkt, um ihn aus dem Sattel zu hieven. Außenminister Shultz machte einen Vorschlag, den ich guthieß: Wenn Noriega Panama verließe, würden die Vereinigten Staaten die Sanktionen gegen sein Land aufheben und die Anklage gegen ihn fallenlassen.

An einem Sonntagnachmittag im Mai setzte ich den Vizepräsidenten telefonisch über den Vorschlag in Kenntnis. Es sei kein besonders glücklicher Handel, räumte ich ein, aber wir müßten unser Ziel im Auge behalten: den Drogenhändler stürzen und Panama den Weg in eine demokratische Zukunft ebnen. Der Vizepräsident teilte mir mit, er habe gegen diese Initiative nichts einzuwenden.

Ein paar Tage später, als er von einer Reise nach Kalifornien zurückkehrte, hatte er eine vollständige Kehrtwendung vollzogen. Er hatte mit Darryl Gates, dem Polizeichef von Los Angeles, gesprochen. Gates hatte gesagt, es wäre ein schwerer Fehler, wenn man die Anklage gegen Noriega fallenließe. Es sei eine Frage von Recht und Gesetz, Noriega hinter Schloß und Riegel zu bringen, und der von Shultz vorgeschlagene Handel bedeute für Tausende von Polizeibeamten, die im täglichen Kampf gegen die Drogenkriminalität ihr Leben aufs Spiel setzten, einen Schlag ins Gesicht.

Bei einem Treffen in der Wohnung des Präsidenten im zweiten Stock sorgte Bush dann für eine Überraschung. Erstmals in unserem Beisein diskutierte er mit dem Präsidenten. Er riet ihm von dem Handel mit Noriega dringend ab. Reagan blieb allerdings standhaft: »Hmm, George, das ist interessant«, sagte er, »aber ich glaube, der Handel lohnt sich dennoch.« Und dabei blieb es. Er brachte keine Gegenargumente vor und erhob nicht die Stimme. Er beharrte einfach auf seinem Nein.

Am nächsten Tag begegnete ich Bush vor seinem Büro. Er rückte mit seiner Nase bis auf wenige Zentimeter an meine heran, tippte mir immer wieder mit dem Zeigefinger auf die Brust und erklärte, das Angebot an Noriega sei faul. »Ich war mir in meinem Leben meiner Sache noch nie so sicher, und ich werde alles daran setzen, den Handel zu kippen«, versicherte er. Seit meiner Zeit in Gelnhausen hatte mir keiner mehr so zugesetzt. Wir unterbreiteten Noriega das Angebot schließlich trotzdem, scheiterten aber und mußten nach einer anderen Lösung suchen. Immerhin hatte ich über George Bush zweierlei erfahren: Erstens war er viel standhafter, als ich ihn bislang erlebt hatte, zweitens hatte man bei ihm nicht gleich auf Anhieb gewonnen.

Am 9. November veranstaltete der Stab des Weißen Hauses im Rosengarten eine schlichte Feier, um George Bush nach seinem Sieg bei den Präsidentschaftswahlen willkommen zu heißen. Ich zog mich anschließend in mein Büro im Westflügel zurück. Da mein Büro neben dem des Vizepräsidenten lag, gingen Bush und ich zusammen. Ich fragte ihn, ob man ihn jetzt mit »President elect« anreden müsse. Er lachte und sagte, das wisse er auch nicht.

Als wir vor seinem Büro angekommen waren, sagte er: »Kommen Sie mit rein. Ich will mit Ihnen reden. Ich muß mir von der aktuellen Lage ein Bild machen.« Ich gab ihm einen kurzen Überblick über die internationalen politischen Ereignisse. Schießlich sagte er: »Sie sind einer der wenigen, die ich für das neue Team im Auge habe. Ich habe einige Optionen, die Sie hoffentlich in Erwägung ziehen werden. Jim Baker möchte Sie als stellvertretenden Außenminister«, womit er bestätigte, daß er Baker als zukünftigen Außenminister vorgesehen hatte. »Sie können auch die CIA haben. Oder Sie bleiben eine Zeitlang Nationaler Sicherheitsberater, bis Sie sich entschieden haben.«

»Ich fühle mich geschmeichelt«, sagte ich. »Aber mir schuldet hier keiner etwas.«

»Doch, doch«, sagte Bush. »Wir wollen Sie. Lassen Sie sich Zeit. Denken Sie darüber nach.«

Am Abend machte ich bei Carl Vuono in Fort Myer halt. Carls brillante Laufbahn hatte in seiner Beförderung zum Viersternegeneral und Stabschef gegipfelt. Er führte mich in sein Arbeitszimmer im ersten Stock im Quartier I, wo ich ihm von meiner Unterhaltung mit dem designierten Präsidenten berichtete. Ich fügte hinzu, daß auch die Army mir sicher nichts schulde und daß es nach meinem Ausscheiden aus dem Nationalen Sicherheitsrat für mich vielleicht an der Zeit sei, in den Ruhestand zu treten. Ich war jetzt dreißig Jahre bei der Army und bekam inzwischen interessante Angebote aus der Privatwirtschaft. So hatte mich kürzlich ein General a. D. aufgesucht, sein Ausscheiden aus dem Verwaltungsrat eines großen Unternehmens angekündigt und gesagt, daß ich in seinen Augen einen guten Nachfolger abgeben würde. Angesichts der fünfstelligen Summe, die man für einen Sitz in dem Gremium bekam, waren mir fast die Augen übergegangen. Trotzdem sagte ich zu Carl:»Ich war eine Zeitlang draußen, will aber auf alle Fälle bei der Army bleiben, wenn mich dort eine Aufgabe erwartet.«

Carl, eine nüchterne Persönlichkeit, brachte die Sache sofort auf den Punkt. Ich solle den Unsinn vergessen, daß ich zu lange fort gewesen sei. Meine Arbeit im»Kardinalskollegium« des Militärs bedeute doch kein Handikap. Er wolle, daß ich zurückkehre, und die Army wolle dies auch. Und er habe auch eine Aufgabe für mich, die des Oberbefehlshabers des Forces Command (FORSCOM). Dieses Kommando ist für alle Kampfverbände der Army in den Vereinigten Staaten verantwortlich, für fast eine Million Soldaten einschließlich der Nationalgarde und der Reserveeinheiten.

Ich ließ mir die Sache einige Tage durch den Kopf gehen und teilte Vizepräsident Bush dann mit, daß ich in die Army zurückkehren würde, eine Entscheidung, die er bereitwillig akzeptierte. Gleich im Anschluß, während der regelmäßigen morgendlichen Lagebesprechung, setzte ich auch Präsident Reagan von meiner Entscheidung in Kenntnis.»Das FORSCOM bedeutet vier Sterne, nicht?«fragte er.»Ja«, sagte ich,»den höchsten Rang in der Army.«»Schön, schön«, antwortete er.

In den letzten Tagen der Regierung Reagan ließ der Druck auf die Mitarbeiter des Weißen Hausees spürbar nach. Ich übernahm Aufgaben, die ich zuvor hätte ablehnen müssen. Mitte November nahm ich zu Ehren des sowjetischen Physikers und Nobelpreisträgers Andrej Sacharow an einem Abendessen der National Academy of Science teil. Mitten im Hauptgang steckte mir ein Sicherheitsbeamter eine Nachricht von George Shultz zu. Shultz wollte mich sofort sprechen. Da das Außenministerium auf der anderen Seite der Straße lag, ging ich sofort hinüber und fuhr mit dem Fahrstuhl in den siebten Stock. George saß in seinem Büro hinter seinem Schreibtisch, einem Kleinod aus der Pionierzeit der Vereinigten Staaten. Bei ihm waren Botschafter Roz Ridgway und sein Assistent Charles Hill. Nach der Begrüßung erklärte er mir den Grund, warum er mich so dringend herbeordert hatte. Er hatte Nachricht vom russischen Botschafter Jurij Dubinin, daß Gorbatschow erneut in die Vereinigten Staaten kommen werde. Wir gaben alle gleichzeitig einen matten Seufzer von uns.

»Er hält eine Ansprache vor den Vereinten Nationen und wünscht eine weitere Unterredung mit dem Präsidenten«, erklärte Shultz, während er mir Dubinins Mitteilung reichte.

»Und Gorbatschow möchte offenbar den nächsten Präsidenten kennenlernen«, sagte ich und gab Shultz die Mitteilung zurück. Ich schlug vor, Michail Gorbatschow daran zu erinnern, daß es in unserem Land immer nur einen Präsidenten gibt.

Am 7. Dezember, dem Tag von Gorbatschows Auftritt vor den Vereinten Nationen, wartete der Troß des Präsidenten auf der Insel Govenors Island, die als Ort der Begegnung ausersehen worden war. Der Generalsekretär würde per Schiff eintreffen. Für diesen Anlaß hatten wir die Residenz des Admirals bezogen, der den First Coast Guard District kommandierte. Während wir warteten, erreichte uns eine Flut von Meldungen über Gorbatschows Auftritt vor der UNO: Ankunft im Plenarsaal, der donnernde Applaus und seine beeindruckende Rede. Der Generalsekretär hatte bekanntgegeben, daß die Sowjetunion ihre Streitkräfte aus freien Stücken und ohne westliche Gegenleistung um 500 000 Mann verringern werde.

Irgendwann bat mich Vizepräsident Bush, ihn hinaus in den Garten zu begleiten, wo jetzt braunes welkes Laub lag. Seit Gorbatschow um diese Begegnung gebeten hatte, war er ungewöhnlich nervös. Er und Brent Scowcroft, der mir bald als Nationaler Sicherheitsberater nachfolgen sollte, befürchteten Versuche Gorbatschows, den angehenden Präsidenten zu überrumpeln. Bush wollte sich bei mir rückversichern, daß ihn keine Überraschungen erwarteten. »Mr. Vice President«, beruhigte ich ihn, »ehe ich Gorbatschow etwas unterstelle, habe ich mir von den Russen alle entsprechenden Zusicherungen machen lassen. Aber er kennt natürlich unsere Situation. Und der Präsident ist darauf vorbereitet, jeden Versuch, auf die Schnelle Verhandlungen in Gang zu setzen, abzublocken.«

Unsere Beobachtungsposten berichteten, sie hätten Gorbatschows Schiff gesichtet. Die Begleiter des Präsidenten versammelten sich zur Begrüßung des Generalsekretärs vor der Residenz des Admirals. Ronald Reagan hatte ein gerötetes Gesicht, und eine steife Brise fuhr durch sein Haar.

Beim Mittagessen herrschte eine herzliche, vertrauliche Atmosphäre. Wie immer, wenn keine dringenden Angelegenheiten auf der Tagesordnung standen, war der Präsident ganz in seinem Element. Irgendwann blickte ich wie ein Trainer, der kurz vor dem Abpfiff des Spiels noch einen Patzer seiner leicht überlegenen Mannschaft befürchtet, auf die Uhr. Dann ergriff George Bush, der sich bislang zurückgehalten hatte, das Wort:»Wir sind eine Nation von Investoren. Ein Investor interessiert sich für die gegenwärtige Lage und fast noch mehr für Zukunftsperspektiven. Herr Generalsekretär, welche Zusicherungen können wir einem Investor hinsichtlich der Verhältnisse in der Sowjetunion in drei, vier oder fünf Jahren machen?«

Gorbatschow lachte.»Mr. Vice President, darauf könnte Ihnen nicht einmal Jesus Christus antworten.« Reagan lächelte wegen der Anspielung auf den Erlöser. Trotz des Geredes vom gottlosen Kommunismus hatte er uns gegenüber oft die Ansicht geäußert, daß Gorbatschow eine religiöse Ader habe. Ich hatte dagegen den Eindruck, daß wir es mit russischen Redensarten zu tun hatten.

Ich hatte keinen Zweifel, daß dieses Treffen trotz aller guter Absichten Reagans und Gorbatschows von den Sowjets in die Wege geleitet worden war, um ein genaueres Bild vom kommenden amerikanischen Präsidenten zu bekommen. Gorbatschows nächste Worte bestätigten dies. Mit Blick auf Bush sagte er, er kenne die Bedenken von dessen Beratern. Skeptiker seien nach wie vor überzeugt, daß er irgendwelche geheimen Absichten verfolge und Amerika zu beschwichtigen versuche, um der Sowjetunion Vorteile zu verschaffen. Aber wie Bush bald sehen werde, habe er für so etwas keine Zeit. Er habe genug Schwierigkeiten im eigenen Land.»Als ich 1985 eine Revolution ankündigte«, erklärte er,»da klatschten alle. Sie stimmten zu, daß wir eine Revolution bräuchten. Aber als die Revolution 1987 voll im Gange war, da schwand der Applaus. Und jetzt, 1988, während die Revolution weitergeht, ist der Applaus verstummt.« Er müsse die Revolution weiter vorantreiben, nicht zum Nutzen der USA, sondern zum Wohle seines eigenen Landes. Ich hatte diesen Mann die letzten vierzehn Monate beobachtet, und ich hatte an seiner Aufrichtigkeit keinerlei Zweifel mehr.

Das Abschlußfoto auf Govenor Island zeigt drei Männer auf einer schmalen Mole, im Hintergrund die Freiheitsstatue und die New Yorker Skyline: Reagan, Gorbatschow und Bush, Symbolfiguren der Vergangenheit, Gegenwart und Zukunft.

Bei unseren verschiedenen Begegnungen hatte ich von Gorbatschow mehrere Geschenke erhalten. Am besten gefiel mir eine Schrotflinte mit einem metallenen Verschluß mit prachtvoller Gravur. Da ihr Wert 180 Dollar zweifelsohne überstieg, mußte ich sie der General Services Administration zur Schätzung vorlegen, die mir anschließend ein Vorkaufsrecht einräumte. Wenn ich keinen Gebrauch davon machte, würde die Flinte unter den Hammer kommen. Die Behörde legte offenbar Maßstäbe wie bei Objekten von Sotheby's an. Da ich die Waffe aber unbedingt wollte, stellte ich schweren Herzens einen Scheck aus und hoffte, daß Alma mir nicht auf die Schliche kommen würde. Auf dem Kontoauszug stieß sie dann doch auf den Posten und stellte mich zur Rede:»Colin Powell, zwölfhundert Dollar für eine alberne Schrotflinte!«

Am letzten Tag der Regierung Reagan holte mich Ken Duberstein, der die Nachfolge Howard Bakers als Stabschef des Weißen Hauses angetreten hatte, von zu Hause ab. Wenige Minuten vor 10 Uhr kamen wir im Weißen Haus an. Ich ging zunächst in mein Büro. Am Tag vor der Amtseinführung des neuen Präsidenten hatte das Hauspersonal bei einem Durchgang durch den Westflügel sämtliche Bilder entfernt, alle Schreibtische ausgeräumt und sämtliche Akten beiseite gelegt. Jetzt, wo alles frisch gestrichen und geschrubbt und die Kissen auf dem Sofa aufgeschüttelt waren, fühlte ich mich in meinem eigenen Büro wie ein Eindringling. Ich wagte nicht, mich hinzusetzen. Der Raum war jetzt Niemandsland zwischen mir und meinem Nachfolger Brent Scowcroft.

Ich ging ins Oval Office. Der Präsident saß wie immer in einem dunklen Anzug und mit tadellos sitzender Krawatte hinter seinem Schreibtisch. Bei ihm waren Duberstein, Marlin Fitzwater, Kathy Osborne und sein persönlicher Assistent Jim Kuhn. Der Raum wirkte seltsam kahl, alles Persönliche, das an Ronald Reagan erinnerte, war bereits entfernt worden. Während wir miteinander plauderten, tätigte Reagan einen letzten Anruf. Er galt Bonnie Nofziger, der Frau seines politischen Beraters Lyn Nofziger. Die Tochter der beiden, Sue Piland, war sterbenskrank, und der Präsident drückte der Familie seine Anteilnahme aus.

Nachdem er aufgelegt hatte, schwärmte er noch einmal vom Gelben Saal, seinem Lieblingsraum im Wohnbereich des Weißen Hauses. Jemand schlug vor, er solle seine Initialen in den Schreibtisch ritzen. Er lachte und sagte, er habe als Erinnerungsstück bereits das Fußbrett entfernt. »Und George habe ich in der Schublade eine Nachricht hinterlassen.«

Mir zugewandt sagte er dann: »Und was soll ich damit anstellen, Colin?« Er zog die Codekarte zur Legitimierung der Befehlsgewalt über die Atomwaffen aus der Tasche, die er all die Jahre bei sich getragen hatte.

»Behalten Sie sie, Sir«, sagte Kuhn. »Noch sind Sie Präsident. Wir übergeben sie nach der Vereidigung.«

Als sich der Präsident auf den Weg zum Kapitol machte, ging ich nach Hause, um mir die Amtseinführung im Fernsehen anzuschauen. Am Ende der Zeremonie fiel mir wieder ein, daß ich noch einen Anruf zu tätigen hatte. Ich wollte über meine private Leitung im Weißen Haus anrufen, aber sie war schon tot.

Ich hatte das arbeitsreichste und bedeutsamste Jahr meines Lebens hinter mir. Ich verließ das Weiße Haus mit zwei noch ungelösten Problemen im Kopf: Noriega in Panama und die Contras, deren Schicksal an einem seidenen Faden hing, während in Nicaragua nach wie vor das marxistische Regime herrschte. Aber ich hatte auch an einer Wende von historischer Bedeutung teilhaben dürfen, an den gewaltigen Umwälzungen in der Sowjetunion. Ich hatte mit Persönlichkeiten von weltpolitischer Geltung eng zusammengearbeitet. Ich hatte an der Gestaltung der Reaganschen Politik mitgewirkt, die den Wettlauf in eine atomare Apokalypse aufgehalten hatte. Das Beste daran war die direkte Zusammenarbeit mit Reagan gewesen. Er mag die Politik nicht in allen Einzelheiten selbst gelenkt haben, aber er hatte andere, die das für ihn erledigten. Der Redakteur und Autor Michael Korda hat dazu eine scharfsinnige Definition geliefert: »Große Führer sind fast immer auch große Vereinfacher, die über Argumente, Diskussionen und Zweifel hinweggehen und eine jedermann verständliche Lösung anbieten ...« Diese Beschreibung paßt auf Ronald Reagan.

Dieser Mann war zweimal zum Präsidenten gewählt worden, weil er wußte, was das amerikanische Volk wollte, und weil er es ihm, wenngleich seltener, auch verschaffte.

Jetzt schied ich aus dem Dienst bei diesem bemerkenswerten Mann aus, zufrieden mit meiner Arbeit, aber begierig darauf, zu meiner ersten Liebe zurückzukehren: zur Uniform, den Soldaten, der Army.

Teil Vier

VORSITZENDER DER VEREINTEN STABSCHEFS

15

Ein letztes Truppenkommando

Jedesmal, wenn ich im Besprechungsraum des FORSCOM in Fort McPherson, Georgia, Platz nahm, saß ich einem berühmten Pazifisten gegenüber. Kurz nachdem ich hier das Kommando übernommen hatte, hängte ich ein gerahmtes Poster von Martin Luther King auf, das mir seine Witwe überreicht hatte. Darauf stand folgendes Zitat von Dr. King: »Freiheit war schon immer ein teures Gut.« Das Poster sollte mich, wie jeden anderen im Raum, daran erinnern, daß die Army bei der Verteidigung der Freiheit und beim Kampf um Gleichberechtigung zwischen den Rassen eine führende Rolle gespielt hatte. An einem meiner letzten Abende im Weißen Haus war bei einem Empfang im East Room ein schwarzer Saaldiener auf mich zugekommen und hatte gesagt: »Sir, im Zweiten Weltkrieg war ich einfacher Soldat in der Army, in der alten, nach Rassen getrennten Army. Ich hätte nie gedacht, daß ich den Tag erleben würde, an dem ein schwarzer General in dieses Haus kommt. Ich wollte nur, daß Sie wissen, wie stolz wir alle sind.«

»Ich weiß das zu schätzen«, antwortete ich, »doch Sie sehen das nicht ganz richtig. Es ist an mir, stolz zu sein auf alles, was Ihr getan habt, um uns übrigen den Weg zu ebnen.«

Einmal zitierte ich Dr. Kings Ausspruch in einer Rede vor der Gewerkschaft schwarzer Journalisten. Ich wollte damit zum Ausdruck bringen, daß die Freiheit teuer erkauft und verteidigt werden muß. Die Reaktion war kühl, und in einigen Artikeln erntete ich heftige Kritik. Vermutlich war ich ein wenig zu weit gegangen, als ich den Verfechter der Gewaltlosigkeit mit dem Soldatenberuf in Verbindung brachte. Ich ließ es künftig bleiben.

Da ich während des Präsidentschaftswahlkampfs 1988 im Weißen Haus gearbeitet hatte, fragten mich Leute in Atlanta und anderswo nach meiner Meinung zu dem Fernsehspot über Willie Horton, den die Republikaner im Wahlkampf gegen den demokratischen Kandidaten Michael Dukakis eingesetzt hatten. Horton, ein schwarzer Häftling, der in einem Gefängnis in Massachusetts einsaß, hatte während eines Wochenendausgangs eine Frau vergewaltigt und einen Mann erstochen. Dukakis war zu der Zeit Gouverneur des Bundesstaates. War der Spot über diesen Vorfall rassistisch? Natürlich. Hatte ich mich darüber geärgert? Klar. Republikanische Wahlkampfstrategen hatten eiskalt kalkuliert: Auch mit noch soviel Geld und Anstrengung konnten sie nicht in schwarze Hochburgen der Demokraten einbrechen, deshalb versuchten sie es gar nicht erst. Einige waren noch weiter gegangen: Wenn sie den Trumpf Rassenfrage ausspielen konnten, um bestimmte Wählerschichten anzusprechen, dann spielten sie ihn auch aus. Der Spot über Horton diente diesem Zweck. Er war ein billiger politischer Trick.

Dennoch versuchte ich, die Dinge ins rechte Licht zu rücken. Eine republikanische Regierung hatte mir Verantwortung auf höchster Ebene übertragen. Den Posten des Nationalen Sicherheitsberaters besetzt man nicht mit einem »Vorzeigeneger«. Dazu ist er zu wichtig und stellt zu hohe Anforderungen. In den zwei Jahren, die ich mit Ronald Reagan und George Bush zusammenarbeitete, spürte ich in ihrem Verhalten nie auch nur die geringste Spur rassistischer Vorurteile. Allerdings führten sie eine Partei an, deren grundlegende Botschaft an schwarze Amerikaner offenbar lautete: Bringt es aus eigener Kraft zu etwas. Ich hätte mir gewünscht, daß Reagan und Bush in dieser Hinsicht mehr Feingefühl bewiesen hätten. Allerdings fand ich Trost bei dem Gedanken, daß ihr Vertrauen in mich dem Glauben an das amerikanische Ideal entsprach, wonach sich Leistung bezahlt macht.

Whitney Young, der Direktor der schwarzen Selbsthilfeorganisation National Urban League, fuhr gewöhnlich mit dem Zug von seinem Haus im vorstädtischen Westchester County in sein Büro in Manhattan. Und wenn er sich Harlem näherte, fragte er sich jedesmal, ob er aussteigen und demonstrieren oder weiter ins Zentrum fahren sollte. Young wußte die Rolle der Militanten innerhalb der Bewegung durchaus zu schätzen. Doch er blieb im Zug, denn seine Talente wurden sinnvoller genutzt, wenn er von seinem Büro aus Schwarzen Jobs bei amerikanischen Unternehmen vermittelte. Der Kampf um Gleichberechtigung muß auf verschiedenen Ebenen geführt werden, genau wie das Militär Schreibkräfte und Köche ebenso braucht wie Luftlandesoldaten.

Mit der Übernahme des FORSCOM-Kommandos war ich Viersterne-general geworden und bekleidete nun den höchsten militärischen Rang. Zuvor war ich Nationaler Sicherheitsberater des Präsidenten gewesen. Meine Karriere sollte Schwarzen, Soldaten wie Zivilisten, als Vorbild dienen und demonstrieren, welche Chancen die amerikanische Gesellschaft bot. Zuweilen hoffte sogar ich, daß meine Karriere voreingenommene Weiße veranlaßte, ihre Vorurteile zu überprüfen, und dazu beitrug, ihr Denken vom Gift des Rassismus zu reinigen, damit die nächste Generation tüchtiger Afro-Amerikaner allein nach ihrer Leistung beurteilt wurde.

Ich bin mir aber auch bewußt, daß so mancher Heuchler in all don Jahren in mir einen willkommenen Schwarzen fand, hinter dem er sich verstecken konnten:»Wie bitte, ich und Vorurteile? Ich habe mit/unter Colin Powell gedient!« Wegen rassistischer Provokationen mußte ich einiges einstecken, deshalb beschloß ich, durch herausragende Leistungen weiterzukommen. Was aber, wenn ich militanter gewesen wäre? Wäre ich dann ein Aufwiegler geworden, und kein förderungswürdiger Schwarzer? Man kann nie wissen. Doch ich stimme mit Whitney Young überein. Ich bewundere die Aktivisten, die protestieren, Sit-ins veranstalten und demonstrieren, und ich bewundere die Stellenvermittler, die an der 125. Straße vorbeifahren. So wie ich auch jene bewundere, die einen positiven Beitrag leisten, indem sie ein beispielhaftes Leben führen. Und ich fühle mich verbunden mit den vielen tausend einfachen Afro-Amerikanern, die tagaus tagein zur Arbeit gehen, für ihre Familien sorgen und gemeinsam mit den Amerikanern aller Hautfarben das Rückgrat dieses Landes bilden.

Als Kommandeur des FORSCOM befehligte ich nunmehr eine Viertelmillion aktiver Soldaten und eine Viertelmillion Reservisten. Zudem unterstand mir die Ausbildung der Nationalgarde, die nahezu eine halbe Million Mann umfaßte. Ich war ständig unterwegs und inspizierte Standorte von Florida bis Alaska. Ich lernte die Generäle aller Divisionen kennen. Die Erfahrungen, die ich dabei machte, übertrafen bei weitem die optimistischsten Erwartungen, die wir nach der Aufstokkung der Verteidigungsausgaben unter Reagan und Weinberger gehegt hatten. Wir verfügten über eine gut ausgebildete und gut ausgerüstete Truppe mit einem hohen Grad an Einsatzbereitschaft. Doch wen sollte sie bekämpfen, und wo? Das Eis des Kalten Kriegs schmolz rasch dahin, aber unsere Befehlshaber waren immer noch auf einen Krieg zwischen uns und der Sowjetunion fixiert. Auf meinem letzten Posten hatte ich beobachten können, wie der Ostblock Risse bekam: In Moskau, in Washington und auf Governors Island hatte ich Michail Gorbatschow gegenüber gesessen und gehört, wie er die Niederlage im Kalten Krieg eingestand. Ich hatte verfolgt, wie Gorbatschow das sowjetische Militär einseitig um eine halbe Million Mann reduzierte. Ich hatte miterlebt, wie unser ehemaliger Feind bei der friedlichen Beilegung der Konflikte in Angola und Namibia sowie im Krieg zwischen dem Iran und dem Irak mit uns zusammenarbeitete.

Einige meiner Kollegen sahen die Notwendigkeit eines Kurswechsels voraus. Mein Förderer John Wickham hatte leichte, mobile Divisionen für Operationen geschaffen, die sich nicht gegen die sowjetische Bedrohung richteten. Carl Vuono, der Stabschef der Army, sagte voraus, daß wir uns nach den zurückliegenden fetten Jahren künftig mit schmaleren Budgets würden begnügen müssen. Und auch einige andere ahnten, was im Gange war. Doch der überwiegende Teil der amerikanischen Militärführung verhielt sich so, als müßten wir immer noch auf einen Frontalzusammenstoß gefaßt sein, obwohl unser Hauptgegner eine Wende um 180 Grad vollzogen hatte und sich zurückzog. Ich beschloß, das FORSCOM als Plattform zu nutzen und für mehr Realitätssinn zu werben. Eine ideale Gelegenheit dazu bot sich, als mein ehemaliger Chef in Fort Leavenworth, General Jack Merritt, mich einlud, auf einem Seminar einen Vortrag zu halten. Ich sagte zu, warnte ihn aber, daß meine Ausführungen den anwesenden Offizieren und Rüstungsunternehmern vermutlich nicht sonderlich gefallen würden.

Am 16. Mai stand ich in einem Hotel in Carlisle, Pennsylvania, vor so vielen Drei- und Viersternegenerälen, daß man aus ihren Sternen eine Galaxie hätte bilden können, und vor genügend Industriemagnaten, um die halbe Welt zu bewaffnen. Ich hielt eine Rede mit dem Titel »Die Zukunft ist nicht mehr das, was sie einmal war« (eine Verbeugung vor Yogi Berra). Ich wies darauf hin, daß trotz der tiefgreifenden Veränderungen, die geradezu ins Auge sprangen, einige in Gorbatschow immer noch einen macchiavellistischen Ränkeschmied sahen, der versuche, uns auszutricksen und unsere Wachsamkeit einzuschläfern. Nein, sagte ich, der eigentliche Grund für sein Handeln sei »die innen- wie außenpolitische Schwäche der Sowjetunion und ihr Scheitern. Das sowjetische System ist bankrott, und Gorbatschow ist der Kon-

kursverwalter.«Ich schilderte, in welchen Regionen Gorbatschows Regierung eine Friedenslösung unterstützt hatte, und fuhr fort:»Ob in
zivilen oder militärischen Angelegenheiten, der russische Bär trägt
nun einen Feuerwehrhelm und eine Schaufel und löscht Brandherde.
Der Bär ist gutmütig geworden.«Ich wollte die Leute mit meiner Rede
aufrütteln, und in der Tat war niemand eingeschlafen. Ich konnte die
Spannung im Saal spüren.

Der Text, den ich vorbereitet hatte, enthielt zwei weitere Gedanken, die ich gestrichen, dann wieder eingebaut und abermals gestrichen hatte. An jenem Tag waren keine Journalisten anwesend, und
wenn ich jetzt nicht offen zu meinen Kollegen sprechen konnte,
wann dann? Und so prognostizierte ich bereits 1989:»Wenn wir die
NATO morgen früh neuen Mitgliedern öffnen, liegen innerhalb einer
Woche mehrere Anträge auf unserem Schreibtisch: von Polen, Un-
garn, der Tschechoslowakei, Jugoslawien, vielleicht von Estland,
Lettland, Litauen und womöglich sogar von der Ukraine. Tatsächlich
haben Mitglieder der inzwischen zugelassenen Oppositionsparteien
im sowjetischen Georgien letzte Woche darüber diskutiert, ob ihre
Region künftig Blockfreiheit oder die Mitgliedschaft in der NATO
anstreben sollte.«Die Zuhörer schenkten meinen Ausführungen augenscheinlich ebensowenig Glauben, wie wenn ich angekündigt hätte, wir würden in den Warschauer Pakt eintreten.»Der sowjetische
Militärapparat«, fuhr ich fort,»ist noch genauso groß, bedrohlich und
gefährlich wie früher. Daran hat sich nichts geändert. Doch ich glaube, es wird sich etwas ändern.«Was hieß das für die Army? Ich ließ
keinen Zweifel daran aufkommen, daß das amerikanische Volk weiterhin für eine starke Verteidigung aufkommen sollte, stellte aber
auch unmißverständlich klar, daß die Zuwachsraten, die wir in den
frühen Achtzigern gehabt hatten, der Vergangenheit angehörten.
Künftig, so sagte ich,»werden wir unser Geld klug und umsichtig
ausgeben müssen«. Und wir würden uns eine schwierige Frage stellen müssen, bevor andere sie uns stellten:»Brauchen wir das wirklich?«Und wenn die Antwort darauf»Nein«lautete, müßten wir
auch»Nein«sagen. Wir müßten Einschränkungen in Kauf nehmen
und trotzdem»die beste Armee der Welt bleiben«.

Ich konnte die Reaktion der Zuhörer nicht sofort einschätzen. Für
gewöhnlich stehen die Leute dann auf und jubeln, wenn sie hören,
was sie hören wollen, nicht dann, wenn sie hören, was sie hören sol-

len. Doch Jack Merritt sagte anschließend: »Colin, das ist starker Tobak. Das gehört in die Zeitschrift *Army*.« Die Rede wurde in dem Blatt abgedruckt, und Henry Mohr, ein pensionierter General und Kolumnist, übte an ihr heftige Kritik. Mohr schickte mir einen höflichen, aber skeptischen Brief, in dem er schrieb: »Es interessiert Sie vermutlich, daß eine Konferenz zum Thema ›Nationale Strategie in den neunziger Jahren‹, an der ich vor einigen Wochen teilgenommen habe, zu einem ganz anderen Schluß gekommen ist als Sie. Die Einschätzung der wichtigsten Teilnehmer (darunter auch ein CIA-Vertreter) lautete: Die Sowjetunion wird in den frühen neunziger Jahren aus ihrer momentanen ›Reorganisation und Modernisierung‹ militärisch bedeutend stärker hervorgehen, als sie es heute ist.«

Offensichtlich genügte der Aufruf eines Oberbefehlshabers nicht, um ein Militär wachzurütteln, das vierzig Jahre Kalter Krieg geprägt hatte.

Meine Reisen und die Gespräche, die ich landauf, landab führte, dienten einem weiteren Zweck, der sich später auszahlen sollte: Ich konnte mir von Männern wie Norman Schwarzkopf, der damals das CENTCOM im nahen Tampa in Florida leitete, ein eigenes Bild machen. Mein Stellvertreter beim FORSCOM, Lieutenant General John Yeosock, war außerdem Kommandierender General der 3. Armee und erarbeitete zusammen mit Schwarzkopf Einsatzpläne für den Ernstfall. Ich beobachtete Lieutenant General Carl Stiner, einen knallharten Offizier, der das 18. Luftlandekorps in Fort Bragg befehligte und in der Gefechtsausbildung zu Höchstleistungen trieb. Tief beeindruckt war ich von Major General John Shalikashvili, dem Kommandeur der 9. Infanteriedivision in Fort Lewis, einem Artilleristen von denkwürdiger Abstammung. Shalikashvili war in Warschau geboren und aufgewachsen. Seine Mutter war die Tochter eines zaristischen Generals. Sein Vater hatte die Sowjetrepublik Georgien verlassen, diente in der polnischen Armee und kämpfte im Zweiten Weltkrieg auf der Seite der Deutschen (in der Waffen-SS, wie später herauskam, allerdings wußte John Shalikashvili nichts davon). Shalikashvili war erst mit sechzehn in die Vereinigten Staaten eingewandert und als Wehrpflichtiger eingezogen worden. Er machte auf mich den Eindruck eines Offiziers, dessen Laufbahn keine Grenzen gesetzt sind. Da wir uns vom Kalten Krieg verabschiedeten, suchte ich nach Mitstreitern für »heiße« Kriege, und die waren uns viel näher, als ich damals dachte.

Wird ein Korps, eine Division oder ein Bataillon gut geführt, so ist der Posten des befehlshabenden Offiziers in Friedenszeiten offen gesagt ein Zuckerschlecken im Vergleich zu dem Streß, dem man im Nationalen Sicherheitsrat von morgens bis abends ausgesetzt ist. Und im FORSCOM hatte ich gute Mitarbeiter. Erstmals seit geraumer Zeit konnte ich wieder ein angenehmes Leben führen: Ich kam um 17.30 Uhr nach Hause, spielte Racquetball mit Otis Pearson, meinem alten Fahrer aus dem 5. Korps, den ich nach Atlanta hatte versetzen lassen, wohnte in einer prächtigen viktorianischen Villa und hatte Zeit, mich zusammen mit Alma unserer neuen Rolle als Großeltern zu widmen. Jeffrey Michael Powell, der Sohn von Jane und Mike, war kurz vor unserem Umzug nach Atlanta zur Welt gekommen.

Eines Tages im Frühsommer erhielt ich die Nachricht, daß Richard Cheney, der neue Verteidigungsminister (den zunächst nominierten John Tower hatte der Senat abgelehnt), mit mir sprechen wollte. Als Sicherheitsberater hatte ich eng mit dem Abgeordneten Cheney zusammengearbeitet. Als »Einpeitscher« der Minderheitsfraktion im Repräsentantenhaus hatte er damals die Aufgabe gehabt, die Republikaner auf Reagans politischen Kurs zu bringen. Cheney war noch nie im FORSCOM gewesen. Er hatte gerade das CENTCOM und das SOCOM (Kommando für Sonderoperationen) in Tampa besucht und wollte auf dem Rückweg nach Washington kurz bei uns vorbeischauen und sich informieren. Ich holte ihn am Flughafen von Atlanta ab und brachte ihn in mein Hauptquartier. Mein Stab unterrichtete ihn kurz über die strategischen Reserven an Bodentruppen, die ich befehligte, dann fuhren wir zum Mittagessen zu mir nach Hause.

Cheney präsentierte sich so, wie ich ihn kennengelernt hatte: scharfsinnig, klug, kein Freund von belanglosem Geplauder, ein harter Bursche, der sich nie eine Blöße gab. Er hatte nie eine Uniform getragen und war während des Vietnamkriegs als Student und später als Vater vom Wehrdienst zurückgestellt worden, dennoch hatte er im Pentagon sofort die Zügel an sich gerissen. Anscheinend hatten ihn seine Freunde im Kongreß gewarnt, daß ihm die Generäle und Admirale sonst auf der Nase herumtanzen würden, und so hatte er von Anfang an klargestellt, wer Herr im Hause war. Schon in seiner ersten Woche als Minister rügte er in einer vom Fernsehen übertragenen Pressekonferenz den Stabschef der Air Force, General Larry Welch, weil dieser im Kongreß verschiedene Alternativen bei der Aufstellung von MX-Raketen erörtert hatte. Cheneys öffentlicher Verweis –»so etwas gehört sich nicht für einen Offizier in Uniform« – schloß mit einem ominösen:»Jeder darf einmal einen Fehler machen.« Ich wußte, daß er Welch Unrecht getan hatte. Cheneys damaliger Stellvertreter, William Taft, und Brent Scowcroft, der Nationale Sicherheitsberater, hatten dem Stabschef für die Gespräche mit dem Kongreß grünes Licht gegeben. Ich war lange genug im Geschäft, um das Manöver zu durchschauen. Cheney hatte die erstbeste Gelegenheit benutzt, um klarzustellen: Ich habe keine Angst vor Generälen oder Admiralen. Hier habe ich das Sagen. Die erste Runde war an ihn gegangen. Doch auch Welch zeigte Charakter. Eine einflußreiche Gruppe von pensionierten Air-Force-Offizieren wollte Cheney ans Leder. Doch Welch pfiff sie zurück.»Da waren Profis am Werk«, sagte der ehemalige Vietnam-Pilot zu ihnen.»Gehen wir wieder an die Arbeit.«

Ich war mir ziemlich sicher, daß Cheney nicht nur nach Atlanta gekommen war, um sich über den Ausbildungsstand im FORSCOM zu informieren. Doch bei unseren Gesprächen gab mir dieser verschlossene Mann nicht den kleinsten Hinweis auf einen anderen Grund für sein Kommen. Meine Botschaft an ihn lautete: Mir gefällt es da, wo ich bin.

Im Juni erhielt ich einen Anruf von David Wallechinsky, einem Reporter des Magazins *Parade,* jener Zeitungsbeilage, die sonntags in nahezu jedes amerikanische Haus kommt.»General, Ihr Leben ist eine amerikanische Erfolgsstory«, sagte David.»Kind armer Leute aus der Süd-Bronx, Angehöriger einer Minderheit, steigt in hohes Amt im Weißen Haus auf, wird Viersternegeneral.« *Parade* wollte ein Porträt von mir bringen, voraussichtlich in der Ausgabe, die in der Woche des 4. Juli erschien. Mit einem Foto von mir auf der Titelseite und allem Drum und Dran. Ich willigte ein, und Wallechinsky besuchte mich zusammen mit dem Fotografen und Pulitzer-Preis-Träger Eddie Adams. Adams hatte im Vietnamkrieg das unvergeßliche Foto von dem südvietnamesischen Polizeichef geschossen, der während der Tet-Offensive auf offener Straße einen gefangenen Vietcong-Offizier erschosssen hatte.

Parade schloß die Geschichte ab, doch der 4. Juli kam, und der Artikel erschien nicht. In der Zwischenzeit wurde mir der Zweck von Richard Cheneys Stippvisite allmählich klarer. Im September ging die zweite Dienstzeit von Admiral William Crowe als Vorsitzender der Vereinten Stabschefs zu Ende, und überraschenderweise hatte Crowe eine Nominierung für weitere zwei Jahre abgelehnt. Allerdings hatte er einen guten Kandidaten als Nachfolger: seinen Stellvertreter Robert Herres, General der Air Force und ein hervorragender Mann. Außerdem kursierten ein halbes Dutzend weiterer Namen in der Presse, darunter auch meiner. Das Rennen um die Nachfolge war im Gange, obwohl niemand, nicht einmal Cheney, mit mir über den Posten gesprochen hatte. Und ich drängte mich nicht auf. Kurzum, für mich sah Herres wie der sichere Sieger aus. Ich selbst hatte die Absicht, meine Zeit im FORSCOM abzudienen. Danach konnte ich möglicherweise Carl Vuono als Stabschef der Army ablösen. Und vielleicht hatte ich sogar die Chance, Vorsitzender der Vereinten Stabschefs zu werden, wenn sich Herres zur Ruhe setzte. Ich konnte aber auch einfach in den Ruhestand treten. Immerhin hatte ich über dreißig Jahre gedient, und reizvolle Angebote aus der Wirtschaft lagen mir vor.

Am Sonntag, dem 6. August, flog ich morgens nach Baltimore zu Carl Vuonos jährlicher Tagung der ranghöchsten Army-Generäle. Wir trafen uns in lockerer Atmosphäre im Haus Belmont, einem Anwesen außerhalb der Stadt, das zu einem Kongreßzentrum umgebaut worden war. Freizeitkleidung war angesagt, und die Ehefrauen waren ebenfalls eingeladen. Ich freute mich auf die folgenden drei Tage.

Während des Fluges entdeckte ich in der *New York Times* einen Artikel mit der Überschrift:»Gerangel um den Vorsitz der Vereinten Stabschefs.« Auf der Suche nach einem Aufhänger hatte der Journalist geschrieben, daß ich in ständigem Briefkontakt mit Minister Cheney stünde. Das war frei erfunden. Ich hatte Cheney lediglich einen Vierteljahresbericht geschickt, wie alle Oberbefehlshaber.

Am letzten Tag der Kommandeurstagung erhielt ich gegen 14 Uhr eine Nachricht. Minister Cheney bat mich, ihn anzurufen. Ich schlüpfte aus dem Raum und versuchte, mir nichts anmerken zu lassen, während alle Blicke mir folgten. Cheney hatte sein Büro bereits verlassen, doch fünfzehn Minuten später erhielt ich eine zweite Nachricht: Ich sollte sofort ins Pentagon kommen. Vuono winkte mir bedeutungsvoll zu und sagte:»Ich werde Sie in einem Hubschrauber hinbringen lassen.«

Ich holte Alma, dann flogen wir los. Am Hubschrauberlandeplatz des Pentagons erwartete uns ein Fahrer mit einem Wagen. Er brachte uns zum Eingang auf der Flußseite. Ich bat Alma zu warten und ging in Slippers, Freizeithose und Polohemd zum Verteidigungsminister. Cheney begrüßte mich mit einem Lächeln. Es war ihm gleichgültig, ob ich saloppe Kleidung oder einen seriösen Anzug trug. Das war seine Art. Er kam sofort zur Sache. »Sie wissen, daß wir einen Vorsitzenden der Vereinten Stabschefs suchen«, sagte er. »Sie sind mein Kandidat.« Dann zählte er die Vorzüge auf, die ich aus seiner Sicht hatte. Ich hätte mich im Pentagon und im Weißen Haus bewährt, brächte die erforderlichen Qualifikationen als Kommandeur mit und verstünde etwas von Rüstungskontrolle, ein Punkt, auf den Präsident Bush großen Wert lege. Und er glaube, daß wir gut miteinander auskommen würden. Dann fragte er, was ich von dem Posten hielte.

»Natürlich fühle ich mich geschmeichelt«, sagte ich. »Und wenn Sie und der Präsident mich wollen, werde ich annehmen und mein Bestes geben. Aber sehen Sie, ich fühle mich wohl in Atlanta und möchte nicht unbedingt weg.« Unausgesprochen blieben meine eigenen Bedenken: Ich würde eine schwere Aufgabe übernehmen. Ich war der jüngste der fünfzehn Viersternegeneräle, die laut Gesetz für den Vorsitz in Frage kamen. Ich trug meinen vierten Stern erst knapp vier Monate auf den Schultern, und einige ältere Kandidaten hatten weit eindrucksvollere militärische Referenzen vorzuweisen.

George Bush hatte offenbar ähnliche Bedenken, denn als nächstes sagte Cheney: »Der Präsident fragt sich, ob sie auf dem Posten Probleme mit den älteren Generälen und Admiralen bekommen könnten.«

Ich wußte, daß ich auf Vuonos Unterstützung zählen konnte, und auch zu den anderen Stabschefs hatte ich ein gutes Verhältnis. »Da habe ich keine Bedenken«, sagte ich. Nur keine Schwäche zeigen.

»Schön«, entgegnete Cheney. »Ich werde Sie vorschlagen. Aber Sie wissen, die Entscheidung liegt beim Präsidenten.«

Ich berichtete Alma erst auf dem Rückflug nach Atlanta davon. »Jetzt fängt das schon wieder an!« sagte sie.

Am nächsten Tag, Mittwoch, dem 9. August, rief Cheney an und teilte mir mit, daß der Präsident seinen Vorschlag gebilligt habe: Ich sollte William Crowe ablösen. Auf Wunsch des Präsidenten sollte ich am folgenden Tag nach Washington kommen. Ich flog noch am selben Abend. Alma hatte bereits einen Termin und blieb deshalb in Atlanta. Meine Töchter, Linda und Annemarie, waren ebenfalls unabkömmlich, und so stand am 10. August nur Mike neben mir im Rosengarten, als Präsident Bush Bill Crowe zu seiner hervorragenden Arbeit beglückwünschte und seine Absicht bekanntgab, mich zum zwölften Vorsitzenden der Vereinten Stabschefs zu ernennen. Ich hatte sechs Wochen Zeit, um meine Zelte im FORSCOM abzubrechen und mich auf die Anhörung vor dem Senat zur Bestätigung meiner Ernennung vorzubereiten. In den folgenden Tagen suchten mich alle Stabschefs und die wichtigsten Viersternegeneräle auf, gratulierten mir und sagten mir ihre Unterstützung zu, die ich sicherlich brauchen würde. Den Bedenken des Präsidenten war Rechnung getragen worden.

Parade brachte am Sonntag nach meiner Ernennung eine Titelgeschichte über mich. Der Zeitpunkt ließ vermuten, daß ein Redaktionsmitglied Insider-Informationen erhalten hatte. Tatsächlich aber plant die Zeitschrift ihre Ausgaben Wochen im voraus, und in diesem Fall hatte die Ausgabe lange vor der Entscheidung des Präsidenten gestanden. Entweder hatte David Wallechinsky einen guten Riecher oder einfach nur Glück gehabt. Die Suche hatte einen unerwarteten Nebeneffekt: Auf der Suche nach einem persönlichen Aufhänger für den Artikel hatte sich Wallechinsky an meine Sekretärin in Atlanta, die tüchtige Cammie Brown, gewandt, und die hatte ihm den Tip gegeben, daß ich unter der Glasplatte meines Schreibtisches Leitsprüche aufbewahrte. Darauf rief David bei mir an und bat mich, ihm einige vorzulesen, was ich tat: »Es ist nicht so schlimm, wie du glaubst. Morgen früh sieht die Sache ganz anders aus«, »Achte auf Kleinigkeiten«, »Paß auf für was du dich entscheidest, du könntest es kriegen« und andere Lektionen, die mich das Leben gelehrt hatte. Er sammelte dreizehn dieser Gedanken und veröffentlichte sie in dem *Parade*-Artikel als »Colin Powells Lebensregeln«. Hunderte von Anfragen wegen der Regeln gingen bei mir ein, und schließlich mußte ich sie in großer Zahl auf Kärtchen drucken lassen. Für den Fall, daß Leser immer noch daran Interesse haben, wurden die Regeln in dieses Buch aufgenommen.

Das Befehlsgremium der »United States Joint Chiefs of Staff« (Vereinte Stabschefs der USA) wurde im Zweiten Weltkrieg nach britischem Vorbild ins Leben gerufen und führte den Oberbefehl über die drei Teilstreitkräfte. Im Jahr 1947 richtete der Kongreß per Gesetz das ständige Gremium der Vereinten Stabschefs (JCS) ein, und 1949 wurde der

Posten des Vorsitzenden geschaffen. General Omar Bradley war der erste, der ihn bekleidete. Später wurde das Gesetz mehrmals ergänzt. So wurde dem Befehlshaber des Marine-Korps ab 1952 gestattet, an den meisten Beratungen der JCS teilzunehmen, und 1978 wurde er schließlich Vollmitglied der JCS.

Das System litt freilich unter schwerwiegenden Mängeln. Jeder Stabschef, mit Ausnahme des Vorsitzenden, war Chef seiner eigenen Teilstreitkraft, und dennoch wurde von ihm erwartet, daß er im nationalen Interesse gegen partikulare Interessen seiner Organisation stimmte. Ein schwieriger Drahtseilakt. Den Chefs fiel es nicht leicht, in die »purpurfarbene« Uniform zu schlüpfen – eine im Pentagon gängige Metapher für die Mischung aus grünen, blauen und weißen Uniformen. Die Chancen, daß die Chefs zu der angestrebten »Jointness«, wie wir im Militär für Teamarbeit sagen, gelangten, standen also denkbar schlecht. Und doch war fast jeder große militärische Feldzug der modernen Zeit ein gemeinsames Unternehmen verschiedener Teilstreitkräfte. Denken wir nur an MacArthurs brillante Landung bei Inchon im Koreakrieg oder an das größte Unternehmen dieser Art überhaupt: die Landung in der Normandie. »Jointness« wurde aber meistens aus der Not des Augenblicks geboren, sie war selten fest im Militärapparat verankert.

Zu den Aufgaben der Vereinten Stabschefs gehörte es, den Verteidigungsminister und den Präsidenten in militärischen Fragen zu beraten. Allerdings mußten sie vorher zu einem Konsens gelangen, denn Einzelmeinungen zählten nicht. So blieb den Stabschefs praktisch nichts anderes übrig, als sich gegenseitig um den Bart zu gehen, wenn sie Einstimmigkeit erzielen wollten. Die Folge war, daß die 1600 Mitarbeiter der JCS tausende Arbeitsstunden damit vergeudeten, langweilige Dokumente zu produzieren, die lediglich den kleinsten gemeinsamen Nenner wiedergaben und ohne weiteres die Zustimmung aller Stabschefs fanden, jedoch kaum einem Verteidigungsminister oder Präsidenten weiterhalfen. Die Mängel der JCS beschränkten sich aber nicht nur auf die Verwaltung. Meines Erachtens war diese unzweckmäßige Organisationsstruktur mit ein Grund dafür, warum die Vereinten Stabschefs nie klar dagegen Stellung bezogen haben, daß das Land immer tiefer im Sumpf des Vietnamkriegs versank.

Die mangelhafte Struktur wurde beibehalten, bis General David Jones, der neunte Vorsitzende, 1982 kurz nach seinem Abschied aus lauter Frust die Mißstände zur Sprache brachte. Jones empfahl, den Vorsitzenden der JCS zum »ersten« Militärberater von Verteidigungsminister und Präsident zu erheben und ihm mehr Autorität über die Stäbe der einzelnen Stabschefs einzuräumen. Edward Meyer wiederum wollte in seiner Zeit als Stabschef der Army die Vereinten Stabschefs ganz abschaffen und durch einen Nationalen Militärrat ersetzen, dessen Mitglieder nicht mehr für ihre jeweilige Teilstreitkraft zuständig sein sollten, so daß sie ihre ganze Kraft der Koordination der Streitkräfte widmen konnten. Diese Vorschläge lösten eine Diskussion aus, die 1986 im Defense Reorganization Act (Gesetz zur Reorganisation der Verteidigung) ihren Niederschlag fand. Senator Barry Goldwater und der Abgeordnete des Repräsentantenhauses William Nichols hatten es initiiert und durchgesetzt, daher wurde es als Goldwater-Nichols Act bekannt.

Zum ersten Mal erhielt der Vorsitzende der JCS nun wirkliche Machtbefugnisse. Als »erster Militärberater« konnte er den Minister oder den Präsidenten nun direkt beraten. Er mußte ihnen nicht mehr verwässerte Empfehlungen der Stabschefs vorlegen und dann zuflüstern, was er persönlich von der Sache hielt. Die Stabschefs blieben aber weiterhin Berater. Sie waren aufgerufen, ihre Meinung zu äußern, auch wenn sie mit dem Vorsitzenden nicht konform gingen. Das neue Gesetz unterstellte die 1600 Mitarbeiter im Vereinten Stab nicht mehr dem Gremium der Stabschefs, sondern dem Vorsitzenden. Doch auch nach dieser Umstrukturierung stand der Vorsitzende außerhalb der Befehlskette, allerdings konnte der Verteidigungsminister verlangen, daß militärische Befehle über ihn an die Truppenkommandeure gingen. Cheney etwa hatte darauf bestanden.

Bill Crowe war der Vorsitzende der Übergangsphase gewesen, denn das neue Gesetz war in der Mitte seiner Amtszeit in Kraft getreten. Das bedeutete, daß ich, sofern der Senat meine Ernennung bestätigte, der erste Vorsitzende wurde, der von Anfang an über die neuen Vollmachten verfügte. Die offizielle Bestätigung erfolgte am 20. September. Ich war der jüngste Offizier, der erste Afro-Amerikaner und der erste ROTC-Absolvent in diesem Amt. Der Einwanderersohn aus der Süd-Bronx bekleidete nun den höchsten militärischen Posten im Land. Ich wünschte, Colonel Brookhart aus der Exerzierhalle der CCNY hätte mich jetzt sehen können.

Am 1. Oktober, einem Sonntag, legte ich mich zufrieden, aber erschöpft ins Bett. Bill Crowes Amtszeit war am Vortag um Mitternacht zu Ende gegangen, und heute war mein erster Tag als Vorsitzender. Am Morgen hatte ich mein neues Büro im praktisch menschenleeren Pentagon aufgesucht, nur um mich umzusehen und ein paar Dinge aufzustellen. Crowe hatte auf den Bücherregalen hinter dem Schreibtisch eine bunte Sammlung militärischer Kopfbedeckungen angelegt. Die Regale bedeckten die ganze Wand, waren jetzt aber leer, da er die Sammelstücke natürlich mitgenommen hatte. Ich nahm mir vor, Bill Stofft anzurufen, meinen Kumpel aus Gelnhausen, der inzwischen Historiker der Army war. Er sollte mir die grüngebundenen Bände der Geschichte des Zweiten Weltkriegs schicken. Als ich später bei ihm anrief, fragte mich sein Assistent, wie viele Bücher ich brauchte. Ich antwortete: »Circa elf Meter.«

Am Nachmittag waren Alma und ich zu einer Familienfeier in Washington gefahren, zu der mein Cousin Arthur S. »Sonny« Lewis eingeladen hatte, jener außergewöhnliche Mann, der es vom Unteroffizier der Navy zum US-Botschafter in Sierra Leone gebracht hatte. Neben meiner Schwester Marilyn und meinem Schwager Norm waren auch zahlreiche Tanten, Onkel und Cousins da. Wie hatten doppelten Anlaß zum Feiern: meinen neuen Posten und Mikes und Janes ersten Hochzeitstag. Die ganze Unbekümmertheit und Wärme der jamaikanischen Kindheit kehrten zurück, und wir feierten bis zum letzten Tropfen Rum. Alma und ich gingen gegen Mitternacht zu Bett. Während meine neue Dienstwohnung renoviert wurde, wohnten wir in Wainwright Hall, dem Motel für VIPs in Fort Myer. Ich hatte erst ein paar Stunden geschlafen, als das Telefon klingelte.

16

»General, wir haben ein Problem«

Ich war erst knapp vierundzwanzig Stunden Vorsitzender der Vereinten Stabschefs, als der Chef meines Operationsstabs, Lieutenant General Tom Kelly, mich weckte und davon unterrichtete, daß in Panama ein Putsch gegen das Regime von Noriega bevorstehe. Jede Minute, so Kelly, konnte ich einen Anruf von General Max Thurman erhalten, der erst vor kurzem in Panama den Posten des CINC SOUTHCOM (Oberbefehlshaber des Kommandos Süd) übernommen hatte. Willkommen zurück in der großen Politik!

Auch wenn Max Thurman seinen Posten erst einen Tag länger innehatte als ich meinen, empfand ich es doch als beruhigend, ihn während einer drohenden Krise in Panama zu wissen. Max genoß schon jetzt einen legendären Ruf: Er galt als einer der klügsten, zähesten Offiziere in der Army, ein Junggeselle, der hart arbeitete und offenbar neben dem Dienst keine anderen Interessen kannte. Seine Arbeitswut hatte ihm den liebevollen Spitznamen »Mad Max« eingebracht.

Noriega hatte in den vergangenen sechs Jahren immer wieder meinen Weg gekreuzt. Zum erstenmal war ich ihm im September 1983 auf der Lateinamerikareise mit Caspar Weinberger begegnet, bei der Oliver North eine so auffällige Rolle in unserer Gruppe gespielt hatte. Bei dem Besuch trafen wir uns pro forma mit dem neuen Marionettenpräsidenten von Panama, Ricardo de la Espriella, der die Universität in Stanford besucht hatte, danach fuhren wir zu einer Unterredung mit dem eigentlichen Führer des Landes, General Manuel Antonio Noriega, dem Chef der Verteidigungsstreitkräfte Panamas (PDF). Die Begegnung fand in seinem Hauptquartier, der Comandancia, statt. Mit seinem pokkennarbigen Gesicht, seinen kleinen, flinken Augen und seinem großspurigen Auftreten machte Noriega auf mich keinen angenehmen Eindruck. Mich beschlich sofort das Gefühl, daß ich mich in schlechter Gesellschaft befand.

Noriega stand seit fünfundzwanzig Jahren auf der Gehaltsliste der CIA und des militärischen Nachrichtendienstes DIA. Aber er hatte auch mit Kuba, Libyen und anderen Abnehmern geheimdienstlicher Informationen Geschäfte gemacht, und er ließ den KGB in Panama frei gewähren. Manuel Noriega konnte man nicht kaufen, nur mieten. Wir benutzten ihn unsererseits, um Waffen an die nicaraguanischen Contras für ihren Guerillakrieg gegen die Sandinisten weiterzuleiten. Ich weiß noch, daß ich bei unserem ersten Treffen dachte, wie eigenartig es doch war, einen Gangster wie einen angesehenen Staatsmann zu behandeln. Zwei Jahre später, 1985, als ich ihn wiedersah, faßten wir ihn immer noch mit Glacéhandschuhen an. Damals hatte Weinberger ihn ins Pentagon eingeladen, nachdem Noriega sich selbst zum Viersternegeneral befördert hatte. Er war natürlich nicht der einzige Diktator, der im Pentagon ehrenvoll empfangen wurde. Ein anderer, an den ich mich erinnere, war Präsident Mobutu aus Zaire. Auch er war uns nützlich: Mit seiner Hilfe schleusten wir Waffen zu den antikommunistischen Rebellen in Angola. Der Politik des Kalten Krieges verdankten wir so manchen düsteren Bundesgenossen.

Noriega trieb ein raffiniertes Spiel. Er stellte sich mit CIA-Direktor William Casey gut, indem er verdeckte Operationen gegen die Kommunisten in Nicaragua unterstützte. Er ließ hie und da kleinere Drogengeschäfte auffliegen und stellte damit die Drogenfahndungsbehörde in den USA zufrieden. Gleichzeitig scheffelte er Millionen, indem er kolumbianische Drogengelder »wusch«. Doch Noriega begann, sein Blatt zu überreizen. Durch seine Beteiligung an der Ermordung seines linken Widersachers Hugo Spadafora durch die PDF im Jahr 1985 hatte er eine Horde neugieriger Reporter nach Panama gelockt und sich den Zorn von Senator Jesse Helms zugezogen. Und im Februar 1988 hatte er durch seine Drogengeschäfte den Gerichten in Miami und Tampa soviel Beweismaterial geliefert, daß sie ein Verfahren gegen ihn einleiteten. George Bush, damals noch Vizepräsident, hatte mir versichert, daß diese Anklage unter keinen Umständen einem billigen Handel geopfert werden dürfe.

In meiner damaligen Funktion als Nationaler Sicherheitsberater mußte ich den Schiedsrichter in der Debatte spielen, ob es klug war, einen »freundlich gesinnten Staatschef« unter Anklage zu stellen. Wir hatten uns selbst in die Zwickmühle gebracht. Die Regierung hatte zugelassen, daß das Verfahren gegen ihn weiterverfolgt wurde, und dennoch bekam Noriega weiterhin von uns Geld. Die Drogenfahndungsbehörde hatte ihm sogar ein Empfehlungsschreiben ausgestellt. Schließlich bezog die Regierung zu Noriega eindeutig Stellung und wies alle US-Behörden an, die Zusammenarbeit mit ihm aufzukündigen. Er konnte nicht gleichzeitig unter Strafanklage und auf der Gehaltsliste stehen. Nach der Anklageerhebung ging das panamaische Volk auf die Straße und demonstrierte gegen Noriega. Die Menschen glaubten, die Vereinigten Staaten würden ihnen nun helfen, den betrügerischen Caudillo loszuwerden. Noriega reagierte, indem er Präsident Eric Delvalle, ebenfalls eine Marionette, abservierte und durch Manuel Solis Palma, den Erziehungsminister, ersetzte. Von da an drängte George Shultz auf energische Maßnahmen zur Entmachtung Noriegas, wenn nötig mit Hilfe einer Militärintervention der USA. Frank Carlucci, der damalige Verteidigungsminister, und William Crowe, der Vorsitzende der JCS, waren dagegen. So verabscheuungswürdig Noriega auch sei, so ihr Argument, der Einsatz von US-Truppen zu seiner Absetzung sei nicht zu rechtfertigen. Auch wenn es einige überraschen mag: Das Militär ist nicht unbedingt darauf erpicht, zur Erreichung politischer Ziele Gewalt anzuwenden, es sei denn als letztes Mittel. Die Intellektuellen haben leicht reden, wenn sie sagen, »wir müssen etwas unternehmen«, und die Diplomaten überreichen ihre diplomatischen Noten. Doch am Ende bleibt es immer den Streitkräften überlassen, die Leichensäcke nach Hause zu schaffen und den Eltern zu erklären, weshalb ihre Kinder gestorben sind. Präsident Reagan hatte eine Invasion in Panama ohne direkte Provokation nie ernsthaft in Betracht gezogen. Seiner Ansicht nach durften die Vereinigten Staaten nicht riskieren, wie brutale »Gringos« dazustehen, die allein deshalb einmarschierten, weil ihnen die Art und Weise nicht paßte, wie die Panamaer ihre innenpolitischen Streitigkeiten regelten. Und zudem lauerte dort keine ernstzunehmende kommunistische Gefahr.

Ich war schon immer überzeugt, daß eine Absetzung Noriegas das Problem nicht lösen würde, falls wir uns jemals in Panama engagieren sollten. Seine Machtbasis war die PDF. Selbst wenn es uns gelang, Noriega loszuwerden, würde eben ein anderer Gauner aus den Reihen der PDF seinen Platz einnehmen. Und bislang hatten wir keinen integren Kandidaten ausgemacht, der ihn und seine Handlanger ersetzen konnte. Als Nationaler Sicherheitsberater nahm ich an mehreren Treffen der Policy Review Group teil, bei denen wir versuchten, einen PDF-Offizier zu finden, der eine Stufe über Noriega stand, oder eine zivile panamaische Führungspersönlichkeit, die sich gegen den Widerstand der PDF behaupten konnte. Einmal teilte mir der Chef der CIA-Planungszentrale für geheime Operationen mit, daß seine Behörde einen möglichen Retter aufgetrieben habe: einen aufrechten Liberalen und Noriega-Gegner, der uns helfen könne, den Diktator zu stürzen. Ich wollte wissen, wer dieser Ausbund an Tugend war. Er hieß Eduardo Herrera Hassan und war panamaischer Botschafter und Militärattaché in Israel. Er lag damals im Streit mit Noriega.

Die CIA brachte Herrera heimlich aus Tel Aviv nach Washington, und ich sprach mit ihm in meinem Amtszimmer im Weißen Haus. Er war gewandt, charmant und aalglatt. Die Kritik, die Herrera an Noriega übte, war durchaus zutreffend, doch er sprach fast ständig von sich. Die Wörter »Freiheit« und »Demokratie« kamen ihm nie über die Lippen. Er war sehr besorgt um das Wohlergehen und die Zukunft der PDF. Ich kam zu dem Schluß, daß Herrera ein gemäßigter Noriega war. Herrera kehrte nach Israel zurück, doch Noriega bekam Wind von seiner Reise und entließ ihn. Die CIA brachte ihn zurück in die Vereinigten Staaten und nahm sich seiner an für den Fall, daß er sich noch als nützlich erweisen sollte.

Mit dem Ende der Reagan-Ära im Januar 1989 erbte Präsident Bush das Problem Noriega. Der Diktator zeigte weiterhin offen seine Verachtung für demokratische Grundsätze, ließ Oppositionelle mißhandeln und zahlreiche Menschen aus politischen Gründen verhaften. Noriega annullierte die Wahlen vom Mai 1989, als sich ein deutlicher Sieg seines Widersachers Guillermo Endara abzeichnete, und PDF-Schläger verprügelten auf sein Geheiß Endaras Kandidaten für die Vizepräsidentschaft vor den laufenden Kameras amerikanischer Fernsehteams. Im Herbst 1989, als ich Chef der JCS wurde, stand Noriegas Absetzung und Ablösung durch eine demokratische Regierung auf der Dringlichkeitsliste der Regierung Bush ganz oben. Und Präsident Bushs persönliche Abneigung gegen den Diktator hatte eher noch zugenommen.

In den frühen Morgenstunden des 2. Oktober erhielt ich, wie von Tom Kelly angekündigt, einen Anruf von Max Thurman. Er informierte mich ausführlich. Der Aufstand, so Thurman, sei von dem PDF-Offi-

zier Major Moises Giroldi Vega geplant worden und sollte in etwa
sechs Stunden, um 8.30 Uhr, beginnen.
»Was wissen wir über diesen Giroldi?« fragte ich Max. »Hat er Ver-
bündete? Welche Einheiten stehen auf seiner Seite? Was will er von
uns?«
»Wir wissen überhaupt nichts über ihn«, sagte Max. Er vermutete,
daß Giroldi unzufriedene Gruppen innerhalb der PDF vertrat, die lange
keinen Sold mehr erhalten hätten. Sein Putsch, so Max, erinnere eher
an einen Arbeitskampf als an einen demokratischen Aufstand. Und er
habe bislang nichts von uns verlangt.
»Handeln wir uns mit ihm nur einen neuen Noriega ein?« fragte ich
Max.
»Schon möglich«, entgegnete er, allerdings sei das anhand der spärlichen Informationen schwer zu sagen.
Ich bat Max, mich auf dem laufenden zu halten, und rief dann Minister Cheney an. Es war ein wichtiges Gespräch. Zum erstenmal sollte
ich die Aufgabe des Vorsitzenden der JCS wahrnehmen und den Verteidigungsminister in einer militärischen Frage beraten. Ich war beeindruckt, mit welcher Gelassenheit Cheney meinen Bericht entgegen-
nahm. Max Thurman und ich, so sagte ich ihm, seien der Ansicht, daß
wir nicht genügend Informationen hätten, um uns für Giroldi zu engagieren. Cheney stimmte mir zu und rief dann Brent Scowcroft an.
Auch er schloß sich unserer Meinung an und beriet Präsident Bush in
diesem Sinn.
Am folgenden Morgen wurde es 8.30 Uhr und später, doch der
Putsch blieb aus. Max rief an und berichtete, Giroldi habe offenbar
logistische Probleme und die Operation deshalb um einige Stunden
verschoben.
Etwas später ging ich ins Weiße Haus zu einer Besprechung mit dem
Präsidenten und seinen Sicherheitsberatern. Ich rief direkt aus dem
Oval Office Max Thurman an, ließ mir die neuesten Informationen
geben und berichtete dann dem Präsidenten, was Thurman inzwischen
in Erfahrung gebracht hatte. Danach befehligte Giroldi die 4. Infante-
riekompanie der PDF, die für die Bewachung von Noriegas Hauptquartier in der Comandancia zuständig war. Er hatte Noriega bei der Niederschlagung des letzten Putschversuchs geholfen. Die beiden waren
eng befreundet. Noriega war sogar Pate eines seiner Kinder. Giroldi
hatte uns gebeten, mit US-Truppen die Zufahrt zur Comandancia zu

blockieren, damit außerhalb der Stadt stationierte Einheiten der PDF nicht zu Noriegas Rettung herbeieilen konnten. Er hatte aber keineswegs die Absicht, Noriega an uns auszuliefern. Er hatte die merkwürdige Vorstellung, Noriega werde sich in sein Schicksal fügen und sich friedlich aufs Land zurückziehen. Was freilich die Sicherheit seiner Familie anging, wollte er kein Risiko eingehen. Er hatte US-Beamte in Panama gebeten, ihnen Asyl zu gewähren.

Der Putsch war offensichtlich stümperhaft vorbereitet worden, und ich war mir mit Cheney und Thurman weiterhin darin einig, daß die Vereinigten Staaten sich nicht in die Sache hineinziehen lassen sollten, eine Meinung, die auch alle anderen Berater des Präsidenten teilten. Allerdings war uns nicht wohl bei dem Gedanken, daß man uns nach einem Scheitern Giroldis vorwerfen könnte, wir hätten eine Gelegenheit zum Sturz Noriegas verpaßt. Doch Präsident Bush hatte seine Entscheidung bereits getroffen. Giroldi hatte immer noch nichts von Demokratie gesagt. Und wir wollten ihn nicht unterstützen, solange er sich nicht verpflichtete, wieder eine zivile Regierung einzusetzen.

Es war das erste Mal, daß ich das Team des Präsidenten in Aktion sah, und ich war überrascht, daß ohne Vorbereitung oder Pläne für das weitere Vorgehen wichtige Überlegungen angestellt wurden. Das neue Team hatte die von Frank Carlucci und mir eingerichtete Policy Review Group abgeschafft. Brent Scowcroft, ein abgebrühter Spieler, erkannte das Problem später und ließ die PRG wieder auferstehen, und zwar in Form eines Stellvertreter-Ausschusses, dem sein Vize William Gates vorstand. Doch das war noch Zukunftsmusik. Die Debatte im Oval Office an jenem Tag ließ keine klare Linie erkennen, und am freiesten fabulierte der Stabschef des Präsidenten, John Sununu. Er konnte sich nie zurückhalten, ganz gleich ob jemand gerade etwas Dummes oder Kluges sagte. Mitten im Satz schnitt ihm Sununu das Wort ab und knüpfte wieder an seine Lieblingsthemen an – ein Verhalten, das, wie mir auffiel, den Präsidenten nicht zu stören schien. Bush hörte zu, sprach wenig, dafür mit Verstand. Er wiederholte, die Verschwörer müßten die klare Absicht bekunden, wieder demokratische Verhältnisse herzustellen, »andernfalls lassen wir uns darauf nicht ein«. Dann schloß er die Sitzung. Ich ging zurück ins Pentagon und hielt ständigen Kontakt zu Thurman.

Der Abend kam, und die letzte Meldung aus Panama lautete, daß der Putsch Giroldis am nächsten Tag stattfinden sollte. Das Spiel wurde wegen Dunkelheit unterbrochen. Der Putsch erfolgte am nächsten Morgen. Giroldi setzte Noriega in der Comandancia fest, wußte dann aber nicht, was er mit ihm anfangen sollte. Wir wiesen Max Thurman an, Noriega nur in Gewahrsam zu nehmen, wenn er uns von den Verschwörern ausgeliefert wurde. Von sich aus sollte er nichts unternehmen, um ihn zu fassen. Noriega machte indes keinerlei Anstalten, sich auf seine Hazienda zurückzuziehen. Statt dessen griff er zum Telefon, sprach mit loyalen Untergebenen in Panama-Stadt und im hundertzwanzig Kilometer entfernten Río Hato und bereitete seine Befreiung vor. Am frühen Nachmittag gelang es ihm, Giroldi zur Aufgabe zu überreden, und der Putsch brach zusammen. Die ganze Angelegenheit hatte gerade fünf Stunden gedauert.

Cheney und ich berichteten im Weißen Haus über das Debakel und gingen dann auf den Paradeplatz vor dem Pentagon. Eine Krise hatte ich bereits hinter mir, es war also höchste Zeit für meine offizielle Amtseinführung. Mein Start war für mein Empfinden nicht gerade vielversprechend verlaufen, doch immerhin hatte ich bereits einiges gelernt: Cheney war gründlich und bewahrte einen klaren Kopf, der Vereinte Stab arbeitete schnell und professionell, und Präsident Bush ließ seine Berater zwar in ihrer lautstarken Diskussion gewähren, behielt aber das Wesentliche im Auge und traf vernünftige Entscheidungen.

Giroldi war erledigt; Noriega ordnete wenig später seine Hinrichtung an. Doch das Nachspiel in den USA sollte erst beginnen: Demokraten und Republikaner fielen über die Regierung her, weil sie eine, wie sei meinten, ideale Gelegenheit zum Sturz Noriegas verpaßt hatte. Senator Jesse Helms führte die Meute an. Cheney und ich mußten uns auf den Kapitolshügel begeben und die Belehrungen von Neunmalklugen über uns ergehen lassen, weil wir Giroldi nicht sofort zu Hilfe geeilt waren – als sei dieser Möchtegernverschwörer ein zweiter Simón Bolívar. Ich tröstete mich mit dem Clausewitzschen Gedanken, daß die Lebendigkeit flüchtiger Eindrücke nicht darüber hinwegtäuschen darf, daß ihr Wahrheitsgehalt von geringerer Aussagekraft ist. Und kaum etwas hätte flüchtiger sein können als der Putsch von Major Moises Giroldi Vega. Ich war nach wie vor überzeugt, daß wir richtig entschieden hatten.

Thurman und ich hatten eine regelrechte Feuertaufe erhalten. Wir verglichen unsere Aufzeichnungen und kamen zu folgendem Schluß: Sollten wir je gezwungen sein, in Panama einzugreifen, würden wir empfehlen, als erstes die PDF auszuschalten. Max begann, einen entsprechenden Plan auszuarbeiten.

In den folgenden zwei Monaten drangen Gerüchte über weitere Putschversuche in Panama zu uns. Es tat sich aber nichts, und Thurman trieb seine Vorbereitungen auf den Ernstfall voran. Ein bereits existierender Plan mit dem Decknamen »Blue Spoon« wurde dahingehend erweitert, daß er auch die Ausschaltung der gesamten PDF und Noriegas Absetzung umfaßte. Nach dem überarbeiteten Plan sollten die 13 000 Mann der Army-Gruppe Süd und der sie unterstützenden Einheiten in Panama durch weitere 10 000 Mann des 18. Luftlandekorps aus den Vereinigten Staaten verstärkt werden. Lieutenant General Carl Stiner, der Kommandeur des Korps, sollte die gemeinsame Operation leiten. Bei einem Angriff sollte die Truppe sämtliche PDF-Einrichtungen besetzen, jeden Widerstand der PDF brechen und der gewählten Regierung Endaras zur Macht verhelfen. »Blue Spoon« sah ferner einen Angriff der Antiterroreinheit Delta Force auf das Gefängnis Modelo vor. Sie sollte den amerikanischen Staatsbürger Kurt Muse befreien, einen CIA-Informanten, den Noriega wegen Spionage in Einzelhaft gesteckt hatte. Noriega hatte gedroht, Muse sofort umzubringen, falls die Vereinigten Staaten gegen Panama vorgehen sollten. Mit Zustimmung von Verteidigungsminister Cheney begannen wir in aller Stille, zusätzliches Gerät und weitere Einheiten nach Panama zu schleusen.

Quartier 6, unser Heim an der Grant Avenue in Fort Myer, war ein stattliches Haus, und das Leben darin war ein wenig wie das im Weißen Haus. Alma und ich hatten große, elegant eingerichtete Räume für Empfänge im Erdgeschoß und lebten in einer Wohnung im ersten Stock. Der Unterschied zum Weißen Haus bestand darin, daß unsere Wohnung winzig war – gerade groß genug für uns beide, für einen Übernachtungsgast reichte der Platz kaum. Meine Freizeit verbrachte ich in einem kleinen Studio mit Fernseher und abhörsicherem Telefon.

Am Abend des 16. Dezember 1989, es war ein Samstag, saß ich gerade in dem Studio, als Tom Kelly anrief. »General, wir haben ein Problem«, sagte er. Wie üblich waren die ersten Informationen dürftig. Ich erfuhr lediglich, daß in Panama ein US-Marineinfanterist erschossen worden war. Wenig später teilte mir Kelly mit, daß vier Offiziere in Zivilkleidung zum Essen nach Panama-Stadt gefahren waren, wo sie in der Nähe des PDF-Hauptquartiers in eine Straßensperre gerieten. Es war der Jahrestag der Streitkräfte, und ich nehme an, daß etliche PDF-Soldaten gezecht hatten. An der Sperre versuchte eine Gruppe, die Amerikaner aus dem Wagen zu zerren. Der Fahrer trat aufs Gas und raste davon. Die PDF-Soldaten schossen hinterher. Lieutenant Robert Paz wurde getroffen und starb kurz darauf.

Im Lauf der Nacht spitzte sich die Situation weiter zu. Ein Offizier der Navy, Lieutenant Adam J. Curtis, und seine Frau Bonnie, die den Vorfall beobachtet hatten, wurden von der PDF festgenommen und zum Verhör auf ein Polizeirevier gebracht. Curtis wurde mißhandelt und mit dem Tode bedroht. Seine Frau mußte sich an eine Wand stellen, und PDF-Soldaten betatschten sie, bis sie das Bewußtsein verlor.

Ich unterrichtete Cheney, und wir überlegten, ob hier eine Provokation vorlag, die wir nicht ignorieren konnten. Er informierte das Weiße Haus, und für den nächsten Morgen wurde eine Sitzung mit Präsident Bush anberaumt.

Es wurde ein hektischer Sonntag. Ich fuhr zunächst ins Pentagon und sprach mit Thurman die Ereignisse vom Samstag durch. Auch wenn unsere Offiziere falsch gefahren und in eine Straßensperre geraten waren, blieb das Verhalten der PDF-Soldaten unentschuldbar. Ja, die Schüsse waren Ausdruck einer zunehmenden Feindseligkeit gegen US-Soldaten. »Wie kommt ›Blue Spoon‹ voran?« fragte ich. »Ist eingeübt und startklar«, sagte Max. Ich rief die Leiter des Transportkommandos und des Kommandos für Sondereinsätze an und gab Order, sie sollten sich zum Ausrücken bereitmachen. Um 10 Uhr ging ich zu einer Sitzung in Cheneys Büro. Anwesend waren Paul Wolfowitz, Staatssekretär für politische Angelegenheiten im Pentagon, Pete Williams, der Sprecher des Verteidigungsministeriums und ein As auf seinem Gebiet, sowie William Price vom Nationalen Sicherheitsrat. Wir gingen die verschiedenen Möglichkeiten durch. Als Cheney die Sitzung beendete, hatten Wolfowitz und Price immer noch Zweifel, ob die Vorfälle eine militärische Intervention rechtfertigten. Cheney bat mich, noch zu bleiben. Kaum waren wir allein, fragte er mich: »Was meinen Sie?«

»Max und ich sind der Ansicht, daß wir zum Schutz amerikanischer Staatsbürger intervenieren sollten«, sagte ich. »Im übrigen ist Noriega kein legitimes Staatsoberhaupt. Er ist ein Verbrecher. Er steht unter Anklage.« Allerdings wies ich darauf hin, daß ich zuerst mit den anderen Stabschefs reden wolle, bevor ich eine endgültige Empfehlung aussprechen könne.

»In Ordnung«, sagte Cheney. »Ich werde das Treffen mit dem Präsidenten für heute nachmittag ansetzen.«

Panama war nicht nur die erste größere außenpolitische Krise für die Regierung Bush, sondern auch der erste Härtetest für die neue Rolle des Vorsitzenden der JCS nach Verabschiedung des Goldwater-Nichols Acts. Früher hatten die Stabschefs abgestimmt und nach einem Konsens gesucht, den der Vorsitzende dem Verteidigungsminister und dem Präsidenten überbringen konnte. Nun war ich der erste Militärberater. Die Stabschefs hatten profunde Sachkenntnisse und große Erfahrung. Sie waren es, die dem Oberbefehlshaber ausgebildete und einsatzbereite Truppen zur Verfügung stellten. Es war unwahrscheinlich, daß ich ihren Rat ignorieren würde. Doch meine Rolle als Vorsitzender der Vereinten Stabschefs beschränkte sich nicht länger auf die eines Kuriers.

In meinem Büro angekommen, bat ich Tom Kelly, die Stabschefs auf 11.30 Uhr zu mir nach Hause zu bestellen. Ich wollte nicht, daß am Sonntag morgen all die Karossen vor dem Pentagon vorfuhren. Die Reporter hätten sie bestimmt entdeckt und Alarm geschlagen. Bald trafen sie ein. Die einen kamen von zu Hause, die anderen geradewegs von der Kirche. Ich machte Kaffee, dann setzten wir uns in die Bibliothek im Erdgeschoß. »Es tut mir leid, daß Sie einen Mann verloren haben«, sagte ich zu Alfred Gray, dem Befehlshaber des Marine-Korps. Gray nickte erbittert. Tom Kelly und Rear Admiral Ted Sheafer, mein Nachrichtenoffizier, gaben den Stabschefs einen kurzen Lagebericht. Wir sprachen zunächst die militärischen Optionen durch, dann teilte ich ihnen meinen Standpunkt mit: »Der Tod von Paz kann nicht ignoriert werden. ›Blue Spoon‹ ist ein guter Plan. Wir sind bereit, und ich glaube, wir sollten uns an ihn halten. Doch ich möchte Ihre Meinung hören.«

Carl Vuono, der Stabschef der Army, Carl Trost, der Stabschef der Navy, und mein Vize Robert Herres stimmten mir zu. Larry Welch, der Stabschef der Air Force, überlegte zunächst noch, ob wirklich eine hinreichende Provokation vorlag, schloß sich uns dann aber ebenso an wie Al Gray.

Es war eine merkwürdige Zeit, um einen Krieg zu planen. Am Sonntag, dem 17. Dezember, eilte ich nachmittags mit Tom Kelly, der seine Kartentasche mitschleifte, über einen weihnachtlich geschmückten Korridor im Weißen Haus. Plötzlich verstellten uns Adventssinger in Kostümen aus dem 18. Jahrhundert den Weg. Wir gaben ihnen die Hand, wünschten ihnen ein Frohes Fest und gingen in die Privatwohnung der Bushs im ersten Stock hinauf.

Der Präsident saß nachdenklich da, gebeugt, das Kinn auf der Brust, und kaute an der Unterlippe. Er trug eine Freizeithose, einen blauen Blazer und rote Socken – auf einem stand »Merry«, auf dem anderen »Christmas«. Ebenfalls anwesend waren Richard Cheney, James Baker, inzwischen Außenminister, Brent Scowcroft, dessen Stellvertreter Robert Gates und Marlin Fitzwater, der Pressesprecher.

Cheney begann mit einem Bericht über die Ereignisse in Panama und umriß die von uns vorgeschlagene Antwort. Dann erteilte er mir das Wort, damit ich den militärischen Plan erläutern konnte. Tom Kelly packte die Karten aus, und ich begann mit dem Briefing. Ich benutzte einen Laserstift in der Größe eines Kugelschreibers, der ohne Lichtstrahl einen roten Punkt auf die Karte warf. Der geisterhafte Punkt schien den Präsidenten zu amüsieren.

Bis auf Cheney hörten die Anwesenden zum ersten Mal von einem erweiterten Plan für »Blue Spoon«. Ich begann mit unserem primären Ziel: Wir wollten Noriega *und* die PDF ausschalten. Sollte das gelingen, wollten wir das Land verwalten, bis wir eine Zivilregierung und eine neue Sicherheitstruppe einsetzen konnten. Da dieser Plan weit über die »Ergreifung Noriegas« hinausging, machte ich eine Pause, um sicherzugehen, daß jeder diesen Punkt verstanden hatte, mit allen Konsequenzen, die sich daraus ergaben. Niemand erhob Einspruch.

Ich kam auf die militärischen Details zu sprechen. Wir wollten die in der Kanalzone stationierten Truppen einsetzen, die wir heimlich auf die jetzige Stärke von 13 000 Mann aufgestockt hatten. Diese Zahl reichte allerdings nicht aus. Thurman und Stiner hatten nämlich die Absicht, jede größere PDF-Einheit anzugreifen und alle wichtigen Militäreinrichtungen zu besetzen. Daher sollten Army Ranger über den wichtigen Kasernen bei Río Hato, westlich von Panama-Stadt, abspringen und die PDF-Kompanien ausschalten, mit deren Hilfe in jüngerer Zeit Putschversuche niedergeschlagen worden waren. Zur Unterstützung der Ranger sollte erstmals der neue Stealth-Jagdbomber F-117A der Air Force zum Einsatz kommen. Ferner war folgendes geplant: Fallschirmjäger der 82. Luftlandedivision werden aus Fort Bragg eingeflogen und springen über Zielen östlich der Stadt ab. Infanteristen von der 7. Infanteriedivision im kalifornischen Fort Ord verstärken die Kontrolle über das Land und helfen bei der Wiederherstellung von Recht und Ordnung. In Panama stationierte US-Soldaten nehmen die Comandancia und Ziele in der Stadt selbst ein, und Sonderkommandos der Navy besetzen den Flughafen. Wir wußten, daß Noriega auf dem Flughafen ein Flugzeug versteckt hielt, das ihn jederzeit in Sicherheit bringen konnte. Spezialeinheiten sollten ihn suchen, eine schwere Aufgabe, da wir nicht in der Lage waren, ständig seinen Aufenthaltsort ausfindig zu machen. Eine vor Ort stationierte Kompanie Marineinfanteristen sollte die Brücke über den Panamakanal sichern, und die Delta Force hatte den Auftrag, Kurt Muse zu retten, den CIA-Informanten, der im Gefängnis Modelo gegenüber der Comandancia festgehalten wurde. Die Streitmacht für die Operation »Blue Spoon« umfaßte insgesamt über 20 000 Mann. Ich sagte voraus, daß Noriega, ob wir ihn nun faßten oder nicht, bereits Stunden nach der Stunde X entmachtet sein würde und daß wir bis dahin Rahmenbedingungen geschaffen hätten, die es der gewählten Regierung Endaras erlaubten, aus ihrem Versteck zu kommen und die Macht zu übernehmen. Am Ende des Briefings wies ich ausdrücklich darauf hin, daß »die Stabschefs alle einer Meinung seien«. Dann wurde ich mit Fragen überschüttet.

Wie ein Kneipenbesucher, der vom Barhocker aus eine Schlägerei beobachtet, saß George Bush auf seinem Stuhl und sah zu, wie seine Berater hart zur Sache gingen. Brent Scowcroft schlug einen irritierend scharfen Ton an, an den man sich erst gewöhnen mußte, doch er war offenkundig sehr intelligent und verfolgte eine durchaus ehrenwerte Absicht. Er wollte nicht, daß der Präsident sich Illusionen hingab: »Es wird Verluste geben«, sagte er. »Menschen werden sterben.« Der Präsident nickte und ließ die Debatte weiterlaufen.

James Baker vertrat die Ansicht, daß wir zu einer Intervention verpflichtet seien; um solchen Verpflichtungen nachzukommen, unterhielten wir ja schließlich Streitkräfte. Außerdem konnte er sich nicht den Hinweis verkneifen, daß das Außenministerium schon seit geraumer Zeit auf eine Intervention dränge. Scowcroft bedrängte mich: »Angenommen, wir gehen nach Plan vor, schnappen Noriega aber nicht? Das macht mir Sorgen.« Das sei möglich, sagte ich, da wir nicht wüßten, wo er sich aufhalte. Und was, wenn er in den Urwald entkam? Auch das könne passieren, und dort gebe es viele Verstecke. Und dann löcherte mich Brent wegen zu erwartender Verluste. Zahlen wolle er, Zahlen. Ich antwortete, ich könne keine genauen Zahlen nennen. Es werde zweifellos Tote und Verwundete geben, unter den Soldaten wie unter der Zivilbevölkerung. Viele Gebäude würden zerstört werden. Wir müßten mit einem Chaos rechnen, insbesondere in der ersten Phase.

Die Schlüsselfrage blieb, ob eine hinreichende Provokation für ein Eingreifen vorlag. Wir hatten einige Gründe: Noriegas Mißachtung demokratischer Grundsätze, seine Drogengeschäfte und sein Strafverfahren, der Tod des amerikanischen Marineinfanteristen, die Gefährdung unserer vertraglich zugesicherten Rechte am Kanal durch den unberechenbaren Machthaber in Panama. Und, unausgesprochen, war da noch George Bushs persönliche Abneigung gegen Noriega, einen drittklassigen Diktator, der die Vereinigten Staaten an der Nase herumführte. Ich teilte diese Abneigung.

Der Präsident hakte selbst noch einmal wegen der Verluste nach. »Mr. President«, sagte ich, »ich kann Ihnen keine genauen Zahlen nennen.«

»Wann könnten wir losschlagen?« fragte er.

»In zweieinhalb Tagen«, erwiderte ich. »Wir wollen nachts angreifen. Wir sind gut für einen Kampf bei Nacht ausgerüstet, und das Überraschungsmoment müßte uns einen taktischen Vorteil verschaffen.«

Weitere Fragen folgten in rascher Folge, bis es fast den Anschein hatte, als würde die schon greifbare Entscheidung wieder in weite Ferne rücken. Ich sah, wie Tom Kelly ungeduldig wurde. Es war seine erste Sitzung mit der Gruppe. Doch als jeder seine Meinung geäußert hatte, umklammerte Bush die Armlehnen seines Stuhls und erhob sich. »In Ordnung, bringen wir's hinter uns«, sagte er. »Zur Hölle damit.«

Vom Pentagon aus rief ich Max Thurman und andere wichtige Befehlshaber an und sprach noch einmal mit den Stabschefs. Der Tag X wurde auf den 20. Dezember festgesetzt, Stunde X war 1.00 Uhr.

Bei einem meiner zahlreichen Telefongespräche mit Max Thurman erwähnte ich, daß »Blue Spoon« zwar als Deckname für eine Operation geeignet sei, nicht aber als zündender Aufruf zum Kampf, wenn es an der Zeit sei, die Öffentlichkeit zu informieren. Wir wägten verschiedene Einfälle ab und einigten uns endlich auf seinen Vorschlag: Operation »Just Cause« (»Gerechte Sache«). Abgesehen von dem anregenden Klang gefiel mir noch etwas daran: Selbst unsere schärfsten Kritiker mußten dann von einer »gerechten Sache« sprechen, während sie uns angriffen.

Die Planung eines Krieges ist wie das Zusammensetzen eines Mosaik aus vielen tausend Einzelteilen, die einem Ärger machen können. Das Wetter schlug um, und frostige Temperaturen in den Staaten erschwerten die Errichtung der erforderlichen Luftbrücke. Die Verhaltensregeln beim Einsatz, die Instruktionen an unsere Soldaten, wann sie von tödlichen Waffen Gebrauch machen durften, mußten genehmigt werden. Ich teilte Thurman mit, daß er die Ziele für die Jagdbomber des Typs F117-A ändern mußte. Wir wollten nicht Noriegas Landhäuser bombardieren, nur weil er sich möglicherweise dort aufhielt, und am Ende statt dessen Frauen und Kinder töten.

Am letzten Abend vor der Invasion, als ich auf der Heimfahrt allein auf dem Rücksitz meines Wagens saß, kamen mir lauter böse Vorahnungen. Ich war im Begriff, zusammen mit anderen einen Krieg zu führen, einen Krieg, auf den ich selbst gedrängt hatte und bei dem mit Sicherheit Blut vergossen wurde. Hatte ich richtig gehandelt? War mein Rat vernünftig gewesen? Was, wenn das eisige Wetter in den Staaten die Errichtung der Luftbrücke unmöglich machte? Wie wollten wir dann die Truppen, die bereits in Panama waren, unterstützen? Wie viele Verluste würde es geben? Wie viele Zivilisten konnten ihr Leben bei den Kämpfen verlieren? War es das wert? Von Selbstzweifeln geplagt, ging ich zu Bett.

Als ich am Dienstag, dem 19. Dezember, morgens ins Pentagon kam, stellte ich fest, daß mein Stab unter seinem tüchtigen Leiter Lieutenant General Michael Carns und der Stab von Max Thurmans SOUTHCOM in Panama alles im Griff hatten. Howard Graves, Lieutenant General der Army, koordinierte unsere militärischen Pläne geschickt mit den politischen und diplomatischen Bemühungen der Regierung und des Nationalen Sicherheitsrats. Alle Fäden waren geknüpft. Wir waren einsatzbereit. Rasch kehrte meine Zuversicht zurück. Meine Befürchtungen schwanden, und die Ruhe vor dem Sturm stellte sich ein.

Am Nachmittag ging ich zu einem letzten Treffen ins Weiße Haus. James Baker und das Außenministerium hatten einen Plan ausgearbeitet. Danach sollte Endara kurz vor der Stunde X heimlich aus seinem Versteck geholt, nach Fort Clayton gebracht und dort als Präsident vereidigt werden. Wir hatten bislang keine Zustimmung Endaras zu dem Plan und sollten erst am späten Abend erfahren, ob er mitmachen wollte. Endaras Mitwirkung war der letzte Punkt, der vor der Invasion noch zu klären war. Sollte er ablehnen, mußte Präsident Bush entscheiden, ob wir ohne ihn weitermachten oder die Operation abbliesen.

Der Präsident fragte ständig nach Noriega. Würden wir ihn schnappen? Und würde die Operation als Fehlschlag kritisiert werden, wenn wir ihn nicht erwischten? »Mr. President«, sagte ich, »wir können nicht genau sagen, wo er sich zur Stunde X aufhalten wird, doch egal wo er ist, er wird nicht mehr El Jefe sein. Er wird sich nirgends mehr blicken lassen können.« Ich warnte ihn auch davor, eine Einzelperson zu dämonisieren und den Erfolg der Operation allein von ihrem Schicksal abhängig zu machen. Doch ein Präsident muß das Land für seine Politik gewinnen. Und wenn diese Politik Krieg bedeutet, ist es schwer, die Öffentlichkeit mit abstrakten politischen Begriffen zu überzeugen. Ein Schurke aus Fleisch und Blut eignet sich besser dafür. Und Noriega war allemal ein solcher Schurke.

Am Dienstag abend war ich zu Hause, als Cheney mich um 19.40 Uhr anrief und mir mitteilte, daß Endara mitmache. Die Operation konnte weiterlaufen. Um 20.30 Uhr kehrte ich ins Pentagon zurück. Alma sagte ich nur, daß ich vermutlich eine Weile wegbleiben würde. Mehr nicht. Ich war müde von der ständigen Anspannung der letzten Tage und machte in meinem Büro ein Nickerchen. Um 23.30 Uhr ging ich zu Richard Cheney in die Nationale Militärische Kommandozentrale, ein wahres Labyrinth aus Räumen, vollgestopft mit Computern, Karten, Funkgeräten und Telefonen. Offiziere hasteten durch den gesamten Komplex. Vor kurzem hatte Tom Kelly mitten in dem Durcheinander für mich, meine wichtigsten Stabsoffiziere und den Verteidigungsminister einen Raum für Krisensitzungen hergerichtet. Wir saßen dort an einem Tisch, vor uns zwei Bildschirme, auf denen wir Lageberichte aus Panama erhalten sollten. Auf einem zweiten Tisch hinter uns standen Telefone, die über abhörsichere Leitungen direkt mit Thurman, Stiner und deren Stäben im Hauptquartier in Quarry Heights in Panama verbunden waren.

Tom Kelly beugte sich über meine Schulter. »Das Wetter hat uns aufgehalten«, sagte er. »Aber jetzt sind alle Flugzeuge unterwegs.« Die

Maschinen waren von der Luftwaffenbasis Pope nahe Fort Bragg und anderen Stützpunkten in den Vereinigten Staaten in Richtung Panama gestartet. Die Presse hatte, wie wir wußten, die ungewöhnlichen Aktivitäten in der Luft bemerkt, deutete sie aber als eine Demonstration der Stärke oder als Operation zur Verstärkung der Truppen vor Ort. Die strategische Überraschung war uns gelungen. Doch nun, da unsere Truppen unterwegs waren, würde es schwer werden, den Gegner auch taktisch zu überraschen.

Panamas Verteidigungskräfte hatten gegen 21 Uhr bemerkt, daß etwas vor sich ging, waren aber unschlüssig, wie sie reagieren sollten. Kurz nach Mitternacht eröffneten PDF-Soldaten bei Fort Amador das Feuer und verletzten einen amerikanischen Schullehrer tödlich. General Stiner beschloß, Stunde X um fünfzehn Minuten vorzuverlegen, und am 20. Dezember, 0.45 Uhr, rückten Soldaten der 193. Infanteriebrigade aus ihrer Kaserne aus und griffen die Comandancia in der Stadt an. Die Operation »Gerechte Sache« war in vollem Gange. Zu unserem Leidwesen gingen die Berichte häufig nur scheibchenweise im Krisenstab ein: »Delta Force landet auf dem Dach des Gefängnisses Modelo ... Delta hat die Wachen getötet ... Delta ist drin ... Kurt Muse aus der Zelle befreit ... Delta Force hebt mit Hubschraubern vom Dach ab. Alles in Ordnung. Nein! Der Hubschrauber fängt Feuer. Er ist getroffen! Er stürzt ab! Nein, er geht auf der Straße nieder ... er ist getroffen ... er ist unten ... sie sind okay ...« Die Befreiungsaktion dauerte nur sechs Minuten, doch uns kam es wie eine Ewigkeit vor.

Rund um die Comandancia entbrannten heftige Gefecht. Bald stand das Hauptquartier der PDF in Flammen, und das Feuer griff auf eine benachbarte Barrackensiedlung über. Die Rangers sprangen bei Río Hato ab. Kampfflugzeuge vom Typ F-117A hatten zuvor 900-Kilo-Bomben abgeworfen, um die panamaischen Soldaten solange in der Kaserne festzunageln, bis die Fallschirmjäger gelandet waren. Weitere Rangers und Soldaten der 82. Luftlandedivision sprangen über dem Gelände des Internationalen Flughafens Torrijos östlich der Stadt ab. Marineinfanteristen besetzten die Brücke über den Kanal. An der Atlantikküste drangen die 7. Division und Truppen der 82. Luftlandedivision in die Stadt Colón ein und stießen auf erbitterten Widerstand. Die PDF lieferte uns einen härteren Kampf als erwartet, auch wenn unsere Verluste gering blieben. Die meisten Männer hatten zu dem Zeitpunkt die Sonderkommandos der Navy beim Angriff auf den Flughafen Punta Paitilla verloren: Vier Soldaten waren gefallen, weil der Angriff falsch geplant war. Wir hatten den Fehler gemacht, Soldaten der Navy, so durchtrainiert und tapfer sie auch sein mochten, eine Aufgabe zu übertragen, für die Infanteristen besser geeignet waren. Beinahe jede Meldung, die in den Krisenstab gelangte, berichtigte eine vorherige und bestätigte damit ein altes Sprichwort: »Trau' nie dem ersten Schein.« Während ich in dem kleinen Raum in der Kommandozentrale saß, durchlebte ich ein Auf und Ab der Gefühle. Ein Gefecht, insbesondere bei Nacht, ist ein organisiertes Durcheinander. Journalisten, Historiker und Leute, die hinterher immer alles besser wissen, können nie voll ermessen, welchen Fehlerquellen sich Menschen ausgesetzt sehen, die anhand begrenzter, oft falscher Informationen inmitten eines Chaos über Leben und Tod entscheiden müssen. Cheney verfolgte in jener Nacht ruhig seinen ersten Krieg. Er stellte unentwegt scharfsinnige, sachbezogene Fragen. Er ging praktisch stündlich in ein Nebenzimmer und erstattete Scowcroft und dem Präsidenten über einen heißen Draht Bericht. Die Befehlskette war eindeutig festgelegt und funktionierte tadellos: Präsident Bush sprach mit Cheney, Cheney mit mir, ich mit Max Thurman, und der wiederum mit Carl Stiner. Thurman und Stiner waren die Profis vor Ort, und unsere Aufgabe in Washington war es, die Operation wie geplant laufen zu lassen, ohne ihnen in die Quere zu kommen.

Um 7.40 Uhr am nächsten Morgen hielt der Präsident eine Fernsehrede, in der er der amerikanischen Bevölkerung erklärte, weshalb wir in Panama einmarschiert waren. Danach zogen die Kamerateams ins Pentagon. Cheney trat um 8.30 Uhr als erster vor die Mikrofone und schilderte ausführlicher die Provokationen, die zu der Invasion geführt hatten. Dann war ich an der Reihe und sollte den Militäreinsatz erläutern.

In der Nacht, als die Kämpfe noch andauerten, hatte ich den Krisenstab verlassen und war in einen benachbarten Raum gegangen, um darüber nachzudenken, was ich der Öffentlichkeit und der Presse sagen sollte. Major Ray Melnyk, ein Offizier aus Tom Kellys Operationsstab, hatte instruktive Karten und Schaubilder für mich vorbereitet. Ich schickte sie zurück, weil sie voller militärischer Fachbegriffe steckten, die vielleicht in Fort Benning passend waren, nicht aber hier, wo es darum ging, amerikanischen Bürgern zu erklären, was ihre Söhne und Töchter in Panama taten. Melnyk entwarf rasch einfachere Karten, und in der folgenden Stunde hatte ich mir unsere Einheiten, ihre Aufträge und unsere siebenundzwanzig Angriffsziele eingeprägt. Am Morgen erläuterte ich nach Cheneys Ansprache im Fernsehen jedes Detail, bis hin zum kleinsten Angriff eines Zuges. Und ich erinnerte die Zuhörer daran, daß die Operation noch andauerte. Die meisten Objekte hatten wir zwar bereits eingenommen, doch erwarteten wir weiteren Widerstand von Überbleibseln der PDF und paramilitärischen Einheiten, den sogenannten »Bataillonen der Würde«, großenteils Straßenbanden, die Noriega bewaffnet hatte. Bislang hatten wir lediglich vier Mann verloren, aber weitere Verluste waren zu erwarten. Meine Absicht war, Ruhe zu vermitteln und den Menschen das Gefühl zu geben, daß wir genau wußten, was wir taten. Das Ansehen der amerikanischen Streitkräfte stand auf dem Spiel. »Desert One«, der Bombenanschlag auf das Hauptquartier der Marineinfanterie im Libanon, die schlampig vorbereitete Invasion in Grenada und der Abschuß des iranischen Verkehrsflugzeugs hatten die Skepsis gegenüber dem US-Militär und dessen Führung verstärkt. Ich erinnerte mich an den Rat, den wir General Wickham sechs Jahre zuvor im Rahmen des Projekts 14 gegeben hatten: Den nächsten Waffengang müssen wir erfolgreich bestehen.

Ich gab den Reportern Gelegenheit zu Fragen, und prompt erkundigten sie sich nach Noriega. Angenommen, wir bekamen ihn nicht zu fassen, welchen Sinn hatte dann die Invasion in Panama? Ich entgegnete: »Wir haben ihn als Diktator seines Landes gestürzt.« Konnte Noriega den US-Truppen das Leben schwer machen, fragte ein Reporter, wenn er noch in der Wildnis Panamas umherstreifte? »Es ist schon einige Jahre her«, antwortete ich, »daß Mr. Noriega … im Dschungel gelebt hat. Er ist einen anderen Lebensstil gewohnt, und ich glaube nicht, daß er darauf vorbereitet ist, von Rangers der Army, Spezialeinheiten und leichten Infanterieeinheiten übers Land gehetzt zu werden.« Ein anderer Journalist hakte nach: Ließ sich die Operation »Gerechte Sache« tatsächlich als Erfolg verbuchen, solange Noriega nicht in unserem Gewahrsam war? »Sie ist bereits ein Erfolg«, sagte ich, »weil wir den Chef der alten Regierung abgesetzt haben und eine neue Regierung im Amt ist, die das Volk von Panama gewählt hat.« Natürlich war mir klar, daß alles überzeugender geklungen hätte, wenn wir Noriega hätten präsentieren können.

Ich war gerade in mein Büro zurückgekehrt, als das Telefon klingelte. Es war Alma. »Du warst recht gut«, sagte sie. In den Augen meiner strengsten Kritikerin hatte ich »bestanden«.

Am nächsten Tag waren die Kämpfe größtenteils abgeflaut. Nur noch vereinzelt kam es zu Scharmützeln mit den Bataillonen der Würde. Doch Noriega hatten wir immer noch nicht. Wir flogen weitere Infanteristen der 7. Division ein. Sie sollten ländliche Gegenden durchkämmen und die Reste der PDF aufstöbern. Die Soldaten marschierten von Ortschaft zu Ortschaft, und ihr bloßes Erscheinen genügte, um die einst so gefürchteten Abteilungen der PDF zur Aufgabe zu bewegen. Zur Aufrechterhaltung der Ordnung verlegten wir weitere Einheiten nach Panama-Stadt. Und wir richteten Notunterkünfte ein für Panamaer, die durch die Kämpfe und die Brände, die insbesondere rund um die Comandancia zahlreiche Häuser zerstört hatten, obdachlos geworden waren.

Präsident Endara war einige Stunden vor der Stunde X vereidigt worden und befand sich mittlerweile im Präsidentenpalast. Vierundzwanzig Amerikaner ließen bei diesem Sieg für die Demokratie in Panama ihr Leben. Ich persönlich hatte im Gespräch mit Cheney geschätzt, daß wir etwa zwanzig Mann verlieren würden. Unsere Streitkräfte hatten ihre Sache hervorragend gemacht, wenngleich uns einige Fehler unterlaufen waren. Die Wiedereinsetzung der Zivilregierung hatten wir unzureichend vorbereitet. Und unser Verhalten gegenüber der Presse führte auf beiden Seiten zu Schuldzuweisungen. Erst spät brachten wir eine Anzahl von Reportern nach Panama und in die Kampfgebiete. Pete Williams, der Sprecher des Verteidigungsministeriums, versuchte den Fehler wiedergutzumachen, indem er ein ziviles Verkehrsflugzeug mit zweihundert Reportern nach Panama schickte, doch dann konnten wir diese Leute nicht anständig unterbringen. Die Folge war, daß die Presse über uns herfiel, und das nicht ganz zu Unrecht. Ich begriff, daß wir unsere Sache in Zukunft weit besser machen mußten.

Doch auch Journalisten hatten sich während der Operation »Gerechte Sache« Ausrutscher geleistet, die meine sonst wohlwollende Haltung gegenüber den Medien auf eine harte Probe stellten. Am zweiten Tag der Invasion hatte ich Präsident Bush bei einer Pressekonferenz im Fernsehen beobachtet. Er war sichtlich erleichtert über den raschen Erfolg der Operation. Was der Präsident nicht wissen konnte: Während er lächelnd die Fragen der Reporter beantwortete, blendeten die Sender auf dem geteilten Bildschirm Bilder vom Luftwaffenstützpunkt Dover in Delaware ein, wo aus einem Transportflugzeug die Leichname der ersten Gefallenen ausgeladen wurden. Der Präsident wirkte dadurch gefühllos. Sensationelle Bilder, aber billige Effekthascherei. Und geradezu wütend wurde ich, als die Presse nicht mehr nur über den Krieg berichtete, sondern ihn auch zu führen versuchte. In der Nähe des Zentrums von Panama-Stadt stand ein Funkturm. Jeder Stammtischstratege weiß, daß die Fernmeldeeinrichtungen des Feindes ausgeschaltet werden müssen. Und sieh an, die US-Truppen hatten törichterweise diesen Sender verschont, und jetzt verbreitete er vorher aufgezeichnete Propaganda Noriegas. Die Presse übte scharfe Kritik am Weißen Haus, weil der Turm noch stand. Und Brent Scowcroft wusch mir deshalb gehörig den Kopf. Ich sagte ihm, daß der Turm uns nicht störe und daß wir in dem Stadtteil noch keine Truppen hätten, die ihn besetzen könnten. Und davon einmal abgesehen, wollten wir den Turm auch gar nicht zerstören, weil Präsident Endara ihn einen oder zwei Tage später brauchen konnte. Doch es war nichts zu machen. Der Druck der Presse war zu groß, der Turm mußte weg. Also wies ich Thurman und Stiner an, ihn zu zerstören. Sie spuckten Gift und Galle, weil Außenstehende ihnen sagten, was sie zu tun hätten, und weil man ihnen befahl, ein nutzloses Objekt einzunehmen. Gleichwohl feuerten kurz darauf Kampfhubschrauber vom Typ Cobra Raketen auf die tragenden Teile des Turms ab.

Nach der ersten Nacht im Krisenstab kehrten wir in unsere Amtszimmer im Pentagon zurück. Dort erhielt ich einen weiteren Anruf von Brent Scowcroft. Er teilte mir mit, daß im Hotel Marriott in Panama-Stadt mehrere Korrespondenten festsaßen. »Wir müssen Soldaten zu ihrer Befreiung hinschicken«, sagte Brent.

»Sie sind nicht in Gefahr«, erklärte ich. »Ich habe die Lage überprüft. Im Kellergeschoß des Hotels sind sie in Sicherheit. Die Kämpfe werden sich bald verlagern.«

Ich nahm an, ich hätte Brent überzeugt, doch bald darauf rief er abermals an. Chefredakteure und Sendeleiter aus New York setzten ihn mächtig unter Druck. »Wir müssen etwas unternehmen«, sagte er.

»Wir sollten überhaupt nichts unternehmen«, wiederholte ich. »Wir haben einen überaus kompetenten Befehlshaber vor Ort. Er hat einen Plan, und der funktioniert.« Sollten künftig Kiebitze von ihren Büros in Manhattan aus die Kämpfe in Panama leiten? Ich erinnerte Brent daran, daß in Panama noch weitere 35 000 amerikanische Staatsbürger waren und daß wir uns bemühten, die Sicherheit jedes einzelnen zu garantieren. Nur wenige Minuten später rief Cheney an. Es gab keine Diskussion. »Tun Sie es«, sagte er. Keine weiteren Einwände.

Erneut rief ich widerwillig Thurman und Stiner an. »Ich bedauere es, Euch das sagen zu müssen«, erklärte ich und schilderte ihnen die Lage. »Aber holt die Reporter raus, und ich werde versuchen, euch Washington künftig vom Hals zu halten.« Stiner entsandte Einheiten der 82. Luftlandedivision mit dem Befehl, das Hotel zu stürmen. Unterwegs gerieten sie in ein heftiges Feuergefecht. Sie holten die Reporter heraus, aber die Division erlitt Verluste: Drei GIs wurden verletzt, einer schwer. Und ein spanischer Fotograf, der die Rettungsaktion verfolgte, wurde von verirrten amerikanischen Kugeln tödlich getroffen.

Ich teilte Cheney mit, daß ich solche Befehle künftig nicht mehr weitergeben würde. »Wenn die Presse über einen Krieg berichten muß«, sagte ich, »dann muß sie auch die Risiken des Krieges in Kauf nehmen. Ganz ausschalten können wir sie nicht.« Cheney rief Scowcroft an und bat ihn, keine weiteren »Befehle« von Außenstehenden weiterzuleiten. Für das Militär war eine neue, schwierige Ära angebrochen: Während es einen Krieg führte, wurde darüber Bericht erstattet. In einem Land, das für die Meinungsfreiheit eintritt, konnten wir nicht einfach die Presse ausschalten. Aber wir mußten einen Weg finden, mit dieser neuen Situation umzugehen.

An Heiligabend war ich vormittags in der Garage und versuchte abzuschalten, indem ich den Motor eines meiner Volvos auseinandernahm. Da klingelte mein Funktelefon. Mein Stellvertreter Tom White übermittelte mir die Nachricht, auf die wir so sehnlichst gewartet hatten. Ich stieß einen Freudenschrei aus und rannte in die Küche zu Alma. »Sie haben Noriega!« Seit Tagen hatten unsere Männer Schlupfwinkel und Dörfer im Hinterland nach ihm abgesucht. In der ersten Nacht hatte er sich in einem Bordell versteckt und war uns deshalb durch die Lappen gegangen. Und jetzt, so hatte mir Tom berichtet, hatte er in der päpstlichen Nuntiatur in Panama-Stadt Zuflucht gesucht. Er hatte den Nuntius, Monsignore José Sebastián Laboa, angerufen und gebeten, ihn von einem Parkplatz in der Nähe von San Miguelito abzuholen. Dort fand man den starken Mann in einem schmutzigen

T-Shirt, unförmigen Bermudas und mit einer übergroßen Baseballmütze, die er tief in das allzu verräterische Gesicht gezogen hatte.

Zehn Tage später, am 3. Januar, wurde meine Erleichterung noch größer, als Monsignore Laboa Noriega dazu überredete, aufzugeben und sich den Amerikanern zu stellen. Für den Vatikan war Noriega ein Verbrecher, der unter Anklage stand und keinen Rechtsanspruch auf politisches Asyl hatte. Kaum hatten die Panamaer erfahren, daß Noriega in amerikanischem Gewahrsam war, begannen sie, auf den Straßen zu tanzen. Bis zuletzt hatten sie befürchtet, daß er wieder an die Macht gelangen könnte.

Anfang Januar flog ich nach Panama, um mich vor Ort zu informieren und die Truppe zu besuchen. Bei der von Major General James Johnson befehligten 82. Luftlandedivision ließ ich mich zu dem Ausruf hinreißen:»Gottverdammt, ihr Jungs habt gute Arbeit geleistet!« Fred Francis von der NBC hielt meinen Gefühlsausbruch in Bild und Ton fest, und ich kam in den Abendnachrichten. Wer einen moralischen Niedergang unseres Landes befürchtete, wird aufatmen, wenn er erfährt, daß die Poststelle des Vereinten Stabs wegen meiner Ausdrucksweise bald mit Protestbriefen überschwemmt wurde.

Unsere Begeisterung über den Sieg wurde nicht von allen geteilt. Die Vereinten Nationen und die Organisation Amerikanischer Staaten übten Kritik an unserem Einsatz in Panama. Meldungen über hohe Verluste unter der Zivilbevölkerung kursierten. Einige Menschenrechtsorganisationen behaupteten, daß Tausende von Panamaern bei der Invasion ums Leben gekommen seien. Zu dem Zeitpunkt schätzte Max Thurmans Stab die Zahl der Opfer unter den Einheimischen auf wenige Hundert. Der Streitkräfteausschuß des Repräsentantenhauses führte daraufhin eine sorgfältige Untersuchung durch. Danach betrug die Zahl der getöteten Panamaer etwa dreihundert; ein Drittel davon waren Zivilisten, die übrigen hatten der PDF und den Bataillonen der Würde angehört. Der Verlust unschuldiger Menschenleben war tragisch, doch wir hatten uns die größte Mühe gegeben, die Zahl der Opfer auf allen Seiten möglichst gering zu halten.

Eine CBS-Umfrage, die kurz nach der Einsetzung von Präsident Endara durchgeführt wurde, ergab, daß neun von zehn Panamaern die US-Intervention begrüßten. Präsident Bush war in seiner mutigen politischen Entscheidung bestätigt worden. Die Generäle Thurman und Stiner und alle von ihnen befehligten Soldaten hatten mit minimalem

Blutvergießen einen Sieg für die Demokratie errungen. Das amerikanische Volk befürwortete die Aktion und war wieder stolz auf seine Streitkräfte. Wir hatten einen Erfolg errungen.

Die Lehren, die ich aus der Operation zog, bestätigten alle meine Überzeugungen, zu denen ich in den vorangegangenen zwanzig Jahren, seit meinen Zweifeln an unserem Engagement in Vietnam, gelangt war. Setze dir ein klares politisches Ziel und halte daran fest. Setze alle erforderlichen Kräfte ein, und entschuldige dich nicht dafür, daß du groß einsteigst, wenn genau das nötig ist. Ein entscheidendes Übergewicht ermöglicht eine rasche Beendigung des Krieges und rettet am Ende Menschenleben. Gleich welche Bedrohungen uns künftig bevorstanden, ich beabsichtigte, meinen militärischen Rat stets nach diesen Regeln zu richten.

Noriega wurde der ihm zur Last gelegten Drogenvergehen für schuldig befunden. Heute, fast sechs Jahre nach der Operation »Gerechte Sache«, sitzt er, während ich diese Zeilen schreibe, in einer amerikanischen Gefängniszelle. Panama hatte eine neue Sicherheitstruppe und ist immer noch ein demokratisches Land, das stolz auf eine freie Wahl zurückblicken kann.

17

Wenn man seinen besten Feind verloren hat

Eine meiner bedeutendsten Leistungen als Vorsitzender der Vereinten Stabschefs verdanke ich, so unwahrscheinlich es auch klingen mag, Arnold Schwarzenegger. Im FORSCOM war es mir gelungen, mich körperlich fit zu halten. Doch nun, in Washington, setzte ich wieder einen Bauch an. Eines Abends saß ich bei einem Wohltätigkeitsessen neben Arnold und gestand ihm, daß ich einen Rückfall erlitten hatte. »Sie brauchen einen Hometrainer«, sagte Arnold. »Ich werde Ihnen einen schicken.«

»Ich darf von einem Unternehmer oder Fabrikanten nichts annehmen«, bemerkte ich.

»Das brauchen Sie auch nicht«, entgegnete er. »Betrachten Sie es als persönliches Geschenk von mir.« Bald traf ein feststehendes Fahrrad mit computergesteuertem Widerstand ein, und von da an trainierte ich jeden Tag gleich nach dem Aufstehen um 5.30 Uhr und dachte dabei nach. In der halben Stunde auf dem Hometrainer hatte ich einige meiner besten Einfälle.

An einem Samstagmorgen – es war der 4. November, also Wochen vor der Operation in Panama – strampelte ich mich gerade ab, als sich in meinem Kopf allmählich herauskristallisierte, was ich eigentlich als Vorsitzender der Vereinten Stabschefs erreichen wollte. Ich betrachtete es als meine Hauptaufgabe, die Streitkräfte auf einen neuen Kurs zu bringen: einen Kurs, der dem aktuellen Weltgeschehen gerecht wurde und nicht den Feindbildern der vergangenen vierzig Jahre verhaftet war. Gleich nach dem Duschen ging ich in mein Arbeitszimmer und notierte einige Gedanken auf Notizzettel.

Was ich da entwickelte, lief auf eine vom Instinkt geleitete Analyse hinaus. Ich richtete mich nicht nach Lagebeurteilungen der Nachrichtendienste, Planspielen oder Hochrechnungen von Computern. Und

ich wollte den nach wie vor ziemlich schwerfälligen, am laufenden
Band Papiere produzierenden Apparat des Vereinten Stabs umgehen.
Ich ließ mich einfach von den Beobachtungen leiten, die ich bei Gipfeltreffen gemacht hatte, von meinen Erfahrungen im Nationalen Sicherheitsrat, von einer, wie ich es gerne nenne, auf Informationen be-
ruhenden Intuition. Ich skizzierte die Ereignisse, die meines Erachtens
in den kommenden fünf Jahren eintreffen würden, und versuchte,
Army, Navy, Air Force und Marine-Korps gemäß diesen Erwartungen
umzugestalten. Oben auf das Blatt schrieb ich:»Strategischer Überblick – 1994.«

Ich notierte, welche Entwicklung ich in der Sowjetunion vorhersah:
»Aufstieg oppositioneller Parteien, Investitionen aus dem Westen,
Preisregulierung durch den Markt und Gorbatschow noch an der Spitze.« (Man kann nicht in allem Recht haben.) Ich prognostizierte Kürzungen der sowjetischen Militärausgaben um 40 Prozent, einen Truppenabbau um 50 Prozent, einen Stopp im Schiffsbau – kurz, eine
Sowjetarmee, die rein »defensiv« ausgerichtet war. Und dann wagte
ich mich wirklich weit vor: 1994 »keine sowjetischen Truppen in Osteuropa«; »Warschauer Pakt aufgelöst«; »Ostdeutschland verschwunden«; alle Ostblockländer »neutrale Staaten mit Mehrparteiensyste-
men«. Zu Deutschland schrieb ich außerdem »wiedervereint«, Berlin
»ungeteilt«. In Südafrika sagte ich für 1994 eine »schwarze Mehrheits-
regierung« voraus, für Lateinamerika ein »isoliertes, bedeutungsloses
Kuba«. Natürlich gab es weiterhin Krisenherde, dazu gehörten meines
Erachtens »Korea, der Libanon, der Persische Golf und die Philippinen«. Unter der neuen Überschrift »Mögliches US-Engagement« listete
ich zwei Regionen auf: »Korea, Persischer Golf.«

Dann begann ich, das amerikanische Militär in Stärke und Struktur
diesem Zukunftsbild anzupassen. Dabei verließ ich mich beinahe ganz
auf mein Gefühl und schrieb:»Flotte von 550 auf 450 Schiffe, Truppenstärke in Europa von 300000 auf 75000 bis 100000 Mann reduzieren, Zahl der aktiven Soldaten der Army von 760000 auf 525000 ab-
bauen.« Auch beim Marine-Korps, bei der Air Force und bei den
Reserven sollte Personal eingespart werden.

Ich wußte, daß es alles andere als einfach war, Cheney diese Zahlen
schmackhaft zu machen. Er war immer noch Hardliner und mochte
nicht an eine »freundlichere und zahmere« Sowjetunion glauben. Aber
er hatte auch Köpfchen und bis vor kurzem dem Kongreß angehört.

Dort hatte er gespürt, daß der politische Druck, die Verteidigungsausgaben zu kürzen und eine Friedensdividende zu zahlen, wuchs. Cheney hatte für das kommende Haushaltsjahr bereits ein Budget gebilligt, das reale Ausgabenkürzungen vorsah. Doch wir hatten das Budget ohne jede übergreifende strategische Vision zusammengeschustert. Schon früh gab die Regierung Bush eine umfassende Studie in Auftrag, den Nationalen Sicherheitsbericht Nr. 12, in dem eine neue Strategie entworfen werden sollte. Aber die Studie wurde von Berufsbeamten und wenigen ernannten Mitgliedern der Administration verfaßt. Die Gruppe hatte keine Vision, und es fehlte ihr an praktischer, politischer Führung von seiten des Präsidenten und seines Sicherheitsrats. Der eigentliche Zweck der Studie bestand offenbar darin, die Regierung gegen den Vorwurf der Untätigkeit in Schutz zu nehmen. Das Weiße Haus konnte jederzeit sagen: Damit befaßt sich der Sicherheitsbericht 12. Doch die Studie blieb hinter den Erwartungen zurück. Sie war ein langweiliges Machwerk voller Gemeinplätze und Binsenweisheiten und gehörte in den Papierkorb.

Unterdessen legten der Kongreß, unabhängige Denkfabriken für nationale Sicherheitsfragen und selbsternannte Militärexperten am laufenden Band eigene Vorschläge vor. Wir mußten uns an ihre Spitze stellen, wenn wir über das Schicksal des Landes bestimmen wollten. Paul Wolfowitz, der Unterstaatssekretär für politische Fragen, und sein neues Team machten sich an die Arbeit. Ich wollte unbedingt dafür sorgen, daß die Vereinten Stabschefs bei der Strategiediskussion die Führung übernahmen, deshalb hatte ich einige Gedanken umrissen, auch wenn sie eher meiner Intuition als einer Analyse entsprangen. Ich wollte etwas vorlegen, dem sich unsere Bündnispartner anschließen konnten, und gleichzeitig unseren Kritikern etwas präsentieren, gegen das sie wettern konnten, statt uns mit weiteren Entwürfen für eine Reorganisation des Militärs einzudecken.

Nach dem Wochenende, an dem ich mein einsames Brainstorming betrieb hatte, fuhr Otis mich in meinem Dienstwagen, einem Cadillac, zur Arbeit. Ich war so in Gedanken versunken, daß ich kaum hörte, wovon Otis sprach, bis er einen Arm zu mir nach hinten streckte. Er hielt eine Beretta in der Hand. Er versicherte mir, daß er einen Waffenschein habe und als mein Fahrer und Leibwächter bewaffnet sein müsse.

Kaum war ich in meinem Amtszimmer, schaltete ich das Tonbandgerät ein und ging, von leiser Mozart-Musik inspiriert, noch einmal meine Notizen durch. Dann rief ich Lieutenant General George »Lee« Butler und Major General John »Dave« Robinson zu mir, die für Strategie und Budget zuständigen Direktoren im Vereinten Stab. Sie und ihre Mitarbeiter hatten sich bereits mit der Umstrukturierung befaßt. Ich reichte Butler und Robinson meine Notizen vom Wochenende und wies sie an, daraus Schaubilder für ein Briefing zu machen. Und ich wollte die Grafiken binnen zwei Tagen. Der Titel des Briefings stammte von mir: »Strategischer Überblick – 1994.« Doch als Untertitel wählte ich ein abgewandeltes Zitat von Gorbatschow: »Wenn man seinen besten Feind verliert.«

Zu der Zeit war ich zwar erst seit einem Monat im Amt, doch ich hatte die Stabschefs bereits vorgewarnt, daß ein Wandel unumgänglich sei, und ihnen meine Überlegungen mitgeteilt. Diese Männer waren intelligent und erfahren, und sie begriffen durchaus, welcher Wandel sich in der Sowjetunion vollzog. Aber jeder leitete eine riesige Organisation, die stark der Vergangenheit verhaftet war. Und verständlicherweise hätte es jeder Stabschef lieber gesehen, wenn seine Teilstreitkraft von einem Truppenabbau weitgehend verschont geblieben wäre. Im Vereinten Stab nahmen nur der Vorsitzende und sein Vize eine neutrale Stellung ein. Da ich die Stabschefs schon seit Jahren beobachtete, wußte ich, daß keiner von ihnen freiwillig zu Opfern bereit war. Man mußte sie zwingen, und das war ihnen sogar lieber, denn das lieferte ihrer Organisation den Beweis, daß sie tapfer gekämpft hatten, bevor der Rotstift angesetzt wurde.

Am stärksten betroffen waren Army und Air Force. Sie verfügten über die meisten Verbände, die für einen Luft-Boden-Kampf in Europa gegen die Rote Armee vorgesehen waren – einen Kampf, den wir aller Wahrscheinlichkeit nach nie führen würden. Carl Vuono, der Stabschef der Army, und Larry Welch, der Stabschef der Air Force, wußten, daß sie starke Kürzungen würden vornehmen müssen. Allerdings rechneten sie nicht mit einem so starken Abbau, wie er mir vorschwebte.

Auch die Navy kam für einschneidende Kürzungen in Frage, da ihre Hauptaufgabe darin bestand, die Seewege über den Atlantik zu schützen, damit wir im Fall des Dritten Weltkriegs nach Europa gelangen konnten. Die Existenz ihrer Flugzeugträger wurde zum Teil damit begründet, daß sie einmarschierende Rotarmisten von der See aus bekämpfen sollte, eine Rolle, die rasch hinfällig wurde. Der Stabschef der Navy, Admiral Carl Trost, dessen Dienstzeit in acht Monaten auslief, war nicht willens, bei der Kampfkraft der Navy große Abstriche zu machen, nur weil Army und Air Force möglicherweise ihren Feind verloren. Trost wies darauf hin, daß die Sowjetflotte nach wie vor wachse. Daher dürfe die amerikanische Flotte, solange die Nachrichtendienste keine anderslautenden Berichte vorlegten, nicht drastisch verkleinert werden.

Das Marine-Korps stand auf etwas festerem Boden. Zu Recht verstand es sich als die amerikanische Eingreiftruppe par excellence, unabhängig von einer sowjetischen Bedrohung. General Alfred Gray, sein Befehlshaber (ein interessanter Mann, der bei unseren Sitzungen Tabak kaute), würde bis zum letzten Atemzug gegen alles ankämpfen, was über einen minimalen, symbolischen Abbau des Korps hinausging. Doch auch die Marineinfanterie hatte von der Aufrüstung unter Reagan profitiert, die gegen die nunmehr schwindende sowjetische Bedrohung gerichtet war. Deshalb würde auch sie um einige Kürzungen nicht herumkommen.

Einen Konsens innerhalb der Gruppe zu erzielen war undenkbar. Doch die Stabschefs wußten auch, daß ich mit den Vollmachten des neuen Goldwater-Nichols Acts einen solchen Konsens gar nicht brauchte. Ich konnte meine Empfehlungen selbständig an den Verteidigungsminister und den Präsidenten weiterleiten. Gleichwohl war ich Realist genug, um zu wissen, daß wir den Umbau des Militärs gemeinsam vornehmen mußten.

Einige Tage später, am 9. November, fiel mit Billigung der ostdeutschen Regierung das grausamste Symbol kommunistischer Unterdrükkung: die Berliner Mauer. Ostdeutsche strömten in den Westteil der Stadt, um den Geschmack der Freiheit zu kosten. Selbst der hartgesottenste Antikommunist mußte nun einsehen, daß die alte Ordnung sich nicht einfach nur veränderte – sie brach förmlich auseinander. Am 14. November nahm ich meinen ganzen Mut zusammen und legte meinen strategischen Überblick Minister Cheney vor. Er war nicht gerade begeistert, hörte mich aber unvoreingenommen an. Wenn unsere Verteidigungsausgaben gekürzt werden mußten, dann wollte Cheney selbst den Rotstift ansetzen und keinem Außenstehenden die Federführung überlassen. Zudem war er besorgt, weil Bush in ein paar Wochen zu einem Gipfeltreffen mit Gorbatschow nach Malta fliegen sollte und bislang kein strategisches Konzept für die Zukunft vorweisen konnte. Nach der Prüfung meiner Schaubilder sagte er:»In Ordnung. Wir werden die Sache dem Präsidenten vorlegen.«

Ich ging zurück in mein Amtszimmer und wies meine Mitarbeiter an, bis Dienstschluß einen ordentlichen Satz Schaubilder fertigzustellen, da der Minister und ich morgen ins Weiße Haus gehen würden. Sie staunten nicht wenig, und ich wußte auch weshalb. Früher hatte es Jahre, und nicht nur Tage, gedauert, bis weit weniger radikale Veränderungen als die, die ich vorschlug, ihren Weg durch das Labyrinth des Vereinten Stabs gefunden hatten.

Am nächsten Tag, als wir den Lagebesprechungsraum im Weißen Haus betraten, zeigte Cheney eine Nervosität, die ich noch nie an ihm gesehen hatte. Bislang hatten er und Robert Gates, der Stellvertreter von Sicherheitsberater Scowcroft, immer wieder betont, daß die kommunistischen Hardliner Gorbatschow ohne weiteres ausschalten und die alten Verhältnisse wiederherstellen könnten. Und nun ließ Cheney zu, daß ich beim Präsidenten einen Vorstoß unternahm, der von genau entgegengesetzten Voraussetzungen ausging. Das rechnete ich ihm, auch wenn er nervös war, hoch an. Er war bereit, seine Grundüberzeugungen angesichts der neuen Sachlage zu überprüfen, und er wollte dem Präsidenten ebenfalls Gelegenheit dazu geben. An diesem Tag war im Lagebesprechungsraum der Kern der Regierungsmannschaft versammelt: der Präsident; sein Vizepräsident Dan Quayle; John Sununu, sein Stabschef; Außenminister James Baker; Finanzminister Nicholas Brady; Brent Scowcroft und Gates. Richard Darman, der Direktor der Haushaltsbehörde, war ebenfalls anwesend. Er sollte den Schock seines Lebens erleiden – die für die Verteidigungspolitik verantwortlichen Leute schlugen eine Senkung der Militärausgaben vor!

Ich hielt mein Briefing. Der Präsident hörte zu, legte sich aber nicht fest. Ich hatte soviel erreicht, wie ich in diesem Stadium erhofft hatte: weder grünes, noch rotes Licht, aber vielleicht gelbes. Ich mußte behutsam zu Werke gehen. Präsident Bush stellte zwei Fragen: Welche Untergrenze sollten wir den Sowjets vorschlagen, und was sollten wir als Gegenleistung erwarten? Da in wenigen Tagen auf Malta der Gipfel mit Gorbatschow begann, waren diese Fragen entscheidend. Cheney versprach ihm, daß er vor seinem Abflug Antworten von uns erhalten würde.

Carl Vuono hatte mir die Unterstützung der Stabschefs zugesichert, sofern ich sie stets auf dem laufenden hielt. Gegen diese Regel hatte ich soeben verstoßen. Auch wenn sie meinen Standpunkt in groben Zügen kannten, hätte ich ihnen den »Strategischen Überblick – 1994« vortragen müssen, bevor ich damit zum Präsidenten ging. Meine einzige Entschuldigung war der Zeitdruck. Tags darauf rief ich die Stabschefs im »Tank« zusammen, dem mit Flaggen geschmückten Sicherheitsraum im Pentagon, der den Treffen der Vereinten Stabschefs vorbehalten war. (Die Bezeichnung »Tank« leitete sich von einem Tunnel ab, den die Chefs der Teilstreitkräfte vor der Fertigstellung des Pentagons 1942 durchqueren mußten, um zu ihrem ersten Besprechungsraum im Innenministerium zu gelangen.) Vor jedem Stabschef standen die üblichen Schalen mit Dörrobst und Süßigkeiten, Knabbereien, die einige verschmähten, andere verschlangen. Ich hielt dasselbe Briefing wie am Vortag im Weißen Haus. Ich konnte sehen, wie sie die Stirn runzelten. Ich hatte sie übergangen, ein Fehler, den ich kein zweites Mal machen wollte.

Cheney und ich rieten Präsident Bush vor seiner Abreise nach Malta, Gorbatschow über die Veränderungen, die wir in Erwägung zogen, zu informieren. Im Gegenzug sollte er von Gorbatschow verlangen, die sowjetischen Truppen rasch aus Osteuropa abzuziehen und in der Sowjetunion zu stationieren, wo sie keine offensive Bedrohung mehr darstellten. Ferner sollte er Gorbatschow dazu drängen, die Verteidigungsausgaben weiter zu kürzen und keine weiteren Aufstände in der Dritten Welt zu unterstützen.

Ich mußte nicht lange warten, bis sich meine Prognose in bezug auf Krisenherde erstmals bestätigte. Ende November 1989, nach dem gescheiterten Putsch Giroldis und vor der Operation »Gerechte Sache«, mußten wir auf einen Staatsstreich gegen die philippinische Präsidentin Corazon Aquino reagieren. Ich habe Dan Quayles Schilderung des Aufstands in seinem Buch *Standing Firm* gelesen. »Ich war derjenige, der die Fragen stellte, nach Alternativen suchte und auf einen Konsens drängte«, schrieb der damalige Vizepräsident. »Ich erinnere mich, wie Larry Eagleburger [der stellvertretende Außenminister] hinterher sagte, daß wir den Putsch auf den Philippinen möglicherweise nicht gestoppt hätten, wenn ich nicht dagewesen wäre. Es war eine große Stunde in

den Beziehungen zwischen unseren beiden Ländern, und ein großer
Augenblick für mich persönlich.« Manche haben den Vorfall etwas
anders in Erinnerung behalten.

Am 29. November kehrten Cheney und ich von einer Konferenz in
Brüssel zurück. Cheney war erschöpft und hatte eine Grippe aufgeschnappt, deshalb fuhr er nach Hause und blieb dort. Ich ging am
folgenden Tag zur Arbeit, kehrte abends heim und legte mich nach
dem Essen dankbar ins Bett. Eine Stunde später klingelte das Telefon,
und Tom Kelly teilte mir mit, daß auf den Philippinen ein Putsch im
Gange sei, angeführt von General Edgardo Abenina. Ich eilte sofort in
die Nationale Militärische Kommandozentrale im Pentagon und traf
dort kurz nach 23 Uhr ein. Ich betrat einen Raum, der speziell für
solche Krisensituationen eingerichtet war. Er war klein, mit niedriger
Decke, und ein grauer Teppich dämpfte meine Schritte. Außerdem war
es kühl, denn mit Rücksicht auf die übersensiblen elektronischen Ge-
räte wurde die Temperatur bewußt niedrig gehalten. Wir benutzten ein
neues Telekommunikationssystem, mit dessen Hilfe Leute aus verschiedenen Behörden einander sehen und miteinander sprechen konnten, ohne ihr Gebäude zu verlassen. Nun kam das System erstmals in
einer Krisensituation zum Einsatz. Ich saß an einem Tisch mit fünf
Monitoren. Auf einem konnte ich den Lagebesprechungsraum im
Weißen Haus mit Vizepräsident Quayle an der Mitte des Tisches sehen.
Er saß dort, weil Präsident Bush sich gerade auf dem Flug nach Malta
zu dem Treffen mit Gorbatschow befand. Das Gesicht von Lawrence
Eagleburger im Außenministerium nahm den zweiten Bildschirm ein.
Auf dem dritten war CIA-Direktor William Webster zu sehen, auf dem
vierten Harry Rowen, der Berater des Verteidigungsministers für internationale Sicherheitsfragen, der oben im Pentagon saß. Mich selbst sah
ich auf dem fünften Bildschirm. Neben mir saß General Bob Herres,
meine Vize. Herres stand kurz vor seinem Abschied, doch er war mir
bis zum letzten Tag eine große Hilfe. Bob ging nach Hause, nachdem
ich ihn abgelöst hatte, und ruhte sich ein wenig aus, damit am Morgen
zumindest einer von uns frisch war. Rein zufällig war auch der Oberbefehlshaber unserer Streitkräfte im Pazifik, Admiral Huntington Hardisty, anwesend. Er war wegen Budgetgesprächen von Honolulu ins
Pentagon gekommen.

Präsidentin Corazon Aquino, so erfuhr ich, hatte berichtet, daß der
Präsidentenpalast in Manila von Flugzeugen der Putschisten bombar-

diert worden sei, und die Vereinigten Staaten ersucht, militärisch zu intervenieren und die Angriffe zu beenden. Eagleburger setzte sich vehement dafür ein, dem Ersuchen nachzukommen. »Wir haben diese demokratische Regierung unterstützt«, sagte er, »deshalb müssen wir etwas tun.« Sporadisch trafen weitere Berichte ein: Von vereinzeltem Geschützfeuer war die Rede, und davon, daß es notwendig werden könnte, Frau Aquino aus dem Palast zu retten. Doch wir erhielten mehr widersprüchliche Meldungen als brauchbare Informationen.

Unser Botschafter in Manila, Nicholas Platt, bestätigte nochmals ein offizielles Ersuchen an uns, einen von den Rebellen gehaltenen Flugplatz zu bombardieren. Die Flugzeuge, die die Angriffe gegen die Hauptstadt flogen, waren dort stationiert: alte, eingemottete Propellermaschinen des Typs T-28, Schulflugzeuge aus dem Zweiten Weltkrieg. Wieder drängte das Außenministerium auf eine Intervention. Ich rief Richard Cheney an und unterrichtete ihn über die aktuelle Lage. Er beschloß, seine Rolle in dieser Nacht vom Krankenbett aus zu spielen, da er sich über ein Sicherheitstelefon mit der Maschine des Präsidenten in Verbindung setzen konnte. Ich hatte auch den Verdacht, daß Cheney lieber zu Hause blieb, als mit Quayle am Monitor zu sprechen. Und es schien mir so, als wolle er sich in militärischen Fragen direkt mit dem Präsidenten beraten.

Der Vizepräsident sagte, er müsse bald mit Präsident Bush Kontakt aufnehmen und ihm eine Empfehlung geben. Ich hatte von den Medien Prügel bezogen, weil ich im Oktober bei Giroldis Putsch in Panama gebremst hatte. Hätte ich jeden Eindruck von Unentschlossenheit verwischen wollen, so hätte ich jetzt vorpreschen müssen. Doch ich ließ mich nicht in Panik bringen. Ich stellte einige Fragen: Gut, wir konnten den Landeplatz bombardieren, aber wußten wir, wen wir da bombardierten? Wen würden wir treffen, Rebellen oder loyale Regierungstruppen? Dem Außenministerium schwebte vermutlich ein gezielter, präziser Schlag vor. Ich hingegen stellte mir junge ängstliche Piloten vor, die ihren ersten Kampfeinsatz fliegen sollten. Sie konnten ihren Auftrag nicht mit der Präzision von Robotern ausführen. Wenn wir Flugzeuge auf dem Rollfeld beschossen, so meine Sorge, würden wir unweigerlich auch Menschen töten. Deshalb warnte ich meine Gesprächspartner: »Ich garantiere Euch, daß die Filipinos uns an den Gräbern verfluchen werden, ganz gleich welche Seite wir getroffen haben.« In einigen Landesteilen wurden wir immer noch als ehemalige Kolonialherren betrachtet und hatten daher einen schlechten Ruf. Um keine Dummheit zu begehen, benötigten wir mehr Informationen vom Ort des Geschehens. Ich wollte mit Fidel Ramos, dem philippinischen Verteidigungsminister, sprechen, um einen Augenzeugenbericht zu bekommen. Es traf sich gut, daß der amerikanische Militärattaché aus unserer Botschaft in Manila heute abend ebenfalls oben bei Harry Rowen im Pentagon war. Dieser Offizier hatte ein schwarzes Büchlein mit den Telefonnummern aller Topleute im philippinischen Verteidigungsministerium. Auf meine Bitte hin schickte er es herunter in die Befehlszentrale. Ich gab es einem Wachoffizier der Navy und sagte: »Wählen Sie eine Nummer nach der anderen, bis Sie einen hohen Offizier am Apparat haben.«

In Anbetracht der Milliarden, die wir für militärische Fernmeldeeinrichtungen ausgeben – Direktleitungen, Sicherheitsleitungen, Chiffriertechnik, Satelliten –, sollte man eigentlich meinen, daß er meiner Bitte mit Leichtigkeit hätte nachkommen können. Doch der Navy-Offizier teilte mir mit: »Ich kann die Leute mit den Apparaten hier nicht erreichen, General. Dazu brauche ich ein gewöhnliches altes Telefon.« In dieser hypermodernen Befehlszentrale gab es keinen einzigen normalen Telefonanschluß. Ein Sergeant trat vor und sagte: »Ich kann Ihnen einen legen, Sir.« »In Ordnung«, sagte ich, und er machte sich sogleich daran, den Boden aufzureißen. Wenig später hatte unser findiger Sergeant einen funktionierenden »normalen« Anschluß hergestellt.

In der Zwischenzeit unterbreitete ich Quayle und den anderen einen Plan, den ich mir zusammen mit Hardisty ausgedacht hatte: Unsere Jagdbomber des Typs F-4 »Phantom« vom Luftwaffenstützpunkt Clark fliegen in geringer Höhe über jede T-28 hinweg, die es wagt, auf die Startbahn des von den Rebellen kontrollierten Flugplatzes zu rollen, und erschrecken den Piloten zu Tode. Geht ein Flugzeug trotzdem in Startposition, sollen unsere Jets Warnschüsse abgeben. Und wenn es abhebt, wird es abgeschossen. Ich formulierte den Einsatzbefehl so, daß deutlich zum Ausdruck kam, welche Art von Bedrohung uns vorschwebte: Unsere Flugzeuge sollten »äußerst feindselige Absichten« demonstrieren. Ich rief Cheney an, er stimmte dem Plan zu. Er nahm Verbindung zur Air Force One auf, rief nach zehn Minuten zurück und teilte mir mit, daß wir die Einwilligung des Präsidenten hätten. Kurzum, wir hatten eine klare Befehlskette für einen stufenweisen Militäreinsatz: vom Oberbefehlshaber zum Verteidigungsminister und über mich zu den entsprechenden Einheiten.»Fangen Sie an«, sagte Cheney.

Unterdessen hatte auch Dan Quayle mit dem Präsidenten telefoniert, und gerade als ich Hardisty den Startbefehl für die F-4-Kampflugzeuge weitergeben lassen wollte, erschien Andrew Card, John Sununus Stellvertreter, auf dem Bildschirm und sagte:»Warten Sie – der Vizepräsident erhält soeben neue Anweisungen aus der Air Force One.« Aber ich hatte doch schon Anweisungen aus der Air Force One! Ich wartete ungeduldig einen Moment, dann rief ich Cheney an und berichtete ihm, daß es zu einer Überschneidung gekommen sei. Das sei kein ordentliches Krisenmanagement. Ich sah auf dem Bildschirm, wie Quayle mit einem unbekümmerten Ausdruck in den Lagebesprechungsraum zurückkehrte.»Ich habe mit dem Präsidenten gesprochen«, war alles, was er sagte.

»Heißt das, wir können anfangen?« fragte ich.

»Oh«, antwortete er.»Ich dachte, Sie hätten bereits angefangen.«

Ich wandte mich an Admiral Hardisty und gab ihm den Startbefehl. Für Minuten hatte ich mich in der vertrackten Lage befunden, zwei Herren zu dienen – da ist Konfusion vorprogrammiert. Die F-4-Jagdbomber starteten. Sie flogen mehrmals in geringer Höhe über den Flugplatz hinweg. Kein philippinischer Pilot stieg auf, um zu sehen, was dann passieren würde.

Endlich war es dem Navy-Offizier, nachdem er fast vierzig Minuten ununterbrochen gewählt hatte, gelungen, Verteidigungsminister Fidel Ramos und seinen Stabschef General Renato de Villa an den Apparat zu bekommen. Sie sagten mir, die Lage sei schwierig, aber unter Kontrolle. Bombardieren? Wer habe uns darum gebeten, etwas zu bombardieren? Keine Bomben, sagten sie. Wenige Stunden später brach der Putsch zusammen, ohne daß wir weiter in die Sache hineingezogen wurden. Keine F-4 hatte auch nur einen Schuß abgegeben. Und wie wir erfuhren, hatten sich auf dem Flugplatz tatsächlich auch regierungstreue Truppen befunden. Einige Tage später sagte General Abenina, der Anführer des Putsches:»Wir standen kurz davor, die Regierung zu übernehmen. Da tauchten die amerikanischen Kampfflugzeuge auf. Es besteht keinerlei Aussicht, daß wir gegen die Übermacht der Air Force der Vereinigten Staaten etwas ausrichten können.«

In der Nacht, als der Putsch beendet wurde, verließ ich das Pentagon gutgelaunt. In meiner Funktion als militärischer Berater hatte ich mich an die Lehren von Clausewitz, oder Weinbergers Maxime Nr. 3, und meine eigene Regel gehalten: Unternimm nichts, bis du ein klares Ziel vor Augen hast. Wir hatten ein angemessenes und begrenztes Maß an Gewalt angewandt, um ein konkretes Ziel zu erreichen. Und es hatte funktioniert.

Einige Tage später war Dick Cheney wieder wohlauf und im Amt. Nach einer morgendlichen Sitzung mit den Mitarbeitern bat er mich, noch zu bleiben. »Das lief ja ganz gut«, sagte er zu der Episode auf den Philippinen. »Aber seien Sie unbesorgt, Sie werden nie wieder in eine derartige Lage geraten. Künftig wird der Kommunikationsfluß jederzeit klar sein. Darauf können Sie sich verlassen.« Ich konnte zwischen den Zeilen lesen: Offenbar hatte man im Weißen Haus darüber diskutiert, wie Anweisungen des Präsidenten in einer Krisensituation weitergegeben werden sollten.

Bei der Lektüre von Dan Quayles Buch verstand ich durchaus, weshalb er, nachdem er monatelang von den Medien Prügel bezogen hatte, staatsmännisch wirken wollte. Und er hatte bei dem Vorfall ja auch durchaus eine gute Figur gemacht. Nur gaben seine Mitarbeiter der Geschichte hinterher eine Wendung, die seine Rolle überbewertete. Die Los Angeles Times schrieb: »... es war eine Gelegenheit zu glänzen, und Quayle packte sie freudig beim Schopf.«

Nach dem Ende der Krise auf den Philippinen und der Operation »Gerechte Sache« in Panama konnten wir uns wieder der Neuformierung der Streitkräfte widmen. Im Februar 1990 mußte Minister Cheney einen Verteidigungsetat für den Haushalt 1991/92 vorlegen, und ich hoffte, ihn in der verbleibenden Zeit für meine Pläne zur Umgestaltung der Truppe zu gewinnen. Was ich ihm und dem Präsidenten bislang vorgelegt hatte, war geprägt von folgendem Erlebnis: Jahre zuvor hatten wir unter der Leitung von William DePuy versucht, die kleinstmögliche Army zu beschreiben, die noch in der Lage war, unseren weltweiten Verpflichtungen nachzukommen. Damals hatte ich einen Beitrag mit dem Titel »Base Force« präsentiert, in dem ich für alle Teilstreitkräfte eine Mindeststärke angegeben hatte. Jetzt lautete die Frage, wie weit wir unter den gegenwärtigen Stand gehen konnten. Ich wußte, daß die Größenordnungen, an die ich dachte, bei den Stabschefs auf

Widerspruch stoßen würden. Mir schwebten Kürzungen um 15 Prozent, 20 Prozent, ja bis zu 25 Prozent vor.

Nach drei anregenden Monaten als Vorsitzender der Vereinten Stabschefs fand ich allmählich zu einem ruhigen Arbeitsrhythmus. Ich wollte in meiner Dienststelle eine angenehme Atmosphäre schaffen. Ich bevorzuge einen lockeren Umgang mit meinen Mitarbeitern, allerdings ist das nur mit Leuten möglich, in die man absolutes Vertrauen hat und die einen lockeren Führungsstil nicht mit laschen Anforderungen verwechseln. Mir gefallen Mitarbeiter, die ihre Arbeit ernst nehmen, und nicht sich selbst. Mir gefallen Menschen, die hart arbeiten und sich einsetzen. Seit langem war ich der Überzeugung, daß Hierarchien in Organisationen und wohlklingende Titel so gut wie nichts bedeuten. Ich forderte meine Mitarbeiter auf, mein Büro ohne übertriebene Förmlichkeiten zu betreten oder zu verlassen. Wichtig für ein angenehmes Arbeitsklima war, daß ich mich mit fähigen Leuten umgab, die gut zueinander paßten und Ruhe bewahrten, wenn ich mal die Wände hochging. Und da ich nicht zu den Chefs gehöre, die glauben, daß ein neuer Besen gründlich kehren muß, übernahm ich von meinem Vorgänger Admiral Crowe nur allzugern einen Mann, der ein As im Umgang mit den Medien war: Colonel F. William Smullen.

Bei der Führung des riesigen Vereinten Stabs verließ ich mich auf Methoden, die ich von Brown, Weinberger, Carlucci und anderen im Lauf der Jahre übernommen hatte. Jeden Morgen betrat ich exakt um 8.31 Uhr den Konferenzraum des Vereinten Stabs zu der für 8.30 Uhr angesetzten Sitzung. Meine wichtigsten Stabsoffiziere, großenteils Generäle und Admirale mit zwei oder drei Sternen, rund zwanzig an der Zahl, wußten, daß sie eine Minute später kommen konnten, ohne deshalb als unpünktlich zu gelten. Ich schaffte das offizielle Instruktionsformular ab, das meine Vorgänger benutzt hatten; seinetwegen hatten die Grafiker oft die ganze Nacht hindurch Schaubilder zeichnen müssen. Ich ging um den Tisch und ließ die Generäle und Admirale berichten, was in ihrem Bereich gerade los war. Wenn die wahrheitsgemäße Antwort »nichts« lautete, so wollte ich genau das hören, und es gab keine Strafe für diese knappe Auskunft. Die Besprechung dauerte zwischen fünf und dreißig Minuten. Sie diente eher dazu, Signale aufzufangen und den Tag einzuläuten, als Probleme zu lösen. Das Treffen erfüllte einen weiteren, noch wichtigeren Zweck: Ich wollte, daß die

Leiter der verschiedenen Stäbe erfuhren, wie ich gelaunt war. War ich wütend? War ich in der Stimmung, Witze zu reißen und Kriegsgeschichten zu erzählen? Verteilte ich Komplimente oder warf ich mit Flüchen um ich? Ich versuchte stets, optimistisch zu wirken, insbesondere, wenn etwas schief ging und wir in Schwierigkeiten gerieten. Die Stimmung des Chefs wirkt sich auf die ganze Organisation aus. Nichts ist schlimmer, als wenn niemand weiß, wie der Chef gelaunt ist. Mein Stab erfuhr es schon in aller Frühe. Umgekehrt konnte ich feststellen, wie die Stimmung unter den Mitarbeitern war. Wenn man täglich mit Menschen zu tun hat, lernt man, sie auf den ersten Blick einzuschätzen: Man weiß, wer ein Problem hat, wer Hilfe oder Aufmunterung braucht, wer mit einer Standpauke rechnet. Die Morgensitzung sollte den Teamgeist fördern. Die wirkliche Arbeit wurde in kleinen Gruppen an einem kleinen runden Tisch in meinem Büro erledigt.

In einem Verwaltungsapparat haben Kleinigkeiten oft eine große symbolische Bedeutung. Einmal wies mich Al Gray, der streitbare Befehlshaber des Marine-Korps, darauf hin, daß ein Dokument mit dem Briefkopf der Vereinten Stabschefs, nachdem ich es unterzeichnet hatte, direkt an den Verteidigungsminister gegangen war. »Wenn Sie etwas im Namen der Stabschefs verschicken«, sagte Al, »muß jeder von uns sein Okay geben, und ich habe das Papier nie zu Gesicht bekommen, bevor es weitergeleitet wurde.« Al hatte recht.

Nach dem Goldwater-Nichols Act war ich erster Militärberater und brauchte nicht die Zustimmung der Stabschefs einzuholen, bevor ich eine Maßnahme empfahl. Ich brauchte sie nicht einmal zu Rate zu ziehen, wenngleich ein solches Verhalten töricht gewesen wäre. Doch was mir noch fehlte, war eine symbolische Geste, die meine Unabhängigkeit als Vorsitzender unterstrich. Also bestellte ich einen Schwung Schreibpapier mit dem Briefkopf: »Vorsitzender, Vereinte Stabschefs.« Das alte Briefpapier warf ich weg und beendete damit eine vierzigjährige bürokratische Tradition im JCS. Ich war nicht das Sprachrohr der Stabschefs. Ich sprach für mich, wenn ich den Minister oder den Präsidenten beriet. Ein zusätzliches Wort im Briefkopf machte dies deutlich und gesetzesmäßig.

Ich führte einige neue Arbeitsmethoden ein. So rief ich immer häufiger nur die Stabschefs zusammen, ohne Stabsoffiziere oder Protokollführer. Das mag Historikern nicht gerade entgegenkommen, doch es fördert die Freimütigkeit ungemein. Ferner zog ich es vor, mich mit den Stabschefs in meinem Büro zu treffen anstatt im Tank, dem noch der Geruch des alten Kollektivs anhaftete. Ich gab auch keine festgelegten Tagesordnungen mehr für die Sitzungen der Vereinten Stabschefs aus. Die Chefs selbst hatten nichts dagegen, wohl aber ihre Stäbe. Ohne Tagesordnung wußten sie nicht, welche Papiere sie vor den Sitzungen für ihren Boß vorbereiten mußten. Die Folge: Die Stabschefs kamen ohne vorher festgelegte Positionen, die sie glaubten, verteidigen zu müssen, in mein Büro. Tatsächlich hatten sie nun mehr Freiheit, ihre Ansichten zu äußern. Und da wir nicht mehr abstimmten, waren sie hinterher nicht mehr genötigt, ihr Votum vor ihrem Apparat zu verteidigen. Einige werden dies sicher bestreiten, doch meines Erachtens verschaffte dieser neue Arbeitsstil den Stabschefs mehr Einfluß, als sie zuvor in dem stärker formalisierten Gremium gehabt hatten. Wenn mir ihre Ideen gefielen, war ich bereit, sie Cheney vorzutragen und ebenso hartnäckig zu verteidigen wie meine eigenen. Auf diese Weise fand ihr Rat auch wirklich Beachtung und wurde nicht wie die langweiligen, auf Konsens getrimmten Berichte der Vergangenheit beinahe automatisch abgewiesen.

Zu der Zeit, als wir über die Umgestaltung unserer Streitkräfte nachdachten, hatte ich Gelegenheit, mir von den Veränderungen bei unserem langjährigen Gegner ein genaueres Bild zu machen. Jack Maresca, unser Chefunterhändler bei der Konferenz für Sicherheit und Zusammenarbeit in Europa, war an der Vorbereitung eines KSZE-Seminars beteiligt, dessen Ziel es war, Spannungen zwischen Ost und West abzubauen. So etwas hatte es noch nie gegeben. Die obersten Militärs der NATO-Staaten, der Länder des Warschauer Paktes *und* neutraler europäischer Länder sollten im Januar 1990 in der Wiener Hofburg zusammenkommen, an gleicher Stätte, wo 1814/15 der Wiener Kongreß getagt und nach Napoleons Niederlage die Landkarte Europas neu gezeichnet hatte. Maresca bat mich, an dem Seminar teilzunehmen, und ich sagte zu.

Am 16. Januar betrat ich den geschmückten Konferenzsaal, nahm meinen Platz an einem riesigen U-förmigen Tisch ein und erblickte mir gegenüber einen Mann, den ich auch ohne seine sowjetische Generalsuniform sofort als Soldat erkannt hätte. Es handelte sich um Michail Moissejew, den Nachfolger Sergej Achromejews als Chef des sowjetischen Generalstabs. Welch ein personeller Wechsel: vorher der über siebzigjährige Achromejew, Veteran des Zweiten Weltkriegs, klein und großväterlich, und nun der einundfünfzigjährige Moissejew, groß, tatkräftig, energisch in seinem Auftreten und Verhalten.

In meiner Rede wollte ich einen Aspekt herausstreichen, der meiner Ansicht nach in Vergessenheit geraten war, seit die Vereinigten Staaten zur Supermacht aufgestiegen waren. Trotz unserer Macht hatte es ein Soldat in unserem politischen System keineswegs leicht. »Ich mußte einen Eid leisten, für die Verfassung der Vereinigten Staaten einzutreten und sie zu verteidigen«, sagte ich. Und ich erläuterte, daß in diesem Dokument das Militär, und insbesondere meine Teilstreitkraft, die Army, als »notwendige, aber *unerwünschte* Institution« betrachtet werde, »die in Krisenzeiten nützlich ist und zu allen anderen Zeiten aufmerksam im Auge behalten werden muß«.

Ferner wies ich darauf hin, daß das amerikanische Volk seit der Gründung unseres Staates die Idee eines stehenden Heeres verworfen hatte. Einer der Väter unserer Verfassung hatte eine Obergrenze von zweitausend Mann empfohlen. Ich zitierte George Washingtons Antwort: »Eine ausgezeichnete Idee – wenn wir nur alle unsere Feinde davon überzeugen könnten, nicht mehr als eine entsprechende Zahl zu unterhalten.« Dann machte ich darauf aufmerksam, daß ich als Vorsitzender der Vereinten Stabschefs und Vier-Sterne-General keineswegs der ranghöchste Vertreter des Militärs in Amerika sei. Das sei der Oberbefehlshaber, der Präsident, ein Zivilist. Schließlich erinnerte ich die aus Verbündeten, Gegnern und potentiellen Feinden bestehende Zuhörerschaft an den grundlegenden Zweck der amerikanischen Streitkräfte: »Das amerikanische Volk hat darauf bestanden, daß Armeen, wenn wir schon gezwungen sind, welche aufzustellen, defensiv ausgerichtet sein müssen und daß unablässig geprüft werden muß, ob ihre Größe gerechtfertigt ist. Während ich heute hier sitze, denkt der Kongreß in den Staaten darüber nach, wie unsere Army verkleinert werden kann. So wird das in einer Demokratie entschieden, und ich will es auch gar nicht anders haben.«

Ich hatte mich bemüht, einen versöhnlichen und unkriegerischen Ton anzuschlagen. Daher war ich gespannt, wie der neue Chef der sowjetischen Streitkräfte reagieren würde. Ich wurde enttäuscht. Moissejew redete wie das sowjetische Gegenstück zu unseren strammsten Kalten Kriegern. Er wartete mit der ganzen Palette abgegriffener, auf

Konfrontation ausgerichteter Klischees auf, alle fein sauber abgedruckt in einer gebundenen Broschüre, die seine Mitarbeiter verteilten. Moissejew nahm nach seiner Rede Fragen entgegen und beantwortete sie wie ein Tonbandgerät, das Bänder aus dem Kreml abspult. Ich war beunruhigt, weil ich mich mit meiner Behauptung, die Welt habe sich verändert, weit vorgewagt hatte, während Moissejews Auftritt eher dafür sprach, daß sich kaum etwas geändert hatte.

Ich teilte unserem Unterhändler Maresca meine Besorgnis mit und flüsterte ihm zu, daß ich diesen Mann unbedingt näher kennenlernen müsse, um festzustellen, ob er nicht doch mehr sei als nur ein altes sowjetisches Schlachtroß. Maresca arrangierte noch für denselben Abend ein kleines privates Essen in seiner Wiener Wohnung. Ich nahm Tom White mit, meinen Assistenten, und Peter Afanasenko, einen hervorragenden Russisch-Dolmetscher aus dem Außenministerium.

Als unser Gast an jenem Abend durch die Tür trat, erkannte ich ihn zunächst gar nicht wieder. Die großspurigen Töne waren verklungen. Moissejew wirkte freundlich und gelöst. Wir setzten uns zum Essen, und er demonstrierte mir, daß in der Sowjetunion zumindest eine Sache noch gut funktionierte: der Geheimdienst.

»Sie sind 1958 in die Army eingetreten?« sagte er.

»Ja«, antwortete ich.

»Ich ebenfalls. Sie haben 1962 geheiratet?«

»Ja«, antwortete ich erneut.

»Ich auch. Sie haben einen Sohn, und er war Offizier?«

»Ja«, sagte ich.

»Ich habe ebenfalls einen Sohn in der Armee.« Dann hielt mir Moissejew den Finger vor die Nase und sagte lachend: »Aber ich habe das alles schon mit einundfünfzig geschafft, und Sie sind beinahe dreiundfünfzig!«

Das Eis war gebrochen. Je mehr Wodka floß, um so herzlicher wurde die Atmosphäre. Moissejew erzählte von seiner Kindheit in Sibirien. Sein Vater, Gleisarbeiter bei der Transsibirischen Eisenbahn, hatte nie einen Tag gefehlt, ganz gleich wie tief das Thermometer fiel. Seine Mutter lebte noch in ihrer sibirischen Heimatstadt. Nur als wir auf die baltischen Staaten zu sprechen kamen – die Vereinigten Staaten betrachteten sie immer noch als besetzte Länder –, blitzte die alte sowjetische Streitlust und die Härte dieses Mannes auf. Er habe sieben Onkel im Zweiten Weltkrieg verloren, sagte Moissejew, Soldaten, die bei der

Befreiung von Gebieten wie Lettland, Litauen und Estland gefallen seien, und jetzt hasse man dort die Sowjetunion?

Gegen Ende des Abends plauderten wir wie zwei alte Infanteristen, die Kriegserlebnisse austauschen. Ich fühlte mich mit ihm vertraut genug, um ein paar Fragen zu stellen. »Wir wissen alle, daß sich die Sowjetunion mitten in einem Umbruch befindet«, sagte ich. »Weshalb versucht Ihr noch, die abgedroschene Parteilinie an den Mann zu bringen?« Natürlich wußte auch er, daß die Sowjetunion ihre Truppen früher oder später vollständig aus den Kasernen in den Ostblock-Staaten abziehen würde. »Weshalb beschleunigt Ihr das nicht?« fragte ich. »Weil die Kinder ihr Schuljahr noch abschließen müssen«, antwortete er. Die Antwort war für zwei Männer, die Soldaten und Väter waren, so absolut einleuchtend, daß ich in Lachen ausbrach. Ich weiß nicht, ob irgendeiner meiner Ratschläge an jenem Abend ankam, doch als wir uns trennten, umarmte Moissejew mich stürmisch und sagte: »Mir kommt es vor, als würde ich Sie schon ein Leben lang kennen.« Ich für meinen Teil hatte das Gefühl, einen Mann kennengelernt zu haben, der halb ein kommunistischer Gegner vom alten Schlag, halb ein neuer Armeekumpel war.

In Raum 2118 des Rayburn Building, in dem der Streitkräfteausschuß des Repräsentantenhauses seine Anhörungen durchführt, hängt vor dem Podium eine Tafel, auf der geschrieben steht:

VERFASSUNG DER VEREINIGTEN STAATEN VON AMERIKA
ART. 1, ABSCHNITT 8

DER KONGRESS HAT DAS RECHT ...
ARMEEN AUFZUSTELLEN UND ZU UNTERHALTEN; ...
EINE FLOTTE ZU BAUEN UND ZU UNTERHALTEN;
REGLEMENTS FÜR FÜHRUNG UND DIENST DER LAND-
UND SEESTREITKRÄFTE ZU ERLASSEN ...

Ich nehme an, die Tafel ist dort für den Fall angebracht, daß es jemandem nicht in den Kopf will, wer über die Verteidigungsausgaben zu befinden hat. Am 1. Februar waren Cheney und ich im Raum 2118 und verteidigten den vorgelegten Etat des Pentagons für 1991/92. Früher war es leicht gewesen zu sagen, was wir aus militärischer Sicht benötigten. Man schilderte die sowjetische Bedrohung und forderte alles

Nötige, um ihr begegnen zu können. Doch seit das sowjetische Militär schrumpfte, hatte sich bei den Kongreßmitgliedern ein Meinungsumschwung vollzogen. Sie argumentierten, es gebe keine Bedrohung mehr, also bestehe auch kein Bedarf an großen Streitkräften. »Friedensdividende« war ein Modewort geworden. Da wir weniger Gewehre brauchten, könnten wir nun mehr Geld für Schulen, Wohnungsbau und Verbrechensverhütung ausgeben. Am Tag zuvor hatte Präsident Bush in seinem Bericht zur Lage der Nation den Veränderungen in der Welt Rechnung getragen, indem er erste massive Einsparungen bei den amerikanischen Truppen in Europa vorschlug.

Cheney und ich wollten vor den Streitkräfteausschüssen von Repräsentantenhaus und Senat Bushs Verteidigungsetat als Beweis dafür vorlegen, daß die Regierung auf den politischen Klimawechsel in der Welt reagiert hatte. Doch als wir das Kapitol verließen, wußten wir, daß die politischen Gegner des Pentagons über uns herfallen würden, wenn wir keine umfassende Strategie für den Truppenabbau vorlegten. Folglich drängte mich Cheney, mein Base-Force-Konzept weiterzuentwickeln, obwohl er sich immer noch nicht dafür erwärmen konnte.

Ich begann, im Verteidigungsministerium und bei Gesprächen mit Kongreßmitgliedern für die Base Force zu werben, für den Wechsel von einer Armee, die sich allein über *Bedrohung* definierte, zu einer Armee, die sich über *Bedrohung und Fähigkeiten* definierte. Auch wenn wir vielleicht nicht mehr der bisherigen Bedrohung durch die Sowjetunion ausgesetzt waren, erklärte ich, so mußten wir uns doch bestimmte elementare Fähigkeiten bewahren. So bestand möglicherweise kein Bedarf mehr an bestimmten Transporteinrichtungen, um soundsoviel Millionen Tonnen Kriegsgerät auf dem Luftweg nach Europa zu schaffen und einer möglichen sowjetischen Invasion entgegenzutreten. Aber wir mußten auch künftig fähig sein, Ausrüstung und Verpflegung in großen Mengen zu unvorhersehbaren Krisenherden in aller Welt zu transportieren. Wir standen im Fuldaer Becken vielleicht nicht mehr der 8. Gardearmee gegenüber, doch wir mußten in der Lage sein, an anderen Orten Stärke zu demonstrieren. Ich schlug Streitkräfte vor, die fähig waren, vier grundlegende Aufgaben zu erfüllen: einen Kampfeinsatz jenseits des Atlantik, als zweites einen Einsatz jenseits des Pazifik; dazu kam eine in den Staaten stationierte Eingreiftruppe, die, wie im Fall Panama geschehen, rasch an Krisenherde verlegt werden konnte; und schließlich eine reduzierte, aber weiterhin unverzichtbare nukleare Streitmacht zur Abschreckung von Atommächten. Einige Kollegen konnte ich schon früh gewinnen. General Norman Schwarzkopf verstand, was ich wollte, ebenso General Jack Chain, der das Strategische Lufttransportkommando befehligte. Ein weiterer mächtiger Verbündeter war General Jack Galvin, der NATO-Oberbefehlshaber Europa (SACEUR). Auch die Vereinten Stabschefs machten Fortschritte. Gleichwohl war ich erstaunt, wie stark sich manche Militärs an überkommene Vorstellungen klammerten. Die Navy verlangte fortwährend mehr Flugzeugträger. Weshalb? Weil sie wisse, daß die Sowjetunion neue Flugzeugträger baue. Woher sie das wisse? Weil auf Satellitenfotos, die vor Jahren aufgenommen worden waren, zu sehen sei, daß in einer sowjetischen Werft ein Kiel gelegt werde. Der Kiel war offensichtlich für einen Flugzeugträger gedacht, und folglich liefen immer noch sowjetische Träger vom Stapel. Ich hielt den Bossen der Navy entgegen, daß es unsinnig sei zu glauben, daß die Sowjetunion sich aus ihrem alten Machtbereich in Osteuropa zurückziehe und gleichzeitig eine Flotte zur Beherrschung der Meere aufbaue. Heute verkaufen die Russen ihre Flugzeugträger zum Schrottwert.

Ich überdachte auch andere vermeintliche Grundwahrheiten. Ich erinnerte mich daran, wie ich in der Weinberger-Ära einmal mit meinem früheren Mentor John Wickham, damals Stabschef der Army, im Tank saß und über eine neue Artilleriewaffe sprach – den Copperhead, eine Granate, die mit Hilfe eines Laserstrahls ins Ziel gelenkt werden konnte. Wickham gab zu bedenken: »Bei einer solchen Treffsicherheit brauchen wir auf dem Gefechtsfeld keine ungenauen taktischen Nuklearwaffen mehr.« Der Einsatz von Nuklearwaffen glich einem altmodischen Artillerie-Sperrfeuer, bei dem ein bestimmtes Gebiet unter Beschuß genommen und wahllos alles, was sich dort befand, zerstört wurde. Demgegenüber glichen die neuen intelligenten Waffen eher präzisen Gewehrschüssen.

Kurz nach meiner Ernennung zum Vorsitzenden der Vereinten Stabschefs hatten wir Probleme mit einer bestimmten nuklearen Artilleriegranate. Sie war nicht so sicher, wie wir wollten. Folglich ließ man die Granaten entschärfen, indem man ein Gas einspritzte. Kaum hatten die Bombenbauer das Problem gelöst, wollten sie die Granaten wieder einsatzfähig machen. Das erschien mir geradezu lächerlich. Weshalb sollten wir zu einer Zeit, in der riesige atomare Interkontinentalraketen verschrottet wurden, für die Wiederinstandsetzung kleiner taktischer Kernwaffen von fraglichem Nutzen Geld ausgeben? Doch ich biß mit meinen Argumenten auf Granit. Die Army wollte auf ihre nuklearen Gefechtsfeldwaffen nicht verzichten. Zivile Hardliner im Pentagon widersetzten sich mir ebenfalls, auch Richard Cheney. Ich war jedoch mehr und mehr davon überzeugt, daß taktische Nuklearwaffen auf dem Gefechtsfeld nichts zu suchen hatten.

Am 18. Februar stand ich auf einer Bühne der George Washington University und hatte das Gefühl, Jahrzehnte würden an mir vorüberziehen. Zwanzig Jahre zuvor war ich zum letzten Mal auf diesem Campus gewesen, genauer gesagt im Frühjahr 1971, als ich meine Arbeit zum Master of Business Administration abgeschlossen hatte. Und nun war ich auf Einladung des neuen Präsidenten der Universität, Stephen Trachtenberg, wieder hier. Die Universität wollte mir einen akademischen Ehrentitel verleihen, und ich sollte die Eröffnungsrede bei der Verleihungsfeier des Wintersemesters halten. Zu Beginn meiner Ansprache wies ich darauf hin, daß dies mein zweiter Titel der George Washington University sei und daß er den Staat weit weniger koste als der erste. Dann kam ich auf ein ernsteres Thema zu sprechen und erinnerte daran, daß sich die Welt seit meiner Zeit an der Universität in unvorstellbarer Weise verändert hatte: Als ich hier noch Student gewesen war, hatte Nelson Mandela in einem südafrikanischen Gefängnis gesessen. Erst vor ein paar Tagen war er endlich freigelassen worden. Und noch vor Ende des Jahres sollte er bei einer gemeinsamen Sitzung beider Häuser des US-Kongresses eine Ansprache halten. Als ich hier Vorlesungen besucht hatte, waren noch 600 000 sowjetische Soldaten in der Tschechoslowakei stationiert gewesen. Und heute war ein Bühnenautor und ehemaliger Dissident, Václav Havel, tschechoslowakischer Präsident. Als ich hier Betriebswirtschaft studiert hatte, hatten die Armeen des Warschauer Pakts noch offensive Manöver durchgeführt, die auf einen Durchmarsch bis zum Atlantik ausgerichtet waren. Inzwischen war der Warschauer Pakt ein Scherbenhaufen. Ich erinnerte die Zuhörer daran, daß der Diplomat und Historiker George Kennan 1947 geraten hatte, den Kommunismus einzudämmen, später würde das System unter seiner eigenen Last zusammenbrechen. Kennan hatte recht behalten. »Das sowjetische System wurde erschüttert und gestoppt«, sagte ich. »Und jetzt sehen wir zu, wie es zusammenbricht.«

Gott sei Dank. Ein Schuß ins Blaue hatte endlich ins Ziel getroffen. Nicht daß Alma und ich je am Talent unserer Tochter Linda gezweifelt hätten. Doch das Gesetz von Angebot und Nachfrage steht am Theater selbst den größten Talenten im Wege. Es war an einem Abend im März, und wir gingen alle fein herausgeputzt in den Lisner-Saal an der George Washington University, um Linda auf der Bühne zu sehen. Sie trat mit einer Tourneetruppe in dem Stück *Play to Win* auf, der Geschichte von Jackie Robinson, der die Rassenschranken im Baseball durchbrach. Linda spielte als Jackies Frau eine Hauptrolle. Sie war phantastisch. Und sie bekam auch noch Geld dafür!

Ungefähr zur gleichen Zeit schaffte Linda einen weiteren Durchbruch. Sie fuhr für einen Monat nach Kalifornien, um eine Fernsehserie für das Sommerprogramm zu drehen. Dort wurde sie von Arnold Schwarzenegger und seine Frau Maria Shriver zum Dinner in ihrem Haus eingeladen. Für Linda war es ein aufregendes Erlebnis, einen Einblick in das Leben Hollywoods zu bekommen. Doch sie kam zu dem Ergebnis, daß Hollywood nicht ganz das Richtige für sie war, und beschloß, zurückzukehren und ihre Karriere im Osten fortzusetzen. Offen gesagt, ich war erleichtert.

Dick Cheney drängte mich, das Base-Force-Konzept weiter voranzutreiben, obwohl er sich mit seinem Urteil immer noch zurückhielt. Als Teil meiner missionarischen Arbeit gab ich am 3. Mai zwei Journalisten, die über das Pentagon berichteten, getrennt voneinander ein Interview: Michael Gordon von der *New York Times* und R. Jeffrey Smith von der *Washington Post*. Ich räumte beiden gegenüber ein, daß ich mit meinem Konzept intern auf große Schwierigkeiten stieß. Zu Smith sagte ich: »Ich versuche, den Leuten im Ministerium klarzumachen, daß sich die militärische Bedrohungslage geändert hat.« Smith wollte unbedingt einen Aufhänger und drängte mich unentwegt, konkrete Zahlen zu nennen. Meine Geschichte, so sagte er, sei ihm noch zu schwammig. Er wollte den Umfang der von mir vorgeschlagenen Kürzungen wissen. Ich sträubte mich, konkreter zu werden, doch Smith ließ nicht locker. Schließlich gab ich nach und sagte: »Irgendwo in der Gegend von zwanzig bis fünfundzwanzig Prozent.« Am 7. Mai berichtete die *Post* auf der Titelseite,»der höchste Offizier des Landes« habe vorausgesagt, daß eine Umstrukturierung des Militärs zu»einer Senkung des Verteidigungsetats um fünfundzwanzig Prozent« führen könne. Ich war überrascht über den Wirbel, den meine Äußerung auslöste, und nicht nur in der *Post,* sondern später auch in der *New York Times* und in allen größeren Tageszeitungen, ja selbst im Londoner *Economist.*

James Baker, der listige Außenminister, rief mich an und gratulierte mir, was soviel hieß wie: Sie könnten Schwierigkeiten bekommen. Und ich machte mir Sorgen, wie Cheney reagieren würde. Auch er hatte öffentlich Kürzungen im Etat des Pentagons vorgeschlagen, allerdings inflationsbereinigt lediglich um zwei Prozent jährlich in den folgenden sechs Jahren. Dick Cheney war nicht die Art von Chef, dem es gefiel, wenn man ihm widersprach. Wir trafen uns am selben Tag, als die Geschichte in der *Post* erschien. Er sagte nur:»Ganz netter Artikel.« Im weiteren Verlauf des Tages kamen mir jedoch andere Meinungen zu Ohren. So hörte ich gerüchteweise, daß die Stabschefs verärgert seien. Anscheinend war ihnen meine Kürzungsempfehlung zu präzise gewesen. Konservative Republikaner aus dem Kongreß fragten Cheney, wie sie den Haushalt des Präsidenten verteidigen sollten, wenn der Vorsitzende der Vereinten Stabschefs sage, man müsse noch drastischer kürzen. Unsere NATO-Partner beschwerten sich. Wie konnten sie vor ihre Parlamente treten und ernsthafte Verteidigungsanstrengungen fordern, wenn die Vereinigten Staaten zu solch umfangreichen Kürzungen bereit waren?

Am folgenden Tag beorderte Cheney mich in sein Büro. Er hatte die für ihn typische finstere Miene aufgesetzt.»Wir müssen über ihre Äußerung gegenüber den Reportern reden«, sagte er.

»Ja, Sir.«

»Ich muß wissen, ob Sie den Präsidenten unterstützen. Ich muß mich versichern, daß Sie noch zum Team gehören.«

Ich war sprachlos. Ich zählte vorsichtshalber bis zehn, bevor ich antwortete. Vielleicht, so räumte ich ein, sei ich etwas voreilig gewesen, doch was ich den Journalisten gesagt hätte, werde sich ohnehin früher oder später bewahrheiten. Ich drückte mein Bedauern darüber aus, daß ich ihm durch meine Voreiligkeit Schwierigkeiten bereitet hatte, und betonte:»Ob ich aber noch zum Team gehöre, steht völlig außer Frage.« Es war ein spannungsgeladener Augenblick, und die Luft im Raum knisterte. Doch wir waren beide klug genug, es nicht zu einem Bruch kommen zu lassen. Und so setzten wir unsere Arbeit an der Base Force und unsere Bemühungen fort, einen Abbau um fünfundzwanzig Prozent zu erreichen.

Der 1. August 1990 begann ziemlich gewöhnlich: Ich stand um 5.30 Uhr auf, strampelte auf dem Hometrainer und nahm danach mein gewohntes Frühstück ein: Kleie mit Rosinen, eine Banane, Orangensaft und Kaffee. Ich traf vor 7 Uhr im Pentagon ein. Dort erhielt ich von dem CIA-Analytiker, der mich im Vorzimmer erwartete, den üblichen Bericht über die Ereignisse der vergangenen Nacht.

Doch es war kein gewöhnlicher Tag. In einer Hinsicht sollte er zu einem Triumph werden. In den vorausgegangenen acht Monaten hatte ich das Base-Force-Konzept durch das Labyrinth der Bürokratie bugsiert. Ich hatte mit widerstrebenden Stabschefs und Ministern der Teilstreitkräfte gerungen und dabei von Paul Wolfowitz, dem realistisch denkenden Unterstaatssekretär für politische Fragen im Verteidigungsministerium, entscheidende Schützenhilfe erhalten, da er bei seiner eigenen Analyse zu ähnlichen Schlüssen gelangt war wie ich. Richard Cheney, der trotz anfänglicher Zweifel stets ein offenes Ohr gehabt hatte, stimmte meinem Konzept schließlich zu. Auch die Mehrzahl der Stabschefs zog mit. Admiral Dave Jeremiah, mein neuer Vize, war mir stets ein treuer Mitstreiter, insbesondere zu Zeiten, wenn ich von Rückschlägen entmutigt war und beinahe jede Hoffnung aufgegeben hatte. Doch an dem Tag, als Dick, Paul und ich dem Präsidenten das Konzept erläuterten und seine Zustimmung erhielten, wurde es zur offiziellen Position der Regierung. Am Tag darauf, dem 2. August, sollte der Präsident nach Aspen in Colorado fliegen, sich dort mit der britischen Premierministerin Margaret Thatcher treffen und im Rahmen eines Symposiums am Aspen Institute eine Rede halten, in der er seine neue Strategie darlegte und die Base Force als das neue Gesicht der amerikanischen Streitkräfte vorstellte. Die Veränderungen, die ins Auge gefaßt wurden, waren gewaltig: Die Gesamtstärke sollte von 2,1 Millionen auf 1,6 Millionen aktive Soldaten gesenkt werden. Das strategische Kernstück – die vier Aufgaben, die unsere Streitkräfte meines Erachtens erfüllen können mußten – war unangetastet geblieben. Der Plan, den der Präsident vorschlagen würde, markierte das Ende der seit vierzig Jahren verfolgten Strategie der Eindämmung des

Kommunismus, einer erfolgreichen Strategie. Wir hatten gewonnen. Tags darauf sollten Cheney, Wolfowitz und ich auf den Kapitolshügel gehen und das Konzept den Streitkräfteausschüssen und den Bewilligungsausschüssen schmackhaft machen. Ebenfalls an diesem Tag hatte ich Norman Schwarzkopf gebeten, vom CENTCOM-Hauptquartier nach Washington zu kommen und die Stabschefs und Cheney im Tank über die alarmierenden Vorgänge an der Grenze zwischen Irak und Kuwait zu informieren.

Am Morgen hatte ich die üblichen protokollarischen Pflichten eines Vorsitzenden der Vereinten Stabschefs hinter mich gebracht: einen Fototermin mit einem Colonel aus dem Vereinten Stab, der seinen ersten Stern erhielt, und eine Parade vor dem Pentagon für Präsident Gnassingbé Eyadéma aus Togo. Später ging ich ins Blair House, das Gästehaus der Regierung, und nahm an einem Mittagessen teil, das für Eyadéma gegeben wurde. Das Außenministerium brachte schwarzafrikanische Führer gern mit prominenten Afro-Amerikanern zusammen.

Ich ackerte mich durch den Rest des Tages und war um 19 Uhr zum Abendessen zu Hause. Danach zog ich mich in mein Studio zurück, um noch eine Menge Papierkram zu erledigen. Ein paar Minuten vor 20 Uhr klingelte das abhörsichere Telefon, was selten gute Neuigkeiten versprach. Michael Carns, der Direktor des Vereinten Stabs, teilte mir mit, daß soeben irakische Truppen Saddam Husseins in Kuwait einmarschiert seien.

18

Eine Grenze im Sand

Etwa neun Monate vor Saddam Husseins Invasion in Kuwait hatte ich in meinem »Strategischen Überblick – 1994« Korea und den Persischen Golf als die beiden Konfliktregionen bezeichnet, in denen am ehesten mit einem Engagement amerikanischer Streitkräfte zu rechnen sei. Im Jahr 1988, in meiner Zeit als Nationaler Sicherheitsberater, hatten der Iran und der Irak ihren blutigen, acht Jahre währenden Krieg beendet. Seitdem hatte ich wegen der irakischen Armee, die über mehr als eine Million Mann verfügte, ein ungutes Gefühl gehabt. Ich machte mir Sorgen, daß Saddam nun, da er den Iran nicht mehr zu fürchten brauchte, mit seinem Millionenheer anderswo Unheil stiften könnte.

Der Irak hatte nach dem Krieg fast 90 Milliarden Dollar Schulden. Gemessen an seinem Bruttosozialprodukt war dies eine Summe, gegen die sich die amerikanische Staatsverschuldung geradezu harmlos ausnahm. Saddam machte Kuwait und die Vereinigten Arabischen Emirate (VAE) dafür verantwortlich, daß es dem Irak nicht gelang, den Schuldenberg abzutragen. Diese Staaten hätten dem Irak einen »vergifteten Dolch« in den Rücken gestoßen: Sie hätten die von der Organisation der Erdöl exportierenden Länder (OPEC) festgesetzten Förderquoten überschritten, dadurch einen Preisverfall herbeigeführt und die Einkünfte des Irak vermindert. Kuwait habe obendrein Öl im Wert von 2,5 Milliarden Dollar aus dem Ölfeld von Rumaila gestohlen, das sich beide Länder teilten. Hinzu kam, daß Saddam ein Auge auf die Inseln Warba und Bubiyan geworfen hatte, die ihm den Zugang zum Golf versperrten. Die Kuwaiter waren für ihn keine arabischen Brüder mehr, sondern »gierige Schoßhunde« des Westens.

Anfang Juli 1990 besuchte ich Tunesien, Ägypten und Jordanien. Damals vertraten diese Staaten noch die optimistische Ansicht, daß sich für die Finanzprobleme des Irak eine »arabische« Lösung finden werde. In Israel, meinem nächsten Reiseziel, stellte ich jedoch fest, daß die Israelis Saddams Absichten weit weniger optimistisch beurteilten.

In der dritten Juliwoche – ich war inzwischen nach Washington zurückgekehrt – kam Rear Admiral Mike McConnell, mein Nachrichtenoffizier vom Vereinten Stab, in mein Büro und breitete Satellitenfotos auf dem Schreibtisch aus. »Die Iraker haben drei Divisionen nahe der kuwaitischen Grenze stationiert, bis jetzt ungefähr 35 000 Mann«, sagte McConnell und erläuterte mir die verblüffend scharfen Bilder. Er identifizierte die Streitmacht als Teil der Republikanischen Garde, der Elitetruppe Saddam Husseins, die mit Hunderten moderner sowjetischer T-72-Panzer ausgerüstet war. Saddams Aufmarsch an der Grenze verhieß gewiß nichts Gutes. Aber was wollte er damit bezwecken? Wollte er Kuwait einschüchtern? Druck ausüben? Oder plante er eine Invasion? Wie weit würde er gehen?

Am 24. Juli war ich schließlich so besorgt, daß ich Norm Schwarzkopf auf dem Luftwaffenstützpunkt MacDill in Tampa anrief. Wenn die Vereinigten Staaten am Golf in eine militärische Auseinandersetzung verwickelt wurden, so fiel das in Norms Zuständigkeit. Als Oberbefehlshaber von CENTCOM (Kommando Mitte) war er für unsere militärischen Operationen in Südwestasien, am Horn von Afrika und in kritischen Regionen des Nahen Ostens verantwortlich. Wir sprachen über den irakischen Aufmarsch, der unvermindert weiterging und inzwischen vier Divisionen mit über 100 000 Soldaten umfaßte. Führer der arabischen Welt meinten immer noch, wir sollten uns keine Sorgen machen. Arabische Brüder führten keinen Krieg gegeneinander. Trotzdem sagte ich zu Norm: »Ich will, daß Sie eine zweistufige Reaktion vorbereiten.« Stufe eins sollte verschiedene Vergeltungsmaßnahmen umfassen für den Fall, daß Saddam eine »kleinere Grenzverletzung« beging. Falls er jedoch ehrgeizigere Ziele verfolgte, wollte ich eine Reaktion der Stufe zwei, mit der wir ihn aufhalten und die Region schützen konnten.

»Ich mache mich an die Arbeit«, sagte Norm. Er hatte das Problem bereits im Auge gehabt. CENTCOM war aus der schnellen Eingreiftruppe »Rapid Deployment Joint Task Force« entstanden, die unter Präsident Jimmy Carter gebildet worden war, um bei einem möglichen Konflikt zwischen dem damals mit uns befreundeten Iran und der Sowjetunion zu intervenieren. Man hatte enorm viel Zeit und Geld in den bizarren Plan investiert, die sowjetische Armee am Durchmarsch durch das Zagros-Gebirge im Nordiran zu hindern. Nach dem Sturz des Schah war der Iran zum Feind geworden, und die Annahme, daß die Sowjetunion an den Persischen Golf vorstoßen könnte, erschien nun weit hergeholt. Folglich hatte CENTCOM seine Aufmerksamkeit der Bedrohung zugewandt, die der Irak für seine kleineren Nachbarn darstellte.

Wenn Militärs wissen wollen, ob eine feindliche Armee einen Angriff plant, halten sie nach drei sicheren Anzeichen Ausschau. Verlegt der Feind seine Artillerie nach vorn? Richtet er Fernmeldeverbindungen ein? Versorgt er seine Truppen mit zusätzlichen Treibstoff- und Munitionsvorräten? Bis zum 31. Juli waren im Südirak alle drei Bedingungen erfüllt. Ich rief erneut Schwarzkopf an. »Ich möchte, daß Sie morgen herkommen und Cheney und die Stabschefs über Ihre Einschätzung der Lage und Ihre Pläne für den Notfall informieren.«

Am nächsten Tag nahm ich im Blair House an dem Essen für Präsident Eyadéma aus Togo teil. Danach mußte mich Otis so schnell wie möglich zum Pentagon zurückfahren, denn ich brannte darauf, Schwarzkopfs auf 14 Uhr angesetztes Briefing zu hören. Ich traf fast gleichzeitig mit Dick Cheney im Tank ein. Die Stabschefs erhoben sich, und wir nahmen unsere Plätze ein. Cheney ließ mich die Sitzung eröffnen. Ich machte es kurz und erteilte Schwarzkopf das Wort, der den Raum mit seiner kräftigen, 1,90 Meter hohen Gestalt und seiner starken Persönlichkeit beherrschte. Sein Lagebericht dauerte neunzig Minuten und war ernüchternd.

»Was meinen Sie, was werden sie tun?« fragte Cheney.

»Ich glaube, sie werden angreifen«, sagte Norm. Er erwartete einen begrenzten Angriff mit dem Ziel, den kuwaitischen Teil des Rumaila-Ölfelds und die Insel Bubiyan einzunehmen, nicht jedoch, daß Saddam ganz Kuwait schlucken und die Herrscherfamilie stürzen würde. Damit ging die Besprechung zu Ende.

Dick Kerr, der stellvertretende CIA-Direktor, hatte zuvor schon denselben Schluß gezogen. Doch die Regierung Bush schien entschlossen, sich aus innerarabischen Streitigkeiten herauszuhalten. »Wir haben keine Meinung zu innerarabischen Konflikten wie Ihrem Grenzstreit mit Kuwait«, hatte April Glaspie, unsere Botschafterin im Irak, fünf Tage zuvor bei einem Gespräch zu Saddam Hussein gesagt. Danach hatte sie nach Washington gekabelt und darauf gedrängt, »sich mit

Kritik zurückzuhalten«, bis der Irak und Kuwait ihren Streit selbst beigelegt hätten. Daraufhin hatte der Präsident in einer telegrafischen Botschaft an Saddam betont, daß seine Regierung »nach wie vor bessere Beziehungen zum Irak« wünsche. Das war die Lage: Die arabischen Staaten sagten, es werde nichts passieren, und die Vereinigten Staaten sagten, es gehe sie nichts an, wenn etwas passiere.

Im Außenministerium und im Pentagon waren mehrere Vorschläge gemacht worden, wie man die Iraker abschrecken könnte. Einer lautete, daß der Flugzeugträger *Independence*, der bereits in den Golf unterwegs war, seine Fahrt beschleunigen solle. Al Gray, der Kommandeur des Marine-Korps, hatte vorgeschlagen, Versorgungsschiffe aus Diego Garcia im Indischen Ozean zu schicken, die bereits mit Ausrüstung für Marineinfanteristen beladen waren. Diese Maßnahmen wären jedoch unbemerkt geblieben und hätten keine abschreckende Wirkung gehabt, es sei denn, wir hätten öffentlich verkündet, welchen Zweck wir damit verfolgten. Doch zu diesem Zeitpunkt hatte die Regierung eine Warnung an den Irak noch nicht in Betracht gezogen, und Cheney und mir widerstrebte es, vor dem Weißen Haus an die Öffentlichkeit zu treten. Bislang hatten wir nur eine Maßnahme ergriffen: Wir hatten eine Bitte der Vereinigten Arabischen Emirate erfüllt und ihnen zur Unterstützung ihrer Luftüberwachung zwei Tankflugzeuge der Air Force zur Verfügung gestellt – eine Maßnahme, die kaum geeignet war, Saddam Hussein in Angst und Schrecken zu versetzen.

Inzwischen bereute ich unsere bisherige Untätigkeit auf politischem und militärischem Gebiet, obwohl es keineswegs feststand, daß Saddam Hussein sich durch symbolische Aktionen würde abschrecken lassen. »Dick, die Lage ist ernst«, sagte ich zu Cheney, als wir nach Schwarzkopfs Bericht den Tank verließen. »Wir dürfen das, was da passiert, nicht ignorieren. Ich bin der Ansicht, der Präsident sollte noch heute eine scharfe Botschaft an Saddam Hussein schicken. Er kann ihn sogar anrufen, aber er muß versuchen, ihn einzuschüchtern.«

Dick war genauso besorgt wie ich und setzte sich mit dem Nationalen Sicherheitsrat (NSC) und dem Außenministerium in Verbindung, um eine Protestnote vorzubereiten. Doch es war zu spät. Bevor wir einen diplomatischen Warnschuß abfeuern konnten, hatte Saddams Republikanische Garde mit 80 000 Mann die Grenze überschritten und rückte auf Kuwait City vor.

Der Präsident berief für 8 Uhr am nächsten Tag eine Sitzung aller NSC-Mitglieder ein. Schwarzkopf war bereits nach Tampa zurückgekehrt. Ich bat ihn, ein Flugzeug zu nehmen und mit seinen Karten und Plänen zu der Besprechung im Weißen Haus zu kommen. Es war Norms erste Gelegenheit, die führenden Politiker in Aktion zu sehen, und ich wollte, daß er ein Gefühl für die Leute entwickelte, mit denen er es wahrscheinlich zu tun haben würde. Er bekam gleich den richtigen Eindruck. Das Gespräch war wirr und verlor sich häufig in Nebenaspekten. Man verbrachte genausoviel Zeit damit, die Auswirkungen der Invasion auf den Ölpreis zu diskutieren, wie man mögliche Reaktionen auf Saddams Aggression erörterte. Die alles überragende Frage war die nach Saddams nächstem Schritt. Würde er sich mit Kuwait begnügen oder als nächstes Saudi-Arabien angreifen? Sollten wir die Verhängung von Sanktionen anstreben? Wie weit waren wir zu gehen bereit? Vor Beginn der Sitzung hatten Journalisten den Präsidenten gefragt, ob er beabsichtige, Truppen zu entsenden, und er hatte geantwortet: »Ich ziehe keine derartige Maßnahme in Betracht.«

Da die Gegenmaßnahmen der Stufe eins nicht mehr aktuell waren, gab Norm sein Debut im Weißen Haus, indem er seinen Plan zur Verteidigung Saudi-Arabiens vorstellte. Noch immer gelang es nicht, die Diskussion auf die eigentlichen Fragen zu konzentrieren. Ich persönlich fühle mich unbehaglich bei Besprechungen, bei denen man zu keiner Entscheidung gelangt, und als ich sah, daß diese allmählich zu Ende ging, versuchte ich, klarere Anweisungen zu bekommen. »Mr. President«, fragte ich, »sollen wir, was Saudi-Arabien betrifft, eine Grenze im Sand ziehen?« Bush dachte einen Augenblick nach, dann bejahte er. Was das Schicksal Kuwaits anging, wurde jedoch keine Entscheidung getroffen. Bush brach sofort nach Aspen in Colorado auf, wo er sich mit Premierministerin Thatcher treffen und die Rede über seine neue sicherheitspolitische Strategie und die Base Force halten sollte, an der wir so lange gearbeitet hatten. Cheney, Paul Wolfowitz und ich begaben uns in den Hochsicherheitsraum 407 im Kapitol, um den Vorsitzenden der Streitkräfteausschüsse das Base-Force-Konzept schmackhaft zu machen. Sie sagten jedoch nur: »Ja, sicher, das stimmt. Aber was ist in Kuwait los?«

Am Freitag kehrte der Präsident aus Aspen zurück und berief erneut eine Sitzung des NSC im Kabinettszimmer ein. »Das waren vielleicht vierundzwanzig Stunden«, sagte er, als er seinen üblichen Platz in der Mitte des Tisches einnahm. »Aber es ist gut gelaufen, bis jetzt. Premierministerin Thatcher und ich stimmen voll überein. Ich rechne damit, daß wir unsere Freunde dazu bewegen können, gemeinsame wirtschaftliche und politische Maßnahmen am Golf zu unterstützen.« Besonders freute er sich darüber, daß offenbar ein altes Verhaltensmuster durchbrochen worden war. Hätte sich die Sowjetunion früher wohl oder übel hinter ihren einstigen Freund Saddam Hussein gestellt, so behandelte Michail Gorbatschow die Krise nicht wie eine weitere Konfrontation zwischen Ost und West. Am Tag zuvor hatte der UN-Sicherheitsrat die Invasion mit vierzehn zu null Stimmen verurteilt und einen sofortigen bedingungslosen Rückzug des Irak aus Kuwait verlangt. Auch die Sowjetunion hatte mit Ja gestimmt.

CIA-Direktor Bill Webster gab uns einen bedrückenden Lagebericht. »Die Iraker«, sagte er, »stehen 300 Meter vor der saudischen Grenze. Wenn Saddam bleibt, wo er ist, besitzt er zwanzig Prozent der weltweiten Ölvorräte. Und ein paar Kilometer entfernt kann er sich weitere zwanzig Prozent holen. Von den kuwaitischen Häfen aus hat er leichten Zugang zum Meer. Jordanien und der Jemen werden wahrscheinlich mit ihm sympathisieren, und er wird in der Lage sein, die anderen zu erpressen. Wir müssen damit rechnen, daß die arabischen Staaten sich arrangieren. Der Iran wird dem Irak zu Füßen liegen. Israel wird bedroht sein.« Saddam Hussein, so Webster, werde zur beherrschenden Figur am Persischen Golf.

»Wir müssen etwas tun«, sagte Brent Scowcroft. »Und eine gütliche Einigung mit Saddam gehört nicht zu unseren Optionen.«

»Kuwait läßt sich von Saudi-Arabien nicht trennen«, fügte Cheney hinzu. »Wenn die Iraker an der saudischen Grenze stehen, sind sie nur noch vierzig Kilometer von den saudischen Ölfeldern entfernt. Daraus kann ein großer Konflikt erwachsen.«

»Wir sollten uns um eine Verurteilung nach Kapitel 7 der UN-Charta bemühen«, drängte Larry Eagleburger, der stellvertretende Außenminister, der für James Baker an der Sitzung teilnahm. Eine solche Verurteilung erlaubte den Einsatz militärischer Gewalt und die Verhängung von Wirtschaftssanktionen.

»Ich habe bereits mit den arabischen Staatschefs telefoniert«, sagte der Präsident. Er hatte mit dem ägyptischen Präsidenten Mubarak, König Hussein von Jordanien und König Fahd von Saudi-Arabien gesprochen.»Sie behaupten immer noch, sie könnten eine arabische Lösung finden.« Er klang nicht überzeugt.»Aber was immer wir auch tun, wir müssen die internationale Staatengemeinschaft hinter uns bringen.« Cheney bat mich, die militärischen Optionen darzulegen. Erneut schilderte ich den Schwarzkopf-Plan zur Verteidigung Saudi-Arabiens und zählte die Einheiten auf, die wir rasch in die Golf-Region verlegen konnten. Ich war mir einigermaßen sicher, daß die Iraker noch nicht beschlossen hatten, in Saudi-Arabien einzumarschieren. Und ich glaubte auch nicht, daß sie auf einen Krieg mit den Vereinigten Staaten scharf waren.»Es ist jedoch wichtig«, sagte ich,»sobald wie möglich die amerikanische Flagge in der saudischen Wüste aufzupflanzen, vorausgesetzt, wir bekommen dafür das Okay der Saudis.« Wir dürften Saddam nicht durch Untätigkeit zu weiteren Schritten ermuntern.

Cheney und Eagleburger stimmten mir zu. Scowcroft hatte schon Stunden nach der Invasion eine klare Position bezogen.»Wir haben Saudi-Arabien gegenüber eine Verpflichtung«, sagte der Präsident und schlug vor, Einheiten in Alarmbereitschaft zu versetzen, um auf eine Verteidigung des Landes vorbereitet zu sein.

Und dann fragte ich, ob es sich lohne, zur Befreiung Kuwaits einen Krieg zu führen. Ich stellte diese Clausewitzsche Frage, weil ich wissen wollte, welche Vorbereitungen das Militär zu treffen hätte. Ich bemerkte, wie die Anwesenden erstarrten. Die Frage war verfrüht, und sie hätte nicht von mir kommen dürfen. Ich hatte meine Kompetenzen überschritten. Ich war nicht mehr Nationaler Sicherheitsberater und nur befugt, als *militärischer* Berater zu wirken. Gleichwohl hatte ich mich im Weißen Haus, in just diesem Raum, zwei Jahre lang mit den politischen und wirtschaftlichen Aspekten von Krisen herumgeschlagen. Ich hatte an Gipfeltreffen der Supermächte teilgenommen. Und noch wichtiger, als Offizier der mittleren Ebene war ich entsetzt gewesen über die Fügsamkeit der Vereinten Stabschefs, die in Vietnam einen Krieg geführt hatten, ohne von der politischen Führung jemals klare Zielvorgaben zu verlangen. Bevor wir darüber redeten, so sagte ich, wie viele Divisionen, Flugzeugträger und Jagdgeschwader wir benötigten, müßten wir klären, welches Ziel wir erreichen wollten. Doch die Besprechung ging zu Ende, ohne daß die Frage beantwortet wurde.

Noch am selben Tag sprachen Präsident Bush und Scowcroft mit Prinz Bandar, mittlerweile saudischer Botschafter in den Vereinigten Staaten. Sie wollten ihm klarmachen, welche Gefahr seinem Land drohte, und ihn wissen lassen, daß wir bereit waren, ihm zu Hilfe zu kommen. Hinterher rief Scowcroft Cheney im Pentagon an. Er sagte, Bandar werde gleich herüberkommen. Wir sollten Klartext mit ihm reden. Bei seiner Ankunft in Cheneys Büro mimte Bandar wie üblich den amerikanisierten lässigen Kampfpiloten. Er trank Kaffe aus einem Plastikbecher und rührte ihn mit einem goldenen Federhalter um. Normalerweise redeten wir einander mit Titeln an, die ans Obszöne grenzten. Die druckreifen, die ich bevorzugte, lauteten »Bandar der Erhabene« und »Bandar, Sie arabischer Gatsby«, während er mich »Milord« nannte. Doch an diesem Tag alberten wir nicht herum. Wir setzten uns an Cheneys kleinen runden Tisch, und ich erläuterte die Aufklärungsfotos von den irakischen Verbänden, die praktisch vor der saudischen Haustür standen. Bandar studierte sie, die unangezündete Zigarre zwischen den Zähnen, sagte aber nichts.

»Wir sind bereit, Ihnen bei der Verteidigung gegen Saddam zu helfen«, sagte Cheney.

Bandar musterte uns nachdenklich und skeptisch. »Wie Jimmy Carter?« fragte er. Er spielte auf eine frühere Krise an, bei der Präsident Carter Saudi-Arabien mit zehn unbewaffneten F-15-Maschinen zu Hilfe gekommen war.

»Erklären sie Prinz Bandar, was wir tun würden«, forderte mich Cheney auf.

»Zunächst einmal schicken wir das 1. Taktische Kampfgeschwader«, begann ich, »dann die 82. Luftlandedivision und einen Flugzeugträger.« Ich zählte die nachfolgenden Einheiten auf.

Bandar lauschte mit wachsendem Interesse und unterbrach mich schließlich. »Was kommt da zusammen?« fragte er.

»Insgesamt etwa hunderttausend Mann«, sagte ich, »für den Anfang.«

»Ich sehe«, sagte Bandar, »Sie meinen es wirklich ernst.«

»Wir schlagen vor, Sie setzen sich bei König Fahd dafür ein, unser Angebot zum Schutz des Königreichs anzunehmen«, schloß Cheney. Bandar stand auf und versicherte uns, er werde sich sofort auf den Weg machen und über unser Angebot Bericht erstatten.

Kaum war er fort, kam Cheney auf die vorangegangene Sitzung mit dem Präsidenten zu sprechen. »Colin«, sagte er, »Sie sind der Vorsitzende der Vereinten Stabschefs, nicht der Außenminister, Sie sind auch nicht mehr der Nationale Sicherheitsberater. Und Sie sind nicht der Verteidigungsminister. Beschränken Sie sich also auf militärische Fragen.« Er machte deutlich, daß ich mir zuviel herausgenommen hatte. Ich bereute jedoch nicht, daß ich im Weißen Haus meine Meinung gesagt hatte. Daß das Militär klare Zielvorgaben brauchte, hatte gesagt werden müssen.

In der Öffentlichkeit behielt der Präsident seine Meinung über die irakische Invasion für sich. Bis jetzt hatte er dem amerikanischen Volk lediglich folgendes mitgeteilt:»Wir diskutieren nicht über eine Intervention ... Ich ziehe eine solche Maßnahme nicht in Erwägung.« Das war der Stand der Dinge von Freitag bis Sonntag nachmittag.

In dieser Zeit flog der Präsident nach Camp David in den Catoctin-Bergen von Maryland. Am Samstag morgen folgte ihm das Team der Sicherheitsexperten. Im Mittelpunkt der Sitzung stand ein ausführliches Briefing Schwarzkopfs über die Maßnahmen, die wir zur Verteidigung Saudi-Arabiens treffen konnten – über die erforderlichen Truppen, ihre Stationierung und Bewaffnung, über die Luftstrategie. Ich sah, wie der Präsident nickte, während der große, derbe, eloquente und vertrauenerweckende Soldat sprach. Als Norm mit dem Thema Saudi-Arabien fertig war, fügte er hinzu:»Wenn Sie allerdings die Iraker hinauswerfen und Kuwait als Staat wiederherstellen wollen, dann benötigen wir ...« Er rasselte die zusätzlich erforderlichen Einheiten herunter, die mehrere hunderttausend Soldaten umfaßten, und trug einen Zeitplan vor, der sich auf acht Monate bis ein Jahr erstreckte.

Es war ein schwüler Sonntagnachmittag, und es nieselte. Cheney und Schwarzkopf waren auf dem Weg nach Dschidda in Saudi-Arabien. Sie sollten König Fahd zur Annahme unseres Hilfsangebots bewegen. Ich saß derweil zu Hause in meinem kleinen Arbeitszimmer, hatte die Füße auf den Tisch gelegt und sah mir auf CNN an, wie der Hubschrauber des Präsidenten aus Camp David zurückkehrte und auf dem Rasen vor dem Weißen Haus landete. Zahlreiche Mikrophone war aufgestellt worden, und als der Präsident nähertrat, schlug ihm ein Schwall von Fragen entgegen. Die Journalisten bedrängten ihn besonders in einem Punkt. Würde er militärische Maßnahmen ergreifen? Sein Gesichtsausdruck wurde hart. Er stieß mit dem Zeigefinger Löcher in die Luft.»*Sie wird nicht von Dauer sein*«, sagte er.»Die Aggression gegen Kuwait wird nicht von Dauer sein.«

Ich nahm die Füße vom Tisch. Von »Wir diskutieren nicht über eine Intervention« zu »Sie wird nicht von Dauer sein« war es ein gewaltiger Schritt. Hatte sich der Präsident der Vereinigten Staaten gerade dazu verpflichtet, Kuwait zu befreien? Wollte er die Befreiung durch diplomatischen und wirtschaftlichen Druck erreichen oder mit Gewalt? War aus der letzten Option plötzlich die erste Option geworden?

Obwohl man nie wissen kann, was im Kopf eines anderen Menschen vorgeht, konnte ich mir ausmalen, was geschehen war. Nach unserem Bericht in Camp David hatte der Präsident begriffen, welche Mittel ihm zur Verfügung standen. Das stimmte ihn zuversichtlich. Und die vorangegangene Unterredung mit der britischen Premierministerin in Aspen hatte ihn ohne Zweifel ebenfalls beeinflußt. Acht Jahre zuvor hatte Margaret Thatcher die Besetzung der Falkland-Inseln durch Argentinien rückgängig gemacht. Außerdem fiel mir auf, daß der Satz »Sie wird nicht von Dauer sein« irgendwie nach Thatcher klang. Doch der Entscheidungsprozeß selbst war typisch für George Bush. Er hatte seinen Beratern ruhig zugehört. Er hatte sich telefonisch mit führenden Politikern in aller Welt beraten. Und dann hatte er von sich aus diese folgenschwere Entscheidung getroffen und sie bei der ersten Gelegenheit bekanntgegeben.

Ich schaltete das Fernsehgerät aus und ging zu der Karte auf meinem Schreibtisch. Möglicherweise hatte ich gerade einen neuen Auftrag erhalten.

Am Montag, dem 6. August, um 15.30 Uhr, rief mich Dick Cheney aus Dschidda an. Er komme gerade von König Fahd, sagte er. »Wir haben seine Zustimmung. Ich habe den Präsidenten informiert. Geben Sie die Befehle zur Verlegung der Truppen aus.«

Die Entfesselung des militärischen Leviathans der USA ist ein furchterregendes Unternehmen. Wir hatten bereits die 82. Luftlandedivision in Fort Bragg, North Carolina, das Hauptquartier der 3. Armee in Atlanta und das 1. Taktische Kampfgeschwader auf dem Luftwaffenstützpunkt Langley, Virginia, in Alarmbereitschaft versetzt. Kein einziger Fallschirmjäger konnte jedoch verlegt werden, solange MAC, das Militärische Luftbrücken-Kommando, keine Luftbrücke errichtet hatte. MAC ist nur die Luftkomponente eines ausgedehnten Transportsystems zu Wasser, zu Lande und in der Luft namens TRANSCOM oder U. S. Transportation Command. Sein Hauptquartier befindet sich

n Rosengarten des Weißen Hauses am 5. November 1987. Am gleichen Tag wurde Reagans ntscheidung bekanntgegeben, mich zu seinem Nationalen Sicherheitsberater zu ernennen. Cap Weinberger (links) war soeben vom Posten des Verteidigungsministers zurückgetreten. Als Nachfolger wurde Frank Carlucci (rechts) benannt. Beide spielten bei der Verwirklichung von Reagans Vision, Amerika wieder zu einer starken und stolzen Militärmacht zu machen, eine ntscheidende Rolle. Im Hintergrund Senator John C. Stennis, der frühere Vorsitzende des treitkräfteausschusses des Senats.

Die Planungsgruppe für Nationale Sicherheit diskutiert 1988 im Lagebesprechungsraum des Weißen Hauses über Rüstungskontrollfragen. Am Tisch von Präsident Reagan im Uhrzeigersinn Außenminister George Shultz, Finanzminister Jim Baker, Jim Miller, der Direktor des OMB, Stabschef Howard Baker, ich, Wissenschaftsberater Bill Graham, Ken Adelman, der Direktor de

...üstungskontroll- und Abrüstungsbehörde, Admiral Bill Crowe, der Vorsitzende der Vereinten ...tabschefs, und Verteidigungsminister Frank Carlucci. An der Wand die Referentin im ...ußenministerium Rozanne Ridgway und Botschafter Paul Nitze.

Im Oval Office mit Präsident Reagan, Juli 1988. Vor Beginn der Sitzung gab es offenbar noch etw...
zu lachen.

...ne angespannte Situation im Kreml beim Moskauer Gipfel am 30. Mai 1988. Reagan und ...orbatschow debattieren über eine Änderung im Abschlußkommuniqué, um die Gorbatschow in ...tzter Minute noch gebeten hat. Wir waren bereits auf dem Weg in den benachbarten Saal, wo die ...iden Staatsmänner die Ratifizierungsurkunden für den INF-Vertrag austauschen sollten. Die ...rin festgelegte Verschrottung von Atomwaffen besiegelte das Ende des Wettrüstens und des ...alten Krieges. Ganz links Außenminister George Shultz, zu meiner Rechten Jack Matlock, der ...S-Botschafter in der Sowjetunion.

.... November 1987. Ich flog nachts von Genf ...rück und suchte Präsident Reagan auf seiner ...anch in den Santa Inez Mountains bei Santa ...rbara, Kalifornien, auf. Soeben habe ich den ...äsidenten über den INF-Vertrag informiert, ...n Außenminister Shultz mit den Sowjets am ...rtag in Genf geschlossen hatte.

In der Präsidentenmaschine auf dem Rückflug vom NATO-Gipfel am 3. Mai 1988, von Journalisten belagert. Hemdsärmlig über mir Marlin Fitzwater, Reagans hervorragender Pressesprecher.

Die Vereinten Stabschefs zur Zeit der Operation »Wüstensturm«. Von links nach rechts: Admir
Frank Kelso, Chef der Naval Operations, General Carl Vuono, Stabschef der Army, ich, Admir
David Jeremiah, der stellvertretende Vorsitzende der Vereinten Stabschefs, General Al Gray, d
Kommandeur des Marine-Korps, General Merrill »Tony« McPeak, Stabschef der Air Force. Wi
waren ein eng verbundenes Team mit einer Aufgabe: Norm Schwarzkopf zum Sieg zu verhelfe

Im Gedränge zwischen Marineinfanteristen und Matrosen an Bord des US-Landungsschiffs Wa
vor der somalischen Küste an meinem Geburtstag am 5. April 1993 während der Operation
»Restore Hope«. Kleinbildkameras haben aus den Streitkräften ein Heer von Paparazzi gemac
Ich genoß jede Minute.

...rtoffelschälwettbewerb mit meinem sowjetischen Pendant General Michail Moisejew in der ...mbüse eines US-Schiffs im Hafen von San Diego 1990. Wer hat wohl gewonnen?

Mit General H. Norman Schwarzkopf a 15. August 1990 vor dem Pentagon. Wir warten auf Präsiden Bushs Rede vor Mit arbeitern des Penta gons. Die Operation »Wüstenschild« lie, seit zehn Tagen. Norm war auf dem Sprung nach Saudi Arabien, wo er das Kommando über di gewaltige Streitmac übernehmen sollte, die wir in der Golf-region zusammen-zogen.

Am 24. September 1990 unterrichte ich Präsident Bush über die beiden möglichen Reaktionen auf en irakischen Einmarsch: Sanktionen oder Krieg. Die anderen von links nach rechts: Verteidigungsminister Dick Cheney, Nationaler Sicherheitsberater Brent Scowcroft und Stabschef John Sununu.

Ich war mir nicht bewußt, wie oft ich bei Pressekonferenzen zum Golfkrieg die Reporter mit der »Revolvermethode« aufrief. Dann wurden in der Sendung Saturday Night Live zehn meiner »Schüsse« zusammengeschnitten und mit einem Knall unterlegt.

Beim Truppenbesuch am Golf während der Operation »Wüstenschild«. Dick Cheney und ich trafen zu Beratungen mit Schwarzkopf und seinem Stab zusammen und besuchten dann die Einheiten. Unsere Soldaten freuten sich über die Visiten und vollbrachten auch für unsere Mora wahre Wunder: die fähigsten und hellsten Jungs der Nation.

orm Schwarzkopfs Kommandozentrale im saudischen Riad. Am Tisch von links nach rechts:
aul Wolfowitz, Unterstaatssekretär für politische Fragen im Verteidigungsministerium, ich, Dick
heney, Schwarzkopf, Lieutenant General Cal Waller, stellvertretender Oberbefehlshaber des
ENTCOM, und Major General Bob Johnston, der Stabschef des CENTCOM. Hinter uns:
ieutenant General Walt Boomer, Kommandeur der Marineinfanterie, Lieutenant General Charles
Chuck« Horner, der Kommandeur der Air Force, Lieutenant General John Yeosock, der
ommandeur der Army, Vice Admiral Stan Arthur, der Kommandeur der Navy, und Colonel Jesse
ohnson, der Kommandeur der Sondereinsatztruppen.

Jeißes Haus, Januar 1992; mit Präsident Bush und Verteidigungsminister Dick Cheney auf dem
Jeg vom Rosengarten in die Amtsräume. Zwischen dem Präsidenten und Cheney Admiral Dave
eremiah, der überaus fähige Stellvertreter des Vorsitzenden der Vereinten Stabschefs.

Besuch des Chemiesaales einer Schule in Annapolis 1991.

Mitte links: Am Denkmal der Vietnam-Veteranen am Heldengedenktag 1991; Gespräch mit dem Unteroffizier Patrick McElrath, der während der Operation »Gerechte Sache« in Panama schwer verwundet wurde.

Mitte rechts: Alma und ich 1983 bei einer Audienz bei Papst Johannes Paul II.

Unten links: Vor dem Standbild des Buffalo Soldier in Fort Leavenworth am Tag der Einweihung im Juli 1992. Die schwarzen Soldaten des 10. Kavallerieregiments unterschieden sich mit dem »US«-Zeichen auf dem Kragen, den Adlern auf den Knöpfen, im blauen Mantel und mit Gewehr durch nichts von ihren weißen Kameraden. Sie machten sich um die Bürgerrechte verdient und erleichterten Männern wie mir den Lebensweg.

Unten rechts: In meinem Büro mit den Harlem Globetrotters im März 1991. Um den Ball auf meinem Finger tanzen zu lassen, brauchte ich Hilfe.

ma, Patin der U. S. S. Kearsarge, küßt ihr Schiff nach der Taufe mit einer Flasche Sekt in
scagoula, Mississippi 1992. Wir waren stolz auf die Rolle der Kearsarge als Mutterschiff bei der
ttung des abgeschossenen Piloten Captain Scott O'Grady in Bosnien im Juni 1995.

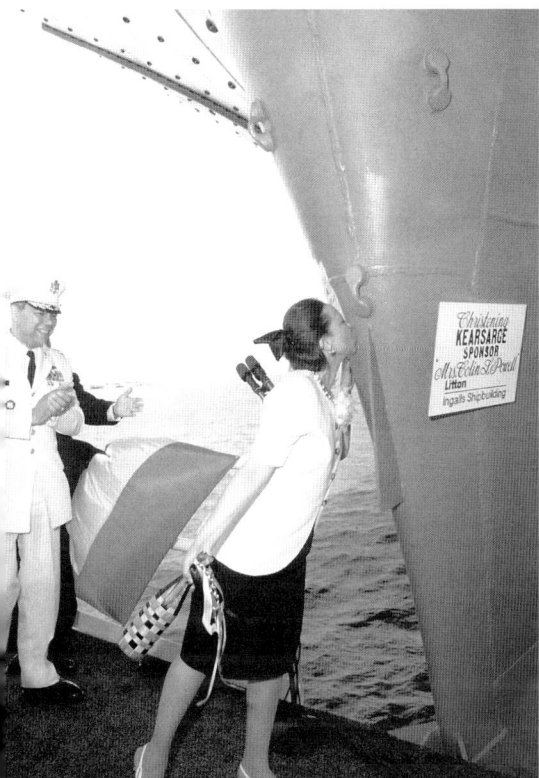

en rechts: Mit Lieutenant Mike Powell in Deutschland Anfang 1986. Seine Soldatenlaufbahn
dete ein Jahr später jäh bei einem Unfall mit einem Jeep.

tte rechts: Die wichtigsten Menschen in meinem Leben 1987: Alma mit Annemarie, Mike und
nda. Mike erholt sich langsam von seinem Unfall, muß sich aber noch auf die Sessellehne
itzen.

milie Powell in Verteidigungsminister Cheneys Büro. Das Foto wurde vor der Feier zu meinem
ntsantritt als Vorsitzender der Vereinten Stabschefs am 3. Oktober 1989 aufgenommen. Von
ks nach rechts: Dick Cheney, mein Schwager Norm, meine Schwester Marilyn, mein Sohn Mike,
ma, ich, meine Töchter Linda und Annemarie, meine Schwiegertochter Jane mit unserem Enkel
frey.

*Präsident Clinton mit mir und Verteidigungsminister Les Aspin beim Verlassen des Pentagons.
war Clintons erster Besuch am 8. April 1993, eine Begegnung mit den neuen zivilen Führern c
Verteidigungsministeriums und den Vereinten Stabschefs.*

*Im East Room des Weißen Hause
am 19. September 1994. Ex-Präsi
dent Jimmy Carter, Senator Sam
Nunn und ich sind soeben aus He
zurückgekehrt, wo wir die illegal
haitianische Militärjunta zum
Rücktritt überredet und dazu bewogen haben, der Stationierung v
US-Truppen und der Rückkehr v
Präsident Jean-Bertrand Aristide
zuzustimmen. Präsident Clinton
unterrichtet die Presse über die
Ergebnisse unserer Mission.*

rabschiedung in Fort Myer, Virginia, am 30. September 1993. Alma und ich salutieren zu den
ingen der Nationalhymne. Ich bereue nur, daß ich nicht alles noch einmal tun kann.

Als Redner im Ruhestand. Vor einer Ansprache vor vierzehntausend fähnchenschwenkende
Menschen auf der Bakersfield Business Conference in Bakersfield, Kalifornien, im Herbst 199

auf dem Luftwaffenstützpunkt Scott in Illinois und wurde damals von General H. T. Johnson befehligt, der zusammen mit mir das National War College besucht hatte. Er übermittelte Cheneys Befehl an die 21. Luftflotte auf dem Luftwaffenstützpunkt McGuire in New Jersey und die 22. Luftflotte auf dem Luftwaffenstützpunkt Travis in Kalifornien, den Nervenzentren von MAC an Ost- und Westküste.

Zu jedem beliebigen Zeitpunkt sind achtzig Prozent der Flugzeuge von MAC irgendwo unterwegs. Wird ein Befehl mit hoher Priorität in das System eingespeist, werden alle anderen Befehle aufgehoben. Ein Transportflugzeug, das beispielsweise Ersatzteile nach Ramstein in Deutschland bringt, hat dann auf dem nächsten Flughafen zu landen, wird entladen und fliegt nach Hause. Dieser Vorgang wiederholt sich überall auf der Welt. Der Luftwaffenstützpunkt Scott verfügt über einen riesigen, mit einem Computersystem verbundenen Bildschirm, auf dem jedes einzelne MAC-Flugzeug registriert ist. Man kennt seine Ladung, seinen Wartungsplan und seine Besatzung und man weiß, wieviel Treibstoff es noch hat und wieviel Flugstunden jedes einzelne Besatzungsmitglied noch ableisten kann, bevor es Ruhe braucht und abgelöst werden muß. Cheneys Befehl führte dazu, daß Hunderte von Flugzeugen ihre Aufträge abbrachen und schließlich ein neues Ziel ansteuerten – Saudi-Arabien. Die Luftflotte von MAC würde die Auslastung von achtzig auf hundert Prozent erhöhen und alles aufsteigen lassen, was fliegen konnte. Über 16 000 Fallschirmjäger der 82. Luftlandedivision würden an Bord von C-141-Maschinen gehen. Ausreichend Munition, Ersatzteile und Wartungsmaterial für ein ganzes Geschwader von etwa 72 Jagdflugzeugen rollte ab jetzt in die gewaltigen C-5-»Galaxies«. Tankflugzeuge würden starten, um die F-15-Maschinen aufzutanken, die zum Persischen Golf unterwegs waren. MAC würde Dutzende von kommerziellen Maschinen chartern, um die Luftbrücke zu vervollständigen. Eine geflügelte Armada war im Begriff, den Atlantik zu überqueren.

Und die Geheimhaltung dieser streng geheimen Operation wurde völlig vermasselt.

An dem Abend, als ich den Befehl weitergegeben hatte, kam ein völlig fassungsloser Tom Kelly in mein Büro gestürzt. »Sie haben es schon wieder getan!« sagte er. Bei der Errichtung einer solchen Luftbrücke geben die 21. und die 22. Luftflotte Hunderte von geheimen Meldungen heraus und versetzen Stützpunkte, Nachschubdepots und

Flughäfen rund um den Erdball in Alarmbereitschaft. Und diese Befehle waren auf der unteren Ebene unverschlüsselt hinausgegangen. Ein Verstoß gegen die Sicherheitsvorschriften, der zu einem Zeitpunkt geschah, an dem der Präsident ohnehin schon vor Wut kochte, weil andere verdeckte Aktionen durchgesickert waren. Ich explodierte und schrie:»Heben Sie den verdammten Befehl auf! Heben Sie ihn auf!«

»Aufheben?« fragte Kelly.»Wollen Sie, daß der Transport beginnt, oder nicht?«

Ich gab mich geschlagen. Ich konnte nur noch meinen Presseoffizier Bill Smullen bitten, die Nachrichtensendungen und Zeitungen zu kontrollieren, und beten, daß sich auf den entscheidenden Luftwaffenstützpunkten keine Reporter aufgehalten hatten. Doch Dave Martin von CBS, ein hellhöriger Journalist am Pentagon, brachte die Sache an die Öffentlichkeit. Es war peinlich. Trotzdem unterdrückte ich meinen Ärger. Es ist praktisch unmöglich, eine so gewaltige Operation lange geheimzuhalten. Die Republik, so sagte ich mir, hatte schon Schlimmeres überlebt.

Der Befehl an MAC war am 6. August um 20.45 Uhr hinausgegangen. Gegen 9.45 Uhr am nächsten Morgen war die erste beladene C-141 vom Luftwaffenstützpunkt Charleston in South Carolina gestartet.

Wir wußten aus CIA-Berichten, daß die Iraker mindestens tausend Tonnen an chemischen Kampfstoffen besaßen. Wir wußten, daß Saddam im Krieg gegen den Iran sowohl Senfgas als auch Nervengase eingesetzt hatte. Und wir wußten, daß er die aufständische kurdische Minderheit in seinem Land 1988 mit Gas angegriffen und viertausend Kurden getötet oder verwundet hatte. Für einen Moment erwogen wir, amerikanische Chemiewaffen an den Golf zu schicken, verwarfen den Gedanken aber wieder. Der Bedrohung durch chemische Waffen konnten wir begegnen. Unsere Soldaten verfügten über Schutzanzüge, Spür- und Alarmsysteme. Im Gefecht würden sie sich schnell in der offenen Wüste bewegen und nicht in der Falle sitzen, wie es Zivilisten widerfahren konnte. Ein chemischer Angriff würde uns zwar einem erheblichen Druck von seiten der Öffentlichkeit aussetzen, aber keine militärische Katastrophe herbeiführen. Was wir allerdings gegen die biologischen Waffen des Irak unternehmen sollten, blieb ein brennendes Problem.

»Hören Sie, ich werde keine Generäle instruieren, sondern mit führenden Politikern reden. Also halten Sie es einfach. Ich will keine Handvoll Schaubilder, ich will nur eines.« Mit dieser Anweisung schickte ich meinen graphischen Stab unter Colonel Tim Lawrie, dem Chef der Abteilung für gemeinsame Operationen der Teilstreitkräfte, am späten Abend des 14. August zurück ans Zeichenbrett. Am folgenden Tag sollte Präsident Bush zu einem Briefing durch die Stabschefs ins Pentagon kommen und anschließend eine Rede halten. Ich wollte die Gelegenheit dazu benutzen, ihm einen Aufmarschplan für die kommenden Wochen vorzulegen und ihn über die Entscheidungen zu informieren, die er zu verschiedenen kritischen Zeitpunkten würde treffen müssen.

Tags zuvor hatte ich Norm Schwarzkopf in Tampa besucht. Er war nervös gewesen. »Ich muß zum Teufel nochmal wissen, worauf die Operation hinausläuft«, sagte er. Ich verstand sein Unbehagen. Als Vorsitzender der Vereinten Stabschefs konnte ich bis zu einem gewissen Grad mit einer unscharfen politischen Vorgabe leben. Aber der Oberbefehlshaber, der nach Saudi-Arabien gehen sollte, um Truppen, Schiffe und Flugzeuge zu führen, wollte klare Instruktionen. Die Antworten würden sich noch finden, aber ich mußte die Bühne bereiten, damit der Präsident sie geben konnte.

Die Graphiker brachten mir das Schaubild. Es war die Einfachheit selbst, ein linearer Graph, auf dessen vertikaler Achse die zunehmende Truppenstärke und auf dessen horizontaler Achse die Wochen bis Ende Dezember eingetragen waren. Ich wollte, daß der Präsident sich ein klares Bild vom zeitlichen Ablauf machen konnte. Die Graphik sollte ihm Auskunft darüber geben, wann er uns anweisen mußte, eine bestimmte Truppenstärke zu erreichen.

Mir blieben nur fünfzehn Minuten zwischen dem Bericht der Stabschefs und der Rede, die der Präsident auf den Stufen des Pentagons halten wollte. Cheney arrangierte eine Unterredung in seinem Büro. Nur Bush, Cheney, Scowcroft, Sununu und ich nahmen daran teil. Wir setzten uns an den runden Tisch, und Cheney erteilte mir das Wort. Ich legte jedem Anwesenden eine Kopie meiner Graphik vor. »Mr. President«, begann ich, »lassen Sie mich erläutern, wie der Aufmarsch vor sich geht.« Ich deutete auf das aktuelle Datum auf dem Schaubild und sagte, daß wir in diesem Augenblick annähernd 30 000 Mann in Saudi-Arabien hätten. »Unser gegenwärtiger Auftrag lautet, den Irak abzuschrecken und Saudi-Arabien zu verteidigen. In ein paar Wochen werden wir den Aufmarsch zum Zweck der Abschreckung abgeschlossen haben. Dann sollten wir stark genug sein, um Saddam von einem Angriff abzuhalten, sofern er tatsächlich einen plant.« Wenn weiterhin Truppen und Material ins Land strömten, so fuhr ich fort, würden wir Anfang September von der Abschreckungsphase in die Verteidigungsphase übergehen. Um den 5. Dezember hätten wir dann rund 184 000 Mann vor Ort und wären ohne jeden Zweifel in der Lage, Saudi-Arabien zu verteidigen.

Der Präsident hörte so aufmerksam zu wie immer und sagte wenig, während ich ihm den Ablauf der Operation von Woche zu Woche schilderte. Ich sprach auch die Kosten an: 1,2 Milliarden Dollar bis zum 30. September und eine weitere Milliarde jeden folgenden Monat. Ich wies darauf hin, daß wir bei Beibehaltung des gegenwärtigen Tempos bald unsere Reserven mobilisieren müßten und daß er binnen einer Woche darüber zu entscheiden habe.»Sir«, sagte ich,»eine Einberufung bedeutet, daß Menschen aus ihren Jobs herausgerissen werden. Das hat Auswirkungen auf die Wirtschaft. Und es bedeutet, daß Tausende von Familien auseinandergerissen werden. Es ist eine politische Entscheidung von großer Tragweite.« Zudem müsse er sehr bald auch einen Plan namens CRAF (Civilian Reserve Air-Fleet) in Kraft setzen, der den Einsatz ziviler Flugzeuge für militärische Zwecke vorsah.

Sechs Tage zuvor hatte der Sicherheitsrat der Vereinten Nationen einstimmig für ein Handelsembargo gegen den Irak gestimmt. Dies veranlaßte mich zu der Bemerkung:»Wenn Sie nur das Ziel haben, Saudi-Arabien zu verteidigen, und darauf setzen, Saddam mit Hilfe von Sanktionen zum Rückzug aus Kuwait zu zwingen, dann sollten wir die Truppentransporte irgendwann im Oktober stoppen.« Es würde dann ungefähr einen Monat, also bis spätestens Anfang Dezember dauern, bis die angelaufene Verlegung von 184 000 Mann abgeschlossen sei. Außerdem müßten wir eine turnusmäßige Ablösung der Truppen alle sechs Monate in Betracht ziehen.»Wir haben also etwa zwei Monate Zeit, um zu beurteilen, ob die Sanktionen greifen«, sagte ich.

Der Präsident schüttelte den Kopf und sagte:»Ich weiß nicht, ob die Sanktionen in einem akzeptablen Zeitraum greifen werden.«

Ich fragte ihn, ob er, falls Verhandlungen und Sanktionen nicht zum Ziel führten, daran denke, Saddam mit Gewalt aus Kuwait zu vertreiben. Wenn ja, dann müßte ich das irgendwann im Oktober wissen. In diesem Fall würden wir die Truppentransporte nicht auslaufen lassen, sondern fortsetzen. Und noch etwas müßte ich wissen: »Wenn wir Saddam vertreiben, verfolgen wir dann nur das Ziel, Kuwait zu befreien, oder wollen wir ihn auch, wenn wir schon mal dabei sind, bis zu einem gewissen Grad der Fähigkeit berauben, Krieg zu führen?« Jede Option erforderte ein unterschiedliches Truppenkontingent und hatte Einfluß auf den Zeitplan. Ich machte deutlich, daß ich die Entscheidungen nicht sofort erwartete. Der Präsident konnte sich damit noch Zeit lassen. Ich machte ihn nur auf die Probleme aufmerksam.

Und im stillen dachte ich: Wollten wir über Kuwait hinaus nach Bagdad marschieren? Wollten wir versuchen, Saddam zu entmachten? Wie stark wollten wir den Irak schwächen? War es für uns unbedingt von Vorteil, wenn die Ölregion am Golf von einem unfreundlich gesinnten Syrien und einem feindseligen Iran dominiert wurde?

Der Präsident dankte uns für das Briefing und ging zur River Entrance auf der dem Potomac zugewandten Seite des Pentagons, wo Mitarbeiter des Weißen Hauses in der Nacht ein Rednerpult aufgebaut hatten. In seiner Ansprache dankte der Präsident den zahlreich versammelten Mitarbeitern des Pentagons für die bisher getroffenen Vorbereitungen. Und dann gab er sein Ziel bekannt: »Sofortiger, vollständiger und bedingungsloser Abzug aller irakischen Truppen aus Kuwait und Wiedereinsetzung der legitimen Regierung Kuwaits.« Norm und ich warfen uns einen Blick zu. Der Präsident sprach nicht wie ein Mann, der bereit war, lange auf die Wirkung von Sanktionen zu warten.

Am 17. August flog Dick Cheney zu weiteren Beratungen mit den Saudis nach Riad. Vor dem Abflug hatte er mir gegenüber keine besondere Besorgnis geäußert, doch nun, da er sich hoch über dem Atlantik allein in seiner Privatkabine an Bord der Boeing 707 befand, mußte etwas in ihm vorgegangen sein. Er rief mich über ein abhörsicheres Funktelefon zu Hause an. Seine Stimme klang ungewöhnlich aufgeregt. »Colin«, sagte er, »wir haben bis jetzt nur ein paar Fallschirmspringer und etwa ein Flugzeuggeschwader da unten.«

»Ich weiß«, sagte ich. »Aber die Transporte gehen weiter.«

»Wir sind noch nicht stark genug, um jemanden aufzuhalten«, sagte er. »Was ist, wenn wir Saddam damit nur provozieren, wenn wir ihn dazu treiben, die Saudis anzugreifen? In dem Fall könnten wir nicht das Geringste tun.«

Das wußte ich auch. Aber es hatte keinen Sinn, ihm jetzt Angst einzujagen. Es war einer der seltenen Fälle, in denen Cheney Ermutigung brauchte. »Dick«, sagte ich, »wissen Sie noch, was ich bei Ausbruch der Krise jedem erzählt habe? Daß wir sofort ein paar Leute und Material vor Ort bringen müssen, um Saddam unsere Position klarzumachen. Er will nicht gegen die Vereinigten Staaten kämpfen. Da bin ich ganz sicher. Deshalb mußten wir so schnell Truppen da runterschaffen. Es ist eine wirksame Abschreckung, daß wir die amerikanische Flagge in der Wüste aufgepflanzt haben und sagen: ›Okay, wollt Ihr Euch mit uns anlegen?‹«

»Aber wenn Saddam losschlägt, können wir die Saudis nicht schützen«, beharrte Cheney. »Zumindest jetzt noch nicht.«

»Hätte er in Saudi-Arabien einmarschieren wollen, dann hätte er es inzwischen getan«, antwortete ich. »Vergessen Sie nicht, daß Saddam noch nie weit über seine Grenzen vorgestoßen ist. Er hat immer mit rückwärtigen Verbindungen im Inland operiert, gegen den benachbarten Iran, und jetzt gegen Kuwait. Doch die saudischen Ölfelder sind ein ganzes Stück entfernt. Saddam hat seine Truppen noch nie so weit durch offenes, feindliches Wüstengebiet geführt. Beruhigen Sie sich, Dick.« So redete ich mindestens zwanzig Minuten auf ihn ein, und ich hoffte, daß ich recht hatte. Danach hatte Cheneys Stimme wieder den zuversichtlichen, gemessenen Ton, den ich kannte. Jeder braucht von Zeit zu Zeit eine Schulter, an die er sich lehnen kann. Und es war irgendwie beruhigend, daß es auch diesem einsamen Cowboy so ging. Er würde in den schwierigen Monaten, die vor uns lagen, dasselbe für mich tun.

Inzwischen hatte die Operation am Golf einen Namen. Die Stäbe von Norm Schwarzkopf und mir hatten eine Reihe von Ideen gewälzt. Das Bild des Schildes war schon früh in die Diskussion geworfen worden. »Peninsula Shield« (»Halbinselschild«) war zu umständlich, »Crescent Shield« (»Halbmondschild«) zu arabesk. Schließlich einigten wir uns auf einen Namen, von dem wir alle meinten, daß er genau den richtigen Klang hatte. Cheney stimmte zu, und der militärische Aufmarsch im saudischen Wüstensand zur Verteidigung des Königreichs hieß von nun an ›Desert Shield« (»Wüstenschild«). Parallel zu der defensiven Operation entwickelten wir eine offensive Option. Das warf die Frage auf, wie wir die beiden unterscheiden sollten. »Wüstenschild« Phase II? Norm schlug »Desert Storm« (»Wüstensturm«) vor. Wir waren alle begeistert.

Schwarzkopf hatte sein Hauptquartier inzwischen in das Gebäude des Verteidigungsministeriums in der saudischen Hauptstadt Riad verlegt. Tag für Tag schlug er sich mit der Fülle von Problemen herum, die bei der Stationierung der Truppen im Königreich entstanden. Und ich brachte meine Zeit damit zu, Truppen und Kriegsgerät in das andere Ende des Transportsystems zu pumpen. Die Stabschefs der Teilstreitkräfte spielten dabei eine Schlüsselrolle. Ihre Truppen dienten zwar unter Norman, aber sie trugen die Hauptverantwortung, daß diese Verbände gut ausgerüstet und gefechtsbereit waren. Als CINC (Oberbefehlshaber) in der Region wurde Schwarzkopf während der gesamten Operation von seinen CINC-Kollegen in aller Welt unterstützt.

Anfang September nahm der Aufmarsch allmählich gigantische Ausmaße an. Zehntausende von Soldaten waren bereits in der Golfregion oder strömten überall in den Vereinigten Staaten in Flug- und Seehäfen. Der Präsident hatte uns zur Einberufung von bis zu 200 000 Reservisten und Nationalgardisten ermächtigt, und viele hatten sich zuvor schon freiwillig gemeldet. Ohne sie hätten wir nicht Krieg führen können, und sie sollten sich hervorragend schlagen. Vier Flugzeugträger-Gruppen näherten sich ihrem Bestimmungsort, unterstützt von Schlachtschiffen und U-Booten, die mit Marschflugkörpern bestückt waren. Eingemottete Transportschiffe wurden reaktiviert. Hunderte von Jagdflugzeugen, Bombern und Transportflugzeugen kreisten über der arabischen Halbinsel und warteten auf die Zuweisung von Landeplätzen. Die leichte Infanterie der 82. Luftlandedivision und die Marineinfanteristen der 1. Marine Expeditionary Force würden bald durch Panzerverbände der 24. Infanteriedivision aus Georgia und der 1. Kavalleriedivision aus Texas ergänzt werden, die auf dem Seeweg herangeführt wurden. In Saudi-Arabien mußten riesige Stützpunkte errichtet werden, um diese Flut von Truppen und Kriegsgerät aufzunehmen.

In diesem frühen Stadium wußten wir noch nicht mit Bestimmtheit, ob Präsident Bush tatsächlich Krieg führen wollte, um seine Aussage zur Besetzung Kuwaits – »Sie wird nicht von Dauer sein« – wahr zu machen. Gleichwohl hatten wir für alle denkbaren Möglichkeiten Strategien entworfen. Norm und der Befehlshaber seiner Landstreitkräfte,

Lieutenant General John Yeosock, mein früherer Stellvertreter beim FORSCOM, konzentrierten sich darauf, eine Strategie zur Verteidigung Saudi-Arabiens zu entwickeln. Der Stab der Air Force legte sehr rasch einen Plan für den Luftkrieg vor, den Colonel John Warden, ein brillanter, schneidiger Kampfpilot und führender Experte für den Einsatz von Luftstreitkräften, ausgearbeitet hatte. Schwarzkopf war von Wardens Arbeit sehr beeindruckt gewesen und hatte vor seiner Abreise nach Saudi-Arabien ein Treffen zwischen Warden und mir arrangiert. So kam es, daß Warden mich am 11. August über einen Plan namens »Instant Thunder« (»Schneller Donner«) informierte. »Ich schlage vor, General«, sagte Warden, »daß wir den Irak tief im Landesinneren angreifen und seine Kommando- und Kontrolleinrichtungen, Transportsysteme, Produktionsstätten und Lagereinrichtungen sowie seine Luftverteidigungsnetze ausschalten.« Auch ich war beeindruckt. Mit Wardens Plan konnte man das irakische Regime vernichten oder zumindest weitgehend lähmen.

Wir benötigten jedoch auch einen Plan für eine Luftoffensive, die Saddams Vertreibung aus Kuwait unterstützte, falls es dazu kam. Schwarzkopf und ich baten Warden daher, seinen strategischen Plan zu erweitern und auch taktische Luftschläge gegen die in Kuwait stationierten irakischen Truppen mit einzubeziehen. Warden flog nach Saudi-Arabien und arbeitete direkt mit Lieutenant General Chuck Horner, dem Oberbefehlshaber von Schwarzkopfs Luftwaffe, und dessen Stellvertreter, Brigadier General Glosson, zusammen. Wardens ursprünglicher Plan sollte zahlreiche Modifikationen erfahren, und es wurde viel über die Ziele der Luftschläge diskutiert, aber sein ursprüngliches Konzept blieb das Kernstück des Luftkriegs im Verlauf der Operation »Wüstensturm«.

Parallel zu Wardens Team stellte Schwarzkopf aus begabten Lieutenant Colonels der Army einen Planungsstab für den Bodenkrieg zusammen. Diese sogenannten »Jedi-Ritter« wurden mit dem Auftrag in Klausur geschickt, einen Plan für einen Bodenangriff zu entwickeln, mit dessen Hilfe das irakische Heer aus Kuwait vertrieben werden konnte.

Im September mußte ich zu einer NATO-Konferenz nach Madrid, und ich beschloß, die Reise mit einem Abstecher nach Saudi-Arabien zu verknüpfen. Als ich am 12. September die Air Force 707 verließ, hatte ich das Gefühl, einen Backofen zu betreten. Die Temperatur betrug schon über 40 °C, obwohl es noch früh am Morgen war.

Norm Schwarzkopf war zu diesem Zeitpunkt erst seit ein paar Wochen in Saudi-Arabien. Er trug jetzt eine große Last auf seinen Schultern, und es war ihm anzumerken. Ich wollte von ihm wissen, wie die Truppen eintrafen. »Etwas stockend«, sagte er. Ob die feindlichen Stellungen bekannt seien? Ja, sagte er, man habe sie praktisch bis auf Bataillonsebene ausgemacht. Dann arrangierte er für mich eine Blitztour, bei der ich die 24. Infanteriedivision, das 1. Taktische Jagdgeschwader, die 1. Marine Expeditionary Force, die U. S. S. *Blue Ridge* (ein Kommando- und Kontrollschiff) und das Schlachtschiff *Wisconsin* besuchte.

In diesem frühen Stadium war die Moral unserer Truppen gut, aber die Wüste war eine rauhe, feindliche Welt. Hinzu kam, daß in Saudi-Arabien muslimische Moralvorstellungen galten, die Soldaten aus einem westlichen Land nicht zusagten. »Keine Bibeln«, hatte mich Prinz Bandar bei einer Gelegenheit gewarnt. »Soll das ein Scherz sein?« fragte ich. Religiöse Gruppen überschwemmten uns mit Bibeln, und ich konnte mir lebhaft vorstellen, wie das Militär diesen Leuten zu erklären versuchte, daß in Saudi-Arabien zwar ihre Söhne erwünscht waren, nicht aber ihre Bibeln.

»Der saudische Zoll wird die Bibeln beschlagnahmen müssen«, beharrte Bandar. Am Ende schlossen wir einen Kompromiß: Wir flogen die Bibeln direkt zu unseren Stützpunkten, und die saudischen Beamten sahen einfach weg.

Dann teilte mir Bandar mit, daß auf arabischem Boden keine Gottesdienste für jüdische Soldaten stattfinden dürften. »Sie dürfen für die Verteidigung Ihres Landes ihr Leben hingeben, aber sie dürfen dort nicht beten?« fragte ich.

»Nehmen Sie doch Vernunft an, Colin«, antwortete er. »CNN wird darüber berichten. Was sollen denn unsere Leute denken?«

Wir fanden eine praktikable Lösung. Jüdische Soldaten sollten mit Hubschraubern auf amerikanische Schiffe im Persischen Golf geflogen werden und dort abgehaltene Gottesdienste besuchen.

Auch daß Kruzifixe ins Land kamen, bereitete Bandar Sorgen. Ich sagte ihm, unsere Soldaten würden den Befehl erhalten, ihre Kreuze nicht auf, sondern unter dem T-Shirt zu tragen.

Und was war mit den Amerikanerinnen, die im T-Shirt und mit

unbedeckten Armen Auto fuhren? Die arabischen Empfindlichkeiten schienen kein Ende zu nehmen. Tatsächlich lösten die weiblichen Militärangehörigen eine kleine soziale Revolution aus. Saudische Frauen sahen sie Auto fahren, und einige setzten sich daraufhin selbst ans Steuer. Da sie damit gegen islamische Gesetze verstießen, wurden sie festgenommen.

Bandar und ich trafen noch ein letztes Gentleman's Agreement. Für den Fall, daß es wegen sexueller Kontakte zwischen Amerikanern und Einheimischen Probleme gab, wollte er mich sofort anrufen. Er erlaubte uns, die betroffenen Amerikaner aus dem Land zu schaffen und selbst angemessene disziplinarische Maßnahmen zu ergreifen, bevor sie der islamischen Justiz anheimfielen. Dieser Punkt sollte sich jedoch als unsere geringste Sorge erweisen. Die Zahl der Verfehlungen der in der Region stationierten US-Soldaten lag unter dem üblichen Niveau. Ich war stolz auf ihre Disziplin. Offen gesagt war jedoch ein weiteres arabisches Tabu für ihre gute Führung mitverantwortlich: Wir hatten vereinbart, unseren Soldaten in Saudi-Arabien jeden Alkoholkonsum zu verbieten.

Die wichtigste Frage der Soldaten bei meinem Besuch betraf ihre Ablösung. Wie lange würde es dauern, bis andere ihren Platz einnahmen? Die Frage berührte das Kernproblem unseres Engagements. Würde der Präsident so lange auf die Wirkung der Sanktionen warten, daß eine Ablösung erforderlich wurde? Oder würde er sich für eine Offensive entscheiden, in deren Verlauf vermutlich kein Truppenaustausch stattfinden würde. Wie lange, so fragte ich mich, konnten wir Zehntausende nervöser junger Amerikaner, die den Beschränkungen eines islamischen Staates unterworfen waren und unter der Hitze stöhnten, auf eine Entscheidung ihrer Regierung warten lassen?

Bei meinem Aufenthalt in Saudi-Arabien wurde ich Zeuge, wie sich eine gewaltige Streitmacht zu formieren begann. Die ersten Alliierten trafen ein. Die Briten kamen zuerst, aber auch die Golf-Staaten Frankreich, Kanada, Italien, Ägypten, Syrien und andere Länder stellten Truppen. Am Ende waren es achtundzwanzig Staaten, und Länder, die keine Truppen schicken konnten, halfen bei der Finanzierung des Aufmarschs.

Wir hatten einen Krieg dieses Ausmaßes in der NATO seit Jahren geplant. Nur waren wir davon ausgegangen, daß wir ihn in bewaldetem, hügeligem Gelände gegen die Sowjetunion führen würden, und nicht zwischen Sanddünen gegen einen arabischen Gegner. Seit Ausbruch der Krise hatte ich viel mit Kollegen aus der NATO und anderen Staaten der Koalition gesprochen oder telefoniert. In jedem Land gab es einen Mann, der eine ähnliche Position wie der Vorsitzende der Vereinten Stabschefs bekleidete und seinen politischen Vorgesetzten verantwortlich war, so wie ich Cheney und Bush verantwortlich war. Zum Glück verfügten die Staaten der Koalition, die in das Abenteuer viel investiert hatten, über herausragende Oberbefehlshaber. Der Marshal der britischen Royal Air Force, Sir David Craig, und ich kamen uns sehr nahe. Und ich hatte ein gutes Verhältnis zu General Maurice Schmitt aus Frankreich, General Domenico Corcione aus Italien, General John de Chastelain aus Kanada und General Dogan Gures aus der Türkei, die uns Stützpunkte zur Verfügung stellte.

Die Führung einer so verschiedenartigen Streitmacht war eine große Herausforderung und durchaus mit der Aufgabe vergleichbar, vor der General Eisenhower im Zweiten Weltkrieg als alliierter Oberbefehlshaber in Europa gestanden hatte. Jedes am Golfkrieg beteiligte Land war souverän und wollte Garantien, wie seine Truppen eingesetzt werden würden. Wahrscheinlich war es Norm Schwarzkopfs größte Leistung, daß er es schaffte, diesen bunt zusammengewürfelten Haufen zu einer Kampftruppe zusammenzuschweißen, ohne Dutzende von Staatschefs zu beleidigen.

Schwarzkopf kam auch glänzend mit seinen arabischen Gastgebern zurecht. Als junger Mann hatte er in der Region gelebt und sich ernsthaft mit der arabischen Kultur beschäftigt. Der große, derbe Norm konnte stundenlang mit Arabern beim Tee sitzen und mit den Spitzen ihrer Gesellschaft Komplimente austauschen. Er gewann die Gunst König Fahds. Und Bandars Halbbruder, der Luftwaffengeneral Prinz Chalid Ibn Sultan, wurde nach seiner Ernennung zum Oberbefehlshaber der arabischen Streitkräfte Schwarzkopfs Verbindungsmann zur königlichen Familie. Trotz gelegentlicher Reibereien arbeiteten die beiden erfolgreich zusammen. Als Prinz verfügte Chalid über den nötigen Einfluß, um Dinge durchzusetzen, und er war bedeutend und hart genug, um Norm das Wasser zu reichen.

Am 15. September kehrte ich von meiner Reise in den Nahen Osten und nach Madrid in die Staaten zurück. Es war Samstag abend, und ich freute mich auf einen ruhigen Sonntag, an dem ich mich von der

Zeitverschiebung erholen konnte. Doch es kam anders. Ich erwachte am nächsten Morgen sehr früh, stand auf und ging in die Küche, um einen Kaffee zu trinken. Alma saß bereits am Tisch und zeigte auf die erste Seite der *Washington Post*. Die Schlagzeile lautete:»USA setzt im Kriegsfall auf Luftangriffe.« Eine schlimmere Meldung hätte die Presse zum damaligen Zeitpunkt nicht bringen können. Die Wirkung von Luftangriffen war gegenüber dem Präsidenten ohnehin schon viel zu sehr übertrieben worden.»Colin«, hatte er in einem Gespräch zu mir gesagt,»diese Leute sind noch nie ernsthaft bombardiert worden. Bandar sagt, ein paar Bomben und sie klappen zusammen. Mubarak, Özal in der Türkei, alle sagen das gleiche. Wir können sie binnen vierundzwanzig Stunden kampfunfähig machen.«

Ich verstand seine Ungeduld. Wie lange noch, so fragte er sich, konnten wir Truppen in ein fernes Land schicken, die internationale Koalition zusammenhalten und uns der Unterstützung der Öffentlichkeit sicher sein. Luftangriffe sind sehr verführerisch, denn sie gehen rasch über die Bühne und erlauben angeblich saubere chirurgische Schnitte. Vielleicht konnten wir ja einen Krieg aus der Luft gewinnen, auch wenn das bis dahin noch niemandem gelungen war.»Das Problem bei einer Luftoffensive ist«, hatte ich den Präsidenten gewarnt,»daß man dem Feind die Initiative überläßt. Er kann selbst entscheiden, wann er genug hat.« Wir aber planten einen kompletten Feldzug – zu Lande, zu Wasser, in der Luft und im All –, um Saddam die Entscheidungsfähigkeit zu nehmen.

Der Informant, auf den sich der Artikel in der *Post* bezog, war General Michael Dugan, der erst drei Monate zuvor Larry Welch als Stabschef der Luftwaffe abgelöst hatte. Auch Dugan war gerade aus Saudi-Arabien zurückgekehrt. Auf dem Flug hatte er Journalisten ein stundenlanges Interview gegeben, ein überaus kühnes, aber nicht sehr umsichtiges Verhalten. Ich hatte Mike Dugan bereits zweimal wegen öffentlicher Äußerungen gewarnt, die der Politik der Regierung widersprachen. So hatte er nur zehn Tage nach der irakischen Invasion in Kuwait vor der Presse behauptet, das Problem lasse sich durch eine Luftoffensive lösen. Und nun wurde er in dem Artikel der *Post* unter anderem mit der Aussage zitiert:»Der Einsatz der Luftstreitmacht ist die einzige Antwort, die unserem Land bleibt.« Die Israelis, so Dugan, hätten ihm geraten, Saddams Familie, seine Leibwache und seine Geliebte aufs Korn zu nehmen, denn dies sei»der beste Weg, Saddam zu schaden«, und er persönlich rechne nicht damit, daß er sich bei der Auswahl der zu bombardierenden Ziele mit politischen Beschränkungen werde »befassen müssen«. Ferner sagte er, daß die irakische Luftwaffe nur über eine »sehr begrenzte militärische Schlagkraft« verfüge und daß das irakische Heer »inkompetent« sei. Am Ende des Artikels wurde Dugan mit einer Äußerung zitiert, die er vor einem in der Wüste stationierten F-15-Geschwader gemacht hatte: »Das amerikanische Volk wird die Operation unterstützen, bis die ersten Leichensäcke eintreffen.«

Dugan hatte die irakischen Streitkräfte als Papiertiger hingestellt. Zudem hatte er den Eindruck erweckt, daß sich die amerikanischen Befehlshaber nach den Israelis richteten, und das konnte für das arabische Bündnis, das wir zu schmieden versuchten, verheerende Folgen haben. Des weiteren hatte er politische Morde vorgeschlagen, obwohl sie durch einen Präsidentenerlaß verboten waren. Er hatte behauptet, Luftangriffe seien die einzige Option. Und er hatte auf sehr unglückliche Weise formuliert, daß das amerikanische Volk keine andere Strategie der Regierung akzeptieren werde. Als Stabschef der Luftwaffe war Dugan kein Glied in der Befehlskette und daher nicht befugt, sich zu operativen Fragen zu äußern. Mit seinen Bemerkungen hatte er der Air Force offensichtlich Ruhm verschaffen wollen. Es war schon fast eine Kunst, so viele undiplomatische, indiskrete und engstirnige Äußerungen in ein einziges Interview zu packen.

Ich spürte Dugan in Florida auf, wo er gerade an einer Konferenz teilnahm, und weckte ihn aus tiefem Schlaf. »Mike«, sagte ich, »haben Sie die *Post* schon gelesen?«

»Nein.«

»Dann will ich Ihnen etwas vorlesen.« Ich ging den Artikel Punkt für Punkt durch. Er schien nicht sonderlich beunruhigt.

Danach rief ich Cheney an. Auch er kannte den Artikel noch nicht. »Wir haben ein Problem«, sagte ich. Er versprach mir, zurückzurufen, sobald er die Zeitung gelesen hatte.

Cheney rief sofort zurück. »Das war eine Riesendummheit«, sagte er.

»Was wollen Sie tun?« fragte ich.

»Ich werde Scowcroft informieren und dann mache ich einen Spaziergang am C & O Kanal«, antwortete er.

Ich rief noch einmal Mike Dugan an, teilte ihm mit, daß ich mit Cheney gesprochen hatte, und warnte ihn vor. Ich wußte, daß Brent

Scowcroft am Morgen in der CBS-Talkshow *Face the Nation* auftreten würde, und solche Auftritte wurden von Regierungsvertretern traditionell dazu benutzt, den Schaden zu begrenzen, den negative Artikel am Wochenende angerichtet hatten. »Machen Sie sich darauf gefaßt, daß Ihnen der Arsch aufgerissen wird. Und wundern Sie sich nicht, wenn das ganze Land im Fernsehen dabei zusieht.«

Mike antwortete nur: »Okay, ich bin darauf gefaßt.«

Scowcroft machte Dugan fertig, wie ich erwartet hatte.

Am folgenden Morgen stand ich gerade an meinem Stehpult, ging die nächtlichen Meldungen der Nachrichtendienste durch und sah durch meine Einwegscheibe aus Mylar auf den Berufsverkehr hinunter, als Cheney anrief. Es war 7.45 Uhr. Er bat mich, ihn und den stellvertretenden Verteidigungsminister Don Atwood in seinem Büro aufzusuchen. Ich hatte kaum die Tür hinter mir geschlossen, da sagte Cheney: »Ich werde Mike Dugan feuern.«

»Dick«, sagte ich, »können wir nicht noch einmal darüber reden?«

»Ich werde Dugan feuern. Ich habe kein Vertrauen mehr zu ihm.«

»Wir sollten sicher gehen, daß die Strafe dem Vergehen angemessen ist«, sagte ich. Cheneys Gesicht wurde hart wie Beton.

»Sobald Sie aus dem Zimmer sind, rufe ich Dugan an und enthebe ihn seines Postens.« Ich nahm an, daß Cheney die Zustimmung des Präsidenten bereits eingeholt hatte. Zu Recht, wie sich herausstellen sollte.

Cheney ließ nie einen Zweifel daran aufkommen, wann für ihn das Maß voll war. Noch bevor die Sonne hinter dem Pentagon unterging, würde Dugan seinen Posten verloren haben, und meine Aufgabe war es nun, einen Ersatzmann zu finden. Auf einer früheren Reise in den Pazifik hatte ich General Merill »Tony« McPeak kennengelernt, einen zähen 54jährigen Kampfflieger, der vor Energie strotzte und vor Ideen sprühte. Man hatte mich gewarnt, daß McPeak zu unbedachtem Handeln neige und mit zehn Ideen auf einmal aufwarte, von denen nur drei etwas taugten. Doch in meinen Augen war das kein schlechter Schnitt. Ich empfahl ihn Cheney und Don Rice, dem Air-Force-Minister. Sie waren schon von selbst auf ihn gekommen, und so wurde er der neue Stabschef der Air Force. McPeak war zwar ebenfalls ein Luftkrieg-Apostel, doch ich hoffte, er würde etwas verschwiegener sein als Dugan.

Ich war beunruhigt. Am 24. September betrat ich Dick Cheneys Büro und sagte:»Dick, der Präsident wird allmählich ungeduldig. Er fragt ständig, ob wir die Iraker nicht mit Luftangriffen aus Kuwait vertreiben könnten.«
»Ja«, sagte Cheney.»Er hat Angst, daß ihm die Zeit davonläuft.« Wir konnten die Nervosität des Präsidenten verstehen, auch wenn ich ihm bereits am 15. August gesagt hatte, daß er sich mit der Entscheidung, Fortsetzung der Sanktionen oder Krieg, bis zum Oktober Zeit lassen könne. George Bush investierte sehr viel politisches Kapital in»Wüstensturm«. Die Innenpolitik seiner Regierung war fast zum Erliegen gekommen, denn der Golf nahm seine ganze Aufmerksamkeit in Anspruch. Zudem glaubte er nicht, daß er die internationale Koalition noch lange würde zusammenhalten können.

»Sie wissen, wie Norm, die Stabschefs und ich darüber denken«, sagte ich zu Cheney.»Wir sollten erst die Offensive ergreifen, wenn wir so viele Kräfte vor Ort haben, daß wir einen Sieg garantieren können. Und das braucht Zeit.«

»Was wollen Sie dann tun?« fragte Cheney.

»Im Moment hoffen wir noch darauf, daß die Sanktionen greifen«, sagte ich, fügte aber hinzu, daß der Präsident im nächsten Monat entscheiden müsse, ob er mit den Sanktionen fortfahren oder den Aufmarsch für einen Krieg fortsetzen wolle.»Ich glaube, wir sollten ihm ein umfassenderes Bild vermitteln, wie sich langfristige Sanktionen und eine Strangulierung des Irak auswirken würden.« Man müsse dem Präsidenten die Vor- und Nachteile vor Augen führen, damit er eine Alternative zum Krieg habe.»In der Zwischenzeit geht der Aufmarsch weiter«, sagte ich. Ich hatte mit Baker und Scowcroft über eine solche Alternative diskutiert. Baker hatte Interesse gezeigt, aber Scowcroft hatte wie der Präsident kein Vertrauen in langfristige Sanktionen.

»Der Präsident hat heute nachmittag Zeit«, sagte Cheney.»Wir gehen zu ihm, dann können Sie das alles darlegen.« Ich hatte gerade noch Zeit, ein paar handschriftliche Notizen einzupacken, bevor wir uns ins Oval Office begaben.

Es war ein warmer, verschlafener Herbstnachmittag. Der Präsident saß an seinem Schreibtisch und sprach gerade mit Scowcroft und Sununu. Außenminister Baker und die anderen Mitglieder des Nationalen Sicherheitsrats waren nicht anwesend, da es sich um eine spontane

Unterredung und nicht um eine offizielle Sitzung handelte, bei der Beschlüsse gefaßt werden sollten. Mir fiel auf, daß der Präsident irgendwie geistesabwesend wirkte, und ich war mir nicht sicher, daß wir seine ungeteilte Aufmerksamkeit hatten. Noch am selben Tag sollte er mit dem südafrikanischen Präsidenten de Klerk zusammentreffen und mit dem Kongreß einen Haushaltskompromiß aushandeln, der ihn zwang, sein Wahlversprechen, die Steuern nicht zu erhöhen, zu brechen.

»Mr. President«, sagte Cheney. »Der Vorsitzende der Vereinten Stabschefs möchte Ihnen ein paar Überlegungen vortragen.« Der Präsident nickte mir auffordernd zu.

»Sie haben immer noch zwei grundlegende Optionen, Sir«, begann ich. »Die erste ist die offensive Option.« Ich ging noch einmal den Aufmarschplan mit ihm durch. Und ich erklärte ihm, welche Luftstreitkräfte wir einsetzen konnten, falls Saddam Hussein uns durch eine weitere Provokation zu einer sofortigen Reaktion zwingen sollte.

»Ich empfehle nach wie vor, einen kompletten Feldzug zu Wasser, zu Lande und in der Luft vorzubereiten«, sagte ich. »Wenn Sie im Oktober beschließen, diesen Weg einzuschlagen, werden wir irgendwann im Januar zum Losschlagen bereit sein.«

Es gab aber immer noch die andere Möglichkeit: Sanktionen. Ich erläuterte ihm, wie wir unsere Verteidigungsstellung in Saudi-Arabien beibehalten und gleichzeitig die Sanktionen fortsetzen konnten. Selbst wenn wir eine offensive Streitmacht aufbauten, konnten wir sie jederzeit wieder auf ein defensives Niveau zurückschrauben. Den Irak durch unsere defensive Strategie von weiteren Aggressionen abzuhalten und ihn durch Sanktionen zum Rückzug zu zwingen, das blieb eine reale Möglichkeit. »Natürlich hat das einen ernsten Nachteil«, räumte ich ein. Sanktionen ließen den Irakern die Möglichkeit zu entscheiden, wann sie genug hätten. Und die Geschichte habe uns gelehrt, daß Sanktionen viel Zeit erforderten, sofern sie überhaupt funktionierten. Ich sprach mich an diesem Tag weder für das eine noch für das andere aus. Ich war einfach der Meinung, daß beide Möglichkeiten ernsthaft und unvoreingenommen in Betracht gezogen werden mußten. Schließlich konnte sich der Präsident mit der Entscheidung noch mehrere Wochen Zeit lassen.

Als ich fertig war, sagte er: »Danke, Colin. Das war hilfreich und sehr interessant. Es ist gut, die Sache von allen Seiten zu betrachten.

Aber ich glaube nicht, daß wir solange warten können, bis die Sanktionen greifen.« Damit war das Gespräch beendet.

In seinem Buch *Die Befehlshaber* zeichnet Bob Woodward ein dramatisches Bild dieser Szene im Oval Office. (Bei ihm findet sie »Anfang Oktober« statt.) Laut Woodward wollte ich den Präsidenten zu einem weniger aggressiven Kurs am Golf bewegen, hatte jedoch Angst, meinen Standpunkt vehement genug zu vertreten, weil keiner der anwesenden Berater mich unterstützte. Nach Erscheinen des Buches war viel von Powell, dem »Krieger wider Willen«, die Rede. Krieg ist ein tödliches Spiel, und ich halte nichts davon, das Leben von Amerikanern leichtfertig aufs Spiel zu setzen. An jenem Tag war es meine Pflicht, der zivilen Führung des Landes alle Optionen vorzustellen. Doch in unserer Demokratie hat der Präsident zu entscheiden, ob man in den Krieg zieht, nicht die Generalität. Ich hatte meine Pflicht getan. Die Uhr für die Sanktionen lief ab. Wenn der Präsident recht hatte, wenn er beschloß, daß Krieg die einzige Lösung war, dann hatte ich dafür zu sorgen, daß wir bereit waren, loszuschlagen und zu gewinnen.

Am 6. Oktober rief ich über mein abhörsicheres Telefon Norm Schwarzkopf in Riad an. Die Anlage war wunderbar. Der Knopf des Präsidenten war links auf der Konsole und gab ein schrilles, Aufmerksamkeit heischendes Klingeln von sich. Norms Knopf war rechts. Ich brauchte ihn nur zu drücken, und schon klingelte bei ihm in Riad das Telefon. Es war so einfach, als würde ich mit dem Mann im Büro nebenan sprechen. Ich bat Norm, ein Team nach Washington zu schicken, um den Präsidenten über die Angriffsstrategie zu unterrichten, mit der wir die Iraker im Fall des Falles aus Kuwait vertreiben würden. Norm lehnte ab: »Verdammt nochmal, ich habe keinen Plan für eine Offensive, weil ich nicht die nötigen Bodentruppen dafür habe.« Er habe nur ein einziges Korps, und damit komme er nicht weit.

Ich wußte, warum er sich Sorgen machte. Zugesagt waren ihm bis jetzt nur vier Divisionen der Army, eine Division der Marineinfanterie, ein gepanzertes Kavallerieregiment, eine leichte französische Brigade, ein gemischter ägyptisch-syrischer Verband und mehrere kleinere Einheiten der Koalition – insgesamt kaum mehr als 200 000 Soldaten. Das war genug, um Saudi-Arabien zu verteidigen, aber zu wenig, um ein verschanztes irakisches Heer zu vertreiben, das auf eine halbe Million Mann geschätzt wurde. Trotzdem mußte ich den Präsidenten darüber informieren, was Schwarzkopf mit den ihm zur Verfügung stehenden Kräften zu leisten imstande war. Und da er von Anfang an betont hatte, daß er für eine Offensive mehr Truppen benötigen würde, wollte ich die genaue Zahl von ihm wissen.

»Sehen Sie«, sagte ich, »Ihr Plan für den Luftkrieg entwickelt sich sehr gut, und das Weiße Haus muß über ihn informiert werden. Ich muß den Chefs aber auch sagen, wie der Plan für den Bodenkrieg aussieht, selbst wenn er noch nicht vollständig ist.«

»In Ordnung«, sagte Schwarzkopf, »aber ich möchte das Team selbst leiten.« Ich lehnte ab mit der Begründung, daß seine Anwesenheit in Riad viel wichtiger sei.

Widerstrebend schickte Schwarzkopf ein Team, das von seinem Stabschef, Major General Bob Johnston, geleitet wurde. Ich wollte, daß Cheney und die Stabschefs sich den Bericht anhörten, bevor sie mit Johnston ins Weiße Haus gingen. Wir trafen uns am 10. Oktober im Tank. Johnston stellte den Gesamtplan vor und forderte anschließend General Buster Glosson auf, den Plan für die Luftoffensive zu erläutern. Seit Anfang August, als Colonel John Warden mir den Plan vorgestellt hatte, hatten Horner und Glosson weiter an ihm gefeilt. Er was jetzt noch eindrucksvoller und bezog Navy, Air Force, Flugzeuge der Verbündeten und Marschflugkörper mit ein. Die Liste der Ziele reichte von Einrichtungen in der Umgebung von Bagdad bis zu den irakischen Schützengräben in Kuwait und erfaßte alle Nachschublinien und Fernmeldeverbindungen dazwischen. Der Plan war kühn, einfallsreich und solide.

Als Glosson fertig war, referierte der Leiter der Jedi-Ritter, Lieutenant Colonel Joe Purvis von der School of Advanced Military Studies in Leavenworth, über die Bodenoffensive. Der Plan stützte sich nur auf die Truppen, die bislang vor Ort waren. Er umfaßte drei Scheinangriffe und einen Hauptangriff. Die Marineinfanterie sollte einen Angriff von der See her vortäuschen, um irakische Divisionen an der kuwaitischen Küste zu binden. Ein zweiter Scheinangriff der Marineinfanterie war in Küstennähe an der Grenze zwischen Kuwait und Saudi-Arabien geplant, ein dritter sollte von den Streitkräften der multinationalen Koalition am westlichen Ende der saudisch-kuwaitischen Grenze unternommen werden. Der Hauptangriff, vorgetragen von allen amerikanischen Divisionen, sollte sich im Zentrum gegen die irakischen Hauptverteidigungslinien richten, mit dem Ziel, eine entscheidende

Straßenkreuzung nördlich von Kuwait City zu erreichen. Wir würden mit zahlenmäßig unterlegenen Kräften geradewegs in die Todeszonen der Iraker hineinmarschieren.

Schwarzkopf hatte recht, es war ein schlechter Plan, und ich wußte jetzt, warum er ihn nur ungern in Washington hatte vorlegen wollen. Er forderte ein weiteres Korps von zwei Divisionen, nur dann könne er bessere Arbeit abliefern. Was mich überraschte, war, daß Johnston und Purvis nicht vorführten, was das CENTCOM mit einer solchen Streitmacht würde leisten können. Aber auch der Plan für das eine Korps, das momentan zu Verfügung stand, war mangelhaft. Man schickt keine zahlenmäßig unterlegene Truppe in den Rachen des Feindes. Außerdem war ein naheliegender strategischer Schachzug nicht angesprochen worden. Die vorderen irakischen Linien hatten sich in Kuwait verschanzt und konnten deshalb nur schwer in südlicher Richtung angreifen. Die motorisierten Kräfte der Iraker würden vermutlich nicht nach Süden in die endlose saudische Wüste vorstoßen, wenn wir sie auf der rechten Flanke und aus der Luft angriffen. In dem vorgelegten Plan wurde nicht der Versuch gemacht, einen Nutzen daraus zu ziehen, daß diese Westflanke der Iraker verwundbar war.

Bei dem Briefing im Tank stellte Cheney ein paar oberflächliche Fragen, dann verließ er den Raum. Er wirkte nicht sehr erfreut. Ich entließ die Referenten und diskutierte mit den Stabschefs über das soeben Gehörte. Wir waren uns einig: Für einen Angriff mit einem Korps hätte man einen besseren Plan ausarbeiten müssen. Gleichwohl wäre auch jeder andere Plan, der sich lediglich auf ein Korps stützte, zu riskant gewesen. Ich sprach später mit Cheney, und er sagte: »Ich bin vielleicht ein militärischer Laie, aber diese Strategie hat mich enttäuscht.«

Ich pflichtete ihm bei, gab aber zu bedenken, daß wir lediglich einen ersten Entwurf gesehen hatten, den Norm nur unter Protest vorgelegt hatte. »Wir bekommen etwas Besseres«, sagte ich. »Es ist noch Zeit.«

Tags darauf hielt Bob Johnston mit seinem Team im Lagebesprechungsraum des Weißen Hauses dasselbe Briefing vor der sogenannten »Achterbande«, die aus Präsident Bush, Vizepräsident Quayle, Jim Baker, John Sununu, Brent Scowcroft, Bob Gates, Cheney und mir bestand. Auch hier kam der Plan für die Luftoffensive gut an. Doch die Reaktionen auf die Bodenstrategie fielen erwartungsgemäß negativ aus. Scowcroft, ein pensionierter Lieutenant General der Air Force, zerriß den Plan in der Luft. Abermals wies ich darauf hin, daß Schwarzkopf den Plan nur unter Protest vorgelegt hatte, und daß wir Zeit hätten, eine bessere Lösung zu finden. Ich persönlich vermutete, daß die Stationierung und der Verteidigungsplan die Kommandeure von Schwarzkopfs Bodentruppen so in Anspruch genommen hatten, daß sie der Planung einer Bodenoffensive nicht genug Aufmerksamkeit geschenkt hatten. Ich versprach dem Präsidenten, daß wir die Sache besser machen würden. Er wirkte entspannt. Doch Bob Gates soll später gesagt haben: »General McClellan lebt«, eine Bemerkung, die sich auf einen Befehlshaber im Bürgerkrieg bezog, der sich nie von der Stelle gerührt hatte, weil er angeblich nicht genug Soldaten hatte, gleichgültig wie viele er von Lincoln bekam.

Einen Tag später, am 13. Oktober, rief ich Norm an und schilderte ihm die Reaktionen. Der Plan für die Luftoffensive sei gut aufgenommen worden, aber an der Strategie für den Bodenkrieg müsse noch gefeilt werden. Dann sagte ich boshaft, indem ich den Hörer von meinem Ohr weghielt: »Wissen Sie, hier gibt es Leute, die behaupten, wir hätten einen McClellan am Golf.«

Norm biß an und brüllte: »Sagen Sie mir, welcher Hundesohn das gesagt hat, und ich zeige ihm den Unterschied zwischen einem Schwarzkopf und einem McClellan!«

Ich fühlte mich etwas schuldig. Ich hatte ihm absichtlich das Bajonett zwischen die Rippen gestoßen, damit er gründlicher über unsere Bodenoffensive nachdachte. Nach unserem Telefonat kam ich zu dem Schluß, daß es Zeit für eine weitere Reise nach Saudi-Arabien sei.

Cheney gab mir eine ganze Reihe von Aufgaben mit auf den Weg. »Ich will wissen, wieviel Truppen Norm maximal für eine Offensive braucht«, sagte er. »Ich will wissen, wann er mir grünes Licht für einen Angriff geben kann.« Er hatte noch eine dritte Frage, und ich schrieb dafür einfach »Präfix 5« in mein Notizbuch, den Code für jenen Qualifikationsnachweis, den ich bei einem Aufbaulehrgang in Fort Benning erworben hatte und der mir Kenntnisse im Umgang mit Atomwaffen bescheinigte. »An Atomwaffen sollten wir nicht einmal denken«, sagte ich. »Sie wissen, daß wir diesen Geist nicht aus der Flasche lassen werden.«

»Natürlich nicht«, sagte Cheney. »Kümmern Sie sich trotzdem darum, der Gründlichkeit halber, und einfach so, aus Neugier.«

Ich wies Tom Kelly an, im sichersten Raum des Gebäudes eine Handvoll Leute zu versammeln und Pläne für denkbare Atomschläge auszuarbeiten. Die Ergebnisse waren niederschmetternd. Um nur einer über die Wüste verteilten Panzerdivision ernsthaften Schaden zuzufügen, wäre eine beträchtliche Anzahl kleiner taktischer Atomwaffen erforderlich gewesen. Ich legte die Analyse Cheney vor und ließ sie anschließend vernichten. Hatte ich vorher schon Zweifel am Nutzen von Kernwaffen auf dem Gefechtsfeld gehabt, so wurden sie durch dieses Gutachten vollends bestätigt.

»Diesmal«, waren Cheneys letzte Worte, bevor ich nach Saudi-Arabien aufbrach, »will ich aber einen Angriffsplan mit etwas mehr Phantasie sehen.«

Am Montag, dem 22. Oktober, saß ich fünf Stockwerke unter der Erde in Schwarzkopfs Hauptquartier im saudischen Verteidigungsministerium. Wir hatten uns an einem langen Tisch im Zentrum des Raums versammelt, gegenüber einer Wand, die mit Karten behängt war. Anwesend waren Norm, Lieutenant General John Yeosock, der Befehlshaber der Army, Lieutenant General Walt Boomer, der Befehlshaber des Marine-Korps, Admiral Stan Arthur, der Befehlshaber der Navy, Lieutenant General Chuck Horner, der Befehlshaber der Air Force, und Lieutenant General Cal Waller, der stellvertretende kommandierende General des CENTCOM. Wir sprachen kurz über die Offensive mit nur einem Korps. Sie war noch immer aussichtslos, und wir legten sie schnell zu den Akten. Die Jedi-Ritter hatten einen Plan für zwei Korps erarbeitet, der sich auf die Überlegenheit unserer Panzertruppen und die Beweglichkeit, die unsere 82. Luftlandedivision dank ihrer Hubschrauber besaß, stützte. Diesmal hatten sie auch versucht, einen Vorteil aus der Tatsache zu ziehen, daß die Westflanke der Iraker entblößt war, aber leider nur ansatzweise. Ich bedankte mich bei den Planern, doch als sie gegangen waren, sagte ich zu Norm: »Wir müssen es noch besser machen.«

Noch am selben Abend kam er in meine Suite in dem prächtigen Palast, in dem mich die Saudis untergebracht hatten. Wir überlegten, wie wir die statische Position des Feindes besser ausnutzen konnten. Die irakische Armee in Kuwait saß einfach nur da. Im Osten war das Meer, und im Süden hatte sie Befestigungen angelegt. Genau betrachtet hatte sie sich selbst eine Falle gebaut. Wir erörterten die Möglichkeit, im Westen und Norden die Türen zuzuschlagen und ihre Nachschublinien zu unterbrechen. »Wir können mit schweren Panzerkorps einen schnellen und tiefen Vorstoß um die Westflanke herum unternehmen«, sagte ich. »Und wir können das 18. Luftlandekorps noch weiter nach Westen und dann nach Norden schicken, das Euphrat-Tal blockieren und den Irakern die Nachschublinien und Rückzugswege abschneiden.« Wir tauschten weitere Ideen aus und skizzierten sie auf Papierbögen, die ich in einer Schreibtischschublade gefunden hatte. Man mußte kein Genie sein, um auf unsere Strategie zu kommen. Angesichts der Aufstellung der irakischen Truppen schrieb sich der Plan praktisch von selbst.

Am nächsten Morgen trafen wir uns in Schwarzkopfs Hauptquartier wieder und konkretisierten die Ideen der vergangenen Nacht. Norm wiederholte, daß er ein Korps von zwei Divisionen aus Europa brauche. Ich willigte ein und sagte, er werde noch eine dritte Division aus den Vereinigten Staaten bekommen, dazu eine weitere Division Marineinfanteristen. Auch seine Bitte um zusätzliche Kampfflugzeuge bewilligte ich und gab noch weitere Staffeln dazu. Flugzeugträger? Sechs. Wir hatten für diese Dinger ja schließlich Geld ausgegeben. Warum sollten wir sie nicht benutzen? Wofür sollten wir sie aufsparen? Wir hatten aus Panama gelernt. Groß einsteigen und die Sache schnell zu Ende bringen. Wir durften den Vereinigten Staaten kein zweites Vietnam zumuten. Und wir durften mit unseren Ressourcen so verschwenderisch umgehen, weil sich die Welt verändert hatte. Wir konnten es uns jetzt leisten, aus Deutschland Divisionen abzuziehen, die seit vierzig Jahren dort gestanden hatten, um eine sowjetische Offensive abzuwehren, die nun nicht mehr kommen würde.

»Norm«, sagte ich, »Sie müssen wissen, daß der Präsident und Cheney ihnen alles geben werden, was Sie zur Erfüllung Ihrer Aufgabe brauchen. Und keine Sorge, Sie müssen nicht losschlagen, bevor Sie bereit sind. Wir machen keine halben Sachen.« Bei diesen Worten sah ich, wie sich Schwarzkopfs Anspannung zum ersten Mal seit meiner Ankunft löste. Er selbst beschrieb diesen Augenblick später so: Er habe das Gefühl gehabt, als habe man ihm »eine große Last von den Schultern genommen«. Mir ging es ganz ähnlich. Auf dem Rückflug nach Washington fühlte ich mich so gut wie seit Wochen nicht mehr.

Am 30. Oktober passierte mein Fahrer Otis gegen 15.30 Uhr das Tor des Weißen Hauses und hielt vor dem Eingang zum Westflügel. Ich stieg aus und bat ihn, etwas weiter zu fahren und dann zu parken. Ich spielte bei solchen Gelegenheiten ein kleines Spiel. Die Kamerateams des Fernsehens waren normalerweise vor dem Tor versammelt. Wenn ich wollte, daß man im Fernsehen sah, wie ich Karten ins Weiße Haus trug, holte ich sie selbst aus dem Kofferraum. Wenn ich den Journalisten nicht auf die Sprünge helfen wollte, mußte Otis mich absetzen und mir die Karten diskret in die Lobby bringen.

Von all den Sitzungen, die wir seit der Besetzung Kuwaits im Weißen Haus abgehalten hatten, war die für heute anberaumte die wichtigste. Der Präsident hatte die »Achterbande« zusammengerufen, mit Ausnahme von Dan Quayle, der nicht in der Stadt weilte. Wir mußten die grundlegende Frage klären, die ich schon im August und September gestellt hatte: Wollten wir uns auf die Verteidigung Saudi-Arabiens beschränken und Saddam durch Sanktionen zum Abzug aus Kuwait zwingen? Oder wollten wir einen Schritt weiter gehen und ihn aus dem Land vertreiben? Verteidigen oder vertreiben? Das war die Frage.

Wir tagten im Lagebesprechungsraum, und das gefiel mir. Die Treffen im Oval Office gerieten mitunter zu informellen Stammtischgesprächen. Wenn Kaffee getrunken wurde und die Teilnehmer in den Rosengarten hinausblickten, war es schwieriger, beim Thema zu bleiben. Brent Scowcroft eröffnete die Sitzung mit einer kurzen Darstellung beider Optionen. »Wir stehen an einer Weggabelung«, sagte er. Wenn wir uns für eine Vertreibung des irakischen Heeres entschieden, stelle sich eine wichtige Frage: Sollten wir versuchen, die Anwendung von Gewalt durch eine UN-Resolution autorisieren zu lassen? Und waren wir, wenn uns das nicht gelang, trotzdem bereit, zusammen mit anderen willigen Verbündeten anzugreifen? Jim Baker stand unmittelbar vor einer Europareise, und wir besprachen, wieviel zusätzliche Hilfe wir von unseren Freunden erwarten konnten. Dann diskutierten wir über die Notwendigkeit, Israel aus den Kämpfen herauszuhalten. Ein überaus sensibler Punkt, denn die arabischen Staaten ließen sich vielleicht im Kampf gegen einen auf Abwege geratenen Bruder bei der Stange halten, aber sie würden niemals Seite an Seite mit Israel kämpfen.

Schließlich sagte der Präsident: »Okay, hören wir, was Colin zu sagen hat.«

Ich stellte mein Flipchart auf und knipste meine bleistiftdünne Laserlampe an. Der Präsident lächelte. »Ich komme soeben aus Riad zurück«, begann ich, »und kann berichten, daß die erste Phase der Mission nahezu abgeschlossen ist. Wir sind bald in der Lage, Saudi-Arabien zu verteidigen. Bis Anfang Dezember wird die letzte Division, die letzte Kompanie, die letzte Zeltstange vor Ort sein.« Ich führte im einzelnen aus, wo jede Einheit stationiert war und wie Norm Saudi-Arabien zu verteidigen gedachte. Zehn Minute lang beschrieb ich das saudische Schachbrett, dann legte ich eine neue Folie auf. »Und hier ist der Plan für die Offensive, mit der wir die Iraker aus Kuwait vertreiben würden.« George Bush beugte sich vor. Darauf hatte er gewartet. Ich beschrieb die Luftoffensive, dann die unterstützenden Frontalangriffe auf Kuwait, mit denen wir die irakischen Truppen festnageln wollten, während wir sie mit einer großen Umfassungsbewegung an ihrer Westflanke vom Hinterland abschnitten.

Als ich fertig war, fragte Scowcroft: »Wie groß ist die Streitmacht, um die es geht?«

»Wir haben jetzt fast 250 000 Mann für die defensive Phase stationiert«, sagte ich. »Wenn sich der Präsident jedoch für die offensive Phase entscheidet, brauchen wir verdammt viel mehr.«

»Wieviel mehr?«

»Fast das Doppelte«, sagte ich. »Noch einmal rund 200 000 Mann.«

Scowcroft schnappte nach Luft, und andere Anwesende reagierten genauso. Ich sah den Präsidenten an. Er zuckte nicht mit der Wimper. Dick Cheney fügte hinzu, daß er und die Vereinten Stabschefs, die wir schon früher informiert hatten, den Plan für die Offensive guthießen.

Präsident Bush fragte wieder nach der Luftoffensive. »Colin, sind Sie sicher, daß sie nicht ausreichen wird?«

»Ich wäre der glücklichste Soldat in der Army, wenn die Iraker den Schwanz einziehen würden, sobald die ersten Bomben fallen«, sagte ich. »Wenn sie es tun, können Sie die Kosten für die Stationierung der Bodentruppen von meinem Gehalt abziehen.« Allerdings, so gab ich abermals zu bedenken, finde sich in der Geschichte kein ermutigendes Beispiel, was die Erfolgschancen einer reinen Luftoffensive angehe.

Wir erwogen, Saddam ein Ultimatum zu stellen: Sollte er bis zu einem bestimmten Tag nicht abgezogen sein, würden wir ihn hinauswerfen. Jim Baker schlug den 1. Februar vor. »Wenn wir drohen, müssen wir es auch ernst meinen«, sagte ich. »Wir müssen bereit sein, einen Krieg zu führen.«

Wieder nickte der Präsident. Er ließ das Gespräch, wie es seine Gewohnheit war, noch eine Weile laufen, dann beendete er es. »Okay, tun Sie es«, sagte er. Wir hatten einen Beschluß. Wenn die Sanktionen den Irak in drei Monaten immer noch nicht zum Rückzug aus Kuwait bewegt hatten, würden wir Krieg führen.

Unmittelbar nach den Kongreßwahlen am 8. November gab Präsident Bush bekannt, daß weitere 200 000 amerikanische Soldaten zum Golf unterwegs seien, und er stellte unmißverständlich klar, welchen Auftrag sie hatten: »Sie sollen gewährleisten, daß die Koalition die angemessenen Mittel für eine *militärische Offensive* hat«. Das Geheul im Kongreß war groß. Versuchte dieser George Bush, den manche als »Weichling« kritisierten, nun seine Männlichkeit zu beweisen, indem er einen Krieg begann? Die Debatte, die nun überall im Land entbrannte, erinnerte in ihrer Schärfe an die Auseinandersetzung, die Falken und Tauben in den sechziger Jahren über den Vietnamkrieg geführt hatten.

Am 29. November stand bei den Vereinten Nationen die Abstimmung an, bei der über die Anwendung militärischer Gewalt zur Vertreibung des Irak aus Kuwait entschieden wurde. Die Resolution 678 war so schwammig wie alle Dokumente, an denen viele Autoren mitgeschrieben haben. Jim Baker war für eine deutliche Sprache eingetreten und hatte für die Formulierung »Anwendung von Gewalt« plädiert. Der sowjetische Außenminister Eduard Schewardnadse wollte es weniger unverblümt ausgedrückt haben. Der Kompromiß lautete: »mit allen notwendigen Mitteln«. Doch darauf kam es nicht an. Eine Kugel ist eine Kugel, auch wenn sie in Gestalt eines Euphemismus abgefeuert wird. Der Sicherheitsrat verabschiedete die Resolution mit zwölf zu zwei Stimmen. Kuba und der Jemen lehnten sie ab, China enthielt sich. An jenem Tag wurde Geschichte geschrieben. Wenn es nun zu einem Krieg kam, standen sich die Vereinigten Staaten und die Sowjetunion erstmals seit dem Zweiten Weltkrieg nicht als Widersacher gegenüber.

Die Zustimmung der UNO war der krönende Abschluß einer herausragenden diplomatischen Leistung dieses Jahrhunderts. Der Triumph war in erster Linie George Bush und der exzellenten Unterstützung zu verdanken, die er von Jim Baker erfahren hatte. Vor der Verabschiedung der Resolution 678 war, vor allem über das Telefon im Oval Office, eine bemerkenswerte Koalition geschmiedet worden. Dreizehn NATO-Staaten beteiligten sich inzwischen an der multinationalen

Streitmacht, darunter auch Großbritannien und Frankreich mit großen Kontingenten. Fast alle arabischen Länder waren mit von der Partie, Ägypten und Syrien mit einer gemeinsamen Streitmacht von 50000 Mann. Auch Länder, die gerade erst das sowjetische Joch abgeschüttelt hatten, reihten sich ein, so die Tschechoslowakei, Polen und Bulgarien. Arme Länder wie Bangladesch, Senegal, Somalia und Zaire hatten Hilfe im Rahmen ihrer bescheidenen Möglichkeiten zugesagt. Fünfunddreißig Nationen stellten Truppen, Waffen oder Geld zur Verfügung. Insgesamt sollten neben den Amerikanern 200000 Soldaten der Koalition am Golf stationiert werden.

Die UNO-Resolution stellte klar, daß der Auftrag lediglich darin bestand, Kuwait zu befreien. Bei allem Abscheu gegen Saddam und seine Untaten hatten die Vereinigten Staaten wenig Neigung, sein Land zu zerstören. In den vorausgegangenen zehn Jahren war der Iran, und nicht der Irak, unser Hauptwidersacher am Persischen Golf gewesen. Wir wollten, daß der Irak auch weiterhin eine Bedrohung für den Iran darstellte und als Gegengewicht erhalten blieb. Unsere arabischen Verbündeten hatten nie die Absicht, einen Fuß über Kuwait hinaus zu setzen. Saudi-Arabien wollte nicht, daß sich im Süden ein schiitisches Regime vom Irak abspaltete. Und die Türken wollten nicht, daß sich im Norden ein kurdisches Regime abspaltete. Wir wußten auch, daß nur gut die Hälfte der irakischen Armee in Kuwait eingesetzt war. Der Rest stand noch im Irak, um die innere Ordnung aufrechtzuerhalten und den nach wie vor feindlich gesinnten Iran abzuschrecken. In keiner Besprechung, an der ich teilnahm, wurden eine Verstümmelung des Irak, die Eroberung Bagdads oder eine Änderung der Regierungsform im Irak ernsthaft in Erwägung gezogen. Wir hofften, daß Saddam den heraufziehenden Sturm nicht überleben würde. Aber seine Beseitigung war kein ausdrückliches Ziel. Was wir uns, offen gesagt, für die Golf-Region nach dem Krieg erhofften, war der Fortbestand des Irak ohne einen Saddam an der Spitze. Die UNO hatte uns den Rahmen gesetzt, und der Präsident hatte nicht die Absicht, über ihn hinauszugehen.

Ich war erstaunt, daß Saddam noch immer nicht einlenkte, obwohl er sich inzwischen einer Streitmacht gegenübersah, wie sie die Welt seit der Invasion in der Normandie nicht mehr gesehen hatte. Er hatte sich den Sanktionen nicht gebeugt, hatte unseren defensiven und unseren

offensiven Aufmarsch ignoriert und auch dann nicht reagiert, als die
UNO Gewaltanwendung autorisierte. Statt dessen steuerte er geradewegs in die Katastrophe. Er mußte wissen, daß seine Niederlage unvermeidlich war, aber solange er sich an der Macht halten konnte, war
er offensichtlich gewillt, den Preis für sein Abenteuer in Kuwait mit
dem Leben von Irakern zu bezahlen. Der Instinkt des Präsidenten hatte
nicht getrogen. Bereits im November hatte George Bush zu mir gesagt,
daß die Sanktionen nichts bewirken würden. Und nun mußten wir
tun, was getan werden mußte.

Ich glaube noch immer, daß Sanktionen eine nützliche Waffe im
Arsenal der Staaten sind. Sanktionen haben beispielsweise dazu beigetragen, die Abschaffung der Apartheid in Südafrika zu beschleunigen. Allerdings funktionieren sie dann am besten, wenn man sie gegen
Politiker einsetzt, denen die Interessen ihres Landes und seiner Bevölkerung am Herzen liegen, denn sie schaden dem Land und der Bevölkerung mehr als der Führung. Das Problem ist, daß Sanktionen am
häufigsten gegen solche Regime verhängt werden, denen nur ihre eigenen Interessen und der Erhalt ihrer Macht am Herzen liegen. Und
da ihre Führer nach wie vor ein Dach über dem Kopf, Essen auf dem
Tisch und Benzin im Tank haben, bewirken Sanktionen in solchen
Fällen nur selten etwas. Saddam war das perfekte Beispiel dafür.

Präsident Bush war dazu übergegangen, Saddam in der Öffentlichkeit
zu dämonisieren, so wie er es bereits mit Manuel Noriega getan hatte.
»Wir haben es mit einem neuen Hitler zu tun«, sagte er bei einer Gelegenheit und beschrieb Saddam als einen Tyrannen, »dem menschlicher Anstand fremd ist«. Ich bat Cheney und Scowcroft, mäßigend auf
den Präsidenten einzuwirken. Nicht daß seine Vorwürfe unwahr gewesen wären, aber die Dämonisierung war mir unbehaglich. Ich zog
es vor, über das »irakische Regime« oder das »Hussein-Regime« zu
sprechen. Unser Plan sah nur die Vertreibung der Iraker aus Kuwait
vor. Er war nicht darauf angelegt, Saddams Diktatur zu stürzen. Innerhalb dieser Grenzen war es uns nicht möglich, George Bush den Skalp
Saddam Husseins zu bringen. Und ich hielt es für unklug, in der Öffentlichkeit bestimmte Erwartungen zu wecken, indem man den Mann
zu einem Teufel in Menschengestalt erklärte, und dann zu enttäuschen, indem man ihn an der Macht ließ.

Wenn Norm Schwarzkopf unter Druck steht, ist er wie ein aktiver Vulkan. Ich trug mit ihm so manches überseeische Wortgefecht aus, das von Kasernenflüchen nur so strotzte. Doch die Flucherei hatte nichts zu bedeuten. Der Zorn verrauchte, der gegenseitige Respekt blieb, und die Zuneigung wuchs. Ich kannte den Grund für seine Wutanfälle. Sie waren ein notwendiges Ventil für seine Frustrationen. Seine Untergebenen bekamen seine Wut oft zu spüren und zeigten doch eine glühende Loyalität. Allerdings reagierte er seine Wut, zu der durchaus Anlaß bestand, auch an übergeordneten Stellen ab, insbesondere dann, wenn er das Gefühl hatte, daß seine Lage und seine Bedürfnisse in Washington nicht verstanden wurden. Bei wem hätte er sich austoben können? Beim Verteidigungsminister? Beim Präsidenten der Vereinigten Staaten? Also machte er sich bei mir Luft.

Ich hatte dafür Verständnis, doch Cheney mußte sich gelegentlich bei mir vergewissern, daß unser Mann in Riad auch der richtige war. Dick ist ein offener Mensch. Nachdem er mit Norm zum ersten Mal nach Saudi-Arabien gereist war, um König Fahd zu einem Hilfersuchen bei den Vereinigten Staaten zu bewegen, berichtete er mir von einigen Vorfällen, die ihn gestört hatten. Auf dem fünfzehnstündigen Flug in die saudische Hauptstadt hatten die Passagiere vor der Toilette Schlange gestanden. Laut Cheney wartete auch ein Colonel, und als er die Tür schließlich erreichte, rief er »General«. Er hatte für Schwarzkopf angestanden. Auf derselben Reise hatte Cheney gesehen, wie ein Colonel auf dem Boden des Flugzeugs kniete und Schwarzkopfs Uniform bügelte.

Nach dieser Reise und bei späteren Gelegenheiten fragte Cheney mich über Norm aus. Erst kürzlich hatte er gesagt: »Es geht um alles oder nichts, verstehen Sie. Das Schicksal des Präsidenten hängt davon ab. Sind Sie absolut sicher, was Schwarzkopf betrifft?«

Cheneys Frage zielte keineswegs darauf ab, Norms Position zu untergraben. Es war unvermeidlich, daß Berichte über Schwarzkopfs groben Umgang mit Untergebenen nach Washington gelangten. Cheney hatte nur unregelmäßig mit Norm zu tun, ich dagegen sprach jeden Tag mit ihm. Also verließ sich Cheney auf mein Urteil. Und ich sagte ihm, daß ich vollkommenes Vertrauen in Norm hätte.

Gleichwohl hat ein guter Befehlshaber immer einen Ersatzmann im Hinterkopf. Menschen können einen Herzschlag bekommen. Oder vor einen Bus laufen. Norm stand unter enormem Druck, und er war nicht gegen Krankheit gefeit. Er hatte schon mehrmals mit einer Grippe im Bett gelegen. Einmal hatte ich darauf bestehen müssen, daß er Urlaub nahm und etwas ausspannte. Trotz allem Gepolter und theatralischem Getue war Norm jedoch ein hervorragender Offizier, eine geborene Führungspersönlichkeit und, in der Region, ein geschickter Diplomat. Er war der rechte Mann am rechten Platz, und ich war froh, daß ich das Cheney von Zeit zu Zeit versichern konnte.

Am Montag, dem 3. Dezember, standen Cheney und ich dem Streitkräfteausschuß des Senats zu »Wüstenschild« Rede und Antwort, ein ziemlich schwieriges Unterfangen, da Sam Nunn, der Vorsitzende, gegen einen Krieg um Kuwait war, solange man die Sanktionspolitik nicht bis zum letzten ausgeschöpft hatte. Nunn plädierte dafür, solange zu warten, bis die Sanktionen schließlich griffen, was mir freilich wie eine Fahrt durch einen endlosen Tunnel erschien. Ich berichtete über die Fortschritte beim Aufmarsch der Koalition und gab eine nüchterne, illusionslose Einschätzung des Feindes. Der Irak war die viertgrößte Militärmacht der Welt. Die in und um Kuwait stationierten irakischen Truppen zählten über 450 000 Mann und verfügten über 3800 Panzer und 2500 Artillerie-Geschütze. Zudem hatte Saddam die Entsendung weiterer 250 000 Mann angekündigt. Ich erinnerte auch an das biologische Waffenarsenal des Irak und Saddams fieberhafte Anstrengungen, den Irak zur Atommacht zu machen. Ich wollte auf keinen Fall, daß irgendein Mitglied des Ausschusses, falls es zum Krieg kam, einen Spaziergang erwartete.

In jener Nacht flog ich mit Alma nach London. Der Unterhausabgeordnete Winston S. Churchill, der Enkel Sir Winstons, hatte mich eingeladen, im Westminster Palace vor anderen Abgeordneten und Mitgliedern der britisch-amerikanischen Parlamentariergruppe eine Rede zu halten. Der Raum, in dem ich sprach, glich einer Miniaturausgabe des Sitzungssaals im britischen Unterhaus. Ich berichtete über die Operationen am Golf und das Konzept der Base Force. Während ich an dieser traditionsreichen Stätte der westlichen Demokratie sprach, erschien das Bild meiner Eltern vor meinem geistigen Auge. Sie waren als einfache britische Untertanen in einer kleinen tropischen Kolonie geboren worden, und ich wünschte, sie hätten sehen können, wohin das Schicksal ihren Sohn geführt hatte.

Ich war neugierig auf den Mann, den ich als nächstes treffen sollte. John Major war erst seit knapp einer Woche im Amt, und ich war, wie sich herausstellte, sein erster ausländischer Besucher. Er empfing mich zusammen mit meinem Chefadjutanten Colonel Dick Chilcoat, dem britischen Verteidigungsminister Tom King und meinem Pendant, dem Chef des britischen Verteidigungsstabs, Sir David Craig, Marshal der Royal Air Force, in einem Salon in der Downing Street 10. Major sah trotz seiner 47 Jahre jungenhaft aus und hatte gar nichts von der respekteinflößenden Art Mrs. Thatchers. Doch unter seinem sanften Äußeren spürte ich eine stählerne Härte. Major bombardierte mich mit kurzen Fragen. Wie liefen die Vorbereitungen am Golf? Wie würden die Iraker auf einen Luftangriff reagieren? Wie lange würde der Feldzug dauern? Er schnitt mir das Wort ab, sobald er wußte, worauf meine Antwort hinauslief, und feuerte die nächste Salve Fragen ab. Ein Mitarbeiter kam herein und flüsterte ihm etwas ins Ohr. Der Premierminister mußte gehen. Er beendete das Gespräch höflich, aber bestimmt.

Die dramatischen Kriegsvorbereitungen hatten auch ihre bizarren Begleiterscheinungen. Was, zum Beispiel, hatte ein Pferd in Minnesota mit unserem Truppenaufmarsch am Golf zu tun? Die große Unbekannte in diesem Konflikt war, ob die Iraker biologische Waffen einsetzen würden oder nicht. Ich beauftragte Brigadier General John Jumper, unsere Abwehrmittel gegen chemische und biologische Waffen zu prüfen, und ernannte ihn zum Leiter eines Teams, das den Spitznamen »Bazillen und Gase« erhielt. Ein biologischer Kampfstoff, den die Iraker nach unseren Erkenntnissen besaßen, war Botulin, eines der stärksten bekannten Gifte. Die einzige Möglichkeit, seine tödliche lähmende Wirkung zu neutralisieren, waren Antikörper, die ein altes Pferd namens First Flight produzierte. Es stand in einem Stall am College für Tiermedizin der University of Minnesota und hatte bislang etwa 300 Liter Serum mit Antikörpern produziert. Eine beachtliche Leistung, aber nur ein Tropfen auf den heißen Stein angesichts der annähernd 500 000 Soldaten, denen das Serum unter Umständen injiziert werden mußte. Johnny Jumper und sein Team zogen weitere hundert Pferde zur Produktion von Botulismusserum heran, und First Flight bekam seine wohlverdiente Ruhepause.

Wir hatten aber noch weitere Hindernisse zu überwinden. So hatten die Saudis gleich zu Beginn des Aufmarschs eine simple Entscheidung verkündet: Sie wollten keine Journalisten in ihr Land lassen. Wir wußten sofort, daß dies unmöglich war. Man kann nicht eine halbe Million Amerikaner und viele tausend Soldaten aus anderen Ländern um die halbe Welt schicken, um einen großen Krieg vorzubereiten, und dann eine totale Nachrichtensperre verhängen. Wir flehten die Saudis an, Visa für die Presse auszustellen, und widerstrebend ließen sie eine Handvoll Berichterstatter ins Land. Einige positive Artikel folgten, und möglicherweise zogen die Saudis daraus den Schluß, daß die Amerikaner recht hatten. Jedenfalls öffneten sie die Schleusen, und Schwarzkopf durfte sich den Kopf zerbrechen, was er mit den rund 2500 Journalisten, die schließlich akkreditiert waren, anfangen sollte.

Die Post begann, die Arterien unseres Transportsystems zu verstopfen. Als Weihnachten näherrückte, wurde der Postzustellungsdienst des Militärs von Briefen und Paketen überschwemmt. Alles Vorstellbare und Unvorstellbare traf ein, Insekten-Repellents, Sonnenschutzmittel, tiefgefrorene Pizzen, Christbäume, Plastikbälle, Gummihandschuhe, Frisbee-Scheiben, Essen fürs Passahfest und Lutscher (200 000 an der Zahl). Arnold Schwarzenegger bat mich um die Erlaubnis, eine ganze Flugzeugladung von Hometrainern und Hanteln zu schicken, damit sich die Soldaten für den Kampf fit halten konnten. Ich erklärte Arnold, daß wir in der betreffenden Woche Munition transportieren müßten, für seine Spende aber später Platz schaffen würden, was wir dann auch taten.

Die Briefe von Schulkindern waren rührend, aber sie kamen in so großer Zahl, daß sie ein Truppentransportschiff zum Sinken gebracht hätten. Tausende von Briefen ohne genauen Adressaten wie etwa »An alle amerikanischen Soldaten« trafen ein. Einer stammte von einer Lehrerin, die den Soldaten ihr Herz ausschüttete und schrieb, wie stolz sie auf sie sei. Ein sexuell frustrierter Soldat antwortete ihr und beschrieb sehr anschaulich und detailliert, wie er sie für ihre lieben Worte belohnen wollte. Sie beschwerte sich beim Verteidigungsministerium, und wir mußten einen Brief an den kommandierenden Offizier des jungen Mannes schicken, in dem wir ihn aufforderten, solche postalischen Ergüsse seiner Männer zu unterbinden.

Die Flut der Geschenke und Briefe nahm solche Ausmaße an, daß wir täglich drei bis vier unserer fliegenden Warenhäuser des Typs C-5 »Galaxy« für die Zustellung einsetzen mußten. Wir bemühten uns, alles auszuliefern, denn dies war für die Moral zu Hause ebenso wichtig wie für die Moral der Soldaten. Amerikanische Zivilisten munterten die Truppe auf, als wollten sie deren Vernachlässigung in den Jahren des Vietnamkriegs wettmachen. Die Vielzahl der gelben Bänder, die an Bäumen, Häusern, Jacken und Blusen auftauchten, vermittelte ein Gefühl der nationalen Einheit wie seit dem Zweiten Weltkrieg nicht mehr.

Die Entertainer der United Service Organisation hießen wir willkommen, denn ihre Auftritte stärkten die Moral, aber andere gutgemeinte Besuche nahmen überhand. Zu jeder Tages- und Nachtzeit trafen Kongreßmitglieder ein, um sich vor Ort zu informieren, und nahmen Schwarzkopfs kostbare Zeit in Anspruch, bis Cheney schließlich auf den Kapitolshügel ging und der Sache ein Ende setzte. Wir beschränkten die Besuche von Kongreßmitgliedern auf eine Delegation pro Woche.

Selbst bei den härtesten Unternehmungen wird die Spannung hin und wieder durch komische Ereignisse gemildert. Eines Tages brachte das Boulevardblatt *National Enquirer* einen Artikel mit der Schlagzeile »Bush und Saddam sind Vettern«. Es führte genealogische »Beweise« an, wonach George Bush nicht nur mit der englischen Königin verwandt sei, sondern auch mit »Hussein eine gemeinsame Ahnenreihe hat, die mindestens bis in die Zeit der Kreuzzüge zurückreicht«. Diese Neuigkeit veranlaßte den Präsidenten, ein Memorandum folgenden Inhalts unter den Mitgliedern des Nationalen Sicherheitsrats zirkulieren zu lassen: »Keine Entscheidung, die ich treffe, wird von meiner Verwandtschaft mit Saddam Hussein beeinflußt. Die Queen und ich wollten es nicht anders haben.«

Auch Juristen kamen ins Spiel. Wir konnten keine Liste mit Zielen für Luftschläge fertigstellen, ohne daß sie von der juristischen Abteilung des Pentagons abgesegnet war. In einer vorläufigen Liste hatten wir einen Triumphbogen aufgeführt, mit dem der Irak seinen selbstproklamierten Sieg im achtjährigen Krieg gegen den Iran feierte, sowie eine riesige Statue von Saddam, die ebenfalls in Bagdad stand. Colonel Fred Green, mein Rechtsberater, suchte mich mit einer ganzen Kompanie von Juristen auf. »Tut mir leid, General, die Dinger sind unantastbar«, sagte Fred.

»Wieso?« fragte ich verwundert.

»Sie würden Kulturdenkmäler ohne militärische Bedeutung bombardieren.«

»Kulturdenkmäler! Hören Sie, ich will Saddams Leuten zeigen, daß er nicht unverwundbar ist.«

»Unmöglich, General«, sagte Green. »Das wäre so, als würde jemand das Lincoln Memorial oder das Washington Monument bombardieren. Das verstößt gegen die internationalen Regeln der Kriegführung.« Der Bogen und die Statue wurden von der Liste gestrichen. Ich erzählte Cheney, was passiert war. Er schüttelte den Kopf und murmelte: »Ein Krieg, der von Juristen geführt wird?«

Unerwartete Probleme bekamen wir auch, als wir in amerikanischen und europäischen Häfen die Mittel zur Kriegführung verschiffen wollten. Einige Versicherungsgesellschaften verlangten exorbitante Prämien für die Versicherung privater Schiffe, die in ein potentielles Kriegsgebiet fuhren. Wir mußten sie herunterhandeln oder uns nach billigeren Anbietern umtun. Der Strom von Menschen und Material war dennoch verblüffend. In den ersten sechs Wochen von »Wüstenschild« brachten wir mehr Bruttoregistertonnen an den Golf als in den ersten drei Monaten des Koreakriegs nach Korea. Den Löwenanteil an diesem logistischen Wunderwerk hatte ein kleiner drahtiger Mann namens Gus Patagonis, ein Major General der Army, der für die Logistik des Unternehmens verantwortlich war. Patagonis war mir schon positiv aufgefallen, als er noch Lieutenant Colonel gewesen war. Er ließ sich durch nichts entmutigen. Kein Schutz für die Soldaten vor der sengenden Wüstensonne? Bittet die Deutschen um die riesigen Zelte, die sie bei ihren Volksfesten benutzen. Sie reichen nicht? Dann leiht euch von den Saudis die farbenprächtigen Zelte, in denen sie jedes Jahr Hunderttausende von Mekkapilgern unterbringen. Gus wurde nur durch ein Hindernis ernsthaft gebremst, seinen Rang. Kommandeure, die einen höheren Rang bekleideten als er, setzten ihn unter Druck, ihre Einheiten bevorzugt zu behandeln, und brachten ihn damit in eine Zwickmühle. Norm Schwarzkopf erklärte mir, was Gus durchmachte, und wir lösten das Problem, indem wir ihm einen dritten Stern verliehen. Jetzt hatte er den Rang, der seiner Verantwortung entsprach.

Am 19. Dezember reisten Dick Cheney und ich nach Riad, um den Stand der Gefechtsbereitschaft einzuschätzen und anschließend dem Präsidenten Bericht zu erstatten. Zunächst sprachen wir mit Norm und überzeugten uns, daß alles planmäßig lief, danach inspizierten wir die Truppen. Bei einem unserer Zwischenstopps standen wir neben schlanken Stealth-Jagdbombern des Typs F-117-A, umringt von Luftwaffenpersonal und Soldaten. Dick hielt eine ebenso offene wie ermutigende Rede, in der er erklärte, daß unsere Truppen solange bleiben würden, bis Saddam aus Kuwait verschwinde. »Wir können nicht sagen, okay, du darfst zwanzig Prozent von deinem Diebesgut behalten.« Wenn Saddam nicht freiwillig gehe, würden wir ihn vertreiben. Dick versprach den Soldaten, in keiner Beziehung zu knausern und ihnen alles zukommen zu lassen, was sie zur Erfüllung ihres Auftrags benötigten. Und dann gab er Gelegenheit zu Fragen. Ein solches Angebot wäre in der irakischen Armee unvorstellbar gewesen, übrigens auch in den meisten anderen Armeen – einfache Soldaten, die Gelegenheit erhalten, ihrem Verteidigungsminister und ihrem Generalstabschef Fragen zu stellen.

Ein Pilot fragte mich nach der Luftoffensive. »Sie wird überwältigend sein«, sagte ich. »Und doch sind es in jedem Krieg die Infanteristen, die die Siegesfahne auf dem Schlachtfeld aufpflanzen müssen.«

»Wie lange wird es dauern?« fragte ein anderer GI.

»Kriege sind unkalkulierbar«, sagte ich. »Und ich bin kein Buchmacher oder Wahrsager. Aber das eine kann ich Ihnen sagen, wir werden uns nicht festfahren.« Der Präsident hatte bereits versprochen, daß der Persische Golf kein zweites Vietnam werden würde.

Nachdem ich die gewaltige Masse von Flugzeugen, Panzern, Geschützen, gepanzerten Fahrzeugen, Munitionsdepots und die Hunderttausende von Soldaten gesehen hatte, konnte ich kaum glauben, daß Saddam nicht doch in letzter Minute noch aufgeben würde. Wenn er in seinem Stab irgendwelche Militärs hatte, die auch nur ein Quentchen Mut und gesunden Menschenverstand besaßen, so mußten sie diesem militärischen und strategischen Laien erklären, daß sein Verhalten verrückt war. Aber Verrückte hatten auch früher schon Länder regiert und das Dach über ihrem eigenen Volk zum Einsturz gebracht.

Am Weihnachtsabend, unmittelbar nach unserer Rückkehr aus Saudi-Arabien, flogen Cheney und ich nach Camp David und wurden in die rustikale Holly Cabin gebracht. Der Präsident, Brent Scowcroft und dessen Stellvertreter Bob Gates waren bereits dort. Wir setzten uns vor ein prasselndes Kaminfeuer, und Dick und ich unterrichteten den Präsidenten über die Gefechtsbereitschaft der Koalitions-Streitkräfte und die neuesten strategischen Überlegungen. George Bush stand unter enormem Druck. Die Anspannung war ihm deutlich anzusehen. Wie ein Jongleur, der Teller auf Stäben rotieren läßt und sich fragt, wie lange er das Ganze noch in der Luft halten kann, versuchte er, die arabischen Staaten, Israel, die westlichen Verbündeten, die Sowjets, den Kongreß und die amerikanische Öffentlichkeit im Gleichgewicht zu halten.

Zwischen Bushs Ungeduld und Schwarzkopfs Befürchtungen hatte ich meinen eigenen Balanceakt zu vollführen. Die Ängste, die Norm empfand, waren für einen Oberbefehlshaber im Feld am Vorabend eines Krieges ganz natürlich. Allerdings wurden sie durch seine leichte Erregbarkeit noch vorgrößert. Ich mußte ihm ständig versichern, daß man ihn nicht überstürzt ins Gefecht schicken würde. Gleichzeitig drängte mich der Präsident: »Wann sind wir bereit? Wann können wir losschlagen?« Beim Umgang mit Norm hatte ich das Gefühl, eine abgezogene Handgranate in der Hand zu halten. Beim Präsidenten mußte ich Scheherezade spielen und versuchen, den König für tausend und eine Nacht ruhig zu halten.

An diesem Tag in Holly Cabin kamen wir unvermeidlich auf das Thema Verluste zu sprechen. Keine Zahl läßt sich durch den Nebel des Krieges schwerer vorausahnen. Die schlimmsten Szenarios waren furchterregend: Unsere Truppen auf dem Vormarsch gegen mehrere hunderttausend verschanzte Iraker, ein Meer von Minen zwischen sich und dem Feind, Gräben voller Öl, die beim Vorrücken unserer Männer in Brand gesetzt werden sollten, und über unseren Köpfen das Damoklesschwert chemischer und biologischer Waffen. Militärexperten in der ganzen Stadt hatten ihre Voraussagen gemacht und sechzehn- bis achtzehntausend Opfer prognostiziert. Ein renommiertes Forschungsinstitut, das Center for Strategic and International Studies, hatte die Zahl der amerikanischen Verluste auf sechzehntausend geschätzt. Das grausige Spiel der Schätzungen wurde noch schrecklicher, als durchsickerte, daß das Verteidigungsministerium fünfzehntausend Leichensäcke bestellt hatte. In Wirklichkeit hatte die Bestellung nichts mit »Wüstenschild« zu tun. Sie war von einem Computer in der Abteilung für Logistik als möglicher Bedarf für eine unbestimmte Zukunft errechnet worden. Cheney hatte Schwarzkopf gedrängt, ebenfalls eine Zahl zu nennen, doch Norm brannte ebensowenig wie ich darauf, das Unvorhersagbare vorherzusagen. Schließlich bezifferte er die voraussichtlichen Verluste mit fünftausend.

Ich selbst widersprach den höchsten Schätzungen energisch. Sie waren mit alten Formeln errechnet, die sich auf einen potentiellen Abnutzungskrieg zwischen amerikanischen und sowjetischen Truppen in Europa bezogen. Unsere Strategie hatte damit nichts zu tun. Zunächst einmal wollten wir die irakischen Streitkräfte mit einer Luftoffensive von nie dagewesener Intensität zermürben. Danach sollte eine Bodenoffensive einsetzen, die freilich nicht, wie im Ersten Weltkrieg, in Sturmangriffen der Infanterie bestand, sondern in einer Umfassungsbewegung mit schnellen, schweren Panzereinheiten an der schwachen Westflanke der Iraker. Es widerstrebte mir, mich gegenüber dem Präsidenten auf ein so schlüpfriges Terrain wie Verlustprognosen zu begeben, und deshalb hatte ich konkrete Schätzungen bisher immer vermieden. Doch in Anbetracht des wachsenden Drucks konnte ich mich nicht länger enthalten. Mit dreitausend Toten, Verwundeten und Vermißten blieb ich sogar noch unter Schwarzkopfs Schätzung.

Das ist immer noch eine ernüchternde Zahl, dachte ich an jenem Weihnachtsabend, während ich das Gesicht des Präsidenten beobachtete. Aus seinen Fragen und seinem Verhalten schloß ich, daß er einen Rückzug der Iraker aus Kuwait gar nicht mehr wünschte. In den vier Monaten seit der Besetzung hatte Saddam in Kuwait Angst und Schrecken verbreitet – durch die Zerstörung von Museen, durch Diebstahl, Vergewaltigung und Mord. Hätten sich die Iraker jetzt zurückgezogen, wären ihre Verbrechen ungesühnt geblieben. Und obendrein wäre Saddams riesige Armee intakt geblieben, bereit, an einem anderen Tag zu kämpfen.

Wir sprachen an diesem Abend auch über den Streit, der im Kongreß tobte: Sollte man weiter auf die Wirkung der Sanktionen hoffen oder zum Angriff übergehen? Der Präsident hörte nur mit halbem Ohr zu. Plötzlich ließen uns seine Worte verstummen. »Entweder ich setze mich durch«, sagte er, »oder es kommt zu einem Amtsenthebungsverfahren.« Ich verstand seine Äußerung so, daß er inzwischen fest mit einem Krieg rechnete. Wenn er ihn gewann, spielte die Haltung des Kongresses keine Rolle, und wenn er ihn verlor, war er auch bereit, sein Amt zu verlieren.

Cheney und ich kehrten spät am Abend mit dem Hubschrauber nach Washington zurück, und ich kam noch rechtzeitig nach Hause, um wenigstens einen Teil des Heiligabends mit meiner Familie zu verbringen. Die Stimmung war gedämpft. Meine Gedanken waren bei den

Familien, die am Vorabend des Krieges Angehörige am Golf hatten. Meine Stimmung wurde nicht besser, als ich meine Schwester Marylin anrief, um ihr und ihrer Familie fröhliche Weihnachten zu wünschen, und dabei erfuhr, daß sie sich einer Behandlung wegen Brustkrebs würde unterziehen müssen.

»Colin, ich kann Ihnen gar nicht sagen, wie schwer es mir fällt, Ihnen das zu sagen.« Der Anrufer war ein britischer Kollege, der stellvertretende Chef des britischen Generalstabs, General Sir Richard Vincent .

»Nun, Dick, was gibt es denn?« sagte ich.

»Also, Air Chief Marshal Patrick Hine hat den Premierminister über den Plan informiert.«

Bis jetzt sah ich kein Problem.

»Nach dem Gespräch übergab Paddy seine Aktenkoffer und seinen Laptop seinem Chefadjutanten ...«

»Ja und?« Ich hielt den Atem an.

»Anscheinend stellte der Adjutant den Wagen ab und ging etwas einkaufen ... und die Aktentaschen und der Computer wurden gestohlen.«

»Was enthielten sie?« fragte ich, aufs Schlimmste gefaßt.

»Die Aktenkoffer haben wir wiederbekommen, keine Sorge. Aber auf der Festplatte des Computers war möglicherweise der Schlachtplan.«

»Wann geschah das?« fragte ich ungläubig.

»Auch das traue ich mich kaum zu sagen«, murmelte Vincent. »Etwa vor einer Woche.«

»Vor einer Woche!« sagte ich. »Und Sie informieren uns erst jetzt!«

Am schlimmsten war, daß die britische Boulevardpresse von der Sache Wind bekommen hatte. In den folgenden Tagen hielten wir den Atem an. Mein Presseoffizier Colonel Smullen suchte in den britischen und europäischen Medien nach Anzeichen dafür, daß das Material in falsche Hände gefallen war. Nichts erschien. Unser Dieb war entweder ein Patriot, der aus den Geheimnissen der Regierung ihrer Majestät keinen persönlichen Profit schlagen wollte, oder er war so hinter dem Mond, daß er nicht einmal Zeitung las.

Einige Zeit zuvor hatte mich Coretta King eingeladen, die Parade zu leiten, die am 15. Januar anläßlich des Geburtstags des ermordeten

Martin Luther King in Atlanta stattfand. Dann änderte sich die politische Wetterlage. Schwarze über sechzehn machten etwa elf Prozent der amerikanischen Bevölkerung aus, stellten jedoch sechsundzwanzig Prozent der US-Truppen am Golf. Verluste würden die Schwarzen im Verhältnis also härter treffen als die Weißen. Eine gemeinsame Umfrage von New York Times und CBS hatte in jenem Monat ergeben, daß nur die Hälfte der Schwarzen, aber achtzig Prozent der Weißen die Befreiung Kuwaits befürworteten.

Joe Lowery von der Bürgerrechtsorganisation Southern Christian Leadership Conference, den ich während meiner Dienstzeit beim FORSCOM in Atlanta kennengelernt hatte, rief mich an. »Colin, Sie wissen, daß ich Sie respektiere, aber ...«

»Aber was, Joe?«

»Es gibt Leute, die es nicht für angebracht halten, wenn ein Militär die Parade zu Martin Luther Kings Geburtstag leitet.«

Nichts lag mir ferner, als eine Veranstaltung zu stören, die dem Andenken dieses Bürgerrechtskämpfers gewidmet war. Zudem stellte sich heraus, daß ich am Tag der Parade wichtige Termine in Washington wahrzunehmen hatte, also verzichtete ich.

Am 20. November reichte der demokratische Abgeordnete Ron Dellums aus Kalifornien zusammen mit 45 anderen Abgeordneten bei einem Bundesbezirksgericht eine Klage ein, um Präsident Bush daran zu hindern, ohne Zustimmung des Kongresses einen Krieg gegen den Irak zu beginnen. Etwa zur gleichen Zeit wurden Dick Cheney und ich bei einem unserer Auftritte auf dem Kapitolshügel von Julian Dixon, einem demokratischen Abgeordneten aus Los Angeles, wegen des hohen Anteils von Schwarzen im Kriegsgebiet in die Mangel genommen. Cheney beantwortete die Fragen, und Dixon wollte die Sache auf sich beruhen lassen. Ich jedoch legte Wert darauf, ein ernstes Mißverständnis zu klären. Natürlich tue es mir leid, sagte ich, wenn Amerikaner, gleich ob schwarz oder weiß, im Kampf sterben müßten. Doch die schwarzen Frauen und Männer in den Kampftruppen einer Freiwilligenarmee würden es als Beleidigung empfinden, wenn sie im Ernstfall ihrer Hautfarbe wegen ausgeschlossen würden. Ich sagte: »Gehen Sie mal in den Unteroffiziersclub in Fort Bragg und sagen Sie den schwarzen Sergeants, daß wir zu viele von ihnen in der Army haben. Sagen Sie ihnen, daß sie zurückbleiben müssen, während ihre weißen Kameraden in den Kampf ziehen, und Sie werden sehen, wie die Leute reagieren.«

Ich wies darauf hin, daß das Militär den Afro-Amerikanern mehr
Chancengleichheit eingeräumt hatte als irgendeine andere Institution
in der amerikanischen Gesellschaft. Natürlich seien sie massenweise
in die Streitkräfte geströmt. »Wenn wir im Kongreß auf eine Truppen-
reduzierung drängen, beschweren Sie sich, wir würden den Schwarzen die Chancen beschneiden«, sagte ich. »Jetzt werden Sie sagen: Ja,
die Chancen, getötet zu werden. Aber sobald die Krise vorbei ist, kommen Sie wieder daher und klagen, daß wir durch unsere Truppenre-
duzierung Schwarzen eine der besten Aufstiegsmöglichkeiten verbau-
en. Wollen Sie die Zahl der Schwarzen beim Militär auf ihren Anteil
an der Gesamtbevölkerung beschränken und den Rest hinauswerfen?
Das glaube ich nicht. Aber Sie können nicht beides haben – Chancengleichheit für schwarze Soldaten in Friedenszeiten und Risikofreiheit
im Krieg. Es gibt nur einen Weg, den Anteil der Schwarzen beim Militär zu senken: Der Rest der amerikanischen Gesellschaft muß sich
den Afro-Amerikanern öffnen und ihnen die gleichen Möglichkeiten
bieten, die sie heute in den Streitkräften haben.«

Etwa zur selben Zeit, als ich diese Diskussion führte, machte mir
Gary Franks, ein junger Abgeordneter aus Connecticut und der einzige
schwarze Republikaner im Kongreß, ein Kompliment, über das ich
mich sehr freute. Ich hatte ihn und andere frischgebackene Kongreßmitglieder über die Lage am Golf informiert, und er kam hinterher auf
mich zu und sagte: »Ich möchte Ihnen dafür danken, daß Sie mir im
Wahlkampf geholfen haben.«

»Ihnen im Wahlkampf geholfen?« sagte ich. »Ich mache doch keine
Politik.«

Er setzte ein breites Grinsen auf. »Es ist wichtig, daß die weißen
Wähler in meinem Wahlkreis sehen, daß Schwarze nicht nur etwas
vom Bürgerrechtskampf verstehen, sondern auch auf anderen Gebieten
kompetent sein können. Sie sind ein Schwarzer, der in der Welt der
Weißen seinen Weg gemacht hat. Und das hat mir geholfen.«

Das gefiel mir, denn auch ich hatte auf den Schultern von Schwarzen
gestanden, die vor mir dagewesen waren.

George Bush hatte es sich zur Gewohnheit gemacht, die Achterbande
Sonntag abends nach seiner Rückkehr aus Camp David ins Weiße Haus
zu bestellen. Auch am 6. Januar 1991 kamen wir dort zusammen. Nach
dem Essen führte uns der Präsident in das kleine Büro in seinem

Wohnbereich. Wir hätten eine Entscheidung zu treffen, sagte er. In neun Tagen lief das Ultimatum ab, das die UNO dem Irak gestellt hatte. Außenminister Baker war nach Europa gereist, wo er sich in Genf mit dem irakischen Außenminister Tarik Asis treffen und einen letzten Versuch unternehmen sollte, die Iraker zu einem friedlichen Abzug aus Kuwait zu bewegen und den Krieg zu verhindern. Und in der kommenden Woche stand im Senat und Repräsentantenhaus die Debatte über die Frage an, ob der Präsident autorisiert werden sollte, einen Krieg um Kuwait zu führen. Cheney fürchtete, die Gegner der Resolution könnten die Abstimmung gewinnen, und fragte sich, wie der Präsident dann dastehen würde. George Bush hatte öffentlich erklärt, er begrüße die Debatte und sei bereit, das Risiko einer Ablehnung durch den Kongreß einzugehen. Auch ich war dafür, daß der Kongreß klar Stellung bezog. Während des Vietnamkriegs hatte ich erlebt, wie sich die Regierung gewunden hatte, um den Krieg ja nicht als Krieg bezeichnen zu müssen. Ich wußte auch, daß der Präsident, gleichgültig wie der Kongreß entschied, nicht klein beigeben würde. Die Entscheidung, die er an diesem Abend treffen wollte, war, wann wir in den Krieg ziehen sollten. Er wandte sich an mich. »Siebzehn null dreihundert, Mr. President«, sagte ich – am 17. Januar um 3.00 Uhr morgens, Ortszeit Riad.

Was die Stunde betraf, in der der Luftkrieg beginnen sollte, hatte man sich schon einige Zeit zuvor auf den frühen Morgen geeinigt. Bei einem Angriff mitten in der Nacht hatten unsere Jagdbomber genug Zeit, bei nahezu völliger Dunkelheit in den Luftraum über dem Irak einzudringen und ihn wieder zu verlassen. Auch ließen sich dadurch unnötige Opfer unter der Zivilbevölkerung vermeiden, da die meisten Iraker um diese Zeit zu Hause waren und nicht auf der Straße oder am Arbeitsplatz. Das Datum löste dagegen eine Debatte aus. Der Stichtag des UNO-Ultimatums war der 15. Januar, Ortszeit Washington. Jemand schlug vor, bereits am 16. anzugreifen. Anderen erschien dieser frühe Termin zu überstürzt: Das sehe ja so aus, als könnten wir es gar nicht erwarten, mit den Bombardements zu beginnen. Auf der anderen Seite wollten wir nach Ablauf der Frist aber auch nicht zu lange warten. Wir hätten an Glaubwürdigkeit verloren, und unsere politischen Gegner im Kongreß hätten uns neue Steine in den Weg werfen können. Ich selbst hielt zwei Tage nach dem Stichtag für einen vernünftigen Kompromiß.

Ich fand es interessant, die Stimmung des Berufssoldaten Schwarzkopf mit der des resoluten Zivilisten Cheney zu vergleichen, als die Stunde der Schlacht herannahte. Norm war immer noch nervös. Er war derjenige, von dessen Entscheidungen im Feld das Leben einer halben Million Menschen abhing. Und er war von Natur aus reizbar und aufbrausend. Er bezweifelte, daß die Schreibtischstrategen zu Hause die Realitäten des Schlachtfelds begriffen. Die Ruhe vor der Schlacht war jedenfalls noch nicht über ihn gekommen.

Cheney war nach seinem kurzen Einbruch wieder die Selbstbeherrschung in Person. Als der Tag X näherrückte, lud ich ihn zum Mittagessen in mein Büro ein. Er hatte eine Bypass-Operation hinter sich und mußte eine strenge Diät halten, die von seiner Sekretärin überwacht wurde. Wir kamen selten in einem geselligen Rahmen zusammen, und ich fand, daß er sich eine kulinarische Diätpause verdient hatte. Also bat ich Nancy Hughes, Cheeseburger zu bestellen. Beim Essen gingen wir ein letztes Mal die Liste mit den Zielen durch. Er schien sie auswendig gelernt zu haben. Der Mann war ein Vielfraß geworden, was Informationen betraf. Wir konnten seinen Appetit kaum stillen. Er verbrachte Stunden in der Nationalen Militärischen Kommandozentrale und bombardierte meinen Stab mit Fragen. Wie funktionierten Panzer? Wie Patriot-Raketen? Wie erstellte man einen Lufteinsatzplan? Welche Funktion hatte die gepanzerte Infanterie auf dem Gefechtsfeld? Wie überwand man ein Minenfeld? Er fragte seinem Gegenüber ein Loch in den Bauch. Aber nach einem solchen Tag hatten wir einen zivilen Verteidigungsminister, der wußte, wovon er sprach, wenn er militärische Themen berührte. Nach unserem Lunch mit Cheeseburgern betrachtete ich seine Ausbildung als abgeschlossen. Tom Kelly, der Leiter des Operationsstabs beim Stab aller Teilstreitkräfte, organisierte eine kleine Feier, und wir überreichten Dick eine Urkunde, in der Richard Bruce Cheney zum Ehrenabsolventen aller Kriegsakademien ernannt wurde.

Natürlich war der kühle Cheney in Washington weit vom Schuß. Der nervöse Schwarzkopf hingegen war am Ort des Geschehens und mußte Menschen in den Kampf und möglicherweise in den Tod schicken.

Am 15. Januar, zwei Tage vor dem Tag X, bekam ich einen besorgten Anruf von meinem britischen Kollegen Sir David Craig. »Colin«, fragte er, »haben Sie immer noch vor, die Anlagen zu bombardieren, in denen der Irak biologische Waffen produziert?« Ich bejahte. »Ein bißchen riskant, nicht?« sagte Craig. Seine Besorgnis war nicht unbegründet. Zwei Tage zuvor hatte ich dem Präsidenten mitgeteilt, zu welchem militärischen Schluß wir nach bestem Wissen und Gewissen gekommen waren. Der Angriff auf solche Anlagen barg ein Risiko. Es war wahrscheinlich, daß bei der Bombardierung alle vorhandenen Krankheitserreger vernichtet wurden. Sie konnten aber auch freigesetzt werden. Es sei ein Wagnis, erklärte ich dem Präsidenten, doch wir müßten es eingehen. George Bush war ohnehin schon ganz aufgewühlt, und diese neue Sorge war nicht dazu angetan, ihn zu beruhigen.

Was den möglichen Einsatz chemischer Waffen durch den Irak anging, machte ich mir nach wie vor wenig Sorgen. Unsere Soldaten würden Schutzkleidung tragen, und viele würden in schnellen Fahrzeugen unterwegs sein, die ihnen Schutz boten. Doch die biologischen Waffen bereiteten mir nach wie vor Kopfzerbrechen. Die Wirkung auf die Öffentlichkeit, wenn das erste Opfer biologischer Kampfstoffe umfiel, würde verheerend sein. Wir konnten Gleiches nicht mit Gleichem vergelten, denn wir hatten internationale Abkommen unterzeichnet, die den Einsatz solcher Kampfmittel verboten. Trotzdem mußten wir auf Saddams schlimmste Einfälle vorbereitet sein. Auf unkonventionelle Angriffe würden wir mit unkonventionellen Gegenschlägen antworten, auch ohne auf nukleare Waffen zurückzugreifen. Am Tag, an dem das UN-Ultimatum ablief, verfaßte ich eine Warnung an Saddam. Sie lautete:

> In strikter Einhaltung des Genfer Abkommens und der allgemein anerkannten Regeln der Kriegführung werden nur konventionelle Waffen zum Einsatz kommen. Sollten Sie jedoch vertragsbrüchig werden und chemische oder biologische Waffen einsetzen, werden wir:
>
> Ihre Handelsflotte zerstören,
> Ihr Eisenbahnnetz zerstören,
> Ihre Hafenanlagen zerstören,
> Ihr Straßennetz zerstören,
> Ihre Ölförderanlagen zerstören,
> Ihre Zivilflughäfen zerstören.

Das Schlimmste hatte ich mir für den Schluß aufgespart. Es war ein Bluff, der Saddam lediglich Angst einjagen sollte, denn unsere Juristen hätten gegen eine solche Aktion Einspruch erhoben. Wenn nötig, so schrieb ich, würden wir die Dämme von Euphrat und Tigris zerstören und eine Überschwemmung Bagdads herbeiführen, mit verheerenden Folgen. Ich ließ das Schreiben über die üblichen Kanäle zirkulieren, aber die Frist war abgelaufen, bevor es genehmigt wurde. Doch auf unserer Seite wurde die Bedeutung des Schreibens begriffen: Wir wollten einen konventionellen Krieg führen, aber wenn Saddam uns zu anderen Maßnahmen zwang, würden wir mit schnellen, vernichtenden Gegenschlägen antworten.

Was die Bombardierung biologischer Arsenale und das Risiko betraf, damit eine Katastrophe auszulösen, statt sie zu verhindern, sagte ich zu Sir David Craig: »Wenn es schief geht, geben Sie mir die Schuld.«

Präsident Bush hatte die Gabe, eine entspannte Atmosphäre zu schaffen, wenn man das Oval Office betrat. Er empfing uns mit einem breiten Grinsen und sagte beispielsweise: »Hallo Dick, hallo Colin. Kennen Sie schon den mit dem Psychiater, der ...« Doch am 15. Januar, als das UN-Ultimatum auslief, lächelte er nicht. Er nahm die Ankunft der Achterbande kaum zur Kenntnis. Wir nahmen unsere üblichen Plätze auf den Sesseln und Sofas ein, die hufeisenförmig um den Kamin angeordnet waren. Der Präsident saß wie immer auf dem Lehnstuhl zur Rechten, an den er sich in den acht Jahren als Vizepräsident gewöhnt hatte. Ich knöpfte meine Uniformjacke auf, eine unbewußte Geste, wenn ich angespannt bin. Die Stimmung des Präsidenten schien sich auf alle Anwesenden zu übertragen. Wir waren nervös, manche redeten zusammenhanglos, andere hatten einen gereizten Ton. Wir diskutierten darüber, wie wir auf das diplomatische Brainstorming, das die Franzosen in letzter Minute entfesselt hatten, reagieren sollten, sprachen noch einmal über die Bedrohung durch biologische Waffen und erörterten die Rede, mit der sich der Präsident nach Beginn der Kampfhandlungen an das Volk wenden sollte.

»Ich werde General Schwarzkopf einen Durchführungsbefehl schicken müssen, wenn wir die Sache ins Rollen bringen«, sagte ich. Damit löste ich eine weitere hitzige Debatte aus. Drei Tage zuvor hatten die beiden Kammern im Kongreß (mit 250 zu 183 Stimmen im Repräsentantenhaus und mit 52 zu 47 im Senat) eine Resolution verabschiedet, wonach der Präsident den Krieg nur dann beginnen durfte, wenn alle anderen Bemühungen, den Irak zur Befolgung der 12 UN-Resolutionen zu bewegen, gescheitert waren. Während die anderen darüber stritten, wie mit dieser Forderung umzugehen sei, zog ich meinen gelben Notizblock heraus und begann zu schreiben. Als ich fertig war, unterbrach ich die Diskussion für einen Augenblick und sagte: »Mr. President, das wird vielleicht genügen.« Ich las vor, was ich geschrieben hatte: »Der Verteidigungsminister hat angeordnet, am 17. Januar mit den offensiven Operationen zu beginnen. Diese Anordnung gilt unter der Voraussetzung, daß der Irak den relevanten UN-Resolutionen nicht entsprochen hat und der Präsident die in Abschnitt 2 (B) der Resolution 77 beider Häuser geforderte Entscheidung treffen wird ...«

Als ich fertig war, sagte niemand etwas. Ich faßte das Schweigen als Zustimmung auf und fuhr fort: »Wenn Dick unterzeichnet hat, schicke ich den Befehl noch heute nachmittag an Schwarzkopf.« Diese wenigen Worte sollten einen Krieg entfesseln.

Norm und ich verfügten über eine gesicherte Fax-Leitung, auf die wir immer dann zurückgriffen, wenn wir die Verteilung eines Schriftstücks auf ein absolutes Mindestmaß beschränken wollten. Mein Adjutant Dick Chilcoat brachte das Fax in einen kleinen Fernmelderaum in der Nähe meines Büros, und am anderen Ende der Leitung wurde es von Norms Adjutanten in Empfang genommen. Eine solche Mitteilung bekamen nie mehr als vier oder fünf Leute zu Gesicht. Am 15. Januar, um 16.15 Uhr, lehnte ich in der Tür von Chilcoats Büro, das direkt neben meinem lag, und sagte: »Schicken sie dem Oberbefehlshaber den Durchführungsbefehl.«

Am Abend des 16. Januar war die Ruhe vor der Schlacht über mich gekommen. Ich saß mit offenem Hemdkragen in meinem Büro und sah CNN. Wenn die Würfel geworfen sind, kann man nur noch warten, wie sie fallen. Nicht einmal Kleinigkeiten mußten noch überprüft werden. Die Schlacht lag jetzt allein in den Händen der Götter, besonders in denen des wankelmütigen Mars. Um 18.35 Uhr Washingtoner Zeit sah ich Bernard Shaw, Peter Arnett und John Holliman, die aus dem neunten Stock des Hotels El-Raschid in Bagdad sendeten. Sie spekulierten darüber, warum plötzlich Ketten von Leuchtspurmunition am dunklen leeren Himmel über der Stadt aufleuchteten. Ich wußte die Antwort.

B-52-Bomber, die Stunden zuvor vom Luftwaffenstützpunkt Barksdale in Louisiana gestartet waren, hatten Marschflugkörper abgefeuert. »Apache«-Hubschrauber der Army hatten die Grenze überquert und irakische Radarfrühwarnstationen in Trümmer geschossen. Junge Amerikaner waren mit Stealth-Jagdbombern des Typs F-117A von saudischen Flugplätzen aufgestiegen, andere mit Navy-Kampfflugzeugen des Typs A-6 von Flugzeugträgern zum Kampfeinsatz gestartet. Unsere Kriegsschiffe im Persischen Golf und im Roten Meer hatten Marschflugkörper des Typs »Tomahawk« abgefeuert. Die irakische Luftabwehr schoß blind in den Nachthimmel über der Hauptstadt. Im Nahen Osten war bereits der 17. Januar. Die Luftoffensive in der »Mutter aller Schlachten«, wie Saddam sie nannte, hatte begonnen.

Ich hatte keinerlei Zweifel an unserem Erfolg. Wir hatten die Truppen, die Waffen und den Plan. Was ich nicht wußte, war, wie lange es dauern würde und wie viele unserer Soldaten nicht zurückkehren würden.

19

Jeder Krieg muß enden

Ich blieb den größten Teil der Nacht vom 16. auf den 17. Januar auf, hing ständig am Telefon und beobachtete aus den Augenwinkeln im Fernsehen unseren ersten Krieg, der aus der feindlichen Hauptstadt direkt übertragen wurde. Kurz nach 5 Uhr Washingtoner Zeit rief mich Schwarzkopf an und gab mir einen ersten zusammenfassenden Bericht über die Luftoffensive. Norm war zu sehr Profi, um über den ersten Hauch eines Sieges in Verzückung zu geraten, aber er hatte Mühe, seine freudige Erregung zu verbergen. »Wir haben achthundertfünfzig Einsätze geschafft«, sagte er. »Wir haben die meisten Ziele vernichtet.« Die zentralen Produktionsanlagen für biologische und nukleare Waffen im Irak waren schwer getroffen. Das Luftabwehrsystem im Westen des Landes war außer Gefecht gesetzt worden. Nachschubdepots standen in Flammen. Zwei Abschußbasen für Scud-Raketen hatten Treffer bekommen. »Das ITT-Gebäude im Zentrum von Bagdad glüht, und wir haben einen von Saddams Palästen weggeblasen.«

Das waren gute Nachrichten. Ich wartete gespannt. »Wie steht's mit Verlusten?«

»Colin«, sagte er, »es ist unglaublich.« Bis jetzt sah es so aus, als hätten wir nur zwei Flugzeuge verloren, während wir damit gerechnet hatten, beim ersten Schlag bis zu 75 Maschinen zu verlieren. Unsere Stealth-Jagdbomber des Typs F-117A, die zuvor nur in Panama zum Kampfeinsatz gekommen waren, schlüpften wie Gespenster durch die irakische Luftabwehr. Die Flakgeschütze des Irak feuerten wild, aber ohne zu treffen. Und Saddams Luftwaffe kam kaum vom Boden weg. So verlief der erste Tag des Krieges, ein fast uneingeschränkter Erfolg.

Allein schon die Flugsicherung war eine erstaunliche Leistung. In der ersten Nacht flogen 700 Kampfflugzeuge der Koalition Einsätze im Irak. Erstmals wurden auch Marschflugkörper im Gefecht eingesetzt.

Einhundertsechzig Tankflugzeuge kreisen am Himmel, um die geflügelte Armada wieder aufzutanken. Gegen die Aufgabe, diese Schwärme von Jägern, Bombern, Tankflugzeugen und Raketen zu lenken, war die Flugsicherung auf dem Flughafen O'Hare in Chicago geradezu provinziell.

Ich sah, wie nach den ersten Angriffen ein Fernsehreporter einem jungen Kampfflieger das Mikrofon unter die Nase hielt. Der Pilot war gerade vom Einsatz zurückgekehrt, den Helm unterm Arm, das Gesicht schweißüberströmt, das Haar verfilzt. Er beantwortete die Fragen des Reporters und ging dann weg, drehte sich jedoch noch einmal um und sagte in die Kamera. »Ich danke Gott, daß ich meinen Einsatz beendet habe und wohlbehalten zurückgekehrt bin. Ich danke Gott für die Liebe einer guten Frau. Und ich danke Gott, daß ich Amerikaner und amerikanischer Kampfflieger bin.« Mir ging das Herz auf. Das waren die Soldaten, die das Land sehen sollte, nicht die alten stereotypen Aussteiger und gescheiterten Existenzen, sondern aufgeweckte, hochmotivierte, patriotische junge Amerikaner, die besten und die hellsten.

Allerdings warf die Euphorie des ersten Tages ein Problem auf. Die Berichte des CNN-Korrespondenten Wolf Blitzer aus dem Pentagon erweckten den Eindruck, als müsse man jetzt nur noch die Siegesparade organisieren. Ich rief Pete Williams, den Sprecher des Verteidigungsministeriums, an. »Pete«, bat ich ihn, »sagen sie Blitzer und den anderen Jungs von der Presse, sie sollen Gas wegnehmen. Dies ist der Beginn eines Krieges, nicht das Ende eines Ballspiels.« In der heutigen Zeit werden die Leute sofort informiert und neigen deshalb dazu, auch sofort Ergebnisse zu erwarten. Im Lauf der nächsten Tage schlug die Anfangseuphorie rasch in Niedergeschlagenheit um. Warum hatten wir noch nicht gewonnen? Stimmte etwas nicht? Tatsächlich machten die Iraker trotz der schweren Luftangriffe keinerlei Anstalten, klein beizugeben, wie die glühendsten Luftkriegsapostel erwartet hatten.

Am Morgen des 22. Januar ging ich hinauf zu Cheney. »Dick«, sagte ich, »wir müssen die Sache ins rechte Licht rücken.« Zu diesem Zeitpunkt hatte die amerikanische Bevölkerung im Fernsehen nur Berichte der Stäbe aus Saudi-Arabien und dem Pentagon gesehen. Kein hoher Regierungsvertreter hatte ihr erklärt, wie der Krieg verlief. »Das sollte jemand tun«, sagte ich.

»Wir geben morgen eine Pressekonferenz«, entschied Dick.

Ich bestellte meine Graphiker und ließ sie ein paar Schaubilder anfertigen. Außer einem detaillierten Bericht über die Operation wollte ich eine griffige Formel, die das Wesentliche des Feldzugs auf den Punkt brachte.

Am späten Nachmittag bereitete ich mich an meinem Schreibtisch auf die Pressekonferenz vor. Ich ließ mir verschiedene Sätze durch den Kopf gehen und schrieb sie auf ein Blatt Papier. Einer lautete:»Wir werden der irakischen Armee den Rückzug abschneiden und sie neutralisieren.« Nein,»den Rückzug abschneiden und angreifen« – vielleicht.»Fluchtweg abschneiden und zerschlagen« – schon besser. Aber ich war noch immer nicht zufrieden. Ich brauchte etwas, das eindringlich, unmißverständlich und kurz war. Der stellvertretende Vorsitzende, Admiral Dave Jeremiah, war mir als meine rechte Hand unentbehrlich geworden und stets bemüht, mir zu helfen. Als er nun in meinem Büro vorbeischaute, sagte ich:»Dave, ich möchte, daß Sie sich etwas anhören, was ich geschrieben habe. ›Hier ist unser Plan für die irakische Armee. Zuerst schneiden wir ihr den Rückzug ab, und dann werden wir sie *vernichten.*‹«

Dave sah ein bißchen unbehaglich drein.»Klingt ein bißchen stark«, sagte er.»Sind Sie sicher, daß Sie das so sagen wollen?«

Bill Smullen kam herein, um die Vorkehrungen für die Pressekonferenz zu besprechen, und ich las auch ihm den Satz vor. Smullens riß die Augen auf.»Ist das zu dick aufgetragen?« fragte ich.

»Es läßt jedenfalls keinen Raum für Mißverständnisse«, antwortete Bill.

Am folgenden Tag traten Cheney und ich um 14 Uhr im Briefing-Raum im zweiten Stock des E-Ring, des äußersten Korridors des Pentagons, vor die Presse. Dick begann mit ein paar kurzen Bemerkungen und schloß mit dem Satz:»Saddam Hussein kann den Grundverlauf des Konflikts nicht ändern. Er wird unterliegen.« Dann überließ er mir das Feld.

Ich erklärte den Schlachtplan. Wir würden mit unseren Luftstreitkräften zunächst das Luftabwehrsystem des Feindes und seine Kommando-, Kontroll- und Fernmeldeeinrichtungen zerstören, um ihn taub, stumm und blind zu machen. Danach planten wir, seine Armee in Kuwait von jedem Nachschub abzuschneiden, indem wir seine militärischen Einrichtungen, Fabriken und Nachschubdepots in Trümmer legten. Und schließlich würden wir unsere Angriffe auf die irakischen Truppen ausdehnen, die Kuwait besetzt hielten.

Mein Vortrag war absichtlich zurückhaltend und kühl gehalten. Und dann kam der Knalleffekt: »Unsere Strategie im Kampf gegen diese Armee ist sehr einfach«, sagte ich. »Zuerst schneiden wir ihr den Rückzug ab, und dann werden wir sie vernichten.« Diese Worte beherrschten die Fernsehberichte an diesem Abend und die Zeitungsartikel des folgenden Tages. Sie hatten die von mir erwünschte Wirkung. Sie machten der Welt – und insbesondere dem Irak – unser Kriegsziel unmißverständlich klar.

Als ich anhand der Schaubilder die Auswirkungen der Bombenangriffe beschrieb, sagte ich: »Wir haben die Graphiken so gestaltet, daß Sie nicht wirklich wissen können, worüber ich spreche, weil ich nicht will, daß die Iraker wissen, worüber ich spreche.« Und ich fügte mit einem Lächeln hinzu: »Aber vertrauen Sie mir.« Die Reporter wirkten amüsiert und hakten nicht weiter nach.

Im weiteren Verlauf des Luftkriegs war ich einmal weniger offen zur Presse und bereute es hinterher. Norm Schwarzkopf gab regelmäßig Pressekonferenzen in Riad. Er war eine vertraute Gestalt auf den Bildschirmen geworden, groß, zuversichtlich und scharfsinnig. Auf einer Pressekonferenz führte er ein Video vor, daß zeigte, wie eine unserer intelligenten Bomben auf vier zylinderförmige Objekte zuraste. Dann war eine Explosion zu sehen, wie man sie von Videospielen kannte, und Schwarzkopf verkündete, daß soeben vier mobile Abschußrampen für Scud-Raketen vernichtet worden seien.

Tatsächlich? Rear Admiral Mike McConnell, der Chef meiner Nachrichtenabteilung, suchte mich etwa eine Stunde später auf. »General, wir haben ein Problem«, sagte er. »Wir glauben nicht, daß das Scuds waren. Unserer Ansicht nach waren es vier jordanische Tanklastwagen, die an einem Rastplatz geparkt waren.«

»Wo haben Sie das her?« fragte ich.

»Von einem Captain, einem Analytiker in Schwarzkopfs Stab«, sagte McConnell. »Dann veranlassen Sie, daß der Captain Schwarzkopf anruft und ihm sagt, daß da ein Fehler passiert ist.«

»Niemand da drüben wird Schwarzkopf sagen, daß er einen Fehler gemacht hat«, sagte McConnell.

»Wie zum Teufel soll er es dann erfahren?« Ich drückte einen Knopf auf der Konsole meiner Fernsprechanlage. Der Oberbefehlshaber war sofort am Apparat. »Hey Norm«, sagte ich und teilte ihm mit, was mir McConnell gerade berichtet hatte.

Das Telefon fühlte sich plötzlich glühend heiß an. »Keine Scuds! Lieber Gott! Glauben Sie, ich habe es hier leicht, wenn mir laufend Washingtoner Schreibtischhengste in den Rücken fallen? Kriege ich denn überhaupt keine Unterstützung?«

»Beruhigen Sie sich«, sagte ich. »Wir haben die Information aus Ihrem eigenen Stab bekommen. Lassen Sie Ihre Nachrichtenleute den Angriff einfach noch einmal analysieren, dann reden wir weiter drüber. Wir wollen deswegen nicht streiten.«

Norm war bald wieder am Telefon. »Bei Gott«, sagte er, »natürlich waren es Scuds. Der Analytiker weiß nicht, wovon er redet. Er ist einfach nicht so gut wie die anderen. Aber ich sage Ihnen, diesen Mist lasse ich mir nicht länger gefallen. Ich spreche im Fernsehen, und dann werde ich von Euch heruntergeputzt.«

»Ich versuche nur, Ihre Glaubwürdigkeit zu schützen«, sagte ich. »Sie ist ein kostbares Gut.«

Am nächsten Tag brachten mir unsere Experten für Luftaufklärung Fotos, an denen nicht zu rütteln war. Sie zeigten die ausgebrannten Wracks von vier Tanklastwagen, gewiß jedoch keine Scuds. Ich verzichtete darauf, die Geschichte zu korrigieren. Norm stand enorm unter Druck, und es war so wichtig, sein seelisches Gleichgewicht zu erhalten, daß ich ihm nicht in den Rücken fallen wollte. Aber die Wahrheit will ans Licht. Und sie kam ans Licht, als ein Kamerateam von CNN die zerstörten Fahrzeuge vom Boden aus filmte. Eine weitere gute Regel für den Umgang mit den Medien: Besser einen Fehler zugeben, als sich bei einem Fehler erwischen lassen.

Die Scud war eine billige, primitive, ungenaue sowjetische Zerstörungsmaschine. In den Tagen der sowjetisch-irakischen Freundschaft hatten die Russen den Irakern Hunderte dieser Raketen geliefert. Sie hatten eine Reichweite von unter fünfhundert Kilometern und konnten nur eine kleine Nutzlast tragen. Die Scud war die einzige offensive Waffe, die die Iraker in der Luft zum Einsatz brachten. Sie hatten die Reichweite der Raketen erhöht, indem sie jeweils zwei mit den Enden aneinanderschweißten. Herausgekommen war ein klappriger Flugapparat mit noch geringerer Zielgenauigkeit, der nur einen Gefechtskopf von siebzig Kilogramm tragen konnte. Wenn eine Scud nicht mehr als drei Kilometer vom Ziel entfernt einschlug, wurde das als Treffer verbucht. Städte stellten jedoch Ziele dieser Größe dar, und als Scuds in

Tel Aviv und Haifa niedergingen, wollten die Israelis instinktiv zurückschlagen. Keine israelische Regierung konnte sich dem Verdacht aussetzen, sie sei nicht in der Lage, ihre Bürger vor einem arabischen
Angriff zu schützen. Wenn wir jedoch die arabischen Staaten in der
Koalition bei der Stange halten wollten, mußten wir Israel aus dem
Krieg heraushalten. Die Scud, aus militärischer Sicht eine miserable
Waffe, erwies sich für die Iraker als nützliche politische Waffe, denn
die Israelis machten Anstalten, die Jagd nach den Raketen selbst zu
übernehmen.

Am 28. Januar bestellte Cheney Paul Wolfowitz, seinen Unterstaatssekretär für politische Angelegenheiten, und mich in sein Büro. Er
hatte drei höchst energische Israelis zu Gast: Konteradmiral Abraham
Ben-Schoschan, den Militärattaché an der israelischen Botschaft, David Ivri, den Generaldirektor des Verteidigungsministeriums, und General Ehud Barak, den stellvertretenden Chef des Generalstabs. Wir
setzten uns zu sechst um Cheneys Tisch und ließen die Israelis über
ihre Absichten berichten. Sie planten einen kombinierten Luft- und
Bodenangriff in der westirakischen Wüste mit dem Ziel, Abschußvor-
richtungen für Scuds aufzuspüren und zu vernichten. Der Plan war
kühn, hätte für die Koalition aber katastrophale politische Folgen gehabt. Ich bat Barak um ein Gespräch unter vier Augen, von Soldat zu
Soldat, und wir zogen uns in mein Büro zurück.

»Diese Angriffe wirken sich auf die Moral unseres Volkes verheerend aus«, begann Barak. Ich konterte, indem ich darauf hinwies, wie
viele Scuds unsere Patriot-Raketen bereits vom Himmel geholt hatten.
Nicht genug, antwortete er. Einige Scuds kämen trotzdem durch und
versetzten die israelische Zivilbevölkerung in Angst und Schrecken.
»Sie müssen uns verstehen«, fuhr Barak fort. »Wir Israelis können es
schwer hinnehmen, daß andere ihr Leben riskieren, um uns zu verteidigen. Wir wollen uns auch beteiligen.« Ich wiederholte das vertraute
Argument von der Zerbrechlichkeit der Koalition. »Wenn wir nicht
reingehen und die Scuds beseitigen«, sagte Barak, »könnte Saddam sie
mit chemischen Gefechtsköpfen bestücken und gegen Ihre Truppen
einsetzen, wenn Sie Ihre Bodenoffensive starten. Und er könnte Ner-
vengas oder biologische Waffen auf unsere Städte abfeuern. Wenn das
passiert, wissen Sie, was wir zu tun haben.«

Ich hatte eine ziemlich klare Vorstellung, was er meinte. Es hieß, die
Bedienungsmannschaften der israelischen Raketen seien in höchste

Alarmbereitschaft versetzt worden. Und wer wußte, was sie abfeuern würden?

Nach Baraks Auskunft stand bereits eine israelische Eingreiftruppe bereit, um gegen die Scud-Basen vorzugehen. Bei ihrem Einsatz hätten israelische Flugzeuge jordanischen oder saudischen Luftraum durchqueren müssen. Schwarzkopf hatte mich bereits gewarnt, daß die Saudis ein solches Eindringen niemals akzeptieren würden. Und doch verstand ich, wie Barak zumute war. Sein Land hatte die vergangenen vierzig Jahre nur überlebt, weil es sich von seinen Feinden nichts hatte gefallen lassen. Bei allem, was führende israelische Politiker sagten, klang das »Nie Wieder« durch.

Schließlich kehrten Barak und ich zu den anderen zurück. Für unsere Seite war klar, daß wir Israel aus diesem Krieg heraushalten mußten, und das war nur möglich, wenn wir die Scud-Angriffe stoppten. Deshalb begann Norm Schwarzkopf, immer mehr Kampfflugzeuge für die Jagd auf Scuds abzustellen, bis schließlich ein Drittel aller Einsätze diesem Ziel galt. Britische und amerikanische Spezialtruppen operierten hinter den feindlichen Linien, um Scuds aufzuspüren. Amerikanische Patriot-Raketen-Einheiten wurden zum Schutz der größeren Städte nach Israel verlegt. Es kamen immer noch Scuds durch, aber seltener.

Manchmal muß man ungestüm kämpfen, aber manchmal ist Zurückhaltung die beste Waffe. Ministerpräsident Schamir bewies besondere staatsmännische Qualitäten, weil er dem großen Druck seiner Umgebung widerstand und nicht zurückschlug. Daß die Israelis trotz der massiven Provokation Zurückhaltung übten, was ihnen völlig gegen den Strich ging, trug meiner Ansicht nach zum Erhalt der Koalition wesentlich bei.

In der dritten Februarwoche dauerte der Luftkrieg bereits fünfunddreißig Tage ohne Unterbrechung. Ich wollte den Präsidenten noch einmal nachdrücklich darauf hinweisen, daß der Krieg nach Beginn der Bodenkämpfe ein ganz anderes Gesicht bekommen würde, und nutzte eines der fast täglich stattfindenden Briefings, um ihm den Unterschied zu veranschaulichen. »Sobald der Bodenkrieg beginnt«, sagte ich, »ist Schluß mit den antiseptischen Videos von Raketen, die ein Ziel im Fadenkreuz zeigen. Wenn ein Bataillon in ein Feuergefecht verwickelt wird, verliert man nicht nur ein oder zwei Piloten, man kann innerhalb weniger Minuten fünfzig oder hundert Mann verlieren. Und ein Schlachtfeld ist kein hübscher Anblick. Man sieht die verbrannte Leiche eines jungen Mannes aus dem Turm eines Panzers hängen und weiß, daß die Munition im Innern des Tanks beim Hochgehen den Rest der Besatzung in Stücke gerissen hat. Wir müssen uns auf einige sehr häßliche Bilder gefaßt machen.« Ich wies den Präsidenten und Cheney auch darauf hin, daß über Gefechte am Boden nicht so schnell berichtet werden konnte wie über Luftschläge.»Es wird Verwirrung geben. Man wird eine Zeitlang nicht wissen, was passiert. Also drängen Sie in den ersten Stunden bitte nicht auf Lageberichte.«

Diese Konfrontation mit den nüchternen Fakten war wichtig. Cheney hatte zwar unsere Invasion in Panama, aber noch nie einen wirklich großen Krieg erlebt. Der Präsident schon, aber nur aus der Luft und vor langer Zeit, als er Kampfflieger gewesen war.

Der Bombenkrieg ging weiter, und allmählich rückte auch seine schreckliche Seite deutlicher ins Bild, insbesondere am 13. Februar, als der Al-Firdos-Bunker in Bagdad von zwei amerikanischen Flugzeugen direkt getroffen wurde. Für uns war der Bunker ein Kommando- und Kontrollzentrum, während die Iraker behaupteten, er sei ein Luftschutzraum gewesen. Welche Funktion das Gebäude auch gehabt haben mag, bei dem Angriff kamen sehr viele Zivilisten ums Leben, und die ganze Welt sah im Fernsehen, wie die Opfer aus den rauchenden Trümmern getragen wurden. Schwarzkopf und ich diskutierten über die Tragödie. Mußten wir einen Monat nach Kriegsbeginn tatsächlich noch Angriffe auf das Bagdader Stadtzentrum fliegen? Wie oft sollten wir die Zentrale der Baath-Partei eigentlich noch bombardieren und wozu? Dort saß niemand und wartete, bis der nächste Tomahawk-Marschflugkörper einschlug. Schwarzkopf und ich begannen, die Ziele vor den täglichen Einsätzen einer kritischen Überprüfung zu unterziehen.

Auf jeden Fall unterstrich der Schlag gegen den Al-Firdos-Bunker die Notwendigkeit, mit der kombinierten Luft- und Bodenoffensive zu beginnen und den Krieg zu beenden. Bei einem Kurzbesuch, den Cheney und ich vom 8. bis 10. Februar im Kriegsgebiet gemacht hatten, hatte uns Schwarzkopf mitgeteilt, daß er am 21. Februar bereit sein würde. Zurück in Washington, teilten wir dem ungeduldigen George Bush den Termin mit. Doch drei Tage später rief Norm an und sagte, der Termin sei gestorben.

»Der Präsident will, daß die Sache vorankommt«, sagte ich. »Was ist passiert?«

»Walt Boomer braucht mehr Zeit«, antwortete Schwarzkopf. Boomers 1. und 2. Marineinfanteriedivision hatten den Auftrag, von der Mitte der Front auf Kuwait City vorzustoßen, wobei sie allerdings zunächst starke Befestigungen überwinden mußten, an denen die Iraker monatelang gearbeitet hatten: mehrere Gürtel von Infanterie- und Panzerminen, ein Gestrüpp aus Stacheldrahtrollen, das mit Sprengladungen versehen war, dann weitere Minenfelder, tiefe Panzergräben und schließlich sechs Meter hohe Wälle und mit brennendem Öl gefüllte Gräben. Und das unter Dauerbeschuß der irakischen Truppen und Artillerie. Boomer wollte mehr Zeit, um seinen Angriff dreißig Kilometer nach Westen zu verlegen, wo eine irakische Verteidigungsstellung nach Luftangriffen weitgehend verlassen und eine andere Befestigungslinie weiter hinten noch nicht fertiggestellt war. Außerdem verlangte er weitere Luftangriffe gegen die feindlichen Stellungen, bevor er seine Truppen vorrücken ließ.

»Das wird uns ein paar Tage kosten«, sagte Norm. Er wollte die Bodenoffensive auf den 24. Februar verschieben.

»Vergessen Sie unsere Strategie nicht«, ermahnte ich ihn. Die Frontalangriffe sollten die verschanzten Iraker nur binden, das galt auch für den Auftrag der Marineinfanteristen. »Wenn Boomer auf ernsten Widerstand stößt, muß er stoppen«, sagte ich. Seine Truppen hätten ihren Auftrag erfüllt, wenn sie den Feind in ein Gefecht verwickelten und so dem 7. Korps und dem 18. Luftlandekorps Gelegenheit gaben, auf dem linken Flügel im nur schwach verteidigten westlichen Teil der Wüste ihren Haken zu schlagen. »Es besteht keine Notwendigkeit«, sagte ich, »einen Haufen Kids mit der Hymne der Marines auf den Lippen in den Tod zu schicken.«

Einer meiner wichtigsten operativen Grundsätze lautet: Der Befehlshaber im Feld hat immer recht, und die Stäbe im Hinterland haben immer unrecht, solange nicht das Gegenteil bewiesen ist. Der Befehlshaber im Kriegsgebiet kennt das Gelände und befehligt die Truppen. Er steht dem Feind direkt gegenüber und schätzt ihn ein. Aus diesem Grund riet ich Cheney, Norms Empfehlung zu folgen. Cheney ging widerstrebend zum Präsidenten und erwirkte eine Verschiebung auf den 24. Februar.

Ich unterstützte Norm, obwohl ich fand, daß er übervorsichtig war.

In den Wochen zuvor hatte ich beobachtet, wie das 7. Korps mit Zehntausenden von Soldaten und Hunderten von Panzern nach Saudi-Arabien geströmt war. Wir hatten unsere Panzertruppen und unsere Luftlandeeinheiten heimlich an die verwundbare Westflanke der Iraker verlegt und atemlos auf eine Reaktion der Iraker gewartet. Doch sie hatten nur eine einzige zusätzliche Division, die nicht einmal mehr Sollstärke aufwies, in diesen Teil der Wüste verlegt. Das war's, sagte ich mir. Sie hatten sich von unseren Truppenbewegungen täuschen lassen und rechneten mit einem massiven Frontalangriff gegen Kuwait und einer Landungsoperation vom Persischen Golf aus. Sie hatten uns alles gezeigt, was sie aufzubieten hatten, und es reichte an keiner Stelle, um unsere Umfassungsbewegung im Westen zu stoppen. Wir hatten befürchtet, daß der Wüstenboden an ihrer Westflanke für schwere Panzerfahrzeuge nicht geeignet sein könnte. Aber Pioniere hatten den Sand getestet und grünes Licht gegeben. Wir befragten einheimische Beduinen, und sie bestätigten die Festigkeit des Geländes.

Der Zeitplan für die Offensive geriet noch stärker in Gefahr, als sich Michail Gorbatschow als Friedensstifter versuchte. Am 18. Februar flog der irakische Außenminister Tarik Asis nach Moskau und ließ sich über einen Friedensplan unterrichten, der eine Einstellung der Feindseligkeiten von unserer Seite vorsah, wenn die Iraker Kuwait räumten. Präsident Bush war in Schwierigkeiten. Aus seiner Sicht war es für einen solchen Schritt zu spät. Wir hatten sechzig Milliarden Dollar ausgegeben und eine halbe Million Soldaten in das 13 000 Kilometer entfernte Krisengebiet verlegt, und jetzt wollte er den irakischen Invasoren in Kuwait einen vernichtenden Schlag versetzen. Er wollte keinen nur technischen K. o., der es Saddam erlaubt hätte, seine Armee unversehrt zurückzuziehen und auf eine neue Gelegenheit zu warten. Gleichwohl durfte der Präsident nicht den Eindruck erwecken, als stehe er einer friedlichen Lösung ablehnend gegenüber.

Am 20. Februar rief Norm an und sagte, er habe mit seinen Kommandeuren gesprochen und brauche einen weiteren Aufschub bis zum 26. Februar. Die jüngsten Wetterprognosen für den 24. und 25. seien schlecht, doch am 26. werde es vielleicht aufklaren. Schlechtes Wetter bedeutete weniger Luftunterstützung, und das bedeutete höhere Verluste. Ich steckte in der Klemme. Bisher war Cheney meinem Rat gefolgt. Doch jetzt hatte ich das Gefühl, daß Norms Argumente nicht mehr überzeugend genug waren, um damit noch einmal zu Cheney und zum Präsidenten zu gehen. Zuerst hatte Boomer seine Marineinfanteristen verlegen müssen, dann hatten die Marineinfanteristen mehr Luftunterstützung gebraucht, bei einer anderen Gelegenheit war die saudische Armee noch nicht einsatzbereit gewesen, und nun war das Wetter schlecht. Was hatte ich als nächstes zu erwarten, einen Aufschub bis zum 28. Februar?

»Also wissen Sie«, sagte ich zu Norm, »vor zehn Tagen ist es der 21. gewesen, dann sollte es der 24. sein, und jetzt wollen Sie den 26. Der Präsident und der Verteidigungsminister sitzen mir im Nacken. Die beiden haben einen schlechten russischen Friedensvorschlag auf dem Tisch, den sie nicht annehmen wollen. Sie müssen mir schon bessere Gründe für einen erneuten Aufschub liefern. Ich glaube, Ihnen ist nicht klar, unter welchem Druck ich stehe.«

Schwarzkopf explodierte. »Sie wollen den Präsidenten aus politischen Gründen nicht davon abhalten, einen militärischen Fehler zu begehen!« schrie er. »Haben Sie denn nicht kapiert? Der Befehlshaber meiner Marineinfanterie sagt, daß wir warten müssen. Wir sprechen über das Leben von Marineinfanteristen.« Wenn sich schon kein anderer darum schere, dann müsse er es wenigstens tun.

Das schlug dem Faß den Boden aus. Ich hatte Norm bei jedem Schritt unterstützt, hatte mit der einen Hand seine Kritiker abgewehrt und ihn mit der anderen zu beruhigen versucht. »So können Sie mir nicht kommen!« brüllte ich nun zurück. »Ich habe es nicht nötig, mir von Ihnen Schuldgefühle einreden zu lassen! Und behaupten Sie ja nicht, daß mir Verluste gleichgültig wären! Was tun Sie eigentlich da unten? Ziehen Sie vor Ihren Kommandeuren eine Schau ab?«

Er sei allein in seinem privaten Büro, sagte Schwarzkopf, und er stehe genauso unter Druck wie ich. »Sie wollen, daß ich meinen militärischen Sachverstand ausschalte, weil das politisch opportun ist«, sagte er. »Diesen Eindruck habe ich schon lange.« Plötzlich klang er nicht mehr wütend, sondern verzweifelt. »Colin, ich habe das Gefühl, mein Kopf steckt in einem Schraubstock. Kann sein, daß ich ihn verliere. Vielleicht bin ich nicht mehr objektiv.«

Ich holte tief Luft. Ich wollte um jeden Preis vermeiden, den Oberbefehlshaber im Feld am Vorabend der Schlacht in einen Nervenzusammenbruch zu treiben. »Nein, Sie verlieren nicht den Kopf«, sagte ich. »Wir haben nur ein Problem, das wir lösen müssen. Wir haben hier alle volles Vertrauen in Sie. Heute abend werde ich Ihre Empfehlung weiterleiten, und wir werden tun, was Sie sagen.« Es war an der Zeit, das Gespräch abzubrechen, bevor einer von uns ein weiteres Streichholz in das Benzin werfen konnte.

Eine knappe halbe Stunde später war Norm wieder am Telefon, mit der neuesten Wettervorhersage. Am 24. und 25. sah es nun doch nicht so schlecht aus. »Wir sind bereit«, sagte er. Wir hatten grünes Licht für den 24. Februar.

Ich pflegte normalerweise nicht in Rollkragenpullover und Sportjacke im Weißen Haus zu erscheinen. Doch am Donnerstag, dem 21. Februar, war ich für 22.30 Uhr überraschend zu einem Treffen beordert worden. Der Präsident erwartete mich in seinem Arbeitszimmer. Er kam gerade aus dem Ford's Theater zurück und berichtete, er habe *Black Eagles* von Leslie Lee gesehen, ein großartiges Stück. Es handelt von den Tuskegee Airmen, Schwarzen Kampfpiloten, die sich im Zweiten Weltkrieg ausgezeichnet hatten. Cheney erschien als nächster, im Smoking, weil er direkt von einem Empfang für die dänische Königin kam. Dann trafen auch die anderen ein, bis die Achterbande schließlich komplett war. Wir mußten eine Entscheidung über Gorbatschows Friedensvorschlag treffen. Der Sowjetführer hatte Bush deswegen am frühen Abend angerufen. Für den Präsidenten war es schwierig abzulehnen, ohne daß der Eindruck entstand, er verspiele leichtfertig eine Friedenschance.

»Sie haben zwei Möglichkeiten«, sagte Brent Scowcroft. »Entweder Sie sagen den Russen, sie sollen sich heraushalten, oder Sie bemühen sich um bessere Bedingungen und nehmen an.«

Ich sah Cheney an, der auf der Armlehne eines Sessels saß. Ich wußte, was er dachte. Er mochte die Russen nicht und mißtraute ihnen. Es wurmte ihn, mitansehen zu müssen, wie sie uns mit Hilfe der Weltmeinung unter Druck setzten, um Lob und Anerkennung für eine Lösung einzuheimsen, die sich hinterher als schlecht entpuppen könnte. Er wollte die Iraker lieber mit Gewalt vertreiben.

Ich konnte die Qual in der Stimme des Präsidenten hören. »Ich will mich auf diesen Handel nicht einlassen«, sagte er. »Doch andererseits will ich Gorbatschow nicht brüskieren, nicht nachdem er so lange mit uns konform gegangen ist. Wir müssen einen Ausweg finden.«

Ich hob einen Finger, und der Präsident fragte. »Haben Sie eine Idee, Colin?«

»Wir werden Gorbatschow nicht brüskieren«, sagte ich. Ich wies darauf hin, daß die Weltmeinung das Ultimatum der UNO akzeptiert hatte, nach dem Kuwait bis zum 15. Januar hätte geräumt werden müssen. »Also sollten wir auch für Gorbys Vorschlag eine Frist setzen. Wir sagen, tolle Idee, wenn die Iraker tatsächlich bis, sagen wir, Samstag 12 Uhr den vollständigen Rückzug angetreten haben. Wenn sie abziehen, dann bekommen Sie den Friedensnobelpreis, Mr. Gorbatschow. Wenn sich die Iraker jedoch nicht rühren, und das vermute ich, dann beziehen sie Prügel.«

Es herrschte Schweigen im Raum. Alle schienen an der Idee zu kauen. »Na, wie wär's damit?« sagte der Präsident. Sie stieß schnell auf allgemeine Zustimmung, nur Cheney sagte nichts. »Und was ist mit Ihnen, Dick?« fragte der Präsident.

Cheney sah aus, als hätte ihm jemand eine tote Ratte in die Hand gedrückt. »Schätze, es ist okay«, sagte er.

Am nächsten Morgen um 10.40 Uhr trat Präsident Bush im Rosengarten vor die Kameras. »Die Koalition«, sagte er mit grimmiger Miene, »setzt Saddam bis Samstag um 12 Uhr eine Frist, das zu tun, was er tun muß, nämlich den sofortigen und bedingungslosen Rückzug aus Kuwait anzutreten.«

Bis Samstag, den 23. Februar, 12 Uhr, hatte Saddam auf den sowjetischen Rückzugsvorschlag nicht reagiert und damit auch den letzten Ausweg nicht genutzt. Am folgenden Tag, um 4 Uhr Ortszeit Riad, überschritten amerikanische Marineinfanteristen und eine Panzerbrigade der Army gefolgt von saudischen, ägyptischen, syrischen und anderen arabischen Truppen bei Dunkelheit und kaltem Regen die Grenze nach Kuwait. Weit im Westen sprang die 82. Luftlandedivision des 18. Luftlandekorps ab und deckte zusammen mit einer leichten Panzerdivision der Franzosen die Westflanke. Die 101. Luftlandedivision und die 24. Infanteriedivision (motorisiert) stießen geradewegs in den Nordirak Richtung Euphrat-Tal vor. Zwischen diesen Einheiten standen das 7. Korps und die britische 1. Panzerdivision bereit, um den Hauptangriff auf unserem linken Flügel vorzutragen, sobald klar war, daß die Iraker durch die unterstützenden Angriffe gebunden waren. Der Bodenkrieg hatte begonnen.

Zu aufgedreht, um schlafen zu können, blieb ich im Büro und ließ mir von Tom Kelly und Mike McConnell die eintreffenden Berichte

geben. Ich sah auch CNN, damit ich wußte, was für ein Bild dem Rest
der Welt vermittelt wurde. Die Marineinfanteristen hatten die Iraker
nicht nur gebunden, sondern ihre Befestigungen durchbrochen und
rückten schon auf Kuwait City vor. Aufklärungsteams hatten ihnen den
Weg geebnet und waren dabei schreckliche Risiken eingegangen. Sie
waren durch den Stacheldraht gerobbt, hatten ölgefüllte Gräben überquert und Gassen für die Angriffstruppen freigemacht.

Im Westen stieß General Barry McCaffreys 24. Infanteriedivision am
ersten Tag über neunzig Kilometer in feindliches Gebiet vor. Die ersten
Vorstöße brachten so große und schnelle Geländegewinne, daß
Schwarzkopf den Termin für den Hauptangriff um fünfzehn Stunden
vorverlegen konnte. In jenen ersten vierundzwanzig Stunden des Bo-
denkriegs ergaben sich zehntausend hungrige, durstige, erschöpfte und
durch achtunddreißig Tage Bombenkrieg zermürbte Iraker. Allein Gary
Lucks 18. Luftlandekorps machte 3200 Gefangene, während es selbst
nur einen Verwundeten hatte. Unsere gesamten Verluste am ersten Tag
betrugen acht Tote und siebenundzwanzig Verwundete.

Am Morgen des zweiten Tages kämpfte die 1. Marineinfanteriedivision
um den internationalen Flughafen in Kuwait City. Ihr Auftrag wäre
schon erfüllt gewesen, wenn sie den Feind nur gebunden hätte. Statt
dessen hatte sie am Ende des Tages Kuwait City eingeschlossen. Ein
amphibischer Scheinangriff vor der kuwaitischen Küste band weitere
irakische Einheiten. Das 18. Luftlandekorps drang tiefer in den Irak
vor. Das 7. Korps unter Lieutenant General Fred Franks hatte eine zentrale strategische Aufgabe: Sie sollte den Flankenangriff von Westen
nach Osten vortragen, dessen Ziel darin bestand, den irakischen Truppen in Kuwait, vor allem der so gerühmten Republikanischen Garde,
den Rückzug abzuschneiden und sie dann zu vernichten. Doch das 7.
Korps kam nicht so schnell vorwärts, wie wir erwartet hatten.

Am zweiten Tag erlitten wir einen schweren Schlag. Eine Scud-Ra-
kete aus sowjetischer Fabrikation traf eine unserer behelfmäßigen Kasernen bei Dharan und tötete achtundzwanzig amerikanische Soldaten. Die Verlustliste verwies auf die rauhe Realität unserer modernen
Streitkräfte: Unter den Opfern waren auch Frauen.

Am 26. Februar, dem dritten Tag der Bodenoffensive, rief ich gegen
Mittag Schwarzkopf an. Ich sagte ihm, daß ich die Entscheidungen von
Frontkommandeuren nur ungern kritisierte, doch ich könne nicht ver-

stehen, warum das 7. Korps immer noch nicht voll in die Kämpfe eingegriffen habe. »Können sie Fred Franks nicht dazu bringen, daß er schneller vorrückt?« fragte ich. Schwarzkopf hatte Franks bereits massiv unter Druck gesetzt und war froh, daß er nun auch den Druck des Vorsitzenden der Stabschefs weitergeben konnte. Wenig später meldete er, daß sich das 7. Korps endlich voll in die Kampfhandlungen eingeschaltet habe. Franks' Truppen hatten eine Division der Republikanischen Garde fast völlig vernichtet und zwei weitere zum Rückzug gezwungen.

Kuwait City wurde von den US-Marineinfanteristen, Sondereinheiten der Army und saudischen, ägyptischen, kuwaitischen und anderen arabischen Truppen befreit. Das 18. Luftlandekorps näherte sich dem Euphrat-Tal. Nach den Berichten unseres Nachrichtendienstes waren von zweiundvierzig irakischen Divisionen im Kriegsgebiet bereits siebenundzwanzig vernichtet oder überrannt worden. Wir hatten 38 000 Gefangene gemacht, und ständig kamen neue hinzu. Unsere Verluste blieben gering, obwohl wir beunruhigend viele Ausfälle durch eigenes Feuer zu beklagen hatten. Die Verlustrate war jedoch überall sogar noch weit unter unseren optimistischsten Schätzungen geblieben, vor allem dank der ständigen Angriffe, die unsere Luftstreitkräfte gegen die Iraker flogen.

Vor Beginn des Krieges hatte mir jemand aus meinem Stab das Buch *Every War Must End* von Fred Iklé gegeben. Ich hatte mit Iklé zusammengearbeitet, als er Unterstaatssekretär und Leiter des politischen Stabs im Pentagon und ich Cap Weinbergers Militärberater gewesen war. Das Thema des Buches faszinierte mich, da ich zweimal in Vietnam gewesen und dort an einem Krieg mitgewirkt hatte, der kein Ende nehmen wollte und oft sinnlos erschien. Laut Iklé war der Krieg ein Unternehmen, das die Beteiligten so total in Anspruch nahm, daß eine Regierung, wenn er erst begonnen hatte, leicht aus den Augen verlieren konnte, daß sie ihn auch wieder beenden mußte. Oder wie er es formulierte:

»So kann es passieren, daß Militärs, während sie mit Geschick ihre raffinierten Operationen planen und komplizierte Manöver koordinieren, seltsam blind dafür bleiben, daß nicht der Ausgang der Feldzüge, sondern der Ausgang des Krieges darüber entscheidet, wie gut ihre Pläne den Interessen ihres Landes dienen. Gleichzeitig werden die führenden Staatsmänner vielleicht nur halbherzig darauf bestehen, daß diese wunderbar geplanten Feldzüge mit ein paar klaren Ideen verknüpft werden, wie man den Krieg beenden könnte …«

Als Beispiel führte Iklé unter anderem den japanischen Angriff auf Pearl Harbor an. Er war raffiniert geplant, doch die Japaner hatten kaum einen Gedanken daran verschwendet, wie der Krieg, den sie damit begannen, enden würde. Ich war von Iklés Gedanken so beeindruckt, daß ich wichtige Passagen fotokopieren ließ und an die Vereinten Stabschefs, Cheney und Scowcroft weitergab. Wir führten einen begrenzten Krieg mit einem begrenzten Mandat für einen begrenzten Zweck, der bald schon erreicht sein würde. Meines Erachtens sollten sich die Verantwortlichen allmählich Gedanken darüber machen, wie sie ihn beenden wollten.

Am 27. Februar fuhr mich Otis Pearson ins Weiße Haus zum täglichen Briefing der Achterbande. Der schwere, gepanzerte Cadillac rollte gemächlich um den riesigen Parkplatz des Pentagons herum, die Route 27 hinauf über die Memorial Bridge und nach Washington hinein. Während der Fahrt ging mir ein Satz aus Fred Iklés Buch durch den Kopf: »… Kämpfe werden oft weit über den Punkt hinaus fortgesetzt, an dem eine ›rationale‹ Analyse zeigen würde, daß der Krieg beendet werden sollte.«

Ich hatte an diesem Morgen bereits mit Norm Schwarzkopf gesprochen und ihm gesagt, ich hätte das Gefühl, daß wir uns der Schlußphase näherten. Wir hatten annähernd 70 000 Gefangene gemacht. Saddam hatte seinen Truppen den Rückzug aus Kuwait befohlen. Der letzte wichtige Fluchtweg, eine vierspurige Autobahn, die von Kuwait City in das irakische Basra führte, war zu einem Schießplatz für unsere Kampfflieger geworden. Fliehende Soldaten verstopften die Straße, die mit den ausgebrannten Wracks von fast 1500 Militär- und Zivilfahrzeugen übersät war. Reporter sprachen bereits von der »Straße des Todes«.

Ich sagte Norm, daß ich dem Präsidenten und dem Verteidigungsminister bald eine Empfehlung vorlegen müsse, wann wir den Krieg beenden sollten. Und ich fügte hinzu, daß man aus den Fernsehberichten allmählich den Eindruck gewinnen könne, als sei das Abschlachten für uns zum Selbstzweck geworden.

»Daran habe ich auch schon gedacht«, sagte Norm.

Ich fragte ihn, wieviel Zeit er noch benötige. »Noch einen Tag, das sollte reichen«, antwortete er. Dann werde er verkünden können, daß der Irak militärisch nicht mehr in der Lage sei, seine Nachbarn zu bedrohen. Und dann fügte er hinzu: »Ist Ihnen bewußt, daß der Bodenkrieg, wenn wir ihn morgen abend beenden, nur fünf Tage gedauert haben wird? Na, wie hört sich das an, Fünf-Tage-Krieg?«

Das war ein Tag weniger, als die Israelis für ihren berühmten Sieg über die Araber im Jahr 1967 gebraucht hatten. »Nicht schlecht«, sagte ich. »Das gebe ich weiter.«

Gegen 14 Uhr passierten wir das Tor zum Westflügel des Weißen Hauses. Otis ließ mich aussteigen, parkte und brachte mir dann diskret eine große Kartentasche aus schwarzem Leder in die Lobby. Ich ging die Treppe zur Linken hinauf und am Büro des Stabschefs vorbei, damit ich nicht durch die Empfangshalle mußte. Man wußte nie, wer einem dort über den Weg lief, der sowjetische Botschafter oder eine Gruppe Pfadfinderinnen. Major Bruce Caughman, Offizier der Air Force und persönlicher Assistent des Präsidenten, half mir, im Oval Office gegenüber dem offenen Kamin den Ständer für meine Karten aufzubauen.

George Bush war optimistisch und entspannt. Die Achterbande und Richard Haas, Scowcrofts Nahostexperte, setzten sich in der üblichen Hufeisenform vor den Kamin. Jemand witzelte darüber, daß der Präsident das Feuermachen jetzt den Profis überlasse. Ein paar Tage zuvor hatte Bush das Feuer selbst angezündet, dabei aber vergessen, die Abzugsklappe zu öffnen. Im Nu hatte sich das Oval Office mit Rauch gefüllt. Alarmglocken schrillten. Sicherheitsbeamte rannten wild durcheinander und rissen Türen auf, so daß der eiskalte Februarwind vom Rosengarten hereinwehte.

An diesem Morgen knipste ich meinen Laserstift an und begann, die Stellungen zu beschreiben: Unsere Marineinfanterie und Prinz Chalids Streitmacht standen in Kuwait City, und das 7. Korps zog die Schlinge um die irakischen Truppen, die aus Kuwait zu fliehen versuchten, immer enger. Ernsthaften Widerstand leistete nur noch die Republikanische Garde. Weit im Westen war das 18. Luftlandekorps tief in den Irak, bis ans Ufer des Euphrat, vorgestoßen. Nach meinem militärischen Lagebericht sagte ich: »Mr. President, es läuft viel besser, als erwartet. Die irakische Armee ist zerschlagen. Sie versucht nur noch, herauszukommen.«

Unsere Truppen hatten von der UNO den Auftrag erhalten, Kuwait zu befreien, und den hatten sie erfüllt. Der Präsident hatte trotz seiner verbalen Attacken auf Saddam nie das Bedürfnis geäußert, das UNO-Mandat zu überschreiten. Moralisch waren wir gegenwärtig in einer starken Position, konnten sie aber verlieren, wenn wir Ikles Warnung nicht beherzigten und länger kämpften, als eine »rationale Analyse« geraten erscheinen ließ. Außerdem fühlte ich mich als Berufssoldat an den Ehrenkodex des Soldaten gebunden. »Wir wollen nicht den Anschein erwecken, als ob wir um des Tötens willen töteten, Mr. President«, sagte ich. »Die Operation steht unmittelbar vor dem erfolgreichen Abschluß. Ich habe mit General Schwarzkopf gesprochen. Ich rechne damit, daß unsere Aufgabe irgendwann im Lauf des morgigen Tages erfüllt ist. Dann werde ich Ihnen wahrscheinlich empfehlen, die Kämpfe zu beenden.«

»Wenn das der Fall ist«, sagte der Präsident, »warum hören wir dann nicht schon heute auf?« Ich war überrascht. »Ich möchte, daß Sie alle darüber nachdenken«, fügte Bush hinzu und ließ den Blick durch den Raum schweifen. »Die vielen Bilder von dem Gemetzel werden allmählich zu einer unerwünschten öffentlichen und politischen Belastung. Sie sagen, wir haben unseren Auftrag erfüllt. Sollten wir den Krieg dann nicht beenden?« Er könne noch am selben Tag im Fernsehen auftreten und die Einstellung der Feindseligkeiten verkünden.

»Das können wir in Erwägung ziehen«, antwortete ich. »Aber ich muß zuerst mit Norm sprechen.« Ich entschuldigte mich und ging in das kleine private Arbeitszimmer des Präsidenten unmittelbar neben dem Oval Office. Ich griff zu einem abhörsicheren Telefon und ließ mich vom militärischen Telefondienst des Weißen Hauses mit Riad verbinden.

»Norm«, sagte ich. »Der Präsident will wissen, ob wir die Sache jetzt schon beenden können.«

»Wann ist jetzt?«

»Wir haben heute abend ins Auge gefaßt.« In Anbetracht des Zeitunterschieds von acht Stunden hieß das, daß der Krieg am Golf mitten in der Nacht hätte beendet werden müssen.

»Ich habe damit kein Problem«, sagte Norm. »Unser Ziel war, den Irak aus Kuwait zu vertreiben, und das haben wir erreicht. Aber lassen Sie mich mit meinen Kommandeuren sprechen. Wenn sie nicht auf Schwierigkeiten gestoßen sind, von denen ich noch nichts weiß, sehe ich keinen Grund, warum wir nicht aufhören sollten.«

»Cheney und ich müssen gleich ins Kapitol und dem Kongreß Bericht erstatten«, sagte ich. »Wir können miteinander reden, wenn ich zurück bin.«

Ich rechnete nicht damit, daß Schwarzkopfs Feldkommandeure Einspruch erheben würden. Norm hatte soeben, um 13 Uhr Washingtoner Zeit, in Riad eine Pressekonferenz gegeben, die das Fernsehen direkt übertragen hatte. Und bei dieser inzwischen als »Mutter aller Briefings« berühmt gewordenen Pressekonferenz hatte er gesagt: »Wir haben unseren Auftrag erfüllt, und wenn die Entscheidungsträger zu dem Schluß kommen, daß es einen Waffenstillstand geben sollte, dann wird darüber niemand glücklicher sein als ich.« Und mit Blick auf die fliehenden irakischen Truppen hatte er hinzugefügt: »Die Tür ist zu. Es führt kein Weg mehr hinaus.« Später hatte er diese Erklärung ergänzt: »Wenn ich sage, die Tür ist zu, dann meine ich damit nicht, daß absolut nichts mehr durchkommt.« Schwere Panzer und Artillerie kämen nicht durch, sagte er. »Ich spreche von einer Tür, die für die Kriegsmaschine verschlossen ist ...«

Ich ging zurück ins Oval Office und berichtete dem Präsidenten, daß Schwarzkopf und ich mit dem Vorschlag einverstanden seien, daß Norm aber noch Rücksprache mit seinen Kommandeuren halten wolle. Keiner der Anwesenden sprach sich gegen den vorläufigen Beschluß aus, den Krieg zu beenden. Jim Baker war besorgt über die Auswirkungen, die sinnloses Töten auf die Weltmeinung haben würde. Brent Scowcroft vertrat die Ansicht, die bislang so glänzend verlaufene Operation bekäme einen schlechten Beigeschmack, wenn wir den Krieg länger als nötig fortführten. Und Cheney sagte, es komme darauf an, die Ziele der Koalition zu erreichen, und nicht darauf, wieviel Panzer wir außer Gefecht setzten. Trotzdem beschlossen wir, eine letzte Besprechung abzuhalten, sobald Cheney und ich aus dem Kapitol zurückgekehrt waren.

Bevor ich mich in den Kongreß begab, rief ich meinen Vize Dave Jeremiah an und sagte ihm, er solle die Stabschefs über die vorläufige Entscheidung des Präsidenten unterrichten, den Krieg zu beenden. Dave rief mich später an und sagte, alle Stabschefs seien einverstanden.

Cheney und ich sprachen um 15 Uhr im Senat und um 16.30 Uhr im Repräsentantenhaus. Beide Anhörungsräume waren zum Bersten voll.

Wir hielten den Abgeordneten im wesentlichen den gleichen auf Karten und Graphiken gestützten Vortrag wie dem Präsidenten. Allerdings erwähnten wir nicht, daß der Krieg noch am selben Tag zu Ende sein könnte.

Gegen 17.30 Uhr waren wir zurück im Weißen Haus, wo wir den Präsidenten in seinem kleinen Büro aufsuchten. Ich merkte mir den Zeitpunkt, an dem der Präsident die endgültige Entscheidung zur Einstellung der Feindseligkeiten traf: Es war genau um 17.57 Uhr. Der Oberbefehlshaber hatte die Entscheidung zu treffen, und er hatte sie getroffen. Alle seine politischen Mitarbeiter hatten zugestimmt. Für mich besteht überhaupt kein Zweifel, daß der Präsident uns alle Zeit der Welt für unsere Argumente gegeben hätte, wenn Norm oder ich auch nur die geringsten Vorbehalte gegen eine sofortige Beendigung des Krieges geäußert hätten.

Wir zogen um ins Oval Office und diskutierten Zeitpunkt und Inhalt der Erklärung, die Präsident Bush noch am selben Abend vor dem amerikanischen Volk abgeben sollte. Unterdessen begann er, seine Koalitionspartner anzurufen. Zunächst erwogen wir, die Einstellung der Feindseligkeiten auf den 28. Februar, 5 Uhr, Ortszeit Riad, zu legen. Der Begriff »Einstellung der Feindseligkeiten« war absichtlich gewählt, um klarzustellen, daß es sich nicht um einen mit den Irakern vereinbarten Waffenstillstand handelte, sondern um eine Feuereinstellung aufgrund unserer Initiative. Ich sagte, ich würde Norm gerne ein paar Stunden mehr Tageslicht geben. So könne er das Schlachtfeld überprüfen und eventuell noch ein paar unerledigte Dinge zu Ende bringen. Da hatte John Sununu eine Idee. »Warum legen wir den Termin nicht auf Mitternacht Washingtoner Zeit?« sagte er. »Dann wird es der Hundert-Stunden-Krieg.« Der Präsident war einverstanden, und kurz nach 18 Uhr telefonierte ich abermals mit Schwarzkopf. Ich sagte ihm, der Präsident werde um 21 Uhr in Washington sprechen und verkünden, daß die Kämpfe am folgenden Morgen um 8 Uhr, Ortszeit Riad, beendet würden. Das verschaffte Norm fast den einen Tag mehr, um den er bei unserem Gespräch am Morgen gebeten hatte.

Der Präsident ging ans Telefon und gratulierte dem CINC. »Verdammt gute Arbeit, Norm«, sagte er. Cheney folgte seinem Beispiel.

Wenig später war Schwarzkopf erneut am Telefon und warnte mich, daß die Tür noch immer einen Spalt offenstehe. Einige Einheiten der Republikanischen Garde und T-72-Panzer könnten durchschlüpfen. Ich sagte, er solle sie weiterhin angreifen, und versprach, später zurückzurufen. Ich gab Norms Bericht an den Präsidenten und die anderen weiter. Obwohl wir alle etwas überrascht waren, vertrat niemand die Ansicht, daß sich die Lage grundsätzlich verändert habe. Das Rückgrat der irakischen Armee war gebrochen. Ihre Reste zogen sich nach Norden zurück. Es bestand keine Notwendigkeit, eine Vernichtungsschlacht zu führen, nur um herauszufinden, wie viele Kämpfer auf beiden Seiten noch getötet werden konnten. Gewiß hätte der Präsident eine bedingungslose Kapitulation wie im Zweiten Weltkrieg vorgezogen. Wir wußten, daß Saddam den Krieg überleben würde, wenn ihn nicht zufällig doch noch eine Bombe traf. Wir nahmen auch in Kauf, daß uns einige Seiten kritisieren würden, weil wir den Kampf nicht fortsetzten. Wir hatten einen klaren Auftrag gehabt, und der war erfüllt. Der Präsident wiederholte seine Entscheidung, die Kämpfe zu beenden. Danach rief ich Schwarzkopf noch einmal an und teilte ihm mit, im Weißen Haus habe man verstanden, daß uns einige irakische Kräfte durch die Lappen gehen würden, aber damit könne man leben.

Um 21.02 Uhr hielt der Präsident im Oval Office seine Fernsehansprache an das amerikanische Volk. »Kuwait ist befreit«, begann er. »Die irakische Armee ist geschlagen. Unsere militärischen Ziele sind erreicht. Ich freue mich, Ihnen mitteilen zu können, daß heute um Mitternacht ostamerikanischer Standardzeit, exakt hundert Stunden nach Beginn der Bodenoperationen und sechs Wochen nach dem Beginn der Operation ›Wüstensturm‹ alle Truppen der Vereinigten Staaten und der Koalition ihre offensiven Operationen einstellen werden.«

Nach der Rede luden der Präsident und Mrs. Bush die Gruppe zu einer stillen Feier in ihrem Wohnbereich im Weißen Haus ein. Die Diener reichten Drinks, und ich nippte wie üblich an meinem Cola-Rum. Die Stimmung war eher erleichtert als festlich. Wir hatten George Bush keinen zweiten V-Day (Tag des Sieges im Zweiten Weltkrieg) beschert. Trotzdem sagte er: »Ich bin zufrieden. Ohne Einschränkung.« Er glaubte, daß wir das Richtige getan hatten. Und wir hatten gesiegt. Innerhalb einer Stunde war ich zurück im Quartier 6 in Fort Myer. Ich wollte Alma sagen, daß wir gerade einen Krieg gewonnen hatten. Aber sie schlief schon.

Vor über 130 Jahren hat General George Meade nach dem Sieg der Nordstaaten bei Gettysburg darauf verzichtet, General Robert E. Lees Truppen zu verfolgen, und noch immer liefert das Ereignis Historikern Diskussionsstoff. Ein halbes Jahrhundert nach dem Zweiten Weltkrieg streiten sich die Gelehrten immer noch über Eisenhowers Entscheidung, den Russen bei der Eroberung Berlins nicht zuvorzukommen. Und vermutlich werden sich die Historiker auch in Jahren noch fragen, ob wir nicht besser daran getan hätten, weiterzukämpfen und einen größeren Teil der irakischen Armee zu vernichten. Nach der Ansicht von Kritikern hätten wir unsere Kriegsziele erweitern, Bagdad erobern und Saddam stürzen sollen, so wie wir es mit Noriega und seinen Verteidigungsstreitkräften getan hatten. Zu den Kritikern gehörte sogar Admiral Crowe. Er hatte sich im Kongreß für eine Fortsetzung der Sanktionspolitik und gegen einen Krieg ausgesprochen, doch in seinen Memoiren vertrat er die Ansicht, wir hätten weiterkämpfen und den Auftrag dahingehend erweitern sollen, Saddam Hussein zu jagen.

In dieser Situation war es nicht gerade hilfreich, wie Norm Schwarzkopf einen Monat nach Kriegsende in der CBS-Sendung *Talking with David Frost* auftrat. Zu der Entscheidung, die Kämpfe zu beenden, sagte er zunächst: »Ich gab General Powell einen Lagebericht. Und wir diskutierten darüber, ob wir unsere militärischen Ziele, die Ziele des Feldzugs, erreicht hätten. Die Antwort lautete Ja.« Einen Moment später sagte er jedoch: »Offen gesagt, hatte ich empfohlen, weiterzumarschieren. Schließlich hatten wir sie in die Flucht geschlagen, verstehen Sie, und wir hätten ihnen weiter schweren Schaden zufügen können.«

Am nächsten Morgen ertönte auf meiner Telefonkonsole das hartnäckige Schrillen meiner Direktleitung zum Weißen Haus, das mich immer in Alarmzustand versetzte. George Bush klang eher verletzt als zornig. Was habe Norm damit gemeint? Er sei doch zur Einstellung der Kämpfe konsultiert worden. Der Krieg wäre weitergegangen, wenn er um mehr Zeit gebeten hätte. »Ich habe doch selbst mit Norm gesprochen«, sagte der Präsident.

Ich war ebenso enttäuscht wie der Präsident. Und ich war verdammt wütend über Schwarzkopfs Äußerungen in David Frosts Sendung. Ich rief Norm in Riad an. »Mit dieser Geschichte kommen Sie nicht durch!« sagte ich. »Sie behaupten, der Präsident habe einen Fehler gemacht. Sie stellen es so hin, als hätten Sie ihm eine andere Empfehlung gegeben und er habe sie ignoriert.«

»So habe ich das nicht gemeint«, antwortete Norm.

»Aber so wurde es verstanden«, sagte ich. »Und die Medien fallen über den Präsidenten her.«

Norm Schwarzkopf war verdientermaßen ein Nationalheld. Und die Kritik an der vermeintlich zu frühen Einstellung der Kämpfe hatte seinen glänzenden Ruf etwas angeschlagen. Das gefiel ihm nicht. Dem Präsidenten kam zu Ohren, daß Norm sich mißverstanden fühlte, und loyal wie immer rief er ihn ein zweites Mal an und sagte ihm, er brauche sich keine Sorgen zu machen. Trotzdem hielt ich es für wichtig, die Sache klarzustellen. Schwarzkopf war an der Entscheidung beteiligt gewesen, und nun schien er sich davon zu distanzieren. Ich gab eine öffentliche Erklärung heraus, die ich mit Norm abgesprochen hatte. Sie lautete: »General Schwarzkopf und ich unterstützten beide die Entscheidung, die Kampfhandlungen der Operation Wüstensturm am 27. Februar 1991 um 24 Uhr (ostamerikanische Standardzeit) einzustellen, genau wie alle Berater des Präsidenten ... Es wurde keine gegenteilige Empfehlung abgegeben. Es bestand keine Uneinigkeit. Es fand keine Debatte statt.«

Norm rückte immer weiter von seiner Aussage ab, und in seinem Buch *Man muß kein Held sein* erklärte er, wie er damals gedacht hatte: »Meine instinktive Reaktion war, daß ein schneller Waffenstillstand Leben retten würde. Wenn wir den ganzen Donnerstag hindurch angriffen, würden noch mehr unserer Soldaten getötet werden, vielleicht nicht viele, aber einige. Wichtiger noch, wir hatten unsere Mission erfüllt: Ich hatte dem amerikanischen Volk soeben erklärt, daß von der irakischen Armee nicht genug übriggeblieben sei, um eine regionale militärische Bedrohung darzustellen ... wir hatten dem Kerl in den Hintern getreten und niemandem auch nur den leisesten Zweifel daran gelassen, daß wir eindeutig die Sieger waren, und zwar bei sehr wenigen eigenen Verlusten. Warum nicht damit aufhören? Wieso morgen noch jemanden umbringen lassen? Das gab für mich den Ausschlag.«

Schwarzkopf hatte absolut recht. Es ist schwer, den Vorwurf, wir hätten nur halbe Arbeit gemacht, ein für allemal aus der Welt zu schaffen. Wahr ist doch, daß der Irak den Krieg mit einer Armee von über einer Million Mann begann und daß nahezu die Hälfte der Soldaten bei der Operation in Kuwait zum Einsatz kam, wo ihnen übel mitgespielt wurde. Der Irak wurde im Golfkrieg so schwer geschlagen, daß seine Armee auf Jahre hinaus nur noch die Hälfte ihrer ursprünglichen

Größe haben wird. Und ich bin sicher, daß unter den Irakern Horror-
geschichten darüber erzählt werden, wie es war, als der ›Wüstensturm‹
über sie hereinbrach. Die verbliebene irakische Armee ist wohl kaum
eine Streitmacht, die den Willen hat, bis zum Tod zu kämpfen.

Im Oktober 1994 ließ Saddam 20 000 Mann der Republikanischen
Garde an die kuwaitische Grenze vorrücken – ein jämmerlicher Ver-
such, Stärke zu demonstrieren, während er sich bei der UNO um die
Aufhebung der Sanktionen bemühte. Sofort erhob sich das Geschrei
derer, die es schon immer gewußt hatten: Hätte man Saddam doch im
Golfkrieg ausgeschaltet, dann würde er jetzt keine Schwierigkeiten
mehr machen. Am 23. Oktober brachte die *New York Times* auf der
ersten Seite einen längeren Auszug aus einem Buch, an dem einer ihrer
Journalisten als Coautor mitgewirkt hatte. Der Auszug trug den Titel:
»Wie der Irak den Kopf aus der Schlinge zog, um Kuwait erneut zu
bedrohen.« Darin hieß es, daß »ein Großteil der Republikanischen Garde, also der Elitetruppen des Irak, nicht vernichtet worden« sei und
Saddam deshalb noch immer eine bedrohliche militärische Macht aus-
übe.

Auch wenn der Glaube, Saddam habe am Ende der Operation ›Wüstensturm‹ eine Art zweites Dünkirchen zustande gebracht, einen gewissen oberflächlichen Reiz haben mag, so bin ich doch der Ansicht,
daß er jeder Grundlage entbehrt. Zugegeben, es sind mehr Panzer und
Soldaten der Republikanischen Garde aus Kuwait entkommen, als wir
erwartet hatten. Und wir hätten tatsächlich einen oder zwei Tag weiterkämpfen können, um das Schlupfloch zu schließen. Auch hätten
wir tatsächlich jeden einzelnen Soldaten der Republikanischen Garde,
der in dieser Falle saß, töten, verwunden oder gefangennehmen können. Doch das hätte nicht den geringsten Einfluß auf Saddams künfti-
ges Verhalten gehabt. Der Irak, ein Land mit zwanzig Millionen Einwohnern, kann für den kleinen Nachbarn Kuwait mit nur 750 000
Einwohnern jederzeit eine Bedrohung darstellen, mit und ohne Saddam, mit und ohne Republikanische Garde. Kuwaits Sicherheit beruht
auf Vereinbarungen mit seinen Freunden in der Region und mit den
Vereinigten Staaten. Das ist die strategische Realität. Die andere Realität ist die, daß wir der irakischen Armee 1991 auf dem Schlachtfeld
entgegentraten, ihr in Erfüllung des UNO-Auftrags eine vernichtende
Niederlage beibrachten und sie auf die Hälfte ihrer einstigen Größe
dezimierten.

Doch warum marschierten wir, nachdem wir Saddams Truppen in die Flucht geschlagen hatten, nicht nach Bagdad? Warum eliminierten wir ihn nicht? Oder anders formuliert, warum haben wir uns nicht ein neues Ziel gesteckt? Allzu leicht wird vergessen, daß die Vereinigten Staaten zwar die Führungsrolle spielten, aber in einer *internationalen* Koalition, die einen klar definierten Auftrag der UNO ausführte. Dieser Auftrag war erfüllt. Der Präsident hoffte sogar, alle Truppen bis zum Unabhängigkeitstag am 4. Juli wieder zu Hause zu haben, was eine spektakuläre Leistung gewesen wäre, aber logistisch leider nicht möglich war. Er hatte dem amerikanischen Volk versprochen, ›Wüstensturm‹ nicht zu einem Vietnam am Persischen Golf werden zu lassen. Und er hielt sein Versprechen.

Aus geopolitischen Gründen strebten die Koalition und insbesondere die arabischen Staaten nie eine Besetzung und Teilung des Irak an. Vor den Kämpfen hatte ich die Kopie eines Schreibens erhalten, das Charles Freeman, der amerikanische Botschafter in Saudi-Arabien, geschickt hatte. »Aus einer Reihe von Gründen«, schrieb Freeman, »können wir nicht die bedingungslose Kapitulation und Besetzung des Irak anstreben. Es liegt nicht in unserem Interesse, den Irak zu zerstören oder so zu schwächen, daß er den Iran und/oder Syrien nicht mehr im Zaum hält.« Weise Worte, Herr Botschafter. Eine Aufspaltung des Irak in separate sunnitische, schiitische und kurdische Staaten würde nicht zur erwünschten Stabilität im Nahen Osten beitragen. Eine solche Teilung wäre nur mit einer größtenteils von amerikanischen Streitkräften durchgeführten Eroberung und Besetzung dieses fernen Landes mit seinen zwanzig Millionen Einwohnern zu verhindern gewesen. Und ich glaube nicht, daß das amerikanische Volk dafür zu haben gewesen wäre.

Natürlich hätten wir es gern gesehen, wenn Saddam von seinem eigenen Volk, über das er Tod und Zerstörung gebracht hatte, gestürzt worden wäre. Aber dazu kam es nicht. Auch trug die Art und Weise, wie der Präsident Saddam dämonisierte, nicht dazu bei, daß die Öffentlichkeit verstand, warum Saddam an der Macht bleiben durfte. Es ist jedoch naiv zu glauben, daß Saddam im Fall seines Sturzes durch eine Art zweiten Jefferson und seine Diktatur durch eine Wüstendemokratie ersetzt worden wäre, in der die Menschen neben dem Koran die *Federalist Papers* lesen. Gut möglich, daß wir nur einen neuen Saddam mit einem anderen Namen bekommen hätten.

Wenn ich durch das Land reise, kommen oft Menschen auf mich zu und sagen: »General, Sie sollen wissen, daß unser Sohn« – oder die Tochter – »im Golfkrieg gekämpft hat.« Mir ist dann immer ein wenig unbehaglich, wenn ich frage: »Und? Ich hoffe, es ist gut ausgegangen.« Normalerweise bejahen sie und bedanken sich, daß ihr Soldat unversehrt nach Hause kam. 147 Amerikaner fielen am Golf, weitere 236 kamen durch Unfälle oder andere Ursachen ums Leben. Geringe Verluste, militärstatistisch gesehen, aber eine Tragödie für jede betroffene Familie. Ich habe einige dieser Familien kennengelernt, und ihr Verlust bricht einem das Herz. Leider wird die Tragödie noch verschlimmert durch die hohe Zahl von Verlusten, die wir durch eigenes Feuer erlitten. Ich bin froh, daß ich nicht zu erheblich mehr Eltern sagen muß: »Es tut mir leid, daß Ihr Sohn bei der Belagerung von Bagdad gefallen ist.« Ich stehe zu meiner Rolle bei der Entscheidung des Präsidenten, den Krieg zu diesem Zeitpunkt und auf diese Art zu beenden. Es ist eine Verantwortung, die ich mit Stolz trage, und für die ich mich nicht entschuldigen muß.

Die Operation ›Wüstensturm‹ erreichte nicht nur ihr politisches Ziel, sie leitete auch eine Verbesserung des chronisch feindseligen Klimas im Nahen Osten ein. König Hussein von Jordanien und Jassir Arafat, der PLO-Vorsitzende, waren die einzigen arabischen Führer von Bedeutung, die Sympathien für die irakische Sache bekundeten, und beide wurden durch ihre Haltung geschwächt. Die Folge war, daß sie drei Jahre später versuchten, mit Israel und ihren anderen Nachbarn zu einer Verständigung zu gelangen. Mit der Madrider Nahost-Friedenskonferenz im Gefolge der Operation ›Wüstensturm‹ begann ein Prozeß, der im September 1993 zu dem historischen Abkommen zwischen Arafat und dem israelischen Ministerpräsidenten Rabin und im Oktober 1994 zu dem Friedensvertrag zwischen König Hussein und Israel führte. Die Vereinigten Staaten haben heute einen Zugang zu der Region, der ihnen vor ›Wüstensturm‹ verweigert wurde. Selbst die Geiseln im Libanon wurden in der Zeit nach dem Konflikt freigelassen. Und der Irak ist nach wie vor schwach und isoliert und wird von UNO-Inspektoren in Schach gehalten. Keine schlechte Bilanz.

Ich bin mit dem Urteil zufrieden, das John Keegan, der wahrscheinlich bedeutendste zeitgenössische Militärhistoriker, gefällt hat. »Der Golfkrieg«, so schreibt er, »war, allen modischen Kommentaren zum

Trotz, ein Triumph genauer Planung und nahezu fehlerloser Durchführung.« Er habe den höchsten Zweck militärischen Handelns erfüllt: »die Anwendung von Gewalt im Namen der Ordnung«.

Viele Kriegsberichterstatter und ihre daheimgebliebenen Bosse beklagten, sie seien vom Militär allzusehr kontrolliert worden. Sie waren in sogenannten Journalistenpools zusammengefaßt und durften sich nicht ohne militärische Eskorte auf dem Schlachtfeld herumtreiben. Unsere Kritiker verwiesen auf den legendären Ernie Pyle und seine Reporter-Kollegen aus der Zeit des Zweiten Weltkriegs, die in europäischen Schützenlöchern oder auf Landungsköpfen im Pazifik Berichte geschrieben hatten. Und doch hatte die Berichterstattung über ›Wüstensturm‹ nie dagewesene Ausmaße angenommen. Von den insgesamt 2500 akkreditierten Journalisten hielten sich auf dem Höhepunkt der Kampfhandlungen 1400 am Kriegsschauplatz auf. Man vergleiche diese Zahl mit den siebenundzwanzig Journalisten, die bei der Invasion in der Normandie mit der ersten Angriffswelle an Land gingen. Bei ›Wüstensturm‹ waren insgesamt viermal so viele Korrespondenten dabei wie auf dem Höhepunkt des Vietnamkriegs. Und, nur um das einmal festzuhalten, Ernie Pyle und seine Kollegen wurden im Zweiten Weltkrieg scharf zensiert. Im Golfkrieg wurden Berichte vom Militär lediglich einer Sicherheitsüberprüfung unterzogen. Von 1350 Artikeln, die Journalisten des Pressepools vorlegten und die zum Druck bestimmt waren, wurde nur *einer* geändert, um das Bekanntwerden nachrichtendienstlicher Methoden zu verhindern. Bei ›Wüstensturm‹ versuchten wir, die militärische Sicherheit aufrechtzuerhalten und gleichzeitig mit der größten Zahl von Journalisten zurechtzukommen, die sich je anläßlich einer solchen Operation versammelt hatte.

Ob zum Guten oder zum Schlechten, die sofortige Übermittlung von Bildern hat die Berichterstattung in unserer Zeit revolutioniert. Flugreisen, Satelliten und handliche Videokameras erlauben es Sendeanstalten wie CNN, rund um die Uhr live zu berichten, und sie haben die Filter eliminiert, die bei den Printmedien zwischen Reporter und Publikum bestanden.

Die Unmittelbarkeit des Fernsehens hat den abgebrühten Korrespondenten alter Schule das Leben schwerer gemacht. Früher konnten sich Reporter Grobheiten erlauben und auf unangenehme Weise unangenehme Fragen stellen, um an eine Story zu kommen. Ihre Methoden spielten kaum eine Rolle, weil niemand sie bei der Arbeit sah, nur ihre Artikel, von Redakteuren zurechtgebügelt und unter saubere Schlagzeilen gesetzt. Später aber, als die Öffentlichkeit Journalisten in Aktion sah, die brüllten und gelegentlich auch dumme Fragen stellten, wirkten selbst die besten Reporter auf dem Bildschirm mitunter wie Bösewichte.

Zu dem Zeitpunkt, als Cheney, Norm und ich im Fernsehen auftraten, hatten wir seine Dynamik verstanden. Wir sprachen nicht nur zu den Pressevertretern, die wir vor uns hatten, wir sprachen auch zu vier anderen Zuschauergruppen – zum amerikanischen Volk, zu anderen Nationen, zum Feind und zu unseren Truppen. Ich hätte mich beispielsweise nie an das amerikanische Publikum gewandt und die Wirkung auf den Irak ignoriert oder umgekehrt. Daß wir bei ›Wüstensturm‹ die Schlacht um die öffentliche Meinung gewonnen hatten, wußte ich, als ich unmittelbar vor Beginn der Bodenoffensive in der Sendung *Saturday Night Live* folgenden Sketch sah. Ein Presseoffizier der Army, »Lieutenant Colonel Pierson«, gibt im Wüstentarnanzug eine Pressekonferenz und sieht sich dem üblichen Ansturm von Fragen ausgesetzt. »Colonel, wo sind unsere Streitkräfte Ihrer Ansicht nach am verwundbarsten für einen Angriff?« »Planen wir in Kuwait Landungsunternehmen? Und wenn ja, wo?« »Wann genau beginnen wir mit dem Bodenangriff?« Jeder, der einmal erlebt hatte, was für Fragen wirklich bei Pressekonferenzen gestellt wurden, erkannte einen wahren Kern in diesem ausgelassenen Scherz. Diesmal war die Presse, und nicht mehr irgendein unfähiger General Halftrack aus dem Comic *Beetle Bailey,* zur Zielscheibe der Satire geworden.

Während des Golfkriegs veranstalteten wir Sprechproben für unsere Pressesprecher. Da das Fernsehen rund um die Uhr berichtete, konnten wir nicht mehr irgendwen vor die Kameras lassen, einerlei wie gut er informiert war. Wir ernannten Lieutenant General Tom Kelly, den Leiter meines operativen Stabs, zum Berichterstatter des Pentagons, weil er nicht nur über großes Wissen verfügte, sondern wie ein normaler junger Mann wirkte, zu dem man leicht Bezug bekommt und Vertrauen faßt. Kellys Partner bei den Pressekonferenzen, Rear Admiral Mike McConnell, war die perfekte Ergänzung zu ihm. Er hatte die Rolle der belesenen Autorität, die die Aussagen des aufgeweckten Jungen von nebenan untermauerte. Norm Schwarzkopf und ich beobachteten fast 13 000 Kilometer voneinander entfernt, wie Brigadier General Richard

»Butch« Neal von der Marineinfanterie in Riad seine erste Pressekonferenz gab. Er war der dritte Kandidat, den wir vorsprechen hatten lassen. Die Presse sprang etwas grob mit ihm um, aber er hinterließ einen unbeirrbaren ehrlichen Eindruck. Nach Neals Debut rief ich Norm an und sagte: »Ich glaube, da haben Sie einen Star an Land gezogen.«

Unser Hauptaugenmerk galt selbstverständlich den Kämpfen. Aber in diesem mediengeprägten Umfeld mußten wir uns nach einer Erkenntnis richten, die so alt war wie Clausewitz: Wir mußten erreichen, daß die Leute unser Tun verstanden und billigten. Nach dem Krieg durchgeführte Umfragen lassen vermuten, daß uns das gelang. Danach fanden achtzig Prozent der Amerikaner, daß die Presseberichterstattung über den Golfkrieg gut oder hervorragend gewesen war.

Schon vor seiner triumphalen Rückkehr hatte Schwarzkopf mit mir über seine Zukunft gesprochen. Der begehrenswerte und prestigeträchtige Posten des SACEUR, des Alliierten Oberbefehlshabers von Europa, war bereits an Jack Galvin vergeben. »Sie könnten wahrscheinlich irgendwann Vorsitzender der Vereinten Stabschefs werden«, sagte ich, »aber im Moment denke ich noch nicht daran, mich zu verändern. Und natürlich geht Vuono in Pension, also brauchen wir einen neuen Stabschef der Army.« Daran habe er vielleicht Interesse, sagte Norm. »Gewiß«, erwiderte ich. »Aber ich will Ihnen sagen, was ich wirklich denke. Für Sie wäre jetzt der ideale Zeitpunkt, in Pension zu gehen. Sie sind sich wahrscheinlich noch gar nicht bewußt, was passieren wird, wenn Sie nach Hause kommen. Sie sind ein nationales Idol. Die Leute werden ausflippen, wenn Sie heimkommen.« Ich wußte, daß kein Büro im Pentagon groß genug war, um einen Mann mit seinem Ruhm und seinem Format aufzunehmen. »Sie waren jetzt fünfunddreißig Jahre dabei«, sagte ich. »Sie werden alle möglichen Angebote erhalten. Es ist an der Zeit, den Dienst zu quittieren.«

Norm besprach sich noch mit anderen Freunden und rief bald darauf zurück. »Ich gehe in Pension«, sagte er. »Ich weiß, was auf die Jungs in den nächsten Jahren zukommt. Ihr müßt die Teilstreitkräfte auseinanderreißen. Dazu habe ich keine Lust. Und ich will mich nicht mit den verfluchten Politikern herumschlagen und überhaupt mit dem ganzen Mist, mit dem Ihr klarkommen müßt.«

Ich widersprach ihm und verlieh meiner Hoffnung Ausdruck, daß

wir die Streitkräfte neu formieren und nicht auseinanderreißen würden. Norm Schwarzkopf konnte Dummköpfe kaum ertragen, und wenn
man auf dem Schlachtfeld die absolute Kommandogewalt hat, kann
man mit dieser Haltung durchkommen. Doch in Washington begibt
man sich auf ein Terrain, wo man das Unerträgliche ertragen muß.

Vorübergehend sah es so aus, als könnte der Krieg wieder aufflammen.
Im März wagten die Schiiten im Südirak einen bewaffneten Aufstand,
um mehr Autonomie von Bagdad zu erlangen. Saddam schickte Truppen und schlug den Aufstand nieder. Im Norden versuchten die Kurden, das irakische Joch abzuschütteln. Beide Erhebungen waren chan-
cenlos. Und offen gesagt hätte ein Erfolg der Aufständischen auch gar
nicht im Interesse unserer Politik gelegen. Präsident Bushs rhetorische
Aufforderung an die Iraker, Saddam zu stürzen, mag die Rebellen ermutigt haben. Doch in der Praxis hatten wir die Absicht, Bagdad soviel
Macht zu lassen, daß es für den Iran, der sich gegenüber den Vereinigten Staaten nach wie vor sehr feindselig verhielt, weiterhin eine Bedrohung darstellte.

Trotzdem konnten wir das wachsende Leid der aufständischen Kurden nicht ignorieren. Saddam schlug zurück und veranlaßte eine halbe
Million Kurden zur Flucht in das unfruchtbare Bergland der südlichen
Türkei. Da es dort an Nahrung, Unterkünften und medizinischer Ver-
sorgung fehlte, starben zeitweise sechshundert Flüchtlinge pro Tag.
Präsident Bush befahl uns, die Hilfsoperation »Provide Comfort«
(Trostspende) zu starten, und der inzwischen zum Lieutenant General
beförderte John M. Shalikashvili übernahm die Leitung. Doch auf Dau-
er konnten die Kurden in der kargen Berglandschaft nicht überleben.
Ihre einzige Hoffung war die Rückkehr in ihre Heimat. Unsere Aufgabe
bestand also darin, sie heimzuführen und gleichzeitig vor Saddams
Rache zu schützen.

Jack Galvin, der im belgischen Mons als unser Oberbefehlshaber von
Europa fungierte, führte aus der Ferne unsere Truppen in der Region.
An einem Sonntagnachmittag – er saß in Belgien, ich in Washington,
und jeder von uns hatte eine Karte vor sich – skizzierten wir eine
»Sicherheitszone« im Umkreis kurdischer Städte im Irak, die für Sad-
dams Truppen verbotenes Gebiet werden sollte. Ich kam mir vor wie
einer jener britischen Diplomaten, die in den zwanziger Jahren in ihren
Herrenclubs Länder wie Jordanien und den Irak auf ein Tischtuch ge-

zeichnet hatten. Ich titulierte Galvin in dieser transeuropäischen Rolle als »Karl den Großen« und sagte, er sei nun ein richtiger Reichsgründer. Nachdem wir die Zone festgelegt hatten, befahlen wir der irakischen Armee, sie zu räumen. Sie weigerte sich. Wir rasselten mit dem Säbel, und sie zog ab. Innerhalb von sieben Wochen wurden im Rahmen von Provide Comfort fast eine halbe Million Kurden in ihre Heimat zurückgeführt. Shalikashvili bewältigte diese politische und militärische Herkulesarbeit meisterhaft, und ich kam einmal mehr zu dem Schluß, daß ich es hier mit einem Soldaten zu tun hatte, der jeder Aufgabe gewachsen war.

Die heimkehrenden Truppen wurden in Amerika mit ausgelassenem Jubel empfangen. Ich nahm an Siegesparaden in Chicago und Washington und an einer Konfettiparade auf dem Broadway in New York teil. Alma und ich saßen in einem weißen Buick-Kabrio Baujahr 1959. Vor uns fuhren Cheney und seine Frau Lynne, hinter uns Norman Schwarzkopf mit seiner Frau Brenda. Es war ein erhebendes Gefühl, im Mittelpunkt einer Veranstaltung zu stehen, mit der Männer wie Lindbergh, Eisenhower oder MacArthur gefeiert worden waren und die ich nur aus Geschichtsbüchern und Wochenschauen kannte. Norm stammte aus New Jersey und ich aus New York, und für die Tausenden, die uns frenetisch zujubelten, als wir durch den Blizzard von Bändern, Konfettis und Ballons fuhren, waren wir Jungs aus ihren Heimatstädten, die es zu etwas gebracht hatten. Die Generäle und Admirale, die bei den Siegesparaden mitmarschierten, John Yeosock, Walt Boomer, Chuck Horner, Stan Arthur, wir alle, vertraten die eigentlichen Helden, die Soldaten des 18. Luftlandekorps, des 7. Korps, der US-Marineinfanterie, die Flieger, Seeleute und Mitglieder des Küstenwachdienstes, die dafür gesorgt hatten, daß die Amerikaner auf ihr Land wieder stolz sein konnten. Unsere Verbündeten waren bei den Paraden ebenfalls vertreten. Und auch Veteranen aus dem Korea- und dem Vietnamkrieg marschierten mit und erhielten endlich die lang verdiente Anerkennung.

Auf den Tribünen saßen die Stabschefs der Teilstreitkräfte. Ihre Verdienste blieben größtenteils unerwähnt, obwohl sie ihre Truppen hervorragend vorbereitet hatten und Cheney und Präsident Bush Ratgeber von unschätzbarem Wert gewesen waren. Die Nation schuldete General Carl Vuono, Admiral Frank Kelso, General Tony McPeak und General Al Gray sowie dem stellvertretenden Vorsitzenden der Vereinten Stabschefs, Admiral Dave Jeremiah, und dem Kommandeur des Küstenwachdienstes, Admiral Bill Kime, ihren Dank. Die Operation »Wüstensturm« war Teamarbeit gewesen. Kommandostellen auf der ganzen Welt hatten mitgearbeitet, und die wenig bekannten Militärbehörden in Washington hatten auf logistischem, nachrichtendienstlichem, fernmeldetechnischem und kartographischem Gebiet einen kaum anerkannten Beitrag zum Sieg geleistet.

Das Militär genoß die volle Unterstützung der politischen Führer im Außenministerium, Pentagon und Weißen Haus. Am meisten Lob verdiente Präsident Bush. Er hatte sein Versprochen, »die Aggression gegen Kuwait wird nicht von Dauer sein«, gehalten und eine multinationale Koalition zum Sieg geführt.

Die Feiern standen zweifellos in keinem Verhältnis zu dem Erfolg. Wir hatten keinen neuen Zweiten Weltkrieg geführt, aber nach dem Patt in Korea und der langen Agonie in Südostasien hungerte das Land nach einem Sieg. Wir hatten dafür gesorgt, daß Amerika in einer gerechten Sache bei geringen Verlusten einen klaren Sieg errungen hatte, und das amerikanische Volk liebte seine Streitkräfte wieder. In meinen Augen war der übermäßige Jubel über diesen Sieg eine angemessene Entschädigung für die Vernachlässigung der Truppen, die aus den beiden anderen Kriegen heimgekehrt waren.

In jenem Frühling wurde ich auserkoren, im Yankee Stadion den ersten Ball im Eröffnungsspiel der Base-Ball-Saison zwischen den Yankees und den Chicago White Sox zu werfen. Ich bin nie ein überragender Sportler gewesen, aber ich schwöre, mein Wurf war ein Treffer. Später fuhr ich am East River entlang und betrachtete den riesigen Pepsi-Cola-Schriftzug auf dem anderen Ufer. Plötzlich war ich wieder der Junge, der in der Abfüllfabrik des Unternehmens die Böden schrubbte. Am folgenden Tag sprach ich im Hotel Waldorf-Astoria bei einem Frühstück des »Vereins für ein besseres New York«. »In meiner Jugend war ich Mitglied der Ortsgruppe 812 der Transportarbeitergewerkschaft«, sagte ich. »Ist hier jemand aus der Ortsgruppe 812?« Ich schätze, das hatte niemand erwartet, und an einem Tisch mit Funktionären der Gewerkschaft erhob sich lautes Beifallsgeschrei.

Der bewegendste Teil dieser Reise war meine Rückkehr nach Banana Kelly. Das Viertel, aus dem meine Eltern weggezogen waren, als es sich in einen Slum mit hoher Kriminalitätsrate zu verwandeln begann, war wieder auf einem aufsteigenden Ast. An die Stelle unseres alten Mietshauses in der Kelly Street 952, das geräumt und nach einem Brand schließlich abgerissen worden war, hatte man neue Apartments mit Grünanlagen errichtet. Im Kelly Street Park, wenige Jahre zuvor noch ein müllübersätes Grundstück, sah ich Kindern beim Ballspielen und Seilhüpfen zu.

Danach ging ich ein paar Häuserblocks weiter und stieg die Treppe der Morris High School hinauf. Die Holzböden knarrten wie früher, die Stangen zum Öffnen und Schließen der hohen Fenster hingen noch dort, wo ich sie in Erinnerung hatte, und die Turnhalle, in der ich sprechen sollte, verströmte noch immer den vertrauten Geruch nach Schweiß und Desinfektionsmittel. Ich ließ meinen Blick über das Meer größtenteils hispano- und afro-amerikanischer Gesichter schweifen, und dachte daran, wie es mir siebenunddreißig Jahre zuvor als Junge an dieser Schule gegangen war. »Ich kann mich noch gut an diesen Ort erinnern«, begann ich. »Ich kenne das Gefühl, daß man es nicht schaffen kann. Aber man kann es. Als ich aufwuchs, waren die Chancen begrenzt. Aber heute sind sie da. Ihr könnt alles werden, was Ihr wollt. Doch der Wille allein reicht nicht aus. Es genügt nicht, nur zu träumen. Ihr müßt lernen und für Eure Ziele arbeiten, Ihr müßt mit Leib und Seele dafür kämpfen.« Ich wies darauf hin, daß siebenundneunzig Prozent der GIs heutzutage einen High-School-Abschluß hätten. Ihre Zeugnisse bewiesen das eine: Sie hatten die notwendige Energie und Disziplin aufgebracht und durchgehalten. »Steigt nicht aus!« rief ich den Schülern zu. »Sucht Euch ein Vorbild. Es steht Euch frei, einen Schwarzen oder einen Weißen, einen General oder einen Lehrer zu wählen, oder einfach nur die Eltern, die Euch in die Welt gesetzt haben.« Ich weiß nicht, ob ich an jenem Tag einen einzigen Jugendlichen erreichte. Aber ich wollte die Schule nicht verlassen, ohne diesen Kids eine Botschaft mitgegeben zu haben: Verwerft den leichten Weg, euch als Opfer zu fühlen. Wagt es, den schwierigeren Pfad der Arbeit und Hingabe zu beschreiten, denn er führt zum Ziel.

Ich hatte die Kinder aufgefordert, sich Vorbilder aus allen Rassen zu wählen, denn ich fürchte, daß das großartige Ideal schwarzen Selbstbewußtseins, wenn es ins Extrem getrieben wird, in die Isolation führt. Ich bin ganz und gar dafür, bei Afro-Amerikanern ein Gefühl des Stolzes und ein Gefühl für die schwarze Tradition zu wecken, insbesondere bei der Jugend. Ich will, daß schwarze Jugendliche etwas über schwarze Schriftsteller, Dichter, Musiker, Wissenschaftler und Künstler lernen und über die Kultur und Geschichte Afrikas. Gleichzeitig müssen wir jedoch der Tatsache ins Auge schauen, daß schwarze Kinder in Amerika ihren Weg nicht in einer afrikanisch geprägten Welt machen müssen. Sie müssen ihren Weg in einer amerikanisch geprägten Welt machen. Sie sollten nicht nur ihr schwarzes Erbe kennen, sondern auch die griechischen Ursprünge unserer Demokratie, die britischen Ursprünge unseres Rechtssystems und das, was Amerikaner jeden Typs und jeder Hautfarbe zur Entwicklung unseres Landes beigetragen haben. Meine Botschaft an die jungen Afro-Amerikaner lautet: Lernt, dort zu leben, wo ihr seid, und nicht dort, wo ihr vor drei Jahrhunderten vielleicht geboren worden wärt. Die kulturelle Kluft ist zu groß und die Vergangenheit zu fern, als daß Afrika die einzige geistige oder seelische Nahrung für Afro-Amerikaner sein könnte. Aus all dem folgt logischerweise, daß auch junge Weiße nicht in einer rein weißen Welt leben. Sie müssen eine positive Einstellung zu dem Kampf entwickeln, den Minderheiten um ihre Rechte als Amerikaner führen.

An den mehrheitlich von Weißen besuchten Colleges in unseren Inner Cities erleben wir eine unheilvolle Renaissance der Rassentrennung, manchmal selbstverschuldet, manchmal von den wirtschaftlichen Verhältnissen diktiert. Wenn desillusionierte Schwarze sich freiwillig isolieren, verzichten sie darauf, auf die Einlösung des amerikanischen Versprechens zu bestehen. Damit erlauben sie den Weißen, sich ebenfalls aus der Verantwortung zu stehlen und zu sagen: »Wenn es das ist, was sie wollen, dann sollen sie es kriegen.« Die berechtigte und in guter Absicht vorgenommene Neueinteilung der Wahlbezirke, die eine höhere Zahl schwarzer Abgeordneter im Kongreß garantieren soll, hat nicht-weiße Volksvertreter von der Pflicht entbunden, sich um die Anliegen schwarzer Wähler zu kümmern. Dies bleibt dem Black Caucus, dem Zusammenschluß schwarzer Kongreßmitglieder, überlassen. Die Afro-Amerikaner laufen Gefahr, mit ihren Problemen wieder in den hinteren Teil des Busses verbannt zu werden. Wir sind ein Land mit unbegrenzten Möglichkeiten *und* mit ernsten, ungelösten sozialen Problemen. Und wir leben alle zusammen in diesem Land. Ein Wiederaufleben der Rassentrennung kann nur zur sozialen Desintegration führen. Viel besser wäre es, den Traum Martin

Luther Kings wiederaufzugreifen: den Aufbau einer Nation, in der
Weiße und Schwarze Seite an Seite brüderlich an einem Tisch sitzen.
Ich habe in einer von Weißen dominierten Gesellschaft gelebt und
in einem von Weißen dominierten Beruf Karriere gemacht, aber nicht,
indem ich meine Rasse verleugnete, sie als eine Kette betrachtete, die
mich behinderte, oder als ein Hindernis, das ich hätte überwinden
müssen. Andere mögen mir meine Rassenzugehörigkeit vorwerfen, ich
selbst werde das nie tun. Daß ich Schwarzer bin, ist für mich stets eine
Quelle des Stolzes, der Stärke und der Inspiration gewesen, genau wie
die Tatsache, daß ich Amerikaner bin. In meiner Jugend glaubte ich an
ein Amerika, in dem, Chancengleichheit vorausgesetzt, jeder Erfolg
haben kann, wenn er nur hart arbeitet und Vertrauen hat. An dieses
Amerika glaube ich noch immer.

Am Morgen des 2. Mai ging ich in die Küche, goß mir einen Kaffee ein
und warf einen Blick auf die *Washington Post,* die auf dem Tisch lag.
Ich hatte Schlagzeilen gemacht. Bob Woodwards Buch *Die Befehlshaber* sollte in ein paar Tagen erscheinen, und die Washington Post
brachte einen Artikel, der auf dem Buch basierte. Wie sich herausstellte, bildete er den Auftakt einer Werbekampagne. Am 5. Mai wurden
Die Befehlshaber an herausragender Stelle in der Rubrik »Book World«
der *Post* rezensiert. Und am 13. Mai brachte das im Besitz der *Post*
befindliche Magazin *Newsweek* mein Foto auf der ersten Seite und
eine Titelgeschichte mit der Überschrift: »Der Krieger wider Willen:
Zweifel und Uneinigkeit auf dem Weg in den Krieg.« Die Washington
Post sorgt wahrlich gut für die Ihren.

Wie sich zeigte, war ich eine zentrale Gestalt in Woodwards Buch
über das Leben im Pentagon und im Weißen Haus. An dem Gesamt-
bild, das er von mir zeichnete, hatte ich nichts auszusetzen. Doch in
der Medienkampagne lag die Betonung auf den wenigen Seiten, auf
denen mir unterstellt wird, ich hätte in bezug auf den Golfkrieg insgeheim eine andere Meinung vertreten als der Präsident. Diese Werbe-
strategie sollte eine öffentliche Kontroverse auslösen und den nötigen
Sprengstoff liefern, um Woodwards Buch in den Bestsellerhimmel zu
schießen. Das Thema des Kriegers wider Willen erlaubte es den Kongreßmitgliedern, die gegen den Krieg gestimmt hatten, und anderen
Kritikern zu sagen: »Da seht Ihr's, in Wirklichkeit war Powell auf unserer Seite.«

Wenn man von den Anrufen einiger guter Freunde absieht, blieb mein Telefon beunruhigend still, während man in den Medien und in der Washingtoner Gerüchteküche über mich herzog. Mein Chef Dick Cheney ließ nichts von sich hören. Mein innerer Schweinehund sagte mir: Cheney freut sich wahrscheinlich, daß man dich endlich zurechtstutzt. Mein besseres Ich sagte, das ist typisch Dick: Du hast dir die Suppe selbst eingebrockt, jetzt kannst du sie auch selbst wieder auslöffeln.

Am selben Morgen, als der Artikel erschien, rief mich der Telefondienst des Weißen Hauses an und verband mich mit George Bush. Ich wartete mit einem unbehaglichen Gefühl. »Colin, kümmern Sie sich nicht um diesen Unsinn«, sagte der Präsident. »Machen Sie sich keine Sorgen, und passen Sie auf, daß es Ihnen nicht zu sehr unter die Haut geht.«

»Danke, Mr. President«, sagte ich.

»Barb läßt Sie grüßen. Wir sehen uns.« Klick.

Noch am gleichen Tag bombardierten die Reporter den Präsidenten ausgerechnet bei einer Konferenz über Landwirtschaftspolitik mit weiteren Fragen zu meiner Person. »Niemand wird einen Keil zwischen uns (mich und Powell) treiben«, sagte er. »Es ist mir gleichgültig, was das für ein Buch ist, wie viele ungenannte Quellen Sie haben und wieviel Zitate Sie Leuten in den Mund legen, ohne selbst dabeigewesen zu sein …«

Ich werde es dem Präsidenten der Vereinigten Staaten nie vergessen, daß er in einer Zeit, als ich einen Freund brauchte, so loyal zu mir stand.

Am 22. Mai rief mich Cheney in sein Büro: »Sie werden wieder zum Vorsitzenden ernannt«, sagte er. Ich war etwas verwirrt, denn meine Amtszeit dauerte noch über vier Monate, bis zum 30. September. Ich dankte Dick. »Die Idee ist vom Präsidenten«, sagte er. »Er will Sie frühzeitig wiederernennen.«

Am 22. Juli flog ich in Begleitung meiner Frau Alma zu vertrauensbildenden Gesprächen mit meinem russischen Kollegen, dem sowjetischen Generalstabschef Michail Moissejew, in die Sowjetunion. Ich wurde zu Schauvorführungen der Roten Armee geschleppt, besuchte Luftlandeübungen, die wie ein Fallschirmspringerballett choreographiert waren, machte die Runde durch Kantinen, wo meine Führer mir glauben machen wollten, der sowjetische Quartiermeister sei der französische Meisterkoch Escoffier, und inspizierte Kampfflugzeuge, T-80-Panzer und AK-47-Gewehre, bis ich hätte schreien können. Der sowjetische Verteidigungsminister Dimitrij Jasow überreichte mir als Geschenk eine Pistole. Würde ich all die Waffen mit mir herumtragen, die mir die Sowjets im Lauf der Jahre verehrt haben, könnte ich für die National Rifle Association Reklame machen.

Wir besuchten den Hafen von Wladiwostok und sahen einer inszenierten Seeschlacht zwischen glitzernden Linienschiffen zu. Die Übung wirkte, wie alles andere, was wir gesehen hatten, seltsam blutleer, wie ein potemkinsches Dorf. Hinter der glänzenden Fassade war der Verfall unübersehbar. Ich hatte Elite-Fallschirmjäger beobachten dürfen, doch als ich sehen wollte, wie die aus Osteuropa abgezogenen Sowjetsoldaten lebten, wurde mir die Bitte abgelehnt. Die hübschen Fotos von sieben ausgewogenen Mahlzeiten, die in den Kantinen hingen, paßten nicht zu dem Eintopf, der den Soldaten der Roten Armee aus riesigen Kesseln serviert wurde. Hinter den glitzernden Schlachtschiffen, die uns vorgeführt wurden, lagen Dock an Dock vor sich hinrostende abgetakelte Schiffskörper. Der stellvertretende Stabschef der Navy, Admiral Jerry Johnson, der mit mir reiste, musterte den Hafen mit den Augen eines Experten und sagte: »Hier liegt eine Flotte, die den Bach runter geht.« Auch der Michail Gorbatschow, den ich auf dieser Reise traf, war nicht mehr die überaus selbstbewußte Gestalt früherer Gipfeltreffen. Die ständigen Angriffe, denen er in diesem krisengeschüttelten Land ausgesetzt war, hatten ihn anscheinend zermürbt.

Während der Reise versuchte ich, auch mit einfachen russischen Bürgern zu sprechen, obwohl mich Moissejew ständig zum nächsten Mannschaftswagen drängte. Wir waren am Freitag nach Wladiwostok geflogen, und als wir in die Stadt fuhren, bemerkte ich, daß in der entgegengesetzten Richtung starker Verkehr herrschte. Am Sonntagabend, als wir wieder zum Flughafen fuhren, war es umgekehrt. Ich fragte den Fahrer nach dem Grund. »Die Leute bekommen private Grundstücke«, sagte er. »Fünf bis sechs Ar. Also fahren sie an den Wochenenden hinaus aufs Land und versorgen ihre Gemüsegärten. In den staatlichen Läden ist nichts Anständiges zu bekommen. Durch den Garten haben sie ein bißchen mehr zu essen und vielleicht einen kleinen Zusatzverdienst. Sie arbeiten wie die Ameisen. Sie sollten sehen, was sie alles produzieren.« Daß kleine Privatgrundstücke produktiver waren als Kolchosen, sprach Bände über den grundlegenden Fehler des Kommunismus.

Am 28. Juli, als wir in Wladiwostok den Rückflug antreten wollten, hatte ich Probleme, ein Geschenk des Militärdistrikts Fernost in den Gepäckraum der 707 zu bekommen. Man hatte mir einen riesigen, an einem schweren Holzsockel befestigten Elchkopf verehrt. Vier kräftige russische Soldaten waren nötig, um die Kiste an Bord zu schaffen.

Moissejew und seine Frau Galla waren mit zum Flughafen gekommen, um sich zu verabschieden. Wir vier standen in einer Wolke von Stechmücken, die das Scheinwerferlicht angezogen hatte. Ich umarmte Moissejew und sagte: »Mischa, passen Sie gut auf sich auf.« Die Herzlichkeit war echt. Ich hatte diesen ehrlichen Soldaten wirklich schätzen gelernt, und ich machte mir Sorgen um ihn. Dieser Mann stand an der Spitze einer Organisation, die im Zusammenbruch begriffen war. Ein kurzes Aufflackern von Traurigkeit in seinem Blick zeigte mir, daß er verstanden hatte. Wir umarmten uns alle, und dann bestiegen Alma und ich das Flugzeug, das uns nach Hause bringen sollte.

Der Elchkopf jagte meinem zweijährigen Enkel eine Höllenangst ein, als wir ihn im Quartier 6 in Fort Myer vorführten. Schließlich gelang es mir, den Elch seiner Heimat wieder ein Stück näherzubringen, wenigstens symbolisch. Ich schenkte ihn meinem Freund Ted Stevens, dem Senator von Alaska. Er wollte ihn in seinem Büro aufhängen.

Ich war gerade eingeschlafen, als ich am 19. August, etwa zwanzig Minuten nach Mitternacht, einen Anruf vom diensthabenden Offizier in der Nationalen Militärischen Kommandozentrale erhielt. Ein Putsch gegen die Regierung Gorbatschow war im Gang. Präsident Bush weilte in seiner Sommerresidenz in Kennebunkport in Maine, Vizepräsident Quayle in Arizona. Cheney machte Angelurlaub in Kanada, Jim Baker in Wyoming. Ich war »allein zu Haus«. Ich rief Cheneys Stellvertreter, Donald Atwood, an und informierte ihn kurz über die Lage. Dann drückte ich die üblichen Knöpfe und brachte in Erfahrung, daß die konventionellen sowjetischen Streitkräfte nicht in erhöhten Alarmzustand versetzt worden waren. Die Sowjets verfügten über ein System namens »Tschegew«, das es einer Handvoll führender Politiker im Falle einer atomaren Krise erlaubte, über ein Gerät von der Größe eines Aktenkoffers miteinander in Verbindung zu treten. Wir waren in der

Lage, dieses System zu überwachen, und wußten daher, daß es auch bei den sowjetischen Atomstreitkräften keine Veränderung gegeben hatte,

Präsident Bush kehrte sofort nach Washington zurück. Er nahm eine vorsichtig abwartende Haltung ein. Ich selbst mußte an diesem Tag zu meinem jährlichen Gesundheits- und Belastungstest ins Walter Reed Army Medical Center, fühlte mich aber nicht gerade streßfrei. Am Tag nach dem Putsch gab der Präsident eine Pressekonferenz und versammelte dann die Achterbande im Weißen Haus.

»Was halten Sie von der Sache, Colin?« fragte er mich. »Haben Sie gesehen, wie die Panzer nach Moskau rollten?« sagte ich. »Sie fuhren mitten auf der Straße, ohne bestimmtes Ziel. Menschen winkten, überreichten den Fahrern Blumen und schwatzten mit ihnen.« Ich wies darauf hin, daß keine Panzer den Kreml oder das russische Parlament abgeriegelt hatten und daß das zentrale Fernsprechamt nicht, wie normalerweise bei einem Putsch üblich, besetzt worden war. »Daraus schließe ich, Mr. President, daß die Putschisten nicht über die Armee verfügen. Das Militär steht nicht hinter dem Coup.« Ich erinnerte ferner an das klägliche Bild, daß die fünf Verschwörer im Fernsehen abgegeben hatten.

Drei Tage später war der Putsch zusammengebrochen und Gorbatschow wieder an der Macht. Der gescheiterte Umsturzversuch markierte das Ende des Sowjetkommunismus, den Anfang vom Ende für Gorbatschow und den Aufstieg Boris Jelzins. Dimitrij Jasow, einer der Verschwörer, wurde als Verteidigungsminister durch meinen Freund Mischa Moissejew abgelöst. Marschall Achromejew, der alte Leningrad-Veteran, den ich persönlich kennengelernt hatte, beging im Gefolge des Putsches Selbstmord. Moissejew blieb nur einen Tag auf seinem Posten. Offenbar war er der Regierung nicht schnell genug zu Hilfe geeilt, um Jelzin genehm zu sein. Und dann verschwand Moissejew.

Sein Verschwinden beunruhigte mich. Rußland mochte sich verändert haben, aber ich war mir nicht sicher, ob sich auch die alten Methoden, Verlierer zu behandeln, geändert hatten. Ich versuchte, Moissejew mit Hilfe von Russen, die in Washington lebten, und Moskaureisenden ausfindig zu machen. Ich erfuhr nichts über seinen Verbleib. Nach vier Monaten schrieb er mir schließlich, daß Galla und er gesund und wohlauf seien. Später wurde er Berater für High-

Tech-Kommunikationsmittel, ein erfolgreicher Kapitalist. Nach meinen letzten Informationen soll er in Rubeln schwimmen.

Monate zuvor hatte ich auf dem Rückflug von einer unserer Reisen an
den Golf neben Dick Cheney gesessen und einem meiner liebsten Hob-
bys gefrönt. Ich hatte beim Vereinten Stab eine Studie über den Nutzen
taktischer Kernwaffen in Auftrag gegeben. Der Stab empfahl, die kleinen, von der Artillerie abgefeuerten Atomgranaten abzuschaffen, denn
sie seien unzuverlässig, nur unter hohem Kostenaufwand zu moderni-
sieren und angesichts der Zielgenauigkeit moderner konventioneller
Waffen überflüssig. Ich ließ das Gutachten den Stabschefs der vier
Teilstreitkräfte zukommen, weil seine Ergebnisse die gemeinsame Militärdoktrin tangierten. Carl Vuono, mein alter Kamerad, Mentor und
Fürsprecher, hatte mich in vielen Fragen unterstützt, doch diesmal
geriet er in einen Loyalitätskonflikt. Die Atomgranaten waren für die
Artillerie eine Prestigesache. Als ranghöchster Artillerist der Army war
Carl nicht bereit, mit anzusehen, wie seine eigenen Atomwaffen ver-
schrottet wurden. Es gelang ihm, auch die anderen Stabschefs gegen
den Vorschlag einzunehmen. Das Gutachten ging an den politischen
Stab des Pentagons, ein Refugium alter Hardliner der Reagan-Ära, und
wurde dort von Paul Wolfowitz und allen anderen Mitarbeitern in der
Luft zerrissen. Trotzdem zog ich dieses Gutachten im Flugzeug aus der
Tasche und legte es Cheney vor, ein Dokument, das von Anfang bis
Ende mit kritischen Anmerkungen seines persönlichen Assistenten
David Addington versehen und mit Einwänden übersät war. Cheney
stöhnte, aber er las.

»Ich weiß, daß die Stabschefs vier zu eins gegen mich gestimmt
haben«, sagte ich, »also wird es nicht schwierig sein, meinen Vorschlag abzulehnen. Aber keine Sorge, nächstes Jahr lege ich ihn wieder
auf den Tisch, weil ich in dieser Sache recht habe.«

Dick sah mich nachdenklich an. »Nicht einer meiner politischen
Berater unterstützt Sie«, sagte er.

Ich neckte ihn. »Das sind eben die gleichen rechten Spinner wie
Sie.« Cheney lachte und las weiter. Später, in Washington, lehnte er
den Vorschlag ab.

Cheney war keineswegs engstirnig, was das Problem Kernwaffen
anging. Ganz im Gegenteil, er hatte bewundernswerte Einsicht bewiesen. Im November 1989, nach dem Fall der Berliner Mauer, beauftragte

er seine zivilen Analytiker, die für Atomschläge ausgewählten Ziele im Single Integrated Operation Plan (SIOP) einer kritischen Prüfung zu unterziehen. Cheney stellte damit eine Frage, die vierzig Jahre lang nicht befriedigend gelöst worden war: Wieviel ist genug? Sein Stab stellte fest, daß der Schwanz inzwischen mit dem Hund wedelte. Immer wenn ein neues Kernwaffensystem in Produktion ging, hielten die SIOP-Leute nach neuen Zielen Ausschau, mit dem Ergebnis, daß die Zielprogrammierung nicht mehr zu rechtfertigen war. Im Kriegsfall hätten wir je einen Sprengkopf auf eine sowjetische Brücke *und* das wenige hundert Meter entfernte Rathaus abgefeuert. Nach dem bestehenden Plan waren fast vierzig Sprengköpfe allein auf die ukrainische Hauptstadt Kiew gerichtet. Und es wurde sogar darüber gestritten, ob man Ziele in Osteuropa streichen solle, nachdem der Warschauer Pakt zusammengebrochen und die betreffenden Länder Demokratien geworden waren. Cheney und seine zivilen Analytiker hatten damals mit vier Jahrzehnten bürokratischen Denkens gebrochen und die atomare Zielplanung auf eine rationale Basis gestellt. Heute, nach dem Abschluß entsprechender Abkommen, zielen die Vereinigten Staaten und Rußland überhaupt nicht mehr mit Kernwaffen aufeinander.

Am 5. September, Monate nach dem Golfkrieg, drängte uns Präsident Bush bei einer Sitzung des Nationalen Sicherheitsrats, im Bereich der Rüstungskontrolle neue Überlegungen anzustellen. Der Glanz des Sieges am Golf war inzwischen ein wenig verblaßt. Wir saßen wieder am Schachbrett der Supermächte, wo sich die Lage nach dem gescheiterten Putsch in der Sowjetunion radikal verändert hatte. »Ich will ein paar neue Ideen zur atomaren Abrüstung«, sagte der Präsident. »Und zwar kein Gerede, sondern solide Vorschläge.«

Innerhalb weniger Tage hatten wir einen Vorschlag erarbeitet, der weit über die Abschaffung der artilleriegestützten Kernwaffen hinausging, die ich seinerzeit vorgeschlagen hatte. Die Bandbreite war überwältigend. Wir schlugen vor, nukleare Kurzstrecken-Raketen wie die Lance-Rakete der Army abzuschaffen und die Bomber des Strategischen Luftwaffenkommandos, die sich seit zweiunddreißig Jahren in Alarmzustand befanden, endlich landen zu lassen und ihre Atombomben zu entladen. Ferner schlugen wir vor, bis auf die Trident-Unterseeboote mit ihren strategischen Raketen alle Schiffe von Kernwaffen zu befreien, alle Interkontinentalraketen mit Mehrfachsprengköpfen abzuschaffen und nur noch solche mit einem Sprengkopf zu behalten und schließlich so viele Minuteman-Raketensilos außer Betrieb zu setzen, wie wir uns trauten. Die Stabschefs trugen nun der sich radikal verändernden Welt Rechnung und unterzeichneten ebenso wie Paul Wolfowitz und seine Hardliner. Auch Cheney setzte dem Wandel keinen Widerstand mehr entgegen. Nur drei Wochen später, am 27. September, verkündete Präsident Bush der Welt diesen einseitigen Abbau unseres Atomwaffenarsenals.

Zu der Zeit, als ich Vorsitzender der Vereinten Stabschefs wurde, verfügten die amerikanischen Streitkräfte über 23 000 einsatzfähige Nuklearwaffen. Im Rahmen unserer eigenen Initiativen und der START-Verträge dürften wir diese Zahl bis zum Jahr 2003 auf 8000, also um über 65 Prozent, reduziert haben.

Präsident Bush hatte mich zwar für eine weitere zweijährige Amtszeit als Chef der Vereinten Stabschefs nominiert, aber die Ernennung mußte noch durch den Senat bestätigt werden. Senator Sam Nunn, der Vorsitzende des Streitkräfteausschusses im Senat, der sich in der Golfkrise für Sanktionen und gegen einen Kriegseinsatz ausgesprochen hatte, sorgte dafür, daß meine zweite Bestätigung keine Routineangelegenheit wurde. Die Anhörungen dauerten zwei Tage, und Nunn kritisierte mich wegen meiner Gespräche mit Bob Woodward, über die der Journalist in seinem Buch berichtet. Ich bestritt nicht, daß ich mit Woodward gesprochen hatte. Das hatten auch viele andere Mitglieder der Administration getan. Obendrein waren die Gespräche kein Geheimnis gewesen, denn ich hatte mit Cheney regelmäßig darüber gesprochen. Nunn versuchte außerdem nachzuweisen, daß ich ebenso wie er für eine Fortsetzung der Sanktionspolitik gewesen sei. Ich erinnerte ihn daran, daß wir es fast sechs Monate lang mit Sanktionen versucht hatten und daß sie Saddam Hussein nicht zum Einlenken bewegt hatten (sie haben auch in den folgenden vier Jahren nichts bewirkt). Ob man der Sanktionspolitik mehr Zeit hätte einräumen sollen, war eine politische Entscheidung gewesen. Präsident Bush hatte diese Entscheidung getroffen. Meine Aufgabe war es gewesen, für den Fall des Falles dafür zu sorgen, daß wir einsatzbereit waren. Und wir waren es gewesen. Nunn zog die Anhörungen bis zum 30. September, dem letzten Tag meiner Amtszeit, in die Länge. Ich wies ihn darauf hin, daß das Land ab Mitternacht nur noch einen geschäftsführenden Vorsitzenden der Vereinten Stabschefs hätte, da ich dann legal nicht mehr im Amt sein würde. Daraufhin brachte er meine Wiederernennung sofort zur Abstimmung. Der Senat bestätigte sie einstimmig.

Nach dem Golfkrieg hatte der *Time*-Kolumnist Hugh Sidney geschrieben:»Nie zuvor saß ein amerikanischer Präsident in dieser unberechenbaren Welt so fest im Sattel wie George Bush in diesen Tagen. Die Historiker kratzten sich am Kopf und suchten nach etwas Vergleichbarem. Es gab nichts.« Auch jetzt noch, sieben Monate später, verzeichnete der Präsident in den Umfragen überwältigende sechsundsechzig Prozent Zustimmung. Bei meiner Wiederernennung sah es ganz danach aus, als sollte ein Teil meiner zweiten Amtszeit als Vorsitzender der Vereinten Stabschefs in George Bushs zweite Amtszeit als Präsident fallen.

20

Kommandowechsel

Im Herbst 1991, mehrere Monate nach der Operation »Wüstensturm«, versetzte mich ein Ereignis schlagartig in meine Zeit in den Reisfeldern Vietnams zurück: Ich sah Captain Vo Cong Hieu wieder. Hieu hatte mir bereits im Dezember 1989 einen Brief geschrieben, die erste Nachricht nach siebenundzwanzig Jahren. Er gratulierte mir darin zur Ernennung zum Vorsitzenden der Vereinten Stabschefs und berichtete von seinem Leben in den vergangenen Jahren. »Sie haben diese glänzende Berufung mehr als verdient«, schrieb er. »Ich hingegen befinde mich in einer ziemlich schwierigen Lage.« Hieu hatte dreizehn Jahre in einem kommunistischen Umerziehungslager verbracht und dann mit seiner Frau in der US-Botschaft in Bangkok erfolgreich einen Antrag auf Einreise in die Vereinigten Staaten gestellt. Allerdings hatte er keine Genehmigungen für seine verheirateten Kinder und seine Enkel, für insgesamt sieben Familienmitglieder. Deshalb bat er mich um Hilfe.

Ich wandte mich an den findigen Rich Armitage, der die Schleichwege durch das Behördenlabyrinth in Washington und Vietnam so gut wie kein anderer kannte. Rich gelang es tatsächlich, die Einreiseerlaubnis für Hieus Angehörige zu beschaffen.

Ungefähr eineinhalb Jahre später, im Oktober 1991, sollte ich auf einer Tagung in Minneapolis, dem sogenannten Minnesota Meeting, in einem Hotel eine Rede halten. In der Vorhalle stand ein unsicher wirkender kleiner Mann in einem schlecht sitzenden Mantel. Ich erkannte Hieu sofort. Er lächelte schüchtern, als ich auf ihn zutrat und ihn umarmte. Wir hatten beide Tränen in den Augen. Er dankte mir für meine Hilfe und berichtete, wie er in Minnesota für seine Familie einen amerikanischen Bürgen gefunden hatte. Ich bat Hieu, sich meine Rede anzuhören, und besorgte ihm einen Platz an einem Tisch vor dem Podium. Dann begann ich meine Rede: »Ich bin hier einem alten

Freund begegnet, den ich fast dreißig Jahre nicht mehr gesehen habe. Ich möchte, daß Sie ihn kennenlernen, einen neuen Nachbarn und amerikanischen Neubürger, Vo Cong Hieu.« Hieu erhob sich unter donnerndem Applaus. Er wirkte noch etwas verwirrt angesichts eines Schicksals, das ihn in die Vereinigten Staaten geführt hatte, wo er fremd und der alten Heimat fern, aber endlich frei war.

Am gleichen Tag, als der Senat mich als Vorsitzenden der Vereinten Stabschefs bestätigte, wurde Pater Jean-Bertrand Aristide, der erste demokratisch gewählte Präsident in Haitis Geschichte, nach kaum acht Monaten vom Militär aus dem Amt gejagt. Nach seinem Sturz versuchten verzweifelte Haitianer mit allen möglichen schwimmenden Untersätzen über das Meer in die Vereinigten Staaten zu fliehen. Am 29. Oktober untersagte Präsident Bush als Sanktion gegen die neue Militärjunta jeden Handel mit Haiti, darauf schwoll die Flüchtlingswelle weiter an. Dem US-Militär kam die undankbare Aufgabe zu, haitianische Boat People auf Guantanomo Bay, unserem Stützpunkt auf Kuba, zu internieren, bis die Einwanderungsbehörde über ihre Aufnahme als politisch Verfolgte entscheiden würde.

Im Dezember erging eine Anfrage an das Pentagon, mit welchen militärischen Mitteln Aristide wieder in sein Amt eingesetzt werden könnte. Ich riet Cheney zur Vorsicht. »Wir können das Land mit ein oder zwei Kompanien Marineinfanteristen an einem Nachmittag einnehmen«, sagte ich. »Das Problem ist, wie wir nachher wieder aussteigen.« Wir hatten aus ganz ähnlichen Gründen – um den Terror zu beenden, die Stabilität wiederherzustellen, die Demokratie zu fördern und unsere Interessen zu wahren – bereits 1915 in Haiti interveniert, und diese Besatzung hatte sich dann über neunzehn Jahre hingezogen. Ich mußte Cheney über die Situation in Haiti nicht aufklären. Wir wußten beide, daß bittere Armut und politischer Terror die Menschen außer Landes trieben. Aber beides rechtfertigte noch keine amerikanische Invasion.

Admiral Bud Edney, der als Oberbefehlshaber des Atlantic Command für die Flüchtlinge auf Guantanamo Bay verantwortlich war, wollte diese Operation »Sicherer Hafen« nennen. Ich lehnte den Vorschlag ab: Er kam einer Einladung an die Haitianer gleich, dabei ähnelten die Verhältnisse im Lager allmählich denen in einem Konzentrationslager. Ich setzte mich für eine neutrale Bezeichnung ein, die keine falschen Hoffnungen weckte. Wir einigten uns auf die in der Navy gebräuchliche Abkürzung für den Stützpunkt Guantanamo. Aus dem »Sicheren Hafen« wurde die »Operation GTMO«. Derweil verließen die Haitianer nach wie vor scharenweise über das Meer ihre Heimat.

Am Weihnachtstag 1991 trat dann das Unvorstellbare ein. Ohne Kämpfe, ohne Krieg oder eine Revolution löste sich die Sowjetunion von selbst auf. Sie verschwand mit einem Federstrich der Führer der Sowjetrepubliken, die sich in Alma Ata, der entlegenen Hauptstadt Kasachstans, zu einer Konferenz getroffen hatten. Die Vereinigten Staaten hatten keine konkurrierende Supermacht mehr neben sich. Michail Gorbatschow war über Nacht zum Privatmann geworden. Das Imperium, das er regiert hatte, gab es nicht mehr. 1988 hatte er George Shultz und mir gesagt, er wolle vor seiner Ablösung durch einen anderen möglichst viel verändern. Nie, so glaube ich, hätte er damit gerechnet, daß sein politisches Ende mit dem des Sowjetreichs zusammenfallen würde. Als Realist schätzte er die Lage dieses in Auflösung begriffenen Staates zwar richtig ein, hoffte ihn aber ohne Aufgabe der marxistischen Ideologie noch retten zu können. Darin täuschte er sich. Gorbatschow betrat die politische Bühne glücklicherweise zu einem Zeitpunkt, als mit Ronald Reagan in den Vereinigten Staaten ein Präsident regierte, der aus der Position der Überlegenheit heraus das Wagnis der Abrüstung einzugehen bereit war. Gemeinsam wagten beide Staatsmänner eine Politik, die das Ende des Kalten Krieges einläutete.

Angesichts der Lage hielt ich es für wichtiger denn je, die Base Force vom Kongreß bewilligt zu bekommen. Dieses Konzept war eine realistische militärische Option für eine Zukunft, in der es keine zwei verfeindeten Supermächte mehr gab. Am 5. Februar gingen Cheney und ich auf den Kapitolshügel, um an einer weiteren Anhörung zur Sache teilzunehmen. Diesmal hatten wir uns den Fragen des Haushaltsausschusses des Repräsentantenhauses zu stellen, denn die meisten Mitglieder des Kongresses waren davon überzeugt, daß die Entscheidung für das Base-Force-Konzept in einer Zeit, in der das alte Feindbild zerbrochen war, keinen ausreichend tiefen Einschnitt in die Rüstungsausgaben ermöglichte. Beim Betreten des Anhörungsraums, warnte mich Colonel Paul Kelly, mein Offizier für Gesetzgebungsfragen, vor, daß mir der Abgeordnete Barney Frank in einer anderen Sache Fragen stellen würde.

Die Befragung verlief zunächst wie erwartet: Wie ließ sich ein ausgewogenes Verhältnis zwischen Reserve- und aktiven Streitkräften herstellen, wie viele Soldaten konnten wir aus Europa abziehen? Dann erteilte der Vorsitzende dem Abgeordneten Frank aus Massachusetts das Wort. Frank wandte sich zunächst an Cheney: »Bei seiner letzten Anhörung erklärte uns der Minister, daß Sicherheitsbedenken kein Grund für den Ausschluß homosexueller Männer und Frauen vom Militär seien.« Dann wandte er sich an mich. »Haben wir es hier in gewisser Weise nicht mit einem Vorurteil der Mehrheit gegenüber einer gesellschaftlichen Gruppe zu tun?« Und sei dieses Vorurteil »ein hinreichender Grund dafür, warum man männlichen und weiblichen Homosexuellen erklärt, sie seien bei den Streitkräften unerwünscht?« Frank hatte die brisanteste gesellschaftliche Frage angesprochen, mit der sich das Pentagon seit einer Generation zu befassen hatte.

»Ich glaube, der Versuch, Homosexuelle in die gegenwärtige militärische Organisation zu integrieren, würde sich nachteilig auf Ordnung und Disziplin auswirken«, gab ich zu bedenken. »Und ich glaube ...«

Frank unterbrach mich. »Wie Sie wissen, hat der Minister vor einiger Zeit eingeräumt, daß es in der Truppe Homosexuelle gegeben hat. Gibt es Hinweise darauf, daß dies der Disziplin geschadet hat?«

»Nein«, antwortete ich, »denn sie haben sich ja nicht zu ihrer Veranlagung bekannt ... Heterosexuellen jungen Männern und Frauen ist es aufgrund unterschiedlicher Neigungen lieber, wenn sie beim Militär nicht allzu eng zusammenleben. Muß ich dann nicht auch für eine getrennte Unterbringung von Homosexuellen und Heterosexuellen sorgen? Und wie soll man geschlechtliche Kontakte zwischen Homosexuellen unterbinden?« Der Kongreßabgeordnete ging der Frage an diesem Tag nicht weiter nach.

Später schrieb mir die Kongreßabgeordnete Pat Schoeder aus Colorado, sie sei über meine Äußerungen verärgert. Sie verwies auf einen Bericht der Regierung aus dem Jahre 1942. Ihrer Meinung nach seien damals die gleichen Argumente, mit denen man heute Homosexuelle ausschließe, gegen die Integration Schwarzer beim Militär vorgebracht worden. »Nach Ihrer Argumentation hätten Sie selbst vor ein paar Jahrzehnten nicht Offizier werden dürfen«, schrieb sie.

»Was die historische Rolle der Afro-Amerikaner bei der Verteidigung der Nation angeht, brauche ich keine Nachhilfe«, schrieb ich zurück. Ihre Argumentation entbehre der Logik: »Die Hautfarbe ist eine neutrale Eigenschaft, die sich auf das Verhalten nicht auswirkt«, hob ich hervor. »Dagegen gibt es wohl kein Merkmal, das das Verhalten eines Menschen mehr bestimmt als seine sexuelle Veranlagung.« Der Vergleich sei zwar naheliegend, aber nicht schlüssig.

Daß zwischen der Frage nach den Rechten Homosexueller und der schwarzen Bürgerrechtsbewegung eine Beziehung hergestellt wurde, löste bei den Schwarzen unterschiedliche Reaktionen aus. Während der Black Caucus, der Zusammenschluß schwarzer Kongreßmitglieder, für eine Öffnung des Militärs für Homosexuelle eintrat, vertraten die Führer anderer afro-amerikanischer Organisationen mir gegenüber die Ansicht, daß die Bürgerrechtsbewegung von den Homosexuellen für ihre Ziele vereinnahmt, ja mißbraucht werde. Und ich hörte sogar schwarze Geistliche, die strikt dagegen waren, den Ausschluß Homosexueller aufzuheben. Die Frage wurde zu einem heiklen Wahlkampfthema.

Im selben Jahr wurde ich in einem völlig anderen Zusammenhang erneut mit dem Erbe der schwarzen Amerikaner konfrontiert. 1978, während der Ära Carter, war ich als angehender Militärberater Charles Duncans zum ersten Mal nach Ostafrika gereist, ein Blitzbesuch, der mich seelisch wenig berührt hatte. Am 8. März 1992 flog ich dann als Vorsitzender erneut nach Afrika. Auf dem Programm standen offizielle Besuche im Senegal, in Sierra Leone und Nigeria. Alma begleitete mich. Besonders neugierig war ich auf unsere zweite Station, Sierra Leone. Mein Cousin Arthur »Sonny« Lewis hatte dort als amerikanischer Botschafter gedient. Bei unserer Ankunft am 9. März in der Hauptstadt Freetown hielt Sonny sich gerade geschäftlich im Land auf, und so gab es überraschend ein kleines Familientreffen.

Wir absolvierten den üblichen Kanon an offiziellen Empfängen und Banketten mit Trinksprüchen und Reden. Am dritten Tag wurden Alma und ich frühmorgens von Joe Oppala, einem Veteranen des amerikanischen Friedenskorps, von der US-Botschaft abgeholt. Oppala, der sich in Sierra Leone niedergelassen hatte, diente uns bei einer Besichtigungsfahrt zur Insel Bunce als Führer. Stolz berichtete er, daß er bei den Ausgrabungen und Restaurierungen auf der Insel mitgeholfen habe.

Nach der Ankunft führte er unsere Gruppe zu einem Areal mit zerfallenen Befestigungsanlagen. »Bunce war die erste Durchgangsstation für die Menschen, die im Hinterland gefangen und dann als Sklaven verkauft wurden«, wußte Oppala und deutete auf die Überbleibsel einstmals imposanter Wohnhäuser. »Dort wohnten Sklavenhändler und Regierungsbeamte.« Auf unserem Weg vorbei an baufälligen Nebengebäuden erläuterte er: »Hier wurden die Sklaven registriert. Dort war die Essensausgabe. Und hier wurden sie auf ihren körperlichen Zustand hin begutachtet. Nur einwandfreie Ware trat die Reise übers Meer an.« Wir stiegen in einem größeren Bau eine Steintreppe empor und traten auf einen Balkon hinaus. Unter uns lagen kleine Zellen mit Ziegelmauern. »Hier warteten Sklaven zusammengepfercht auf die Verschiffung.« Oppala berichtete, wie die »Ladung« an Bord der Schiffe gebracht wurde, wie lange die Reise über den Atlantik dauerte und mit welchen Verlusten gerechnet wurde.

All das rief wieder ein Gefühl in mir wach, dessen ich mir bislang nicht voll bewußt gewesen war. Im vorigen Februar waren Alma und ich nach Jamaica geflogen, der Heimat meiner Eltern, in der ich bislang ausschließlich meine Wurzeln gesehen hatte. Jetzt aber stieg eine Ahnung von einer ferneren Vergangenheit auf, die mich mit Afrika verband. Als ich Alma meine Empfindungen schilderte, sagte sie, ihr gehe es ebenso. Beim Blick hinab auf diese Ställe für menschliches Vieh konnte ich mir den Geruch der zusammengepferchten Leiber vorstellen. Ich sah bildhaft vor mir, wie ein peitschenschwingender Aufseher verstörte Männer, Frauen und Kinder auf die Schiffe trieb. Meine Ahnen mußten die Schrecken eines solchen Ortes am eigenen Leib verspürt haben.

An Nachmittag hielt ich bei einer kurzen Abschiedszeremonie am Flughafen von Freetown eine Ansprache: »Wie Sie wissen, bin ich Amerikaner. Ich bin der Sohn jamaikanischer Einwanderer. Aber seit heute bin ich auch Afrikaner. Ich fühle mich diesem Kontinent auf ganz besondere Weise verbunden.«

Nach dem Besuch in Nigeria flogen Alma und ich mit einem neuen Bewußtsein für unser Erbe in die amerikanische Heimat zurück. In Afrika hatten wir die Zeugnisse einer tragischen Vergangenheit gesehen, ein Erlebnis, das zugleich auch etwas Ermutigendes hatte: Es veranschaulichte, daß der Mensch, wenn er seine Ketten gesprengt und die Freiheit kennengelernt hat, jede Erniedrigung überwinden und zu neuer Größe emporsteigen kann, in Afrika oder jedem anderen Land, auch in unserem.

Im Jahre 1992 hatten wir alle Hände voll damit zu tun, die Truppenstärke um die von der Regierung angekündigten 25 Prozent zu verringern. Wir bezahlten Soldaten für das vorzeitige Ausscheiden aus dem Dienst, während wir sie früher jahrelang mit Sonderprämien bei der Stange gehalten hatten. Wir rekrutierten nur noch so viele Soldaten, um für die kommenden zehn Jahre den Bedarf an Sergeants und höheren Unteroffizieren decken zu können. Jede Woche holten wir Tausende von Soldaten mitsamt ihren Familien, Autos, Haustieren und anderer Habe aus Deutschland in die Vereinigten Staaten zurück. Wir brauchten für sie eine neue Verwendung und Unterkünfte im Inland. Als mein erster Stützpunkt, Gelnhausen, dichtgemacht wurde, starb mit ihm ein Teil meiner Vergangenheit. Nach der Übergabe der Schlüssel an die Deutschen rückte eine letzte US-Abteilung zu den Klängen von »When Jonny Comes Marching Home« aus dem Gelände ab. Das Fuldaer Becken wurde ein touristischer Anziehungspunkt im Herzen des wiedervereinigten Deutschlands.

Als ich am 1. Mai in meinem Büro den Fernseher einschaltete, flimmerten Szenen über den Bildschirm, die mich im Innersten schmerzten, die neuesten Bilder von den gewalttätigen Ausschreitungen in Los Angeles. Begonnen hatte der Aufruhr am Vortag nach dem Freispruch von vier Polizisten, die wegen Körperverletzung an dem Schwarzen Rodney King angeklagt gewesen waren. King, der bereits eine Haftstrafe abgesessen hatte, war gewiß kein Heiliger. Trotzdem konnte kein unvoreingenommener Betrachter des berühmt gewordenen Videobandes mit der Prügelszene bestreiten, daß er das Opfer polizeilicher Willkür geworden war. Der Freispruch löste unter Schwarzen eine Welle der Gewalt aus.

Fassungslos sah ich jugendliche Banden, die randalierend, plündernd und brandschatzend durch die Straßen zogen. Fast fünfunddreißig Jahre war es her, daß Präsident Eisenhower Truppen nach Little Rock entsandt hatte, um die gewalttätigen Ausschreitungen zu beenden, die sich am Streit um gemischtrassige Schulen entzündet hatten. Neunundzwanzig Jahre war es her, daß Bull Connor in Almas Heimatstadt Birmingham mit Wasserwerfern und Hunden gegen demonstrierende Schwarze vorgegangen war, und vierundzwanzig Jahre, daß die Ermordung Martin Luther Kings in amerikanischen Städten gewalttätige Unruhen ausgelöst hatte. Und jetzt, nach all den Erfolgen im Kampf um die Gleichberechtigung von Schwarzen, begann der ganze Spuk von neuem.

Während ich noch vor dem Fernseher saß, erhielt ich einen Anruf vom Nationalen Sicherheitsberater Brent Scowcroft: »Ich weiß, Colin, es ist nicht Ihr Spezialgebiet«, sagte er, »aber wir könnten bei der Stellungnahme des Präsidenten zu den Unruhen Ihre Hilfe gebrauchen.« Der Präsident, so Scowcroft, werde am Abend im Fernsehen auftreten und darlegen, welche Maßnahmen die Bundesregierung zur Beendigung der Unruhen getroffen habe. »Ich schicke Ihnen eine Rohfassung«, kündigte er an. »Werfen Sie einen Blick darauf und sagen Sie Sam Skinner, was Sie davon halten.« Skinner hatte John Sununu im vorigen Dezember als Stabschef im Weißen Haus abgelöst.

Nancy Hughes brachte mir die Präsidentenrede, die sie aus dem Faxgerät gezogen hatte. Ich war bestürzt. Der Tonfall war völlig verkehrt. Auch wenn die Unruhen kriminelle Gewaltakte waren und Recht und Ordnung wiederhergestellt werden mußten, waren die Ausschreitungen nicht aus heiterem Himmel gekommen und hatten soziale Ursachen. Die Rede zog den ersten Punkt in Rechnung, ließ den zweiten aber völlig außer acht. Der Entwurf trug vor den Wahlen in diesem Jahr ganz die Handschrift der Rechten.

Ich suchte Skinner in seinem Büro im Westflügel des Weißen Hauses auf. »Das über Recht und Ordnung können Sie ruhig bringen, Sam«, sagte ich. »Aber mit diesem Ton gießen Sie Öl ins Feuer.« Ich betonte, daß selbst Rodney King zur Versöhnung der Rassen aufgerufen habe. »Sie haben doch gehört, was er gesagt hat: ›Können wir miteinander leben? Wir können es schon schaffen.‹« Ich schlug vor, die Rede zu entschärfen. »Lassen Sie den Präsidenten auch versöhnliche Töne anschlagen.«

Sam wurde nervös. Bis zur Sendung waren es nur noch Stunden. Er sagte, er könne den Text nicht komplett umschreiben, werde aber sehen, was sich machen lasse.

Ich ging nach Hause, zog mich um und ging abends ins Hotel Grand Hyatt zum Jahresessen der Studienstiftung Horatio Alger. Später wies ich einen Sicherheitsbeamten an, sich die Schlüssel für ein leeres Hotelzimmer geben zu lassen, wo ich mich ungestört vor den Fernseher setzen konnte. Ich entschuldigte mich zu gegebener Zeit, um mir die für 21 Uhr angekündigte Rede des Präsidenten anzuhören. Ich kam noch rechtzeitig in das Zimmer. Bush brachte gerade seine Betroffenheit über die gewalttätigen Ausschreitungen zum Ausdruck und kündigte einen Einsatz der Nationalgarde an: »Ich weise General Colin Powell an, alle Truppen einem zentralen Kommando zu unterstellen.« Zum ersten Mal erhielt ich einen Befehl per Fernsehen. Es war ein trauriger Moment. Nach den Unruhen in den sechziger Jahren hatte ich gehofft, daß nie wieder amerikanische Truppen eingesetzt werden müßten, um im eigenen Land Ordnung zu schaffen. Zu meiner Erleichterung verurteilte der Präsident den polizeilichen Willkürakt gegen King als »empörend«. Die Bürger seien über die Freisprüche »bestürzt« gewesen, auch er, seine Frau und seine Kinder. Er räumte ein, daß die Zukunftschancen der Minderheiten in Amerika verbessert werden müßten und rief die Fernsehzuschauer auf, »mit ihrem Herzen, ihrer Stimme und ihren Gebeten an der Überwindung des Hasses mitzuwirken«. Ich hatte bei meiner Überzeugungsarbeit am Nachmittag in Sam Skinners Büro offenbar gute Arbeit geleistet.

Für seine Wiederwahl konnte sich George Bush nicht auf den Erfolg der Operation »Wüstensturm« verlassen. Die gewaltige Zustimmung, die er nach dem Krieg erfahren hatte, war bei Meinungsumfragen im Mai 1992 auf ganze 40 Prozent geschrumpft (bei 53 Prozent Unzufriedenen). Eines seiner Probleme war Vizepräsident Dan Quayle. Er galt mittlerweile als Belastung. In Republikanerkreisen machte insgeheim bereits die Parole »Dump Dan« (Schmeißt Dan raus) die Runde, und als möglicher Ersatz tauchte in der Presse mein Name auf. Schon im November 1990, während der Kriegsvorbereitungen am Golf, hatte die Zeitschrift *Parade* die Möglichkeit eines Gespanns Bush-Powell angesprochen, ein Vorstoß, der Gerüchten zufolge von Fred Malek befürwortet wurde. Malek war vor langer Zeit mein Mentor in der Haushaltsbehörde gewesen und organisierte jetzt Bushs Wahlkampf. Das Wahlkampfteam fand bei diskreten Sondierungen heraus, daß Jim Baker als Kandidat für das Amt des Vizepräsidenten besser ankam als Dan Quayle. Und ich schnitt besser ab als Jim Baker. Da die Spekulationen ins Kraut schossen, sah ich mich Mitte Mai zu einem Anruf bei Quayle genötigt. »Mr. Vice President«, sagte ich, »ich weiß, wie unangenehm Ihnen dieses Gerede sein muß. Ich kann Ihnen nur versichern, daß ich keinen Anlaß dazu gegeben habe. Ich habe keinerlei Vorstoß in dieser Richtung unternommen. Ich möchte meinen Posten als Vorsitzender behalten.«

Quayle reagierte wohlwollend. »Ich weiß, Colin«, sagte er. »Das ist unter anderem der Preis für unsere Arbeit in Washington.«

Das ganze Gerede um meine Kandidatur für die Republikaner war für mich nichts anderes als Washingtoner Nabelschau. Bush hielt zu seinen Leuten. Er hatte zu mir gehalten, als die Haie nach der Veröffentlichung von Woodwards Buch Blut gewittert hatten, und ich war überzeugt, er würde auch zu Vizepräsident Dan Quayle halten. Quayle hatte ja deutlich gemacht, daß er sich nicht zurückziehen wollte.

Allerdings trat unaufgefordert auch noch die andere Seite an mich heran. Im Mai suchte mich Vernon Jordan auf, ein parteipolitisch gebundener Washingtoner Jurist und enger Freund. Er kam im Auftrag der Partei Bill Clintons. Clinton, der Gouverneur von Arcansas, hatte sich bereits die Nominierung als Präsidentschaftskandidat der Demokraten gesichert. »In den Meinungsumfragen schneiden Sie großartig ab«, teilte mir Jordan mit, »Haben Sie Interesse, als Clintons Vize anzutreten?«

»Zunächst einmal, Vernon«, sagte ich, »habe ich kein Interesse daran, die Uniform abzulegen, um Parteipolitik zu machen. Zweitens weiß ich eigentlich gar nicht, wo ich politisch stehe. Und drittens hat mich George Bush verpflichtet und hält zu mir. Ich könnte gegen ihn nie einen Wahlkampf führen.«

Etliche Monate zuvor hatte ein Republikaner mir gegenüber einen interessanten Gedanken zu meinem politischen Standort geäußert. Stu Spencer, der kluge Kalifornier, der gewissermaßen den modernen politischen Berater erfunden hat, hatte mich in meinem Büro im Pentagon aufgesucht, und wir sprachen ganz allgemein über Politik. Beim Hinausgehen sagte er: »Wenn Sie je in die Politik gehen, Colin, dann für die Demokraten. So gut, wie ich Sie kenne, kann ich mir nicht vorstellen, daß Sie sich mit einigen Punkten im Programm der Republikaner anfreunden können. Sie stammen aus einem Haus, das traditionell den Demokraten angehangen hat. Sie haben ein zu starkes soziales Gewissen.« Mit einem verschmitzten Lächeln fügte er hinzu: »Als Republikaner dürfte ich Ihnen das ja eigentlich gar nicht sagen.«

Am 25. Juli reiste ich zur Erfüllung eines Wunschtraumes nach Fort Leavenworth. Seit zehn Jahren hatte ich mich für die Errichtung eine Denkmals für die Buffalo Soldiers eingesetzt, ehemalige schwarze Kavallerie-Regimenter, denen bislang nirgendwo in angemessener Form gedacht worden war. Nun war mein Wunsch Wirklichkeit geworden. Ich sollte in Leavenworth der feierlichen Enthüllung des Denkmals beiwohnen. Nach dem Besuch der Sklaveninsel in Afrika und dem Schmerz über die Rassenunruhen in Los Angeles war mir diese stolze Errungenschaft der Afro-Amerikaner eine besondere Genugtuung.

Während ich mit Colonel Larry Wilkerson, meinem begabten Redenschreiber, an der Ansprache für den Festakt arbeitete, dachte ich an den langen Kampf der Schwarzen um Gleichberechtigung beim Militär. Mir fiel Ben Davis ein, der in West Point, wo er von seinen Kameraden nur geschnitten worden war, vier Jahre durchgehalten hatte. Als er sich anschließend in Fort Benning zum Dienst meldete, straften die weißen Offizierskollegen ihn und seine Frau mit Nichtbeachtung. Davis, der später, im Zweiten Weltkrieg, die Tuskegee Airmen kommandierte, bemerkte einmal: »Der Krieg war nicht leicht, aber man konnte nur ein Mal sterben. Weitaus schwieriger war das Leben mit den tagtäglichen rassistischen Demütigungen.«

Ich erinnerte mich an einige gutgemeinte Bemerkungen von Vorgesetzten: »Powell, Sie sind der beste schwarze Lieutenant, den ich je kennengelernt habe.« Verärgert, weil er mich nur an schwarzen Lieutenants maß, dankte ich für das Kompliment und nahm mir vor, ihm zu zeigen, daß ich der Beste war. Bei meinem weiteren Aufstieg lernte ich, auch verschiedene gutgemeinte Begrüßungen über mich ergehen zu lassen: »Erfreut Sie kennenzulernen, General Powell. Wissen Sie, ich habe schon unter Chappie James gedient.« Oder unter Ben Davis oder Roscoe Robinson. Warum niemals George Patton oder Creigton Abrams? Die freundschaftlich gemeinte Geste schuf in Wahrheit nur eine Kluft. Ich kann mir das verdutzte Gesicht eines weißen Offiziers vorstellen, wenn ich ihm bei der ersten Begegnung sagen würde: »Wissen Sie, ich habe unter Gunfighter Emerson gedient.«

Die Unruhen in Los Angeles, Ben Davis und die Jugendlichen aus den schwarzen Ghettos – dies alles ging mir durch den Kopf, während ich an der Rede arbeitete, die ich bei der Einweihung des Denkmals der Buffalo Soldiers halten sollte. An einem drückend schwülen Sommernachmittag kam ich in Fort Leavenworth in Kansas an. Finstere

Gewitterwolken zogen sich über dem Standort des Denkmals zusammen. Aber nichts konnte die Stimmung der Menge trüben. Tausende waren gekommen, Fahnen flatterten, Musikkapellen spielten. Eine Fahnenwache des 10. Kavallerieregiments, ursprünglich eine Einheit der Buffalo Soldiers, paradierte zu Pferde vorüber. Vertreter des Kongresses aus Kansas waren da. Der Gouverneur hielt eine Rede. Schließlich war ich an der Reihe. Ich blickte in die Reihen der Zuhörer. Vor mir, über Gehstöcke gebeugt, in Rollstühlen sitzend oder noch aufrecht stehend sah ich Dutzende von Veteranen der Buffalo Soldiers, Männer in den Neunzigern, manche schon über hundert. Ich blickte in den Himmel hinauf und sagte: »Ich weiß, Sie alle beobachten diese schwarze Wolke. Aber denken Sie nicht an sie, es wird nicht regnen, nicht an diesem Tag.«

Ich dankte Colonel von Schlemmer, dem Militärhistoriker von Fort Leavenworth, und General Dougherty, die bei der Verwirklichung der Pläne für das Denkmal eine wichtige Rolle gespielt hatten. Mein besonderer Dank ging an Commander Carlton Philpot von der Navy: »Ich danke Ihnen, mein Freund, von ganzem Herzen für die Verwirklichung meines bescheidenen Traumes«, sagte ich und deutete auf das imposante fünfeinhalb Meter hohe Denkmal: »Und das ist er, der Buffalo Soldier, auf dem Rücken seines Pferdes, im blauen Mantel, auf den Knöpfen der Adler, auf der Feldflasche die gekreuzten Säbel, in der Hand das Gewehr und an der Hüfte die Pistole, tapfer, mit eisernem Willen und als Soldat von seinem weißen Bruder nicht zu unterscheiden.« Ich erinnerte die Zuhörer daran, daß Afro-Amerikaner von Anfang an dem Ruf zu den Fahnen gefolgt waren. »Und doch blieben ihnen der verdiente Ruhm und das verdiente Glück stets versagt. Sie vergossen ihr Blut, gaben ihr Leben hin, gewannen Schlachten, und sie bekamen nichts dafür. Vielmehr kehrten sie in die Sklaverei zurück, rechtlich oder wirtschaftlich, festgeschrieben durch Haß, Vorurteile, Selbstgerechtigkeit und Intoleranz.«

Heute, so hob ich hervor, würden Afro-Amerikaner die Schranken durchbrechen und sich die überfällige Anerkennung verschaffen. Aber Erfolge der Schwarzen fielen nicht vom Himmel. »Ich weiß, woher ich komme«, verkündete ich. »Alle von uns müssen wissen, woher sie kommen, damit unsere Jugend weiß, wohin sie geht ... Ich bin mir sehr wohl bewußt, was ich denen, die mir vorangingen, verdanke. Ich trat in ihre Fußstapfen ... Und ich rufe alle jungen Menschen, die heute hier versammelt sind, dazu auf: Behaltet die Leistungen und die Opfer dieser Männer, die uns vorangingen, im Gedächtnis. Und vergeßt die Leistungen und Opfer der gegenwärtigen Generation nicht. Folgt ihr nach, seid Adler!«

Dieser großartige Tag wird immer in meinem Gedächtnis bleiben.

Nach den Parteiversammlungen im August hatten sich die Fronten geklärt: Bush und Quayle traten gegen Bill Clinton und Senator Albert Gore an, ein Rennen, das durch Ross Perots dritte Partei noch spannender wurde. Als die Kandidaten feststanden, verstummten endlich die Spekulationen um meine Person.

Der August markierte auch einen Meilenstein in meinem Privatleben: Alma und ich feierten unseren dreißigsten Hochzeitstag. Unsere Kinder richteten für uns zu Hause eine Feier mit Familie und Freunden aus. Irgendwann bat Mike um allgemeine Aufmerksamkeit für die »Saga von Colin und Alma«, ein aus alten Privataufnahmen zusammengeschnittenes Videoband. Vor uns flimmerten Bilder von Kindern vorüber, die in eine Geburtstagstorte grabschten, von Eltern, die lächelnd in die Kamera winkten, und von Großeltern, die ernst und würdevoll dreinschauten. Ich war auf unsere Kinder stolz. Mike hatte sich von seinem Unfall vollständig erholt, war Familienvater geworden und fing an der Georgetown Law School an. Linda hatte mit der Thornton-Wilder-Retrospektive *Wilder Wilder Wilder* am Broadway debütiert. Und Annemarie hatte im Mai den Abschluß am William and Mary gemacht, kurzzeitig für den Fernsehsender CNN über Wahlversammlungen berichtet, an der Produktion der *Larry King Show* mitgewirkt und sich schließlich dem Team von Ted Koppels Sendung *Nightline* angeschlossen. Alle waren erfolgreich. Kein Wunder, sagte ich: Im Frühjahr war ich vom National Father's Commitee zum Vater des Jahres gekürt worden – zum Spott meiner Kinder, denn bei uns darf sich keiner zu ernst nehmen. Als die Gäste gegangen waren, saßen Alma und ich mit dem Bewußtsein, vom Leben reich beschenkt worden zu sein, inmitten des zurückgebliebenen Chaos der Feier. Und ich wußte, daß ich auch mit Alma das große Los gezogen hatte.

Am Sonntag, dem 4. Oktober, blätterte ich morgens zu Hause die *New York Times* durch. Dabei stach mir die Überschrift eines Artikels ins Auge: »Verlangsamt das Gemetzel doch wenigstens.« 1991 hatten sich

über dem Balkan Gewitterwolken zusammengeballt: Mit der Auflösung der Sowjetunion begann auch der Zerfall Jugoslawiens. Kroatien
und Slowenien erklärten sich zu unabhängigen Staaten, worauf Bos-
nien-Herzegowina nachzog. Die bosnischen Serben, unterstützt von
einer jetzt unabhängigen serbischen Republik, griffen zu den Waffen,
um die Bildung eines selbständigen, von Muslimen dominierten Staates zu verhindern. Rund um die Uhr erreichten uns Fernsehbilder zu
den Massakern, Vergewaltigungen und Plünderungen, mit denen die
Serben »ethnische Säuberungen« vornahmen. Aufnahmen von musli-
mischen Gefangenen, die zum Skelett abgemagert in serbischen Konzentrationslagern zusammengepfercht ausharrten, erinnerten an Da-
chau und Auschwitz.

Zwei Wochen vor Erscheinen des Artikels in der *Times* hatte mich
Michael R. Gordon, Journalist der Zeitung und Experte für Verteidi-
gungsangelegenheiten, gefragt, warum die Vereinigten Staaten in Bosnien nicht eine »begrenzte« Rolle übernehmen könnten. Mit sogenannten begrenzten Engagements war ich bereits konfrontiert worden, zum
ersten Mal in Vietnam. Ich antwortete dem Journalisten: »Wenn von
›begrenzt‹ die Rede ist, dann heißt das, es spielt keine Rolle, ob man
Ergebnisse erzielt oder nicht. Sobald von ›chirurgischen Schnitten‹ die
Rede ist, laufe ich zum Bunker.« Ich kritisierte die irrige Politik, US-
Truppen ohne klaren Auftrag in Krisengebiete zu schicken. Im Libanon
hatte dieses Vorgehen 241 Marineinfanteristen das Leben gekostet.

In dem Artikel der *Times* wurde dieses frühere Interview nun zitiert.
Ich wurde in einem Atemzug mit Regierungsvertretern genannt, die
sich trotz der Ermordung von Tausenden zu einem Eingreifen in Bosnien nicht durchringen konnten. Angesichts der 280 Milliarden Dollar
Verteidigungsausgaben jährlich, hieß es in dem Artikel abschließend,
schuldeten die Streitkräfte dem amerikanischen Steuerzahler mehr als
einen Offenbarungseid: »Präsident Bush könnte General Powell dasselbe sagen, was einst Präsident Lincoln zu General McClellan gesagt
hat«, schloß der Artikel: »Wenn Sie die Armee nicht einsetzen wollen,
dann müßte ich sie mir eine Zeitlang ausleihen.«

Ich reagierte so wie Norman Schwarzkopf, dem man ebenfalls
McClellanitis vorgeworfen hatte: Ich ging in die Luft. Ich eilte in mein
Arbeitszimmer, warf eine geharnischte Antwort aufs Papier, rief Bill
Smullen zu Hause an und las sie ihm vor.

»Sir«, antwortete der stets bedächtige Smullen, »wenn Sie das so der *Times* schicken, erscheint es unter der Rubrik ›Leserbriefe‹. Ich schlage vor, Sie mäßigen den Ton und erörtern den Gegenstand ausführlicher. Dann kommt dabei vielleicht ein Artikel für die Kommentarseite heraus.«

Ich befolgte Smullens Rat, und vier Tage später erschien mit Zustimmung Cheneys und des Nationalen Sicherheitsrates meine Antwort auf der Kommentarseite der *New York Times*. Die Überschrift: »Warum Generäle nervös werden« stammte zwar nicht von mir, sondern von einem Redakteur des Blattes, aber immerhin war der Artikel gedruckt worden. Ich machte die Leser darauf aufmerksam, daß Militäreinsätze immer dann erfolgreich verlaufen waren, wenn die Streitkräfte – wie in Panama, auf den Philippinen oder bei der Operation »Wüstensturm« – klare Ziele gehabt hatten. War die Politik unseres Landes dagegen nebulös oder inexistent – wie bei der Invasion in der Schweinebucht, in Vietnam oder beim Aufbau einer amerikanischen »Präsenz« im Libanon – kam am Ende ein Desaster heraus. In Bosnien hatten wir es mit einem Konflikt zwischen Völkern zu tun, dessen Ursprünge tausend Jahre zurücklagen. Es ging um die grundlegende und folgenschwere Entscheidung, ob wir in diesen Krieg eintreten wollten oder nicht. Im Falle einer positiven Entscheidung, so machte ich deutlich, wäre ich wie bei der Operation »Wüstensturm« bereit, die militärischen Optionen darzulegen. Dagegen hatte sich die *Times* in ihrem Artikel auf den Standpunkt gestellt, man könne in den Konflikt nur ein Stück weit eingreifen. »Sie können darauf wetten«, kritisierte ich, »daß ich nervös werde, wenn selbsternannte Fachleute die Auffassung vertreten, wir bräuchten bloß ein paar gezielte Bombardierungen vorzunehmen oder einen begrenzten Angriff zu starten. Wenn das gewünschte Ergebnis ausbleibt, bringt eine andere Gruppe von Fachleuten dann eine leichte Eskalation ins Gespräch. In der Geschichte«, so fuhr ich fort, »hat sich ein solches Vorgehen nicht bewährt.« Weiter nahm ich General McClellan gegen Lincoln in Schutz. Der General habe seine gewaltige Streitmacht so lange nicht einsetzen wollen, wie Lincoln keine klaren politischen Ziele gesteckt habe. »Wir haben aus der Geschichte unsere Lehren gezogen«, schloß ich, »im Gegensatz zu manchen Journalisten.«

Im letzten Monat des Präsidentschaftswahlkampfes war kaum noch zu übersehen, daß George Bushs Stern im Sinken war. Der republikanische Parteikongreß mit seinen rassistischen Untertönen und der gefährlichen Vermischung von Politik und Religion hatte bei gemäßigten Amerikanern, die Bush vielleicht den Vorzug gegeben hätten, einen üblen Nachgeschmack hinterlassen. Der Bonus nach »Wüstensturm« war wie Schnee im Frühling weggeschmolzen. Das Land erholte sich nur schleppend von der Rezession, so daß Bush sich vorwerfen lassen mußte, er vertraue wie Herbert Hoover zu sehr auf die Selbstheilungskräfte der Wirtschaft. Da konnten auch Werbegags wie jene Szene, in der ein bürgernaher Bush von Camp David aus ins nächste Warenhaus Socken kaufen geht, den Popularitätsverlust nicht wettmachen. Auch einer aus dem Wahlkampfmanager Fred Malek, dem Wahlkampfleiter Bob Teeter und dem Finanzchef Bob Mosbacher bestehenden Troika gelang es nicht, ihn im Kampf um die Wiederwahl aus der Talsohle zu führen. Jim Baker wurde gegen seinen Willen aus dem Außenministerium abgezogen, um im Wahlkampf ein Wunder zu vollbringen, doch das erhoffte Wunder blieb aus. Im Weißen Haus machte sich eine Ahnung breit, daß das solide Schiff Bush unter der Wasserlinie leck geschlagen war. Und tatsächlich unterlag der Präsident am 3. November seinem Herausforderer Gouverneur Clinton mit 37,4 gegen 43 Prozent der Stimmen, während Ross Perot etwa 19 Prozent erhielt.

Ich habe mich oft gefragt, ob George Bush im Wahlkampf gesundheitlich auf der Höhe war. 1991, bevor er mich erneut zum Vorsitzenden der Vereinten Stabschefs ernannte, hatte er unter Vorhofflimmern gelitten, einer Herzrhythmusstörung, die bei ihm durch die Basedowsche Krankheit, einer Fehlfunktion der Schilddrüse, hervorgerufen worden war. Daraufhin mußte er zeitweise gleichzeitig fünf verschiedene Medikamente einnehmen, die bei ihm nach eigenem Bekunden eine »Verlangsamung geistiger Prozesse« zur Folge hatten. Nach Herabsetzung der Dosis habe er sich wieder hellwach gefühlt. Auf mich wirkte er im Wahlkampf allerdings passiv, zeitweise sogar desinteressiert. Er war nicht mehr der Politiker, der sich in einer offenen Debatte die Meinungen aller Berater anhörte, die Kernpunkte herausschälte und souverän eine Entscheidung traf. Seine Kampagne scheiterte. Bill Clintons und Ross Perots Appelle an die unzufriedenen Wähler, für die der Kalte Krieg und die Lage am Golf kein Thema mehr waren, führten die Entscheidung herbei.

Am Tag nach der Wahl teilte ich dem Präsidenten am Telefon mein Bedauern über den Ausgang mit und sagte ihm, daß er sich um die

Nation und die Welt ungeachtet der Niederlage sehr verdient gemacht habe.

»Danke, Colin«, antwortete er. »Trotzdem tut es weh, verdammt weh.«

Am gleichen Abend berichtete ich Alma zu Hause in Fort Myer von dem Gespräch. Sie war überrascht: Eben habe Barbara Bush angerufen. »Sie möchte, daß wir mit ihnen das Wochenende in Camp David verbringen.«

»Ich kann mir nicht vorstellen, daß sie jetzt jemand anderen um sich haben wollen als ihre Familie«, sagte ich.

»Wir sollen sogar die Kinder mitbringen.«

An diesem Freitag mußte ich in Chicago eine Rede halten. Auf dem Rückweg landete ich am Spätnachmittag auf einem Flughafen bei Camp David, wo mich ein Hubschrauber der Marineinfanterie erwartete. Alma war mit Annemarie, Mike, Jane und unserem Enkel Jeffrey, also mit der gesamten Familie Powell außer der abwesenden Linda, derweil im Wagen zu den Bushs unterwegs. Der Präsident holte mich wie gewöhnlich in einem Golfwägelchen vom Hubschrauberlandeplatz ab. Meine Familie hatte gerade noch genug Zeit, sich in einer der Hütten einzurichten, bevor uns die Bushs zu einem ausgedehnten Spaziergang um das Gelände abholten. Der Präsident und ich gingen, gefolgt von den kläffenden Hunden Millie und Ranger, der Gruppe voran.

Der Wahlausgang lastete während des Spaziergangs wie ein zentnerschweres Gewicht auf uns. Wir sprachen nicht darüber, konnten aber auch nicht so tun, als sei nichts geschehen. Ich mied das Thema, denn der Präsident schien mir nicht in Stimmung für Nachrufe. Irgendwann sagte er: »Wissen Sie, von Bill Crowe war ich enttäuscht. Dabei war ich ihm gegenüber sehr zuvorkommend.« Und weiter: »Ich bot ihm an, für eine weitere Amtsperiode Vorsitzender zu bleiben.« Crowe war mein Vorgänger gewesen, und das war vermutlich der Grund, warum George mir sein Herz ausschüttete. Im Wahlkampf hatten Bill Clintons Freistellung vom Militärdienst und sein persönlicher Charakter eine Rolle gespielt. Admiral Crowe und einundzwanzig weitere Admirale und Generäle a. D. hatten ihn öffentlich unterstützt, was den Vorwürfen, er habe sich um den Militärdienst gedrückt und sein Charakter sei nicht einwandfrei, etwas die Spitze genommen hatte.

Kopfschüttelnd sagte Präsident Bush: »Ich hätte nie gedacht, daß sie ihn wählen.« Der Ton seiner Stimme verriet eine tiefe Abneigung. »Ich verstehe das nicht.« Er lächelte mich gequält an. »Aber das Leben geht weiter.«

Nach dem Abendessen versammelten wir uns alle in der Hütte des Präsidenten und sahen uns im Wohnzimmer den netten Film *Verzauberter April* an. Am folgenden Morgen, als es Abschied nehmen hieß, schien Barbara Bush die Frage in meinen Augen zu lesen: »Wir brauchten jetzt richtige Freunde um uns«, sagte sie. »Gute Freunde.« Alma und ich waren gerührt. Ob Präsident und First Lady oder nicht, diese beiden außergewöhnlichen Menschen würden für uns das ganze Leben gute Freunde bleiben.

Am 1. November, zwei Tage vor den Wahlen, war ich bei Vernon Jordan zum Abendessen eingeladen gewesen. Dabei hatte er mich gefragt: »Sind Sie am Außen- oder Verteidigungsministerium interessiert? Warren Christopher möchte es wissen.« Christopher hatte in der Ära Carter dem Außenministerium angehört und galt im Falle von Clintons Wahlsieg als Kandidat für eine führende Position in der neuen Mannschaft.

»Ich möchte keine der beiden Aufgaben, Vernon. Ich möchte überhaupt keine politische Position«, sagte ich. Ich wollte im Augenblick nichts anderes, als meine Dienstzeit als Vorsitzender der Vereinten Stabschefs zu Ende bringen und dann im September 1993 in den Ruhestand gehen. Außerdem hatte sich der Wahlkampf so sehr auf wirtschaftliche Fragen konzentriert, daß ich von der Position der neuen Regierung in außen- und sicherheitspolitischen Fragen keine klare Vorstellung hatte.

Da ich das Gespräch mit Jordan noch frisch im Gedächtnis hatte, wurde mir etwas bange, als ich zwei Wochen nach den Wahlen die Nachricht erhielt, daß der designierte Präsident Clinton mich sprechen wolle. Am 19. November, um 15 Uhr, schlüpfte ich bei heftigem Regen in das Hotel *Hay-Adams*, einen Block nördlich vom Weißen Haus. In der Suite des designierten Präsidenten begrüßte mich Clintons stellvertretender Wahlkampfmanager George Stephanopoulos. Der Mann sah in seinem tadellos sitzenden Anzug aus wie ein Abgänger der High-School. »Der Gouverneur hat sich etwas verspätet«, sagte er. »Aber er brennt darauf, Sie kennenzulernen.«

Clinton traf wenig später ein. Als Stephanopoulos uns allein gelassen hatte, legte der designierte Präsident seine Jacke ab, bat mich, Platz zu nehmen, und setzte sich selbst in einen Sessel. Ich war Bill Clinton noch nie persönlich begegnet. In natura wirkte er größer und vitaler als im Fernsehen. Er machte einen entspannten Eindruck, sein Wahlsieg schien ihn nicht besonders zu beeindrucken.

»Ich wollte Sie seit dem Augenblick kennenlernen, als ich eine Videoaufzeichnung von Ihrer Rede an der Morris High School gesehen habe«, sagte er und goß mir eine Tasse Kaffee ein. Dann griff er mehrere Punkte meiner Rede auf. Ich war beeindruckt. Ich hatte sie vor über eineinhalb Jahren gehalten, zu einem Zeitpunkt, als Bill Clinton nur Gouverneur eines kleinen Bundesstaates gewesen war. Dieser Mann, so sollte ich im Verlauf unseres Gesprächs erfahren, hatte eine erstaunliche Aufnahme- und Merkfähigkeit. Er steckte sich eine Zigarre in den Mund und machte Anstalten, sie anzuzünden, tat es aber nie. Auf dem Kaffeetisch vor uns stand ein Teller mit Plätzchen. Schließlich nahm ich eines. Daraufhin griff auch er zu, und dann wieder ich. Bald war der Teller leer.

Er fragte mich nach meiner Meinung zu Bosnien und erkundigte sich nach der Möglichkeit, die Situation aus der Luft zu beeinflussen, mit einem nicht allzu schweren Angriff. Da war sie wieder, die populäre Lösung des Luftschlages mit ihrem humanitären Touch. Bloß keinem wehtun. »Unwahrscheinlich«, sagte ich, versprach dann aber, die Sache von meinem Stab prüfen zu lassen. Ich wollte nicht schon bei der ersten Begegnung als Neinsager dastehen.

Wir erörterten die Lage im Irak und in Rußland und mögliche Vorstöße des neuen Präsidenten zur Förderung des Friedensprozesses im Nahen Osten. Er war in der Außenpolitik besser unterrichtet, als sein Wahlkampf hatte vermuten lassen. Nach der Weltpolitik sprach ich schließlich ein Thema an, das mir besonders am Herzen lag. Clinton war seit Franklin D. Roosevelt als erster Präsident kein Veteran. »Sir«, sagte ich, »Sie sind bald der Präsident unseres Landes. Aber für mich und Millionen Soldaten sind Sie zugleich auch der Oberbefehlshaber. Keine gesellschaftliche Gruppe wird Ihre Anweisungen loyaler befolgen. Lassen Sie mich Ihnen deshalb einige Vorschläge unterbreiten. Treffen Sie sich möglichst bald mit den Vereinten Stabschefs und besuchen Sie die Truppe. Halten Sie uns nicht auf Distanz.«

Clinton stimmte bereitwillig zu. Da wir schon beim Thema waren, teilte er mir mit, daß er augenblicklich drei Kandidaten für das Amt des Verteidigungsministers im Auge habe. »Was halten Sie von Sam

Nunn, Dave McCurdy« – damals Kongreßmitglied aus Oklahoma –
»und Les Aspin?« fragte er.

Ich war offenbar nicht in der engeren Auswahl. Damit war wenigstens ein unerwünschter Posten vom Tisch. Oder drohte ein Hinterhalt? Bedeutete meine Vergangenheit als Kostgänger Reagans und
Bushs das berufliche Aus? »Nunn ist ein hervorragender Mann, nur
vielleicht etwas eigenwillig«, antwortete ich. »Und ich bin nicht sicher, ob Sam bereit ist, auf seinen Einfluß im Kapitol zu verzichten.
Aber er ist sicher eine erstklassige Wahl.« Dave McCurdy? »Geht sicher
auch, aber vielleicht etwas sprunghaft.« Und Les Aspin? Meine Objek-
tivität wurde auf eine harte Probe gestellt. Nicht daß ich etwas gegen
ihn persönlich gehabt hätte. Dieser verrunzelte Professor vom Massachusetts Institute of Technology war ein brillanter Kopf, und ich mochte ihn. Aber von der Unterstützung bei der Operation »Wüstensturm«
abgesehen, hatte er mir in meinem Amt fast nur Scherereien bereitet.
Er hatte versucht, das Base-Force-Konzept zu kippen. Wir reduzierten
die Streitkräfte bereits um eine halbe Million Mann, und Aspin hatte
den Kandidaten Clinton dazu angestachelt, sie um weitere 200 000
Mann zu stutzen.

»Wissen Sie, Les ist sehr intelligent«, sagte Clinton in einem Ton,
aus dem ich schließen konnte, wer mein nächster Chef sein würde.

»Intelligenz ist bei der Leitung des Pentagons nicht alles«, sagte
ich. Ich hatte mit Aspin lange zusammengearbeitet und das Chaos
kennengelernt, das seinem brillanten Geist entsprang. »Sein Führungsstil ist vielleicht nicht das, was Sie sich vorstellen«, gab ich zu
bedenken.

Der designierte Präsident nickte unverbindlich. Der Ruhestand erschien mir als eine Verlockung. Da Clinton die Absicht hatte, mir
einen früheren Widersacher als Chef vor die Nase zu setzen, hielt ich
einen Themenwechsel für angebracht. »Wie Sie wissen, habe ich die
letzten zwölf Jahre unter republikanischen Präsidenten gedient«, sagte ich. »Ich habe in ihrer nationalen Sicherheitspolitik überall meine
Spuren hinterlassen. Aber an erster Stelle bin ich Soldat, und wenn
Sie im Amt sind, haben Sie meine uneingeschränkte Loyalität. Meine
Amtszeit endet im September. Wenn Sie ein früheres Ausscheiden
wünschen, steht dem nichts entgegen. Und noch eines, Sir. Sooft ich
die Politik Ihrer Regierung aufgrund meiner früheren Positionen nicht
guten Gewissens voll unterstützen kann, werde ich Sie es wissen

lassen. Und ich gehe ganz diskret in den Ruhestand, ohne jedes Aufsehen.«

»Mehr kann ich nicht verlangen«, sagte Clinton.

Das Gespräch dauerte über eine Stunde. Clinton überraschte mich mit seinem weitgespannten Wissen. Er schien sich für alles zu interessieren und verfügte über ein unfehlbares Gedächtnis. Schließlich trat ein Berater ein und teilte ihm mit, daß er von einem Gouverneur erwartet werde und mit seinem Terminplan bereits um eine halbe Stunde im Verzug sei.

»Entschuldigen Sie, daß wir nicht etwas länger miteinander reden können, General«, sagte Clinton. »Ich hatte gehofft, Hillary würde rechtzeitig zurückkommen, um Sie kennenzulernen.«

Ich stand auf und zögerte. Eines mußte ich noch loswerden. »Gouverneur Clinton«, begann ich, »über eine Sache haben wir noch nicht gesprochen.« Clinton hatte im Wahlkampf versprochen, das Verbot gegen Homosexuelle beim Militär aufzuheben. »Hören Sie auf meinen Rat. Die Aufhebung dieses Verbots wird Ihnen viel Ärger bereiten und löst in den Streitkräften einen Schock aus. Die Stabschefs und die CINCs sind gegen eine Aufhebung. Die meisten Bürger ebenso. Und ich glaube, auch die Mehrheit im Kongreß ist dagegen. Der Kern des Problems ist das enge Zusammenleben in der Truppe. Wie soll diese Neuerung angesichts der besonderen Lebensumstände in Kasernen und an Bord von Schiffen funktionieren?«

»Ich weiß«, sagte Clinton, »aber ich möchte einen Weg finden, die Diskriminierung Homosexueller zu beenden.«

»Lassen Sie mich einen Vorschlag machen«, fuhr ich fort. »Bei der Pressekonferenz, bei der Sie Ihren Kandidaten für das Verteidigungsministerium bekanntgeben, sollten Sie auch ankündigen, daß Sie den designierten Minister angewiesen haben, die Sache zu prüfen. Er solle Ihnen in sechs Monaten eine Empfehlung geben, ob und wie das Verbot aufgehoben werden kann. Gewinnen Sie etwas Abstand. Beschäftigen Sie sich nicht im Oval Office mit dem Thema. Stellen Sie den Kontakt zu den Streitkräften nicht über die Frage der Homosexuellen her.«

Er nickte, und ich hatte den Eindruck, er stimme mir zu. Ich täuschte mich.

Ich nahm den Fahrstuhl nach unten und saß Minuten später im Fond meines Wagens. Clinton hatte mir imponiert. Er war selbstsicher, intelligent und wißbegierig. Er hatte ein einnehmendes Wesen und war von seinen Ideen fest überzeugt. Offenbar war er auch ein guter Zuhörer. Und zu meiner Erleichterung hatte er mir keinen Posten angeboten.

Während sich in diesem Herbst auf der Welt ein Dutzend weitere Tragödien abspielten, konzentrierte sich die Berichterstattung auf Somalia. Herzzerreißende Bilder von Verhungernden flimmerten über die Bildschirme. Die Vereinten Nationen hatten ein Hilfsprogramm geplant. Um Lebensmittel ins Katastrophengebiet zu fliegen, stellten die Vereinigten Staaten sechshundert Soldaten und Transportmaschinen vom Typ C-130 bereit. Doch vor Ort verschwanden die meisten Hilfsgüter dann in dunklen Kanälen. Sie wurden von Mitgliedern verfeindeter Clans aus Lagerhäusern gestohlen oder bei Überfällen auf Lastwagenkolonnen erbeutet. Während die Hilfsaktion der UNO praktisch zum Erliegen kam, zeigte das Fernsehen noch immer entsetzliche Bilder verhungernder Kinder. Ich war nicht begeistert von dem Gedanken, in den somalischen Bürgerkrieg einzugreifen, doch wir waren offenbar die einzige Nation, die das Massensterben in der Region noch aufhalten konnte.

Am Tag vor Thanksgiving berief Präsident Bush eine Sitzung ein, an der neben mir Cheney, Scowcroft und eine Handvoll anderer teilnahmen. General Joseph Hoar, der neue Oberbefehlshaber des CENTCOM, Norm Schwarzkopfs Nachfolger, hatte eine Rettungsaktion für Somalia, die Operation »Restore Hope« (»Neue Hoffnung«), auf die Beine gestellt, und ich erläuterte sie jetzt dem Präsidenten. Teil der Operation war die Stationierung einer beträchtlichen Anzahl von US-Soldaten in Somalia, die das Land unter Kontrolle bringen und dafür sorgen sollten, daß die Hilfsgüter die hungernden Somalis erreichten.

»Einverstanden«, sagte der Präsident nach meinen Erklärungen. »Wir führen die Operation durch.«

Brent Scowcroft sah besorgt aus. »Sicher, die Landung ist kein Problem«, sagte er, »aber was ist mit dem Rückzug?«

»Wir führen die Operation durch und versuchen, sie bis zum 19. Januar abzuschließen«, erklärte der Präsident. »Ich will Clinton keine laufende Militäraktion hinterlassen.«

Cheney und ich blickten einander an. »Mr. President«, sagte Dick, »beides können wir nicht haben. Die Truppenentsendung dauert bis Mitte Dezember. Und bis zum 19. Januar ist die Mission nicht zu erfüllen.« Ich war über Dicks Einwand froh, denn nach dem 20. Januar würde ich als einziger der Anwesenden die Sache ausbaden müssen.

Am 8. Dezember war die Operation »Restore Hope« im Gang: Sonderkommandos der Navy, die ersten von insgesamt 25 400 Soldaten, landeten bei Nacht in der somalischen Hauptstadt Mogadischu. Widerstand boten nur die fünfundsiebzig Reporter und Kameraleute, die für die Liveberichterstattung aufgeboten worden waren. Obwohl ihre Anwesenheit für alle Beteiligten ein zusätzliches Risiko bedeutete, sah ich auch die positiven Seiten. Ich wußte, daß die Bilder der martialisch aussehenden US-Soldaten auf die somalischen Warlords Eindruck machen würden.

Die Mission war von Anfang an ein Erfolg. Die Leitung hatte ein erstklassiger Dreisternegeneral der Marineinfanterie, Bob Johnston, Schwarzkopfs Stabschef während der Operation »Wüstensturm«. Einige Tage zuvor hatten wir Bob Oakley, einen ehemaligen Kollegen aus dem Nationalen Sicherheitsrat und einstigen US-Botschafter in Somalia, zur Vorbereitung nach Afrika entsandt. Um den Ruheständler zur Übernahme der Aufgabe zu bewegen, hatte ich seiner Frau Phyllis versichern müssen, daß er bis zur Heirat ihrer Tochter wieder zu Hause sein würde. In Somalia traf er sich mit den örtlichen Warlords, informierte sie über die bevorstehende Aktion und überzeugte sie, daß eine Kooperation in ihrem Interesse lag. Nach der Operation gelangten die Hilfsgüter wieder ungehindert ins Hinterland. Der Erfolg war so durchschlagend, daß auf den Märkten die Preise für Lebensmittel stürzten und so manche bäuerliche Existenz bedrohten.

Brent Scowcrofts Sorgen erwiesen sich als berechtigt. Die Hungersnot war nicht durch eine Naturkatastrophe ausgelöst worden, sondern durch die dauernden Kriege verfeindeter Clans. Wie sollten wir Somalia wieder verlassen, ohne das Feld denselben Warlords zu überlassen, die das Land in den Abgrund geführt hatten? Es war klar, daß die Mission bis zu Clintons Amtseinführung nicht abgeschlossen werden konnte.

Am 22. Dezember nominierte Clinton Les Aspin zum Verteidigungsminister. Aspin und ich trafen uns am Tag nach Weihnachten im Pentagon zu einer Unterredung. Während seiner Zeit als Vorsitzender des Streitkräfteausschusses hatte ich ihn eingehend studiert: Er besaß einen scharfen Verstand und in Verteidigungsfragen eine sichere Hand. Zudem konnte er seine Ziele mit einer Politik der Nadelstiche mit gelegentlichen Tiefschlägen hartnäckig bis ans Ende verfolgen. Dagegen war er unfähig zu einer effizienten Organisation und verließ sich darauf, daß ihn seine Mitarbeiter aus dem Kongreß davor bewahrten, im völligen Chaos zu versinken.

»Ich möchte Ihnen das gleiche sagen wie dem designierten Präsidenten, Les«, sagte ich. »Meine Amtszeit endet im September. Wenn Sie einen Mann Ihrer Wahl möchten, gehe ich früher. Sie brauchen es nur zu sagen.«

Aspin lachte. »Sie sind der einzige, der weiß, wie der Laden läuft«, sagte er. »Wir kennen uns doch. Wir werden schon miteinander auskommen.«

Dann wandten wir uns den anstehenden verteidigungspolitischen Fragen zu. Nur einmal während des Gesprächs verfinsterte sich seine Miene. »Ich bin besorgt wegen der Sache mit den Homosexuellen«, sagte er. Falls Clinton das Verbot per Durchführungsverordnung aufheben sollte, so meinte er, würde der Kongreß nicht stillhalten. Ich wiederholte meinen Ratschlag an Clinton, nichts zu überstürzen. Als wir auseinandergingen, hatte das Problem nichts an Brisanz verloren.

In den letzten Tagen der Regierung Bush fuhr ich nach Phenix City in Alabama. Ich hätte nie gedacht, daß ich noch einmal in diese Stadt kommen würde, und schon gar nicht aus den Gründen, die mich herführten. Von Fort Benning in Georgia aus gesehen, liegt Phenix auf der anderen Seite des Chattahoochee River. 1964, als ich in Fort Benning an einem weiterführenden Lehrgang für Infanterie-Offiziere teilgenommen hatte, waren Alma und ich vor den Toren von Phenix City in einem halbwegs passablen, zwischen Hütten stehenden Haus untergekommen. Die Stadt war typisch für den alten Süden, Teil jenes Amerikas, wo anständige Wohngegenden für Schwarze Tabu waren, wo man mir, einem Veteranen des Vietnam-Krieges, in einem Schnellrestaurant die Bedienung verweigert und ein Polizist mir, einem Offizier, befohlen hatte, aus der Stadt zu verschwinden. Jetzt, achtundzwanzig Jahre später, kehrten Alma und ich nach Phenix City zurück, um den General Colin L. Powell Parkway, der quer zum Martin Luther King Jr. Parkway verläuft, feierlich einzuweihen.

Am 7. Januar 1993, einem kalten vernieselten Nachmittag, landeten wir auf dem Army-Flugplatz Lawson in Fort Benning. Ein Wagen holte uns ab. Bei der Fahrt sah ich nach draußen auf den acht Kilometer langen Rundkurs um das Rollfeld, auf dem ich während meiner Ausbildung zum Pfadfinder regelmäßig gelaufen war. Über den Chattahoochee River ging es weiter nach Phenix City, wo sich trotz des schlechten Wetters eine große Menge, Schwarze und Weiße, versammelt hatte. Dicht gedrängt standen die Menschen unter zahlreichen schwarzen Baldachinen, die man aus Bestattungsinstituten beschafft hatte. Nach einer salbungsvollen Rede überreichte mir der Bürgermeister die Schlüssel der Stadt (in der man mir früher an den Tankstellen nicht einmal die Schlüssel zur Herrentoilette hatte geben wollen).

Nach den zahlreichen Ehrungen und Festansprachen wurden Alma und ich nach Fort Benning zurückgefahren. In der Dämmerung tauchte die Villa Riverside auf, jene aus der Vorkriegszeit stammende Residenz des kommandierenden Generals von Benning, die während meiner Zeit als junger Offizier Almas Traumhaus gewesen war. Jetzt bewohnten wir in Fort Myer die Residenz des Vorsitzenden der Vereinten Stabschefs. Und man hatte in einer Stadt, in der ich mich vor langen Jahren nicht hatte frei bewegen können, eine Straße nach mir benannt. Wir hatten uns nicht entmutigen lassen, und der amerikanische Traum hatte sich für uns erfüllt.

Der letzte Abschnitt der Ära Bush war für mich wenig erfreulich. Täglich schieden Kollegen aus dem Team der letzten vier Jahre aus. Allmählich fühlte ich mich wie ein Schüler vor dem Überwechseln in eine neue Klasse. Und mehrere Probleme waren noch nicht gelöst. Der Flüchtlingsstrom aus Haiti war zwar eingedämmt, aber der Ruf nach einer Rückkehr Pater Aristides an die Macht – per US-Intervention – wurde lauter. In Bosnien wütete weiter der Bürgerkrieg, ohne daß wir wußten, wie man das Morden stoppen sollte oder konnte. In Somalia waren unsere Truppen noch immer in die Auseinandersetzungen der verfeindeten Clans verwickelt. Und im Januar mußten wir sogar Saddam Hussein bestrafen, nachdem eine irakische Militärmaschine in die Flugverbotszone eingedrungen war und der Diktator die Inspektions-Teams der UNO bedroht hatte. Freudig gab ich den Befehl zu einem Raketenangriff auf irakische Luftabwehrstellungen weiter.

Am 14. Januar, nur sechs Tage vor der Ablösung im Weißen Haus, stand ich mit Dick Cheney und anderen Beamten aus dem Pentagon in der überfüllten Festhalle in Fort Myer. Mit Trompeten kündigten die Herolde der Army den Präsidenten und seine Gattin an. Wir nahmen von unserem scheidenden Oberbefehlshaber würdevoll Abschied. Zu den Klängen eines texanischen Potpourris besichtigte der Präsident eine Abordnung der siegreichen Truppen aus der Operation »Wüstensturm«. Wir überreichten ihm und der First Lady Abschiedsgeschenke der Mitarbeiter des Verteidigungsministeriums. Dann hielt ich meine Rede: »Mr. President, Sie haben uns in die Gefahr geschickt, wenn Sie mußten, aber nie leichtfertig, nie zaudernd, nie so, daß uns die Hände gebunden waren, und nie ohne die Mittel, die wir zur Erfüllung unserer Mission benötigten.« Ich wandte mich an Barbara Bush: »Sie ist die First Lady und die erste Soldatenfrau«, sagte ich. »Sie ist mit ihrer Nation durch dick und dünn gegangen, sie läßt sich von keinem etwas bieten und verweigert keinem eine Gefälligkeit, wenn er sie benötigt.« Als ich zu Ende gesprochen hatte, kündigte ich Dick Cheney an. In seiner ergreifenden Rede würdigte er Bush als Menschen, Präsidenten und Oberbefehlshaber der Streitkräfte. Ich habe Dick den Tränen noch nie so nahe gesehen.

Der George Bush, dem ich diente, war ein Patrizier aus privilegierten Verhältnissen, der es jedoch auf texanischen Ölfeldern aus eigenen Kräften zu Wohlstand gebracht hatte. Dieser gebildete und vornehme Mann konnte auch schelmisch und witzig sein. Er war in seinem Urteil und Verhalten dem einzelnen gegenüber gerecht, schien allerdings nicht zu bemerken, daß der rechte Flügel seiner Partei einen Keil zwischen die Rassen trieb. Er hatte den Vereinigten Staaten in Panama und am Persischen Golf stolze Siege ermöglicht, an der Beendigung des Kalten Krieges mitgewirkt und eine Welt hinterlassen, die vor der nuklearen Katastrophe sicherer geworden war. In diesen Fragen witterte er die Stimmungslage in der Bevölkerung, während ihm das gleiche Gespür in der Innenpolitik abging. Das erste wurde ihm als Verdienst angerechnet, für das zweite wurde er bestraft. Mir persönlich hatte Bush viel Verantwortung übertragen und meine Meinungen respektiert. Und er war mir mit Freundlichkeit, Loyalität und Freundschaft begegnet. Ich hielt große Stücke auf ihn und werde es immer tun.

Gegen Ende seiner Amtszeit verabschiedeten die Stabschefs und ich Verteidigungsminister Cheney mit einer Truppenparade und einem

Gala-Diner. In meiner Rede versuchte ich, zutage zu fördern, was sich meiner Meinung nach hinter seiner beherrschten Fassade verbarg. »Er befaßte sich mit Waffen, Strategien und Techniken«, sagte ich den Gästen, »lernte ... aber, daß wir keine Sache sind. Wir sind keine Bürokratie und auch kein System. Dick Cheney lernte vielmehr, daß Amerikas Streitkräfte ein menschlicher Organismus sind, den man pflegen muß, der schmerzt, der trainiert werden muß, der blutet und um den man sich immer wieder kümmern muß.« Dick Cheney hatte sich immer um uns gekümmert.

Obwohl Dick und ich in fast vier Jahren kaum eine Stunde privat miteinander verbracht hatten, glichen sich unsere Haltungen auf verblüffende Weise. Unser Denken ähnelte sich so sehr, daß wir im Tank oder im Oval Office einen begonnenen Satz des anderen zu Ende hätten sprechen können. Ich brachte diesem stillen Mann neben beruflicher Anerkennung auch echte Zuneigung entgegen. Am Tag vor Clintons Amtseinführung ging ich in seine Büros hinauf, um mich zu verabschieden. Ich begrüßte seine Sekretärin Kathy Villalpando und trat in sein Büro, wo überall Pappkartons mit Büchern und Erinnerungsstücken aus den letzten vier Jahren standen.

»Wo ist der Minister?« fragte ich Kathy.

»Oh, Mr. Cheney ist schon seit Stunden fort«, antwortete sie. Ich war enttäuscht, sogar verletzt, aber nicht überrascht. Der einsame Cowboy war ohne ein letztes »So long« in Richtung untergehender Sonne verschwunden.

Am nächsten Tag übernahm ein junger, von den sechziger Jahren geprägter Präsident die Fackel aus der Hand eines Mannes, der in den Kriegsjahren der Vierziger jüngster Kampfpilot der Navy gewesen war. Und ich bildete nun gewissermaßen die Brücke zwischen zwei Regierungen und Generationen.

21

Der Abschied

Am Sonntagabend, vier Tage nach der Amtseinführung des zweiund-
vierzigsten US-Präsidenten, saßen Alma und ich mit Cap und Jane
Weinberger in ihrem Watergate-Appartment beim Essen. Ich genoß einen ruhigen Abend bei alten Freunden. Mit einem unguten Gefühl
dachte ich an den kommenden Tag im Weißen Haus. Das Telefon klingelte, und Cap hob ab. »Für Sie«, sagte er. »Es ist der Präsident.«

Ich hatte einen Verdacht, warum Bill Clinton anrief. Für den morgigen Nachmittag wollte er mit den Vereinten Stabschefs über sein
Wahlversprechen diskutieren, das Verbot gegen Homosexuelle im Militär aufzuheben. Die hitzige öffentliche Debatte zu dieser Frage war
am Morgen durch eine Stellungnahme des neuen Verteidigungsministers Aspin in der CBS-Sendung *Face the Nation* noch angeheizt worden. Les Aspin war gefragt worden, wie die Regierung und der Kongreß auf Clintons Wahlversprechen reagieren würden, und hatte
gesagt: »Wenn wir das Problem nicht in den Griff bekommen und
keine Einigung erzielen, bleibt alles beim alten.« Damit hatte er der
ersten Initiative von Präsident Clinton öffentlich ein Scheitern prognostiziert.

Ich nahm den Hörer entgegen. »Guten Abend, Mr. President.«

»General, wie ich eben erfahren habe, ist Richter Thurgood Marshall
gestorben.« Clinton erklärte, die Familie des verstorbenen Richters am
Obersten Gerichtshof hoffe auf ein Begräbnis auf dem Nationalfriedhof
Arlington, auch wenn kein direkter Anspruch darauf bestehe. Sein
Stab habe ihn darauf hingewiesen, daß man bei besonders verdienten
Amerikanern eine Ausnahme machen könne, aber dazu wolle er lieber
mein Urteil hören.

»Das ist richtig«, antwortete ich. »Die Beisetzung ist problemlos
möglich.« Es freute mich, daß der Präsident Thurgood, einem bedeu-

tenden Verfechter der Bürgerrechte, einen Platz auf dem Heldenfried-
hof zuerkannte und daran dachte, sich mit dem Militär abzustimmen.

»Außerdem vielen Dank, daß Sie und Ihre Frau an meiner Amtseinführung teilgenommen haben«, fügte Clinton abschließend hinzu. Zu
Aspins Interview sagte er kein Wort.

Am Nachmittag des folgenden Tages saßen Verteidigungsminister
Aspin, die vier Stabschefs, der stellvertretende Vorsitzende und ich
auf einer Seite am Tisch im Roosevelt Room des Weißen Hauses. Uns
gegenüber saßen der Präsident, Vizepräsident Al Gore, der neue
Stabschef im Weißen Haus Mack McLarty, der Nationale Sicherheitsberater Anthony Lake, der Sprecher des Weißen Hauses George Stephanopoulos und weitere Mitarbeiter des Präsidenten. Aspin bat
mich um einen kurzen Bericht zu den gegenwärtigen Aufgaben des
Pentagon, zum Status der Streitkräfte, zur Truppenstärke und zum
Verteidigungsetat. Wir erwarteten vom Oberbefehlshaber, daß er bei
seiner ersten Begegnung mit den ranghöchsten Militärberatern zumindest einige rein militärische Angelegenheiten erörtern würde. Statt
dessen beschäftigten wir uns nach meinem Lagebericht die folgenden
105 Minuten ausschließlich mit der Frage der Homosexuellen in den
Streitkräften.

»Mr. President«, sagte ich irgendwann während der Diskussion,
»wir wissen, daß männliche und weibliche Homosexuelle in den
Streitkräften kompetent und redlich ihre Aufgaben erfüllen. Aber sie
bekennen sich nicht öffentlich zu ihrer Veranlagung. Wenn man ihnen
das erlaubt, entstehen beim Zusammenleben gewaltige Probleme.« Ich
schlug vor, der Präsident solle sich die Meinung der einzelnen Stabschefs aus der Sicht ihrer Teilstreitkräfte anhören, denn sie seien es
schließlich, die jede neue Regelung in die Praxis umsetzen müßten.
Die Stabschefs gaben nacheinander ihre Stellungnahmen ab und machten deutlich, daß es hier nicht nur um persönliche Meinungen gehe,
sondern um die Aufrechterhaltung von Moral und Disziplin in der
Truppe. Sie hatten sich an der Basis – bei Truppenkommandeuren,
Unteroffizieren, Soldatenfrauen und Militärgeistlichen – umgehört
und festgestellt, daß eine Aufhebung des Verbots auf breite Ablehnung
stieß. Nur Air-Force-Chef Tony McPeak, der als letzter Stellung bezog,
äußerte sich versöhnlich, wohl aus Mitgefühl mit dem Präsidenten
angesichts der geschlossenen Ablehnungsfront. Ich lächelte in mich

hinein, denn bei unseren Unterredungen im Tank hatte sich McPeak am vehementesten dagegen ausgesprochen, Homosexuelle zum Militärdienst zuzulassen.

Bei der Sitzung bewies der Präsident erneut jene Fähigkeit zum genauen Zuhören, die mir bereits bei der ersten Begegnung aufgefallen war. »Ich habe ein Wahlversprechen gegeben«, sagte der Präsident mit einer Stimme, die nach all den Feierlichkeiten heiser war, »und das möchte ich natürlich halten.« Mir zugewandt, fügte er hinzu: »Aber ich bin auch meinem Eid als Oberbefehlshaber verpflichtet und muß das Wohl der Streitkräfte im Auge behalten. Ich will Soldaten weder Händchen halten noch auf dem Stützpunkt zusammen tanzen sehen, aber das ist eine Frage von Verhaltensvorschriften, wie es sie auch für heterosexuelle Soldaten gibt. Es geht mir nur darum, daß Homosexuellen, die dienen wollen, keine Steine in den Weg gelegt werden, ob sie sich zu ihrer Veranlagung bekennen oder nicht.«

Das Gespräch verlief weiter in einer respektvollen, aber angespannten Atmosphäre. Meine Enttäuschung darüber wuchs, daß die Frage unter der neuen Regierung erste Priorität gewonnen hatte. Und ich glaubte auch zu wissen, warum. Bill Clinton hatte bereits andere Positionen, die er im Wahlkampf vertreten hatte, aufgeben müssen. So hatte er die Abschiebung haitianischer Flüchtlinge durch die Regierung Bush kritisiert und in dieser Frage inzwischen eine Kehrtwendung vollzogen. Seine Berater hatten ihn wohl vor einem Verlust der Glaubwürdigkeit gewarnt: »Mr. President, Sie können nicht schon wieder umfallen. Geben Sie eine Durchführungsverordnung heraus, die Homosexuelle zum Dienst zuläßt, und verlangen Sie von den Generälen, sich daran zu halten.«

Die Stabschefs sprachen weiter praktische Probleme an, die eine Eingliederung Homosexueller angesichts der beengten Verhältnisse auf Schiffen und in Kasernen, aber auch in anderen Situationen des Zusammenlebens hervorrufen würde. Schließlich schlug ich eine Änderung der gängigen Praxis vor, die ich mit Aspin und den Stabschefs bereits diskutiert hatte: »Wir könnten die Frage nach der sexuellen Veranlagung bei der Einstellung streichen«, sagte ich. Homosexuelle beiderlei Geschlechts könnten damit Dienst tun, vorausgesetzt, sie behielten ihr Privatleben für sich. Aktivisten der Schwulenbewegung würden diese veränderte Praxis zweifellos als diskriminierend kritisieren, während Traditionalisten im Militär sie als eine Niederlage bezeichnen würden. »Aber vielleicht wäre damit ein praktikabler Kompromiß erzielt«, schloß ich.

Der Präsident entschied, am augenblicklichen Verbot festzuhalten und das Militär eine sechsmonatige Studie zum Thema durchführen zu lassen. Bis dahin, so sagte er, dürften Bewerber nicht nach ihrer sexuellen Veranlagung befragt werden. »Ich weiß«, sagte er am Ende der Sitzung, »diese Fragen sind schwierig. Wenn sie einfach wären, hätte man sie lange vor uns gelöst.«

Trotz des umstrittenen Themas gingen die Stabschefs und ich optimistisch gestimmt aus der Sitzung. Der Präsident hatte uns eine faire Chance zur Darstellung unserer Positionen gegeben. Er kannte jetzt den Standpunkt des Militärs und hatte Kompromißbereitschaft signalisiert. Immerhin hatte er uns nicht vor vollendete Tatsachen gestellt.

Am nächsten Tag standen die Stabschefs und ich in der *New York Times* im Kreuzfeuer der Kritik. Im Leitartikel wurde uns »trotziger, an Insubordination grenzender Widerstand« vorgeworfen. Der Kolumnist der Zeitung Abe Rosenthal verwies darauf, daß ich ohne Präsident Trumans Rassenintegration im Militär von 1948 niemals Vorsitzender der Vereinten Stabschefs hätte werden können. Auch in der *Washington Post* geriet ich unter Beschuß: »Powell ... steht in dieser Frage auf der falschen Seite.« Die *Chicago Tribune* meinte: »Das Militär könnte einen Schuß Toleranz brauchen.« Im *Philadelphia Inquirer* hieß es: »Gerade Powell müßte die Argumente für eine Aufhebung des Verbots kennen.« In der *Atlanta Constitution* stand: »Neben anderen setzt Colin Powell auf Intoleranz.« Und das Magazin *Time* bezeichnete mich als »rebellischen General«. Ich wurde zur Zielscheibe der Karikaturisten, die mich als Neandertaler in Uniform darstellten. Nach dem Gros der kritischen Artikel zu urteilen, sollte ich meine frühere Haltung in der Frage eigentlich bloß deshalb ändern, weil wir jetzt einen neuen Präsidenten hatten.

Bill Clinton hatte mich nach meiner Meinung gefragt, und ich hatte sie ihm gesagt, obwohl ich wußte, daß sie ihm nicht gefallen würde. Dazu fühlte ich mich moralisch verpflichtet. Ich hätte es leichter gehabt, wenn er das Verbot per Durchführungsverordnung aufgehoben hätte. Das Militär hätte sich wohl oder übel damit abgefunden. Aber Les Aspin wußte, daß der Kongreß das Verbot auf dem Gesetzgebungsweg wieder eingeführt und den Präsidenten zum Gebrauch seines Vetos gezwungen hätte, das dann fast sicher überstimmt worden wäre.

Clinton und seine Berater hatten ein heißes Eisen angefaßt und die Meinung der Öffentlichkeit falsch eingeschätzt. Während ich von den Medien in Stücke gerissen wurde, erhielt mein Büro jeden Tag über dreitausend Briefe und Anrufe von Leuten, die sich stets in einem Verhältnis von mindestens sechs zu eins für eine Beibehaltung des Verbots aussprachen.

Meine Bedenken gegen eine Aufhebung waren nicht von vornherein traditionalistischer Art. Ich hatte beispielsweise nichts dagegen, daß Frauen bestimmte Aufgaben bei Kampfeinsätzen übernahmen, Jagdflugzeuge steuerten oder Dienst auf Schiffen taten. Auch hatte ich eingeräumt, daß einige Verfechter des Verbotes sich tatsächlich auf die gleichen Argumente beriefen, mit denen man vierzig Jahre zuvor gegen die Rassenintegration bei den Streitkräften Front gemacht hatte: »Als nächstes wollen sie dann in unseren Unterkünften wohnen, in unseren Speisesälen essen, in unsere Clubs gehen und neben uns in der Kirche sitzen.« Trotzdem sah ich einen fundamentalen Unterschied: Von Menschen verschiedener Hautfarbe zu verlangen, auf engem Raum zusammenzuleben, ist etwas ganz anderes, als dies von Menschen mit unterschiedlicher geschlechtlicher Veranlagung zu fordern.

In der Ausgabe vom 10. Februar benutzte die *New York Times* die Homosexuellenfrage als Aufhänger für eine Titelstory über mich, die ich nicht auf sich beruhen lassen konnte. Die Überschrift lautete: »Vorsitzender der Vereinten Stabschefs soll um vorzeitigen Ruhestand ersucht haben.« Als ich um sieben Uhr morgens im Pentagon eintraf, lag bereits das TV-Team von CBS auf der Lauer, um mich zu meinem angeblichen Ausscheiden zu befragen. Der Bericht in der *Times* enthielt ein Körnchen Wahrheit. Ich hatte Les Aspin – und vor ihm Dick Cheney – davon unterrichtet, daß ich möglicherweise ein bis zwei Monate vor Ablauf meiner Dienstzeit um meine Entlassung ersuchen würde, aber hauptsächlich mit Rücksicht auf meinen Nachfolger vor dem nächsten Haushaltsjahr. Zudem hatten Alma und ich gehofft, die Sommermonate dazu zu nutzen, uns in unserem neu erworbenen Haus für die Zeit nach meinem Abschied einzurichten. Ich bestritt gegenüber CBS entschieden die Vermutung, ich würde wegen der Homosexuellenfrage vorzeitig ausscheiden wollen, und betonte, daß ich dem Präsidenten vielmehr bei der Lösung dieses Problems helfen wolle. Nach dem Gespräch mit dem Sender bat ich Bill Smullen, möglichst viele Fernsehjournalisten zum Pressetermin zu bestellen. Gegen Mittag

hatte ich die Darstellung der *New York Times* in den drei wichtigsten
Fernsehsendern und in CNN dementiert.

In den nächsten Wochen erntete ich soviel verletzende öffentliche
Kritik wie während meiner gesamten Laufbahn nicht. Wie George Bush
nach dem Verlust der Präsidentschaft gesagt hatte: es tat weh. Dann
fragte der Fahrer von Tony McPeak ohne dessen Wissen meinen Fahrer
Otis Pearson eines Tages, ob er mit meinem Dienstwagen eine Probe-
fahrt unternehmen dürfe. McPeak, der Stabschef der Air Force, war in
der *New York Times* als einer meiner möglichen Nachfolger genannt
worden.

Neun Monate später stimmte der Kongreß dem Verfahren zu, das wir
an dem bewußten Vormittag im Januar mit dem Präsidenten diskutiert
hatten. Es lief inzwischen unter der Formel: »Frag nicht, sag nichts.«
Ich hoffe, eine endgültige Entscheidung werden die Gerichte treffen.
Das US-Militär wird ihren Spruch respektieren. Ich stehe nach wie vor
zu meiner Haltung, die eine Gewissensentscheidung war und die damaligen Bedürfnisse des Militärs widerspiegelte. Ich sage dies mit dem
Bewußtsein, daß die öffentliche Meinung in heiklen gesellschaftlichen
Fragen rasch umschlagen kann.

In der ersten Woche der Regierung Clinton hatte ich nur selten Grund
zur Genugtuung, so etwa, als wir die uniformierten Wachen abschaff-
ten, die seit zwölf Jahren, seit der –fingierten– Meldung über libysche
Killerteams, vor den Türen des Verteidigungsministers und seines
Stellvertreters postiert waren. Weinberger, Carlucci und Cheney hatten
an diesen schneidigen Posten alle einen Narren gefressen, aber ich
konnte mir eine sinnvollere Verwendung dieser Soldaten vorstellen.
Les Aspin legte auf solchen Pomp keinen Wert, und so konnte ich seine
Berater dazu überreden, die Wachen abzuziehen, bevor er sie überhaupt bemerkte.

Zwei weitere Siege bestanden in Auszeichnungen der amerikanischen Alltagskultur: Mein Name tauchte in einem Kreuzworträtsel der
New York Times auf, und zudem war ich Gegenstand einer Frage in
einem bekannten Fernsehquiz.

Kurz nach Clintons Amtseinführung versammelte sich der Nationale
Sicherheitsrat zum ersten Mal im Lagebesprechungsraum des Weißen
Hauses. Thema war Bosnien. Obwohl ich dem Team angehörte, fühlte

ich mich in der Runde wie ein ungebetener Gast. Unter Reagan und Bush hatte ich in der nationalen Sicherheitspolitik an Entscheidungen mitgewirkt, die meinen neuen Vorgesetzten nur ein Dorn im Auge sein konnten. Dennoch war ich willkommen, denn meine Erfahrung in diesem Gremium konnte nützlich sein. Bei dieser Sitzung lernte ich den neuen Stil der Administration kennen. Tony Lake, der neue Nationale Sicherheitsberater, saß auf dem Platz des Vorsitzenden, ohne freilich die Sitzung zu leiten. Außenminister Warren Christopher saß neben ihm und wirkte etwas unbeteiligt im Vergleich zu seinen Vorgängern George Shultz und James Baker, die in solche Sitzungen geschritten waren und sofort demonstriert hatten, daß die Leitung der US-Außenpolitik in ihren Händen lag. Christopher machte den Eindruck eines Anwalts, der auf Vorgaben des Klienten wartet, welche Position er vertreten soll. Les Aspin saß links von Lake. Auch er machte keine Anstalten, die Leitung der Diskussion zu übernehmen, und seine Beiträge lagen gewöhnlich am Rande des Themas. Auf den übrigen Plätzen saßen weitere Mitglieder des neuen Nationalen Sicherheitsteams.

Vizepräsident Gore traf über eine Stunde nach Beginn der Sitzung ein und konnte erst nach längerem Stühlerücken Platz nehmen. Der Präsident erschien noch etwas später: Zum Glück hatten wir ihm einen Platz reserviert.

Alle folgenden Sitzungen verliefen nach diesem Muster. Als Reagans Nationaler Sicherheitsberater hatte ich gut vorbereitete Sitzungen geleitet, in denen Ziele dargelegt, Möglichkeiten diskutiert und Entscheidungen getroffen wurden. Ich hatte mich an die lockerere Arbeitsweise der Ära Bush gewöhnt und würde mich auch mit dem Stil unter Clinton arrangieren. Aber leicht würde mir das nicht fallen.

Bei den folgenden Zusammenkünften mäanderte die Diskussion ins Blaue, ähnlich den Mammutsitzungen in Oberseminaren oder in den Denkfabriken, wo etliche meiner neuen Kollegen während der letzten zwölf Jahre, als ihre Partei in der Opposition war, ihre Zeit verbracht hatten. Zudem spielten sich untere Chargen als Kabinettsmitglieder auf. Schockiert hörte ich einmal, wie ein Mitarbeiter Tony Lakes, der als Protokollant an der Sitzung teilnahm, sich vor versammelter Mannschaft mit seinem Chef stritt.

Auf außenpolitischem Feld hatte Präsidentschaftskandidat Clinton Bush in der Bosnienfrage am schärfsten kritisiert und für den Fall seiner Wahl ein aggressiveres Vorgehen in der leidgeprüften Region angekündigt. Jetzt hatte er die Gelegenheit dazu, und in den Sitzungen ertönte viel Kriegsgetöse. Aber wie sollten wir aktiv werden und zu welchem Zweck? Bislang hatte kein europäisches Land Soldaten zur Unterstützung der bedrängten Zivilbevölkerung entsandt, sich für einen Kampf am Boden entschieden oder Streitkräfte zur Durchsetzung eines Waffenstillstandes eingesetzt. Statt auf Gewalt setzten die Europäer auf Diplomatie.

Meine eigene Meinung zu Bosnien hatte sich seit dem Regierungswechsel nicht geändert. Als Antwort auf den ständigen Ruf, »etwas zu tun« und die bosnischen Serben für die Granatangriffe auf Sarajevo aus der Luft zu bestrafen, erläuterte ich dieselben militärischen Optionen, die ich Präsident Bush dargelegt hatte. Unsere Möglichkeiten reichten von begrenzten Luftangriffen auf Ziele um Sarajevo bis hin zu schweren Bombardements auf das gesamte von Serben kontrollierte Kriegsgebiet. Wie ich betonte, bot keine dieser Maßnahmen die Garantie dafür, daß die Serben ihre Haltung ändern würden. Eine Garantie gab es nur beim Einsatz von Bodentruppen. Schwere Bombardements würden sie vielleicht zum Nachgeben, nicht aber zum Aufgeben bewegen. Zum Schutz vor gezielten Luftschlägen konnten die Serben ihre Panzer und Artillerie problemlos in Wäldern und den Nebelgebieten Bosniens verstecken oder in der Nähe ziviler Einrichtungen in Stellung bringen. Darüber hinaus würde es ihnen ein leichtes sein, im Gegenzug UN-Helfer als Geiseln zu nehmen.

Auf allen Sitzungen zu Bosnien wiederholte ich immer wieder die simple Botschaft, die nicht gerne gehört wurde: kein Einsatz von Truppen ohne klares politisches Ziel. Aspin teilte diese Sicht. Einmal entbrannte ein heftiger Streit, als mich unsere UN-Botschafterin Madeleine Albright frustriert fragte: »Wozu haben wir eigentlich dieses tolle Militär, von dem Sie dauernd reden, wenn wir es nicht einsetzen können?« Mich hätte fast der Schlag getroffen. Amerikanische GIs waren keine Zinnsoldaten, die man über ein globales Spielfeld schob. Geduldig erklärte ich der Botschafterin, daß unsere Streitkräfte in den vorangegangenen drei Kriegsjahren weit über zwanzig Mal in Friedensmissionen, im Katastropheneinsatz und bei humanitären Hilfsaktionen tätig geworden waren. Wir hatten jedesmal ein klares Ziel gehabt und das militärische Engagement darauf abgestimmt. Und das Ergebnis war immer ein Erfolg. Ich teilte Botschafterin Albright mit, daß das US-Militär jeden Auftrag ausführen, mein Ratschlag aber jedesmal lauten würde, zunächst klare politische Ziele abzustecken. Dann könnten wir die Aufgabe erfüllen.

Tony Lake, der während des Vietnamkrieges dem Nationalen Sicherheitsrat angehört hatte, unterstützte meine Position. »Hören Sie, Madeleine«, sagte er, »genau die Fragen nach der Zielsetzung, die Colin hier stellt, hat das Militär in Vietnam nie gestellt.« Auch der ehemalige Verteidigungsminister McNamara räumt in seinem Buch *In Retrospect* ein, daß über die Ziele im Vietnam-Krieg Verworrenheit geherrscht habe – mit den nur allzu vertrauten tragischen Ergebnissen.

Mir war immer etwas wohler, wenn bei diesen Diskussionen der Präsident anwesend war. Bill Clinton hatte die Fähigkeit, Geschichte, Politik und politische Praxis in einen Gesamtzusammenhang zu stellen. Nicht dienlich war dabei freilich, daß er die Diskussion ausufern ließ. Mit seiner akademischen Ader schien er diese Mararathons regelrecht zu genießen. Die Teilnehmer einigten sich nach endlos langer Debatte auf eine Lösung, die ihnen als Königsweg erschien, die sich aber schon nach Tagen als unpraktikabel erwies, worauf das ganze Spiel von vorn begann. Anfang 1993 überzeugten sie den Präsidenten beispielsweise davon, eine Aufhebung des Waffenembargos gegen die bosnischen Muslime vorzuschlagen. Gleichzeitig sollten Luftangriffe gegen die Serben zugelassen werden, bis die Muslime in der Lage waren, sich besser zu verteidigen. Außenminister Christopher flog zu den Verbündeten, um ihnen diese Strategie nahezubringen, obwohl sie das von Anfang an abgelehnt hatten. Eine Woche später kehrte er zurück, und wir verbrachten einen weiteren Samstag mit der verzweifelten Suche nach einer Lösung.

In den Jahren 1994 und 1995 führten UNO und NATO auf Betreiben der USA begrenzte Luftangriffe durch, auf die die Serben wie erwartet reagierten. Die brutale Realität sah so aus, daß Serben, Muslime und Kroaten zur Verteidigung ihrer Interessen bis zum Tod zu kämpfen bereit waren. Wie einst die Nordvietnamesen setzten sie politische Ziele mit entsprechenden militärischen Mitteln durch. Der Westen war über den Bürgerkrieg in Bosnien erschüttert, sah dort aber keine vitalen Interessen bedroht und konnte deshalb auch nicht mit der gebotenen Entschlossenheit reagieren. Kein amerikanischer Präsident konnte seiner Bevölkerung die Opfer zumuten, die eine gewaltsame Befriedung des Balkans gekostet hätte. Ebenso unvertretbar wäre das langfristige Engagement zur Durchsetzung eines dauerhaften Friedens gewesen.

Im Pentagon sah sich Les Aspin zusehends mit Schwierigkeiten konfrontiert. Sein chaotischer Führungsstil war das genaue Gegenteil vom systematischen Vorgehen eines Cheney. Wie wußten nie, wann er morgens im Pentagon erscheinen würde. Die sporadischen Besprechungen seines Stabes arteten jedesmal zu einem langen Palaver aus, das die Teilnehmer nachfolgender Besprechungen nötigte, auf den Fluren zu warten. Aspin brachte wichtige Mitarbeiter aus dem Kongreß mit, die ihm im Pentagon als Palastwache dienten. Sie hatten sich mit jeder Angelegenheit zu befassen, bevor sie an den Verteidigungsminister weitergeleitet wurde. Sein neuer Pressesekretär Vern Guidry hatte den Job nur unter der Bedingung angenommen, das Pressekorps nicht informieren zu müssen. Statt dessen sah er seine Aufgabe darin, Aspins öffentliche Auftritte zu managen. Zu langsam stellten sich die Berater, die an die Intrigen auf dem Kapitol gewöhnt waren, auf die veränderten Verhältnisse im Pentagon ein, wo es um die Leitung eines Unternehmens mit drei Millionen Mitarbeitern ging.

Ein Versprechen der neuen Mannschaft im Verteidigungsministerium hatte darin bestanden, die militärische Führung im Pentagon, insbesondere den Vorsitzenden der Vereinten Stabschefs, einer verschärften zivilen Kontrolle zu unterziehen. Um mich kaltzustellen, zog einer von Aspins Beratern sogar in Betracht, frühzeitig meine Ablösung anzukündigen. Sie machten allerdings rasch die Erfahrung, daß die zivilen Beamten und die Militärs im Pentagon aufeinander angewiesen sind. Statt eigenmächtig zu handeln, waren die Generäle und Admirale zur Kooperation mit der neuen Führung bereit und bemühten sich ernsthaft um die Umsetzung der neuen Direktiven.

Eines von Aspins Problemen, das schon am Tag seiner Amtsübernahme erkennbar wurde, war sein äußeres Erscheinungsbild. Der Mann an der Spitze des Pentagons wirkte in seinen abgetragenen zerknitterten braunen Anzügen und ungebügelten Hemden zwischen all den adretten Uniformen leicht deplaziert. Trotz seiner brillanten geistigen Fähigkeiten hatte er bei Ansprachen an seine neuen Untergebenen Schwierigkeiten, die passenden Worte zu finden. Empfängen mit ausländischen Staatsgästen, die nach Washington strömten, um Clintons Mannschaft kennenzulernen, ging er möglichst aus dem Weg. Bei unvermeidlichen Begegnungen beugte er sich über den Tisch und begrüßte den Besucher mit den Worten:»Nun, wie steht's in Ihrem Land?« Zudem überließ er die Gesprächsführung ganz den Gästen. Nach einer Dreiviertelstunde gingen sie wieder, ohne etwas über den Kurs der neuen Administration in der Außen- und Sicherheitspolitik erfahren zu haben. Einmal beobachtete ich eine Unterredung mit König Hussein von Jordanien. Seine Majestät war zu einem Monolog genötigt, während Les von einem Tablett, das zwischen beiden stand, dreizehn *amuse-gueules* verdrückte. Ein weiteres Problem war sein Gesundheitszustand. In seiner Amtszeit wurde er zweimal wegen Störungen der Herztätigkeit stationär behandelt. Erst nach Monaten der Unsicherheit wurde ihm ein Schrittmacher eingepflanzt, so daß sich sein Zustand stabilisierte. Das Bild, das Aspin vermittelte, konnte in der Truppe oder bei den Verbündeten kaum Vertrauen erwecken.

Zum Glück stärkten ihm zwei solide Stellvertreter den Rücken: Bill Perry, der ihn später im Verteidigungsministerium ablöste, und John Deutch, Aspins Kommilitone vom College, den ich während der Ära Carter im Energieministerium kennengelernt hatte. Deutch wurde von Präsident Clinton schließlich zum CIA-Direktor ernannt. Beide Männer bildeten ein Gegengewicht zu den zahlreichen Diplomaten und Akademikern, die Aspin ins Ministerium holte.

In seiner Zeit als Vorsitzender des Streitkräfteausschusses hatte Aspin das von Bush, Cheney und mir erarbeitete Base-Force-Konzept als »blödsinnige Strategie« bezeichnet. Jetzt, als Verteidigungsminister, nahm er sein primäres Ziel in Angriff, die sogenannte »Bottom Up Review« (BUR), eine Rundumerneuerung der Streitkräfte, womit ein Wahlversprechen Clintons eingelöst werden sollte. Theoretisch bedeutete dieses Konzept: Man mußte gleichsam bei Null beginnen und die Streitkräfte entsprechend den augenblicklichen Verteidigungsaufgaben komplett neu aufbauen. Das ganze hatte Experimentcharakter, nur daß die gegenwärtige Administration nicht völlig von vorn beginnen konnte, sondern Rücksicht auf bestehende Strategien, Truppenstärken, vertragliche Verpflichtungen, Engagements und Krisen auf dem gesamten Globus nehmen mußte. Clinton hatte sich im Wahlkampf außerdem bereits darauf festgelegt, die Truppe um 200 000 Mann zu verringern und den Haushalt um mehrere Zehnmilliarden Dollar unter das Base-Force-Niveau zu drücken. Um Wählerstimmen zu gewinnen, hatte er zudem die Wiederbelebung mehrerer populärer, aber unwirtschaftlicher Verteidigungsprojekte versprochen, die Bush abgeschafft hatte.

Die Strategie der Base Force erforderte eine ausreichende Truppenstärke, um »fast gleichzeitig« zwei größere regionale Kriege führen zu können. Die Überlegung war einfach: Wenn wir auf einem Schauplatz kämpften, brauchten wir auf dem anderen noch eine ausreichende Truppenstärke, um einen potentiellen Aggressor von einem Überraschungsangriff abzuhalten. Aspin schlug eine Streitmacht vor, die sich auf den ersten Kriegsschauplatz konzentrierte, während der Aggressor auf dem zweiten bis zur Beendigung des ersten Konflikts mit Kampfeinsätzen in Schach gehalten wurde. Unsere koreanischen Verbündeten fragten sofort, ob diese Hinhaltetaktik für ihr Gebiet vorgesehen sei. Damit war Aspins Versuchsballon geplatzt. Wir brauchten zur Durchführung der »Bottom Up Review« neun Monate und gelangten dann schließlich doch wieder zu einem Verteidigungskonzept, das darauf basierte, daß wir zwei regionale Konflikte gleichzeitig bewältigen konnten, also zu Bushs Strategie, die mit den von Clinton im Wahlkampf versprochenen Kürzungen umgesetzt wurde. Auch wenn der Begriff »Base Force« in der Versenkung verschwand, so war dieses Konzept, wie auch Aspin einräumte, ein direkter Vorläufer der BUR-Force. Unklar ist dagegen, ob die von der Regierung Clinton übernommene Verteidigungspolitik angesichts der personellen und finanziellen Einschnitte noch tragfähig ist. Kurz, besitzen wir noch die Stärke, um den Wehrauftrag zu erfüllen? Dieser kann sich in den nächsten Jahren rasch ändern. Ein Zusammenbruch Nordkoreas mit den daraus resultierenden möglichen Gefahren oder positive Veränderungen im Irak und Iran würden eine Überprüfung des Szenarios vom Zweifrontenkrieg sicher nötig machen. Das gegenwärtige Konzept wird anders als die Eindämmungsstrategie keine vierzig Jahre gültig bleiben, aber in der augenblicklichen Übergangsperiode nach dem Kalten Krieg ist es durchaus angemessen.

Persönlich kamen Les Aspin und ich gut miteinander aus. Und mit der Zeit wurde er auch disziplinierter. Er wurde sich stärker bewußt, daß er als der tägliche Befehlshaber der US-Streitkräfte eine enorme Verantwortung trug, die er auch mit einem entsprechenden Erscheinungsbild repräsentieren mußte. Unter seiner Führung brachten wir in der Homosexuellenfrage einen Kompromiß zustande, ergänzten die

Bottom Up Review und lösten verschiedene schwierige logistische Probleme. Aber Les Aspin war trotz dieser Erfolge und seiner beachtlichen geistigen Fähigkeiten als Verteidigungsminister ein Mißgriff.

Bushs einstige Hoffnung, daß wir uns am 20. Januar wieder aus Somalia würden zurückziehen können, war bald schon Schnee von gestern. Meinen sechsundfünfzigsten Geburtstag im April verbrachte ich in Mogadischu. Wir versuchten, die Operation wieder der UNO zu überantworten, in deren Händen sie anfangs gelegen hatte. Mit der Beendigung des Bürgerkrieges, der die Bebauung der Felder und den Transport von Nahrungsmitteln verhindert und so zur Hungersnot geführt hatte, war unsere Mission erfüllt. Jetzt sollten die Streitkräfte der Vereinten Nationen die Ordnung aufrechterhalten. UN-Generalsekretär Butros Butros-Ghali war dagegen anderer Meinung: Da die Katastrophe durch die mittelalterlichen Fehden von Clanführern ausgelöst worden war, müsse man das Land durch die Einführung einer modernen Demokratie stabilisieren. Die UNO verabschiedete eine Resolution, wonach es bei der Mission jetzt nicht mehr um die Verteilung von Lebensmitteln an Hungernde ging, sondern um den »Aufbau einer Nation« – ein Ausdruck, den ich zum ersten Mal vor meinem Einsatz in Vietnam gehört hatte. Nach meinem Geschichtsverständnis konnte eine Nation nur durch den Willen eines Volkes und nicht durch äußere Einmischung aufgebaut werden. Somalia hatte ganz andere Voraussetzungen als die Staaten des Westens. In diesem Land gab es unabhängig von den Clanchefs kaum gesetzliche Instanzen, keine glaubwürdige Zentralregierung und keinerlei Autorität. So vielversprechend der Ausdruck »Aufbau einer Nation« auch klingen mochte, ich sah in diesem Weg eher die Gefahr, in einen Sumpf zu geraten und nicht mehr heraus zu können. Die gegnerischen Parteien in Somalia mußten ihre politischen Probleme letztlich auf ihre Weise lösen.

Im Sommer 1993 begannen wir mit dem Abzug der amerikanischen Truppen aus Somalia, wobei ungefähr 4200 Soldaten zur Unterstützung der UN-Operation zurückbleiben sollten. Inzwischen war die Versorgungslage im Land offenbar wieder so gut, daß die verfeindeten Clans sich und vermeintliche äußere Feinde erneut bekriegen konnten. Am 5. Juni kamen bei einer Schießerei zwischen den Anhängern Mohammed Farah Aidids, eines wichtigen Warlords, und den UN-Streitkräften zwei Dutzend pakistanische Blauhelmsoldaten ums Leben. Auf Betreiben der Vereinigten Staaten verabschiedete die UNO eine Resolution, die eine Jagd nach den Tätern ermöglichte. Die Aktion wurde durchgeführt, ohne daß hohe US-Politiker ernsthaft darüber diskutierten, daß man damit weit über das anfängliche Ziel, den Aufbau einer Nation, hinausging. Der UN-Sondergesandte, der amerikanische Admiral a. D. Jon Howe, setzte auf Aidids Kopf eine Belohnung von 25 000 Dollar aus. Howe, der türkische Generalleutnant Cevik Bir, der UN-Kommandeur, und der amerikanische Kommandeur Major General Tom Montgomery forderten für den Angriff auf die Hochburgen der somalischen Clans US-Kampfhubschrauber und Kampfflugzeuge vom Typ AC-130 an.

Ich unterstützte die Forderung, und Präsident Clinton stimmte zu. Als der UN-Kommandeur uns dann aber drängte, zur Ergreifung Aidids unsere Anti-Terror-Einheit Delta Force zu entsenden, waren ich, Aspin und General Joe Hoar, der Oberbefehlshaber des CENTCOM, dagegen. Die Chancen, daß die Elitesoldaten Aidid in den verwinkelten Gassen Mogadischus finden würden, standen tausend zu eins. Noch schlimmer war die Personalisierung dieses Konfliktes, mit der wir immer tiefer in die alten Rivalitäten der somalischen Clans verstrickt wurden. Ich setzte mich dafür ein, die Erweiterung unseres Engagements kritisch zu überprüfen, allerdings ohne Erfolg. Auch unter den amerikanischen Soldaten gab es inzwischen Verluste. Ende August gab ich den wiederholten Forderungen aus dem Krisengebiet widerstrebend nach und empfahl Aspin den Einsatz der Rangers und der Delta Force. Diese Empfehlung sollte ich später bereuen.

Vom 14. bis zum 16. April hatte Ex-Präsident Bush Kuwait besucht und war dort offenbar zum Ziel eines irakischen Mordkomplotts geworden. Bei anschließenden Nachforschungen durch FBI und CIA verdichteten sich die Hinweise darauf, daß hinter dem Komplott Saddam Husseins Regime gesteckt hatte. Ein Vergeltungsschlag war angezeigt. Präsident Clinton, Vizepräsident Gore, Tony Lake, Les Aspin, Warren Christopher und ich traten im Weißen Haus zusammen, wo ich den Präsidenten über den Vorschlag informierte, das Hauptquartier des irakischen Geheimdienstes in Bagdad mit Marschflugkörpern anzugreifen. Ich erläuterte, was damit erreicht werden und was schiefgehen konnte, wie mögliche irakische Reaktionen aussahen und welche Entscheidungen der Präsident in jeder Phase würde treffen müssen. Das Ganze war eine Art Tutorium in Fragen der nationalen Sicherheit. Ich war neugierig, wie der junge Präsident, der nicht gedient hatte, sich bei der Feuertaufe bewähren würde. Clinton bestand die erste Prüfung mühelos und stellte die richtigen Fragen. Die eigentliche Prüfung erwartete ihn aber erst, wenn der Countdown lief, wenn Menschenleben auf dem Spiel standen, wenn er, wie wir bei der Infanterie sagen, mit der ersten gräßlichen Brustwunde konfrontiert wurde.

Am 26. Juni stiegen von US-Kriegsschiffen im Roten Meer und im Persischen Golf dreiundzwanzig Marschflugkörper auf und flogen in Richtung Bagdad davon. Der Präsident sollte fünfzehn Minuten nach dem Angriff im Fernsehen eine Stellungnahme abgeben. Doch wir hatten ein Kommunikationsproblem. Normalerweise hatte CNN ein Team in Bagdad, und wir rechneten fest damit, daß es sofort über die Ergebnisse berichten würde. Doch das Team war ausgewiesen worden, und es würde noch Stunden dauern, bis unsere Satelliten den Zielort überflogen und Bilder funkten. Ungefähr fünfzehn Minuten nach dem Angriff rief mich der Präsident an und wollte wissen, ob das Ziel getroffen sei. Ich konnte nicht mehr sagen als: »Das können wir jetzt noch nicht wissen, Sir.« Mitarbeiter des Weißen Hauses kontaktierten daraufhin den CNN-Präsidenten Tom Johnson, und der telefonierte nach Amman in Jordanien. Das Fernsehteam hatte inzwischen Freunde in Bagdad angerufen und die Meldung erhalten, das Hauptquartier des Nachrichtendienstes sei tatsächlich getroffen worden.

Der Angriff konfrontierte den Präsidenten zugleich mit dem schlimmsten Aspekt jeder Militäroperation. Einige verirrte Raketen hatten Opfer unter der Zivilbevölkerung gefordert. Ich beobachtete Bill Clintons Haltung, seine Art, Entscheidungen zu treffen, und seine Regungen während der gesamten Operation genau. Er blieb kühl und entschlossen.

Ich war jetzt sechsundfünfzig Jahre alt, und meine aufregende Militärlaufbahn näherte sich nach fünfunddreißig Jahren langsam dem Ende. Im Juli gab die britische Botschaft zu Ehren von Sir Charles Powell, dem früheren Privatsekretär von Premierministerin Margaret Thatcher, und zu meinen Ehren ein Gala-Diner. David Gergen, in Clintons Mannschaft Hauptverantwortlicher für die Imagepflege, kam auf einen Sprung bei mir vorbei: »Wollen Sie wirklich gehen?« fragte er. »Sie wissen, daß Sie ohne weiteres dableiben könnten.« Juristisch hätte ich das gekonnt: Der Goldwater-Nichols Act ermöglichte dem Vorsitzenden drei zweijährige Amtszeiten, und ich hatte zwei hinter mir. Aber ich war zum Ausscheiden bereit. Ich hatte im Amt eine gute Zeit verbracht. Und obwohl Clintons nationales Sicherheitsteam inzwischen passabel arbeitete, war ich sicher, daß mein Abschied keine Trauer hervorrufen würde.

Aspin und Clinton brachten viel Zeit damit zu, unter mehreren bestens qualifizierten Kandidaten einen passenden Nachfolger für mich zu finden. Am 11. August verkündete der Präsident schließlich, General John M. Shalikashvili, der Oberkommandierende der NATO-Streitkräfte von Europa, werde der nächste Vorsitzende der Vereinten Stabschefs sein . Wenn ich gefragt werde, welche Institution in Amerika die größten Chancen bietet, verweise ich darauf, was die Army für mich oder für Shalikashvili getan hat, der als Jugendlicher in dieses Land kam, als einfacher Rekrut in die Army eintrat und es dann bis ganz oben schaffte.

Die Menschenjagd nach Mohammed Farah Aidid ging weiter. Zum Schutz vor Überfällen auf unsere Versorgungskonvois durch bewaffnete Banden forderte Major General Montgomery Panzer und Mannschaftstransportwagen an. Die gefährliche Entwicklung löste in den USA verständlicherweise Besorgnis aus. Unsere Truppen waren zur Rettung hungernder Menschen nach Somalia entsandt worden. Warum wurden sie jetzt beschossen? In dieses gefährliche Fahrwasser waren wir durch die UN-Mission vom »Aufbau einer Nation« geraten. Ich hatte Aspin wochenlang bearbeitet, eine Überprüfung unserer Politik zu verlangen und nach einem Weg für den Abzug unserer Truppen zu suchen. Zu seinem Leidwesen hatte sein Beraterstab bislang noch keine brauchbaren Vorschläge vorgelegt. Als der Kommandeur unserer Bodentruppen um Unterstützung zum Schutz seiner Soldaten ersuchte, mußte ich ihm dennoch den Rücken stärken wie zuvor mit der Entsendung der Rangers und der Delta Force. Nur drei Tage vor Ende meiner Amtszeit versuchte ich Aspin ein letztes Mal dazu zu bewegen, Tom Montgomery die gewünschten Panzer zu schicken.

»Dazu wird es nicht kommen«, sagte Aspin, ganz politischer Realist. Zahlreiche Mitglieder des Kongresses, angeführt von Senator Bob Byrd, verlangten den sofortigen Abzug unserer Truppen aus Somalia, da sie dort nichts mehr verloren hätten. Ich hatte als Soldat getan, was ich konnte, um Montgomery zu unterstützen. Aspin hatte dagegen seine Pflicht als Politiker getan und sich bemüht, das übergeordnete Ziel zu erreichen, das darin bestand, unser Engagement in Somalia nicht zu verstärken, sondern zu beenden.

Ich versuchte, nicht allzuoft an den bevorstehenden Ruhestand zu denken, wurde aber immer wieder an ihn erinnert. So veranstalteten am 20. September ranghöhere Unteroffiziere im Innenhof des Pentagons für mich eine farbenfrohe Abschiedsfeier. Obwohl ich bereits den höchsten Militärdienstgrad erreicht hatte, wurde mir an diesem Tag symbolisch ein Rang verliehen, den ich als rührendes Kompliment empfand: Ich wurde Major Sergeant e. h. von Army und Marineinfanterie, Master Chief Petty Officer e. h. von Navy und Küstenwachdienst und Chief Master Sergeant e. h. der Air Force.

An einem anderen Tag wurde ich von einem jungen Major aus dem Personalbüro der Army über meine Bezüge und Vergünstigungen im Ruhestand unterrichtet: Pension, Benutzung von staatseigenem Büromaterial, Tragen der Uniform, Zuschüsse zu Beerdigungskosten. Beim Ruhegeld und den Sozialbeiträgen, so informierte er mich, würden fünfunddreißig Jahre, drei Monate und einundzwanzig Tage Staatsdienst angerechnet. Nach Abschluß der Belehrung überreichte er mir erwartungsgemäß eine goldene Uhr. Einen Tag später sprach Lieutenant Colonel Gordy Coulson, der Zeremonienmeister des Militärbezirks Washington, mit mir die kommende Abschiedsfeier durch. Wir hatten schon öfters Festakte besprochen, und als wir die vertrauten Rituale durchgingen, kam uns beiden plötzlich zu Bewußtsein, daß es diesmal um mich ging. Als er meinen wehmütigen Blick sah, wurde auch ihm ganz schwer ums Herz.

Am Abend vor meinem Eintritt in den Ruhestand richtete Les Aspin für mich ein pompöses Abschiedsessen aus. Der nächste Morgen begann wie immer. Ich zog meine Uniform und meinen Lieblingspullover aus schwarzer Wolle an. Draußen wartete Otis. Wir fuhren die wohlbekannte Strecke zum Pentagon. Als ich mein Büro betrat, hallte es wie an einem Umzugstag. Die Wände waren kahl, meine persönlichen Sachen von meinen Mitarbeitern bereits verpackt: Thomas Jeffersons Büste, die Schrotflinte Michail Gorbatschows, Lincolns Zitat mit dem Vergleich von Pferden und Generälen, einen Druck mit Henry Flipper, einem Lieutenant der Buffalo Soldiers, der das Opfer einer Intrige geworden war. Fort waren auch die Aphorismen, die ich unter Glas auf meinem Schreibtisch aufbewahrt hatte: »Nur der Mittelmäßige ist stets in Bestform«, »Laß deinen Schweiß nie sehen« und andere.

Gregory »Grog« Johnson, Captain der Navy und mein augenblicklicher Adjutant, kam vorbei und teilte mir mit, Präsident Clinton wünsche mich zu sehen. Ich war überrascht. Der Festakt für die Verabschiedung war für 16 Uhr angesetzt, und der Präsident hatte bereitwillig die Leitung übernommen. Ich fragte mich, was er von mir wollte.

Bei der Ankunft im Weißen Haus wurde ich in den Wohnbereich im zweiten Stock gebeten. Clinton war eben vom morgendlichen Joggen zurückgekehrt und knöpfte sich ein frisches Hemd zu. »Setzen wir uns auf die Veranda«, sagte er und führte mich auf den Truman-Balkon hinaus. Nach einem höflichen Hin und Her über die Plätze nahm er schließlich einen Schaukelstuhl, während ich mich in einen Liegestuhl setzte. Es war ein warmer Tag, und es sah etwas nach Regen aus. Aber noch glänzte das Jefferson Memorial im Süden in der Morgensonne. Ich fragte mich, ob ich diese grandiose Aussicht je wieder genießen würde.

»Ich habe nichts Bestimmtes mit Ihnen zu bereden«, sagte der Präsident. »Ich möchte Ihnen einfach nur dafür danken, was Sie für mich und das Land getan haben, und wollte mit Ihnen etwas Zeit verbringen.« Er fragte nach meinen Plänen.

»Ich werde fleißig an meiner Autobiographie schreiben«, erklärte ich. »Und ich werde Vorträge halten.« Ich erwähnte, daß mir auch Angebote aus der Wirtschaft vorlagen. »Aber darauf lasse ich mich erst ein, wenn ich eine Weile im Ruhestand war und Gelegenheit hatte, über mein weiteres Leben nachzudenken.« Nach fünfunddreißig Dienstjahren mit staatlichen Bezügen wolle ich mich jetzt vordringlich um die finanzielle Absicherung meiner Familie kümmern.

»Vielleicht denken Sie im Ruhestand über eine Teilzeitbeschäftigung im Staatsdienst nach«, sagte der Präsident. Er erwähnte eine Führungsposition in seinem Foreign Intelligence Advisory Board, einem renommierten zivilen Beratergremium des Präsidenten, das die Aktivitäten der amerikanischen Nachrichtendienste überwacht. Weiterhin schlug er mir vor, die Ausrichtung der Feierlichkeiten zum fünfzigsten Jahrestag der alliierten Landung in der Normandie zu leiten oder mich in seinem Programm für Jugendliche zu engagieren.

»Mr. President«, sagte ich, »ich denke, ich lasse das erst einmal auf mich zukommen. Aber wenn ich ein Amt übernehmen sollte, dann in der Jugendarbeit.«

Er lächelte: »Das hatte ich erwartet.«

Eine Zeitlang redeten wir über Politik, ein Thema, das er sichtlich genoß. Bei den innenpolitischen Fragen kam er immer wieder auf das Gesundheitswesen zu sprechen. Dann wandten wir uns Sicherheitsfragen zu. Somalia hatte bei mir erste Priorität. Ich sagte, Jahrhunderte der Stammesherrschaft ließen sich nicht einfach durch die westliche Form der Demokratie ersetzen. »Wir können aus dieser Region keinen Staat machen. Wir müssen einen Weg für den Abzug unserer Truppen finden, und zwar rasch«, sagte ich.

Der Präsident räumte ein, er habe sich mit der UN-Resolution vom letzten Juni, die uns auf Konfrontationskurs mit Aidid gebracht hatte, nicht ausreichend auseinandergesetzt. »Das hat unser Engagement bedeutend schwieriger gemacht«, sagte er.

Ich warf einen Blick auf meine Uhr. Wir redeten seit über einer Stunde. »Ich habe ein schlechtes Gewissen, daß ich soviel von Ihrer Zeit in Anspruch genommen habe«, sagte ich.

»Das ist Ihr Tag«, entgegnete Bill Clinton, als habe er sonst keine Sorgen.

Kurz darauf streckte ein Mitarbeiter hektisch den Kopf zu uns heraus und mahnte: »Mr. President, es ist Zeit. Die Arbeit ruft.«

Bill Clinton stand auf. »Wir sehen uns am Nachmittag, Colin«, sagte er.

Ich dankte ihm für seine Aufmerksamkeit, heute und während der vergangenen neun Monate, in denen ich ihm gedient hatte. Entgegen den Spekulationen in der Presse hatten wir uns gut vertragen und waren uns näher gekommen.

Wenige Tage nach unserer Unterhaltung wurden die Rangers und die Delta Force in Somalia in ein heftiges Feuergefecht verwickelt. Achtzehn amerikanische Soldaten starben. Mit Entsetzen sah die Nation Bilder eines toten US-Soldaten, der durch die Straßen von Mogadischu geschleift wurde. Fernsehbilder hatten den Anstoß zum Eingreifen in diesen Konflikt gegeben, und jetzt waren es wieder Fernsehbilder, die den Ruf nach einem Abzug unserer Truppen laut werden ließen.

Der Präsident leitete sofort eine Überprüfung der bisherigen Politik in die Wege, die zu einem Plan für einen Truppenabzug innerhalb der nächsten sechs Monate führte. Obwohl das eigentliche Problem in der Außenpolitik gelegen hatte, geriet Les Aspin unter heftigen Beschuß, weil er Montgomerys Bitte um Verstärkung nicht nachgekommen war. Der Rückschlag markierte den Anfang vom Ende seiner Amtszeit im Pentagon. Im Dezember verkündete Präsident Clinton Aspins Ablösung durch Bill Perry. Aspin erhielt daraufhin andere bedeutende Posten: Er wurde Vorsitzender des Foreign Intelligence Advisory Board des Präsidenten und Mitglied in der vom Kongreß beauftragten Kommission zu den Funktionen und Aufgaben in den Streitkräften. Anschließend wurde er Vorsitzender einer weiteren solchen Kommission, die sich mit den Nachrichtendiensten zu befassen hatte. Les war für diese Aufgaben wie geschaffen und intellektuell ganz in seinem Element. Ein Schlaganfall setzte seinem Leben im Mai 1995 auf tragische Weise vorzeitig ein Ende.

Nach meinem Besuch im Weißen Haus leitete ich meine letzten Sitzungen und dankte den Direktoren des Vereinten Stabs für ihre treuen Dienste in den letzten vier Jahren. Ich nahm mein letztes Mittagessen mit den Stabschefs und CINCs ein. »Ich weiß es zu schätzen, daß Sie mir in meinem letzten Stündlein beistehen«, sagte ich angesichts der nahenden Verabschiedung. Sie hielten für mich eine Überraschung bereit: George Bush schritt lächelnd in den Speisesaal. Dem Ex-Präsidenten schien das Leben als Privatmann bestens zu bekommen. Nach der Begegnung mit dem alten Freund ging ich in mein Büro zurück, warf einen letzten Blick auf die kahlen Wände und fuhr nach Hause, um Alma abzuholen und ein letztes Mal die Paradeuniform anzulegen.

Der Paradeplatz in Fort Myer ähnelte der Bühne der Fernsehsendung *This Is Your Life* aus den fünfziger Jahren. Alma und ich erklommen die Tribüne. Nach und nach erschienen meine Schwester Marilyn mit Familie, Cousinen und Cousins von überall her, Freunde von den Pershing Rifles, Kameraden aus meiner Zeit in Gelnhausen, Fort Devens, Vietnam, Fort Leavenworth, Fort Carson und Frankfurt, White House Fellows meines Jahrgangs und Freunde aus unserer Kirchengemeinde, ferner George und Barbara Bush, Vizepräsident Gore mit Frau, Ex-Vizepräsident Quayle und seine Gattin, Cap und Jane Weinberger und Dick Cheney.

Als die Zeremonie begann, teilte mir ein Militärberater des Weißen Hauses mit, Bill Clinton wolle mir die Freiheitsmedaille des Präsidenten verleihen, die höchste nichtmilitärische Auszeichnung der Vereinigten Staaten. Ich machte ihn darauf aufmerksam, daß ich die Medaille zusammen mit Baker, Scowcroft, Cheney und Schwarzkopf für unsere Rolle bei der Operation »Wüstensturm« bereits von George Bush verliehen bekommen hätte. Es gehe um eine noch höhere Auszeichnung, wußte der Berater, um die Freiheitsmedaille mit Auszeichnung. »Der Präsident wird sie Ihnen mit dieser Schärpe um den Hals hängen«, sagte er und streckte mir eine breite königsblaue Schärpe entgegen.

»Bitte ohne Schärpe«, sagte ich. »Ich sehe aus wie der Kronprinz von Schlaraffia.«

»Über die Schärpe läßt sich reden«, sagte er, »aber die Medaille muß um Ihren Hals.«

Mit der Ankunft des Präsidenten und der First Lady begann die militärische Zeremonie. Wie auf Bestellung brach die Sonne durch die dunklen Wolken. Ein Korps mit Trommeln und Hörnern spielte, Kanonen feuerten neunzehn Salutschüsse ab, der Präsident und ich nahmen die Truppenparade ab, und die Militärkapelle spielte zum ersten und wohl auch zum letzten Mal den Marsch: »Eye of the Storm: The General Colin L. Powell March.« Der Präsident hängte mir die Ehrenmedaille um den Hals, ohne die blaue Schärpe. Alma wurde für zivile Leistungen ausgezeichnet. Dann sprach Bill Clinton über meine Laufbahn. Besonders rührten mich seine Worte: »Er hat gewiß den Geist eines Kriegers, und er kann beurteilen, wann dieser im Interesse der Nation eingesetzt werden muß ... Ich spreche für die Familien, die Ihnen ihre Söhne und Töchter anvertraut haben ... Sie haben sie gut betreut, so wie Sie Amerika gut betreut haben.«

Dann kam meine Rede. Als ich über dieses farbenfrohe und prachtvolle Schauspiel hinwegblickte, wäre ich seelenlos gewesen, hätte ich mich nicht über den Verlauf gewundert, den mein Leben genommen hatte: von einem Second Lieutenant des ROTC am CCNY zum höchsten Offizier der US-Streitkräfte, vom Ratgeber einiger Hundert Männer im Dschungel Vietnams zum Verantwortlichen für zwei Millionen Soldaten, Seeleute, Flieger und Marineinfanteristen, von einer Kindheit mit den harten Jungs in der Süd-Bronx bis zur Zusammenarbeit mit Staats- und Regierungschefs aus aller Welt, vom unerfahrenen Offizier, der auf dem Weg zur Bewachung eines Atomgeschützes seine Pistole verlor, bis zum Nationalen Sicherheitsberater, der den Regierungschefs der Supermächte dabei half, die Welt vor dem atomaren Holocaust sicherer zu machen.

Die Truppen defilierten vorbei. Düsenjäger donnerten über den Paradeplatz, dann knatterten Hubschrauber vorüber. Der Kommandeur des Wachregimentes Old Guard stellte sich vor mich und salutierte. »Sir«, sagte er, »die Zeremonie ist hiermit zu Ende.« So endeten fünfunddreißig Jahre, drei Monate und einundzwanzig Tage.

Anschließend begaben sich die Gäste in die Festhalle von Fort Myer, wo Erfrischungen warteten. Präsident Clinton brachte die Menge zum Schweigen und kündigte an, daß er für mich ein Geschenk habe, gestiftet von meinen Feunden in der Regierung. Ein Berater zog ein graues Tuch von einem Gegenstand in einer Ecke. Ein angerosteter Volvo, Baujahr 1966, kam in seinem zerbeulten Glanz zum Vorschein. Otis lächelte. Ihn hatte der Stab des Weißen Hauses mit der Beschaffung des Autowracks beauftragt. Ich bedankte mich tief gerührt.

In dieser Nacht zog ich ein letztes Mal meine Uniform aus. In den Jahren, in denen ich sie getragen hatte, hatte ich von den positiven Seiten Amerikas mehr profitiert, als ich mir in den kühnsten Träumen erhofft hatte, und ich hatte den Verdruß über die anhaltenden Mängel in diesem Land überwunden. Ich hatte einen Weg gefunden, mein Leben in den Dienst einer redlichen und nützlichen Sache zu stellen und etwas zu tun, das ich gut konnte und gerne tat. Dieses Glück ist nicht jedem im Leben vergönnt. In dieser Nacht bereute ich nur, daß ich nicht alles noch einmal erleben konnte.

22

General außer Diensten

Am folgenden Morgen erwachte ich zum ersten Mal, soweit ich zurückdenken konnte, ohne die Hilfe eines Weckers. Ich zog mir eine Freizeithose, ein Polohemd und ein Paar Slipper an, ging gemächlich hinunter in die Küche des Hauses, das wir in einem Washingtoner Vorort gekauft hatten, und setzte mich zu Alma an den Frühstückstisch. Ich nahm nun als Vollzeitbeschäftigung auf, was ich jahrelang nur nebenbei betrieben hatte: den Job des Ehegatten.

Alma blickte von ihrer Tasse auf. »Der Abfluß ist verstopft«, sagte sie. »Der ganze Fußboden ist naß.«

Kein Problem, dachte ich. Ich rufe den Standortklempner an. Dann fiel es mir wieder ein. Welchen Standortklempner? Meinen ersten Morgen als Zivilist verbrachte ich kauernd unter einem tropfenden Abfluß. Der Vorsitzende der Vereinten Stabschefs war Hauseigentümer geworden.

Mit meinem Abstieg vom Viersternegeneral zum Zivilisten war mein persönlicher Stab mit neunzig Mitarbeitern über Nacht verschwunden. Ich hatte das Pentagon mit meiner Pension und einem Rentnerausweis verlassen. Zum Glück war mein Assistent für Öffentlichkeitsarbeit, Colonel William Smullen, zusammen mit mir in den Ruhestand getreten. Gemeinsam mit Peggy Cifirino, einer weiteren ehemaligen Mitarbeiterin im Pentagon, machte er sich daran, ein kleines Büro einzurichten und mein neues Leben zu managen.

Die Veränderung in meinem Leben wurde mir eines Nachmittags kurz nach der Pensionierung deutlich vor Augen geführt, als mir bei einer Fahrt mit einem meiner alten Volvos auf der Ringautobahn in der Stoßzeit das Benzin ausging. Ein guter Samariter hielt hinter mir an, und wir riskierten Kopf und Kragen, als wir den Wagen über drei Spuren an den Straßenrand schoben. Die heimwärts fahrenden Pendler waren verständlicherweise ungeduldig und hupten. Ich trug eine Baseballmütze, die ich etwas tiefer ins Gesicht gezogen hatte, und niemand, auch mein Retter nicht, erkannte in dem Autofahrer, der nicht rechtzeitig nachgetankt hatte, den Mann, der einst Armeen in Marsch gesetzt hatte. In dem Moment, als ich per Funktelefon in meinem Büro anrufen wollte, hielt ein Mann von der Verkehrswacht.

»Wo klemmt's?« fragte er.

Ich zog die Mütze noch tiefer und erklärte es ihm. Er hielt mir die übliche Predigt von wegen »Achten Sie darauf, daß Ihnen auf der Ringautobahn nie das Benzin ausgeht« und ging dann zur Haube seines Fahrzeugs. Er zog einen Schlauch mit dem Durchmesser eines Strohhalms hervor, spritzte etwa einen Viertelliter Sprit in meinen Tank und fuhr davon. Auch er hatte mich nicht erkannt. Ich fuhr an der nächsten Ausfahrt von der Ringstraße ab und geriet erneut in einen Stau. Wieder ging mir das Benzin aus. Ich sagte mir: Lieber Mr. Powell, das Zivilleben ist schwerer, als du erwartet hast.

Ich habe mich aus der Army zurückgezogen, aber nicht aus dem aktiven Berufsleben. Die Arbeit an dieser Autobiographie war ein neues Abenteuer für mich, und mein Kalender ist mit Vortragsterminen prall gefüllt. Privat führe ich nach wie vor ein einfaches Leben – mir ist es lieber so. Ich habe soviel von der Welt gesehen und soviel Zeit im Flugzeug verbracht, daß mir der Sinn nicht mehr nach Reisen steht. Und nach den vielen Umzügen von einem Standort zum anderen genießt Alma es, sich ein eigenes Nest einzurichten. Wenn wir doch einmal wegfahren, dann in der Regel nur für ein paar Tage zu Freunden nach Long Island wie den Lauders oder zu Cousin Bruce Llewellyn. Wir würden aber barfuß durch den Schnee gehen, um uns eine Vorstellung unserer Tochter Linda, der Schauspielerin, anzusehen. 1994 wohnten Michael und Jane vorübergehend bei uns, während sie auf die Fertigstellung ihres Hauses warteten. In der Zeit bekamen sie einen weiteren Sohn, Bryan. Wir hatten das Glück, unsere Enkel in der Nähe zu haben, und wir verbrachten einige unserer schönsten Stunden mit ihnen. So hatten wir von beidem das Beste: die Freude an den Kindern, und nur einen Bruchteil der Verantwortung. Alma und ich geben ruhige gesellige Abende und wechseln uns mit ein paar Freunden bei Einladungen zum Essen ab. Ein gemütlicher Abend besteht für mich darin, in einen Sessel zu sinken und mir im Fernsehen alte Spielfilme anzusehen, vor allem Musicals. Am besten gefällt mir *Music Man,* zusammen mit *Oklahoma!* und *Schwere Jungen, leichte Mädchen.* Die Filme *Casablanca, Haie der Großstadt, Frühling für Hitler, Glück kam über Nacht* und *Mondsüchtig* habe ich so oft gesehen, daß ich die Dialoge herunterrasseln kann. Wenn ich mir keinen Film ansehe, lese ich. Ich lese eigentlich alles bis hin zu Geschichtsbüchern und Biographien über so ziemlich jede Persönlichkeit, seltener Romane und nur hier und da ein militärisches Buch.

Ich lasse immer noch gern im Hintergrund Musik spielen, wie seinerzeit im Pentagon, und Calypsosänger bleiben meine Lieblingsinterpreten. Mir gefallen auch Aretha Franklin, Carly Simon, Lou Rawls, Paul Simon, Anne Murray, Natalie Cole und alles von Andrew Lloyd Webber. Was an Hard Rock und Rap so faszinierend ist, kann ich dagegen nicht nachvollziehen. Ich schätze, das ist ein Generationenproblem. Ich höre sehr gerne klassische Musik, aber fragen Sie mich nicht, was ich mir anhöre, denn ich kann ein Stück nicht vom anderen unterscheiden. Während der Meisterschaftssaison werde ich mir Football im Fernsehen ansehen, und ich halte es weiterhin für einen schönen amerikanischen Brauch, in der Baseball-Saison ins Stadion zu gehen. Die Tage meines eigenen bescheidenen sportlichen Ruhms als Softball- und Racquetballspieler sind jedoch vorüber. Heutzutage erschöpft sich meine körperliche Betätigung darin, daß ich mich auf dem Hometrainer abstrample. Meine schönste Freizeitbeschäftigung ist immer noch, mich unter der Motorhaube schmutzig zu machen. Mein ganzer Stolz ist zur Zeit ein giftgrün lackierter Volvo 122 Kombi, Baujahr 1966, mit einem Kilometerstand, der fast schon an die Entfernung zum Mond herankommt. Ich erstand ihn für 500 Dollar und mußte nur nochmal 1000 Dollar reinstecken, um ihn wieder flott zu machen.

Nach meiner Pensionierung unternahmen Alma und ich eine Reise, die an das Ende eines Groschenromans erinnerte. Meine Eltern hatten einen kleinen Safe, und nach dem Tod meiner Mutter untersuchte ich einmal den Inhalt: ein paar Hundert Dollar Bargeld, einige Ringe, eine primitive Brieftasche aus Wachstuch mit einer Dollarnote darin, die ich in der zweiten Klasse angefertigt hatte und die mein Vater nie wegwerfen konnte. Der eigentliche Schatz aber waren die britischen Pässe, die meine Eltern bei der Einreise nach Amerika mitgeführt hatten. Sie enthielten die ältesten Fotos, die ich von ihnen habe. Ich sah mir die Fotos genau an, bevor Alma und ich im Dezember 1993 nach London flogen. Der Sohn dieser beiden feierlich blickenden, schwarzen Einwanderer aus einer kleinen britischen Kolonie machte sich auf, von der Königin von England geadelt zu werden.

Am 15. Dezember kleideten wir uns im Hotel für unsere Audienz im Buckingham Palace an. Die sonst so ruhige Alma fummelte ständig an ihren Sachen herum. Ich fand, daß sie wie eine Königin aussah. Nach unserer Ankunft wurden wir in einen Wartesaal geführt, wo der persönliche Diener der Königin uns die Prozedur erklärte. »Sobald Sie eintreten«, instruierte er uns, »wird Ihre Majestät vortreten und Ihnen den KCB verleihen« – ich sollte zum Knight Commander of the Order of the Bath, zum Komtur des Bath-Ordens, ernannt werden. »Dann werden Sie sich zurückziehen, sofern Ihre Majestät Sie nicht bittet, Platz zu nehmen.« Ich hatte von dieser Differenzierung gehört: Wer entlassen wurde, gehörte ins zweite Glied, wer gebeten wurde, Platz zu nehmen, gehörte ins erste Glied.

Was wie eine Wand aussah, öffnete sich plötzlich, und wir traten in einen Raum mit reich verziertem Mobiliar. »General Colin Powell mit Gattin«, kündigte uns der Diener an.

Königin Elizabeth II. trat uns entgegen und nahm beiläufig etwas von dem Tisch, an dem sie vorüberkam. »Wie schön, Sie wiederzusehen, General und Mrs. Colin Powell«, sagte sie und fügte dann hinzu: »Ich bin sehr erfreut, Ihnen dies zu überreichen.« Sie gab mir eine Schachtel mit meinem Orden.

Das war alles. Da ich Amerikaner war, gab es keinen Kniefall und keinen Schulterschlag mit dem königlichen Schwert. Und Alma mußte keinen Knicks beherrschen.

»Wollen Sie nicht Platz nehmen?«, sagte die Königin. Wir setzten uns und führten ein anregendes fünfzehnminütiges Gespräch über Themen, die von der allgemeinen Weltlage bis zum scheußlichen Wetter reichten. Dann gingen wir.

Wären meine Eltern britische Staatsangehörige geblieben, so wäre ich jetzt »Sir Colin« und Alma »Lady Powell«. Andererseits kann ich mir nicht vorstellen, daß ich, wären meine Eltern in Jamaika geblieben, jemals geadelt worden wäre. Hätten Luther und Arie sich nach Southampton statt nach New York eingeschifft, hätte ich es vielleicht zum Sergeant Major in einem bescheidenen britischen Regiment gebracht, aber kaum zum Chef des britischen Verteidigungsstabs. Ich halte die britische Herkunft meiner Familie in Ehren, aber ich liebe Amerika, das Land der unbegrenzten Möglichkeiten.

Alma und ich verließen den Palast und stiegen in einen Bentley, den ein livrierter Chauffeur steuerte. Der Fahrer wandte sich um, lächelte und sagte:»Lady Powell, wohin darf ich Sie bringen?« Korrekt oder nicht, der Satz hatte doch einen angenehmen Klang.

»Zu Harrods«, sagte Alma.

Am 10. Mai 1994 saß ich mit Würdenträgern aus aller Welt vor dem Union Building auf einem Hügel über Pretoria und wurde Zeuge eines Ereignisses, das wenige Jahre zuvor noch unvorstellbar gewesen wäre. Unter den Jubelrufen von Zehntausenden, die sich auf dem Hang drängten, geleitete eine aus vier hohen weißen Offizieren bestehende Ehrengarde der südafrikanischen Streitkräfte Nelson Mandela, den neuen Präsidenten des Landes, zur Tribüne. Als Afro-Amerikaner war ich stolz, als Angehöriger der menschlichen Rasse war ich gerührt, und als Beobachter der Weltpolitik war ich überrascht über diesen Akt der Versöhnung.

Eine Woche zuvor hatte mich Präsident Clinton eingeladen, mich der US-Delegation zur Amtseinführung anzuschließen. Die Delegation wurde von Vizepräsident Gore und seiner Frau angeführt und bestand aus Mrs. Clinton, einigen Kongreß- und Kabinettsmitgliedern sowie prominenten Afro-Amerikanern, die Mandela schon seit langem unterstützt hatten. Es ist kein Geheimnis, daß die große Mehrheit der amerikanischen Schwarzen Demokraten sind. Zu meinen Reisegefährten auf dem Flug nach Südafrika gehörten Reverend Jesse Jackson, Senator Carol Moseley-Braun, die Kongreßmitglieder Charles Rangel, Ron Dellums, Kweisi Mfume, Louis Stokes und Maxine Waters, die Kabinettsmitglieder Ron Brown und Mike Espy sowie der ehemalige Bürgermeister von New York, David Dinkins, und Bürgermeister Carl Schmoke aus Baltimore. Die meisten kannte ich bereits, und wir waren immer gut miteinander ausgekommen. Ich wußte auch, daß Afro-Amerikaner stolz waren auf den historischen Durchbruch, den meine Karriere darstellte. Meine Mitpassagiere freilich hätten es lieber gesehen, wenn ich unter anderen Vorzeichen Erfolg gehabt hätte. In den Augen dieser Gruppe war ich ein Produkt der unternehmerfreundlichen konservativen Republikaner Reagan und Bush. Oder wie Jesse Jackson es ausdrückte: Ich solle als Soldat beurteilt werden, der treu seine Pflicht erfüllt habe, selbst wenn diese Pflicht mich gezwungen habe, »repressive Maßnahmen« auszuführen.

Bei diesem langen Flug ließen wir aber Rang und Politik im Terminal zurück. Die Unterhaltung war herzlich, vergnügt und locker. Wir machten uns einen Spaß daraus, uns schlafend zu stellen, damit wir nicht in einen von Jesse Jacksons langen Monologen verwickelt wurden. C. Dolores Tucker vom Nationalen Politischen Kongreß Schwarzer Frauen sagte zu mir: »Colin, Sie sollten in die Politik gehen, und zwar als Demokrat. Sie sind zu nett für einen Republikaner.«

Bei diesem Anlaß war Parteipolitik nebensächlich. In erster Linie reisten wir als Amerikaner nach Afrika, um mitzuerleben, wie etwas Realität wurde, das wir uns zwar erhofft, von dem wir aber nie gewagt hatten, es uns vorzustellen. Der festliche Rahmen für den Tag war großartig gewählt. Ein Chor sang die alte Hymne der Weißen »De stem van Suid-Afrika« (Der Ruf von Südafrika) und danach »Nkosi Sikelel'i Africa« (Gott schütze Afrika), die schwarze Freiheitshymne. Jüdische, islamische, hinduistische und christliche Geistliche (darunter auch Erzbischof Desmond Tutu) sprachen Gebete. In seiner neunminütigen Antrittsrede verkündete Mandela seine wichtigsten Themen: Frieden und Versöhnung zwischen den Rassen. Vier Düsenflugzeuge donnerten über uns hinweg und ließen verschiedenfarbige Rauchdahnen hinter sich, welche die neue Flagge Südafrikas repräsentierten. Die Farben vermischten sich im Sog der Maschinen wie die Hoffnungen dieses kürzlich befreiten Volkes. Die Apartheid war tot, und Südafrika hatte sich von einem geächteten Staat zu einem Vorbild für Afrika gewandelt. Es war ein atemberaubender Augenblick. Mandela, der Aufrührer, Mandela, der Häftling, war jetzt Mandela, der Präsident.

Nach der Amtseinführung sollte uns ein Bus zur US-Botschaft bringen. Während wir warteten, stimmten Dellums, Mfume und ich, begleitet von einem aus Schwarzen und Weißen bestehenden südafrikanischen Chor, unsere Doo-wop-Version von »In the Still of the Night« an. Auf dem Rückflug spielte ich mit Charlie Rangel, Dave Dinkins und Mike Espy Poker. Espy war der große Verlierer. Die Moral: Spiel nie mit drei schwarzen Brüdern aus New York Karten. Ich genoß die Kameradschaft. C. Payne Lucas, der Kopf der Organisation Africare, sagte mir kurz vor unserer Abreise aus Südafrika: »Wissen Sie, was die Brüder und Schwestern sagen? ›He, Powell ist in Ordnung. Vergeßt die Sache mit Reagan und Bush. Er ist einfach ein Schwarzer, wie du und ich.‹« Zuvor waren wir alle recht nett zueinander gewesen. Jetzt betrachteten sie mich als einen der Ihren.

Was ich in Pretoria erlebt hatte, beschäftigte mich noch Tage später, als ich die Semester-Eröffnungsrede an der traditionell schwarzen Howard University hielt. Die Universität war kurz zuvor ins Zwielicht geraten, nachdem Sprecher, die mit der Organisation Black Muslim Nation of Islam in Verbindung standen, auf dem Campus Juden diffamiert hatten. Die Reden lösten Empörung in der jüdischen Gemeinde aus, und die Universitätsleitung wurde heftig dafür kritisiert, daß sie rassistischen Aufwieglern ein Forum gegeben habe. Eine Episode in Südafrika hatte mich besonders beeindruckt: Nelson Mandela hatte zu seiner Amtseinführung drei Gefängniswärter aus seiner siebenundzwanzigjährigen Gefangenschaft eingeladen. Er hatte es einfach nicht zugelassen, daß das Gift des Rassenhasses seine Menschlichkeit zerstörte. Eine Woche zuvor hatten wir mitverfolgt, wie Araber und Juden ihre alte Feindschaft begruben, als Israels Ministerpräsident Itzhak Rabin und PLO-Chef Jassir Arafat ein Abkommen zur palästinensischen Selbstverwaltung unterzeichneten, das früher undenkbar gewesen wäre. Und hinterher gaben sie sich die Hand. Ich dachte an den Aufruhr in Howard und wußte, welche Botschaft ich zu verkünden hatte.

In der Rede, die in an jenem Samstag, einem herrlichen Sommertag, hielt, brachte ich einige Grundüberzeugungen zum Ausdruck, die ich als Schwarzer in einer von einer weißen Mehrheit dominierten Gesellschaft gewonnen hatte. »Afro-Amerikaner«, sagte ich, »haben es zu weit gebracht, und wir haben noch einen zu weiten Weg vor uns, als daß wir einen Umweg über den Sumpf des Hasses machen könnten.« Die Medien schenkten meiner Rede ungewöhnlich viel Beachtung, nicht weil ich besser gesprochen hätte als andere Eröffnungsredner in diesem Frühjahr, sondern weil meine Anprangerung des Rassenhasses offenkundig eine willkommene Botschaft war.

Am Donnerstag, dem 15. September 1994, rief mich der ehemalige Präsident Jimmy Carter an und fragte, ob ich ihn und Senator Sam Nunn auf eine Mission nach Haiti begleiten würde, um eine drohende blutige Invasion abzuwenden. Kürzlich erst hatte die UNO Gewaltmaßnahmen zum Sturz der Militärdiktatur auf der Insel und zur Wiedereinsetzung

Jean-Bertrand Aristides gebilligt. Die ganze Welt wußte, daß die Vereinigten Staaten drauf und dran waren, einzumarschieren. Ich sagte dem Ex-Präsidenten meine Teilnahme unter der Voraussetzung zu, daß Präsident Clinton die Reise wünschte.

Am selben Nachmittag rief Bill Clinton an. »Jimmy Carter ist manchmal unberechenbar«, sagte er mir. »Doch in Nordkorea habe ich es darauf ankommen lassen, und er hat seine Sache nicht schlecht gemacht.« Die Hauptsorge des Präsidenten war: »Carter geht nach Haiti,« und als nächstes erfahre ich, daß man von mir erwartet, die Invasion abzublasen, weil er einen Kompromiß aushandelt.« Clinton stellte klar, daß er nicht die Absicht habe, die Invasion zu stoppen. Wir könnten aber mit seiner Zustimmung fahren, vorausgesetzt, wir beschränkten die Verhandlungen auf die Frage, *wie*, und nicht ob, unsere Truppen an Land gingen.

Am Freitag kehrte ich spät abends von einem Vortrag in Ohio zurück und hatte gerade genug Zeit, zu packen und mich kurz aufs Ohr zu legen, bevor ich mich am frühen Samstagmorgen Carter und Nunn anschloß. Begleitet wurden wir von Michael Kozak, dem Sonderunterhändler des Außenministeriums für Haiti, Larry Rossin, dem Direktor für interamerikanische Angelegenheiten im Nationalen Sicherheitsrat, Tom Ross, dem ehemaligen Presseberater von Verteidigungsminister Harold Brown und nun im Nationalen Sicherheitsrat, Major General Jerry Bates, dem stellvertretenden Leiter des Operationsstabs im Vereinten Stab, und Robert Pastor, einem erfahrenen Lateinamerika-Kenner. Wir trafen am Samstag um 12.30 Uhr in Port-au-Prince ein. Weder wir noch die Haitianer wußten zu diesem Zeitpunkt, daß die Invasion am Montag, dem 19. September, eine Minute nach Mitternacht beginnen sollte, also in weniger als sechsunddreißig Stunden.

Wir wurden ins haitianische Militärhauptquartier gebracht und in ein Eckzimmer im ersten Stock geführt, wo wir Generalleutnant Raoul Cedras, den Führer der regierenden Militärjunta, trafen, einen mageren Mann von blasser Hautfarbe, mit einem langen, spitzen Kinn und ebensolcher Nase. Er machte uns mit seinen Kollegen bekannt, darunter Brigadegeneral Philippe Biamby, Armeechef und ebenfalls Mitglied der Junta. Bei der Vorstellung bemerkte ich ein M-16 Sturmgewehr, das, mit einem bananenförmigen Magazin geladen, an der Wand lehnte. Angesichts der angespannten Atmosphäre nahm ich mir vor, mich nie allzuweit von dem Gewehr zu entfernen. Zu meiner Überraschung entdeckte ich an den Wänden die Fotos der sechs US-Offiziere, die Haiti während der amerikanischen Besatzung von 1915–1934 regiert hatten. Ich sprach Cedras darauf an. »Wir vergessen nie unsere Geschichte«, sagte er mit einem geheimnisvollen Lächeln.

Wir setzten uns an einen Konferenztisch. Dann stellte Jimmy Carter klar, daß die Invasion unvermeidbar sei, verlieh aber seiner Hoffnung Ausdruck, daß sie unblutig verlaufen werde. Um die Junta zum Aufgeben zu bewegen, unterbreitete Carter gleich zu Beginn verlockende Konditionen. So sagte er Cedras und den anderen eine Amnestie zu und stellte in Aussicht, daß sie zu einem späteren Zeitpunkt eventuell nach Haiti zurückkehren dürften. Cedras war gekränkt. »Unsere Verfassung läßt kein Exil zu«, sagte er.

Das erste Treffen wurde gegen 14 Uhr ergebnislos abgebrochen. Fünfunddreißig Stunden vor der Stunde X. Unser Troß zog sich ins Hotel Villa Creole auf einem Hügel über der Stadt zurück und nahm an einem Höflichkeitstreffen mit haitianischen Parlamentariern teil. Später aßen wir mit namhaften Geschäftsleuten zu Abend. Ich war überrascht, wie gepflegt, wohlgenährt und gutgekleidet diese Männer waren, während das seit annähernd drei Jahren bestehende Wirtschaftsembargo ihre Landsleute arm gemacht hatte. Soviel zum Thema Sanktionen. Zumindest eine nützliche Information erhielten wir bei dem Essen. Der haitianische Unternehmer Marc Bazin teilte mir mit: »Wenn ihr an Cedras herankommen wollt, dann über seine Frau.«

Um 23 Uhr trafen wir uns erneut mit Cedras und seinen Vertrauten. Carter legte den Entwurf für ein Abkommen vor, über das wir stundenlang verhandelten. Die Junta lehnte es ab, Haiti, wie in dem Papier verlangt, zu verlassen. »Wir werden nicht gehen«, sagte Cedras. »Das verstößt nicht nur gegen die Verfassung, das verletzt auch unsere Integrität.«

Ich dachte, als Offizierskollege könnte ich bei diesen Männern vielleicht etwas erreichen, wenn ich an ihre Soldatenehre appellierte. Ob sie überhaupt noch einen Funken Ehre im Leib hatten, war dabei gleichgültig, solange sie selbst davon überzeugt waren. »Sie haben darüber zu entscheiden, welcher Weg ehrenhaft ist«, sagte ich und blickte in die Runde. »Welcher militärische Ehrenkodex verlangt, daß sinnlos Menschenleben geopfert werden? Ich will Ihnen sagen, was wahre Ehre bedeutet. Wahre Ehre bedeutet, den Mut zu haben, aufzugeben, statt sinnlos Blut zu vergießen.« Cedras und die anderen hatten aufmerksam zugehört, gaben aber nicht nach.

Senator Nunn wies auf zwei Punkte hin, die aus seiner Sicht entscheidend waren. »Sie müssen wissen«, sagte er, »daß der US-Kongreß den Präsidenten unterstützen wird.« Und er betonte, daß es bei der Wiederherstellung der Demokratie nicht damit getan sei, die Junta durch den gewählten Präsidenten zu ersetzen. »Dazu gehört auch, daß ein funktionierendes Parlament zugelassen wird.«

Ich konnte nicht sagen, ob Carters Angebot, Nunns Argumente oder mein psychologischer Schachzug irgendeine Wirkung zeigten. Die Unterredung endete abermals ohne Ergebnis, doch Cedras lud uns für Sonntagmorgen in sein Haus ein, wo wir seine Frau kennenlernen sollten.

Als wir aufbrachen, wollte Oberst Dorelien, der Personalchef der haitianischen Streitkräfte, Jimmy Carter die Hand geben und zog sie dann im letzten Moment zurück. »Haben Sie vor kurzem Aristide die Hand gegeben?« fragte der Colonel.

»Nein«, sagte Carter. »Warum?«

»Sein Geist würde noch an Ihnen haften«, sagte Dorelien, »und ich möchte nicht mit ihm in Berührung kommen.«

Es war beinahe zwei Uhr morgens, als wir auseinandergingen. Noch zweiundzwanzig Stunden bis zur Stunde X.

Am nächsten Morgen standen wir in aller Frühe vor Cedras' Haus, einer mediterranen Villa, umgeben von üppigen tropischen Gärten. Yannick Prosper Cedras, die Frau des Generals, erwies sich als eine bemerkenswerte Frau mit glänzendem schwarzen Haar und kaffeebraunem Teint. Sie sei die Tochter eines Generals, sagte sie uns, und die Frau eines Generals, und für sie zähle die Ehre mehr als alles andere. Sie schilderte, wie sie und ihr Mann in der vorigen Nacht mit ihren drei Kindern zu Bett gegangen seien und ihnen gesagt hätten, daß dies vielleicht ihre letzte Nacht auf Erden sei. Sie müßten bereit sein, für ihre Ehre das Leben hinzugeben. »Lieber sterben wir mit amerikanischen Kugeln in der Brust«, sagte sie, »statt als Verräter mit haitianischen Kugeln im Rücken.«

»Liebe Frau«, erwiderte ich, »ich habe vollstes Verständnis für Ihre Loyalität als Frau eines Generals, doch ich muß Ihnen sagen, daß es durchaus nicht ehrenhaft ist, Menschenleben zu opfern, wenn der Ausgang bereits feststeht. Sie und Ihr Mann sollten sich in das Unvermeidliche fügen und Haiti weiteres Leid ersparen. Reden wir doch vom Leben und nicht vom Tod.« Carter und Nunn hieben in dieselbe Kerbe. Sie blieb zurückhaltend.

Ihr Mann erinnerte uns daran, daß es Zeit sei, den haitianischen Präsidenten Emile Jonassaint (den die USA nicht anerkannten) aufzusuchen. Beim Abschied sagte Frau Cedras:»Mein Mann wird das Richtige tun. Was er auch tut, ich werde ihm dabei helfen.« Wir hatten sie zumindest dazu gebracht, ihre ablehnende Haltung aufzugeben und eine neutrale einzunehmen.

Im Präsidentenpalast trafen wir Jonassaint, einen einundachtzigjährigen, würdevollen, alten Mann, der sehr gut Französisch sprach und jeden Satz mit einer Geste seiner langen, dünnen und feingliedrigen Hände unterstrich. Dann ging es zurück ins Hauptquartier des Militärs, und wir versuchten erneut, Cedras dazu zu bewegen, Carters Bedingungen zu akzeptieren. Es war bereits 9 Uhr, fünfzehn Stunden bis zur Stunde X. Und wir sahen uns zusätzlichem Zeitdruck ausgesetzt: Präsident Clinton, mit dem wir ständig in Verbindung blieben, forderte uns auf, Haiti bis Mittag zu verlassen – in drei Stunden. Wir baten das Weiße Haus um mehr Zeit.

Im Hauptquartier unterbreitete Cedras einen völlig inakzeptablen Gegenvorschlag. Er wollte darüber verhandeln, wie viele amerikanische Soldaten, Panzer und Geschütze an Land gebracht werden durften. Wir teilten ihm mit, das stehe überhaupt nicht zur Debatte. Es war an der Zeit, Klartext zu reden. Ich lehnte mich über den Tisch.»Ich möchte mich vergewissern, ob Sie begriffen haben, was Sie erwartet«, sagte ich und zählte an den Fingern auf: zwei Flugzeugträger, zweieinhalb Infanteriedivisionen, zwanzigtausend Mann, Kampfhubschrauber, Panzer, Artillerie. Ich machte weiter und beobachtete, wie den Haitianern angesichts des Truppenaufgebots der Mut sank.

»Wir waren immer der schwächste Staat in der Hemisphäre«, sagte Cedras mit einem gequälten Lächeln.»Danach werden wir der stärkste sein.«

Um 16 Uhr stürzte Biamby ins Zimmer.»Die Invasion steht unmittelbar bevor!« rief er und berichtete, was ein Informant in Fort Bragg soeben telefonisch durchgegeben habe: Amerikanische Fallschirmjäger machten sich bereit, um 17 Uhr an Bord ihrer Flugzeuge zu gehen. Kein schlechter Nachrichtendienst für ein armes Land, dachte ich mir.

Die Frist lief allmählich ab, und wir gerieten in eine Sackgasse. Präsident Clinton hatte uns angewiesen, für Carters Amnestieangebot eine Frist zu setzen. Die Junta mußte bis 15. Oktober zurücktreten, ob das haitianische Parlament ihr nun Amnestie gewährt hatte oder nicht. »Das können wir nicht akzeptieren«, sagte Cedras. »Das ist ein Fall für unsere Zivilbehörden.« Uns fiel ein, daß Jonassaint keineswegs wie eine bloße Marionette gewirkt hatte, und wir schlugen vor, die Sache mit ihm zu besprechen. Cedras willigte ein. Wir rannten durch die Menge zu den draußen geparkten Autos und fuhren zum Präsidentenpalast. Ich fuhr bei Cedras mit. Handgranaten rollten über den Boden, und auf dem Rücksitz saß ein haitianischer Soldat, der ein Sturmgewehr umklammert hielt.

Wir rannten die Stufen des Palastes hinauf zu Jonassaints Amtszimmer, wo der alte Politiker zusammen mit dem Außen-, dem Verteidigungs- und dem Informationsminister wartete. Jimmy Carter unterbreitete gerade die Bedingungen für einen Stopp der Invasion, als ich die Nachricht erhielt, ich solle Präsident Clinton anrufen. Ich fand in einem benachbarten Büro ein Telefon, und es gelang mir, direkt zum Weißen Haus durchzukommen. »Mr. President«, sagte ich, »ich glaube, allmählich kommt etwas Bewegung in die Angelegenheit. Wir brauchen lediglich mehr Zeit.« Clinton war verärgert. Er lehnte es ab, den Zeitplan für die Invasion zu ändern, erlaubte uns aber, noch eine Weile weiterzuverhandeln.

Als ich in Jonassaints Zimmer zurückkehrte, schäumte sein Verteidigungsminister vor Wut. »Diese Bedingungen sind empörend«, sagte er. »Eher trete ich zurück.«

»Dann treten Sie eben zurück«, sagte Jonassaint gelassen.

Der Informationsminister ergriff das Wort. Er nannte unser Angebot »schändlich« und drohte ebenfalls mit Rücktritt. Jonassaint entließ ihn mit einem Wink. »Wir haben ohnehin zu viele Minister«, sagte er. »Ich werde den Vorschlag unterzeichnen. Ich werde nicht zulassen, daß mein Volk weiteres Leid erduldet. Ich wähle den Frieden.«

Cedras und die anderen fügten sich Jonassaints Entscheidung. Ich nutzte den Augenblick, um Cedras mitzuteilen: »Wir erwarten von Ihnen eine Garantie, daß unsere Männer nicht angegriffen werden, wenn sie an Land gehen. Denken Sie daran, wir können die Invasion ebenso leicht, wie wir sie stoppen können, auch wieder anlaufen lassen.«

»Ich werde die Anweisungen meines Präsidenten befolgen«, sagte Cedras, wobei er Jonassaint ansah.

»Sie haben unser Wort«, sagte der alte Mann und nickte.

Englische und französische Übersetzungen der Dokumente wurden erstellt, und Carter und Jonassaint unterzeichneten sie. Die Erstürmung Haitis war sechs Stunden vor der Stunde X abgewendet worden.

Am folgenden Tag landeten amerikanische Soldaten, angeführt von Lieutenant General Hugh Shelton, dem Kommandeur des 18. Luftlandekorps, friedlich unter den Jubelrufen der Haitianer. Drei Wochen später waren Cedras und seine Kumpane außer Landes. Und am 15. Oktober hielt Präsident Aristide seinen triumphalen Wiedereinzug in Port-au-Prince.

Die Übereinkunft, die wir ausgehandelt hatten, stieß auf Kritik. Die »Verbrecher«, so hieß es, seien zu leicht davongekommen. Und ich persönlich wurde attackiert, weil ich an die Ehre unehrenhafter Leute appelliert hatte. Die Kritik focht mich nicht an. Sobald Lieutenant General Shelton und seine Soldaten ihren Fuß auf Haiti gesetzt hatten, war die Insel, was auch immer geschehen mochte, fest in unserer Hand. Was aus der Junta wurde, war belanglos. Dank unserer Bemühungen blieben junge Amerikaner und vermutlich weit mehr Haitianer, die sonst gestorben wären, am Leben. Das war mir Erfolg genug.

Das eigentliche Verdienst gebührt drei Präsidenten: Bill Clinton, weil er, um die Invasion zu vermeiden, sozusagen in letzter Minute ein politisch riskantes Spiel gewagt hatte; Jimmy Carter für seinen Einfallsreichtum und seine zähe Entschlossenheit, Krisen friedlich beizulegen; und Emile Jonassaint, der klug genug gewesen war, seinen überforderten Generälen die Rückendeckung zu geben, die sie für ihren Abgang benötigten. Die Geschichte allein wird zeigen, ob die Haitianer in ihrem Streben nach Demokratie Erfolg haben werden.

Nach meiner Pensionierung hatte ich ein weiteres Scharmützel auf dem Feld der Außenpolitik auszutragen. Am Samstag, dem 17. Dezember 1994, saß ich in meinem Studio und las, als gegen Mitternacht das Telefon klingelte. Ich ahnte schon, wer anrief. Am Nachmittag hatte Vernon Jordan überraschend vorbeigeschaut und mir mitgeteilt, daß Präsident Clinton mit mir über einen Regierungsposten sprechen wolle. In Washington kursierte zu der Zeit das Gerücht, daß sich Außenminister Warren Christopher mit Rücktrittsgedanken trage. Er hatte bislang unermüdlich gerackert, war aber heftig unter Beschuß geraten, weil die Außenpolitik der Regierung keine klare Linie und Richtung erkennen ließ. Jordan bestätigte mir, daß Christopher tatsächlich seinen Hut nehmen wolle. Der Präsident wolle mit mir über den Posten des Außenministers reden. Ich fragte Vernon, ob er den Anruf nicht abwenden könne. Er lächelte und sagte: »Unmöglich.«

Ich nahm an jenem Abend also den Hörer ab, und eine Telefonistin des Weißen Hauses bat mich, am Apparat zu bleiben, bis ich mit dem Präsidenten verbunden würde. Als er sich meldete, sagte ich im Scherz: »Hoffentlich bitten Sie mich nicht, Carter auf eine weitere Mission zu begleiten.« Der ehemalige Präsident stand kurz davor, sich erneut als privater Diplomat zu betätigen, diesmal in Bosnien. Clinton verneinte lachend und bat mich, am nächsten Morgen auf einen Plausch vorbeizuschauen.

Um 8 Uhr traf ich am Diplomateneingang des Weißen Hauses ein. Ich sprach kurz mit Agenten des Secret Service, die eine bewegte Nacht hinter sich hatten. Am Vortag hatte jemand auf das Weiße Haus geschossen, und bei meiner Ankunft fanden sich immer noch Kugeln im Gebäude.

Ich ging hinauf in den Wohnbereich, wo der Präsident mich begrüßte und in sein Arbeitszimmer führte. Wir setzten uns und unterhielten uns eine Weile, vor allem über Bosnien und Haiti. Dann teilte er mir mit, daß Warren Christopher zurücktreten wolle. Ob ich an seinem Posten interessiert sei?

Ich hatte mir die Sache seit Vernon Jordans Besuch reiflich überlegt. Ich sagte dem Präsidenten, daß sein Angebot eine große Ehre für mich sei, daß ich aber höflich ablehnen müsse. Ich sei erst vor etwas mehr als einem Jahr aus der Regierung ausgeschieden und hätte einige größere Verpflichtungen, vor allem müsse ich meine Autobiographie für meinen Verleger fertigstellen. Und davon einmal ganz abgesehen, so fügte ich hinzu, »würden Alma und ich uns wirklich eine längere Ruhepause vom öffentlichen Leben wünschen«. Tatsächlich war es uns endlich gelungen, wieder ein Privatleben zu führen. Wir wollten mehr Zeit für unsere Familie und in aller Ruhe über unsere Zukunft nachdenken. Jordan hatte bereits ein Jahr zuvor wegen desselben Postens vorgefühlt, und ich hatte aus ähnlichen Gründen abgelehnt.

Unausgesprochen blieben meine Bedenken hinsichtlich der chaotischen Form, in der die Regierung ihre Außenpolitik betrieb, ein Stil,

632 Vorsitzender der vereinten Stabschefs

mit dem ich bereits vertraut war. Ich konnte mir nicht vorstellen, wie
ich mich in dieses Unternehmen wieder einfügen sollte ohne Veränderungen, die so grundlegend waren, daß der Präsident vermutlich
Schwierigkeiten gehabt hätte, sie durchzusetzen. Trotzdem war es eine
reizvolle Herausforderung. Hätte der Nation eine unmittelbare Krise
gedroht, hätte ich unmöglich ablehnen können. Doch das war nicht
der Fall. Präsident Clinton hatte nur einen Posten zu besetzen, der
eventuell frei wurde, er war in keiner Notlage. Er nahm meine Antwort
freundlich auf, und wir sprachen noch über andere Themen. Kurz
darauf ging ich. Wir sind seither ständig in engem Kontakt geblieben
und haben oft über innen- und außenpolitische Fragen diskutiert.

Was den Posten des Außenministers betrifft, so willigte Warren Christopher schließlich ein zu bleiben. Er gehört zu den engagiertesten
Staatsdienern, die ich je kennengelernt habe.

Ein Epilog

Als Privatmann und Pensionär verfolge ich den grundlegenden Wandel einer Welt, die ich in den fünfunddreißig Jahren meiner Laufbahn
so gut kannte. Die alte Welt wurde von der historischen Auseinandersetzung zwischen der Sowjetunion und dem Westen geprägt, und unsere politischen, wirtschaftlichen und militärischen Beziehungen richteten sich nach bestimmten Regeln. Es war eine gefahrvolle, aber
relativ stabile Periode, in der wir wußten, welche Rolle wir zu spielen
hatten. Seit dem Zusammenbruch der Sowjetunion und dem Ende der
kommunistischen Ideologie sehen wir uns einer Welt gegenüber, die
bislang noch keine neue Struktur und keine neuen Regeln entwickelt
hat: Unsere Strategie der Eindämmung starb mit dem Ende der Sowjetunion.

Aber wie sehr sich die Welt auch verändert haben mag, die Vereinigten Staaten bleiben die führende Macht. Wir bilden immer noch
das Fundament, auf das sich die Sicherheit des Westens gründet, und
auch die unlängst befreiten Völker Osteuropas sehen in uns zunehmend das Fundament, auf das sie ihre Sicherheit stützen wollen. Amerika genießt Vertrauen und Respekt wie kein anderes Land der Welt.
Dieses Vertrauen beruht nicht allein auf dem Respekt vor unserer militärischen, wirtschaftlichen und politischen Stärke, sondern auch auf

der Überzeugungskraft der demokratischen Werte, die wir hochhalten. Der Kalte Krieg wurde letzten Endes nicht von marschierenden Armeen gewonnen, sondern von triumphierenden demokratischen Idealen, die sich als stärker erwiesen als jede mit ihnen wetteifernde Ideologie. Demokratie, Freiheitsrechte für Männer und Frauen und freie Marktwirtschaft bewähren sich in der ganzen Welt. Wir verfolgen den Prozeß in Lateinamerika, in Asien, Teilen Afrikas und wo immer diese Prinzipien Gelegenheit haben, Fuß zu fassen.

In dieser neuen Welt wird wirtschaftliche Stärke wichtiger sein als militärische Stärke. Handelsbeziehungen, der Fluß von Informationen, Kapital, Technologie und Waren, werden die neue Ordnung prägen, und nicht Armeen, die sich waffenstarrend an Grenzen gegenüberstehen. Staaten, die durch militärische Stärke, die Entwicklung von Nuklearwaffen, Terrorismus oder tyrannische Regierungssysteme Macht erlangen wollen, geben sich einer falschen Hoffnung hin. Sie werden die militärische und wirtschaftliche Stärke der von den Vereinigten Staaten angeführten freien Welt nie erreichen oder herausfordern können. Despotische Regime werden dies zu gegebener Zeit einsehen, wenn sie feststellen, daß sie zurückbleiben, während freie Länder aufblühen und ihren Völkern ein besseres Leben ermöglichen. Nehmen wir nur China als Beispiel, ein Land, das allmählich seinen Platz in der Welt findet, und zwar nicht durch die Stärke der Volksbefreiungsarmee oder die Mao-Bibel, sondern durch die freien Entfaltung der schöpferischen, unternehmerischen Kräfte seines Volkes. Amerikanische Firmen werden nach Vietnam eingeladen, um den katastrophalen wirtschaftlichen Schaden zu reparieren, den der »siegreiche« Kommunismus in zwei Jahrzehnten angerichtet hat. Wir sollten diese Impulse fördern und unterstützen. Nur das marxistische Kuba und Nordkorea halten noch an einem politischen und ideologischen Leichnam fest, möglicherweise in der Hoffnung, als eine vom Aussterben bedrohte Art beschützt zu werden. Doch auch sie können dem Gezeitenwechsel der Geschichte nicht entgehen, und an uns ist es nun, die im Kalten Krieg wurzelnde Ausgrenzungspolitik ihnen gegenüber zu berichtigen, um ihre Eingliederung in die neue Welt voranzutreiben.

Ich schöpfe Mut, wenn ich sehe, daß in vielen Teilen der Welt Versöhnungen zustande kommen, daß sich ein grundlegender Wandel vollzieht und langwierige Konflikte am Verhandlungstisch geschlichtet werden. Nordirland, der Nahe Osten, Südafrika, Angola, Moçam-

bique, Kambodscha, El Salvador und Nicaragua, sie alle stehen für
einst unlösbare Konflikte, die dank der Kriegsmüdigkeit der Beteiligten und diplomatischer Interventionen, insbesondere von seiten der
Vereinten Nationen, beigelegt werden konnten. Der Weg, der diesen
Ländern bevorsteht, wird weder leicht noch frei von Gewalt sein, aber
ich glaube, daß ihr Wille zur Versöhnung am Ende siegen wird.

Dennoch wird es keine Welt ohne Kriege oder Konflikte sein. Bosnien oder Tschetschenien erinnern uns an die Macht selbstsüchtiger,
nationalistischer Leidenschaften. Der islamische Fundamentalismus,
für politische Zwecke mißbraucht, hat das Potential, sensible Regionen
in Eurasien zu destabilisieren. Die Weiterverbreitung von Kernwaffen
hängt, auch wenn sie sich auf wenige verbrecherische Staaten beschränkt, immer noch wie ein Damoklesschwert über dem Planeten.
Und ständig erleben wir das Chaos, das ausbricht, wenn Staaten in
Anarchie, Stammesfehden und Feudalismus zurückfallen wie Somalia, Ruanda, Burundi, Liberia und Sierra Leone. Das Fernsehen über-
trägt allabendlich tragische Bilder aus solchen Ländern in unser Wohnzimmer, und natürlich wollen wir etwas tun, um das Leid, das wir
sehen, zu lindern. Doch oft steht unser Wunsch zu helfen im Widerspruch zu einer nüchternen Einschätzung unserer nationalen Interessen. Bei keiner auswärtigen Krise der letzten Zeit standen vitale amerikanische Interessen auf dem Spiel wie noch bei der irakischen
Invasion in Kuwait und der daraus resultierenden Bedrohung für Saudi-Arabien und für den freien Fluß des Öls. Die späteren Konflikte
berührten weder irgendwelche vertraglichen Verpflichtungen, die wir
eingegangen waren, noch gefährdeten sie unser Überleben als Nation.
Unser humanitäres Empfinden wurde berührt, und das ist etwas ganz
anderes. Amerikaner sind bereit, sich zu engagieren, ihre diplomatischen, politischen und wirtschaftlichen Möglichkeiten dafür einzusetzen, daß anderen geholfen wird. Stolz und bereitwillig erlauben wir
unseren jungen Söhnen und Töchtern in Uniform, fern der Heimat an
humanitären Einsätzen teilzunehmen. Die Somalier beispielsweise
hätten 1992 auf keine andere Weise so schnell vor dem Hungertod
gerettet werden können. Aber wenn, wie damals in Somalia, Kämpfe
ausbrechen und das Leben von Amerikanern in Gefahr gerät, dann will
unser Volk mit Recht wissen, welchem vitalen Interesse dieses Opfer
dient.

Ich halte es für unwahrscheinlich, daß sich eine einzige neue Strategie herausbilden wird, die unsere Rolle in der Welt mit derselben Klarheit definiert wie die alte Strategie der Eindämmung. Dennoch bietet diese noch ungestaltete, namenlose neue Ära die Chance zu einem vielversprechenden Neubeginn. Während ich diese Zeilen schreibe, führt unser Staat nirgendwo Krieg. Wir sind auch nicht mehr gezwungen, wie noch während der Eindämmungspolitik, widerwärtige Regimes zu stützen, die sich nicht an anerkannte demokratische Grundsätze hielten. Und wir wollen nicht die gewaltige Errungenschaft des vergangenen halben Jahrhunderts vergessen: unseren Sieg im Kalten Krieg. Die Gefahr der atomaren Vernichtung ist abgewendet, diese schreckliche Bedrohung, der die Welt ausgesetzt war, solange Ost und West an ihrem gegenseitigen Mißtrauen festhielten. Ein despotisches, expansionistisches Imperium, dessen Militär einst ebenso stark war wie unseres, ist zerfallen, zugrunde gegangen an seinen eigenen Übeln. Die freie Marktwirtschaft hat staatlich gelenkte Wirtschaftssysteme in den Schatten gestellt. Die individuelle Freiheit hat ihre Überlegenheit über polizeistaatlichen Konformismus gezeigt. Diesen Sieg der Freiheit hinterläßt unsere Generation der Welt. Ich empfinde es als ein außerordentliches Privileg, daß ich an einer historisch so bedeutsamen Ära teilhaben durfte.

Auf meinen zivilen und militärischen Posten im Bereich der nationalen Sicherheitspolitik vermied ich es tunlichst, mich mit Worten oder Taten in die Politik einzumischen. Und ich brauchte eine Weile, bis ich die lebenslangen Gewohnheiten eines Soldaten ablegte. Allmählich jedoch, während ich überall im Land Vorträge halte, lege ich meine Zurückhaltung ab, und meine Philosophie kristallisiert sich heraus. Vor allem bin ich fasziniert von der gegenwärtigen unternehmerischen Vitalität unseres Landes. Das freie Unternehmertum lebt und ist wohlauf. Traditionsreiche Unternehmen schneiden alte Zöpfe ab, befreien sich von dem Rost, den sie angesetzt haben, und werden wieder konkurrenzfähig. Neue Generationen von Amerikanern legen sich mächtig ins Zeug, gehen Risiken ein, machen Geschäfte, gründen neue Firmen und sind entschlossen, auf dem Weltmarkt anzutreten und auf der Welle technischer Neuerungen in die Zukunft zu schwimmen. Alles, was ich sehe, bestätigt mein Vertrauen in das freie Unternehmertum. Es schafft neuen Wohlstand und neue Arbeitsplätze, ermöglicht den Menschen ein angenehmes Leben, schürt die Nachfrage und bringt neue Unternehmen hervor, die den Kreislauf von neuem in Gang setzen. Der Staat sollte sich in den freien Markt, der seine Leistungsfähigkeit unter Beweis gestellt hat, nicht einmischen und seine Kontrolle darauf beschränken, die öffentliche Sicherheit zu garantieren und Wettbewerbsverzerrungen seitens der Gewerkschaften oder Unternehmer zu verhindern.

Sorge bereitet mir allerdings die momentane hohe Steuerbelastung der Amerikaner. Es besteht die ernstzunehmende Gefahr, daß sie die unternehmerische Vitalität lähmt. Jeder Dollar, der einem Verbraucher oder Unternehmen in Form von Steuern weggenommen wird, ist ein Dollar, der weniger nutzbringend verwendet wird, als wenn er in privater Hand geblieben wäre.

Ich glaube so fest an die freie Wirtschaft, weil sie Arbeitsplätze schafft und weil Arbeitsplätze die beste Antwort auf die meisten sozialen Probleme sind. Meine Eltern kamen nicht in dieses Land, weil sie auf staatliche Unterstützung hofften, sondern auf Arbeit. Sie hatten ihr Leben lang Stellen, die eine blühende Textilindustrie bereitstellte. Sie erhielten einen bescheidenen Lohn, jedoch genug, um ein gutes Leben zu führen, ihre Kinder großzuziehen und sich ein wenig Luxus zu leisten.

Wegen solcher Ansichten haben mich einige Leute gleich zum Republikaner gestempelt. Doch ich bin keineswegs von vornherein gegen jede Form staatlichen Eingreifens. Ich wurde in der Ära des New Deal und der Depression geboren. Franklin Roosevelt war in meinem Elternhaus ein Held. Die Regierung half meinen Eltern, indem sie billige öffentliche U-Bahnnetze schuf, damit sie zur Arbeit fahren konnten. Sie baute öffentliche Schulen für ihre Kinder und sorgte mit einer neuen Sozialgesetzgebung dafür, daß ihre Arbeitskraft nicht ausgebeutet werden konnte. Und meine Mutter schützte sie zusätzlich dadurch, daß sie das Recht der Textilarbeiterinnengewerkschaft, Tarife auszuhandeln, gesetzlich absicherte. Die öffentliche Sozialversicherung erlaubte es meinen Eltern, im Ruhestand ein würdevolles Leben zu führen. Dank der Alterskrankenversicherung erhielten sie während der langen, schweren Krankheit am Ende ihres Lebens eine qualifizierte Pflege. Ich erhielt eine kostenlose College-Ausbildung, weil der Staat New York Steuergelder seiner Bürger in die Erziehung der Söhne und Töchter von Einwanderern und Arbeitern investierte.

Die große innenpolitische Herausforderung unserer Zeit besteht darin, die Notwendigkeit einer verantwortungsbewußten Finanzpolitik in Einklang zu bringen mit der Kostenexplosion bei den Sozialprogrammen, darunter auch die öffentliche Sozialversicherung und das Gesundheitsfürsorgeprogramm für ältere Bürger, auf die die Armen und die Mittelschicht so sehr angewiesen sind. Realistisch betrachtet, haben wir nur zwei Möglichkeiten: Entweder wir kürzen die Sozialleistungen, oder wir erhöhen die Steuern zu ihrer Finanzierung. Wir können die Bücher nicht länger in Ordnung halten, indem wir die Staatsverschuldung vergrößern. Doch viele Politiker wollen die Finanzierung dieser Programme von einer genauen Prüfung ausnehmen, weil sie sonst Gefahr laufen, politischen Selbstmord zu begehen. Solange die Verantwortlichen aber nicht bereit sind, dem amerikanischen Volk die Wahrheit zu sagen, und das Volk wiederum nicht gewillt ist, den harten Tatsachen ins Auge zu sehen, werden wir keinen Weg finden, wie wir den erdrückenden und stetig wachsenden Schuldenberg abtragen können, den wir unseren Kindern und Enkeln hinterlassen. Ich sage das alles natürlich in dem vollen Bewußtsein, daß ich leicht so reden kann, weil ich bislang niemanden bitten mußte, für mich zu stimmen.

Der ständige Ruf nach »weniger Staat« ist zwar berechtigt, doch in einer Hinsicht möchte ich, daß die Regierung nachdrücklich tätig wird: Sie muß darauf hinwirken, daß der Schutz der Verfassung allen Amerikanern zugute kommt. Unsere Verfassung und unser Nationalbewußtsein verlangen, daß jedem Amerikaner mit Würde und Achtung begegnet wird, jeder die gleiche Behandlung vor dem Gesetz erfährt und jedem die gleichen Möglichkeiten offen stehen. Für die hart erkämpfte Bürgerrechtsgesetzgebung der sechziger Jahre, von der ich profitiert habe, stritten Liberale, die heutzutage verlacht werden. Diese mutigen Vorkämpfer setzten sich gegen den Widerstand jener durch, die sich hinter durchsichtigen Argumenten verschanzten, indem sie auf die Rechte der Einzelstaaten oder Eigentumsrechte verwiesen.

Rechtliche Gleichstellung und Chancengleichheit schließen jedoch eine Vorzugsbehandlung aus. Vergünstigungen, einerlei wie gut gemeint sie sind, schüren letzten Endes nur Groll unter denen, die nicht in ihren Genuß kommen. Und Vorzugsbehandlung setzt die Errungenschaft herab, daß Angehörige einer Minderheit es in Amerika aus eigener Kraft zu etwas bringen können. Die gegenwärtige Debatte über

Maßnahmen gegen die Diskriminierung von Minderheiten und Frauen ist zum großen Teil eine Frage der Definition. Wenn solche Maßnahmen darauf abzielen, gleiche Aufstiegsmöglichkeiten zu schaffen, bin ich voll dafür. Wenn sie jedoch zu einer Vorzugsbehandlung führen oder denen helfen, die keine Hilfe mehr benötigen, bin ich dagegen. Ich habe von den Maßnahmen gegen Diskriminierung in der Army profitiert, doch ich wurde nie bevorzugt behandelt. Die Army, das muß man der Fairness halber sagen, achtete darauf, daß Leistung das einzige Kriterium für Beförderungen war. Wenn gleiche Leistung nicht den gleichen Aufstieg zur Folge hat, dann stimmt etwas nicht im System, und die Verantwortlichen sind verpflichtet, den Fehler zu beheben. Wenn eine Tradition der Diskriminierung es bestimmten Amerikanern erschwert hat, den gestellten Anforderungen zu entsprechen, so ist es nur recht und billig, ihnen eine befristete Hilfestellung zu geben, damit sie aufholen und unter gleichen Voraussetzungen in den Wettbewerb eintreten können. Maßnahmen gegen Diskriminierung im positiven Sinn fördern die Gleichbehandlung, nicht umgekehrte Diskriminierung. Diskriminierung »zugunsten« einer Gruppe bedeutet unweigerlich Diskriminierung »zu Lasten« einer anderen. Und jede Form der Diskriminierung ist beleidigend.

Um meine politischen Anschauungen zusammenzufassen: Ich bin in Steuerfragen ein Konservativer, habe aber eine soziale Ader.

Ich habe meine Philosophie gefunden, wenn auch nicht meine politische Zugehörigkeit. Keine der beiden größeren Parteien paßt in ihrem gegenwärtigen Zustand wirklich zu mir. Zugegeben, Politik ist die Kunst des Kompromisses, aber vorläufig ziehe ich es vor, keine Kompromisse zu schließen, nur damit ich sagen kann, ich gehöre dieser oder jener Partei an. Ich bin sehr beunruhigt über politische Hitzköpfe der extremen Rechten, die sich in politischen wie geistlichen Fragen anscheinend auf göttliche Weisheit berufen. Gott führt und erleuchtet uns, aber er schenkt uns keine Gesetzgebung. Ich bin besorgt über die dünkelhaften und rassistischen Untertöne in ihren Reden. Auf der anderen Seite des Spektrums ärgere ich mich über gönnerhafte Liberale, die angeblich wissen, was am besten für die Gesellschaft ist, aber kaum einen Gedanken daran verschwenden, wer später die Rechnung bezahlen soll. Ich stelle die Prioritäten dieser Liberalen in Frage, die den Rechten und Ansprüchen einzelner soviel Aufmerksamkeit widmen, daß für die Sorge um das Wohl der Gemeinschaft als Ganzes kaum noch Raum bleibt. Ich mißtraue jeder starren Ideologie, gleich welcher Richtung, und ich stelle fest, daß viele Amerikaner genauso empfinden. Vielleicht ist die Zeit reif für eine dritte große Partei, die diese vernünftige Mitte im politischen Spektrum der Vereinigten Staaten vertritt.

Ich habe unter drei Präsidenten gedient, drei völlig verschiedenen Menschen. Ich bewundere jeden einzelnen, wie unterschiedlich sie auch ihr Amt ausfüllten. In persönlicher Hinsicht war Ronald Reagan für mich eine Vaterfigur, George Bush ein älterer Bruder und Bill Clinton, obwohl beinahe zehn Jahre jünger, eine Art Altersgenosse – Clinton und ich wurden durch die sechziger Jahre und das Vietnam-Trauma geprägt, auch wenn wir von entgegengesetzten Polen aus mit dem Krieg in Berührung kamen. Bei der Arbeit für diese Männer erhielt ich einen besonderen Einblick in das höchste Amt dieses Landes. Ich weiß, welche Anforderungen es stellt. Bei meinen Reden im ganzen Land werde ich ständig nach meiner eigenen Zukunft gefragt, insbesondere ob ich für das Präsidentenamt kandidieren werde. Ich fühle mich geschmeichelt durch mein Abschneiden bei öffentlichen Meinungsumfragen. Ich bin gerührt, wenn ich auf meinen Reisen zur Kandidatur ermuntert werde. Ich fühle mich geehrt durch die Bürgerinitiativen, die wie Pilze aus dem Boden geschossen sind und mich unterstützen wollen, obwohl ich keine persönliche Verbindung zu ihnen habe. Um ein erfolgreicher Politiker zu werden, ist jedoch ein Ruf nötig, den ich so bislang nicht vernommen habe. Ich glaube, daß ich meinem Land anderweitig dienen kann, in wohltätigen Einrichtungen, in der Bildungsarbeit oder in Gremien, die Stellen besetzen.

Dennoch möchte ich eine Zukunft in der Politik nicht völlig ausschließen. Sollte ich jemals den Entschluß fassen, in die Politik zu gehen, dann nicht wegen eines hohen Beliebtheitsgrades bei Meinungsumfragen. Ich bin mir darüber im klaren, daß ich, sobald ich zu einigen Themen Stellung nehme, die eine oder andere Interessengruppe verprelle und viel von meiner Popularität einbüße. Würde ich kandidieren, dann gewiß nicht deshalb, weil ich mich für den »großen schwarzen Hoffnungsträger« hielte, der den Afro-Amerikanern als Vorbild und den Weißen als Symbolfigur für den überwundenen Rassismus dienen könnte. Ich ginge einzig und allein deshalb in die Politik, weil ich eine Vision für dieses Land hätte. Weil ich der Meinung wäre, ich könnte die Probleme des Landes besser lösen als die anderen Kandidaten. Ich würde nicht erwarten oder mir wünschen, etwas geschenkt zu bekommen. Ich würde um das Recht auf die Führung kämpfen. Und ich würde nicht in die Politik gehen, um einen Standpunkt zu vertreten, sondern um zu gewinnen. Ich kenne das Schlachtfeld, und ich weiß, was nötig ist, um zu gewinnen.

Ich bin mir der enormen Opfer bewußt, die einem selbst und der Familie abverlangt werden, wenn man für ein öffentliches Amt kandidiert. Und, offen gesagt, macht das gegenwärtige Klima einen Eintritt in die Politik nicht gerade attraktiv. Ich finde, daß der Anstand in der politischen Auseinandersetzung verlorengegangen ist. Aggressive Wahlspots und negative Kampagnen erzeugen eine destruktive und keine konstruktive Debatte. Demokratie war schon immer eine geräuschvolle Angelegenheit, doch in den Talk-Shows von Rundfunk und Fernsehen, aber auch in der Presse, die ebenfalls um die Gunst der Publikums buhlt, verdrängen heutzutage Demagogie und persönliche Angriffe den vernünftigen Dialog. Wenn man sich die augenblickliche Flut von Talk-Shows ansieht, wird man endloses Gejammer und kaum konstruktive Ratschläge für unser Land hören. Jede Persönlichkeit des öffentlichen Lebens, die für eine umstrittene Idee eintritt, kann davon ausgehen, daß nicht nur ihre Idee, sondern auch ihre Integrität angegriffen wird. Und Gott stehe allen bei, die von gängigen Vorstellungen der »political correctness« abweichen. Der leiseste Verdacht, man habe irgendeine Gruppe beleidigt, so unschuldig die Äußerung auch gemeint war, ja selbst wenn sie nur zur Illustration eines historischen Aspekts diente, wird großes Geschrei auslösen: Der Übeltäter gehöre gefeuert oder müsse gezwungen werden, Anstandsunterricht zu nehmen. Oder es werden gerichtliche Schritte angedroht.

Ironischerweise haben wir bei aller Feinfühligkeit für »political correctness« offenbar unser Schamgefühl als Gesellschaft verloren. Nichts scheint uns in Verlegenheit zu bringen, nichts kann uns mehr schokkieren. Nehmen Sie sich einmal die Zeit und schalten Sie sich durch die Fernsehkanäle. Sie werden im Tagesprogramm auf eine ganze Reihe von Talk-Shows stoßen, in denen uns verhaltensgestörte Personen präsentiert werden, deren unmoralisches Verhalten anderen Menschen das denkbar schlechteste Beispiel gibt. Kein Aspekt dieses Massenvoyeurismus ist für mich beleidigender als die Vorführung schwarzer »Gäste«, mit der Talk-Show-Produzenten die schlimmsten rassistischen Klischees bestätigen. Früher war ein Schwarzer wenigstens noch glücklich verheiratet, arbeitete hart und zog mit seiner Frau eine süße kleine Tochter auf, die jeden Abend ihr Gebet aufsagte.

Wir sagen, wir seien entsetzt über die Ausbreitung von Krankheiten, die beim Geschlechtsverkehr übertragen werden, über die steigende Zahl von Schwangerschaften unter Teenagern, über Gewaltverbrechen. Und dennoch umgeben wir uns mit der Darstellung von unverhülltem Sex und Gewalt, im Fernsehen, in Filmen, in der Popmusik. Worte, die ich nur auf reinen Männerposten bei der Army gehört – und benutzt – habe, werden heutzutage Frauen, ja selbst Kindern in den Mund gelegt.

Schamgefühl ist kein schlechter moralischer Wegweiser. Ich weiß noch, wie leicht meine Mutter mich mit einem einfachen Tadel zur Ordnung rufen konnte: »Ich schäme mich für dich. Du hast die Familie in Verruf gebracht.« Schläge wären mir lieber gewesen als dieser Vorwurf. Ich frage mich, wo das Schamgefühl unserer Nation geblieben ist.

Bei meinen Reisen durch das Land fordere ich meine Zuhörer auf, Fragen zu stellen, gleich ob ich vor Wirtschaftsbossen oder Teilnehmern eines Motivationsseminars spreche, vor Gefängnisinsassen oder den Grundschülern der Colin L. Powell Elementary School in Woodlands, Texas, die mein ganzer Stolz ist. Die Fragen der Menschen vermitteln mir eine gute Vorstellung davon, was die Amerikaner wirklich bewegt. Zu meiner Überraschung sprechen sie selten die Themen an, die Schlagzeilen machen: Abtreibung, Waffengesetzgebung, Sozialhilfe, Diskriminierung von Minderheiten und ähnliches mehr. Ihre Fragen drücken meist eine Sehnsucht aus. Sie scheinen den Leitstern zu suchen, den wir aus den Augen verloren haben. Sie erleben den Zusammenbruch von Recht und Ordnung. Sie sehen, daß Gewalt etwas so Alltägliches geworden ist, daß sie ihren Schrecken verloren hat. Sie sehen ein Rechtssystem, das Gefahr läuft, zu einer Form der öffentlichen Unterhaltung zu verkommen und seine Würde und Autorität zu verlieren.

Die amerikanischen Wähler stimmten 1992 gegen einen republikanischen Präsidenten und 1994 gegen einen demokratischen Kongreß. Meines Erachtens votierten sie dabei weniger für eine andere Partei, als vielmehr für einen neuen Geist im Land, für etwas Besseres. Wie finden wir wieder unseren Weg? Wie können wir moralischen Werten neue Geltung verschaffen? Wie können wir die ethnische Zersplitterung überwinden, die aus uns ein zunehmend gespaltenes Volk macht? Wie können wir den Familiensinn in unserem nationalen Leben wiederbeleben? Auf meinen Vortragsreisen erzähle ich eine Geschichte, die den Kern der amerikanischen Sehnsucht trifft: Am Vorabend der Operation »Wüstensturm« interviewte ABC-Korrespondent Sam Donaldson einen jungen afro-amerikanischen Soldaten in einem Panzerzug. Donaldson fragte: »Wie, glauben Sie, wird die Schlacht ausgehen? Haben Sie Angst?«

»Wir werden unsere Sache gut machen. Wir sind gut ausgebildet. Und ich habe keine Angst«, antwortete der Soldat und wies auf die Kameraden neben sich. »Ich habe keine Angst, weil ich bei meiner Familie bin.«

Die anderen Soldaten riefen: »Sag's ihm nochmal. Er hat dich nicht gehört.«

Der Soldat wiederholte: »Das ist meine Familie, und einer wird auf den anderen aufpassen.«

Die Episode verfehlt nie ihre Wirkung auf mich oder die Zuhörer. Sie ist eine Metapher für das, was wir als Nation tun müssen. Wir müssen beginnen, das amerikanische Volk als eine Familie zu betrachten. Wir müssen aufhören, uns gegenseitig anzuschreien und zu verletzen, und statt dessen anfangen, uns um den anderen zu kümmern, ihm Opfer zu bringen und mit ihm zu teilen. Wir müssen aufhören, ständig Kritik zu üben, denn das ist der Weg der Unzufriedenen, und statt dessen zurückkehren zu dem Optimismus, der Amerika geprägt hat. Wollen wir die Probleme des Landes lösen, so müssen wir immer wieder einen neuen Anlauf nehmen, auch auf das Risiko hin, Fehler zu begehen. Wir können nicht vorwärtskommen, wenn Zyniker und Kritiker sich auf alles stürzen, was schiefgeht, und es so gründlich zerreißen, daß wir den Blick dafür verlieren, was richtig, was schicklich und was allein gut für Amerika ist.

Wie jener Soldat bei der Operation »Wüstensturm« müssen wir die guten Seiten der Familie wiederentdecken. Und wir sollten mit der Wiederherstellung der richtigen Familie beginnen. Wir müssen das soziale Modell verheirateter Eltern wiederbeleben, die ein Wunschkind zur Welt bringen, ein Kind, das Liebe erfährt, das gelehrt wird, was richtig und was falsch ist, das dazu erzogen wird, seine Fähigkeiten optimal zu entfalten in einer Gesellschaft, die ihm Arbeitsmöglichkeiten bietet und ein erfülltes Leben ermöglicht. Das ist leichter gesagt als getan, und doch ist es das Ideal, dem wir unermüdlich nachstreben müssen.

Die Reisen, die ich seit meinem Abschied von der Army vor zwei Jahren unternehme, haben meine Liebe zu unserem Land und unserem Volk vertieft. Diese Liebe ist erfüllt vom Stolz auf unsere Tugenden und voller Nachsicht mit unseren Fehlern. Wir sind ein mürrisches Volk, stets auf der Suche, stets unzufrieden, und doch stets voller Hoffnung. Wir haben die unerschöpfliche Fähigkeit, uns zu verjüngen. Wir korrigieren unsere Fehler selbst. Und wir sind fähig, uns umeinander zu kümmern. In dieser Zeit der Unzufriedenheit schöpfe ich Mut beim Blick zurück. Erinnern Sie sich noch an die sechziger und siebziger Jahre, als die Menschen sich fragten, wie wir die Morde an John F. Kennedy, seinem Bruder Robert und Martin Luther King, den Krieg, der unser Land spaltete, die Krawalle vor dem Weißen Haus und den schmachvollen Rücktritt eines Vizepräsidenten und eines Präsidenten überstehen sollten? Einige schrieben uns ab: eine weitere Großmacht, die im endgültigen Niedergang begriffen sei. Doch wir meldeten uns lautstark zurück, und andere Reiche stürzten. Wir werden unsere gegenwärtigen Prüfungen bestehen. Wir werden uns behaupten, weil die Gründerväter uns ein politisches System voll schöpferischer Kraft hinterlassen haben, ein System, das sich jeder Zeit anpassen kann und stets zu edlen Zielen inspiriert. Wir werden weiter Erfolg haben, weil unsere vielfältige amerikanische Gesellschaft über die Stärke, Robustheit und Unverwüstlichkeit der hybriden Pflanze verfügt, die wir sind. Wir werden es schaffen, weil wir wissen, daß Gottes Segen auf uns liegt, und wir werden Gottes Gaben nicht achtlos wegwerfen.

Jefferson schrieb einmal: »Jeder Mann hat die Schuldigkeit, seinem Land gemäß der Gaben zu dienen, die ihm die Natur und das Schicksal verliehen haben.« Auf mir, der ich meinem Land soviel verdanke, lastet diese Schuld schwer, und ich werde mich ihr nie völlig entziehen können. Meine Verpflichtung, unsere Verpflichtung als glückliche Amerikaner ist es, diesem Land im Verlauf unseres weiteren gemeinsamen amerikanischen Weges ebensoviel zurückzugeben, wie es uns gegeben hat.

Colin Powells Regeln

1. Es ist nicht so schlimm, wie Du glaubst. Morgen früh sieht die Sache ganz anders aus.

2. Reg Dich auf, aber dann vergiß es.

3. Achte darauf, daß Dein Selbstbewußtsein nicht so eng mit Deiner Stellung verknüpft ist, daß es zum Teufel geht, wenn Du Deine Stellung verlierst.

4. Es läßt sich schaffen!

5. Paß auf, für was Du Dich entscheidest – Du könntest es kriegen.

6. Achte darauf, daß widrige Tatsachen einer guten Entscheidung nicht im Wege stehen.

7. Du kannst für andere keine Entscheidung treffen. Laß Du auch andere nicht für Dich entscheiden.

8. Achte auf Kleinigkeiten.

9. Teile Anerkennung mit anderen.

10. Bleibe ruhig. Sei freundlich.

11. Folge Deiner Vision. Stelle Forderungen.

12. Laß Dich nicht von Schwarzsehern oder Deinen Ängsten leiten.

13. Stetiger Optimismus schenkt doppelte Kraft.

Danksagung

Zunächst möchte ich meinem Literaturagenten Marvin Josephson danken, der mich freundlicherweise in dem Entschluß, dieses Buch zu schreiben, bestärkt hat. Ohne seine anfänglichen Ermunterungen und geduldigen Erläuterungen, worauf ich mich einließ, wären diese Memoiren wohl nur eine Idee geblieben. Auch während der Arbeit stand mir Marvin mit Anregungen und konstruktiver Kritik zur Seite, wofür ich ihm ewigen Dank schulde.

Als die Entscheidung für dieses Buch gefallen war, brauchte ich einen Mitarbeiter. Die Suche blieb anfangs ohne Erfolg. Dann tauchte am Tag vor meiner Pensionierung Joseph E. Persico in meinem Büro auf, ein großer weißhaariger Mann, der einige Jahre älter war als ich. Er hatte eine alte Aktenmappe unter dem Arm, war leger wie ein Universitätsprofessor gekleidet und trug seine Brille an einer Schnur um den Hals. Als er durch mein Büro schritt, sah er sich genau um und reichte mir erst dann die Hand zum Gruß. Er schien von seinem ersten Besuch im Pentagon und im Büro des Vorsitzenden der Vereinten Stabschefs ebensowenig beeindruckt wie von mir. Ich hatte meinen Mitarbeiter gefunden. Joe, ein Meister in der Kunst des Schreibens, hat mich in den letzten zwei Jahren bei der Stange gehalten. Er war nicht nur mein Mitarbeiter, sondern auch mein Ratgeber, Kritiker, Helfer und vor allem mein Partner und Freund. *Mein Weg* ist die Geschichte meines Lebens, aber unser beider Buch. Ohne Joe hätte ich dieses Vorhaben nicht verwirklichen können. Zusammen mit ihm traten auch die meisten anderen Mitglieder der Familie Persico in mein Leben. Seine Frau Sylvia korrigierte, gab nützliche Anregungen, tippte und leistete ungezählte andere Dienste, vor allem aber stand sie ihrem Mann liebevoll zur Seite. Joes älteste Tochter Vanya Perez war uns als Schreibkraft eine unschätzbare Hilfe. Das Manuskript wurde wenige Tage, bevor sie mit ihrem zweiten Kind niederkam, Gott sei dank noch fertig. Diesen beiden Frauen bin ich für ihre Mitwirkung sehr dankbar.

Mein Herausgeber und Verleger Harold Evans, der Direktor der Random House Trade Group, gehört zu den Besten seiner Branche. An Harry zweifelte ich nur einmal: Als er mir sagte, er könne das komplette Manuskript auf einem Laptop-Computer an einem Strand auf Jamaica druckfertig machen. Er führte dieses Kunststück vor, und wie ich sagen muß, mit Bravour. Alberto Vitale, der Verlagsleiter von Random House, und S. I. Newhouse, der Verlagsleiter der Newhouse Publications, gewährten diesem Projekt ebenfalls großzügige Unterstützung. Das Manuskript gewann durch das sorgfältige Lektorat Edward Johnsons.

Colonel im Ruhestand Bill Smullen, mein Assistent und enger Freund, betreute dieses Buch in jeder Hinsicht. Er leitete vor allem die Recherchen und zugleich mein Büro, so daß ich die notwendige Zeit zum Schreiben hatte. Die letzten sechs Jahre war mir Bill ein Vertrauter und Beschützer, dem ich für seine Arbeit nicht genug danken kann. Unverzichtbare Unterstützung erhielten wir beide von dem anderen Mitglied meines Stabes, Peggy Cifrino.

Mehrere Freunde und Angehörige haben mein Manuskript ganz oder teilweise gelesen und nützliche Anregungen gegeben. Besonders aufmerksam las es Norma Leftwich und andere, denen ich wichtige Hinweise verdanke, namentlich Richard Armitage, Marybel Batjer, Marilyn und Norman Berns, Kenneth Duberstein, Admiral David Jeremiah, Alton Sheek, Larry Wilkerson, mein Sohn Michael, meine Töchter Linda und Annemarie und meine Frau Alma. Während der Arbeit stand mir Alma wie während unserer gesamten Ehe mit gesundem Menschenverstand, einem guten Urteilsvermögen und guten Ratschlägen zur Seite.

Bei den Recherchen hatten wir zahlreiche Helfer. Mein besonderer Dank gilt hier Mike Andricos, Larry Bird, Hugh Howard, Tina Lavato, Susan Lemke und Christina Mazzola.

Eine Hilfe war auch das Fachwissen zahlreicher Mitarbeiter aus dem Verteidigungsministerium, darunter Joan Asboth, Dr. Donald Baucom, Sheryl Blankenship, Denise Brown, Colonel Conrad Busch, Barbara Callahan, Major General Richard Chilcoat, Linda Clark, Lieutenant Colonel Gordon Coulson, Teresa Crowley, Patricia Darnell, Major Joe Davis, Commander Alan Dooley, Lieutenant Colonel Nino Fabiano, Gene

Fredrickson, Lieutenant Colonel James Gleisberg, Dr. Alfred Goldberg, Major General Gregory Govan, Colonel Larry Gragg, Colonel Kevin Hanretta, Gerri Harcarik, Colonel Marvin Harris, Lieutenant Colonel Douglas Har, Lieutenant Megan Hayes, Nancy Hughes, Colonel Larry Icenogle, Lorna Jaffe, Rear Admiral Gregory Johnson, Major General John Jumper, Ilana Kass, Dr. Susan Koch, Shari Lawrence, Dr. John Leland, Don Lenker, Colonel H. T. Linke, Captain Matt Margotta, Bruce Menning, Franklin Miller, William Ormsbee, Harvey Perritt, Carolyn Piper, Peter Probst, Michael Rodgers, Betty Skinner, Lieutenant Colonel Mary Lou Smullen, Colonel James Terry, Patricia Tugwell, Dr. Todd White, Theodore Wise und Janet Wray.

Andere halfen bei den Recherchen oder damit zusammenhängenden Aufgaben, darunter Lewis Brodsky, Michael Burch, John Chapla, Dennis Daellenbach, Charles DeChicco, Donna Dillon, Frank Donatelli, Amanda Downes, Andrew Duncan, Ralph Faust, Brigadier General Lou Hennies, Tammy Kupperman, James Manley, James McGrath, Marilynn McLaren, Thomas M. Persico, Karen Pierce, Ed Rabel, Colonel Douglas Roach, Gresham Striegel, Lieutenant Colonel Robert Trotter, Colonel John Votaw und Margrit Krewson von der Library of Congress.

Weitere Helfer unterstützten mich auf eine nur ihnen bekannte Weise, darunter Julius Becton, James Cannon, Sharon Krager, Camille Nowfel, Gus Pagonis, George Price, Willard Sink, Clyde Taylor, Ronald Tumelson, Harlan Ullman und Karen Wall.

Abschließend danke ich allen Freunden, die mir unter zahllosen anderen Umständen im Leben nützlich waren. Viele werden in diesem Buch genannt, aber weitaus mehr konnten aus Platzgründen nicht erwähnt werden. Sie wissen selbst, was sie für mich getan haben. Ihnen allen danke ich.

Zum Mitverfasser

Joseph E. Persico wurde 1930 in Gloversville, New York, geboren und studierte an der State University of New York in Albany. Im Koreakrieg diente er als Lieutenant junior grade (Oberleutnant zur See) an Bord eines Minensuchers und später im NATO-Hauptquartier in Neapel. Anschließend trat er in die U.S. Information Agency ein, für die er in Brasilien, Argentinien und Washington arbeitete. Elf Jahre lang war er Chef-Redenschreiber für den Gouverneur von New York und späteren Vizepräsidenten Nelson A. Rockefeller. Bislang veröffentlichte er *My Enemy My Brother: Men and Days of Gettysburg; Percing the Reich: The Penetration of Nazi Germany by American Secret Agents During World War II;* (dt.: Die späte Infiltration des OSS, CIA im Nazi-Deutschland, Rastatt 1987); den Roman *The Spiderweb;* die Biographie Nelson Rockefellers *The Imperial Rockefeller; Edward R. Murrow: An American Original; Casey: The Life and Secrets of William J. Casey from the OSS to the CIA;* und *Nuremberg: Infamy on Trial.* Joseph Persico pendelt zwischen seinen beiden Wohnsitzen im Norden des Bundesstaates New York und in Mexiko.

Bildnachweis

Register